国家社科基金
GUOJIA SHEKE JIJIN HOUQI ZIZHU XIANGMU
后期资助项目

宋元断例辑考

Study on Duan Li in Song and Yuan Dynasties

胡兴东　著

社会科学文献出版社
SOCIAL SCIENCES ACADEMIC PRESS (CHINA)

国家社科基金后期资助项目
出版说明

后期资助项目是国家社科基金设立的一类重要项目，旨在鼓励广大社科研究者潜心治学，支持基础研究多出优秀成果。它是经过严格评审，从接近完成的科研成果中遴选立项的。为扩大后期资助项目的影响，更好地推动学术发展，促进成果转化，全国哲学社会科学工作办公室按照"统一设计、统一标识、统一版式、形成系列"的总体要求，组织出版国家社科基金后期资助项目成果。

全国哲学社会科学工作办公室

目　录

第一编　宋朝断例考述

第二编　元朝断例考述

第三编　宋元断例的性质、历史地位及兴起原因

导　论

在中国古代法律形式发展史中，宋元两朝最具特色的是"断例"① 的出现和成熟。有学者指出"宋代呈现的另一个新倾向，是在敕以外出现了'断例'。律和敕都规定了刑罚原则，所以可以称为'法'，而断例则是已判决的案例，是如何适用法的具体实例"。② "断例"不仅是当时一种重要的法律形式，而且在中国古代法律体系变迁史中，它的出现也是此时期法律史上的重要事件。断例在宋元时期的法律史意义还在于，它与中国古代判例制度的形式、特征等问题紧密相关，也是解决中国法律史学界对中国古代是否存在判例制度争议的重要突破口。③ 宋元断例之所以在学术界产生了诸多争议，可归因于它涉及的几个核心法律史问题：第一，宋元断例在当时整个国家法律体系中的性质是什么？第二，宋元断例是不是这个时期判例法的同义语？第三，宋元断例与同期称为"例"的其他法律形式的关系是什么？第四，宋元断例是否属于当时稳定存在的法律形式？第五，宋朝的断例和元朝的断例有什么联系和区别？第六，宋元断例在明清时期的变迁如何，为什么宋元时期的断例在明清时期不再具有重要地位，甚至不复存在？这些问题成为宋元断例研究中必须解决的问题。然而，由于缺乏对史料全面、正确的使用，研究者往往依据自己所见史料，展开单点讨论，更有甚者对史料理解存在天然的"前

---

① "断例"作为法律用语，最早出现在晋朝。《晋书·杜预传》中有"与车骑将军贾充等定律令，既成，预为之注解，乃奏之曰：'法者，盖绳墨之断例，非穷理尽性之书，故文约而例直，听省而禁简'"（《晋书》卷34《杜预传》，中华书局1974年版，第1206页）。南北朝时期保留了这种意思。《南史·宋纪上·武帝》记载，义熙九年（413）二月，"直至是禁断之时，人居未一，帝上表定制，于是依界土断，惟徐、兖、青三州，居晋陵者不在断例"（《南史》卷1《宋纪上·武帝》，中华书局1975年版，第14页）。

② 〔日〕宫崎市定：《宋元时期的法制与审判机构》，载杨一凡、〔日〕寺田浩明主编《日本学者中国法制史论著选·宋辽金元卷》，中华书局2016年版，第6页。

③ 对中国古代是否存在判例制度，学术界存在争议。中国法史学界多认为存在，而其他领域法学者多持否定态度。在承认判例制度的学者中可以分为泛化派和谨慎派。泛化派对判例理解较随意，主要从字义上，或少量个案记载出发，很容易造成理解上的混乱。这一派往往造成他人对中国古代判例制度的误解，认为中国古代判例制度没有一种内在的机制。谨慎派认为中国古代存在判例制度，且对构成中国古代判例制度的法律形式、判例形成机制、判例法适用等情况进行了严格的考察、论证。谨慎派更多的是从法律制度内在机制解释中国古代判例制度的形式及特点。

理解",导致这些问题争议很大。① 本书的基本目的是对以上问题进行考察,揭示宋元断例在中国古代法律史上,特别是法律形式变迁史上的性质、地位、作用及演变中的问题。在讨论中,对此问题尽量以当时史料为基础,在理解上尽可能采用当时语境下的法学术语。当然,学术研究的最大特点是批判他人容易,建构自己的理论体系难,也许本书的努力在本质上还是在批评他人的同时也犯与他人同样的错误。

一 研究概述及"例"的诸问题

考察宋元断例诸问题时,首先要解决的是它与这个时期各种被称为"例"的法律种类的关系,因为宋元时期是中国古代"例"的重要形成和稳定时期,是明清时期诸"例"形成的决定时期。认真分析宋元时期断例所指,会发现两个时期的断例在性质上差异十分明显。为了充分展开,本书采用两编分别讨论宋元两朝诸例的性质、内容及与断例的关系,同时彰显它们之间的差异。"例"作为中国古代自秦汉以来就出现的法律形式,在发展变迁中产生了很多不稳定的内容和形式。② 作为中国古代法律形式基础性术语中的三大术语之一,③ 与其他两大术语——"律"和"令"相比,"例"在内容和形式上更加复杂,变迁上更加混杂。④ 若考察三者的变迁史会发现,"律"最稳定。"律"自春秋战国出现,经秦汉发展,到三国两晋时定型成为特指的法律形式,具有十分固定的内涵和外延。在"令"的发展中,虽然一直存在两种基本含义,即最高权力者——皇帝因事临时颁布的法令、指令以及作为一种法律形式的术语,但在使用上相对较为稳定,特别是三国两晋以后,随着令典编撰体例

---

① 如很多学者认为判例制度只有符合近代西方普通法系范式下的模式才能称为判例法,其他的概不能称之。考究中国古代判例制度研究,进展和成效不足的重要原因是不管认为有判例法还是否定有判例法的学者,都在此种"前理解"的判例制度范式下展开自己的学术讨论。判例制度是人类法律史中与成文法制度相对称的一种法律形式生成和适用的法律范式,而不是在特定历史传统或国家中形成的特定判例法制度范式。在成文法与判例法制度中,可能会形成不同的法律样式结构,即同为成文法制度,在具体样式、范式上也会存在不同,判例法也如此。

② 对"例"在不同时期使用情况的研究上,马凤春对《唐律疏议》中"例"的使用情况、含义及类型进行了详细考察,成为代表性成果之一。按他的统计,《唐律疏议》中共使用了326次"例",74次"比",3次"比例"。在《唐律疏议》中,"例"的亚种有6种,分别是定例、条例、常例、通例、类例和比例。参见马凤春《〈唐律疏议〉"例"字研究》,《文史哲》2012年第1期。

③ 中国古代法律形式术语体系中,基础性术语分别有律、令、例等。

④ 在中国古代法律形式术语中,与"律"相关的术语还有"刑",但由于"刑"在法律形式称谓上自战国,特别是秦朝后,越来越被"律"取代,"律"成为通用的刑事法律术语。

的形成和成熟，"令"在法律形式上越来越稳定。"例"在中国古代法律形式术语体系中，虽然与"令"同时产生，但发展变迁十分繁杂，而且存在与大量限定语组合使用的情况，这让"例"的研究问题十分多，更增加了问题的复杂性。即使有学者进行过专门研究，也组织过相关领域的顶级专家分时段讨论中国古代"例"的情况，① 但仍然有很多问题没有全面厘清，无法获得学术界的基本共识。"例"即使到明清两朝，在法律形式上形成了律、例并存的基本法律形式结构，但在构成两大基本法律形式术语时，② 仍然存在与大量限定语共用的各种次类法律形式的情况，如条例、则例、通例和格例等，其中最为稳定的"条例"和"则例"在所指范围上，仍然存在大量的不确定性和含混，③ 导致学术界争论不止。

　　"例"与律令的根本区别在于，"例"在形成上具有派生性。认真考察中国古代"例"的形成史，"例"常常以具体个案或者具体事件为产生来源，因此，就其本质而言，"例"一直作为一种衍生的法律形式而存在。基于这一特质，"例"的载体形式兼具具体案件或事件以及成文法的双重维度。正因如此，在讨论作为中国古代法律形式之一的判例时，"例"成为无法绕过的问题。由于中国古代判例制度的特殊性，学术界一直存在以西方近代普通法系下的判例法术语和制度体系理解和衡量中国古代判例制度的问题，使对中国古代判例制度研究不管是持赞同的还是否定的学者，都以"例"作为讨论对象。对于中国古代判例制度的研究，不少学者持轻蔑的否定或嘲笑的态度，而部分研究者也并不熟悉普通法系下的判例法，如此便不可避免地出现了思维前置的问题。当然，究其原因，必是没有深入研究中国古代判例所致。此

---

① 对中国古代"例"的研究，最具代表性的有杨一凡、刘笃才合著的《历代例考》（社会科学文献出版社2009年版）和杨一凡主持、国内专家分时段研究的《中国古代法律形式研究》（社会科学文献出版社2012年版）。这些成为"例"这种法律形式研究中的重要成果。杨一凡还对明朝法律形式中的"例"进行了深入考察，成为明清"例"研究中的重要成果。此外，苏亦工对明清时期的"例"进行了深入的考察，代表成果是《明清律典与条例》（中国政法大学出版社2000年版）。

② 明清时期的法律形式主体结构是律例体系，具体可参见刘笃才的《律令法体系向律例法体系的转换》（《法学研究》2012年第6期）。刘笃才提出的此种结构，应该说是符合明清时期中国法律形式体例结构的。

③ 在条例和则例在明清时期所指问题上，虽然学术界基本认为条例是以刑事法律为主，则例是以行政法律为主，但两者之间的关系仍然存在无法说清的问题，因为两者没有形成唐宋时期律令那样泾渭分明的法律范围所指。对明清时期的条例与则例，苏亦工进行了深入考察，主要反映在他的论文《清代律例的地位及相互关系》（《中国法学》1988年第5期）和他的著作《明清律典与条例》一书中。此外，还有姚旸的《"例"之辨——略论清代刑案律例的继承与创新》（《故宫博物院院刊》2010年第1期），等等。

外，就是研究者没有全面弄清中国古代"例"在法律形式中的特殊性，没有准确指出"例"在不同时期的表现形式、性质和与判例的关系。出现把"例"与判例等同，造成中国古代判例制度研究的简单化，在所难免。因此，只有先厘清判例与"例"的关系，才能正确理解中国古代判例制度和"例"作为基本法律形式的内在特征。当然，分析中国古代判例制度并非仅为证实中国古代判例制度是否存在，而是要准确、正确地理解中国古代法律形式构造，正确揭示中国古代法律运行机制，反思中国古代法律的历史经验。当下，法学界在对中国古代法律制度的内在特征和基本内容等问题的理解上存在太多的误解和曲解。只有正确把握了中国古代法律的内涵，我们才可能知道如何吸收和再创中国法律，或者说再塑新的"中华法系"。

笔者认为，广义上的判例法是指特定司法机关或司法官员针对特定案件作出判决或裁定后，或者特定行政机关针对特定行政行为或事件作出特定决定或裁定后，能对后来同类案件或事件产生法律上的拘束力或说服力的法律产物。狭义上的判例法是指特定司法机关作出特定司法判决或裁定后，能对后来同类案件或司法程序产生说服力或拘束力的各种司法产物。所以笔者认为，判例法的研究必须超越政治制度的简单考量，转向考察以上所界定的司法产物，因此具有以上性质的所有法律产物都可称为判例法。这样就超越了简单的所谓判例法是指普通法系下的法官法的界定。本书考察的判例法即是广义上的判例。在认定特定司法判决或裁定的先例功能时，拘束力或说服力是两种不同的法律效力分类。拘束力是指后来同类案件或司法程序必须严格遵守先例确定的法律规范和程序；说服力是指在同类案件或司法程序上，先例可以作为法律依据。

宋朝断例与判例制度存在十分密切的关系，但两者并不等同。宋朝的判例制度中包含不同种类的复杂例，主要有断例、体例、故事等，且存在大量由具体个案和事例构成的"行政判例"。其中，断例是宋朝判例制度的基本类型，是在司法实践中形成的个案和司法解释的产物。断例的主体是个案，基本内容是刑事法律，但也存在少量的民事、行政等方面的内容。元朝时，断例作为与条格并列的基本法律形式，较之宋朝，在内涵和外延上都发生了质的变化。元朝时，断例已经成为刑事法律的通用术语，包括唐宋时期的律、敕、申明等法律形式，其法律载体除个案以外，还有大量的内容是成文法，所以元朝的断例也并不等同判例法。不论是条格还是断例，其中大量内容均由个案组成，说明判例已成为法律形式的主体，其与成文法共存于所有法律形式之中。按现在的部门法分类体系来讲，即存在于所有的法律部门中。此外，断例在宋元时期称为"例"的诸法律术语中仅是其中一种，并不是唯一的例类法律形式。

明清时期，随着断例使用越来越少，条例、则例和事例等上升为基本通用术语，条例和则例亦在所指内容上开始出现分野。条例以刑事内容为主体，则例以行政法律为主体，但两者均以成文法为主，甚至是唯一载体形式，与判例没有必然联系。特别是清朝，判例法的主体是通行、成案，其中成案数量最多，通行次之。但"通行"在法律形式上存在判例和成文两种，与宋元断例，特别是元朝"例"在载体形式上十分相似。但是，由于受制于成文法典，清朝的成案和通行没有形成元朝甚至宋朝判例法那样的地位和作用。基于以上原因，本书分别对宋元诸例进行了考察，揭示了诸例与断例的关系。

宋代是中国古代公开承认并由国家系统编撰判例法典的重要时期，国家将"断例"公开编撰成法典使判例制度中刑事判例的发展得到了质的飞跃。从现存法律史料看，宋朝判例基本上由两部分组成：非刑事例和刑事例。非刑事例主要指行政例，此外还有相当于现在部门法中的民事例等；刑事例就是断例，断例绝大多数是刑事法律，但也存在极少数民商事例。由于宋元"断例"都源于司法实践，所以有学者将"断例"与司法例等同是有一定依据的。对宋朝判例制度，学术界多有研究。此外，在宋朝法律形式研究中还涉及对"例"的研究。宋朝法律形式中最为复杂的是"例"、"断例"和判例制度问题。通观宋朝基本法律史料，会发现"例"、"断例"和判例制度之间既存在交汇之处，也存在区别，学术界对宋朝法律形式研究的最大问题是把三者等同。三者存在联系，也存在性质上的差别。"例"具有狭义和广义两层含义；"断例"特指与刑事案件有关的判例和法律解释；判例是指以个案为载体形成的法律形式，此外现在还可以确定存在于非刑事法律之中，如《吏部条法》中的"申明"里，有些内容即以判例的形式存在。

考察学者对"断例"的研究，最初动因是考察宋朝判例制度的问题。对宋朝判例制度存在的形式，学术界多有争议。研究宋朝法律史的学者多认为宋朝存在判例，或说判例制度。[①] 当然，考察学者对宋朝判例问题的研究依据，会发现不同学者在选择史料依据上差异很大。有学者通过宋朝个人编撰

---

① 如国内法史学界的代表人物——张晋藩、何勤华、武树臣、杨一凡、刘笃才、戴建国等都认为宋朝存在判例法，甚至认为宋朝是中国古代判例法发展的高峰期。如戴建国指出"进入宋代以后，判例的使用日益普及"（《唐宋时期判例的适用及其历史意义》，《江西社会科学》2009 年第 2 期）。在通行的教材中这种观点更为普遍。

的疑难案件侦查集，如《疑狱集》、《折狱龟鉴》、《棠阴比事》等来论证宋朝判例问题；① 有学者通过《名公书判清明集》来论证宋朝判例问题；② 有学者通过考察宋朝的"例"来考察宋朝判例问题；③ 还有学者通过"断例"立法

---

① 代表人物有汪世荣、何勤华等。他们在考察宋朝判例法时主要以和凝的《疑狱集》、郑克的《折狱龟鉴》、桂万荣的《棠阴比事》和《名公书判清明集》等为考察对象。具体参见何勤华的《宋代判例法的研究及其法学价值》（《华东政法大学学报》2000 年第 1 期）、汪世荣的《判例法在中国传统法中的功能》（《法学研究》2006 年第 1 期）和《中国古代的判例研究：一个学术史的考察》（《中国法学》2006 年第 1 期）等。何先生在对以上诸书进行分析后，对其体现出的"判例法"意义采谨慎的立场。他指出，"宋代的判例法研究作品，具有强烈的刑侦书籍的特色。无论是《疑狱集》、《棠阴比事》，还是《折狱龟鉴》，都收集分析了大量的破案故事，而不是判决书。带有比较充分的判决要旨的并不是很多"。

② 以《名公书判清明集》作为分析对象研究宋朝法制情况一直是学界的热点。查中国知网，有 76 篇论文明确以此为中心考察宋朝各类法律问题。除此之外，还有大量论文以此为对象展开对宋朝法律问题的研究。如王志强通过此书展开学术思考，代表论文有《南宋司法裁判中的价值取向——南宋书判初探》（《中国社会科学》1998 年第 6 期）。在法律史研究中，选择某部由特定士大夫官僚选编的司法史料作为研究基点是十分危险的事。因为中国古代士大夫官僚在选编司法材料时往往把体现司法核心过程的内容忽略，有些官僚士大夫所作的司法判决书从专业角度来看是不合格的，而这些东西往往作为"精华"被选编出来。对此，五代时期后唐长兴二年八月十一日大理卿李延范在奏折中引太和四年十二月三日刑部员外张讽奏文，说明张讽就批判过文人判词的问题。"大理寺官结断刑狱，准旧例，自卿至司直诉事，皆许各申所见陈论。伏以所见者是消息律文，附会经义，以谳正其法，非为率胸臆之见，骋章句之说，以定罪名。近者法司断狱，例皆缉缀词句，漏略律文。且一罪抵法，结断之词，或生或死，遂使刑名不定，人徇其私。臣请今后各令寻究律文，具载其实，以定刑辟。如能引据经义，辨析情理，并任所见断决。若非礼律所载，不得妄为判章，出外所犯之罪。"（《五代会要》卷16《大理寺》，上海古籍出版社2006 年版，第 271 页）这里揭示的问题是很多中国古代官员编撰司法书的通病，这在专业司法人员的眼中是不合格的。更有甚者以此类书作为分析对象来考察宋朝判例法制度。其实《名公书判清明集》仅是民间官员用以引导官司司法价值取向的参考书，并不是作为法律渊源使用的法律书。

③ 代表人物有郭东旭、戴建国、王侃、马伯良等。郭东旭是学术界较早研究宋朝"例"的学者，他在《论宋代法律中"例"的发展》（《史学月刊》1991 年第 3 期）一文中指出，宋朝"例"的来源有断例、特旨和指挥。戴建国提出宋"例"可以分为行政例与司法例，其中断例是司法例，是判例。具体见他的《宋代法制初探》（黑龙江人民出版社 2000 年版）和《唐宋时期判例的适用及其历史意义》（《江西社会科学》2009 年第 2 期）等著作。他的学生李云龙在《宋例研究》（硕士学位论文，上海师范大学，2004）中对宋"例"展开了讨论，基本思想是在戴建国的立场上进一步展开，成为研究宋"例"的代表性成果。他们都把宋"例"分成行政例和司法例，并且认为行政例是除断例外的其他例，如条例、格例、事例和则例等，自然在讨论宋朝判例制度时走向简单化。马伯良基本认为宋"例"就是判例。在《从律至例：宋代法律及其演变简论》（《宋代的法律与秩序》，中国政法大学出版社2010 年版）中他提出，宋朝法律形式经历了由成文法到敕令，再到判例的历程，认为宋朝的"例"可以表述为"判例"。王侃对宋"例"的看法与其他学者存在根本区别，他指出，宋"例"不是判例，不是法，不是法典，不是法律形式，"例"的属性是恤刑（《宋例辨析》，《法学研究》1996 年第 2 期）。细读他论文所引材料，虽然很扎实，但很多观点值得进一步研究。

成果来研究宋朝的判例。① 这些不同的史料依据给学术界对宋朝判例制度认识造成了困扰。当然，除选择的史料不同外，使用的分析概念也不尽相同，产生争议实属正常。研究宋朝断例，首先必须弄清楚"例"的相关问题。本书以《宋会要辑稿》、《续资治通鉴长编》等基本史料为研究材料，进而对宋朝"例"的种类、判例制度的结构和断例的性质等问题进行考察，以厘清宋朝法律结构中"例"、判例、断例和判例制度之间的关系。研究宋朝法律制度问题，若不对《宋会要辑稿》进行全面阅读，得出的结论必然存在问题。根据笔者研读，《宋会要辑稿》全面记载了宋朝的主要法律史料，全面反映了宋朝立法、执法、司法等详细情况，以及宋朝整个法律体系的结构、术语的含义等问题，② 故它在本书的研究中居于十分重要的地位。

宋朝对断例法典的编撰始于北宋仁宗朝，成熟于徽宗朝，在南宋高宗、孝宗两朝达到顶峰，至南宋末年仍有编撰。这不仅是宋朝断例立法的基本特征，也使中国古代判例制度的发展独具一格，体现出在以成文法为主导的法律体系中，判例制度存在和运行的特殊性。宋朝的断例法典编撰体例反映出了中国古代立法法典化的基本取向。可以认为，元朝《大元通制》与《至正条格》就是把宋朝敕、申明、断例等法律形式融合而成的新时代产物。此外，宋朝对诸法律采用"事类体"的编撰形式也构成了宋朝立法史上的重要内容，并影响了元、明、清三朝的法典编撰体例。事类立法体例是元朝《大元通制》和《至正条格》中"条格"和"断例"体例的渊源。③

---

① 代表人物有戴建国。戴建国在《宋代法制初探》（黑龙江人民出版社 2000 年版）一书中专门研究了"断例"。此外，在《唐宋时期判例的适用及其历史意义》（《江西社会科学》2009 年第 2 期）一文中也有过讨论。他的学生李云龙在《宋例研究》（硕士学位论文，上海师范大学，2004）中对宋"断例"进行了专题讨论。日本学者川村康有《宋代断例考》（原载《东洋文化研究所纪要》第 126 册，1995 年）一文，是日本学界研究此方面的重要代表成果。国内有中国政法大学法律史研究院编《日本学者中国法论著选译》（中国政法大学出版社 2012 年版）。

② 在宋朝法律史研究中，一直存在对《宋会要辑稿》这部全面反映宋朝法律情况的基础史料使用不足的问题。这可以从马伯良《宋代的法律与秩序》"译后记"中的表述中看出。"十分惭愧地说，除了《刑统》、《庆元条法事类》、《宋大诏令集》、《宋史·刑法志》曾略有涉猎外，对宋史的基本史料，如《续资治通鉴长编》、《建炎以来系年要录》等，我们都所知甚微。"这既说明了马氏书中使用材料的特点，也说明了法史学界对宋朝法律史研究在史料使用上的认识特点。

③ 唐朝中期以后，在法典编撰上开始出现两种体例——事类体例和六典体例，事类体例是对此前法律分类从简入繁的一种纠正，六典体例是对此前立法中以行政机构为中心进行编撰的一种继承与发展。六典体例最早可推于《周礼》。六典体例在发展中形成会要体例。在六典与会要体例下，元朝形成两者混合而成的《元典章》体例。《元典章》体例在明朝形成《大明律》和《大明会典》两种立法体例，特别是《大明律》体例改变了隋唐十二篇下的律典结构，让律典形成名例篇与以六部为纲的七篇结构。

　　元朝断例由于成了一种基本法律形式，在编撰体例上与宋朝存在不同。元朝最能体现时代立法特质的两大法典——《大元通制》和《至正条格》，在编撰体例上受到唐朝以来形成的事类体法典立法体例的影响。这两部法典本质上分别由独立的《制诏典》①、《条格典》、《断例典》三典组成，其中《条格典》和《断例典》是主体。从法律性质上看，《条格典》和《断例典》是唐宋时期的令典和律典的演变产物，在内容上分别对应非刑事法律与刑事法律。在立法上，元朝创明清法典体例的重要法律是《元典章》。在具体法律条文形式构成上，《元典章》与《大元通制》和《至正条格》一样，由成文法和判例法两种构成，但在纲目体例上存在差别，采用的是宋朝会要体例下演化成的以六部为纲的编撰体例。此外，就立法角度言之，《元典章》仅是汇编而不是编撰，对所引法律多是进行简单的性质分类而非严格按照内在逻辑的标准划分整理，这是它与《至元新格》、《大元通制》和《至正条格》的区别所在。

　　成文法和判例作为元朝法律载体的基本形式，不仅体现在现存的基本法典②中，而且在元人私家编撰的两部重要法律书——《刑统赋疏》和《无冤录》中也如此。沈仲纬编撰的《刑统赋疏》在"通例"部分所引当时生效的法律，就有判例和成文法两种形式，其中判例达 90 个；王与所撰《无冤录》的第一部分摘编了元朝与司法检验有关的法律，所录法律同样有成文法和判例两种。当然，元朝在整个立法活动中，也存在采用唐朝法典立法中全面成文化的努力，突出反映在《经世大典》③的"宪典"部分。"宪典"所撰法律

---

① 元朝史料中，不同史料对此名称记载有不同，《元史·刑法一》中有"诏制"，吴澄在《大元通制条例纲目》和欧阳玄在《至正条格·序》中用"制诏"。本文从吴澄与欧阳玄，用"制诏"。

② 元代世祖朝在至元八年（1271）公开废止适用金《泰和律义》后，为适应时代需要修订了《至元新格》。从现存内容上看，《至元新格》是一个混合法典，集民、刑于一体，但从篇名和残留法律内容看，该法典的主要内容是非刑事法律，只有少量刑事法律。法典内容在表现形式上是成文法典，没有收入判例。这与后来的《大元通制》、《至正条格》、《经世大典·宪典》都存在不同。此法应是对辽金时期立法中"条制"、"制条"体例的继承。辽朝与金朝制定了称为"制"的法律，如辽朝的《咸雍条制》、《重熙新定条制》和金朝的《皇统制》、《大定重修制条》等。认真考察辽金制定的"制"的法律形式，应不全是"律"类法律，应是一个集律、敕、申明等法律形式于一体的综合体。

③ 《经世大典》是元文宗时期修纂的一部政书，撰于天历二年（1329），成于至顺二年（1331），体例仿《唐六典》和《宋会要》，共 880 卷，外加目录十二卷，公牍一卷，纂修通议一卷。全书正文共分十篇，其中君事四篇，分别为帝号、帝训、帝制、帝系；臣事六篇，以吏、户、礼、兵、刑、工六部为纲，但具体篇名略有变通，分别为治典、赋典、礼典、政典、宪典、工典。臣事六篇之下再分若干子目。其中宪典实质上是一个（转下页注）

内容全面采用唐朝法典化立法，以至于元仁宗认为此仍为《唐律》。① 然而，整个元朝的法律结构，虽然有元初的《至元新格》和中期的《经世大典·宪典》等成文立法努力中成文法典的立法成果，但纵观整体法律，基本仍以条格和断例为名，以成文法和判例为基本法律形式。从法律形式构成上看，元朝是我国法律史上判例法地位最高的时期，判例被直接作为法律载体的一种，与成文法具有同样的地位。同时，在司法实践中，判例法也是作为主体存在，不再是法律形式中的补充型法律。②

二　本书的研究方法

本书以考据和辑录为基本手段，议论作为辅助，是"实"为胜，"议"为劣。作此类研究，实非所愿，因为此类研究多成"朴学"。但观当今中国法史之研究，多处宏大或烦琐两端，而让所察之事呈虚空大言或有坐井观天之感，难见中国古代法律的一般性特征和内容，无法让我们全面了解中国古代法律制度的内在机制存在的种种障碍。本书的研究方法主要有三，具体如下。

1. 考据法

作为一本专门考证宋元时期断例问题的专著，考述是基本途径。以考据为基本研究方法，正是为全面反映宋元断例的真实面貌。以考据法对研究的

(接上页注③)律典，采用会典体例、事类体分类编撰。对《经世大典》的体例，元朝有明确记载，《元史·文宗二》载，天历二年（1329）九月"敕翰林国史院官同奎章阁学士采辑本朝典故，准唐、宋《会要》，著为《经世大典》"（第740～741页）。元人陈基在《刑平编志》中指出，大典是"天历中，诏修《经世大典》，而欧阳公以艺文少监、揭公以奎章阁授经郎宣预执笔，属在秋官，因撮国初以来记载若令申诸书及文武百司吏牍之可征者，作《宪典》廿有二篇，上稽《唐律》，旁引百家，而卒折之以经义，烦如也"（《夷白斋稿》补遗《刑平编志》，《四部丛刊三编》本）。此处记载大典中"宪典"的来源与渊源。它来自当时的法律及《唐律》，融合经义而成。当然，此书可以视为元人继承宋人会要体编撰的产物。但元人以实用为取向的立法特征在该书中表现得十分突出，整本书在体例上体现出很强的时代性。

① 对《经世大典》的体例，特别是《经世大典》中"宪典"的特征，及其与《元史·刑法》的关系等，国内学者和日本学者都有深入考察，具体可以参见刘晓《再论〈元史·刑法志〉的史源——从〈经世大典·宪典〉一篇佚文谈起》，《北大史学》2004年；〔日〕安部健夫《关于〈元史·刑法志〉与元律的关系》，《东方学报》1932年第2期。从《永乐大典》卷914所存"验尸"部分所引《经世大典》的检验法律看，《经世大典》虽然已经把判例中包括的法律抽象，写成成文法，但下面仍然详细列有具体判例。《元史·刑法》所抄内容仅是编撰者抽写的成文部分，而大典中仍然录有具体判例。详细参见本书"附录（四）《永乐大典》中《经世大典》遗文所见'判例'"。因此，《经世大典·宪典》仍然是成文法和判例的混合体。

② 对元朝判例的构成特点、运行机制等问题，可以参见胡兴东《中国古代判例法运行机制》（北京大学出版社2010年版）。

问题进行辨析、论证，将结论建立于丰富、扎实、可靠的史料基础上，使研究"言必有据"。

2. 定量分析法

为精确分析相关问题，本书在研究中除了采用定性分析外，还采用定量分析作为重要方法。在定量分析上，借用当前大数据分析的方法，即对研究对象采用全面数据分析，使所得结论更加可靠。如元朝断例和条格在判例与成文法中所占比例研究就采用了此种方法，统计了现在可以见到的元朝不同法典中成文法与判例所占比例，将其加权后得出结论。

3. 比较法

在本书的研究中，主要涉及的是结构性比较和功能性比较。结构性比较指不同历史时期的法律形式、法典体例、法典篇名、分类标准等方面的变化；功能性比较包括宋元两朝断例在性质、特征、内容等方面的异同，以及中国与西方在判例制度、法律形式中的各种问题等。

三　本书的结构和主要内容

为了能够全面展示问题的核心并体现史料依据，本书分为五个部分：导论，第一编宋朝断例考述，第二编元朝断例考述，第三编宋元断例的性质、历史地位及兴起原因，附录（宋元两朝所见史料中与断例有关的材料辑存）。

第一部分，导论。本部分梳理了学术界在宋元断例上的研究现状、存在问题，并就本书的基本结构、核心概念的内涵等问题进行讨论。在中国古代的法律形式中，"例"的种类十分复杂，而宋元断例就是"例"的种类之一。因此，研究断例就应先厘清它与"例"的关系，故本部分重点分析了"例"的各种特质。

第二部分，即第一编宋朝断例考述。本部分由四章组成，分别是宋朝"例"和判例问题、宋朝断例形成机制、宋朝断例编撰问题以及宋朝断例的性质和地位。

第一章，宋朝诸例考述。宋朝法律形式中，与"例"有关的术语主要有狭义例、则例、条例、格例、体例、事例和断例等十余种。其中，狭义例、则例、条例、格例、事例在构成上以成文法为主体，体例、断例和故事则多由具体个案和事件构成，形成了较有中国文化制度特色的传统判例制度。宋朝诸例可以分成一般例、行政例和司法例三种。一般例与判例无关，多是一种法律名称，或是一种法律形式，其他两类则构成了宋朝判例的主体。行政例中的判例存在具体个案和具体事件两种形式，因事件例在性质上是否属于判例现存争议，故宋朝"例"在性质上比较混乱。

第二章，宋朝断例创制考。在以法典为中心构建的成文法体系下，以判例为主体的断例的出现，自然引起了法典法与判例法孰优孰劣的争议。断例的创制方式有法定途径与非法定途径两种，其中法定途径主要源自司法实践中的疑难案件，具体说来包括情重法轻、情轻法重、情理可矜和案情可疑四类案件；非法定途径主要源于皇帝特旨判决的案件。这些原因产生的司法案件成为断例的来源。

宋朝在司法实务中把具体案件分成"情法分明"、"法情可疑"、"法所不载"三类。第一类属于正常案件，构成案件情节的法律事实与立法预设的法律事实一致，法律适用上较为简单明确，情理法相协和，法律适用十分明确，是司法适用中的普通案件。后两类可以称为疑难案件。"情理法不协"是中国古代司法中独具文化特色的部分，具体分为"情重法轻"、"情轻法重"、"情理可悯"三种亚类型。再加上案情可疑类案件，宋朝的疑难案件共分为情重法轻、情轻法重、情理可悯和案情可疑四种。在当时的司法实践中，疑难案件属于奏裁案，经中央司法机关处理后，往往成为后来同类案件法律适用的先例。

非法定原因判决的案件在宋朝主要指特旨断案。"特旨断案"是指在中国古代帝制下，皇帝拥有一种司法自由裁量权，是皇权至上在司法中的体现。宋朝特旨断案既包括广义上因法定原因需奏裁处分的所有案件，也包括狭义上的特旨断案，即没有法定原因，皇帝行使特旨判决的案件。在司法实践中，宋人将法定奏请皇帝裁决事件或司法案件的程序称为"取旨"，在批准后称为"奉圣旨：准"或"奉圣旨：依"；非法定或超越法律时特旨断案须在下"圣旨"时明确指出此为"特旨"。需要注意的是，"取旨"和"特旨"分别是国家政务决策和司法裁决机制，两者在程序、法律依据和法律效力等方面都存在明确的区别。

第三章，宋朝断例编撰问题。宋朝断例立法的法典化是其基本特征，在编撰体例上延续了唐朝律典的体例。宋朝在立法取向上，保留了魏晋至唐的法典化取向。宋朝对断例进行法典化立法，这让中国古代判例制度发展呈现独特的风格，体现出中国古代判例制度在以成文法为主导的法律体系中存在的形式和运行上的特殊性。宋朝断例由于是刑事法律，在编撰体例上采用了唐朝律典体例。宋朝断例法典化编撰始于北宋仁宗朝，成熟于徽宗朝，鼎盛是南宋高宗、孝宗两朝，至南宋末年仍然有续。宋朝断例编撰成法典的共有《庆历断例》、《嘉祐刑房断例》、《熙宁法寺断例》、《元丰刑名断例》、《元祐法寺断例》、《绍圣断例》、《元符刑名断例》、《宣和刑名断例》、《崇宁刑名疑难断例》、《绍兴刑名断例》、《乾道新编特旨断例》、《乾道强盗断例》、《淳熙新编特旨断例》、《嘉泰刑名断例》、《开禧刑名断例》、《绳墨断例》、《大理寺例总要》17部，其中《绍兴刑名断例》少则有两个版本，多则有四个版本，《淳熙断例》也至少有两个版本。若以版本算，宋朝断例法典有21部。法典名称多使用"刑房"、"法寺"、"刑名"、"刑名疑难"、"特旨"、"强盗"、"绳墨"等限定语，说明断例适用的领域是刑事，产生的机构是中央的大理寺和刑部等。

第四章，宋朝断例的性质及司法适用问题。宋朝判例主要体现在体例、事例、断例、故事等法律类型中。其中，断例源于刑部、大理寺等中央司法机关审理、驳议而成的司法案件，内容集中体现在定罪量刑上，就作用而言，涉及解决实体与程序两方面的问题。可以说，司法例是由断例构成的。此外，还存在大量主要由体例、旧例、故事和狭义例构成的行政例。虽然宋朝对"例"，特别是判例在国家法律体系中的作用存在争议，但在法律实践中，断例在司法适用中争议较少，多数时仅要求制定判例法典，规制适用。宋朝对"例"的争议主要集中在以吏部为主体的官员管理领域，即行政判例的适用上。宋朝对行政例的态度主要分为禁止适用和立法规制两种。从实践看，虽然宋朝有不少人公开要求全面禁止适用"例"，但即使是对行政例也多为口号，现实中仍以规制适用派为主导。

第三部分，即第二编元朝断例考述。本部分由四章组成，分别是元朝诸例的结构和关系；元朝断例的渊源；元朝断例在不同法典中所占比例和载体形式；元朝断例的性质和地位。

第五章，元朝诸例的结构和关系。在继承和发展宋朝诸例的基础上，元朝诸例更加成熟复杂，成为明清两朝"例"发展的基础。整个元朝与"例"有关的法律术语多达19种，其中很多构成了"例"的亚种，如例、格例、条例、断例、体例、通例、分例、定例、则例、旧例、禀例、等例、先例、事例、杂例、官例、常例、新例、原例等。这些用语基本涵盖了法律形式和一般法律术语两大类。元朝诸例实质上多与判例法无关，两者是完全不同的法律形式。

第六章，元朝断例渊源考。本章将元朝条格和断例与唐宋法律形式的关联归纳如下。在内容构成方面，条格与唐宋时期令、格、式等非刑事法律的性质相同；断例与《唐律》、《唐律疏议》、《刑统》、敕典、随敕申明、断例等与刑事有关的法律性质一致。在渊源方面，断例在功能上统合了《唐律》、《唐律疏议》、《刑统》、敕典、随敕申明、断例，乃至格、式中所有相关的刑事法律；条格统合了令、格、式等其他非刑事法中的所有法律形式。可以说，元朝的条格和断例实质上是唐朝以来所有刑事与非刑事法律形式简化而成的产物。如宋朝的法律形式发展成包括《唐律》、《唐律疏议》、《刑统》、敕、令、格、式、申明、断例、指挥和看详等 11 种，而元朝仅断例就构成了基本法典的重要组成部分，《大元通制》和《至正条格》即分别由条格和断例构成。这样极大简化了唐朝以来繁杂的法律形式分类，使法律编撰更加简便，归类更加简易，适用更加简单。

第七章，元朝断例的编撰问题。在编撰体例上，《大元通制》和《至正条格》融合了唐以来形成的"事类体"和"会要体"两种立法体例，其最体现时代特色的，是以条格和断例作为立法分类的标准。《大元通制》和《至正条格》分别由独立的《制诏典》、《条格典》、《断例典》三部次法典组成，其中《条格典》和《断例典》是主体。就法律性质而言，《条格典》和《断例典》是唐宋时期的令典和律典的演变产物，随着立法发展的成熟及分类标准执行日趋严格，原本在《大元通制》中纳入"条格"的一些内容被重新归入《至正条格》中。现在《大元通制》、《至正条格》都有残本保留下来，其中《大元通制》存有"条格"部分残卷，《至正条格》残本保留有"条格"和"断例"的残卷。《大元通制》中有条格 1151 条，断例 717 条，其中条格的主体是成文法，也有部分判例法；《至正条格》中条格有 1700 条，断例有 1509 条（残本目录中有 1501 条）。现存的《通制条格》有 643 条，其中判例 114 条，成文法 529 条。现存《至正条格》中，断例有 13 卷共 423 条，其中判例 232 条，成文法 191 条；条格共 373 条，其中判例 36 条，成文法 337 条。可知，元朝两大法典中，不管是条格还是断例，判例都已成为重要法律形式。

第八章，断例在元朝法律体系中的地位。现在可以见到的元朝立法成果主要有《至元新格》、《大元通制》、《至正条格》、《元典章》、《经世大典·宪典》等五部法典。在这五部法典中，仅有《至元新格》完全是成文法，其他四部中都有判例。此外，在民间私家修撰的法律文籍，如《刑统赋疏》、《无冤录》中，所收集的当时生效的法律也包含判例。判例在元朝成为通行的法律形式。元朝断例不是判例的同义词，是一种法律形式，是与刑事法律有关的各种法律种类的总称。作为元朝通行的法律形式，不论是在断例还是在条格中，判例均有出现。这两种法律形式中的判例仅有数量上的差异，体现在条格中判例的数量较少，占 10% ~ 20%；断例中判例比例较大，占 60% ~ 70%。可见，元朝是公开把判例作为国家法律载体形式的王朝。

第四部分，即第三编宋元断例的性质、历史地位及兴起原因。本部分由三章组成，分别是第九章宋元断例的特点和异同，第十章法律形式变迁史视野下的宋元断例,第十一章宋元以断例为主的判例法兴起的原因。本部分对宋元断例作整体性总结,揭示它在中国法律史上的性质、作用和地位,同时对宋元断例的兴起原因进行了分析。

第九章,宋元断例的特点和异同。在性质上,宋元断例是刑事法律,具体是定罪量刑的产物。在整个法律体系中,宋朝断例仅是刑事法律的补充,元朝断例则是刑事法律的总称。在载体形式上,宋元断例均以案例为主,但两者并不等同,两个王朝的断例中都有成文法的内容。在编撰体例上,宋元断例均按律典十二篇编撰,但在篇名上,宋朝完全继承适用律典十二篇,元朝则把"名例"中的大量内容移至"条格"类中的《狱官》篇中,仅适用后面十一篇。元朝断例在内容上更加集中在定罪量刑领域,彰显出与唐宋时期律、敕等刑事法律包括总则的不同。宋元断例中的判例构成了中国古代判例的重要部分。此外,对宋元断例的相同点、不同点及关系进行了总结。

第十章,法律形式变迁史视野下的宋元断例。本章从法律形式变迁史的视角对宋元断例在整个中国古代法律形式变迁史上的地位进行考察,比较和厘清了宋元断例与之前和之后相关法律形式的关系。

第十一章,宋元以断例为主的判例法兴起的原因。本章重点分析为什么宋元时期以断例为主体的判例法会兴起。通过分析,认为主要有两个原因:第一,魏晋至隋唐以来的法典法在发展中形成了严格的分类,导致立法越来越繁杂,出现适用上的不便;第二,宋朝形成了士大夫官僚群体与胥吏群体的严格分野,同时士大夫官僚群体对法律知识与司法技能的不学习导致他们无法适应国家治理中的执法与司法的需要,而胥吏群体由于职业化,事实上成为国家法律知识的载体,对整个执法与司法起着垄断作用。胥吏群体出于职业习惯、自身利益、对抗士大夫官僚等需要,对具有高度专业性和职业性,且具有更加准确性的判例更加看重。这种现象在元朝不仅继续存在,而且还得到了加强,出现以"吏"为选官的基本途径。于是,他们成为以断例为主的判例法兴起的重要原因。

第五部分,附录。本部分收录了宋元时期七部重要法律史料中与断例、例有关的材料。

(1)《宋会要辑稿》中与"例"有关的史料。该部分从《宋会要辑稿》中的2000多条涉及宋朝各类"例"的史料中整理出668条史料,包括宋朝政府、大臣对"例"的性质、效力的理解、争议,各种"例"的亚种类使用情况,行政例、司法例在宋朝适用的个案和情况,宋朝断例立法情况等,是全面反映宋朝"例"及断例等问题的史料集成。

（2）《吏部条法·申明》中所见判例。《吏部条法》是南宋末年按事类体编撰而成的官吏管理法律。法典的"申明"类法律中有用判例表达的法律。经整理，共有 7 条由具体个案组成的判例法。此种法律结构成为元朝判例法的格式、行文的来源。

（3）《至正条格》中所见"断例"部分的抄录。《至正条格》是元顺帝时期制定的法典。法典采用的是以条格和断例为分类的事类体立法体例。残本中，"断例"有 13 卷 427 条，具体条文由成文和判例两类构成。此部分是现在可以见到的元朝断例部分中最全面的史料，故本书全部收录。

（4）《元典章》中以"断例"为名的法律摘抄。《元典章》是元朝中期由地方政府整理的当时生效的法律，是按照会典体例有所创新编撰而成的法典。此法典共有 2363 条，其中有 21 条以"断例"为名。因其反映出元朝"断例"作为法律术语和法律形式的固有特点，故本书将这 21 条法律全部摘录。

（5）《刑统赋疏·通例》中所引判例摘抄。《刑统赋疏》是元人沈仲纬对宋人傅霖所撰的《刑统赋》所作的注疏。在注疏中，他对当时生效的法律作解释，其中共有 90 条是判例法，本书将其全部摘录。

（6）《永乐大典》中《经世大典》遗文所见"判例"。《永乐大典》第914 卷"尸"下"验尸"部分收录了《经世大典·宪典》中与检验有关的法律，且每条成文法下都附有该法律的来源。本书将《经世大典·宪典》中辑出的 16 条成文法及其下所附来源的 22 条判例法和 2 条成文法全部摘录。

（7）为了对与"断例"、"例"有关史料进行较为全面的检索，笔者对宋元时期 500 多种政书、文集、笔记进行检索，选辑出反映宋元时期与"断例"有关的史料 97 条。

此外，虽然对《通制条格》、《至正条格》中"条格"和"断例"部分以及《元典章》中判例数量进行了统计考察，但由于数量较多，无法把三个法典中涉及的判例史料完全摘录，特此说明。

四　本书的基本观点

（1）宋元断例原义是指在刑事案件审理中形成的具有类型化功能的司法个案，并通过个案逐步确立起定罪量刑的原则，本质上是定罪量刑问题，与司法判例没有必然联系。宋朝断例在作用上是有关刑事法律的解释和补充性司法产物，在功能上是补充性刑事法律。因为宋朝刑事法律主要由《唐律》、《唐律疏议》、《宋刑统》、敕典及各类敕、《申明刑统》和随敕申明等构成，其中，仅有少量随敕申明中有案例表达形式，其他的都是成文法。元朝断例成为基本法律形式，反映出唐宋时期"律"的法律范畴发生了改变。元朝断例在功能上成为统合各类与刑事有关的法律总称，是刑事法律的专用语；在法律表达形式上以判例为主体，是元朝判例制度中最活跃的部分，但元朝称为断例的法律不全由判例组成，还存在大量成文法。

（2）宋元断例在编撰体例上采用律典十二篇结构。宋朝断例是刑事法律——律典、刑统和敕典等成文法的衍生物，在编撰体例上严格采用律典十二篇结构，它以司法个案为创制载体，是刑事法律适用具体化、类型化的产物。元朝断例在编撰时虽然也以律典十二篇体例为标准，但发生了变化，即断例仅有十一篇，把律典中首篇——《名例》的主要内容纳入"条格"部分的《狱官》中。宋元断例在篇名结构上全面适用律典篇名，但在内容上略有不同。宋朝断例在内容上以具体个案为绝对主体，内容是判例法。元朝断例在篇名体例上虽然全面继承宋朝断例，但具体篇名下的法律内容发生了质的变化，其本质上是南宋"事类"和"律典"编撰体例的继承和融合，它把唐宋时以格、式为表现形式的刑事法律纳入了其中。

（3）宋元断例的构成主体是判例，但不论是宋朝还是元朝，在断例类法律中都存在成文法的内容。宋朝行政法中还有大量行政判例，所以不能得出宋朝判例就是断例，是刑事判例的结论。元朝判例存在于条格和断例等法律形式中，其特点是"条格"中判例主要集中在"户部"、"兵部"等领域，即民事、婚姻家庭和驿站管理等法律之中。

（4）宋元断例在国家法律体系中的作用存在质的差异。宋朝断例仅是国家法律体系中刑事部分的从属性法律，在刑事法律中起补充作用。元朝断例是国家的基本法律形式，是国家刑事法律的总称，在法律体系中居于核心地位；与之对应的非刑事类法律，则称为"条格"。

（5）宋元断例中有大量法律是由案例构成，成为古代判例制度发展中的重要环节，故其地位毋庸置疑。作为中国古代立法史上的一种特殊法律表达形式，宋元断例在彰显自身特色的同时，亦为中国古代法律载体形式的多元化增添了不少色彩。

五　本书的创新点及意义

（一）本书的创新点

1. 宋元断例研究上的创新

本书在对宋元断例进行深入考察后，弄清了宋元断例的性质及其与判例的关系，批判了学术界一直认为断例就是判例的看法，并指出宋元断例的性质是刑事法律而非判例，判例仅是断例这种法律形式中的一种载体形式。

2. 中国法律史研究上的创新

本书在考察断例的形成和发展中，对中国古代法典体例变迁、中国古代律典和令典篇名命名及变迁、中国古代法律形式变化中的内在驱动力，以及中国古代判例制度的特质等问题都提出了不同立场、观点，丰富了中国古代法律史研究的内容，丰富了对中华法系特质的探讨。

3. 研究方法上的创新

本书在研究方法上，不仅采用传统的文献考据法，也采用了新兴的大数据分析法。通过全面的数据统计分析，本书对宋元断例的很多情况有了新的突破。本书"附录"对涉及主旨问题史料的辑录，不是简单的史料整理，而是对研究对象考据上的一种更深入、更全面的论证，在丰富的史料基础上构建结论。

(二) 本书的研究意义

1. 学术意义

首先，为中国古代判例制度研究提供了基础性的理论支持，正确揭示了中国古代判例制度的特质；其次，全面揭示了中国古代法律形式、法典体例变迁及它们之间的内在关系；再次，对中华法系的特质进行了个案性的分析，丰富了中华法系的内涵；最后，对宋元时期，特别是"唐宋变革"视野下的法律发展进行了深入考察，形成了法律史研究上的新视角。

2. 现实作用

为当前建设中国特色社会主义法律体系，构建中国特色案例指导制度，重建"中华法系"，建设中国特色法治提供可操作性的"本土资源"。其中，为形成具有中国特色的成文法下的判例制度提供了理论基础和可供借鉴的法律技术、司法技能等。

第一编　宋朝断例考述

宋朝法律全面继承了唐朝和五代时期的法律发展传统，其中重点发展了以编敕为主要形式的立法。经太祖、太宗、真宗和仁宗四朝发展，宋朝法律发展到了新的高度，也开始形成自己的风格。为适应法律发展的需要，宋神宗承担起总结与创新的重任，创制出自成风格的宋朝法律形式。神宗朝法律改革①的推行促使法律在继承唐朝基本法律形式下又创制出自成体系的法律体系，具体体现是令、格和式被赋予了新的内涵，敕有了新性质，申明、指挥和断例逐渐稳定和法定化等。这样，宋朝法律形成律、敕、令、格、式、申明、断例等形式；在适用范围上，分为全国性、部门性和地区性三类。由于宋朝立法中，基本特征是一直没有重修全新的律典，而是将唐朝的律典和疏议作为基本法律直接适用，故形成了以律、疏议、刑统、敕、随敕申明和断例为刑事法律，以令、格、式、申明和例为非刑事法律的法律体系。神宗朝后，立法上敕、令、格、式和申明五种分法的立法体系导致立法分类呈现"细而繁"的弊病。于是，开始出现以实用为中心的新法律分类体系，体现在当时主要是事类体法律形式的兴起。最先是南宋时吏部诸法开始将以事类性质划分的"门"作为分类标准，把以敕、令、格、式、申明为分类的法律重新编撰，形成《吏部七司条法》体例。此种体例在孝宗时被使用到敕、令、格、式、申明中，形成《庆元条法事类》等新的法典。这种新的法律分类体系成为元朝把法律形式简化成条格和断例的渊源。此外，在综合性法典的编撰体例上，宋朝还把唐朝中后期形成的会要体进行继承和发展，形成很有影响的宋朝十二部会要体成果。可以说，宋朝的事类体和会要体立法形式的兴起，对元明清时期法律形式的影响是直接的。

宋朝法律形式以法律适用中是否具有渊源作用为标准，可以分为 11 种：

---

① 对宋神宗朝法律改革的历史意义，学界已经有很多研究，评价也是很高的，多认为是宋朝法律发展中的重要事件。如吕志兴在其著《宋代法律体系与中华法系》（四川大学出版社2009 年版）一书中有详细的讨论。

律、疏议、刑统、敕、令、格、式、申明、断例、指挥、看详等。其中重要
的有敕、令、格、式、申明和断例六种。宋朝"例"没有构成完整的法律
形式种类，以"例"为名称的法律多属于不同法律类型，仅有"断例"构
成了独立的法律种类。有些独立称为某某例的法律在宋朝法律形式上是归入
申明、指挥等类中。看详，在宋朝作为一种法律形式是有争议的，因为它是
立法说明与依据材料，但法律适用中又被作为一种法律渊源使用。根据性质
的不同可以分为刑事类、非刑事类和混合型三种，其中刑事类法律形式有
律、疏议、刑统、敕和断例；非刑事类法律形式有令、格和式；混合型有申
明、指挥和看详，申明中属于刑事类的有《申明刑统》和随敕申明两种。
根据法律形式在整个国家法律中的效力等级和作用，可以分为：基本法律
渊源、一般法律渊源和补充法律渊源。基本法律渊源有律、疏议和刑统；
一般法律渊源有敕、令、格和式；补充法律渊源有申明、断例、指挥和
看详。

　　从法律渊源上看，律、疏议和刑统是法律体系中基本的法律渊源。宋朝
时，"律"和"疏议"是特指概念，具体是指唐朝开元二十五年（737）制
定的律典和《律疏》。五代十国、辽、宋、西夏、金和元朝的法律渊源的基
本特点，是在基本法律渊源上五代至元都把唐朝的律、令、格、式四典和
《唐六典》作为基础，或以其为立法损益的基础对象来建构自己的法律体
系，很少制定独立的、完整的律令格式法典来构建自己的法律体系。从现有
史料看，仅有后梁在开平四年（910）制定过《大梁新定格式律令》，具体
是"新删定令三十卷、式二十卷、格一十卷、律并目录一十三卷、律疏三
十卷，共一百三卷。请目为《大梁新定格式律令》"。① 但这次修订的法律成
果很快就被后唐废除。后唐天成元年（926）九月十八日，御史大夫李琪提
出"今莫若废伪梁之新格，行本朝之旧章，遵而行之，违者抵罪"。② 本来
后梁制定的律令格式新法典在内容上能有多少创新就存在问题，更不用说很
快就被废除了。此后四朝和宋朝亦不再制定系统的律典，在刑律方面则是继
承发展唐中后期形成的"刑统"类立法，通过修订"刑统"来实现刑律的
与时俱进。宋朝虽然在中后期开始制定令、格、式新法典，但一直没有重新
制定新律典。在对宋朝立法体例的考察上，还应注意的问题是南宋时期
《吏部条法》体例的兴起。因为《吏部条法》本质上是七司各类法律融合的

---

① 《五代会要》卷 9《定格令》，上海古籍出版社 2006 年版，第 146 页。
② 《五代会要》卷 9《定格令》，上海古籍出版社 2006 年版，第 146 页。

事类体，即"七司事类"，问题是《吏部条法》每卷前面出现了新的立法形式——"撮要"。①"撮要"是对本门下涉及的敕、令、格、式、申明等各类不同法律进行整合、综合形成的新的法律内容。这种"撮要"在本质上成了新的立法形式，在这种立法形式中，不再把法律按律、敕、令、格、式、申明等分类，而是把具有相同调整对象和性质的法律整合在相同"门"的篇名之下。这种立法形式成为元朝立法的直接来源，也是《大明律》立法体例的来源。

对北方的辽、西夏、金在立法上的特征和法律形式上的变迁，学术界考察较少。辽、西夏、金在立法上基本接受唐朝的法律，同时受到宋朝的一些影响，但在法律形式变迁上，从现有材料看，在发展中开始形成与宋朝不同的风格。如辽朝的《重熙新定条制》、《咸雍条制》是律、令、敕合编，而不是严格按唐朝时的律令格式和宋朝的敕令格式分类立法。这种以"条制"为名的法律编撰体例是不是一种事类体例，或应归为何种体例是很值得考察的。西夏在唐朝律令基础上制定的《天盛律令》，虽然在形式上以律典为主，但体例上已经把律、令、格、式、敕等法律形式整合成新的法典形式。《天盛律令》在体例上是一种新的事类体，而不是晋朝以来律典或令典两种体例中的任何一种。金朝最初制定的法典——《皇统制》，在体例上是对辽朝"条制"体例的继承。当然，金朝的变化是在泰和年间制定了较为完整的律典、疏义和令典，但只是把唐朝的"律、疏"称为"律义"。从记载来看，这次修订主要是完成律典、疏义和令典编撰，其他格式没有进行整体修订，而且整个"律"与"令"的修订仍以唐律令为基础，以致元人称《泰和律义》"实《唐律》也"。此外，由于没有制定独立的敕典，《泰和律义》应是把宋朝的敕、申明等也纳入其中了。可以说，辽、西夏、金等北方民族政权的法律在演变中形成了继承《唐律》基础上的北支法律形式。其中，代表成果是金朝泰和年间的立法成就。元朝的法律，本质上是全面继承金朝成就的产物。当然，元朝灭掉南宋后，在法律发展中开始受到宋朝法律的影响。

总之，现在可以确定的是，整个五代十国、辽宋西夏金及元朝的法律形式基本是以唐朝的律令格式四典为基础发展起来的，在法律适用时，唐朝的

---

① 《吏部条法》每门下都有"撮要"立法，这种撮要立法在内容上更加简练，在划分上不再用敕令格式，整个门就是一个整体。

律令格式也一直被作为直接法律渊源。这是此时期立法的重要特征。① 分析宋朝的断例问题，必须对五代至宋朝时期法律发展的前提和基础有一个清楚的认识，进而才能在分析的基础上得出正确的结论。

---

① 对五代至元朝时期法律发展与唐朝法律的关系，日本学者多有研究。如宫崎市定的《宋元时代的法制与裁判机构——〈元典章〉成立的时代背景和社会背景》（《中国法制史考证》甲编第三卷《宋辽西夏元卷》，中国社会科学出版社 2003 年版）；内藤乾吉指出《唐律》与《疏议》在开元二十五年刊定后，在唐后期、五代、宋、辽、金诸朝都作为现行法被适用，参见〔日〕内藤乾吉《涝喜斋本唐律疏议的刊行年代》，载氏著《中国法制史考证》，有斐阁 1963 年版，第 148～181 页。

第一章　宋朝诸例考述*

宋朝是中国古代"例"发展史上的重要时期。在宋朝，"例"逐渐成为通用的法律术语，且种类不断增多，以"例"为名的法律形式多达十余种。作为宋朝最常用的法律术语，"例"有单独使用和联合使用两种通用形式，即"某某例"，或"某某条例"、"某某事例"、"某某格例"、"某某则例"、"某某体例"等形式。中国古代法律术语中的"例"，与近代西方，特别是普通法系语境中的"判例法"没有必然联系。在中国古代，"例"最早使用在经学领域。汉朝时，随着经学的形成与繁荣，开始形成了经学研究中的各种技术和方法，其中对经文进行注解形成的不同具体内容被称为"例"。研究经学的各种技术和方法也得到了极大发展，每位注者的独立注释成为一个独立的条解，同一经文，往往有不同注者的条解，故而称为"条例"。① 此种经学研究技术被借用到法律解释上，特别是对律令的注释上，这种由对律令等法律形式进行解释、补充而成的法律形式即为"例"。② 这样在法律上，"例"主要是指对"律"、"令"等法律解释、补充的产物，就性质而言，"例"是一种衍生物。现在学术界基本上把中国古代法律中的"例"分为行政例和司法例两种。"行政方面的例，种类甚多，有条例、事例、格例、则例及各种特例，其中条例的法律地位最为最重"；"司法例，即判例"。③ 如此分类，便将行政例等同条例、事例、格例和则例，司法例等同判例。④ 那么，这种分类是否适用于任何朝代呢？通过分析和考察会发现，这种分类存在合理性，但也有不少问题。

---

* 本章主要内容以阶段性成果《宋代判例制度考辨》发表于《云南师范大学学报》（2016 年第 1 期）上。

① 《宋史·艺文志》中有大量经学书名，如《仪礼类例》、《周礼类例义断》、《春秋经解义例》、《公羊新例》、《春秋总例》、《春秋类例》、《谷梁新例》等。

② 汉朝中后期经学家转向对律令，特别是"律"的注解成为中国古代例类法律形式兴起的重要原因。因为经学家在注解律文时往往采用注解经文的解释体系和技术手段，这可以从《史记》、《汉书》和《周礼》等涉及法律内容的注释上看出此种技术与体例的形成过程。郑玄、马融等人在注解这些著作中的法律问题时，并没有采用特别形式，而是采用注解"经"的方式。

③ 杨一凡、刘笃才：《历代例考》，社会科学文献出版社 2009 年版，第 79 页。

④ 这种立场成为宋朝"例"研究中的基本立场，如戴建国、杨一凡、刘笃才等先生都持有同样的立场。

原因是中国古代每个朝代中条例、事例、格例、体例和则例并不都是行政判例，司法例并不必然是判例，最典型的是元朝"断例"虽然属于司法例，但并不全由判例组成，其中还有大量的成文法。① 同样，宋朝法律中，"断例"是司法例，但也不能认为"断例"就是判例，因为有些"断例"是量刑中的司法解释，是以成文法的形式存在。此外，条例、事例、格例、则例和体例等也不全是行政法。宋朝"体例"中有大量内容就是判例，或者说是行政判例。② 为了厘清上述问题，本章将对宋朝法律中的条例、事例、格例、则例、体例和断例等内容进行考察，厘清宋朝诸例的含义和构成内容。此外，"旧例"和"故事"也构成了"例"的次种类，特别是与判例有关的内容。

宋朝判例可以分为行政判例和刑事判例（准确称为"司法判例"）。虽然有些例中的确存在判例，但这并不能简单得出某例就是行政法、某例就是判例法的结论。行政判例和司法判例的主体，分别称为"狭义例"和"体例"、"断例"、"旧例"、"故事"等。

---

① 如《至正条格·断例》第 317 条《关防漕运》由 11 条成文法构成，第 318 条《漕运罪赏》由 24 条成文法构成，第 363 条《盐课》由 9 条成文法构成，第 365 条《私盐罪赏》由 9 条成文法构成，第 393 条《铁课》由 7 条成文法构成，第 395 条《茶课》由 6 条成文法构成，第 408 条《市舶》由 22 条成文法构成，等等。

② 中国古代法律术语中的最大问题是，由于没有形成系统的、稳定的法律术语体系和法律分类体系，整个法学依附在经学理论体系下，无法成为独立的法律发展术语支持体系。这是因为中国古代没有形成统一的法律教育和教材体系，从现在可以见到的法律研究类教学书——各类律学著作看，整个体例和内在支持体系都是经学。在中国古代最为完整的经学中讨论法律理论的成果——明朝邱濬的《大学衍义补》中，整个支持体系都是经学。所以，虽然秦汉以后，很多法律术语含义越来越稳定；在法律人才上，虽然三国时期魏国在国家最高教育机构——国子监中设律学博士，但古代官员，不管是司法官员还是行政官员，由于在职业生涯中没有统一、完整的法学教育经历，在使用法律术语上较为随便和不统一。这是中国古代法律术语在理解上杂乱无序的重要原因。此外，虽然律学有较大发展，但仍然无法从经学中独立出来，形成独立的学术体系，导致中国古代法律无法在法律术语体系上获得如古罗马和近代西方法律发展中那种对法律术语体系稳定、独立的学术语言体系的支持。如最成熟的"律"和"令"两个概念，在不同朝代、不同人员的使用中都多种多样。还有唐朝的"格"，同样是法律名称，《开元格》和《开成格》含义完全不同。五代天成元年十月十一日，御史台、刑部和大理寺在奏折中指出，"若将《开元格》与《开成格》并行，实难检举"，原因是《开元格》多定条流公事，《开成格》关于刑狱（《五代会要》卷 9《定格令》，上海古籍出版社 2006 年版，第 147 页）。关于经学对中国古代法学、法律的影响，学术界研究较少，仅有王宏治对此进行过考察。如《试论中国古代经学与法学的关系》（《中国与以色列法律文化国际学术研讨会文集》2004 年）和《经学：中华法系的理论基础——试论〈唐律疏议〉与经学的关系》（《中华法系国际学术研讨会文集》2006 年）等。

宋朝法律形式中与"例"有关的术语主要有狭义例①、则例、条例、格例、体例、事例和断例等十多种。这当中，狭义例、则例、条例、格例、事例在构成上以成文法为主体，而体例、断例和故事则多由具体个案和具体事件构成，形成较有中国特色的传统判例制度。此外，体例、故事在宋朝还有条例、习惯法、习俗等含义。要考察宋朝"断例"，首先应对宋朝诸例问题进行综合性的考察，以全面反映宋朝"断例"的结构、内容、性质和特征，以及"断例"与其他称为"例"的法律形式之间的关系。本章主要以《宋会要辑稿》和《续资治通鉴长编》为中心，将宋朝诸例分成一般例、行政例和司法例三种类进行考察。一般例与判例法无关，在宋朝多是一种法律名称，或称为一种法律形式。由于《宋会要辑稿》中涉及诸例的史料较多，也是现在可以见到的最全面、最系统的宋朝原始史料中"例"的史料，本书将与此有关的史料作为附录辑录于本书之后，本章仅列其中少数史料作为论据。要全面了解宋朝诸例的情况，请详细参考"附录"的《宋会要辑稿》中相关例类史料辑存。

一　一般例

（一）则例

"则例"是宋朝较为常用的法律术语。《宋会要辑稿》② 中有 300 多处使用"则例"一词；《续资治通鉴长编》③ 中使用次数较少，仅有 20 次，从具体使用的材料看，与《宋会要辑稿》中使用情况大体一致。考察与"则例"有关的各条材料，发现"则例"多是与钱财收支有关的规则、标准。④ 如《宋会要辑稿》中涉及"则例"的一种通用表述方式，即"依某某则例支破"。此种用语在《宋会要辑稿》中出现多达 70 次。

---

① 本书把"例"分成广义上的例与狭义上的例。广义上的例就是"例"的通称，即各类例的通称；狭义上的例是相对于条例、格例、则例、事例和体例等次类例而言的"例"。

② 本书《宋会要辑稿》所用版本是 2014 年上海古籍出版社点校出版的点校本，同时参考中华书局影印本，页码使用的是 2014 年上海古籍出版社的点校本。

③ 本书《续资治通鉴长编》所用版本是 2004 年中华书局点校本，下面仅列页码，不再列版本信息。

④ "则例"在中国古代的含义较为稳定。这不仅从唐五代的法律史料中可以看出，在宋元史料中也可以看出。有关元朝的则例情况可以参见拙文《元代例考：以〈元典章〉为中心》（《内蒙古师范大学学报》2010 年第 5 期）。

1.1.1① 元祐五年（1090）九月二十五日，户部言："勘会请给，粮料院、审计司只得拖历批勘，余并听太府寺指挥。仍令本寺指定，依某年月日条（试）［式］，合支名目则例、月分、姓名、贯伯石斗钱米数，下所属粮审院勘验批放。如系无法式，或虽有法式而事理疑惑，不能决者，即申度支取决。不得泛言依条施行，逐处亦不得承受。已上违者徒二年，仍不以赦降原减。"从之。②

1.1.1 条中"合支名目则例"是指太府寺中支出的具体项目和数额，即关于支出项目和数额的法律。

1.1.2 政和元年（1111）五月十二日，详定重修敕令所言："太医局状，奉议郎、太医局正程容（程）［陈］乞请给、序位、人从比附寺监丞体例施行。户部勘当，已得朝旨，依少府、将作、军器、都水监丞则例支破，所有立班序位，欲比拟在都水监丞之下。"从之。③

1.1.2 条是要求对太医局人员工资进行立法规定，最后适用"少府、将作、军器、都水监丞则例支破"，即按这四个机构人员工资等级支付。这里规定的是工资支付等级和数额。

1.1.3 绍兴元年（1131）正月十四日，诏："诸路差随行在军兵，各许借衣。内禁军春、冬绢二匹，厢军等绢一匹。旧有衣粮文历人，合依元请则例；新给历之人，春、冬衣赐依出军例，并支一半。如一年不及元借数，即依所借则例。"④

这里的"则例"是对薪酬方面数额的规定。

1.1.4 绍兴三年（1133）九月十八日，诏："仲湜、士从、士术、士籛月廪依令时等例，特免一半折钱，并依尚书郎官则例支破本色。"⑤

---

① 为了便于全书所引史料的考察，本书采用的编号原则是，第一个编号是全书的部分，第二编号是章，第三个编号是指在该章中的顺序。如 1.1.1 是指第一编第一章第一条。
② 《宋会要辑稿》，"职官二七·太府寺之16"，第3718页。
③ 《宋会要辑稿》，"职官二二·太医局之38"，第3637页。
④ 《宋会要辑稿》，"职官二七·粮料院之58"，第3739页。
⑤ 《宋会要辑稿》，"帝系六·宗室杂录之5"，第143页。

1.1.4 条材料是关于皇室成员月工资的支付，最后依"尚书郎官则例破"，即要求按尚书郎官的工资等级支付。这里的"则例"是工资规定。

从以上四条材料可以看出，"则例"所指的都是具体数额、等级方面的内容。下面这条材料是体现"则例"法律的内容构成和特点的典型代表。

1.1.5 嘉定八年（1215）十二月十二日，殿前司言："准枢密院札子，检会知梧州郑炎奏：'比年以来，往往军帅多以胥吏备数，一（且）[旦]遽补官，未几又躐进，其奸则足以欺罔，其贪则足以剥剥，士卒之心不平，莫不深被其害。皆军帅徇一时之颜情，而不知军旅之为重。欲乞自今以往，胥吏非有军功，不许径补军官。'照得三衙、江上诸军胥吏，系于各军差拨充应，自后军帅倚为腹心，每遇差除，即乞改拨，随行不久，便与升差职事。虽有前项指挥，在朝无籍可考。合行措置，札付本司，开具本司及诸军统制、统领、将队司等处见今充役胥吏职位、姓名、所请钱米等数目，行下所属，令行置旁批勘，却减落兵籍。日后如遇开收升转，并仰具申枢密院。……今开具见管人数、职次、请给则例：马军司提点文字一名，见阙；点检文字元管二名，见阙一名，见管一名，正额效用、白身，日请食钱三百文，口食米三升，大礼赏二贯文例。诸案职级元管二名，见阙一名，见管一名，正额效用、白身，日请食钱三百文，口食米三升，大礼赏二贯文例。诸案：吏曹案，元管一十三人，见阙贴司一名，见管一十二人：主押二人，一名旧管效用、白身，日请食钱三百文，口食米三升，大礼赏二贯文例；一名额外效用、守阙进勇副尉，日请食钱二百五十文，米二升，大礼赏二贯文例。手分五人，一名正额效用、进勇副尉，日请食钱三百文，米三升，大礼赏二贯文例；一名额外效用、守阙进勇副尉，日请食钱二百五十文，米二升，大礼赏二贯文例；三名并系额外效用、白身，日请食钱一百文，米二升五合。每月折麦钱七百二十文，粮米三斗，春冬衣绢各二匹，冬加绵一十二两，大礼赏一十五贯文例。贴司见管五人，并额外效用、白身，日请食钱一百文，米二升五合。每月折麦钱七百二十文，粮米三斗，春冬衣绢各二匹，冬加绵一十二两，大礼赏一十五贯文例。兵马案，元管一十四人，见阙贴司二人，见管一十二人：主押二人，一名正额效用、守阙进勇副尉，日请食钱三百文，米三升，大礼赏二贯文例；一名额外效用、白身，日请食钱一百文，米二升五合。每月折麦钱七百二十文，粮米三斗，春冬衣绢各二匹，冬加绵一十二两，大礼赏一十五贯文例。手分见管六人，四人并正额效用、白身，日请食钱三百文，米三升，大礼赏二贯文例；二人并额外效用、白身，日请食钱一百文，米二升五合。每月折麦钱七百二十文，粮米三斗，春冬衣绢各二匹，冬加绵一十二两，大礼赏一十五贯文例。贴司见管四人，见阙二人，一名旧管效用、白身，日请食钱三百文，米三升，大礼赏二贯文例；一名额外效用、守阙进勇副尉，日请食钱二百五十文，米二升，大礼赏二贯文例；二人并额外效用、白身，日请食钱一百文，米二升五合。每月折麦钱七百二十文，粮米三斗，春冬衣绢各二匹，冬加绵一十二两，大礼赏一十五贯文例。仓推案，元管一十三人：主押二人，内一名系权差典书孙再荣，时暂管干。见阙贴司二人，见管一十人。主押见管一名，正额效用、白身，日请食钱三百文，米三升，大礼赏二贯文例。手分见管五人，一名正额效用、进勇副尉，日请钱三百文，米三升，大礼赏二贯文例；一名系正额效用、白身，日请食钱三百文，米三升，大礼赏二贯文例；三人并额外效用、白身，日请食钱一百文，米二升五合。每月折麦钱七百二十文，粮米三斗，春冬衣绢各二匹，冬加绵一十二两，大礼赏一十五贯文例。贴司见管四人，见阙二人，二人并正额效用、白身，日请食钱一百文，米二升五合。每月折麦钱七百二十文，粮米三斗，春冬衣绢各二匹，冬加绵一十二两，大礼赏一十五贯文例。发递司，手分一名，正额效用、白身，日请食钱三百文，米三升，大礼赏二贯文例。开拆司，职级一员，正额效用、守阙进勇副尉，日请钱三百文，米三升，大礼赏二贯文例。主押二人，额外效用、白身，日请钱一百文，米二升五合。每月折麦钱七百二十文，粮米三斗，春冬衣绢各二匹，冬加绵一十二两，大礼赏一十五贯文例。手分见管二人，并额外效用、白身，日请食钱一百文，米二升五合。每月折麦钱七百二十文，粮米三斗，春冬衣绢各二匹，冬加绵一十二两，大礼赏一十五贯文例。转行司，点检文字一员，额外效用、守阙进勇副尉，日请食钱二百五十文，米二升，大礼赏二贯文例。职级一员，正额效用、白身，日请食钱三百文，米三升，大礼赏二贯文例。主押二人，一名正额效用、白身，日请食钱三百文，米三升，大礼赏二贯文例。中军一名，额外效用、守阙进勇副尉，日请食钱二百五十文，米二升，大礼赏二贯文例。

手分见管六人，一名正额效用、守阙进勇副尉，日请食钱三百文，米三升，大礼赏二贯文例；二人并正额外效用，各日请食钱二百五十文，米二升，大礼赏二贯文例；一名额外效用、进勇副尉，日请食钱三百文，米二升，大礼赏二贯文例；二人并额外效用、白身，日请食钱一百文，米二升五合。每月折麦钱七百二十文，粮米三斗，春冬衣绢各二匹，冬加绵一十二两，大礼赏一十五贯文例。贴司见管六人，一名使臣、守阙进勇副尉，日请食钱四百二十六文；一名额外效用、摄进勇副尉，日请食钱二百五十文，米二升，大礼赏二贯文例；四人并额外效用、白身，日请食钱一百文，米二升五合，每〔月〕折麦钱七百二十文，粮米三斗，春冬衣绢各二匹，冬加绵一十二两，大礼赏一十五贯文例。所有诸军统制、统领、将队司并旧司共一千三百七十八人，于内多是进牌内籍定正带甲、准备带甲备差人数。今来若行置旁分擘，减落兵籍，窃恐人数太多。欲将逐人请给，仍旧各军历内帮勘。"（照）［诏］依具到事理，立为定额，理充见管人数。其请给等各照逐人见请则例，令行置旁批勘。仍仰今后不许巧作名色，升差职事。如遇升转开收，申取朝廷指挥。"①

1.1.5 条中明确指出所开出的是"人数、职次、请给则例"，从具体内容看，每条涉及三个内容：人数、职级和支付数额。"请给则例"是指具体支付的数额。1.1.5 条全面反映出宋朝"则例"内容的特征。

1.1.6 乾道七年（1171）四月六日，户部状："准批下宁国府奏：'皇子大王出判宁国府，已择三月二十七日开府视事，每月俸料钱外，欲每月支供给钱五百贯文。所有一行官属每月供给钱，今参酌立定则例下项：一、长（使）［史］、司马依监司例，各支给一百五十贯文。一、参议一员，如已关升知州资序，与支一百五十贯文；若通判资序，与支八十贯文。一、路铃一员，支一百五十贯文。一、记室参军（事）两员，各支六十贯文。一、干办府［事］三员，各支五十贯文。一、随行医官三员并使臣一十八员，各支钱一十贯文。乞于经总制钱内支给。'本部勘当，欲乞依立定则例支给，将长史、司马、路铃、记室参军（事）依知州、通判、职官、路铃例，于公

———————————

① 《宋会要辑稿》，"职官三二·马步军殿前司之20"，第 3823～3825 页。

使库支给外，所有皇子大王并参议、干办府［事］、随行医官、使臣供给，缘创置之初，恐难应副，许于经总制钱内支给。"从之。①

总之，宋朝"则例"在形式上是一种成文法，内容上主要是调整、规定政府各种各样的支付、收入、征纳赋税的等级、比例和数额等。因此，认为则例属于行政法规是有一定合理性的，但它不属于判例法。则例的此种性质在元朝得以保留，明清时其所指范围更加广泛，不再局限于前述领域。明清两朝"则例"成为"例"类法律的主体，构成国家立法的主体。清朝则例的立法成果，学者统计了41家藏书单位所藏史料，清代则例立法达851种，②成为法律形式的主体。清代则例具有双重性：一是对《大清律》中相关律文的细化；二是对唐宋令格式性质的法律统合。此外，清代则例仍然保留宋元则例的内容特点。

（二）事例

宋朝"事例"不是判例，多指具体的法律规范。这一点与该术语字面理解有出入。从《宋会要辑稿》中看，"事例"内容不多，仅有25处材料使用此术语。《续资治通鉴长编》中仅有5条材料使用"事例"，其中一条便具有"事件例"的意思。③下面材料是这方面的典型代表。

> 1.1.7 淳化二年（991）十一月二十三日，诏定降麻事例。宰臣、枢密使、使相、节度使特恩加官除授学士事例：银百两，衣着百匹，覃恩加食邑；起复例：起复银五十两，衣着五十匹。亲王以上有宣赐事例，更不重定。公主未出降，依亲王例宣赐；已出降，令驸马都尉管送。④

从1.1.7条看，"事例"规定的是具体官员、特定人员在不同情况下的封赐数额，内容与"则例"相同。然而，材料中的"降麻事例"是一种法律名称，即《降麻法》，所以"事例"有时与现在的"法"同义。

---

① 《宋会要辑稿》，"职官五七·俸禄五·杂录上之89"，第4606～4607页。
② 参见杨一凡《清代则例纂修要略》，载杨一凡主编《中国古代法律形式研究》，社会科学文献出版社2011年版，第520页。
③ 元丰六年（1085）闰六月丁酉，阁门言："使相已下至节度使除授，有引麻赐告书送事例，欲乞特赐比类学士、舍人院，亦行寝罢。"从之。（《续资治通鉴长编》卷336，"神宗元丰六年闰六月丁酉"条，第8111页）
④ 《宋会要辑稿》，"职官六·翰林院之47"，第3180页。

1.1.8 至道二年（996）四月，诏："自今后初出官人便入初等幕职者，料钱止给七千。若已有入官资考，许请前任料钱。合入令录入初等幕职者，依本州录事例给奉。"①

1.1.9 景德四年（1007）十二月，诏："契丹人使到阙，差赐御筵酒果及勾当使臣所得事例：马令于左骐骥院送纳，每匹左藏库支与钱二十千，令内侍省依此指挥，更不逐度降宣，其书并谢恩表状，缴送枢密院。"②

1.1.10 乾道四年（1168）十二月十一日，诏权主管殿前司公事王逵遇立春日并冬、年、寒食节，特与依见今主管马步军公事例，给赐幡胜、签赐。③

1.1.8 条规定不同情况"初出官人"的薪金数额，这里的"事例"是"某某规定"的意思。上述诸材料中体现出来的"事例"只有法律规范的含义，没有"先例"的含义。因此"事例"在宋朝没有判例的意思，或者至少可以肯定，事例不是判例构成的重要例类。

（三）条例

宋朝法律术语中，"条例"的基本含义是"法"、"条文"、"法律规范"等。从"条例"规范的内容上看，涉及民事、行政、社会和刑事等方面。《宋会要辑稿》中有约 400 处使用到"条例"，《续资治通鉴长编》中有 150 多处使用到"条例"。两处材料中"条例"的基本含义是相同的。

1.1.9 咸平五年（1002）二月甲午，审刑院上《秦州私贩马条例》："自今一匹杖一百，十匹徒一年，二十匹加一等，三十匹奏裁，其马纳官，以半价给告事人。"从之。先是，侍御史知杂事范正辞尝请于西北边市马，枢密院言冒禁不可许，诏特以厩马赐焉。④

1.1.10 大中祥符四年（1011）六月，又令详定《诸州发解条例》附之。⑤

1.1.11 大中祥符七年（1014）八月，诏定《押省马上京纲

---

① 《宋会要辑稿》，"职官一一·吏部格式司之77"，第 3364 页。
② 《宋会要辑稿》，"兵二四·马政杂录之7"，第 9113 页。
③ 《宋会要辑稿》，"礼六二·赉赐二之71"，第 2154 页。
④ 《续资治通鉴长编》卷51，"咸平五年二月甲午"条，第 1117 页。
⑤ 《宋会要辑稿》，"崇儒四·勘书之4"，第 2816 页。

（宫）［官］殿侍抛死寄留决罚条例》。①

1.1.12 景祐三年（1036）正月丙午，四方馆使、荣州刺史夏元亨言，阁门仪制，自大中祥符中陈彭年详定后，续降诏敕，或有重复，请复编次之。命学士承旨章得象、知制诰李淑同详定。康定元年四月，修成《阁门仪制》十二卷，《客省条例》七卷，《四方馆条例》一卷。②

1.1.13 熙宁三年（1070）八月十八日，诏殿前、马、步军司，今后大辟罪人，并如《开封府条例》，送纠察司录问。③

1.1.14 熙宁七年（1074）六月乙未，命参知政事吕惠卿提举编修《司农条例》。④

1.1.15 元丰元年（1078）七月十一日，判司农寺蔡确请令三局丞、簿不妨事，兼删修本寺条例。从之。⑤

1.1.16 元丰四年（1081）二月八日，中书言："诸房自来熟事不用条例文字事目欲令依旧外，如更有似此熟事文字并诸处奏请事件，引用条例分明，别无问难取索，便合拟进者准此。"从之。⑥

1.1.17 元祐元年（1086）十二月庚子，广西经略安抚使、都钤辖司言："乞除桂、宜、融、钦、廉州系将不系将马步军，轮差赴邕州极边水土恶弱寨、镇、监、栅及巡防并都、同巡检等处，并乞依《邕州条例》，一年一替。其余诸州差往邕州永平、古万、太平、横山、迁隆寨镇及左、右江溪洞巡检，并钦州如昔峒驻扎抵棹寨，并二年一替。其诸州巡检下一年一替。"从之。⑦

1.1.18 元祐八年（1093）二月庚戌，户部言："勘会无为军崑山白矾元条，禁止官自出卖，昨权许通商，每百斤收税五十文。准《元祐敕》，晋矾给引，指住卖处纳税，沿路税务止得验引批到发月日，更不收税。其无为军崑山矾欲依《矾通商条例》。"诏依户部所申。⑧

---

① 《宋会要辑稿》，"兵二一·估马司之18"，第9058页。
② 《续资治通鉴长编》卷118，"景祐三年正月丙午"条，第2775页。
③ 《宋会要辑稿》，"职官三二·殿前司之5"，第3814页。
④ 《续资治通鉴长编》卷254，"熙宁七年六月乙未"条，第6217页。
⑤ 《宋会要辑稿》，"刑法一·定格令一之11"，第8223页。
⑥ 《宋会要辑稿》，"职官三·中书省之8"，第3026页。
⑦ 《续资治通鉴长编》卷393，"元祐元年十二月庚子"条，第9557页。
⑧ 《续资治通鉴长编》卷481，"元祐八年二月庚戌"条，第11436页。

　　1.1.19 元符二年（1099）六月壬午，都提举汴河隄岸贾种民言："乞依元丰年及川茶条例，将监于郑、澶、滑等州界地方，依开封府界条例出卖官茶。"从之。①

　　1.1.20 元符二年（1099）七月四日，中书舍人赵挺之详定编修《国信条例》。②

　　1.1.21 绍兴元年（1131）十一月二十六日，提举广南路市舶张书言言："契勘大食人使蒲亚里所进大象牙二百九株、大犀三十五株，在广州市舶库收管。缘前件象牙各系五七十斤以上，依《市舶条例》，每斤价钱二贯六百文，九十四陌，约用本钱五万余贯文省。欲望详酌，如数目稍多，行在难以变转，即乞指挥起发一半，令本司委官秤估；将一半就便搭息出卖，取钱添同给还蒲亚里本钱。"诏令张书言拣选大象牙一百株并犀二十五株，起发赴行在，准备解笏造带、宣赐臣僚使用。余依。③

　　从以上 13 条材料中，可以看出其中很多"条例"为法律名称。从法律上看，都可以称为"法"，如《司农条例》、《客省条例》、《四方馆条例》和《开封府条例》等。下面材料是以"条例"为名的法律内容。

　　1.1.22 天圣四年（1026），京东转运副使上官似言："奉诏相度登州蓬莱县界淘金利害。今检视淘金处，各是山涧河道，及连畔地土闲处有沙石泉水，方可淘取得碎小片金。仍定下项条例：凡上等，每两支钱五千，次等四千五百，俱于在城商税务内置场收买，差职官勾当。产地主占护，即委知州差人淘沙得金，不计多少，立纳官，更不支钱。监官招诱收买数多，即与酬奖。地主及赁地人不得私卖，及将出州界，许人告捉，一两已下笞四十，已上笞五十，四两已上杖六十，七两以上杖七十，十两以上杖八十，十五两以上杖九十，二十两已上杖一百；买者减一等。告人据捉到金色号，全与价钱充赏，至百千止。应自前淘买到者，即限一月赴官中卖，限满不首，许人告捉，并依前项施行。应出金地主或诸色人，如自立法后一年内，淘取得金二百两已上中卖入官，与免户下三年差徭及科配，如

---

① 《续资治通鉴长编》卷 511，"元符二年六月壬午"条，第 12161 页。
② 《宋会要辑稿》，"刑法一·定格令一之 18"，第 8231 页。
③ 《宋会要辑稿》，"职官四四·市舶司之 14"，第 4210 页。

并五次淘得各及两数，即永免差役科征，只纳二税。应地主如少人工淘取，许私下商量地步断，赁与人淘沙得金，令赴官场中卖。"从之。①

从1.1.22条的内容看，条例规定的法律不仅有税法方面的内容，也有刑法等内容。这说明"条例"在宋朝法律术语中含义较广，而不仅指特定的法律。可以说，"条例"与"条法"有时是同义词。

总之，"条例"在宋朝法律术语中是法、法律的同义语，多用在法律篇名中。宋朝以"条例"为名的法律涉及行政、税收、刑事等各方面。明清时期，条例多指对律文细化补充的法律。条例在性质上是刑事法律，在形成上是律文的派生物。也可以说，明清条例是宋朝时期敕、申明、断例、指挥等诸种法律中刑事类法律的集合物。条例统合了由律文衍生出的各类刑事法律。

（四）格例

"格例"在宋朝法律术语中属于使用较少的术语，这一点与元朝有区别。元朝把宋朝称为令、格、式等所有与非刑事有关的法律统称为"格例"，格例是基本的法律术语。分析宋朝法律术语中"格例"的含义，与之较近的有"条例"和"则例"。"格例"有时指法、法律规范。在《宋会要辑稿》中有15处使用"格例"；《续资治通鉴长编》中有3处使用"格例"，具体是：

1.1.23 大中祥符九年（1016）九月己未，诏诸州县七月已后诉灾伤者，准格例不许，今岁蝗旱，特听受其牒诉。②

1.1.24 天禧四年（1020）四月午壬，审刑院、刑部、大理寺奏："自今所举幕职、州县官充详断、法直官，请试律五道，取三道以上，仍断案三二十道，稍合格例，则保明闻奏。"从之。③

1.1.25 元祐三年（1088）闰十二月丙辰……枢密院札子："勘会诸路民兵及蕃官蕃兵，旧例属枢密院，自官制举行，分属尚书兵部主行，合取旨申禀者，止申都省。缘蕃官及汉弓箭手之类，本备战守，与正兵事体一般，弓箭手见属诸将，峒丁见戍城寨。而自分隶以来，缓急边事差移团结，及常日更张措置，不复关由枢密院，有

---

① 《宋会要辑稿》，"食货三四·坑冶杂录之15"，第6740页。
② 《续资治通鉴长编》卷88，"大中祥符九年九月己未"条，第2018页。
③ 《续资治通鉴长编》卷95，"天禧四年四月午壬"条，第2187页。

司但循格例，亦无所建明。深虑边防武备因循，失于完整。"①

从上面三条材料中可以看出，1.1.23 条和 1.1.24 条中的"格例"是宋朝敕令格式中"格"的另一种称谓，1.1.25 条的"格例"则是法、法律的意思。

1.1.26 大中祥符五年（1012）闰十月三日，户部判官刘锴言："吏部叙服色，各将历任家状及告敕、历子照验，依例会问。如丁忧及假故、停殿并除落外，实及年月者方始以闻。其间告敕并足，只少差敕、历子一两道者，虽年限过余，未敢以闻，致本官进状下，方会问审官院诣实。欲乞今后为告敕、差敕、历子、家状点检，除落停殿、丁忧、假故外，实及年限，历子、差敕不全少者，便会问审官院，依州县官去失文书格例，召清资官同罪委保以闻。如历子、差敕俱无者，即依丁忧、停殿例除落年限。"从之。②

1.1.27 大中祥符九年（1016）九月十八日，诏："诸路州县七月已后诉灾伤者，准格例不许，今岁蝗旱，特听收受。"③

1.1.28 绍兴二十九年（1159）八月十四日，崇庆军承宣使、安定郡王令懬奏："前此未有自从列而袭封者，欲乞少加优异。遇大礼奏荐，及将来致仕遗表恩泽，仍旧依权侍郎格例，于文资内安排。其应干请给并大礼生日支赐，及公使拆洗、食料等，依行在南班官帮行旧请格例，及出入接见投下文字依外官外，并宣借人数、书表、客司等请给，欲乞并依前定安郡王令枚已得指挥施行。"从之。④

1.1.29 绍兴三十一年（1161）九月二十三日，皇侄武康军节度使、开府仪同三司、判大宗正事、恩平郡王璩言："明堂礼成，见居绍兴府、知宗正事士籛等各已蒙赏赉，依旧例三分减一支给，独臣未受庆赏，乞依格例支破。"从之。⑤

1.1.30 乾道元年（1165）正月一日，敕："应赏给除诸军已先次

---

① 《续资治通鉴长编》卷 419，"元祐三年闰十二月丙辰"条，第 10155 页。

② 《宋会要辑稿》，"职官八·吏部之 2"，第 3232 页。

③ 《宋会要辑稿》，"刑法三·田讼之 43"，第 8415 页。

④ 《宋会要辑稿》，"帝系六·宗室杂录之 31"，第 156 页。

⑤ 《宋会要辑稿》，"礼二五·杂录之 23"，第 1216 页。

支给外，其余未经支赐人，可依格例指挥支给。"①

　　1.1.31 乾道八年（1172）四月一日，诏蜀州正奏名进士赵甲等六人，并与依格例升名。以甲等援太上皇帝潜藩例自言也。②

　　1.1.32 淳熙五年（1178）闰六月一日，诏"自今后职事官并六院官任满日依绍兴格例，临时取旨除授"。③

　　1.1.33 嘉定十四年（1221）七月十一日，诏皇子国公大礼赏给、支赐并春冬拆洗，并依格例全支本色，令户部供纳。④

　　上面材料中的"格例"，很多是法律形式"格"的称谓；其他的有法和法律的含义。

　　总之，宋朝的"格例"基本是"格"的一种称谓。此外，它具有法律、法的含义。当然，宋朝"格例"已经出现把"格"和"条例"两种含义结合的现象，这为元朝把"格例"上升为基本法律术语奠定了基础。当然，宋朝的格例与先例、判例没有太多联系。从现有材料来看，格例不是宋朝判例构成的主要形式。考察唐朝以来"格"在法律术语中的变化，会发现"格"在保持律令格式四种分类下的法律形式称谓的同时，其含义范围有所扩大，开始具有法、法律等含义，特别是具有了"律"，即刑事法律的含义。

二　行政判例

　　宋朝诸例中，狭义例、体例、旧例和故事中有大量内容属于行政判例，其中体例、故事是行政判例的主体。行政例之所以成为宋朝判例的重要组成部分，是因为宋朝在行政管理的决策和处理依据上严格要求"依法行政"，于是大量行政个案成为后来同类行政行为、行政事件决策和处理的依据。行政判例是宋朝现在可以见到的非刑事类的具体判例主体。当然，宋朝行政例中应存在属于现在民商类的判例。在《宋会要辑稿》中，"体例"出现 900 多次，狭义例出现多达千次。"体例"至少有三种含义：一是行政判例；二是办事规程，如程序、规则；三是法律规范。狭义例在宋朝除具有事例、条例和格例等各种特定"例"的含义外，还拥有行政判例的含义。这里重点考察狭义例中含有判例含义的部分。在宋朝史料中，与"旧例"和"故事"

---

①　《宋会要辑稿》，"兵一九·军赏之 15"，第 9008 页。

②　《宋会要辑稿》，"选举八·举士·亲试杂录之 45"，第 5432 页。

③　《宋会要辑稿》，"职官一·三省之 66"，第 2973 页。

④　《宋会要辑稿》，"礼六二·赉赐·滥赐之 85"，第 2162 页。

较接近的术语是"体例"和"断例"，有时也与"事例"、"条例"和"格例"相同。"故事"在宋朝法律术语中使用较频繁，在《宋会要辑稿》中，"故事"使用次数达 1000 多次，"旧例"达 500 多次；《续资治通鉴长编》中"故事"使用次数达 1330 多次，"旧例"达 224 次。认真考察这些材料中引用到的"故事"和"旧例"，会发现它们多与判例、先例有关，构成了判例，特别是行政判例的重要组成部分。"故事"较为特殊之处是，其中有些先例是宋朝之前的具体判例、事件和办事规程，而不仅限于宋朝。

（一）狭义例

在宋朝诸例中，存在大量称为"某某例"的内容，称为"狭义例"。从史料上看，狭义例具有法律和判例两种含义，其中有大量内容是属于行政性质的判例。这是很多学者把宋朝称为"例"的所有法律都认为是判例的主要原因。宋朝行政例的最大特点是存在个案例和事件例两类。由于事件例在构成上缺少个案例中人的因素，加之受到西方判例法的影响，学术界很难将其认为是一种判例。需要指出的是，称为"某某例"的法律有时是法律名称，即"某某法"，如《便籴粟麦例》等，这不属于本章考察的对象。

　　1.1.34　康定元年（1040）五月十二日，枢密院言："皇子八月十五日生，请依郡王使相例，赐袭衣、彩帛百匹、金器百两、马二匹、金镀银鞍勒一副。"从之。①

　　1.1.35　绍圣二年（1095）三月二十八日，三省奏：嗣濮王宗晟乞遗表恩泽，与男仲御、仲聘、仲仪转官。诏依宗晖例。②

　　1.1.36　绍圣二年（1095）八月七日，尚书户部言："濮王宗愈欲依故宗晖等例，岁添公使钱二千贯。"从之。③

　　1.1.37　绍圣二年（1095）十月九日，诏："濮王宗愈系英宗皇帝同母弟，遗表恩泽依宗晖、宗晟例特加一名。"④

　　1.1.38　绍圣四年（1097）七月二十三日，礼部言："仲糜奏，父宗绰遗表恩泽，乞奉圣旨依宗晟例，所有添厨物料亦合依例支破。"

---

① 《宋会要辑稿》，"帝系二·皇子诸王杂录之 11"，第 44 页。
② 《宋会要辑稿》，"帝系二·皇子诸王杂录·濮秀二王杂录·濮王之 39"，第 59 页。
③ 《宋会要辑稿》，"帝系二·皇子诸王杂录·濮秀二王杂录·濮王之 39"，第 59 页。
④ 《宋会要辑稿》，"帝系二·皇子诸王杂录·濮秀二王杂录·濮王之 39"，第 59 页。

从之。①

1.1.39 元符元年（1098）三月八日，诏："五王外第以懿亲宅为名。候申王似、端王佶入日，宗室正任以上自府门送至第，仍就赐御筵，入内内侍省取旨差内臣二员管干。"其后莘王俣、简王似、永宁郡王偲出居外第，并用此例。②

1.1.40 绍兴二十八年（1158）十一月十七日，士輵又奏："乞依前嗣濮王仲儡例趁赴朝参，及依士谞例在外居止，令临安府应副廨宇。如每遇仲享，乞依仲儡。士荟已降指挥，将带合破亲事官前去，出入免见辞，候回日随班起居。"从之。③

1.1.41 乾道七年（1171）二月二十五日，诏："魏王恺出镇，可依元祐五年文彦博例宴饯，仍依赐宰执已下喜雪体例排办。"④

从材料看，1.1.35 条至 1.1.41 条中的"例"属于具体个案例，1.1.34 条是具体事件例，以上两类可以归为行政例，即行政判例。

宋朝由于存在大量的行政判例，在处理具体事务时，往往会明确写明能否成为先例，以界定具体行政事件处理结果在以后同类事件中能否作为先例使用。

1.1.42 咸平元年（998）正月三日，赐近臣岁节宴于吕端第。每岁节皆就私第赐宴，自此为例。⑤

1.1.43 景德四年（1007）十一月二十七日，赐太庙、后庙守卫人承天节衣服，岁以为例。⑥

1.1.44 天禧五年（1021）二月十二日，赐内客省使、群牧使、桂州观察使杨崇勋新火，内客省使赐新火自此为例也。⑦

1.1.45 绍圣元年（1094）闰四月三日，三省言："冀国大长公主言：长男右骐骥副使张秉渊欲赴朝参，乞依李端愿恩例，特与对改使额。"诏张秉渊除右骐骥使，令赴朝参，免吏部试并短使差遣。后

① 《宋会要辑稿》，"帝系二·皇子诸王杂录·濮秀二王杂录·濮王之39"，第59页。
② 《宋会要辑稿》，"帝系二·皇子诸王杂录之16"，第47页。
③ 《宋会要辑稿》，"帝系二·皇子诸王杂录·濮秀二王杂录·濮王之46"，第63页。
④ 《宋会要辑稿》，"帝系二·皇子诸王杂录之24"，第52页。
⑤ 《宋会要辑稿》，"礼四五·宴享二·杂宴·元旦宴之26"，第1743页。
⑥ 《宋会要辑稿》，"礼一五·缘庙裁制之2"，第812页。
⑦ 《宋会要辑稿》，"礼六二·赍赐·公用钱之36"，第2132页。

遂为例。①

1.1.42 条至 1.1.45 条材料都是具体的行政个案，在处理后都明确规定"后为例"，即成为后来同类事件的处理先例，具有判例的功能。这种程序是宋朝判例形成的重要法定程序。一些事件处理不能成为先例时，也会明确规定不能成为先例，如"不得为例"。

1.1.46 天禧元年（1017）八月十一日，左骐骥使、澄州刺史、入内内侍都知张景宗请封赠所生父母。诏特从之，余人不得为例。②

1.1.47 天禧四年（1020）闰十二月，翰林医官使霍炳为榷易使，兼翰林医官使，仍给见俸，他人不得引为例。③

1.1.48 元丰三年（1080）八月二十六日，诏："判大宗正司宗旦旧例添厨食料，虽有后条冲革，可以见领宗正特给之，他官虽等、非职事同者，无得援为例。"④

1.1.49 元祐元年（1086）十月二日，诏："内侍押班梁惟简在太皇太后殿祗候近二十年，累有勤绩，今转出，可特带遥郡刺史，后毋为例。"⑤

1.1.50 元祐四年（1089）八月八日，诏："李养星、阿点魏哥等进贡御马已回赐，内黎撒啰、瞎征等依此，后毋为例。"⑥

1.1.51 嘉泰元年（1201）十一月三日，宰执进呈殿帅郭倪乞拨丰储仓米一万石，冬至前支散口累重大官兵。已得御笔依，谢深甫奏："殿司若欲额外（俯）［抚］存军士，主帅自合措置，不应请于朝廷。兼自来无此例，今若开端，后必为例。"上曰："极是。如郭倪奏陈欲将雄效及军中子弟招填效用，有坏孝宗法度，诚为难行。"深甫奏："此一事利害极大，前后帅臣专欲以此市恩，不知坏国家法度。陛下圣明，洞知底蕴，天下事一一留圣意如此，天下亦不难治。孝宗家法，万世当守。今借拨米事，冬节已近，且与权借拨一万石。

---

① 《宋会要辑稿》，"帝系八·公主·英宗四女之29"，第193页。
② 《宋会要辑稿》，"仪制一·陈请封赠之15"，第2506页。
③ 《宋会要辑稿》，"职官五二·诸使杂录之23"，第4456页。
④ 《宋会要辑稿》，"职官二·大宗正司之19"，第3573页。
⑤ 《宋会要辑稿》，"职官三六·内侍省之19"，第3897~3898页。
⑥ 《宋会要辑稿》，"蕃夷四·于阗之18"，第9777页。

候来春依数柒还，日后不得为例。"①

1.1.46 条至 1.1.51 条，在处理具体事件和个案中都写明以后不得作为先例使用。这说明当时是明确禁止它们作为先例使用的。

上面两类不同材料（即 1.1.42 条至 1.1.45 条和 1.1.46 条至 1.1.51 条）说明，宋朝对于具体个案和事件的处理能否成为先例是有明确规定的。这让宋朝判例形成有了法律上的保障，也说明宋朝判例的形成不是随意的，是有法律约束和规制的。

从上面不同材料中可以看出，宋朝具体的行政个案和事件都可以成为先例，以作为后来同类事件处理的依据，进而构成了一种判例制度。从广义判例法角度看，此种行政个案和事件构成了宋朝判例制度的重要特征。

（二）体例

"体例"在宋朝法律术语中主要有法律规范、法、习惯和判例等含义。从《宋会要辑稿》看，宋朝"体例"中有大量内容是行政判例。当然，"体例"有时有法律规范、法的意思，所以不能得出"体例"就是判例的结论，但"体例"构成了行政判例的重要部分。

1. 法律规范、法、习惯

1.1.52 绍兴十六年（1146）七月二十二日，吏部言："普安郡王二子令取索补官条法取旨。大宗正司具到宗室赐名授官令格体例：缌麻以上亲右内率府副率，袒免亲保义郎。昨绍兴五年内右千牛卫将军安邵男赐名授官，赐名居端，补右内率府副率。"诏可赐名愉、恺，并补右内率府副率。②

1.1.53 淳熙四年（1177）二月八日，诏："幸学合推恩人，令依绍兴十三年已行体例：执经、讲书官，太学、武学、国子监书库、公厨官，以次各与转一官。大职事已免省人与释褐，永免解人与免省，未免解人与免解一次。曾得解，该遇庆寿恩免解人，候登第唱名日，与升甲。内武学人比附减年。诸斋起居学生各赐束帛。"③

1.1.54 淳熙十二年（1185）十二月十四日，诏加上尊号册、宝

---

① 《宋会要辑稿》，"职官三二·殿前司侍卫马步军之20"，第3823页。

② 《宋会要辑稿》，"帝系二·皇孙·皇孙惜憳之29"，第54页。

③ 《宋会要辑稿》，"礼一六·幸太学之4"，第881页。

了毕，依绍兴三十二年奉上尊号册、宝体例，等第推恩。第一等：
都大主管、承受、诸司官各转两官。第二等：照管一行事务三省礼
工房、主管所催依、照管官物使臣、主管文字并行遣使臣各转一官，
减二年磨勘。第三等：主管所白身行遣人并承受、诸司下行遣人、
礼直官、剋择官、快行、亲从、亲事官各转一官资。①

上面3条材料都有具体内容，从内容上看都是成文法，所以这里的"体
例"是一种法律名称。下面是一些直接以"体例"为名的法律。

1.1.55 景德四年（1007）九月，诏定《诏葬赙赠体例》。②

1.1.56 绍圣三年（1096）六月八日，详定重修敕令所言："常平
等法在熙宁、元丰间各为一书。今请敕令格式并依《元丰体例》修
外，别立常平、免役、农田水利、保甲等门；成书，同海行敕令格
式颁行。"降诏自为一书，以《常平免役敕令》为名。③

1.1.57 政和六年（1116）四月十一日，诏："两浙转运司，拘收
管下诸县岁额外，合依淮南例，收纳人户典卖田宅，赴官收买定帖
钱。淮南体例：人户典卖田宅，议定价（直）［值］，限三日先次请
买定帖。出外书填，本县上簿拘催，限三日。买正契，除正纸工墨
钱外，其官卖定帖二张，工墨钱一十文省，并每贯收帖纳钱三文足，
如价钱五贯以上，每贯帖纳钱五文足。"④

1.1.58 绍兴十四年（1144）九月六日，提举福建路市舶楼璹言：
"臣昨任广南市舶司，每年于十月内依例支破官钱三百贯文排办筵
宴，系本司提举官同守臣犒设诸国蕃商等。今来福建市舶司每年止
量支钱委市舶监官备办宴设，委是礼意与广南不同。欲乞依《广南
市舶司体例》，每年于遣发蕃舶之际，宴设诸国蕃商，以示朝廷招徕
远人之意。"从之。⑤

1.1.59 绍兴二十三年（1153）十一月十六日，诏："殿前司寄养
御前马驴二百三十头，令户部行下勘给官司，每头支草半束，料五
升，就本处寄养御前良马草料历内批勘。今后遇有开收，并依《良

① 《宋会要辑稿》，"帝系一·庙号追尊之20"，第16页。
② 《宋会要辑稿》，"职官二五·鸿胪寺之1"，第3681页。
③ 《宋会要辑稿》，"刑法一·定格令之17"，第8230页。
④ 《宋会要辑稿》，"食货六一·民产杂录之63"，第7470页。
⑤ 《宋会要辑稿》，"职官四四·市舶司之24"，第4216页。

马体例》，关报粮审院支破施行。"①

1.1.60 绍兴二十九年（1159）闰六月十六日，诏："宗正寺胥长满五年，通入仕及三十年，依太常寺条格体例补将仕郎，依条解发出职。"②

1.1.61 隆兴元年（1163）四月二十二日，诏："今后捉到私茶，依《龙安县园户犯私茶体例》，及十斤以上，将户下茶园估价，召人承买，将五分收没入官，五分支还犯人填价。"从都大主管成都府利州等路茶事续臂请也。③

1.1.62 乾道元年（1165）八月二日，兵部言："勘会进马匹数推恩。今将无体例进马数参酌有体例数目，逐一拟定下项：

有体例：四匹，五人各转一官资。六匹，八人各转一官资。八〔匹〕，一十一人各转一官资。一十二匹，一十七人各转一官资。一十四匹，二十人各转一官资。二十匹，三十四人各转一官资。二十五匹，四十人各转一官资。三十匹，四十二人各转一官资。五十匹，七十一人各转一官资。

无体例：五匹，六人各转一官资。七匹，九人各转一官资。九匹，一十二人各转一官资。十匹，一十二人各转一官资。十一匹，一十八人各转一官资。十三匹，二十人各转一官资。十六匹，二十八人各转一官资。十七匹，二十九人各转一官资。十八匹，三十人各转一官资。十九匹，三十一人各转一官资。二十一匹，三十五人各转一官资。二十二匹，三十六人各转一官资。二十三匹，三十七人各转一官资。二十四匹，三十八人各转一官资。二十六匹，三十九人各转一官资。二十七匹，四十人各转一官资。二十八匹，四十一人各转一官资。二十九匹，四十二人各转一官资。三十一匹，四十三人各转一官资。三十二匹，四十四人各转一官资。三十三匹，四十五人各转一官资。三十四匹，四十六人各转一官资。三十五匹，四十七人各转一官资。三十六匹，四十八人各转一官资。三十七匹，四十九人各转一官资。三十八匹，五十人各转一官资。三十九匹，五十一人各转一官资。四十匹，五十二人各转一官资。四十一匹，

---

① 《宋会要辑稿》，"职官三二·御马院之52"，第3838页。
② 《宋会要辑稿》，"职官二·宗正寺之14"，第3571页。
③ 《宋会要辑稿》，"食货三一·茶法杂录二下之15"，第6686页。

五十三人各转一官资。四十二匹，五十四人各转一官资。四十三匹，五十五人各转一官资。四十四匹，五十六人各转一官资。四十五匹，五十七人各转一官资。四十六匹，五十八人各转一官资。四十七匹，五十九人各转一官资。四十八匹，六十人各转一官资。四十九匹，六十一人各转一官资。"从之。①

上面材料中，不管是具体内容还是法律名称中的"体例"都具有法的意思。

1.1.63 天禧元年（1017）五月……廓又言："所至州军民有储蓄斛豆者，欲劝诱举放与贫民，候秋成日依乡川体例，子本交还。如有少欠，官为受理。"从之。②

1.1.64 建炎三年（1129）正月十四日，江南西路安抚都总管司干办公事贾公晔言："应天下坊郭、乡村系省田宅，见立租课有名无实，荒芜隳毁，至于无人佃赁。昨因赦出卖，州县口称寻求公案不见，无凭给卖。欲乞详酌行下，以见赁钱数依楼店务自来体例纽折，田产以佃，租依乡原体例纽折，并依建炎元年五月一日赦文收赎出卖。如输纳价钱违限，复没入官，别召人承买。见今西北流寓人众乘时给卖，则官私两济。准条：官户许买，不许佃赁，仍乞分明行下。"户部看详："建炎元年五月一日赦文，止合出卖崇宁以来因买扑坊场、河渡及折欠官物、没纳田产。如委实元估公案不见，欲依本官所乞，依乡原体例纽折出卖。其应冒占系省官田宅之家，指挥到日，限半月，许人户自行陈首，依祖来租课输纳佃赁；如无旧额，即比近邻立定租课为准。如违限不首，并依见行条法。"从之。③

1.1.65 绍兴三年（1133）五月二十五日，新权发遣承州刘禹言："窃见朝廷属意营田，今乞本州自行措置牛具、种粮，将管下民间请射不尽田土开耕种莳。所收地利，专用赡军，并依民间请射体例，仍自绍兴四年夏料为始。若淮南诸郡依此措置，年岁之间，便见储偫丰积。乞付有司行下，其诸州当职官能究心措置，功效显著者，

① 《宋会要辑稿》，"兵二五·马政杂录四之14"，第9140~9141页。
② 《宋会要辑稿》，"职官四一·安抚使之87"，第4043页。
③ 《宋会要辑稿》，"食货五·官田杂录之20"，第6067页。

优加激赏。"诏依奏，即不得侵占有主民户田土。①

上面 3 条材料中的"体例"指各地的习惯、习惯法。这种时候常用区域性定语，如乡川体例、民间体例等。

2. 先例

体例在作为判例时可以分为两部分，即个案判例和事例判例，这样构成了体例作为判例法的两种类型。个案判例在体例中比较多，在《宋会要辑稿》中较为常见，成为判例的重要组成部分。

1.1.66 熙宁三年（1070）八月丙戌，诏："近除东上阁门使李评充枢密都承旨，虑士人领职本院，待遇体式故事与吏人不同，可检会先夏守斌、杨崇勋领职日体例施行。"②

1.1.67 熙宁四年（1071）二月甲戌，检正公事所言："近据大宗正司奏，为宗悌等奏称，自嘉祐五年十二月内磨勘转官，至今已是十年，依得诏条磨勘转官。检会至和二年诏书，即无今后指挥，近正月所降圣旨并系特命，即非定制。今据宗厚等奏状，攀引克继体例及称治平四年正月赦书节文：'文武职官并与转官，合磨勘者仍不隔磨勘。'……缘克继已得旨，与减五年转官年限，若依旧降指挥，更候一年方合改官。今来合与不合追夺，系自朝廷指挥。所引令缓转官告词内称宗室以十载为定，缘元降诏命，自无今后指挥，岂得攀引告词为据？其宗厚等所乞转官，欲下大宗正司告示，依前降指挥知委。"③

1.1.68 政和六年（1116）九月二十九日，淄州言："学生张祁状，父受八岁、叔满三岁，亡失祖父晟，受与祖母孀居。自后祖母继亡，受幼孤立，义居到今，五十余年。乞依王权义居体例给赐，旌表门闾。"诏张祁本家特赐旌表门闾。④

1.1.69 绍兴六年（1136）四月九日，诏亲贤宅益王府开府仪同三司、豫章郡王孝参两女，特依晋安郡王孝骞女和容宗姬体例放行请给米麦。时有旨并权住支，（所）[从] 所乞也。⑤

---

① 《宋会要辑稿》，"食货二·营田杂录之 13"，第 5994 页。
② 《续资治通鉴长编》卷 214，"熙宁三年八月丙戌"条，第 5226 页。
③ 《续资治通鉴长编》卷 220，"熙宁四年二月甲戌"条，第 5355～5356 页。
④ 《宋会要辑稿》，"礼六一·旌表之 6"，第 2106 页。
⑤ 《宋会要辑稿》，"帝系六·宗室杂录之 10"，第 145 页。

1.1.70 绍兴二十九年（1159）八月二十三日，诏："故太师、京兆郡王杜审进孙信见依白身，与依杜子善等体例，支给孤遗钱米。"从中书门下省请也。①

1.1.71 绍兴三十年（1160）十一月二十九日，诏："华容军节度使、权主奉益王祭祀居广合差破马下人从及生日取赐，并比附士辋体例施行。"居广言："士辋见差破抱笏祗应六人，今乞差四人；书表、客司、通引官七人，今乞差五人；宣借兵士二十五人，乞依例全破。其抱笏祗应依例每月各添支茶汤钱一十贯，书表、客司各一十二贯。益王影前书表、客司各一人，乞依例各人每月支破添给茶汤钱一十二贯文。所有臣生日支赐，乞依士辋体例取赐。"从之。②

1.1.72 乾道元年（1165）十一月十七日，士辋言："濮安懿王园令士程在任恭奉神主神貌，并躬亲监督修造园庙，龛室屋宇并皆如法。乞［依］士奇前任园令体例，将两次该遇园令月日，每一年与减一年磨勘，仍许通理转官后历过年月，搂行收使，于见今官上特与转行。"诏从之。③

1.1.73 淳熙十一年（1184）十月二十四日，诏兼权马步军司职事梁师雄，遇立春日并冬、寒食节，特与依翟安道权司体例，给赐幡胜、签赐。遇合赐花朵，特与依横行例支破。④

1.1.74 淳熙十二年（1185）四月三日，皇太子宫左右春坊言："皇孙平阳郡王近除安庆军节度使，进封平阳郡王。先承指挥，请给、生日支赐、公使钱并与依格全支。所有禄粟，欲乞依南班节度使士岘体例，依《禄格》全支。"从之。⑤

1.1.75 庆元三年（1197）五月二十一日，福州观察使、嗣濮王不秚言："叨冒袭封，合得诸般请给、岁赐、公使钱、春冬衣拆洗、生日大礼等，乞依士歆未袭封任观察使体例支破施行。"从之。⑥

1.1.76 庆元四年（1198）二月二十五日，诏：嗣濮王不秚长男善辐、次男善靬与授太子右监门率府率，其请给、生日支赐、人从

① 《宋会要辑稿》，"选举三二·悯恤旧族之24"，第5876页。
② 《宋会要辑稿》，"帝系六·宗室杂录之32"，第157页。
③ 《宋会要辑稿》，"帝系二·濮秀二王杂录·濮王之44"，第63～64页。
④ 《宋会要辑稿》，"礼六二·赉赐之81"，第2160页。
⑤ 《宋会要辑稿》，"帝系二·皇孙一·皇孙挺挺扩摅扨之33"，第56页。
⑥ 《宋会要辑稿》，"帝系二·濮秀二王杂录·杂录之53"，第67页。

等依不谙体例支破。从不秕请也。①

1.1.77 嘉泰二年（1202）八月二十六日，诏将来金国贺瑞庆节使人到阙，以光宗皇帝禫祭之内，国乐未举，殿幄陈设等颜色，照嘉泰元年体例排办。②

1.1.78 嘉定十年（1217）三月十八日，诏："魏惠宪王府小学教授依庄文府教授体例，除落'小学'二字。"③

从 1.1.66 条至 1.1.78 条等诸条材料看，有些体例是个案先例，有些体例是行政先例。这些都是行政判例法的组成部分。

事例判例在体例中属于常见判例之一。当然，这个时候体例有时像一种办事的习惯。

1.1.79 政和五年（1115）八月十日，礼部言："湖州申：慈感院灵感观音圣像，四方祈求，或岁有水旱、疾（役）［疫］飞蝗，州县祈祷感应，乞依熙宁七年杭州上天竺灵感观音院体例，每遇圣节，特与拨放童行一名。"诏每二年特与拨放一名。④

1.1.80 政和八年（1118）五月二日，诏诸州神霄玉清万寿宫并依在京宫观体例。⑤

1.1.81 绍（兴）［熙］五年（1194）七月十八日，万寿观言："皇帝本命纯福殿安奉太上皇帝丁卯相属座并本命星官位牌。今皇帝戊子相属并本命星官位牌乞依此设置，同处安奉，以祝圣寿。及每遇太上皇帝、皇帝本命日，依例用道士一十人，就本殿作道场一昼夜，设醮一百二十分位。皇帝圣节亦乞依崇明圣节体例。"从之。⑥

1.1.82 庆元二年（1196）二月二日，本观言："将来安奉孝宗皇帝神御祔宫崇奉日，遇旦望节序、生忌辰，乞依诸殿神御体例排办。"从之。⑦

1.1.79 条至 1.1.82 条材料中的"体例"指具体办事先例，构成了一种先

---

① 《宋会要辑稿》，"帝系二·濮秀二王杂录·杂录之53"，第67页。
② 《宋会要辑稿》，"礼五七·节·瑞庆节之22"，第1995页。
③ 《宋会要辑稿》，"帝系七·宗室杂录之32"，第175页。
④ 《宋会要辑稿》，"道释一·披度之31"，第9990页。
⑤ 《宋会要辑稿》，"礼五·祠宫观·神霄玉清万寿宫之5"，第565页。
⑥ 《宋会要辑稿》，"礼五·祠宫观·万寿观之23"，第577页。
⑦ 《宋会要辑稿》，"礼五·祠宫观·万寿观之23"，第577页。

例，可以称为行政判例法。

总之，宋朝的体例中，有大量内容是判例，"体例"成为宋朝判例制度中的通用术语。

（三）旧例

"旧例"在宋朝法律术语中属于使用最频繁的术语。《宋会要辑稿》中有500多次使用，《续资治通鉴长编》中有80处材料使用。认真考察"旧例"的使用材料会发现，旧例有以前的旧法律、先例和习惯等含义。其中，旧法律有前朝的和本朝的两种。

1. 旧法律、习惯

1.1.83 大中祥符八年（1015）二月，中书门下言："旧例：臣僚奏举幕职州县，并下流内铨勘会，复申中书，然后取及六考内令铨司磨勘引见。欲今后未及六考者，更不下铨。"从之。①

此处"旧例"是一种法律规定，旧有法律规定要有"六考"才能引见，现在却没有六考就引见，所以提出恢复到六考引见的法律。

1.1.84 天圣二年（1024）四月，在京商税院言："旧例：诸色人将银并银器出京城门，每两税钱四十文足，金即不税。请自今每两税钱二百文省。"从之。②

此处"旧例"是银与银器出京时的纳税率法律，要求把此种法律适用到金及金器上，并规定金及金器纳税率。所以这里的"旧例"不是习惯，而是法律。

1.1.85 明道二年（1033）八月庚子，殿中侍御史段少连言："顷岁，上御药杨怀德至涟水军，称诏市民田三十顷给僧寺。按旧例，僧寺不得市民田。请下本军还所市民田，收其直入官。"从之。③

1.1.86 皇祐二年（1050）五月十一日，三司言："明堂法驾自宣德门抵太庙道路，准郊例，当预为土埗。俟乘舆将出，番布黄道东

---

① 《宋会要辑稿》，"职官一一·磨勘之7"，第3308页。
② 《宋会要辑稿》，"食货一七·商税四之19"，第6355页。
③ 《续资治通鉴长编》卷113，"明道二年八月庚子"条，第2632页。

西，八作两司领徒护作，实用黄壤土十七万一千余畚，为役程二万一千余功，比旧例无虑省土畚、人程六分之五。"南郊旧例，黄道土埒高四尺五寸，广六尺，番布黄道时土厚二寸五分。天圣五年约其制，土埒高二尺，广四尺，番布时厚一寸二分。①

以上"旧例"是法律，"南郊旧例"就是南郊祭祀的法律规定，或是礼制规定。

1.1.87 庆历四年（1044）七月丙戌，范仲淹言：……天下官吏，明贤者绝少，愚暗者至多，民讼不能辨，吏奸不能防，听断十事，差失五六。转运使、提点刑狱，但采其虚声，岂能遍阅其实，故刑罚不中，日有枉滥。其奏按于朝廷者，千百事中一二事尔，其奏到案牍，下审刑、大理寺，又只据案文，不察情实，惟务尽法，岂恤非辜。或无正条，则引谬例，一断之后，虽冤莫伸，或能理雪，百无一二。其间死生荣辱，伤人之情，实损和气者多矣。古者一刑不当而三年大旱，著于史册，以戒来代，非虚言也。况天下枉滥之法，宁不召灾诊之应耶？臣请诏天下按察官，专切体量州县长吏及刑狱法官，有用法枉曲侵害良善者，具事状奏闻，候到朝廷，详其情理，别行降黜。其审刑、大理寺，乞选辅臣一员兼领，以慎重天下之法，令检寻自来断案及旧例，削其谬误，可存留者著为例册。②

1.1.88 元祐四年（1089）七月庚辰，诏："内外文武官及宗室、内侍官，应支赐赙赠绢、布、米、麦、钱、羊，并四分减一；应官员丁忧、亡殁，式令无赙赠者，不得引旧例陈乞，所属亦不得奏请。"从户部请也。③

这里把"断案"与"旧例"并用，说明两者存在区别。更重要的是，说明"旧例"与"断例"是有区别的。

1.1.89 绍兴十四年（1144）十一月二十九日，阁门言："检会旧例：正旦朝会，垂拱殿设帘，殿上驻辇，候起居称贺班绝，乘辇，枢密、知阁门官、枢密都副承旨、诸房副承旨前导，管军引驾至大庆殿

---

① 《宋会要辑稿》，"礼一四·群祀一之32"，第758页。
② 《续资治通鉴长编》卷151，"庆历四年七月丙戌"条，第3671～3672页。
③ 《续资治通鉴长编》卷430，"元祐四年七月庚辰"条，第10393页。

后幄，皇帝降辇，入次更衣。契勘今来垂拱殿过大庆殿，经由道路与在京不同，取圣旨。"诏："大朝会，常御殿权设垂拱殿，免驻辇，设帘，止设倚子。称贺班绝，过大庆殿后幄。"①

此处"旧例"是一种规范，而这种规范在仪制法和相关的礼中，不仅是习惯、先例，还是一种正式的法律。

2. 判例

"旧例"作为判例时分为个案和事件两类，即个案判例和事件先例两类。

　　1.1.90 景德二年（1005）六月，诏步军司虎翼兵士并给随身黑漆寸扎弩，常令调习。旧例：止殿前司虎翼除战阵给随身黑漆寸扎弩。至是，并步军虎翼亦给焉。②

　　1.1.91 大中祥符三年（1010）二月甲戌，学士院旧例，赦书、德音不锁院。及是，宰相召晁迥等问之，迥等言："除南郊赦书，缘车驾在外，镀合预先进入，降付中书，难以锁院外，自余赦书、德音，请自今依降麻例锁院。"从之。③

　　1.1.92 大中祥符六年（1013）五月癸巳，权知开封府刘综言："本府鞠罪，刑名有疑者，旧例遣法曹参军诣大理寺质问，参酌施行。近日止移牒，往复多致稽缓，请循旧例。"许之。④

　　1.1.93 天圣三年（1025）九月，陕府西沿边安抚使范雍言："沿边州军及总管司每蕃部有罪，旧例输羊钱入官，每口五百文。后来不以罪犯轻重，只令输真羊。乞自今后令依旧纳钱及量罪重轻，依约汉法定罚，免至苦虐蕃部。"从之。⑤

　　1.1.94 元祐六年（1091）六月乙卯，三省、枢密院奏："温溪心献马与文彦博。旧例：送经略使，官答赐，马纳官。今取旨。"太皇太后令以马赐彦博，王岩叟曰："陛下若降一诏书赐之，亦朝廷美事。"⑥

① 《宋会要辑稿》，"礼八·朝会之9"，第644页。
② 《宋会要辑稿》，"兵二六·兵械·弓弩·寸扎弩之34"，第9177页。
③ 《续资治通鉴长编》卷73，"大中祥符三年二月甲戌"条，第1658页。
④ 《续资治通鉴长编》卷80，"大中祥符六年五月癸巳"条，第1824页。
⑤ 《宋会要辑稿》，"兵二七·备边之22"，第9192页。
⑥ 《续资治通鉴长编》卷460，"元祐六年六月乙卯"条，第11012页。

1.1.94 条涉及两个问题，一是文彦博事件发生之前的办事流程，二是此事件作为个案，即文彦博事件已成为先例。

> 1.1.95 元符二年（1099）十二月甲寅，诏："辽国贺兴龙节人使于相国寺、集禧观拈香，不依旧例重行立。其馆伴使副安惇、向宗良不合依随，各特罚金三十斤。"①

从上面诸材料可以看出，在宋朝"旧例"并不是"先例"的同义词。"旧例"有前朝和以前的法律规范、习惯和先例等诸含义，其中的先例，很多时候是办事规程，可以认为构成了先例。

（四）故事

"故事"是宋朝法律术语中常用的术语。"故事"本来不属于"例"的种类，但由于本章考察的核心是判例问题，而"故事"涉及判例，所以纳入考察对象。《宋会要辑稿》中有1000多处使用"故事"，《续资治通鉴长编》中有270多处使用"故事"。宋朝在使用"故事"时，会加上一些定语，如"国朝故事"、"本朝故事"、"祖宗故事"、"汉唐故事"、"唐故事"、"景德故事"、"元丰故事"、"某某年故事"等。在《宋会要辑稿》中，"本朝故事"有15次，"祖宗故事"有70多次，"国朝故事"有30多次，"唐故事"和"汉唐故事"有近30次。仔细分析宋朝的"故事"，有习惯、先例、法律、办事规程等含义，其中习惯、先例和办事规程是主要内容。"故事"作为先例使用时不限于指宋朝先例，也可以是以前朝代中的先例、习惯和办事规程。这一点与体例、旧例存在差别。关于"故事"的内容特点，可以从《麟台故事》中看出。《宋会要辑稿》中有六个《麟台故事》的具体"故事"内容，其中两个是关于王钦若和放种的个案事件，其他四个是一般事件。作为判例的"故事"主要有个案先例和事件先例两类。

1. 个案先例

> 1.1.96 大中祥符三年（1010）三月壬辰，李公蕴遣使入贡。上以蛮夷不足责，即用黎桓故事，授公蕴静海节度使，封交趾郡王，赐衣带、器币。②

---

① 《续资治通鉴长编》卷519，"元符二年十二月甲寅"条，第12349页。
② 《续资治通鉴长编》卷73，"大中祥符三年三月壬辰"条，第1659页。

1.1.97　元祐元年（1086）十二月二十二日，中书省言："太皇太后权同处分军国事，合依章献明肃皇后故事，用玉宝方四寸九分，厚一寸二分，龙纽。"从之。①

1.1.98　元祐四年（1089）五月癸酉，起居郎郑雍、起居舍人王岩叟并召试制诰，岩叟以先娶门下侍郎孙固之女，引王旦避赵昌言、冯京避富弼故事，力辞不赴，从之。既而西掖阙员，诏岩叟权行诰命。②

1.1.99　元祐四年（1089）八月戊戌朔，尚书左丞韩忠彦以弟嘉彦授驸马都尉，乞罢。诏引唐王珪故事谕忠彦。（范祖禹及傅尧俞已见前月十一日）③

1.1.100　元祐七年（1092）七月癸巳，诏复置翰林侍讲学士。翰林学士范祖禹为翰林侍讲学士兼修国史。祖禹固请避范百禄补外，乃用王洙避兄子尧臣故事，特有是除。④

以上材料中的"故事"都是具体个案，是具体的判例，但最后一条所引"故事"，是唐朝的先例。这是宋朝"故事"中判例构成的重要特征，即构成它的具体先例有可能属于宋朝以前任何时期。从时间上看，最多的是汉朝和唐朝。

1.1.101　元丰三年（1180）三月二十七日，环庆路走马承受胡育、副总管兼第一将林广并罚铜十斤，育移别路。育坐例外取索，广坐引庄贾故事非是故也。⑤

1.1.102　嘉泰元年（1201）五月二十七日，监惠民药局夏允中放罢，押出国门。坐妄入札子与朝廷、台谏，援引文彦博故事，乞令韩侂胄为相。⑥

上面两条材料中都引用了具体个案，但认为引用错误，受到了处罚。可知，当时先例的引用是有规定的，而且要符合适用的标准。

---

① 《宋会要辑稿》，"后妃一·皇后皇太后杂录之15"，第260页。

② 《续资治通鉴长编》卷426，"元祐四年五月癸酉"条，第10299页。

③ 《续资治通鉴长编》卷431，"元祐四年八月戊戌"条，第10407页。

④ 《续资治通鉴长编》卷475，"元祐七年七月癸巳"条，第11320～11321页。

⑤ 《宋会要辑稿》，"职官六六·黜降官三之12"，第4829页。

⑥ 《宋会要辑稿》，"职官七三·黜降官一之30"，第5017页。

1.1.103 至道元年（995）正月二十日，以礼部郎中、集贤殿修撰王旦知制诰，仍令复班在知制诰之首。旦淳化初知制诰，以妻父赵昌言参政，引唐独孤郁、权德舆故事，请解职。帝重其识体，换集贤殿修撰。至是昌言出知凤翔，即日复旦旧职，故优之。①

1.1.104 绍兴五年（1135）九月五日，上御射殿，宰执呈黄中策卷第一，系有官人，上曰："故事如何？"沈与求曰："臣闻皇祐元年沈文通考中御试进士第一人，系有官人。"仁宗曰："朕不欲以世胄先天下寒俊。"遂以冯京为第一，文通第二。上曰："可用此故事。"遂擢汪洋为第一。②

1.1.105 绍兴十五年（1145）十月十八日，翰林学士承旨秦熺除资政殿大学士、提举万寿观、兼侍读，恩数并依执政。熺自资政殿大学士除知枢密院事，力陈乞依李淑故事避亲罢职，故有是命。③

上面材料中的"故事"是个案，即具体的先例，王旦事件中所引的是唐朝的两个先例，即独孤郁、权德舆故事。

2. 事件先例

1.1.106 熙宁六年（1073）十一月戊午，权武昌军节度推官、崇文院校书王安国为著作佐郎、秘阁校理。故事：崇文院校书二年，乃除馆阁校勘，安国以参知政事冯京、王珪荐其学行，故特有是命。④

1.1.107 元祐二年（1087）五月乙亥，开封府言："将来坤成节已在从吉后，请依长宁节故事度僧道，共三百人为额。"从之。⑤

1.1.108 元符三年（1100）正月壬午，礼部言："检会故事：应天下山、川、地名并人名姓字有犯御名及音同者，令即改；其州、府、军、监、县、镇官司及敕赐名额宫、观、寺、院，奏取指挥。"从之。⑥

---

① 《宋会要辑稿》，"仪制三·朝仪班序之5"，第2332页。
② 《宋会要辑稿》，"选举二·贡举·进士科之16"，第5274页。
③ 《宋会要辑稿》，"职官五四·宫观使之14"，第4472～4473页。
④ 《续资治通鉴长编》卷248，"熙宁六年十一月戊午"条，第6045页。
⑤ 《续资治通鉴长编》卷400，"元祐二年五月乙亥"条，第9770页。
⑥ 《续资治通鉴长编》卷520，"元符三年正月壬午"条，第12374页。

以上材料中的"故事"是具体的事例而不是个案，但在事实中作为先例使用，构成了宋朝判例法中先例的组成部分。

1.1.109 元丰八年（1085）五月十日，诏："科场推恩，依治平四年故事：正奏名进士、诸科，吏部给敕牒；特奏名，中书给敕告、敕牒。"①

1.1.110 大观元年（1107）十一月二十八日，内出手诏曰："朕荷天眷祐，景命有仆，承家之庆，是生多男。年近幼学，未亲师友，因严以教，宜及其时。京兆郡王桓、高密郡王楷可于来年春择日出就外学。其辅导讲读之官，宜以端亮鲠直、有文学政事人充选，具称朕意。"又诏："祥符故事，记室、翊善见诸王皆下拜，真宗皇帝特以张士逊为王友，命王答拜，以示宾礼。今讲读辅翼之官，职在训导，亦王之友傅也，可如王友例令答拜。"②

这里的"祥符故事"是一个具体事例，可以称为先例。

1.1.111 宝元二年（1039）九月十一日，制皇长女封福康公主，皇次女封崇庆公主，只进纶告，不行册命之礼。先是内降札子：皇长女、次女未有美称，令检寻故事。于美名中点定二名，令王宗道、王洙检讨故事以闻。宗道、洙言："据《唐会要》，凡公主封，有以国名、郡名，有以美名。惟唐明皇女皆以美名封之，若永穆、常芬、唐昌、太华皆是。唐太宗女晋阳公主，幼而太宗亲加鞠养，此则幼在宫中已有晋阳之号。"乃下是命。③

这里所引的"故事"，是《唐会要》中的规定和唐朝特有的先例。

1.1.112 治平四年（1067）三月四日，太常礼院言："太皇太后、皇太后、皇后合行册礼，伏请依嘉祐八年故事，候三年丧毕施行。"诏俟至时检举以闻。④

1.1.113 元祐元年（1086）六月十六日，礼部言："坤成节用乾兴年故事，权罢上寿；其在京并诸州军依故事，赐宴不作乐。"从

---

① 《宋会要辑稿》，"选举二·贡举·进士科之12"，第5271页。
② 《宋会要辑稿》，"帝系二·皇子诸王杂录之18"，第48页。
③ 《宋会要辑稿》，"帝系八·公主·仁宗十三女之11"，第183页。
④ 《宋会要辑稿》，"礼四九·尊号五之19"，第1792页。

之，兴龙节亦如之。①

  1.1.114 元祐二年（1087）六月十八日，诏坤成节依天圣三年长宁节故事，文武百官、诸军将校于崇政殿上寿，及许臣僚进奉，内外命妇前三日各进香合，至日入内上寿。②

上面材料中的"故事"是一种事例，也是一种先例，是判例制度中的一种。

  1.1.115 至道三年（997）四月，以工部郎中、史馆修撰梁周翰为驾部郎中、知制诰。故事：入西阁皆中书召试制诰三篇，二篇各二百字，一篇百字，维周翰不召试而授焉。其后薛映、梁鼎、杨亿、陈尧佐、欧阳修亦如此例。③

1.1.115 条中有两个先例，第一个先例是事例，是除知制诰时，要进行试撰三篇诰考试；后梁周翰案又构成了一个先例，成为后来薛映等五人同样处理的先例，即法律依据。

  1.1.116 淳熙十六年（1189）七月十四日，礼部、太常寺言："十月初八日，高宗皇帝大祥。国朝故事，大祥后次年，合于历日内笺注忌辰。"从之。④

  1.1.117 庆元元年（1195）六月十八日，礼部、太常寺言："孝宗皇帝立忌，国朝故事，大祥后次年，历日内笺注忌辰。今乞于庆元三年六月九日历日内笺注。"从之。宪圣慈烈皇后、慈懿皇后、光宗皇帝、恭淑皇后、成肃皇后崩，礼、寺并如故事申请。⑤

从上面材料中可以看出，国朝故事是一种习惯，虽然也可以称为先例，但严格意义上应是一种习惯。

3. 作为法律规范、法

  1.1.118 景德二年（1005）七月，群牧判官、著作佐郎王暑《群

---

① 《宋会要辑稿》，"礼五七·节二·坤成节之38"，第2011页。
② 《宋会要辑稿》，"礼五七·节二·坤成节之38"，第2012页。
③ 《宋会要辑稿》，"职官六·知制诰之65"，第3198页。
④ 《宋会要辑稿》，"礼四二·国忌之16"，第1679～1680页。
⑤ 《宋会要辑稿》，"礼四二·国忌之16"，第1680页。

牧故事》六卷，乞藏于本司，以备详阅。真宗览之，嘉其详博，特允所请，仍诏奖之。①

　　1.1.119 治平四年（1067）八月二十七日，诏群牧判官刘航、比部员外郎崔台符编修《群牧司条贯》，仍将唐令并本朝故事看详，如有合行增损删定事件，旋奏取旨。②

从上面两条材料看，"故事"和"条贯"是同义词，后一材料中将《唐令》和"本朝故事"并列。这里的"故事"不是先例，而是法律规范。

　　1.1.120 元丰二年（1079）五月二日，详定正旦御殿仪注所言："正旦御殿，合用黄麾仗。按唐《开元礼》：冬至朝会，及皇太子受册、加元服、册命诸王大臣、朝宴蕃国，皆用黄麾仗。本朝故事：皇帝受群臣上尊号，诸卫各帅其属勒所部屯门，殿庭列仗卫。今独修正旦仪注，而余皆未及。欲乞冬会等仪注悉加详定。"从之。③

这里的"本朝故事"不是一种办事习惯，而一种具体规定，属于礼的内容，即由礼规定的规范。

三　司法判例：断例

"断例"是宋朝重要的法律形式，它既是刑事法律，也是判例法的一种形式。南宋时，断例在编撰体例上采用律典十二篇的结构。从现有史料看，宋朝最早编撰的断例是《庆历断例》，主要是刑事个案和法律解释的汇编。

宋朝"断例"编撰主要集中在北宋仁宗朝至南宋孝宗朝。从现存的宋朝"断例"史料看，主要是指中央刑部、大理寺等司法机构审理案件和对特定疑难案件作出的司法裁决的汇编，所以对"断例"在数量计算上不用"条"，而用"件"。这说明"断例"在宋朝是刑事案件判决的个案汇编，或可以称为刑事判例法，因此，"断例"又称为"刑名断例"。宋朝判例法可以分为两大类：刑事判例法与非刑事判例法。前者称为"断例"，后者称为"例"，在非刑事判例法中，行政判例是主要构成内容。现在可以见到的宋朝断例立法成果，主要有《庆历断例》、《嘉祐刑房断例》、《熙宁法寺断例》、《元丰刑名断例》、《元祐法寺断例》、《绍圣断例》、《元符刑名断例》、《宣和刑名断例》、《崇宁

---

① 《宋会要辑稿》，"职官二三·太仆寺·群牧司之6"，第3647页。
② 《宋会要辑稿》，"职官二三·太仆寺·群牧司之9"，第3649页。
③ 《宋会要辑稿》，"舆服一·皇帝仪卫之12"，第2172页。

刑名疑难断例》、《绍兴刑名断例》、《乾道新编特旨断例》、《乾道强盗断例》、《淳熙新编特旨断例》、《嘉泰刑名断例》、《开禧刑名断例》、《大理寺例总要》、《绳墨断例》，共 17 部，其中《大理寺例总要》和《绳墨断例》现在无法确定是否属于判例类。从名称上可以看出，"断例"最初是由"刑房"和"法寺"编撰。分析这些立法成果的名称，会发现其是存在差异的，最初称为"刑房"、"法寺"、"刑名"和"特旨"，在刑名中又分为"刑名"和"刑名疑难"。这些名称上的限定说明，宋朝"断例"属于刑事类法律。对宋朝"断例"立法情况，本书将分章独立进行考察，① 此处不作详细分析。

---

① 详见本书第三章"宋朝断例编撰问题"。

第二章 宋朝断例创制考[*]

宋朝"断例"作为一种派生性法律，是对律、令、敕等成文法的解释、补充和细化，或者说是通过具体个案把相关法律事实、法律概念、量刑等级类型化[①]。宋朝为什么会在成熟、繁杂的成文法体系中结出繁荣的"断例"之果，[②] 进而导致中国古代判例制度在宋朝成为重要的法律组成部分呢？理解宋朝"断例"形成的原因，须先搞清这一问题。

一 宋朝司法案件的分类体系

考察宋朝法律史料，可以看出宋朝断例的出现与其司法案件分类体系有较密切的关系。[③] 宋朝断例的创制有法定与非法定两种形式。具体来讲，法定原因是司法适用上存在法律缺失或法律漏洞、法理情不协和案情可疑三种情况；非法定原因主要是指皇帝行使特别裁判权形成特旨判决。宋朝在司法实务上，对司法案件进行了比较稳定的分类，具体情况可以从如下史料中看出。

第一种分类以案件情节和法律适用为依据：

> 1.2.1 元符二年（1099）四月辛巳，左司员外郎兼提举编修《刑

---

[*] 本章部分内容作为阶段性成果以《宋朝司法中的"情理法不协"及对判例的影响》发表于《人民法院报·法律文化周刊》（2016 年 9 月 30 日，第 5 版）上。

[①] 类型化是分类法律问题较有效的一种理论术语。人类立法是一种人为的社会行为和社会事实的类型化产物。同样，司法案件，特别是疑难案件本质上是一种新的社会事实、法律事实、法律行为和量刑等级类型化形成的渊源。对类型化可以具体参见考夫曼《类推与事物本质——兼论类型理论》，该文对类型化在法律中的作用进行了深入详细的讨论。

[②] 宋朝立法成果十分丰富，法律形式分类十分精细，在保留和沿用唐朝的律典与疏议下，把令、格、式重新定义，形成新内容，同时增加敕、申明、断例和指挥等。关于宋朝立法成果与法律形式种类的问题，可以参见胡兴东《宋朝法律形式及其变迁问题研究》（《北方法学》2016 年第 1 期）。

[③] 在法律世界中，法学研究中的逻辑完美与司法实践的无法预期是永远无法交会的两条平行线。司法实践中社会事件的多样性，使司法运行中分类处理成为必然。中国古代司法也运用了此种技术，在不同时期整理分类出不同的司法案件种类分别处理，在类型化下对不同种类设置不同的司法程序、法律适用准则，进而保证整个司法运行的稳定与合理。所以在考察法律史时必须注意分析不同时期司法分类对司法的影响。

房断例》曾旼等奏："准尚书省札子编修《刑房断例》，取索到元丰四年至八年。绍圣元年二年断草，并刑部举驳诸路所断差错刑名文字共一万余件，并旧编成《刑部大理寺断例》。将所犯情款看详，除情法分明，不须立例外，其情法可疑，法所不能该者，共编到四百九件。许依元丰指挥，将诸色人断例内可以令内外通知，非临时移情就法之事，及诸处引用差互，曾被刑部等处举驳者，编为《刑名断例》，共一百四十一件，颁之天下，刑部雕印颁行。其命官将校依条须合奏案，不须颁降天下，并诸色人断例内不可颁降者，并编为《刑名断例》二百六十八件，颁降刑部大理寺检用施行。勘会申明，颁降断例系以款案编修刑名行下检断，其罪人情重法轻，情轻法重，有荫人情不可赎之类，大辟情理可悯并疑虑，及依法应奏裁者自合引用奏裁，虑恐诸处疑惑，欲乞候颁降日令刑部具此因依申明，遍牒施行。"从之。此《元符断例》序篇。①

　　从上面材料可以看出，宋朝在司法实践中，将具体案件在司法适用上分成"情法分明"、"情法可疑"和"法所不载"三类。第一类属于正常案件，法律适用较为简单，案件情节构成的法律事实与立法预设的法律事实一致，在法律适用时情理法相协和，法律适用十分明确，是司法适用中的普通案件。后两种可以称为疑难案件，②是宋朝断例的来源。"断例"形成是因为在具体个案中存在"情法可疑，法所不能该者"等问题，导致判决后要么在法律上出现新创制和新解释，要么在法律事实上形成新类型。分析宋朝司法适用的史料，会发现"情法可疑"包括"案情可疑"和"情理法不协"两种，两者可以统称为疑难案件。其中，"情理法不协"是中国古代司法中最具特色的部分，具体又可以分为"情重法轻"、"情轻法重"和"情理可悯"三种亚类型。因此，"情法可疑"具体分为情重法轻、情轻法重、情理可悯和案情可疑四种。

---

① 《续资治通鉴长编》卷508，"元符二年四月辛巳"条，第12106页。
② 对疑难案件在人类法律分析中的重要性，法律人类学家较为重视，甚至有法律人类学家认为分析人类法律的关键是对某个社会中疑难案件的处理机制进行考察。疑难案件在司法中虽然是难题，但它是新法律规则出现的重要司法缘由。对疑难案件的解决往往意味着现有法律的再类型化，具体是社会事实、事件的法律行为和法律事实的再类型化。从某个角度看，疑难案件是宋朝断例产生的重要驱动力。对疑难案件在法学中地位、意义和作用的论述，可以参见孙海波《疑难案件的法哲学争议——一种思想关系的视角》（《法律科学》2013年第1期）。

第二种分类是从覆审程序上分类：

> 1.2.2 嘉泰三年（1203）五月二十一日，右正言李景和言："大辟之狱，在县则先以结解，在郡则申以审勘。罪状明白，刑法相当，郡申宪司，以听论决，是谓详覆。情轻法重，情重法轻，事有疑虑，理可矜悯，宪司具因依缴奏朝廷，将上取旨，率多从贷，是谓奏案，著在令典。二者皆属宪司之职，初无许令诸司自奏之文。比年以来，详覆之狱固已绝无而仅有，奏案一事乃委诸郡，冒法自为，漫不复问。其事皆起于提刑失职，纵吏受赃，以致于此。乞行下诸路提刑，悉令条具，故违典宪，严为之法，以警其失职之罪。"从之。①

此条史料表明在司法程序上，宋朝把司法案件分为"详覆案"和"奏案"两类。"详覆案"属于"罪状明白，刑法相当"的普通案件；"奏案"属于"情轻法重，情重法轻，事有疑虑，理可矜悯"的疑难案件。大量奏案在具体判决后往往成为后来同类案件的先例，是"断例"的重要来源。

宋朝断例形成还与它的司法程序有关。宋朝疑难案件在中央司法机关审理时往往采用申报中央覆核和奏请皇帝裁决等程序，特别是奏请皇帝裁决的案件往往具有法律上的最高效力。对奏请皇帝裁决的案件在处理程序上有较为详细的记载：

> 1.2.3 元祐四年（1089）八月癸卯，盖光与吕公著、韩维、张璪同具奏，曰……旧日本司文字并直奏直下，今欲令六曹长官准此，更不经由仆射、左右丞。即改更条法，或奏乞特旨，谓如刑部刑名疑虑，或情理可悯，或情重法轻，乞特停替、编配之类；或事体稍大，或理有可疑，非六曹所能专决者，听诸仆射、左右丞咨白，或具状申都省，委仆射、左右丞商议，或上殿取旨，或头签札子奏闻，或入熟状，或直批判指挥。②

上述史料对宋朝司法案件中的疑难案件在审理中的具体程序有全面揭示，指出了宋朝断例形成的程序机制。

从上文史料中可以看出，宋朝断例的产生分为法定原因和非法定原因（见图1-2-1）。法定原因分为"法律漏洞"和"情法可疑"。"法律漏洞"

---

① 《宋会要辑稿》，"刑法四·配隶之57"，第8477页。
② 《续资治通鉴长编》卷431，"元祐四年八月癸卯"条，第10413页。

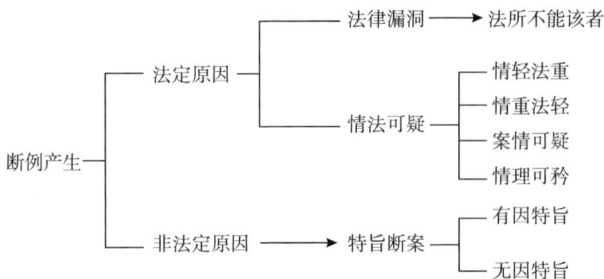

图 1 - 2 - 1　宋朝断例产生的原因

在宋朝称为"法所不能该者",这是人类立法史上永远不能解决的问题,也是判例法存在的基本原因。① "情法可疑"② 具体分为"情轻法重"、"情重法轻"、"案情可疑"和"情理可矜"四种情况。"情轻法重"、"情重法轻"是因为案件情节、案件伦理评价等社会道德伦理因素导致与设定的罪名中的量刑出现不协调,此类案件在司法适用中有相应条文、罪名和处罚等级,是法定量刑与具体案件情理不能实现当时主流道德评价下的"实质正义"上的高度协调而形成的疑难案件。这是最具中国传统特色的司法疑难案件,涉及案件判决中一种内在的社会道德评价问题。"案情可疑"是案件在情节上存在不清楚或值得怀疑的地方,属于人类司法中一般意义上的可疑案件,也是周朝就提出的"疑罪从轻"的来源。"情理可矜"是指在法律适用、案件情节上都没有问题,仅是案件判决会在社会道德伦理评价上出现社会效果与法律效果的"不协调"。这类在司法判决上追求强化社会效果的疑难案件往往涉及对案件产生的主观原因、客观原因等因素的考量。这是中国古代在司法判决上过度追求社会效果而导致的疑难案件。

　　非法定原因在宋朝是指皇帝特旨断案,本质是皇权至上在司法权上的一种体现。在分类上,宋朝"特旨断案"十分复杂,因为在中国古代帝制下,皇帝拥有整个司法中的特别自由裁量权,可以对任何案件进行特别裁判,不

---

①　对此问题,笔者从认识论的角度讨论过,具体参见《认识论:中国古代判例法问题的另一视角》(《法律文化研究》2009 年)。

②　对此问题,可以说是中国法史学界近几年研究的重点,多称为情理法,或称为情理与中国古代司法问题。具体可以参见霍存福的《中国传统法文化的文化状vet和文化追寻——情理法的发生、发展及其命运》(《法制与社会发展》2001 年第 4 期),张正印的《还原与反思:清代情理法判案实践的"民、刑"差异》(《甘肃政法学院学报》2011 年第 2 期)和崔明石的《情理法的正当性:以"情"为核心的阐释——以〈名公书判清明集〉为考察依据》(《吉林师范大学学报》2011 年第 2 期)等。

管是法律授权还是不授权。所以，中国古代特旨断案广义上有法定原因奏裁和非法定原因奏裁，狭义上特旨断案是没有法定原因，皇帝因个人问题进行特别裁判。① 从宋朝司法实践看，法定奏请皇帝裁决的事件和司法案件称为"取旨"，在批准时称为"奉圣旨：准"或"奉圣旨：依"；在非法定情况下，特旨处理事件和判决在"圣旨"中会明确指出是"特旨"。宋朝皇帝在处理政务和司法时，"取旨"与"特旨"有明确的区分，因为两者分别是国家的政务和司法裁决机制，故在程序和法律效力上是不同的。

宋朝在涉及官员犯罪的司法案件上，形成了奏请皇帝裁决的惯例，而皇帝往往通过特旨裁决对官员犯罪作出减轻或加重的处罚判决。这样让因此种程序形成的特别裁决案件成为后来同类案件的先例。神宗朝后，随着皇权独断，特别是徽宗时大量使用特旨处理政务，特旨判案大量出现，构成对当时法律的挑战，让国家法律的稳定性受到破坏。认真分析这种特旨判决，有时是没有必要的，仅因皇帝个人原因作出，结果造成了对法律的破坏。所以宋朝特旨断案出现的原因十分复杂，有情法不协上奏的案件，也有因"八议"原因引起的裁决案，甚至有仅因皇帝本人对案件、法律和判例效果的看法不同而引起的改判。当然，宋朝皇帝在运用"特旨权"时一般是存在法定理由的，但也存在无任何原因，仅因皇帝个人意愿就随意行使的现象。宋朝断例创制过程中，法定原因是主体，非法定原因是例外。

二 宋朝断例创制的法定原因

在宋朝断例创制中，法定原因是主流。宋朝断例创制的法定原因主要分为法律漏洞和情理法不协。按现在的法律分类，宋朝基于法定原因创制为断例的案件都是疑难案件。

（一）法律漏洞

法律漏洞，在宋朝司法术语中多称"法所不载"、"法所不能该者"等。法律漏洞产生的原因主要有立法认识上的不足、社会发展过快导致法律与新问题不能协同等。为解决这一问题，宋朝在实践中形成了独具特色的司法救

---

① 中国古代司法结构中，有一个违反司法论证循环教义结构体系基本原理的结构，那就是皇帝可以作为最后的法渊源，使法律从论证学上看不是在一个循环的体系内。人类司法最大的特征是它的运行必须是一个循环论证体系，不能有突破口。当然，中国古代皇帝拥有的特别司法与立法权，可以及时有效地解决法律适用中存在的漏洞和不协，但它往往成为司法权滥用的来源。

济技术，具体是形成了完善的"比附"和"比类"司法技术体系。① 对此，宋人有很多说明，其中较典型的说明如下：

　　1.2.4 绍兴六年（1136）八月十八日，刑部员外郎周三畏言："国家昨以承平日久，因事增创，遂有一司、一路、一州、一县、海行敕令格式，与律法、《刑统》兼行，已是详尽。又或法所不载，则律有举明议罪之文，而敕有比附定刑之制，可谓纤悉备具。乞自今除朝廷因事修立一时指挥外，自余一切，悉遵见行成宪。"从之。②

　　1.2.5 绍熙元年（1190）正月二十一日，臣僚言："古者以例而济法，后世因例而废法。夫例者，出格法之所不该，故即其近似者而仿行之。如断罪无正条，则有比附定刑之文；法所不载，则有比类施行指挥。虽名曰例，实不离于法也。沿袭既久，行法者往往循私忘公，不比法以为例，而因事以起例，甚者自有本法，亦舍而弗用。转相攀援，奸胥猾吏皆得以制其出入，而法始废矣。乞令有司检照绍兴以来臣僚不许援例之奏，申严主典违制科罪、长吏免所居官指挥，明示中外，其有法者止当从法，其合比附、比类者不得更引非法之例。令御史台觉察，必罚无赦。如此，则祖宗成法得以遵守于无穷矣。"从之。③

　　从上面史料可知，宋朝"例"是由于在法律适用时，出现法律漏洞而采用特定法律技术的产物。此处明确指出了"例"在宋朝的基本功能是弥补法律漏洞。解决法律漏洞时主要是通过"比附"和"比类"两种司法技术，两者在基本功能上存在区别，但不是十分严格。大量史料表明，两者有时会混用。在严格的司法实践中，两者的区别是：比附适用于"断罪无正条"，应对多法可以适用的情况；比类适用于"法所不载"，解决无法可用时的适用问题。这种司法产物往往是由具体个案引起，在没有进行新的立法时，个案所确定的法律原则成为先例，在实践中被后来同类案件在法律适用中引用。很多这样的个案，特别是刑事个案成为"断例"的重要组成部分。"比类"作为重要的法律技术，用来解决法律适用中的此类问题。

---

① 对中国古代司法运行中的"比类"技术问题，笔者有过专门考察，具体参见胡兴东《比、类和比类：中国古代司法思维形式研究》（《北方法学》2011 年第 6 期）。
② 《宋会要辑稿》，"刑法一·格令三之37"，第 8250 页。
③ 《宋会要辑稿》，"职官七九·戒饬官吏之6"，第 5228 页。

比类和比附作为最常用的法律术语，构成了宋朝法律创制、适用等方面的重要技术。时人曾总结此类术语，如绍兴三年（1133）十二月十三日有"诏：'应承直郎以下因白身劳绩或四授恩赏得转一官，而元降指挥有言依条施行者，并与依条改官或循资，而回授者不得改官。如称比类、比附、比折或依条比类与循资即已至承直郎者，候改官日收使'"。① 宋朝对比类和比附的适用十分频繁。据统计，比类在《宋会要辑稿》中出现过 320 多次，除去同一条重复出现的次数，有近 200 条涉及此用语；《续资治通鉴长编》中出现了 110 次。比附在《宋会要辑稿》中出现过 439 次，除去同一条重复出现的次数，有近 300 条涉及此用语；在《续资治通鉴长编》中出现过 60 次。《宋会要辑稿》中比类与比附共出现 759 次，成为最频繁的术语。两个术语不仅出现在与法律有关的部分，而且在与法律无关的很多地方也出现过。从术语出现的次数看，《宋会要辑稿》中次数最多。考察出现在《续资治通鉴长编》中的条目，也多与法制有关。此外，在《庆元条法事类》和《吏部条法》等各类法律中也出现过，而且很多"申明"是用比类和比附解决法律问题的产物。甚至可以说，"申明"主要是比附和比类两种法律技术处理法律问题的产物。

1. 比类

比类在宋朝法律适用中的情况可以分为三种：一是作为立法技术，二是作为司法技术，三是作为行政执法时的法律适用技术。

（1）作为立法技术

作为立法技术，比类适用的具体情况可细分为两种：一是将特定的法律扩展适用到新的领域，二是将特定法律条文适用于新的领域。

第一，比类适用某特定法律，即把特定法律扩展适用到新的领域，使原有法律扩大适用范围。

> 1.2.6 元祐元年（1086）十二月二十一日，刑部言："赦书节文，应赦书该载不尽事，所属看详，比类条析闻奏。看详开封府界诸路，向来违犯常平法编配之人，比违犯重禄法事理尤轻。其经今赦，未合放逐便者，欲乞比类推行重禄法编配之人，并具元犯保明闻奏。"从之。②

---

① 《宋会要辑稿》，"职官一·勋部之4"，第 8283 页。
② 《宋会要辑稿》，"刑法四·配隶之30"，第 8462 页。

1.2.7 政和元年（1111）九月十四日，总领措置官田所奏："检会熙宁二年十一月二十四日朝旨：制置三司条例司奏：'出卖广惠仓田土，其所委逐项提举官催趣出卖，如一年内卖及三万贯，减一年；七万贯，减二年；十万贯，减三年磨勘。'欲比类熙宁年指挥，所委监司官一路州县合卖田舍价钱数目，如于一年内卖及七分，与转一官；六分，减三年磨勘；五分，减二年磨勘。其出卖不及五分之处，亦依已降指挥，从本所奏勃，庶几有以激劝。"①

1.2.8 绍兴三十二年（1162）九月二十七日，知临安府兼权户部侍郎赵子潇言："殿前司献酒坊，其十七库已降指挥，（今）［令］本部差官管干，其五十二处并拨隶两浙转运司检察，内二十四坊元差军中使臣二十四人管干，其余逐坊，乞专委两浙漕臣同诸州守卒，责逐县知佐召募土豪人户开沽，量坊大小，官借本认定息钱，从户部将增息钱与比类《献钱米格法》拟补官资，以后递年随□升转。仍从本部辟差谙晓酒利文武官各一员，专一往来总辖酤卖，务要课利增广。其逐官请给、人从、酬赏，并依点检酒库所主管官体例。"诏三省差官二员，专一措置管认户部、两浙运司元额趁辨外，如有增羡，申朝廷（廷），优与推（思）［恩］，仍令吏部郎官杨俶措置，两浙西路兵马都监梁俊彦同措置。其诸库监官许诠量，申尚书省改易。②

第二，比类适用特定法律条款，即把特定的法律条文适用到新的领域。

1.2.9 熙宁二年（1069）七月二十七日，（诸）［诏］："诸州宫观岳庙所差提举、管勾官等合给添支，大两省、大卿监及职司资序人，依本人见任官知小郡例；知州资序人，依本人见任官小郡通判例；武臣即比类施行。若遥郡以上罢正任及遥郡换南系班官，元系文资换者却与换文资。内有功绩殊异者别取旨。"③

此处把适用文官的法律扩大适用到武官中，扩大了法律适用的范围。宋朝通过比类立法，在《吏部条法》的"申明"类法律中最为明显，其中有大量是通过比类技术进行立法的。如《吏部条法·尚书左选令》中有"称比类

---

① 《宋会要辑稿》，"食货六三·农田杂录之192"，第7714页。
② 《宋会要辑稿》，"食货二一·酒之4"，第6445页。
③ 《宋会要辑稿》，"职官五四·宫观使之6"，第4467页。

者，比折、比附或依条比类同"。①

（2）作为司法技术

1.2.10 元丰八年（1085）五月二十四日，刑部言："赵謩等坐父世居尝谋不轨，除名、停降、镍闭，今已十年，乞比类流配人。"诏免镍闭，就僧屋居之。②

1.2.11 宣和四年（1122）七月六日，臣僚上言："伏见自来州县官奉行法度，或有殿负，则本司检举书罚，曾不逾时。至若究心职事，悉力公家，于格合该推赏，则猾胥老吏多方沮抑迁延，以幸赇谢，不为保明，甚者经涉岁月之久不能得，遂致士大夫接武台省，喋喋陈诉不已。今著令除获盗推赏有限三十日保明之文外，余并未有立定期限，有司留难而有情弊，罪亦止于杖八十而已，法不胜奸，遂成文具。臣愚伏望特赐明诏，今后官员奉行熙、丰、崇、观以来成法，合该推赏，所属保明勘会应报之际，比类获盗法，量立期限。如留难而有情弊者，加等坐罪。庶几信赏不为黠吏所持，止息士大夫争讼，实有补于政教。"诏申明行下。③

上面两条材料，比类主要是作为法律适用时的一种司法技术，解决无相关法律适用的相应问题。

（3）作为行政执法时的法律适用技术

宋朝行政机关作出决定时必须找到相应的法律依据，而比类往往作为某特定行政行为的依据技术，扩大特定的行政法律、行政个案适用范围。

1.2.12 淳熙元年（1174）正月十五日，提点铸钱司言："江、抚州、兴国、临江军铸钱监如岁铸及额，知、通、监官乞与一等各减半年磨勘，亏及一分者展半年磨勘。若于额外增铸及一万贯，即与比类通减一年磨勘。"下工部勘当："请依所乞外，其逐监比岁额亏及一万贯，亦比类通展磨勘一年。仍令本司岁具逐监实铸过钱及官职、姓名以闻。"从之。④

① 《吏部条法·磨勘门·尚书左选令》，刘笃才点校，黑龙江人民出版社2002年版，第350页。
② 《宋会要辑稿》，"刑法六·矜贷之19"，第8541页。
③ 《宋会要辑稿》，"刑法二·禁约二之86"，第8329页。
④ 《宋会要辑稿》，"职官四三·提点坑冶铸钱之179"，第4198页。

从这里可以看出，此处比类是作为行政执法时的法律适用技术。

1.2.13 天圣四年（1026）正月，诏："应诸州军州院勾押官已下系节级名目者，如犯入己赃，依法不至徒刑、勒停，该赦叙理者，比类使院勾押官已下体例，与衙前散押衙名目，不得随例迁转。"①

1.2.14 大观元年（1107）九月二十九日，敕：检会大观元年八月刑部、大理寺断绝（天）狱空，（夫）［未］曾推恩。取到大理寺状，勘会七月二十五日起首称办，到二十九日终断罪尽绝，八月一日申奏。今具到断绝官职位、姓名，数内王（衣）［依］、周泽、商守拙、林渊并自七月二十六日中书差。〔诏〕依崇宁四年例减半推恩，内周泽、商守拙各与减二年磨勘，王依、林渊比类施行，大理寺卿马防、少卿任良弼各转一官。②

1.2.15 隆兴二年（1164）二月十日，梅州言："右宣教郎、梅州签判黄民瞻乞参照钦、廉州签判任满赏格修立施行。"吏部照得梅州签判系承绍兴三十一年指挥创置空阙，欲乞参照本州推官等任满合得赏格，比类与减二年磨勘，占射差遣一次，修立成法施行。从之。③

作为扩大适用特定行政程序的技术，比类适用于特定行政决定需要通过上奏皇帝裁决者，或者经过特定程序者。

1.2.16 元祐二年（1087）七月四日，诏："自今制科入第二等，并进士第一人及第，并除承事郎、金书节度或观察判官厅公事，或知县，代还升通判，任满与试馆职。制科入第四等，除两使推官，代还改次等合入官。第四等次，除初等职官，任满除两使推官。有官人比类取旨。"④

1.2.17 淳熙八年（1181）闰三月二十七日，诏："临安府府学生实补试中在籍之人，从教授保明指实，委无伪冒，申州勘会给据，比类诸州待补太学生，许赴太学补试一次，即不得用府学遗籍

---

① 《宋会要辑稿》，"职官四八·牙职之97"，第8374页。
② 《宋会要辑稿》，"刑法四·狱空之87"，第8494页。
③ 《宋会要辑稿》，"职官四八·幕职官之11"，第4314页。
④ 《宋会要辑稿》，"选举一一·举贤良方正能直言极谏等科之16"，第5479页。

等人。"①

1.2.17 条规定临安府府学学生可以比类诸州待补太学生例到太学补试一次，强化了临安府府学生员在入太学上的程序。

> 1.2.18 元祐四年（1089）二月十三日，诏："自今应濒河州县积水占田处，在任官能为民经画沟畎疏导，退出良田一百顷已上者，并委所属保明以闻。到部日，与升半年名次。每增一百顷，各递升半年名次；及一千顷已上者，比类取旨酬赏；功利大者，仍取特旨。"②

此条规定地方官在为官时，能开垦田亩一千顷以上者，可以通过特别取旨给予奖赏，若成绩十分显著，可以采用特旨方式给予奖赏。此条"比类取旨酬赏"，就是通过比类确定取旨、特旨两种特别奖赏的申报程序。在宋朝，这种特定的取旨奖罚制度是地方特别奖罚的重要制度，在行政上，比类也可适用此种制度。如绍圣三年（1096）十一月十八日"殿中侍御史陈次申言：'监司自元祐四年后取酒课增亏及二分者，比类取旨赏罚，请令户部责限勾考。'从之"。③ 大量的具体个案因此产生，形成判例的重要来源。

2. 比附

比附适用的情况与比类相同，也存在三种类别，分别是作为立法技术、作为司法技术和作为行政执法技术。

（1）作为立法和司法技术

立法和司法中，通过比附把某一法律扩大适用到新的立法事项中，分为三种情况：一是通过比附适用特定条款，二是通过比附适用某一特定法律，三是比附适用某一罪名。

> 1.2.19 治平元年（1064）闰五月八日，陕西路转运使、主客郎中薛向降知汝州。初，向按部夜至陕州灵宝县驿，有前荣州应灵县令崔令孙已舍堂上。向令舍行李于厅事，而从辛南密等五人突入，趣令移徙，孙因惊，遂仆死。其家讼冤，狱成，法寺比附恐迫人致

---

①　《宋会要辑稿》，"选举一七·教授之4"，第5585页。
②　《宋会要辑稿》，"食货一·农田杂录之30"，第5961页。
③　《宋会要辑稿》，"食货一七·商税四之27"，第6360页。

死论密斩。诏贷密死，杖脊刺配，而向坐失约束也。①

1.2.20 治平三年（1066）十月七日，前知房州、职方员外郎董经臣勒停，坐用南郊赦擅放叛人景珣妻子。（祖）［景］珣亡入夏国，泾原路送珣妻子房州编管。后环庆路取珣妻子，欲抚养以间珣，则经臣于庆州，法司比附应奏不奏杖八十公罪，去官勿论。时镃有母服，经臣特有是命，镃服除与监当。②

1.2.21 熙宁九年（1076）正月十七日，中书门下言："中书主事已下三年一次与试刑法官同试刑法，第一等升一资，第二等升四名，第三等升两名。内无名等升，候有正官，比附减年磨勘。余并比附试刑法官条例施行。"从之。③

1.2.22 元祐元年（1086）十一月一日，礼部言："将来冬年节，命妇贺太皇太后，合比附坤成节例，改笺为表。"从之。④

1.2.23 崇宁四年（1105）四月十二日，知西京外宗正事仲忽言："无官宗室多是少孤失教，自恃赎罚之外无以加责，故犯非礼。乞所管宗室或有恣横不遵教约者，听比附崇宁《宫学敕》行夏楚。苟败群不悛，及不（负）［服］夏楚者，则许奏劾，押赴大宗正司，下本宫尊长羁管。"从之。⑤

1.2.24 宣和二年（1120）五月十日，殿中省言："据供奉库状，勘会泛买六尚所须之物，专系供使用，与岁贡物色事体颇同。所有用袋入匣封记选择及违限、退送、稽程等，并乞比附岁贡条例施行。"从之。⑥

1.2.25 绍兴九年（1139）正月二十二日，回程至高邮军，张通古等传语："前时死者魏千运，恐将来出陆（台）［台］捭不行，不若烧化了。"送伴使、副莫将等传语："甚好。"遂令高邮军烧化，用小棺木盛去。本寺契勘，数内三节人身亡支赐数目，今照得止有魏千运一名体例。今参酌，将来若有上节到阙或回程身亡之人，欲赐银二百两。如未到阙，在沿路身死，欲依魏千运体例，止赐六百两。

① 《宋会要辑稿》，"职官六五·黜降官二之24"，第4810页。
② 《宋会要辑稿》，"职官六五·黜降官二之27"，第4813页。
③ 《宋会要辑稿》，"职官三·五房五院隶中书省之27"，第3043页。
④ 《宋会要辑稿》，"礼五六·命妇内朝之15"，第1973页。
⑤ 《宋会要辑稿》，"帝系五·宗室杂录之19"，第131页。
⑥ 《宋会要辑稿》，"职官一九·殿中省之12"，第3552页。

其中节人比附上节减半，给银三百两。下节人却比府中节减半，给银一百五十两。［诏］依。所有中、下节人沿路及到阙合给例物，并依前项本所条例支给。①

　　1.2.26 乾道六年（1170）六月十三日，吏部言："选人岳庙考第在不理考指挥之前，考第、举主及格，乞退新任升改，依今旨虽许收使，缘无法可以比类。检照止有举主除差遣牵复许退新任磨勘关升条法，欲比附上条，许令退（关）［阙］升改。"从之。②

　　1.2.27 乾道九年（1173）十二月十八日，礼部、太常寺言："将来正旦（朔）［朝］贺拜数节次，礼部、御史台、阁门、太常寺已将供申朝廷外，今欲比附《政和五礼新仪》月朔视朝仪，条具下项：一、将来正旦，皇帝御大庆殿，服华袍，即御座受贺。一、将来正旦，皇帝御大庆殿，皇太子、文武百僚并服常服称贺。"诏依。③

　　1.2.28 淳熙四年（1177）七月十八日，吏部侍郎司马伋言："自今小使臣校尉应差重难短使，偶无籍定人，却差常程短使人前去。二广、荆湖、淮南、福建路为重难短使，如回日无绾系，与比附四川已得指挥，以地里远近等第推赏。"从之。④

　　1.2.29 嘉定二年（1209）二月十一日，诏："雅州守臣任满与减二年磨勘，令敕令所修立成法。"以四川制置司言，雅州守臣责任非轻，考之地理，正系边面，乞比附黎州赏典。故有是命。⑤

分析 1.2.19 条、1.2.20 条、1.2.25 条等史料会发现，比附适用了特定的罪名，属于司法上的一种适用技术。

（2）作为行政执法技术

　　1.2.30 政和五年（1115）二月二十三日，诏皇子建安郡王枢、文安郡王杞今春出资善堂讲读，其管干官比附定、嘉王听读例施行。⑥

　　1.2.31 绍兴二十年（1150）二月十六日，诏普安郡王第三男赐

---

① 《宋会要辑稿》，"职官三六·主管往来国信所之47"，第3914～3915页。
② 《宋会要辑稿》，"职官五四·任宫观之39"，第4492页。
③ 《宋会要辑稿》，"礼八·朝贺·正旦·臣朝贺仪·大朝会仪之18"，第652页。
④ 《宋会要辑稿》，"职官一·司勋部之12"，第3286页。
⑤ 《宋会要辑稿》，"职官四七·判知州府军监之55"，第4294～4295页。
⑥ 《宋会要辑稿》，"方域三·资善堂之20"，第9308页。

名惇，依长男、次男例补官，并第四女与比附施行。①

1.2.32 绍兴二十年（1150）四月十五日，吏部言："普安郡王第四女，欲比附宗室曾孙缌麻亲任节度使女封硕人条格施行。"从之。②

1.2.33 隆兴元年（1163）十二月二十八日，张浚言："昨承恩降节制两淮，后来改除宣抚，都督江淮军马。二年防秋，偶免旷阙，除臣与近上官属自不当陈乞，所有臣随行官吏、军兵并应办军前实有劳之人，欲望从臣保明，比附前后宣抚司、督视府等处月日体例，特赐推恩施行。"从之。③

1.2.34 乾道九年（1173）十二月十八日，礼部、御史台、阁门、太常寺言："正旦（朔）［朝］贺节次，欲乞比附端诚殿称贺礼例，皇太子、文武百僚七拜大起居讫，皇太子出班致词，复位，又五拜。枢密承旨称'有制'，皇太子已下两拜。俟枢密宣答讫，皇太子已下又五拜，毕，退。俟今降指挥下日，乞令御史台、阁门、太常寺同共修定仪注。"诏依。④

1.2.35 淳熙二年（1175）二月八日，诏："琼州澄迈县令与比附琼山县令，任满循资酬。"从广西诸司请也。⑤

1.2.36 淳熙十二年（1185）九月七日，诏："入内内侍省东头供事官梁襄特差干办皇孙平阳郡王府都监，比附诸王府都监作上等，三年替。"⑥

从实践看，比类和比附的区别很小。根据史料来看，两者区别主要在于比类解决法律空缺，比附解决法律适用中"法无正条"，即法律适用上有两条以上可以适用的法律，或有法律但又不能完全耦合的情况。从这个角度看，比类是创立新的法律适用领域，比附是应对法律适用中有两个以上可以适用的法律和先例的情况，或者说比类主要解决法律漏洞，比附解决法律适用中多种选择的困境。

1.2.37 大观三年（1109）十二月十四日，吏部侍郎范致虚奏：

---

① 《宋会要辑稿》，"帝系二·濮秀二王杂录·秀王之56"，第68页。
② 《宋会要辑稿》，"帝系二·濮秀二王杂录·秀王之56"，第68页。
③ 《宋会要辑稿》，"职官四一·宣抚使之37"，第4106页。
④ 《宋会要辑稿》，"礼八·朝贺·正旦·臣朝贺仪·大朝会仪之18"，第652页。
⑤ 《宋会要辑稿》，"职官四八·县令试衔知县之40"，第4338页。
⑥ 《宋会要辑稿》，"帝系二·皇子诸王杂录之26"，第53页。

"奉诏裁损冗员，按元丰间小使臣八千余员，今至二万三千余员，入流之路太滥。乞诏中外官司，应有入流或因事推恩，并依元丰旧制，毋得辄增，无者以他司元丰旧制比类施行。"从之。①

没有相应法律时，比类适用《元丰官制》确定小使臣的人数。从法律适用上看，比类适用是扩张性适用，解决了法律缺失问题。

> 1.2.38 隆兴二年（1164）五月二十六日，中书门下省言："自来文臣铨试，每年春秋两试，以（下）十分为率，取七分为合格。近者每年止一试，十分以半为合格。武臣初出官，呈试弓马或《七书》义，未有去取格式及取人分数。欲令吏部、兵部比类施行。"从之。②

1.2.38 条解决的是武臣官员出任选考合格的标准，因选试法律上只有文臣选考的次数与选考合格标准，中书门下省要求武臣选考比例按文臣的法律。这里比类适用是指把文臣选试法律适用到武臣选试上，对武臣选试法律构成了新的立法，是对文臣选试法律扩张适用的结果。

（二）情理法不协

情理法不协是宋朝断例产生的重要原因，指司法判决中案件的情节、社会伦理道德价值评价与法律设定的量刑等级存在"价值"上的不协，若按法律设定的量刑情节司法，会出现"过重"或"过轻"等问题。情理法不协可以分为两种情况，即"情法不协"、"情理可矜"。其中"情法不协"主要有"情轻法重"和"情重法轻"两种情况。宋朝在情理法不协上存在三种次类，可以从韩维的奏折中看出。

> 1.2.39 元祐元年（1086）十一月丙子，门下侍郎韩维言："天下奏案必断于大理，详议于刑部，然后上之中书，决于人主。近岁有司或昧于知法，或便于营己，但因州郡所请，依违其言，即上中书，贴黄例取旨，故四方奏谳日多于前，欲望刑清事省难矣。今具修立到条：大理寺每受天下奏到刑名，疑虑情理可悯、情重法轻、法重情轻公案，须分明铺坐疑虑可悯、情法重轻等条。若无上项情状，

---

① 《宋会要辑稿》，"选举二五·铨选·侍郎右选上之13"，第5734页。
② 《宋会要辑稿》，"选举二六·铨试右选呈试附之3"，第5753～5754页。

即具合用敕律何条断遣，刑部看详，次第申省取旨。"诏刑部立法以闻。①

可以看出，宋朝法律规定地方和中央司法机关在审理案件时，若出现"情理可悯、情重法轻、法重情轻"时应作出拟判，然后呈请中书省审议，最后交给皇帝裁决。司法实践中法律规定遇到"情理可悯、情重法轻、法重情轻"时要奏裁，但这三种情况本质上是一种概括性规定，需经细化才能有效执行。因此，当出现以上情况，奏请皇帝裁决后，具有类型化功能的个案往往会被后来同类司法案件适用，于是奏裁案件成为实现"情理可悯、情重法轻、法重情轻"类型化的基本途径，也成为断例创制的机制。

1. 情法不协

"情法不协"具体由"情轻法重"和"情重法轻"两种类型构成。这里把两种情况结合在一起分析是因为两者虽然形式上不同，但本质是一致的。由于中国古代在司法判决中追求一种"实质主义"的"正义"司法判决，在司法中实现"情理法"的高度和谐就成为最高司法目标。这种追求导致形成一种重要司法现象，即在个案判决中，只要出现社会价值评价上"情法"轻重失衡，就得进行特别司法，此种情况被具体分为"情轻法重"和"情重法轻"两种次类型。宋朝，随着儒家士大夫在政治上获得重要地位，此问题上升为重要的司法问题，并制定了专门法律来规范"情重法轻"和"情轻法重"问题，称为《杀情理轻重格》。②《庆元条法事类》把此法编入格典中的《断狱格》篇下，称为《斗杀遇恩情理轻重格》。从此处看，主要是对"轻"和"重"进行界定，即规定什么情况下属于"情理轻"，什么情况下属于"情理重"。③

情法不协案件之所以会成为判例，是由于宋朝在对此类案件判决时，地

---

① 《续资治通鉴长编》卷391，"哲宗元祐元年十一月丙子"条，第9520页。
② 此法律的名称有《斗杀情理轻重格》、《杀情理轻重格》等。"建中靖国元年（1101）六月己未，诏班《斗杀情理轻重格》。"（《宋史》卷19《徽宗本纪一》，中华书局1977年版，第362页）"建中靖国元年（1101）六月三十日，诏颁《杀情理轻重格》于诸路。"（《宋会要辑稿》，"刑法一·格令一之20"，第8233页）
③ 《庆元条法事类》卷16《文书门·降赦》，戴建国点校，黑龙江人民出版社2002年版，第342页。具体条文是："理直下手稍重，下手稍重，谓以他物殴击并手足重叠殴头面、咽喉、胸乳、心腹、肋胁、阴隐处，或刃伤余处之类。理曲下手轻。理直下手重，下手重，谓以刃伤头面、咽喉、胸乳、心腹、肋胁、阴隐处，以及斧锤之类；虽不用刀刃，殴击上项要害处并以手足、他物殴至折（支）以上及项骨折跌，脑骨破损，若堕台之类。理曲下手稍重。"

方司法机关和中央司法机关在审拟后要奏请上级司法机关覆审，其中，奏请裁决的案件必须先作出拟定判决，再交给皇帝裁决。这类案件经过皇帝的特别裁决，特别是对现有法律进行改变的判决往往成为以后同类案件适用的先例。情法不协案件要求奏裁在宋朝被反复强调。

1.2.40 大中祥符五年（1012）九月丁卯，诏大理寺断案差互者，本断官并行勘劾。申明咸平二年四月之诏也。又诏断敕取其简要，不必繁叙款辞所断罪不得以取旨为文。上曰："一成之法，朕与天下共守。如情轻法重、情重法轻之类，皆当以理裁断，具狱以闻。"①

1.2.41 大中祥符七年（1014）四月甲子，诏大理寺断狱宜依条处罪，其情轻法重者，具状实封以闻。②

1.2.42 元丰四年（1081）五月己亥，大名府路安抚使王拱辰言："管下州县被水之民，散居高阜，贼盗颇多，难一一申请，须法外断遣。"诏犯盗虽暑月，特令察其情重法轻者奏裁。③

1.2.43 元符二年（1099）四月庚寅，权刑部侍郎周之道等言，应御札到后，杀人合死会赦原者，如所犯委是情重，即许引用情重法轻奏裁，其余并依旧制引赦。从之。④

宋朝在具体个案中出现"情重法轻"或"情轻法重"时，要把对量刑进行加减的改判权力交给皇帝。这种司法权力在宋朝不断得到加强，大臣们对此种权力也是承认并认为是需要加强的。如司马光就上奏要求皇帝独断此种司法权力："其余民事，皆委之州县，一断于法，或法重情轻，情重法轻，可杀可徒，可宥可赦，并听本州申奏，决之朝廷，何必出于经略安抚使哉！转运使规画号令，行下诸州，违戾不从者，朝廷当辨其曲直。"⑤ 司马光认为"民事"可由地方官员依法裁断，但情法不协的各类案件必须由中央统一裁决。这在本质上是加强皇帝的裁断权。

宋朝存在大量此方面的案件。如：

1.2.44 元丰六年（1083）正月壬寅，门下省驳奏："福州咸果十

---

① 《续资治通鉴长编》卷78，"大中祥符五年九月丁卯"条，第1782页。
② 《续资治通鉴长编》卷82，"大中祥符七年四月甲子"条，第1871页。
③ 《续资治通鉴长编》卷382，"元丰四年五月己亥"条，第7576页。
④ 《续资治通鉴长编》卷508，"元符二年四月庚寅"条，第12110页。
⑤ 《续资治通鉴长编》卷196，"嘉祐七年五月丁未"条，第4751页。

将郑青以功转副都头，妻詈母，殴妻死。中书拟杖脊刺面，配五百里，情轻法重，不当舍功而专论其罪。"诏于副都头上降两资，仍杖之。①

1.2.45 元丰六年（1083）正月二十一日，门下省驳奏："福州威果十将郑青以功转副都头，妻詈母，殴妻死，中书拟杖脊刺面，配五百里。情轻法重，不当舍功而专论其罪。"诏于副都头上降两资，仍杖之。②

上面不同出处的材料记载了同一案件，具体是福州威果将士郑青因为妻子詈骂母亲而殴死妻子，最初中书省拟判"杖脊刺面，配五百里"，但门下省驳奏称此判决"情轻法重"，因为妻子过错在先，提出减轻判决，最后判决是降官职两资，杖罚。此案在法律上具有两个类型化的法律结果，一是妻子有过错，丈夫殴死妻子的判决属于情轻法重类型；二是在同类案件中，若当事人是有功的军人，在处罚时采用降两资和杖罚的方式处罚。这样此案在法律上具有了先例的功能，对以后同类案件有了约束力。

1.2.46 绍兴四年（1134）三月戊寅，诏："临安府失火，延烧官私仓宅及三百间以上正犯人，作情重法轻奏裁。芦草竹板屋三间比一间，五百间已上取旨。"先是，有旨失火焚烧数多，取旨依军法。刑寺以为无所执守，乃比附立法焉。其后御史台又乞估计价钱，量轻重取旨。刑部请延烧直万缗者比三百间，直五千缗者比五百间。从之。③

1.2.47 绍兴八年（1138）三月六日，诏："监司、州、县等处吏人犯罪，但已曾编配或于法本不合编配，而情重法轻，有司酌情特行编配之人，虽会恩或依条放还，或改正过名，并不许收叙，亦不得投充他处名役。从之。"④

在实践中，由于地方官员往往只对"情重法轻"要求加重判决的个案积极上奏，对"情轻法重"要减轻判决的案件奏请很少，南宋时就有大臣上奏

---

① 《续资治通鉴长编》卷332，"元丰六年正月壬寅"条，第8007页。
② 《宋会要辑稿》，"职官二·门下省之4"，第2987页。
③ 《建炎以来系年要录》卷74，"绍兴四年三月戊寅"条，胡坤点校，中华书局2013年版，第1419页。
④ 《宋会要辑稿》，"职官四八·牙职之101"，第4376页。

要求强化对"情轻法重"类案件的奏裁。

1.2.48 绍兴三年（1133）冬十月庚寅，大理少卿元袠言："四方之狱，虽非大辟，情法不相当者，皆得奏请裁决。今奏按来上，大率皆引用'情重法轻'之制，而所谓'情轻法重'者鲜矣。岂人之犯法而无情轻者乎，欲望申敕，凡遇丽于法，而情实可矜者，俾遵守成，请谳以闻。"诏申严行下。①

1.2.49 绍兴十五年（1145）五月庚申，大理寺丞周懋言："《绍兴敕》，罪人情轻法重者，并奏裁。立法之意，谓法一定而不易，情万变而不同。设法防奸，原情定罪，必欲当其实而已。比年以来，内外官司，类皆情重法轻闻奏，必欲从重，而以情轻奏者，百无一二。岂人人犯罪，无有非意误冒，可轻比者邪？陛下圣德宽仁，惟刑之恤，而有司未能推原美意，其于情法疑谳，轻重不伦。伏望申戒法官，应罪人情轻法重者，并仰遵守敕条闻奏，以从轻典。仍委所属，时加检察。如有违戾，并以故入之罪罪之，庶使无知小民，免致非辜，悉罹重宪，以副陛下好生之德。"从之。②

考察中国古代判例制度可知，由于情法不协而需要加重与减轻判决的个案成为判例的情况在清朝十分普遍。可以说，清朝大量刑事成案都是量刑时需要加减等判决的个案。③ 量刑上的准确立法往往无法通过立法解决，唯一有效的途径是通过具体的司法案件实现社会事件在法律上的类型化。④ 通过加减判决形成判例的情法不协案件，是刑事判例的主体。

2. 情理可矜

"情理可矜"案件是宋朝情理法不协中的一个次种类。"情理可矜"指具体案件在法律适用上不存在"情法"轻重不协的问题，而是因为个案在"情理"上存在可以"矜悯"的社会伦理道德等主客观因素。这里的"情理"，特别是"情"，不仅指案件情节，还包括一种道德伦理上的"情理"评价。通俗

---

① 《建炎以来系年要录》卷69，"绍兴三年冬十月庚寅"条，胡坤点校，中华书局2013年版，第1348页。
② 《建炎以来系年要录》卷153，"绍兴十五年五月庚申"条，胡坤点校，中华书局2013年版，第2898页。
③ 考察《刑案汇览》和《加减刑案编》两书，就会发现这成为清朝成案的基本来源。
④ 中国古代立法具有的特定的精确性导致法律适用上的涵摄能力低下，于是通过大量的比附技术形成的个案往往成为先例。对此，参见胡兴东《中国古代确定性立法特征及其影响研究》（《南京大学法学评论》2016年第1期）。

地说，此类案件属于法律明确、情节确定、情法适当，仅是在"情理"上存在可以"矜悯"的社会道德因素。此类案件在判决时往往采用减轻判决，导致形成新的司法先例。当然，由于中国古代在整个司法中有减刑化倾向，于是对量刑中减刑化的法律约束成为先例的重要来源。

1.2.50 大中祥符五年（1012）五月庚辰，上御崇政殿虑囚，死罪情理可悯者，悉贷之。①

1.2.51 大中祥符六年（1013）四月丙戌，诏诸州死罪情理可悯及刑名可疑者，报提点刑狱司详察以闻，当付大理寺详覆，无得顾避举驳，致有幽枉。②

1.2.52 大中祥符九年（1016）六月癸巳，诏诸路转运使晓谕州府军监长吏等，凡有狱讼，必须尽公审察，务于平允；其大辟罪如情轻可悯及理有所疑者，并许奏裁，以副钦恤。③

1.2.53 元丰八年（1085）八月癸酉，门下侍郎司马光：……欲乞今后，应诸州所奏大辟罪人，并委大理寺依法定断。如情理无可悯，其刑名无疑虑，即仰刑部退回本州，令依法施行。如委实有可悯及疑虑，即仰刑部于奏钞后别用贴黄声说情理如何可悯，刑名如何疑虑，今拟如何施行，令门下省省审，如所拟委得允当，则用缴状进入施行。如有不当及用例破条，即仰门下省驳奏，乞行取勘。庶使画一之法，不致颣坏；凶暴之人，有所畏惮矣。其姜齐等，缘系未立法以前，今欲先次进入。诏从光请。④

宋朝存在大量通过情理可矜因素改判的个案，例如：

1.2.54 景德四年（1007）秋七月乙丑朔，时虎翼军有率钱修公用什物者，上以法禁甚严，而此类赃非入己，情理可悯。⑤

1.2.55 大中祥符二年（1009）五月癸亥，三班借职、监汾州灵石县矾务边守信坐赴本县令饮席，大理定杖一百私罪，上以其情轻

---

① 《续资治通鉴长编》卷77，"大中祥符五年五月庚辰"条，第1765页。
② 《续资治通鉴长编》卷80，"大中祥符六年四月丙戌"条，第1824页。
③ 《续资治通鉴长编》卷87，"大中祥符九年六月癸巳"条，第2006页。
④ 《续资治通鉴长编》卷359，"元丰八年八月癸酉"条，第8583～8584页。
⑤ 《续资治通鉴长编》卷66，"景德四年秋七月乙丑朔"条，第1468页。

可悯，特改为公罪。因诏自今如此类者，具罪款刑名奏裁。①

1.2.56　大中祥符二年（1009）五月辛未，遣盐铁判官、太常博士杨可驰驿往，疏决系囚，减流罪以下一等，死罪情可悯者上请。②

1.2.57　天圣十年（1032）正月二十四日，安州劫贼胡参特贷命，黥面配沙门岛。参以父命劫孙绪财，法当死，情可悯，特矜之。③

1.2.58　景祐元年（1034）八月九日，濠州民谢象为李齐打杀母并惊杀孩儿，后却打齐致死，合决脊，情理可悯，诏象特放。④

1.2.59　熙宁八年（1075）二月辛卯，鄜延路蕃部凌啰策木多、伊克沁咸值岁饥走外界，会赦，法当斩。诏以情理可悯，杖脊配湖南牢城。⑤

1.2.60　元丰八年（1085）八月癸酉，门下侍郎司马光言：窃惟王者所以治天下，惟在法令，凡杀人者死，自有刑法以来，百世莫之改。若杀人者不死，伤人者不刑，虽尧、舜不能以致治也。近见刑部奏钞，泰宁军勘到保正家人姜齐，见本部代名大保长张存掉着百姓孙遇，其孙遇掉着袁贵髻子，张存道："此人称是'东岳急辈子'，胡乱打人，不伏收领。"齐掉孙遇，褫衣打三二十拳，解擘放却袁贵。齐与存掉倒孙遇，齐行拳踢打孙遇身死。齐发心共张存捉缚袁贵，虚做打杀元相争人，申解赴县，替行偿命。其袁贵到县，不肯虚招。齐蒙枷项隔勘，方具实招通。又怀州勘到百姓魏简与郭兴争赌钱，拽倒郭兴。其父郭升拽着简，使头撞简。简为本人年老，便道："你共我不是抵对，休拽着我。"待推搐，郭升图放却，简用力去郭升咽喉上搐一搐，其人当下倒地身死。又耀州勘到百姓张志松，为再从弟张小六冤执咒骂责兄弟男女，值志松乘酒，嗔恨张小六，因此行拳打张小六当时身死。上件三人，于条皆合处死。本州并作"情理可悯"奏裁。耀州仍称张志松本无杀意，刑部一切检例，拟特贷命，决脊杖二十，刺配断本所牢城。窃详孙遇，不合诈称"东岳急辈子"，胡乱打人。虽是罪人，然罪不至死。其姜齐等，既解擘放袁贵，即合申送赴官，依法施行。其孙遇别更不曾拒捍及走，

①　《续资治通鉴长编》卷71，"大中祥符二年五月癸亥"条，第1606页。
②　《续资治通鉴长编》卷71，"大中祥符二年五月辛未"条，第1608页。
③　《宋会要辑稿》，"刑法六·矜贷之14"，第8538页。
④　《宋会要辑稿》，"刑法六·矜贷之15"，第8538页。
⑤　《续资治通鉴长编》卷260，"熙宁八年二月辛卯"条，第6349页。

兼已就拘执，岂可更捽倒殴击，直至于死？又更诬执被苦人袁贵作杀人贼，欲令替己偿命，如此情理，有何可悯？其魏简，为郭升年老，不欲相打，却用力去本人咽喉上一搭至死，岂不更甚于殴打？又张志松只为张小六冤执咒骂，事理至轻，遂殴本人致死，并是斗杀，于情理皆无可悯。凡人怨忿相争，迭相殴击，其意岂皆在于杀？但一人于辜限内死，则彼一人须当偿命。况此三人皆即时殴杀，当死无疑。止是逐州避见失入罪名，妄作"情理可悯"，或"刑名疑虑"奏裁。刑部即引旧例，一切贷命。若因循不改，为弊甚大。所以然者，从来律令敕式，有该说不尽之事，有司无以处决，引例行之。今斗杀当死，自有正条，而刑部不问可贷与否，承例尽免死决配，作奏钞施行。是杀人者不死，其斗杀律条更无所用也。于杀人者虽荷宽恩，其被杀者何所告诉？非所以禁制凶暴，保安良善也。①

1.2.61 元祐六年（1091）五月丙寅，给事中朱光庭言："衡州上王五等强盗案，有情理似可矜悯之言。乞令刑部、大理寺今后断案，若情理可悯，只依元条可悯奏上，不得却入疑似之言。"从之。②

1.2.62 绍兴三年（1133）冬十月乙未，初，上既增以绢计赃之直，而大理少卿张柄入对，言："窃盗以赃准钱四百以上，即科杖罪，才及两贯，遂断徒刑。民无常产，迫于饥寒，不得已而为盗。今百物腾踊，所得至微，而罪已及于徒，情实可悯。"刑寺奏："除强盗依旧制外，窃盗递增钱五分，如三贯徒一年之类，俟物价平日，如旧。"是日进呈，上曰："自古人君治国家，不过省刑罚薄税敛为先耳，可如所奏。"③

1.2.63 绍兴十一年（1141）二月三日，左宣教郎莫庭芬男溍言："乞将故父致仕合转一官回赠先祖迪功郎伺，于阶官上拟赠。"从之。初，有司谓虽无条法，人子之心实可悯，故有是命。④

1.2.64 绍兴五年（1135）十有一月甲午，权中书舍人潘良贵缴方州杀人奏案不当。上曰："杀人者死，此古今不易之法，然情有可悯，许具奏。此祖宗好生之德，第恐州县之吏，受赇出入，略加约

---

① 《续资治通鉴长编》卷359，"元丰八年八月癸酉"条，第8582～8584页。
② 《续资治通鉴长编》卷458，"元祐六年五月丙寅"条，第10958页。
③ 《建炎以来系年要录》卷69，"绍兴三年冬十月乙未"条，胡坤点校，中华书局2013年版，第1351页。
④ 《宋会要辑稿》，"仪制一·陈请封赠之20"，第2512页。

束可也。"①

其中 1.2.62 条反映出，南宋初年连年战乱，民不聊生，于是为生存，窃盗行为大量增加。按原有法律，窃盗罪处罚较重，但大臣认为民众因为生计所迫而窃盗，在量刑上应从轻。为此，依据"情实可悯"要求提高量刑的财产数额，最后宋高宗同意所奏。且提出将盗窃财物区分为偷盗和强盗，对偷盗者采用减刑。

> 1.2.65 绍兴四年（1134）正月戊午，诏宣州奏檀偕杀人疑虑狱案，令刑部重别拟断，申尚书省。偕，倬兄也。先是，有叶全三者，盗其窖钱，偕令耕夫阮授、阮捷杀全三等五人，弃尸水中。当斩，尸不经验，奏裁。诏授、捷杖脊，流三千里，偕贷死，决杖配琼州。孙近为中书舍人，言："偕杀一家五人，虽不经验，而证佐明白，别无可疑。贷宥之恩，止及一偕，而被杀者五人，其何辜焉？"乃命重别拟断。始近之提点浙东刑狱也，绍兴民俞富因捕盗，而并斩盗妻，近奏富与盗别无私仇，情实可悯，诏贷死。去年三月戊寅。故法寺援之，近言："富执本县判状，捕捉劫盗，杀拒捕之人，并及其妻女。而偕私用威力，拘执打缚，被杀者五人，所犯不同。"刑部亦言："右治狱近断孙昱杀一家七人，亦系尸不经验。法寺为追证分明，不用疑虑奏裁，何不依例。"法寺坚执不移，诏御史台看详定夺。今年二月戊子。既而侍御史辛炳等："偕系故杀，众证分明。又已经委官审问，以近降申明条法，不应奏裁。"辅臣进呈，朱胜非言曰："疑狱不当奏，而辄奏者，法不论罪。而孙近以宣州有观望，欲并罪之。"上曰："宣州可贷，今若加罪，后来州郡，实有疑虑者，亦不复奏陈矣。"乃诏偕论如律，大理寺当职丞、评，刑部郎官皆赎金有差。进呈在三月甲子，今并书之。②

此案最初大理寺与刑部以案件有"可悯"因素，采用奏裁减轻判决，但引起中书舍人孙近反对。大理寺与刑部引用的先例是孙近在浙东作提刑按察使时判的俞富杀人案，孙近提出反驳，认为俞富案与此案存在不同。他的意

---

① 《建炎以来系年要录》卷95，"绍兴五年十有一月甲午"条，胡坤点校，中华书局2013年版，第1823页。
② 《建炎以来系年要录》卷72，"绍兴四年春正月戊午"条，胡坤点校，中华书局2013年版，第1384～1385页。

见得到了刑部支持，刑部提出应比照适用右治狱判过的孙昱案。在指出两个先例与此案的异同后，虽然辅臣朱胜非反对改判，但最终宋高宗仍然改判，采纳大理寺与刑部提出改判的建议。这段史料体现了宋朝使用断例判决的具体司法过程。可以看出，在适用"可悯"情理上存在很多复杂的社会因素。

分析涉及"情实可悯"的史料与个案会发现，"可悯"之类的情节涉及犯罪者出于人性特点、主观上无恶意、生存基本需要和"普通人的合理反应"等因素。这种司法状况一直存在于中国古代，它强调社会效果，特别是社会效果的评价。明清时，特别是清朝在秋审案件中就有专门的类别，称为"可悯案件"，或"可矜案件"。对此类案件在死刑上往往不采用勾决，而是达到一定次数后采用减刑处罚。[1] 这也是中国传统司法的重要特色。

三 宋朝断例创制的非法定原因

非法定原因产生的断例在宋朝大量出现，本质上是皇权强化的体现。此种现象到北宋末年非常突出，那就是"特旨"断案的增加。对特旨的性质，宋人指出："盖法者，天下之取平；特旨者，人君之利柄。"特旨断案具体是因皇帝个人的原因，在核准司法时采用特旨判决。特旨判决在宋朝若严格分类，一是皇帝行使覆核司法权时进行的法定核准，本质上是各级司法机关提出的特别判决，通过皇权获得合法性。此类特旨判决不是本书考察的重点，它本质上是皇帝行使覆核国家司法权力的一项职权。二是在没有法定缘由下，皇帝对上报司法案件从个人喜恶、自身理解角度对案件进行改判，改变上报司法机关拟判而创制出特殊断例。特旨断案由于皇权的至上，在宋朝形成大臣不能奏驳的传统。北宋刘挚曾指出"凡狱既取旨，则轻重出于朝廷。有司议法则可驳，特旨则非"，[2] 从中可知特旨断案的特殊之处。特旨在法律适用上属于法外行为，对此，赵君锡曾指出："特旨谓宜法外施行……盖法者，天下之取平；特旨者，人君之利柄。以法令与罪人之情或不相当，则法轻情重者，特旨重之；法重情轻者，特旨轻之。"[3]

特旨断案在宋朝不断增加，北宋徽宗朝变得异常突出，南宋诸朝皇帝多保留此种"特旨断裁"权。南宋在此方面的规制是对皇帝特旨断例进行专门

---

[1] 关于清朝在秋审中对可矜类案件的审判问题，可以参见胡兴东《中国古代死刑制度史》（法律出版社2008年版）一书第十三章"中国古代死刑制度中的特殊程序"。

[2] 《续资治通鉴长编》卷465，"元祐六年闰八月甲子"条，第11108页。

[3] 《续资治通鉴长编》卷458，"元祐六年五月丙子"条，第10964页。

编撰，对可以成为先例的案件进行国家确认，减少自由适用带来的问题。这种特旨判决案件成为"断例"的组成部分。

从《宋会要辑稿》看，特旨判决是宋朝皇权行使的重要方式，涉及国家治理的各个方面，很多特旨处理的事务属于非司法问题的行政行为。特旨行政和特旨司法的出现，说明宋朝皇权的行使在国家治理中存在两种情况：依法律处理和皇帝临时处断。这种皇权行使分类的出现，是宋朝法制建设获得较高成就的体现。因为在国家权力运行中，若对皇权行使能够进行严格分类，则意味着皇权在行使上已经有严格的法律标准和约束，而不是随意行使。特旨行为逐渐成为宋朝皇权行使的一种重要形式，并形成了规范的程序。宋朝特旨行为中能够产生法律意义的有行政行为和司法行为两种。

（一）特旨行政

特旨行政是宋朝特旨行为中数量最多的领域，是特旨行为的重要组成部分，是宋朝行政例的重要来源。

> 1.2.66 熙宁三年（1070）五月癸卯，上批："近以秀州军事判官李定为太子中允、权监察御史里行。知制诰李大临、苏颂累格诏命不下，乃妄引诏中丞荐举条，绝无义理。而颂于中书面乞明降特旨方敢命辞，洎朝廷行下，反又封还，轻侮诏命，蹟覆若此，国法岂容！大临、颂可并以本官归班。"……安石曰："陛下特旨，虽妨前条亦当施行也。"曾公亮曰："特旨固不当以条限，但不知定何如人，恐非常人，乃当不用常法耳。"……复诏颂依前降指挥撰辞，颂执奏如初，而又于中书白执政言："虽云特旨，而颂辈无以为据，草制即必致人言。乞批降云：'特旨所除，不碍条贯。'方敢草制。"又诏所除李定是特旨，不碍近制，令颂疾速撰辞。[①]

此条史料记载了特旨与常法之间的关系。神宗破格提拔秀州军事判官李定为太子中允、权监察御史，引起大臣们的争议，知制诰李大临、苏颂抗命不肯起草任命诏书。由于此种任命是神宗通过行使特旨权的特别人事任命行为，所以争议中涉及特旨权的性质和作用等问题。

> 1.2.67 元丰元年（1078）正月癸巳，诏大理寺丞王钦臣展磨勘

---

① 《续资治通鉴长编》卷211，"熙宁三年五月癸卯"条，第5125～5126页。

四年，前降一官指挥更不施行，其转太常丞及降太子中允敕并追毁。坐定夺解子平地界不实，案未上，年例当迁，已改太常丞，及案奏，特旨夺一官，而法当自未迁官时责降故也。①

宋朝行政例中的大部分个案是特旨行政的产物。也正因为宋朝大量存在特旨行政，尤在官员任命、考选方面为甚，故导致吏部事务中判例繁杂。

（二）特旨司法

特旨司法是宋朝特旨行为中的重要类型，是特旨的重要组成部分，是宋朝特别是北宋后期与南宋时期最重要的司法断例来源。

1.2.68 元丰五年（1082）六月丙子，诏："自今特旨冲替，无公案者，令中书随特旨定事理轻重；叙复者，不以官高下，并归尚书刑部。"②

1.2.69 熙宁四年（1071）二月癸酉，御史范育言："河东民夫送材木至麟州，留月余不使之纳。"上曰："河东两转运使恐须早责降，因其措置乖方，一路为之劳扰，人不能堪，至自贼杀者甚众。若论法，不过不应为。"王安石曰："此在陛下特断，岂系法官。兼自来断命官罪，皆以特旨，非以法，虽赦亦有所不用。陛下前谓失入一人死罪，得罪不轻，今此坏一路，岂有轻赦之理。"上曰："据理，虽使人偿死可也。"安石曰："已令穷核其事，候见实事，固当深责之。朝廷既欲重行，尤宜详审。"③

最初，宋朝特旨司法主要适用于对官员犯罪的量刑，本质上是唐朝"八议"、官当制度中形成的官僚权贵在司法上享有的特别处罚机制，但宋朝扩大了适用范围，使官员普遍地享有这种特权。皇权介入对官员犯罪的处理，对大量官员施以法外处罚，全面实行减刑处罚，构建起特殊的官僚处罚体系。可见，特旨司法是对大臣的保护，也正因如此，宋朝大臣对特旨司法并没有极力反对。对此，王安石曾指出，特旨是"此在陛下特断，岂系法官。兼自来断命官罪，皆以特旨，非以法，虽赦亦有所不用"，体现出特旨司法在宋朝官僚适用中的特定性和特殊性。特旨判案可以超越法律和大赦等法律和程序

① 《续资治通鉴长编》卷287，"元丰元年正月癸巳"条，第7031页。
② 《续资治通鉴长编》卷327，"元丰五年六月丙子"条，第7885页。
③ 《续资治通鉴长编》卷220，"熙宁四年二月癸酉"条，第5354页。

上的约束，因此，所判个案具有特殊性。在司法上，先例作用十分显著。对于官僚而言，当遇到同类案件时，大量引用此种机制下形成的判例作为依据成为习惯，进而达到获得特权的目的。

1.2.70乾德五年（967）二月癸酉，御史台上言："伏见大理寺断徒罪人，非官当赎铜之外，送将作监役者，其将作监旧兼充内作使，又有左校、右校、中校署，比来工役，并在此司，今虽有其名，无复役使。或遇祠祭供水火，则有本司供官。欲望令大理寺依格式断遣徒罪人后，并送付作坊应役。"从之。自后命官犯罪当配隶者，多于外州编管，或隶牙校。其坐死特贷者，多决杖黥面，配远州牢城，经恩量移，即免军籍。大凡命官犯罪，多有特旨，或勒停，或令厘务，赃私罪重，即有配隶；或处以散秩，自远移近者，经恩三四，或放任便，所以儆贪滥而肃流品也。①

宋朝很早就开始对官员犯罪，特别是赃罪采用特旨处罚。此条正说明宋太祖刚建立政权时就开始采用此种办法。

1.2.71元祐六年（1091）六月乙巳，侍御史贾易言："祖宗以来，命官犯赃罪不以轻重，皆有特旨。如仁恕所犯，自当极典。乃更从轻，是必出于曲相隐庇之情，何其弃公议，而贵私恩如此其至也！伏乞圣慈深赐辨察。"②

比较材料1.2.70条与1.2.71条会发现，在整个北宋时期，官员犯罪，特别是犯赃罪时采用特旨处罚已成为一种"家法"，或者说成为一种司法习惯。宋朝通过特旨司法建立起对官僚阶层犯罪处罚的法外体系，成为一种法外官僚犯罪刑法体系。这是宋朝整个刑法体系中的重要特征，也是特旨司法得以运行的社会原因。

1.2.72至和元年（1054）八月癸巳，范镇又言："臣伏见祠部员外郎邵必先知常州日，误以杖六十罪作徒一年决遣，自开封府推官落集贤校理，降充邵武军监税。准法，去官迁官流以下罪勿论，当时特旨已为过重。近以南郊赦恩并今年三月德音，才移扬州监酒，

---

① 《续资治通鉴长编》卷8，"乾德五年二月癸酉"条，第189页。
② 《续资治通鉴长编》卷459，"元祐六年六月乙巳"条，第10993页。

中外之说以为用法过当。使必犯情涉深故，虽废终身亦不为过，然出于失误，于法本轻，又别无难恕情理，伏望特与牵复职任，庶合用法之意。臣与必同在馆阁，知其本末甚详，窃恐如必之比尚多，伏乞下大理寺、刑部检会闻奏，比类施行。"①

1.2.73 熙宁三年（1070）六月丁丑，诏大理寺详断官李达、胡泽充替，权少卿蔡冠卿降小处差遣，权判事许遵、审刑院详议官朱大简、韩晋卿、赵文昌、冯安之并移差遣，坐失入秦州民曹政死罪未决也。曾公亮引银砂案失入例会赦，王安石曰："银砂已是失引，定例宜有特旨。"故有是诏。②

1.2.74 元祐三年（1088）九月甲子，尚书省言："命官犯罪，有情状乖恶，肆为不法，至于编配者，其举主自来只依常法断放，亦有该恩全原者，是于保任之法全无惩诫。"诏今后举官得罪，如被举人犯赃私罪，特旨编配者，举主虽该恩，并取旨。③

宋朝特旨司法除了针对官僚阶层外，还针对一些特别犯罪领域和特殊群体。如对因饥寒而窃盗食物、钱财的贫困偷盗群体，往往采用特旨改变法律适用，形成新的判例。此类案件的判决依据可以称为"情节可矜"，前文已经分析过，这里不再赘言。

1.2.75 元祐三年（1088）十月甲戌，刑部言："按未行元祐新敕前，依元丰旧敕缘坐编管人放从便，其王冲贼徒妻子父母及同居期以上亲，朝廷令依重法地分劫盗特旨编管，当具奏裁。"诏王冲贼徒党家属仍旧编管，其未行新敕前，重法地分劫盗元犯为凶恶者编管妻子，先具情犯申尚书省。④

当然，皇帝在行使特旨司法时若出现不合理的减刑，也会受到大臣们的反对。

1.2.76 元祐六年（1091）五月丙子，御史中丞赵君锡等言："臣伏见近降敕命，任永寿特依大理寺前断，决臀杖二十，千里编管。

---

① 《续资治通鉴长编》卷176，"至和元年八月癸巳"条，第4270页。
② 《续资治通鉴长编》卷212，"熙宁三年六月丁丑"条，第5154页。
③ 《续资治通鉴长编》卷414，"元祐三年九月甲子"条，第10064页。
④ 《续资治通鉴长编》卷415，"元祐三年十月甲戌"条，第10069页。

臣等取会刑部、大理寺元断公案详究，乃是先勘到永寿受任中立赃，系犯仓法流罪编管，该赦外，其报上不实，未奏，减一等断杖一百。都省以开封府见任永寿冒请食料钱等未结案，退送刑部，候案到从一重断罪。相次刑部、大理寺将后案再断，徒一年，并具例数件，皆是编配，上尚书省；兼言永寿情重，合取旨，遂奉特旨施行。臣看详永寿前后赃至七百匹，情可谓重，则特旨谓宜法外施行。今乃舍其重罪，断其轻罪，与有司元请殊不相应，是以中外汹汹，莫晓朝廷之意。盖法者，天下之取平；特旨者，人君之利柄。以法令与罪人之情或不相当，则法轻情重者，特旨重之；法重情轻者，特旨轻之。此乃所以为利柄也。今永寿原其情甚重，而特旨乃轻之，此中外所以不服也。伏乞圣旨不惮收还已行之命，改从合用之法，仍用刑部所上重例刺配，以警戒贪狡之人，亦使四方晓然知朝廷无姑息奸吏之意。"①

这里御史中丞赵君锡等人对任永寿依据特旨获得减刑的判决提出了反对，认为此案本质上构成了情重法轻，而皇帝在实行特旨司法时仍然采用减刑，违背了司法原则。可以看出，宋朝大臣们认为皇帝的特旨司法权是实现司法实质正义的最后保障，是出现情轻法重和情重法轻时，纠正法律不足的"活"的机制。

当然，若特旨司法导致官员受罚时出现加重或非正常处罚，大臣们就会起来反对皇帝行使特旨司法权。

1.2.77 庆历八年（1048）八月丁丑，资政殿学士、知陕州吴育上言："先王凝旒黈纩，不欲闻见人之过失。有犯宪典，即属之有司，按文处断，情可矜者，犹或特从敕宥。如此，则恩归主上，而法在有司。人被诛殛，死亦无憾。祖宗以来，不许刑狱司状外求罪，是以人人自安。近传三司判官杨仪下狱，自御史台移劾都亭驿，械缚过市，万目随之，咸共惊骇，不测为何等大狱。及闻案具，乃止坐请求常事，非有枉法赃贿。又传所断罪名，法不至此，而出朝廷特旨。恐非恩归主上，法在有司之意也。且仪身预朝行，职居馆阁，任事省府，使有大罪，虽加诛斩，自有宪章。苟不然者，一旦至此，使士大夫不胜其辱，下民轻视其上，非所以养廉耻，示敦厚也。自

①《续资治通鉴长编》卷458，"元祐六年五月丙子"条，第10964页。

古刑狱滋彰之时，诛家灭族，冤枉大半，大抵雷霆方震，人莫敢言，有司以深就深，各图自免，或因而为利，以希进取，使君恩不得下达，人情不得上通，感伤至和，灾变百出。陛下为四海爱戴之主，忽使道路之口，纷纷窃议，朝廷之士，人人自危，此臣所以深为陛下痛惜之也。若仪罪未断，臣不敢言，今事已往，且无救解之嫌，止祈圣神此后详审庶事，无轻置诏狱，具按之上，自非情涉巨蠹，且从有司论谳，不必法外重行。如此，足以安人心，静风俗，养廉耻，召和平，天下之幸也。"①

此案中三司判官杨仪被判械缚游街，引起大臣的反对，反对理由是此案的判决结果是一种"特旨司法"。从反对理由上看，特旨司法导致士大夫受辱，这是不能接受的。虽然大臣们并不主张废除此种司法权力，但要求此种司法权不能失控，尤其不能威胁自身群体利益。

对因"特旨司法权"创制出来的判例效力，宋人也存在争议。认为特旨太具个案性、偶然性，不应成为司法先例，即不应成为同类案件法律适用的依据。

1.2.78 元丰七年（1084）七月甲寅，张汝贤言："臣论奏王珪、王安礼陈乞子侄差遣法许用例奏钞，诏臣分析。臣愚见：按法之文而折中于理，谓有司之事。无条有例，或虽有条而文意未明，应用例以补之，皆在所司。可以常行，于法未碍，则为不应奏请可否之事，若陈乞差遣，自有定法。异时执政大臣本因碍法，遂有干请，画旨施行，所以称'特旨'，岂有司所专以为不应奏请之事？又官制申明逐处例册，候册定条目不用，即知有司所用之例，自可修条。未知特旨碍法之事，能如此否？又尚书省奏事依条目分，有法式者上门下，无法式者上中书，并取旨、特旨事，乃中书之职。臣窃谓法式者有常之称，特者反常之义。今用特旨碍法事为有法式事上门下，臣虽甚愚，未知其可。

且特旨一也，参以近者，察案所上，有待申请而具钞者，王安礼陈乞是也；有不待申请而具钞者，时忱磨勘是也；有申请都省而关中书取旨者，文彦博陈乞是也；有申请而进呈不行者，程庆酬奖是也。都省若为有例事，不限特旨，皆不应奏请可否，便得具钞，

---

① 《续资治通鉴长编》卷165，"庆历八年八月丁丑"条，第3963～3964页。

则宜无彼此之别，不可于执政大臣与本省吏人私事而遂有异。若谓例册有之，始可以用印，杨天祐等岂非例册所载，何为而不引？其冯诉借阙事，乃非例册所载，何为而辄用？若为侯永昌等酬奖碍条法，有特旨不可引用，则王枋等差遣正碍陈乞之法；若谓特旨非有司所专，而都省可以指挥，则时忱磨勘又不得申请而施行。推求其说，终不可得。"①

这里明确指出作为司法程序的"取旨"案与由特别原因产生的"特旨"案是两种不同的司法产物。两者的基本法律原则是不同的，"取旨"判决是对基本法律的补充、细化；"特旨"判决是对基本法律的突破或规避。

1.2.79 绍兴二十六年（1156）乙卯，尚书省勘会，命官、诸色人犯罪遇赦恩，本断刑名，合行原免，刑部尚具例请降特旨，并不遇赦合奏裁之人，亦具重例，请降特旨，未称宽恤之意。诏："今后并令刑部遵依赦条施行，其不遇赦合奏裁案状，不得一概拟例，请降特旨，如事理重害，即具例申省取旨。"②

宋朝对特旨断例的适用存在不稳定性，国家有时会不承认特旨的先例效力，其理由不外乎是特旨断例具有太多的特殊性、临时性，而缺乏稳定性。对此，皇帝有时也会用同样的理由否定特旨司法形成的个案在同类案件中的先例作用。

1.2.80 元祐五年（1090）三月庚午，御批："高遵路妻曹氏乞女令群、妻高氏归俗。除宗女及王舜封女归俗体例外，更有无似此体例，亦无许陈乞归俗法。"刑部勘会比之王氏遇赦数多，欲依例放逐便。御批："高遵路女令群、妻高氏先为犯罪落发，隶妙法院。宗妇既无放归俗条贯，刑部因何定夺作遇赦数多，欲依例放逐便？兼勘会王舜封女因父舜封奉使高丽有劳，特恩放女归俗，系一时特旨，难以为例。其高遵路妻所请，宜更不施行。所有刑部定夺不当，取勘闻奏。"③

---

① 《续资治通鉴长编》卷 347，"神宗元丰七年七月甲寅"条，第 8330～8331 页。
② 《建炎以来系年要录》卷 171，"绍兴二十六年乙卯"条，胡坤点校，中华书局 2013 年版，第 3256 页。
③ 《续资治通鉴长编》卷 439，"元祐五年三月庚午"条，第 10572 页。

上面史料中，高遵路引用王舜封女儿的特旨判例，要求令其女儿和妻子高氏还俗。此案交给皇帝裁决时，皇帝对王舜封女儿先例进行了否定，否决了高遵路提出其适用于自己妻子和女儿案的请求。但此案并未完全否定先例，而是承认特旨断例的效力。现实中的确存在大量特旨断例作为先例适用的个案。

特旨断例从宋神宗朝开始，到徽宗朝越来越成为断例的重要组成部分，加上特旨断例在产生、法律形态上的特殊性，国家在断例的编撰上也努力对两者进行区分。如南宋绍兴四年编撰断例时就把两者分开修撰。

> 1.2.81 绍兴四年（1134）秋七月癸酉，初命大理寺丞、评刊定见行断例。时议者乞"明诏有司，应小大之狱，既得其情，一断以法，无使一时之例复预其间。如其断刑旧例，法家所援有不可去者，乞条具申上，付之所司，立为永法，布示中外，使知所遵守。庶几刑罚平允，人无冤滥"。刑部勘当："自国朝以来断例，渡江以来皆已散失。今所引用，多是自建炎以来近例。若建炎以前，皆出官吏省记，间亦引用。至于进拟案用例，或罪轻而引用重例，或罪重而引用轻例，或有例而不引，无例而强引，即无检察断罪指挥。欲乞将本部并大理寺见行断例，并臣僚缴进《元符断例》，汇集为一。行下大理寺，委自丞、评刊定，若特旨断例，即别为一书。候成书，申送刑部看详驳正。其不在新书者，不得引用。如引用失当，许本部检察断罪。"上之朝廷，乞颁降施行，故有是旨。①

此处史料记载国家对特旨断例进行了专门编撰，可知特旨断例在宋朝断例中的地位与作用，同时证明了特旨断例具有先例功能。当然，也指出了宋朝在编撰断例集时，已经区分一般程序下的司法断例和特旨下的司法断例。分别编撰，说明国家想把两者的效力区别开来，约束特旨判例的使用情况。当然，很多史料表明，这种区分很难成为主流。

通过上面的分析，可以发现宋朝断例的出现是人类司法中固有的性质所致，而宋朝通过创制出具有特点的司法技术体系，制度化地解决了这一问题，使整个国家的司法进入了一种制度化的运作中。就技术层面而言，人类司法运行中的很多问题是具有普遍性的，虽然在反映形式上可能存在文化、民族上的差异，但这种差异是不会对司法运行中的内在规律产生实质性影响的。

---

① 《建炎以来系年要录》卷78，"绍兴四年秋七月癸酉"条，胡坤点校，中华书局2013年版，第1480页。

第三章 宋朝断例编撰问题

宋朝断例立法中的最大特点是将其连续编撰成法典颁行，这也成为中国古代断例立法史上的独特之处。然而可惜的是，完整的宋朝断例法典没有被保存下来，无法让我们窥见宋朝断例法的特色和内容全貌。考诸史料，宋朝对断例的编辑始于北宋仁宗庆历三年（1043），一直持续到南宋末年，现在可以见到的最晚断例法典是开禧二年（1206）编撰的《开禧刑名断例》。宋朝断例的编撰本质上是将以断例为主体的法律形式法典化。持续二百年的断例编撰使宋朝成为中国古代对断例法编撰持续时间最长的朝代，也是中国古代断例制度发展史中最具特色的内容。对于宋朝编撰断例法典的数量，虽然有学者进行过研究，但尚缺少全面考据。本章对所见史料中记载的编撰法典进行逐一考察，以梳理宋朝断例编撰的情况及体例结构和内容特点等。

一 《庆历断例》

《庆历断例》是现在可以见到的宋朝断例立法史上的最早成果，也是宋朝断例发展走向成熟的标志。当然，此时进行编撰立法，说明宋朝断例在此前就已经存在且已经发展到较成熟的水平。《续资治通鉴长编》对此次立法有全面记载：

> 1.3.1 庆历三年（1043）三月戊辰朔，诏刑部、大理寺，以前后所断狱及定夺公事编为例。《王子融传》：判大理寺，建言："法寺谳疑狱，前此猥多，艰于讨阅，乃取轻重可为准者，类次为断例。"当即是此事也。[1]

这段材料包含两个独立史料，但都记载了此次断例立法情况，只是出处不同。正文记载《庆历断例》修撰时素材来源是刑部和大理寺所审断的具体案件（即刑部与大理寺前后所断案件）和在司法过程中所作出的各种法律解释（即在司法中"定夺公事"）。可知此处的断例主要是那些具体判决中涉及定罪量刑的、可以作为后来同类案件判决依据的先例和司法解释。所引《王子融传》中记载的内容表明，产生断例的案件属于"疑难案件"，即中央司法

---

[1] 《续资治通鉴长编》卷140，"庆历三年三月戊辰朔"条，第3358页。

机构处理的"疑难案件"中类型化的个案，涉及的法律核心问题是量刑的"轻重"问题。史料反映出断例在仁宗朝所具有的特征和范围。从记载可知，《庆历断例》由两部分组成：判例和司法解释。这也说明宋朝断例在构成上有个案和司法解释两种形式。

二　《嘉祐刑房断例》

1.3.2 元祐元年（1086）十一月四日，中书省言："《刑房断例》，嘉祐中〔宰臣富弼、韩琦编修〕，今二十余年，内有该（在）〔载〕不尽者，欲委官将续断例及旧例策一处，看详情理轻重去取，编修成策，取旨施行。"从之。①

1.3.3 元祐元年（1086）十一月戊午，中书省言："《刑房断例》，嘉祐中宰臣富弼、韩琦编修，今二十余年。内有该载不尽者，欲委官将续断例及旧例策一处看详情理轻重，去取编修成策，取旨施行。"从之。②

《嘉祐刑房断例》由富弼、韩琦主持编撰。从名称上看，此次修撰的断例主要集中在刑事案件中，因为收集的个案主要来自"刑房"判决的案件。两则史料出现的时间是元祐元年（1086），且明确指出收录的是从《嘉祐刑房断例》制定后到元祐元年二十多年内新产生的典型案件。元祐年间修订的断例是以嘉祐断例为对象，跨过神宗朝的熙宁和元丰断例，这是因为元祐年间由司马光等反改革派掌权，他们想要恢复仁宗朝的法律传统，于是立法取向以仁宗朝为宗。

三　《熙宁法寺断例》

1.3.4 《熙宁法寺断例》，8 卷。③

1.3.5 《熙宁法寺断例》，12 卷。④

上面两条史料在记载神宗朝制定的《熙宁法寺断例》的卷数上存在差异。《通志》记载有 8 卷，《宋史·艺文志》记载有 12 卷。两者卷数上的差异有一种可能是《宋史》中记载的卷数是按篇名分类，即一篇一卷，而《通志》中卷数是按各卷数量相等分类。这与中国古代书籍的分卷存在按数量分和按篇

---

① 《宋会要辑稿》，"刑法一·格令二之14"，第 8227 页。
② 《续资治通鉴长编》卷 391，"元祐元年十一月戊午"条，第 9509 页。
③ （元）郑樵：《通志·艺文略》，王树民点校，中华书局 1995 年版，第 1558 页。
④ 《宋史》卷 204《艺文志三》，中华书局 1977 年版，第 5143 页。

名分两种方法相契合。这里用"法寺"而不是"刑房"，说明所收案件来源更广泛，所修成的断例范围在扩大，已超越刑事案件范围。

四　《元丰刑名断例》

1.3.6 元丰二年（1079）五月乙丑，中书言："刑房奏断公案，分在京、京东西、陕西、河北五房，逐房用例，轻重不一，乞以在京刑房文字分入诸房，选差录事以下四人专检详断例。"从之。①

1.3.7 元丰三年（1080）八月二十七日，诏中书以所编刑房并法寺断例再送详定编敕所，令更取未经编修断例与条贯同看详。其有法已该载而有司引用差互者，止申明旧条。条未备者，重修正，或修著为例。其不可用者去之。②

1.3.8 元丰三年（1080）八月丁巳，诏中书："以所编刑房并法寺断例，再送详定编敕所，令更取未经编修断例与条贯同看详。其有法已该载而有司引用差互者，止申明旧条。条未备者，重修正；或条所不该载，而可以为法者，创立新条；法不能该者，著为例。其不可用者，去之。"③

1.3.9 宣和三年（1121）十二月五日，臣僚言："伏见大理寺断袁州百姓李彦聪令人力何大打杨聪致死公事，其大理寺以元勘官作威力断罪可悯，寺正、丞、评并无论难，因少卿聂宇看详驳难，称是李彦聪止合杖罪定断，其寺丞与评事亦从而改作杖罪。案上刑部，看详疏难，称大理寺不将李彦聪作威力，使令殴（系）[击]致死断罪未当，欲令改作斩罪。其寺正、评事议论反复，少卿聂宇执守前断，供报省部。本部遂申朝廷，称大理寺所断刑名未当，已疑难不改，若再问，必又依前固执，枉有留滞，伏乞特赐详酌。既而大理寺检到《元丰断例》，刑部方始依前断杖罪施行。访闻寺正、评事其初皆以聂宇之言为非，兼刑部驳难及申朝廷详酌则以斩罪为是，杖罪为非。若聂宇依随刑部改断，则刑部以驳正论功，聂宇失出之罪将何所逃？直至寻出《元丰断例》，刑部方始释然无疑，使李彦聪者偶得保其（守）[首]领，则杖者为是，斩者乃非矣。伏望圣慈取付

---

① 《续资治通鉴长编》卷298，"元丰二年五月乙丑"条，第7260页。
② 《宋会要辑稿》，"职官五·编修条例司之11"，第3126页。
③ 《续资治通鉴长编》卷307，"元丰三年八月丁巳"条，第7471页。

三省，辨正是非，明正出入之罪。兼看详法寺案周懿文、高宿尤无执守，其议李彦聪案，遂持两□□□□望并赐黜责施行。"诏高宿降一官，周懿文罚铜十斤。①

　　1.3.10《郡斋读书志》卷8：《元丰断例》六卷。右元丰中法寺所断罪比节文也。……《断例》四卷。右皇朝王安石执政以后，士大夫颇垂意律令。此熙、丰、绍圣中法寺决狱比也。②

　　1.3.11《郡斋读书后志》卷1：《断例》四卷，右皇朝王安石执政以后，士大夫颇垂意律令，此熙、丰、绍圣中法寺决狱比也。③

　　1.3.12《直斋书录解题·法令类》：《刑名断例》十卷。不著名氏。以《刑统》、《敕令》总为一书，惜有未备也。④

　　1.3.13《文献通考·经籍考》：《断例》四卷，《元丰断例》六卷。陈氏曰：皇朝王安石执政以后，士大夫颇重意律令，此熙、丰、绍圣中法寺决狱比。其六卷则元丰中法寺所断罪节文也。⑤

从上面史料看，神宗朝元丰年间应编撰了两部断例：一部称为《元丰刑名断例》，有6卷；另一部称为《断例》，有4卷。其中4卷《断例》和《熙宁法寺断例》应不是同一部，因为《熙宁法寺断例》有8卷（见1.3.4条）。从1.3.12条看，是把两者结合在一起，称为《刑名断例》，共10卷，但在1.3.10条、1.3.11条和1.3.13条中却把两者分开来，分别称为《断例》和《元丰断例》。从1.3.6条看，应是因此次编撰分别由"刑房"和"法寺"，即由刑部和大理寺进行，故编成后有不同称谓。从《直斋书录解题》称其为《刑名断例》看，应是对编成《断例》后的通称。《直斋书录解题》成书于南宋绍兴二十一年（1141），时间较早，所录书名应是当时的通用之名，应比较真实。

五　《元祐法寺断例》

　　1.3.14《元祐法寺断例》，2卷。⑥

---

① 《宋会要辑稿》，"刑法四·断狱之79"，第8488～8489页。
② （宋）晁公武：《郡斋读书志》卷8《刑法类》，江苏古籍出版社1988年版，第226～228页。
③ （宋）赵希弁：《郡斋读书后志》卷1《史类·天圣编敕》，《续古逸丛书》（35），商务印书馆1934年版，第205页。
④ （宋）陈振孙：《直斋书录解题》卷7《法令类》，上海古籍出版社1987年版，第225页。
⑤ （元）马端临：《文献通考》卷203《经籍考三十》，中华书局1986年版，第1694页。
⑥ （元）郑樵：《通志·艺文略》，王树民点校，中华书局1995年版，第1558页。

1.3.15 元祐元年（1086）十一月二十八日，诏中书省编修《刑房断例》，候编定，付本省舍人看（祥）［详］讫，三省执政官详定，取旨颁行。①

1.3.16 元祐元年（1086）十一月壬午，诏中书省编修《刑房断例》，候编定付本省舍人看详讫，三省执政官详定，取旨颁行。②

结合《嘉祐刑房断例》史料中的两条（1.3.2 条和 1.3.3 条）记载，《元祐法寺断例》是在《嘉祐刑房断例》的基础上续修而成，而不是在《熙宁法寺断例》和《元丰刑名断例》的基础上编撰而成。《元祐法寺断例》之所以不以《熙宁法寺断例》和《元丰刑名断例》为基础修撰，而是以《嘉祐刑房断例》为基础修撰是因为，元祐元年发生"元祐更化"，即以司马光为首的反改革派掌权后，对神宗朝王安石主持的改革进行了否定。从编修时间上看，此次修订的时间较短，修成的数量也较少，仅有两卷。

六　《绍圣断例》

1.3.17《绍圣断例》，4 卷。③

1.3.18 绍圣元年（1094）十一月一日，刑部言："被旨：六曹、寺、监检例必参取熙宁、元丰以前，勿专用元祐近例；旧例所无者取旨。按敕降元祐六（门）［年］门下中书后省修进《拟特旨依断例册》，并用熙宁元年至元丰七年旧例，本省复用黄贴增损轻重。本部欲一遵例册，勿复据引黄贴。"诏：黄贴与原断同，即不用；内有增损者，具例取旨。④

1.3.19 绍圣四年（1097）十月甲午，诏枢密院，于刑部及军马司取索见用断例，及熙宁、元丰年以来断过体例，选差官两员逐一看详分明，编类成书，以备检断。令都副承旨兼领。其应干本院见编修文字，仍委今来所差官看详删定。以宣德郎陈瓘、承事郎张庭坚充枢密院编修文字。从曾布、林希请也。⑤

从上面史料可知，《绍圣断例》又称为《拟特旨依断例册》。这个名称可

---

①《宋会要辑稿》，"刑法一·格令二之14"，第 8227 页。

②《续资治通鉴长编》卷 392，"元祐元年十一月壬午"条，第 9542 页。

③（元）郑樵：《通志·艺文略》，王树民点校，中华书局 1995 年版，第 1558 页。

④《宋会要辑稿》，"刑法一·格令二之16"，第 8229 页。

⑤《续资治通鉴长编》卷 492，"绍圣四年十月甲午"条，第 11685～11686 页。

能有误，较合习惯的用法应是"特旨判例"。虽然严格来说，"断例"与"特旨判例"存在区别，但两者多有重合。因为作为断例的个案绝大多数是疑难案件，在程序上，须经过刑部、大理寺等中央司法机构拟判，最后由皇帝裁定，构成所谓的"特旨"。《绍圣断例》在编撰取向上是以神宗朝的《熙宁法寺断例》和《元丰刑名断例》为基础，而不是以《元祐法寺断例》为基础。这是因为这个时期"元祐更化"已经成为过去，整个国家治理又开始以神宗朝改革确立的目标为方向。年号"绍圣"即是显示继承神宗朝改革的传统。依据1.3.19条史料，可知《绍圣断例》是以当时的刑部和军马司的判案及熙宁、元丰断例为对象进行整理编撰，构成了新的断例立法。

七 《元符刑名断例》

1.3.20 元符二年（1099）四月辛巳，左司员外郎兼提举编修《刑房断例》曾旼等奏："准尚书省札子编修《刑房断例》，取索到元丰四年至八年。绍圣元年二年断草，并刑部举驳诸路所断差错刑名文字共一万余件，并旧编成《刑部大理寺断例》。将所犯情款看详，除情法分明，不须立例外，其情法可疑，法所不能该者，共编到四百九件。许依元丰指挥，将诸色人断例内可以令内外通知，非临时移情就法之事，及诸处引用差互，曾被刑部等处举驳者，编为《刑名断例》，共一百四十一件，颁之天下，刑部雕印颁行。其命官将校依条须合奏案，不须颁降天下，并诸色人断例内不可颁降者，并编为《刑名断例》共二百六十八件，颁降刑部大理寺检用施行。勘会申明，颁降断例系以款案编修刑名行下检断，其罪人情重法轻，情轻法重，有荫人情不可赎之类，大辟情理可悯并疑虑，及依法应奏裁者自合引用奏裁，虑恐诸处疑惑，欲乞候颁降日令刑部具此因依申明，遍牒施行。"从之。①

1.3.21 元符二年（1099）九月甲子，诏编修《刑名断例》成书，曾旼、安惇各减二年磨勘，谢文瓘、时彦各减一年磨勘。（进书在四月八日辛巳）②

1.3.22 元符二年（1099）九月二十五日诏：编修《刑名断例》成书，曾（收）[旼]、安惇各减二年磨勘，谢文瓘、时彦各减一年

---

① 《续资治通鉴长编》卷508，"元符二年四月辛巳"条，第12106页。
② 《续资治通鉴长编》卷515，"元符二年九月甲子"条，第12249页。

磨勘。①

　　1.3.23 曾旼《刑名断例》，3 卷。②

　　综合上面史料，可知元符二年（1099）制定的《刑名断例》是有明确卷数和收录案件数量记载的宋朝第一部《刑名断例》。元符二年的《刑名断例》由曾旼、安惇主持编撰。此次修撰对象共由四个部分组成，具体是元丰四年至八年判决的案件、绍圣元年至二年判决的案件、一万多件刑部举驳诸路所断差错的刑名案件和已经修成的《刑部大理寺断例》。在一万多件已经判决的案件基础上，根据案件体现的法律特点，即具有"其情法可疑，法所不能该者"等法律特征的，再精心筛选出具有法律类型化意义的案件 409 件。在 409件案件中再次进行筛选，依据"非临时移情就法之事，及诸处引用差互，曾被刑部等处举驳者"标准，选出适用于全国的、对各地司法机构具有拘束力的 141 件案例，编成《刑名断例》；依据"命官将校依条须合奏案，不须颁降天下，并诸色人断例内不可颁降者"的标准，编成仅适用于刑部、大理寺审判时参用的案件共 268 件，编成《刑名断例》。从两个标准看，前者具有更广的普适性，是具有全国一般案件类型化的断例；后者是适用于"命官将校"的特别个案和没有普遍性的个案。从这里可以看出，《元符刑名断例》实质上由两部分组成，即适用全国的和适用中央司法机构的。从这里看，前者是全国司法机构在法律适用时必须遵守的案例，后者则是中央司法机构审断案件时参考的案例，两者在法律效力上存在性质上的差异。完成时间是元符二年四月，而奖励修撰者的时间是在元符二年九月。史料 1.3.20 条中还记载有《刑部大理寺断例》，现在无法确定此法律是不是此前修成的几个断例法典中的一个。但从各种史料推测，此断例集应是以前几个断例集中的一个。

八　《宣和刑名断例》

　　1.3.24 宣和四年（1122）三月二十七日，刑部尚书蔡懋奏乞编修狱案断例。诏令刑部编修大辟断例，不得置局添破请给。③

　　1.3.25 宣和五年（1123）七月五日，大理卿宋伯友降两官。以刑部劾其上编断例不（轻）［经］刑部、违紊官制（是）［故］也。④

---

①　《宋会要辑稿》，"刑法二·定格令之19"，第 8231 页。
②　《宋史》卷 204《艺文志三》，中华书局 1977 年版，第 5144 页。
③　《宋会要辑稿》，"职官一五·刑部之20"，第 3418 页。
④　《宋会要辑稿》，"职官六九·黜降官六之12"，第 4903 页。

史料 1.3.24 条明确指出宣和四年编撰的断例以刑部所断死刑案件为对象，是死刑案件的专门断例集。1.3.25 条记载了大理寺卿因编修断例违反国家立法程序而受到处分。那么，此次编撰是否最终成书值得再作考察。

九　《绍兴刑名断例》

1.3.26 绍兴四年（1134）秋七月癸酉，初命大理寺丞、评刊定见行断例。时议者乞"明诏有司，应小大之狱，既得其情，一断以法，无使一时之例复预其间。如其断刑旧例，法家所援有不可去者，乞条具申上，付之所司，立为永法，布示中外，使知所遵守。庶几刑罚平允，人无冤滥"。刑部勘当："自国朝以来断例，渡江以来皆已散失。今所引用，多是自建炎以来近例。若建炎以前，皆出官吏省记，间亦引用。至于进拟案用例，或罪轻而引用重例，或罪重而引用轻例，或有例而不引，无例而强引，即无检察断罪指挥。欲乞将本部并大理寺见行断例，并臣僚缴进《元符断例》，汇集为一。行下大理寺，委自丞、评刊定，若特旨断例，即别为一书。候成书，申送刑部看详驳正。其不在新书者，不得引用。如引用失当，许本部检察断罪。"上之朝廷，乞颁降施行，故有是旨。①

此条史料提到了《元符断例》，说明南宋初年《元符断例》被保留了下来，并作为生效的法律得以适用。

1.3.27 绍兴九年（1139）十有一月戊寅，命大理评事何彦猷等编集《刑名断例》，刑部郎中张柄等看详。先是，胡交修为刑部侍郎，尝有是请诏，限一季。绍兴四年四月。久之未成，议者以为刑部用例之弊，非止临时翻检案牍、随意引用、轻重适当而已，外议相传有部吏卖例之说，乞再立严限，专委丞、评编集成书，复委通晓法令，强敏郎官一二员，看详允当，上之朝廷，审实行下，方得引用。故有是旨。②

此条史料明确记载在绍兴四年（1134）四月修过断例，当时由胡交修主持，

---

① 《建炎以来系年要录》卷78，"绍兴四年秋七月癸酉"条，胡坤点校，中华书局2013年版，第1480页。
② 《建炎以来系年要录》卷133，"绍兴九年十有一月戊寅"条，胡坤点校，中华书局2013年版，第2480页。

限期一个季度。然而一直没有修成，所以到绍兴九年只能重新组织官员重修。

1.3.28 绍兴三十年（1160）八月十一日，尚书右仆射、同中书门下平章事、兼提举详定一司敕令陈康伯等又上《刑部断例》，《名例》、《卫禁》共二卷，《职制》、《户婚》、《厩库》、《擅兴》共一卷，《贼盗》三卷，《斗讼》七卷，《诈伪》一卷，《杂例》一卷，《捕亡》三卷，《断狱》二卷，《目录》一卷，《修书指挥》一卷。诏下刑寺遵守，仍以《绍兴编修刑名疑难断例》为名。……后敕令所详定官王师心言："据刑寺具到崇宁、绍兴《刑名疑难断例》，并昨大理寺看详本寺少卿元衮申明《刑名疑难条例》，乞本所一就编修。"从之。初，绍兴四年四月二十三日，刑部侍郎（故）［胡］交修等乞编集《刑名断例》，当时得旨，限一季编集。又绍兴九年三月六日，臣寮言，请以建炎以来断过刑名近例分类门目编修，亦得旨限一月。是年十一月一日，臣僚复建言："前后所降指挥非无限期。取到大理寺状，虽曾编修审复，即未上朝廷。窃详编类之意，盖为刑部进拟案引用案例，高下用情，轻重失当。今既未成书，不免随意引用。乞下刑寺根究节次立限之后如何编类，再立严限，专委官看详。"遂诏刑部委（员）［郎］官张柄、晏孝纯，大理寺委（平）［评］事何彦猷、赵子𬙊，依限一月。时编集止绍兴十年。其后汤鹏举奏："敕令所且言：（诏）［照］得《绍兴断例》，大理寺元止编到绍兴十五年以前，所有以后至二十六年终即未曾编类，理合一就编集。"至是成书，与《参附吏部法》同日上焉。诏：敕令所修进《吏部参附法》，并《刑名疑难断例》，依昨进御试等条法进书推恩。其本所差到大理正周自强、丞冯巽之、评事贾选、潘景珪，各与减一年磨勘，以尝兼权删定官，编过《断例》及审覆故也。[①]

此条史料中敕令所详定官王师心奏称将《崇宁刑名疑难断例》和《绍兴刑名疑难断例》一起编修，可推断当时两部断例均已生效。

1.3.29 绍兴三十年（1160）八月丙辰，尚书右仆射、提举详定一司敕令陈康伯上《参附吏部敕令格式》七十卷，《刑名疑难断例》二十二卷。翌日，上谓辅臣曰："顷未立法，加以续降太繁，吏部无

---

① 《宋会要辑稿》，"刑法一·格令三之47"，第8258页。

所遵承，今当一切以三尺从事，不可复令引例。若更精择长贰，铨曹其清矣。"①

　　1.3.30 绍兴三十年（1160）八月十一日，宰臣汤思退奏曰："项未立法，官员到部，有所整会，一求之吏，并缘为奸，金多者与善例，不然则否。"上曰："今既有成法，当令一切以三尺从事，不可更令引例也。"续诏修进官与《刑名断例》成书通推恩赏。②

　　从史料看，高宗朝编撰的《绍兴断例》历时较长，其间争议不断。绍兴年间在三十年内至少修订过四次《刑名断例》，即绍兴四年、绍兴九年、绍兴十五年和绍兴二十六年。其中绍兴四年限期一个季度修成，绍兴九年限期一个月修成，但由于时间太短，两次都没有按时完成，特别是绍兴九年，一直修到绍兴十年才完成。绍兴二十六年，陈伯康主持继续编撰，并于绍兴三十年完成，称为《刑名疑难断例》，共有 22 卷。《绍兴刑名疑难断例》是现在可以见到的采用律典十二篇结构编撰的断例法典，表明"断例"在宋朝与刑事法律紧密相连。《绍兴刑名疑难断例》有些篇的内容较多，开始修成多卷，说明编撰者开始对北宋后期及南宋建立后的个案进行较大规模的整理，并加强了宋朝断例在法律体系中的作用。《绍兴刑名疑难断例》在名称中加了"疑难"两字，说明断例在司法性质上属于"疑难案件"。

　　1.3.28 条史料记载有《崇宁刑名疑难断例》，可知北宋崇宁年间修撰过断例。但其他史料中没有关于《崇宁刑名疑难断例》的相应记载，故较难考证其修撰的情况。从 1.3.26 条史料看，当时提出对特旨断例进行特别修撰，使之与一般刑名断例并列存在。这样就出现了《刑名疑难断例》和《特旨断例》两种断例。

十　《乾道新编特旨断例》

　　1.3.31 乾道元年（1165）七月二十日，权刑部侍郎方滋言："乞将绍兴元年正月一日以后至目今刑寺断过狱案，于内选取情实可悯之类，应得祖宗条法奏裁名件，即编类成书；及将敕令所修进《断例》更加参酌。"从之。③

---

① 《建炎以来系年要录》卷185，"绍兴三十年八月丙辰"条，胡坤点校，中华书局 2013 年版，第 3593 页。
② 《宋会要辑稿》，"刑法一·格令三之 47"，第 8259 页。
③ 《宋会要辑稿》，"刑法一·格令三之 48"，第 8260 页。

1.3.32 乾道二年（1166）六月五日，刑部侍郎方滋上《乾道新编特旨断例》五百四十七件，《名例》三卷，《卫禁》一卷，《职制》三卷，《户婚》一卷，《厩库》二卷，《擅兴》一卷，《贼盗》十卷，《斗讼》十九卷，《诈伪》四卷，《杂例》四卷，《捕亡》十卷，《断狱》六卷，分为一十二门，共六十四卷；《目录》四卷，《修书指挥》一卷，《参用指挥》一卷。总七十卷。仍乞冠以《乾道新编特旨断例》为名。从之。①

1.3.33 淳熙元年（1174）十月九日，诏："六部除刑部许用乾道所修《刑名断例》，及司勋许用《绍兴编类获盗推赏刑部例》，并乾道元年四月十八日《措置条例弊事指挥》内立定合引例外，其余并依成法，不得引例。"先是臣僚言："今之有司既问法之当否，又问例之有无。法既当然，而例或无之，则是皆沮而不行。夫法之当否人所共知，而例之有无多出吏手，往往隐匿其例，以沮坏良法，甚者俟贿赂既行，乃为具例，为患不一。乞诏有司，应事有在法炳然可行，而未有此例者，不得以无例废法事。"诏下六部看详。至是来上，因有是诏。②

南宋孝宗朝所修断例是将绍兴元年至乾道元年七月间刑部、大理寺断过狱案，选取情实可悯之类案件类编成书，称为《乾道新编特旨断例》。在1.3.33 条中，这部断例典又被称为《刑名断例》，从内容及修撰过程来看，这一名称更为妥当。《乾道刑名断例》有 12 篇 64 卷，收录 547 个判例，加上《目录》、《修书指挥》和《参用指挥》，共 70 卷。此次所修断例的卷数较多，内容十分详细。从结构上看，《乾道刑名断例》主要集中在第 19 卷《斗讼》和第 10 卷《捕亡》中。可以认为，南宋时断例得到快速发展，开始成为重要法律形式。

十一　《乾道强盗断例》

1.3.34 乾道四年（1168）十一月二十五日，诏尚书右司员外郎林栗与枢密院检详诸房文字黄石两易其任。以栗言："昨尝集议疑贷强盗刑名，今来伏见颁降刑部修立《强盗断例》，与栗所见不同，缘

---

① 《宋会要辑稿》，"刑法一·格令三之48"，第 8260 页。
② 《宋会要辑稿》，"刑法一·格令三之50"，第 8262 页。

粟见系右司郎官，所管刑房职事难以书拟。"故有是命。①

乾道四年刑部专门修撰过《强盗断例》，这是一部断例专集。此断例集适用于刑部专门审理强盗罪的刑房中，是否推行至全国值得怀疑。

十二　《淳熙新编特旨断例》

1.3.35 淳熙四年（1177）五月二十五日，诏："敕令所参酌到适中断例四百二十件，以《淳熙新编特旨断例》为名，并旧《断例》并令左右司拘收掌管。今后刑寺断案别无疑虑，依条申省取旨裁断外，如有情犯可疑，合引例拟断事件，具申尚书省参照施行。"②

1.3.36 淳熙六年（1179）七月一日，刑部郎中潘景珪言："朝廷钦恤用刑，以条令编类成册，目曰《断例》，可谓曲尽。昨有司删订，止存留九百五十余件，与见断案状，其间情犯多有不同，难以比拟。乞下刑部将隆兴以来断过案状编类成册，许行参用，庶几刑罚适中，无轻重之弊。"诏刑部长贰选择元犯与所断条法相当体例，方许参酌编类；其有轻重未适中者，不许一概修入。③

这两段史料分别记载了淳熙四年和淳熙六年的断例修撰情况。淳熙四年（1.3.35 条）所修断例集共有 420 件，名为《淳熙新编特旨断例》，与此前旧《断例》同时有效。在引用断例判案时，要申报尚书省核准，这样在程序上规定了断例适用的审查程序。淳熙六年（1.3.36 条）的记载略有不同。淳熙六年所编《断例》有 950 余件，但刑部郎中潘景珪指出其存在"与见断案状，其间情犯多有不同，难以比拟"的问题，并提出把隆兴（宋孝宗朝）以来的断案（具体案例）进行整理编撰，然而景珪提出的这一建议是否形成编撰成果没有明确记载。仅从上面两条材料看，淳熙四年的《淳熙新编特旨断例》，有 420 件；淳熙六年的《断例》，有 950 余件。这应该是两个版本，或称为《淳熙四年断例》和《淳熙六年断例》。

十三　《嘉泰刑名断例》

1.3.37 《直斋书录题解》卷 7 记载有 10 卷。

---

① 《宋会要辑稿》，"职官六一·省官之 54"，第 4718 页。
② 《宋会要辑稿》，"刑法一·格令之 51"，第 8263 页。
③ 《宋会要辑稿》，"刑法一·格令之 51"，第 8264 页。

1.3.38《文献通考》卷 203 有记载。

从上面史料看，宋宁宗嘉泰年间编撰过《断例》，全书有 10 卷。然而，并没有其他史料对此次修撰断例的情况进行详细记载，因而不知此次编撰的具体情况及其内在结构、数量。

十四　《开禧刑名断例》

1.3.39 开禧二年（1206）八月丙寅，有司上《开禧刑名断例》。①

1.3.40《两朝纲目备要》卷 8 有记载。

1.3.41《直斋书录解题》卷 7 有记载。

1.3.42《续通典》卷 107 有记载。

《开禧刑名断例》在编撰时间上较明确，但对于卷数和编撰情况没有详细记载。

十五　《绳墨断例》

1.3.43《绳墨断例》，3 卷。②

十六　《大理寺例总要》

1.3.44《大理寺例总要》，12 卷。③

宋朝断例编撰时间较长，始于北宋仁宗，终于南宋宁宗。从史料来看，宋朝编撰的断例有《庆历断例》、《嘉祐刑房断例》、《熙宁法寺断例》、《元丰刑名断例》、《元祐法寺断例》、《绍圣断例》、《元符刑名断例》、《宣和刑名断例》、《崇宁刑名疑难断例》、《绍兴刑名断例》、《乾道新编特旨断例》、《乾道强盗断例》、《淳熙新编特旨断例》、《嘉泰刑名断例》、《开禧刑名断例》、《绳墨断例》、《大理寺例总要》等 17 部。其中《绍兴刑名断例》至少有两个版本，最多有四个版本，《淳熙断例》至少有两个版本。若以版本计算，宋朝编撰的断例应在 21 部左右。此外，《宋史》中还记载，崇宁四年（1105）十月

①　《宋史》卷 38《宁宗本纪二》，中华书局 1977 年版，第 742 页。

②　（元）郑樵：《通志·艺文略》，王树民点校，中华书局 1995 年版，第 1558 页。

③　（元）郑樵：《通志·艺文略》，王树民点校，中华书局 1995 年版，第 1558 页。

"以左右司所编《绍圣元符以来申明断例》班天下,《刑名例》班刑部、大理寺"。① 这说明崇宁年间应编撰过"断例"。宋朝断例在名称上,用过"刑房"、"法寺"、"刑名"、"刑名疑难"、"特旨"、"强盗"、"绳墨"等称谓。这些限定语指出了断例的适用领域及性质是"刑名"方面,产生机构是刑部和大理寺等中央专司审判的机关,产生程序多是要经过皇帝裁决、特旨处理等。这体现了宋朝断例产生上的特征,也说明了其内容。

① 《宋史》卷20《徽宗本纪二》,中华书局1977年版,第375页。

第四章　宋朝断例的性质及司法适用问题

本章通过对宋朝断例的产生原因、立法成果以及与诸例关系的分析，可以对宋朝断例的性质、在国家司法中的地位等问题作出评价。

一　宋朝断例的性质

宋朝断例编撰的选材主要集中于刑部、大理寺等中央司法机构审理的具体案件和对地方奏报的特定疑难案件作出的司法裁决上，是将具体案件裁决、判决集中整理的成果。宋朝断例的特征可以从它的计量单位上看出，"断例"在计量上不用"条"而是用"件"。这说明断例在宋朝是具体案件判决的编撰，或称为刑事判例的编撰产物。这也可以从宋朝"断例"编撰成法典时的常用名称"刑名断例"中知其性质，这一名称指明了宋朝断例的法律性质。其实，从宋朝断例编撰机构上也可以看出它的这一特征，如"断例"最初是由中央司法机构"刑房"和"法寺"进行编撰，这说明"断例"来自中央这两个司法机构的具体判决案件。细分宋朝在编撰断例法典时，在名称上用过以下名称——"刑房"、"法寺"、"刑名"、"特旨"等，其中"刑名"又分为"刑名"和"刑名疑难"两类。这些限定语说明宋朝断例的核心性质是"刑名"，形成机制有"特旨"和一般两种司法机制。

宋朝断例从内容上看，主要有解决实体问题和确立程序两个方面。对宋朝断例的内容，《元符断例》的"序言"中有较详细的记载。"勘会申明，颁降断例系以款案编修刑名行下检断，其罪人情重法轻，情轻法重，有荫人情不可赎之类，大辟情理可悯并疑虑，及依法应奏裁者自合引用奏裁，虑恐诸处疑惑，欲乞候颁降日令刑部具此因依申明，遍牒施行。"其中，解决实体法内容的是"人情重法轻，情轻法重，有荫人情不可赎之类，大辟情理可悯并疑虑"，解决程序法的是"依法应奏裁者自合引用奏裁"。在中国古代司法中，从法律意义上看，奏裁司法程序的设立增加了案件改判的可能性，因为皇帝可以打破现有法律，根据自己的理解对案件进行改判，让原有法律发生改变。于是，哪些类型的案件可以"奏裁"成为司法上需要重点解决的程序问题之一。

宋朝断例构成的绝对主体是刑事判例，载体形式主要是由具体个案组成的刑事先例，但肯定也存在少量中央司法机构针对具体刑事案件和法律适用，或量刑问题作出的特定司法解释的内容。必须注意的是，我们不能就此得出宋朝断例全是刑事判例的结论。因为宋朝中央司法机关审理的案件，除了现代部门法分类中的刑事案件外，还有民事、行政等类型的案件。① 这些民事、行政类型的案件也构成了断例的少量内容。

二　宋朝断例与例的关系

宋朝存在判例制度是一种客观事实，宋朝的判例制度与中国古代其他朝代判例制度基本上是一致的。宋朝判例主要存在于被称为"例"的法律形式中，但"例"并不是判例的同义语。从现在可以见到的史料看，宋朝判例主要存在于狭义例、体例、旧例、故事和断例等五种次类例之中。

宋朝判例可以分为两种基本类型：行政判例和司法判例。宋朝行政判例主要由狭义例、体例、旧例和故事四种次类例组成；司法判例主要存在于"断例"类例中。认为宋朝除"断例"是刑事判例外，其他各类例都是行政例的认识是不准确的，因为狭义例、事例、体例、条例、则例、旧例和故事中同样存在刑事判例的内容。宋朝判例制度用行政判例和司法判例分类更多是指判例产生的程序和机制，而不是指判例的调整对象，更不是近代西方形成的部门法分类体系下的法律分类。宋朝判例就内容而言，根据近代西方形成的部门法体系分类，包括了刑法、民法、行政法和诉讼法等各类部门法的内容。

宋朝行政判例主要由个案判例和事件判例构成。其中，事件判例在认定上非常困难，很难将其与习惯、习惯法或是法律规定进行明确区分。这不仅关乎事件判例的存在问题，也是整个判例制度中"判例"认定的困难所在。正因为如此，很容易出现对宋朝整个判例制度进行否定，或者将所有的"例"都认为是判例的两个极端现象。

宋朝的"例"，不管是狭义的"例"还是广义的"例"，或是体例、条例、事例、旧例、故事、断例等，都有用成文法表达的内容。"例"的性质不是体现在外在载体形式上，而是体现在其产生的渊源、形式、构成样式和在法律形式体系中的作用和地位上。这是中国古代"例"的基本特点。以"例"作为命名的法律形式与其他某种法律形式构成一个派生结构关系，即"例"是由某种法律形式衍生出来。如宋朝时，"例"都是由律、敕、令等法律衍生

---

① 宋朝审理民事案件的中央司法机关是三司，即户部、盐铁和度支三司。

而成，作用上是对律、敕、令等法律的解释和补充。如果把宋朝法律产生机制分为专门立法与日常因事而生成两类，那么"例"就属于在国家专门立法之外的日常因事生成机制下的产物。

三　宋朝断例的适用问题

从适用领域看，宋朝断例主要适用于官吏管理机构——吏部，中央司法机构——刑部、大理寺和审刑院等部门中。这与宋朝判例制度的形成领域是一致的。其中，行政判例主要涉及官吏的管理、选拔、考核、赏赐等职官管理，司法判例主要涉及刑事司法中的定罪量刑，特别是量刑问题。

（一）行政判例

宋朝官吏制度的复杂性导致行政判例大量出现。绍兴四年（1134），权吏部侍郎胡交修曾指出"夫以例决事，吏部最为繁多"。[1] 这说明吏部各司在管理官吏上，是适用各类例最多的部门。现存史料中，宋朝行政行为中适用行政例的个案非常丰富，下面略举数例以说明行政例适用的情况。

> 1.4.1 大观二年（1108）十月二十二日，侍卫亲军步军都指挥使高俅奏："伏见通直郎张扰潜心武略，久习兵书，曩在有司，已尝试艺。昨缘其父恩例奏名文资，比又获贼，蒙恩改官。臣究其才力，于武尤长，伏望特依王厚例换一右职，付以边任。"诏张扰特与换礼宾副使，令枢密院与差遣。[2]

此案中，由于通直郎张扰潜心研习武略、精习兵书，武艺专精，高俅提出依据王厚例给予特别提拔。这里高俅提出依据特别个案采用特别任命。从最后任命看，张扰得到了任命。这里高俅提出对张扰进行特别提拔任命的法律依据是王厚例。从法律视角看，王厚例在此处被作为先例适用到本案，构成了一个行政判例。这是行政官员任命上的法律适用问题，不是司法案件中的法律适用问题。但这种法律适用构成了一种判例适用制度。

> 1.4.2 大观四年（1110）九月九日，迪功郎、新成都府司户参军史公亮，迪功郎、新绵州司户参军史天应，并乞以其官封赠父母。

---

① 《宋会要辑稿》，"帝系一一·守法·六曹以例决事之2"，第237页。
② 《宋会要辑稿》，"职官六一·省官之18"，第4698页。

诏史公亮、史天应各特循从事郎致仕，仍特依所乞。公亮、天应皆蜀进士，出赴廷试。授阙后，公亮以先父尝充宾贡，抱遗编以终身，天应以先父苦学不售，并陈乞援李侨、房俳例，以其官资回封赠父母，故有是命。互见致仕门。①

此案中，史公亮、史天应提出把封赠给自己的官衔转赠给自己的父亲。为了说明此行为的合法性，他们引用了李侨、房俳两人事例作为法律依据。因此，李侨、房俳事例在本案中作为法律先例被适用，构成了一种行政判例。

1.4.3 绍兴三十二年（1162）七月二十三日，户部奏："承六月初九日指挥，赵密请给依田师中例，与免借减。本部（俭）[检] 准绍兴二十八年五月十一日指挥，内外臣僚请给，今后不得陈乞免行借减免，虽已得指挥，许户部执奏。契勘赵密已除万寿观使，即非统兵官，未敢施行。"诏依六月九日指挥施行。②

此案中，赵密在改职后希望在官俸上依据田师中例获得增加，虽然有绍兴三十二年六月初九日的指挥，但户部以绍兴三十二年六月初九日指挥与绍兴二十八年五月十一日指挥不符提出异议，最终皇帝裁定支持六月初九日指挥。从最后结果看，皇帝是支持在赵密案中适用田师中先例的。说明在行政行为中先例具有法律效力，这种效力是得到皇帝支持的。

1.4.4 绍兴三十二年（1162）八月十三日，少傅、保康军节度使、大宁郡王吴益言："除少保日已降指挥，请给依韦渊恩数，依杨存中体例施行。向来杨存中妻赵氏已支破请给，益妻王氏亦乞依赵氏例。"从之。③

分析此案中当事人吴益，认为自己任少保后在待遇上应适用杨存中例。此外，他的妻子王氏也应享有与杨存中妻子赵氏相同的待遇。于是他上奏要求妻子王氏应适用杨存中妻子赵氏的先例。这里吴益提出自己的待遇适用杨存中例，同时要求扩大待遇领域，让自己的妻子也适用杨存中妻子的先例。这样杨存中例成为先例，构成了行政判例。

---

① 《宋会要辑稿》，"职官六一·省官之37"，第4708页。
② 《宋会要辑稿》，"职官五七·俸禄五·杂录上之79"，第4601页。
③ 《宋会要辑稿》，"职官五七·俸禄五·杂录上之79"，第4601页。

宋朝行政判例制度得到明显发展与国家治理中普遍出现"守法"、"依法治理"有关。从史料看，宋朝时上至皇帝，下至大臣，在处理各类行政事务时，都要找出相应的法律依据。皇帝在处理行政事务时，也会主动问是否有相应法律，如果没有，会问有没有相关行政先例，若有行政先例，会改变自己裁量作出的裁决，遵守行政先例。在适用的法律上，不仅有当时的，还有前朝的，没有成文的时候，就寻找行政先例。这样，在没有成文法律时，与之相类似的行政先例构成了行政判例的来源。从宋朝行政行为中引用的行政先例看，不仅有宋朝的，还有之前其他王朝的。

1.4.5 大中祥符九年（1016）十一月八日，河西军节度使、知许州石普坐私习天文，妄言日蚀，除名配贺州，诏听其挈族从行。先是，帝闻普在禁所思幼子，辄泣下，谓宰臣曰："流人有例携家否？"王旦等曰："律令无禁止之文。"乃有是诏。①

此事件中，宋真宗想改变依法律判决的结果，于是，他问是否有相应的法律和先例。当然，王旦的回答十分圆滑，他不是说没有相应法律和先例，而是说法律没有禁止皇帝拥有裁量权，本质上是为真宗行使皇帝裁量权提供法律依据。从另一个方面看，宋朝皇帝在行使裁量权时，若有明确的法律禁止性规定，要改变原有法律适用就存在法律上的障碍，即皇帝得找出不适用既有法律的理由。就此案的君臣问答看，双方都把指向集中在有无明确法律规定上，说明君臣都有较强的"依法行政"观念。

1.4.6 元祐七年（1092）十一月二十二日，诏徐王颢增赐公使钱三千缗。先是三省言："南郊礼毕，徐王加恩，当赐剑履上殿，缘虚文已删去，请易以岁增公使缗钱。"太皇太后曰："尝有例耶？"吕大防等对曰："仁宗时荆王元俨增至五万贯，徐王昨亦增赐，今才万三千缗。"乃诏增之。②

此案中，三省上奏要给徐王增加公使钱。在三省提议后，当时最高权力者——太皇太后首先问的是，是否有相关先例，即寻找法律上的依据。吕大防等指出，仁宗时荆王有相同的增赐先例后，太皇太后才同意增加赐给徐王公使钱的提议。这里太皇太后首先问是否有先例，说明最高权力者在处理行

---

① 《宋会要辑稿》，"刑法四·配录之8"，第8449页。
② 《宋会要辑稿》，"帝系二·皇子诸王杂录之14"，第46页。

政事务时，对行政先例是十分重视的。

1.4.7 绍兴三年（1133）七月二十六日，左司谏唐辉言："讲筵
所书写人莫允中经进书，与换进义副尉，特不作非泛补授，乞行追
改。"上曰："此讲筵所奉御宝批也。既有例，当依例施行。"席益
（日）［曰］："此事固有前比，当如圣旨。然副尉而烦谏官论执，且
乞赐允。"上卒从辉奏。①

此案中，宋高宗通过特旨对讲筵所莫允中进行特别提拔时受到唐辉的反
对。唐辉反对的依据是有先例禁止此种任命。宋高宗指出，此种特别任命属
于特旨提拔，应不受先例约束。对此，大臣席益认为此任命是皇帝特别批准，
属于皇帝特旨，在法律上是可以的。从最后处理看，宋高宗还是接受了先例
的约束，否定了自己的特旨任命。此案说明，宋朝行政先例在具体行政行为
中的法律效力是被承认的，就是最高权力者也会接受先例的约束，而不是肆
无忌惮地行使特旨权。

1.4.8 绍兴十三年（1143）七月十二日，宰执进呈吴益以皇后受
册陈乞合得恩数文字。上曰："可令检例，有例即行。皇后甚严，无
例事必不敢陈乞。皇后之意见欲除益等在内宫观，不令出入，且教
闭门读书。朕以谓书不惟男子不可不读，虽妇女亦不可不读，读书
则知自古兴衰，亦有所鉴诫。"②

此案中，吴益要求皇帝给自己特别恩赐文书。针对此种要求，皇帝提出
必须有先例才行，否则就不能给予相应的赏赐。这说明在皇亲处理行政事务
时，先例同样具有约束力。

（二）司法判例

宋朝司法判例的法律作用是有个案支持的。在《宋会要辑稿》和《宋史》
等史料中都可以找到此类个案。《宋会要辑稿》中记载了发生在宣和三年袁州
百姓李彦聪指使何大打死杨聪案件。案件发生后，大理寺和刑部官员对主谋
者李彦聪的罪名定性和量刑存在争议，双方争议十分激烈。最后是引用《元
丰断例》中的相关先例才解决了此案定性和量刑的争议。

---

① 《宋会要辑稿》，"崇儒七·经筵之2"，第2886页。
② 《宋会要辑稿》，"后妃二·皇后皇太后杂录之9"，第281页。

1.4.9 宣和三年（1121）十二月五日，臣僚言：“伏见大理寺断袁州百姓李彦聪令人力何大打杨聪致死公事，其大理寺以元勘官作威力断罪可悯，寺正、丞、评并无论难，因少卿聂宇看详驳难，称是李彦聪止合杖罪定断，其寺丞与评事亦从而改作杖罪。案上刑部，看详疏难，称大理寺不将李彦聪作威力，使令殴（系）[击]致死断罪未当，欲令改作斩罪。其寺正、评事议论反复，少卿聂宇执守前断，供报省部。本部遂申朝廷，称大理寺所断刑名未当，已疑难不改，若再问，必又依前固执，枉有留滞，伏乞特赐详酌。既而大理寺检到《元丰断例》，刑部方始依前断杖罪施行。访闻寺正、评事其初皆以聂宇之言为非，兼刑部驳难及申朝廷详酌则以斩罪为是，杖罪为非。若聂宇依随刑部改断，则刑部以驳正论功，聂宇失出之罪将何所逃？直至寻出《元丰断例》，刑部方始释然无疑，使李彦聪者偶得保其（守）[首]领，则杖者为是，斩者乃非矣。伏望圣慈取付三省，辨正是非，明正出入之罪。兼看详法寺案周懿文、高宿尤无执守，其议李彦聪案，遂持两□□□□望并赐黜责施行。”诏高宿降一官，周懿文罚铜十斤。①

《宋史》记载张仲宣枉法贪赃案在判决时就引用了断例判决。《宋史·苏颂传》记载：

1.4.10 时知金州张仲宣坐枉法赃罪至死，法官援李希辅例，杖脊黥配海岛。颂奏曰：“希辅、仲宣均为枉法，情有轻重。希辅知台，受赇数百千，额外度僧。仲宣所部金坑，发檄巡检体究，其利甚微，土人惮兴作，以金八两属仲宣，不差官比校，止系违令，可比恐喝条，视希辅有间矣。”神宗曰：“免杖而黥之，可乎？”颂曰：“古者刑不上大夫，仲宣官五品，今贷死而黥之，使与徒隶为伍，虽其人无可矜，所重者，污辱衣冠耳。”遂免杖黥，流海外，遂为定法。②

此案在法律适用时，司法官员引用了李希辅例进行判决，但苏颂认为所引李希辅案与张仲宣案在情节上存在不同，要求改判。最后案件在判决时否

---

① 《宋会要辑稿》，“刑法四·断狱之79”，第8488~8489页。
② 《宋史》卷340《苏颂传》，中华书局1977年版，第10861~10862页。

定了所引先例确定的法律适用原则，但本质上张仲宣案又成为新的先例。

宋朝在判例适用上，要求下级司法机构在引用先例判决时，要呈请中央司法机构覆核审查，从而构成了判例适用中的程序约束。这种程序，在客观上起到了防止判例滥用的作用。

1.4.11　元祐元年（1086）正月丁未，刑部言："准元丰八年十一月二十四日敕：'开封府、诸路州军应奏大辟案，称刑名实有疑虑及情理可悯者，仰大理寺并依法定断，并作疑虑可悯条送刑部看详。如刑名实有疑虑，情理实有可悯，并具因依奏取旨；若无疑虑及可悯者，即具钞奏下本处依法施行，不得一概将旧例贷配，破却律敕正条。仍委门下、中书、尚书省点检。如有不当及用例破条，奏乞取勘施行。'本部看详，除已遵守外，所有依法奏覆公案，上省取旨。"从之。①

纵观宋朝，虽然一直对判例适用存在争议，尤其是南宋时，但批判主要集中在官员管理方面，其中以官员的考核和升迁为中心。原因是行政判例的大量适用，导致中央吏部七司在官员考核和升迁时，往往根据需要选择行政先例，打破了选官制度的稳定性。但从正式官方史料看，官员基本上以务实的态度来对待判例在整个国家法制中的作用。在法律适用上，以绍兴四年（1134）的规定最具代表性。绍兴四年八月，"权吏部侍郎胡交修等奏：契勘近降细务指挥，内一项：六曹长贰以其事治，有条者以条决之，无条者以例决之，无条例者酌情裁决。夫以例决事，吏部最为繁多。因事旋行检例，深恐人吏隐匿作弊。与七司各置例册，凡敕札、批状、指挥可以为例者编之，令法司收掌，以待检阅。诏依之"。② 这里的规定主要针对吏部六曹事务，但也是整个国家法律适用的基本原则。

1.4.12　至和二年（1055）二月二十四日，中书门下言："近日面奉德音，今后传宣内降，除依得法律赏罚外，余并仰中书、枢密院及所属官司执奏。恭惟圣虑深切，盖欲杜请托之门，塞侥幸之路也。忠义之士，莫不称庆。以臣愚昧，复有浅见。且君上由中之命尚容执奏，而臣下过分之情未加裁损，非所谓尊君卑臣之义也。窃见近

---

① 《续资治通鉴长编》卷364，"哲宗元祐元年正月丁未"条，第8715页。
② 《宋会要辑稿》，"帝系一一·守法·六曹以例决事之2"，第237页。

年臣僚有不循法律，以私党自任者，陈乞保荐，而执政之臣内防怨谤，外徇私情，明知违越，不敢阻难，必将所上表章进上取旨。陛下至仁待物，多赐允从，既从之后，则便以为例，援例者众，则法殆虚设。夫三尺之法，天下所共，岂有大君之命许执法而不行，群臣所求并违法而取旨！罔上附下，莫此之甚。乞今后中外臣僚保荐官吏、陈乞亲属、叙劳干进、援例希恩者，仰中书、枢密院、三司及所属官司，一例依前后条诏指挥，更不得用例施行，及进呈取旨，违者坐之。"诏可。①

此条材料指出，当时以例破法出现最多的领域在"保荐官吏、陈乞亲属、叙劳干进、援例希恩"等职官管理方面，特别是到了南宋后期，其成为吏部法律适用混乱的根源。对此，宋朝后期的吏部法典《吏部条法·尚书侍郎左右选考功通用申明》中、制定于嘉定九年（1216）五月十九日的申明有"吏部勘当，白札子中，陈铨曹引例破条之弊，乞下吏部四选遵守条法不得循例，再用前例"的记载。②此条法律被反复引用，成为国家禁止吏部官员管理中适用先例的重要法律。宝祐元年（1253）正月初九日，尚书省在札子中再次规定："勘会台臣奏请舍法徇例等事，本司增修舍例定法条目，立为定式。"③这些立法说明吏部对"例"的滥用十分严重，成为国家法律适用中的主要问题。这在《宋会要辑稿·吏部》中也有很多记载。隆兴二年（1164）三月二日，有大臣奏称"今入仕之数日以多，故注官之阙日以远。吏公然受赂，无所忌惮；人亦公然赇吏，无所吝惜"，源于"引例异同之弊。宜令七司吏人各将见用前后例尽底供出，委自（遂）[逐] 司郎官，择公当可用者立为定格。仍令长贰参酌，将其余事同例异者尽行刊除，遇照用，即不许更称别有他例"。④乾道九年（1173）六月六日，中书门下省检正诸房公事、兼权吏部侍郎俞召虎上奏称，"窃谓吏部之任号为铨衡，品目繁多，又不能取必于一定之法，而傍出为循习之例。其求于法而不得，则委曲引例以为据"。于是在选官上出现"惟吏之听"的现象。在适用法律上出现"至有某事不应得，则引其例以予之；某事所应得，则引某例以沮之"等严重问题。⑤嘉泰三年（1203）五月二

① 《宋会要辑稿》，"刑法二·禁约之32"，第8300页。
② 《吏部条法·磨勘门》，刘笃才点校，黑龙江人民出版社2002年版，第344页。
③ 《吏部条法·关升门》，刘笃才点校，黑龙江人民出版社2002年版，第314页。
④ 《宋会要辑稿》，"职官八·吏部二之30"，第3248页。
⑤ 《宋会要辑稿》，"职官八·吏部二之35"，第3251页。

十六日，监察御史陆峻奏称"尚书六曹皆号法守之地，条格品目，吏铨尤为详密"，但现实中却问题百出。"臣尝推原其故，其始盖起于废法而创例也。夫法不足而例兴焉，不知例一立而吏奸秉之，异时比附并缘，（寝）［寝］失本意，于是例用而法始废矣。"① 开禧元年（1205）闰八月六日，有大臣奏称"六曹之设，皆为法守之司，而吏铨为尤详，条格品目，炳若日星。比年以来，创例废法，循习滋久，流弊有不可胜言"，为此提出"欲望申饬吏部，自今以往，凡有成法者，不得援例引用，庶几幸门杜绝"。② 嘉定十六年（1223）八月十一日，吏部郎中汪立中指出"朝廷公论在铨曹，公道在法令。守法则人无幸心，破法则人得援例"。③ 南宋中后期，大臣们连连反对在吏部铨选上引例破法，说明这个时期吏部选官时对"例"的滥用已经到了非常严重的地步。综上可知，宋朝反对滥用判例和条例主要集中在吏部的选官、转官等职官管理中，或者说反对以例破法主要集中在官员选拔、封赠、赏赐等领域。

从判例领域看，主要反对行政判例的滥用。大量间接史料表明，由于南宋存在大量判例和条例，整个选官制度的稳定性越来越差，破坏了国家官员管理的法律制度。与之相对，考察宋朝史料，会发现宋朝在刑事判例适用上争议较少，很多争议只是要求国家制定专门的断例来规范其使用，以减少吏员私下使用带来的问题。有官员上奏指出，"例"的产生是客观需要，完全禁止是不可能和不现实的。下面略举几条史料以为证：

> 1.4.13 政和六年（1116）十二月十三日，诏除刑部断例外，今后应官司不得引例申请。④

这一规定禁止官员引用断例以外的"例"，也对断例的效力和适用范围进行了界定，让断例成为国家法律的重要组成部分。

> 1.4.14 淳熙四年（1177）六月五日，诏："刑部将拟断案状照自来体例依条拟定特旨，（中）［申］尚书省，仍抄录断例在部，委长贰专一收掌照用。"以都省言："刑部拟断案状，后来并不比例，系本部照情犯轻重临时参酌拟定特旨申省取旨。近降指挥拘收断例，自今断案别无疑虑，依条申省取旨裁断。如有情犯可疑合引例拟断

---

① 《宋会要辑稿》，"职官八·吏部二之56"，第3263页。
② 《宋会要辑稿》，"职官八·吏部二之58"，第3264页。
③ 《宋会要辑稿》，"职官八·吏部二之68"，第3269～3270页。
④ 《宋会要辑稿》，"刑法二·禁约二之69"，第8320页。

事件，申尚书省参照。今来刑部将合奏裁案状一例不拟特旨上省，照得已降指挥内即无令刑部不拟特旨之文，其本部自合依旧，于已降旨挥别无相妨。"故有是诏。①

　　1.4.15 淳熙十年（1183）八月十三日，刑部侍郎曾逮言："乞下本部，自今应拟贷刑名并开具断例之相类者，然后酌其轻重，用小贴声说，以取朝廷裁断。如于重罪不失而小有不同，并免驳问，庶几有司如［加］意参酌，谨以引用拟断，以副陛下钦恤之意。"②

　　上面两条材料指出在刑事案件审理中，若使用断例，必须上报中央裁核，而且在判决中要明确指出所引的具体先例内容和相关法律。可以看出，中央对先例适用采用形式审查方式以限制司法机构滥用判例。正因为存在刑事判例适用的申奏裁定制度，刑事判例的适用在滥用上受到较强约束。

　　1.4.16 绍熙二年（1191）四月十二日，臣僚言："臣闻自昔天下之所通行者法也，不闻有所谓例也。今乃于法之外，又有所谓例。法之所无有者，则援例以当法；法之所不予者，则执例以破法。生奸起弊，莫此为甚。盖法者率由故常，著为令典，难以任情而出入；例者旋次创见，藏于吏手，可以弄智而重轻。是以前后臣僚屡有建请，皆欲去例而守法。然终于不能革者，盖法有所不及，则例亦有不可得而废者；但欲尽去欲行之例，只守见行之法，未免拘滞而有碍。要在与收可行之例，归于通行之法，庶几公共而不胶。今朝廷既已复置详定敕令一司，臣以为凡有陈乞申请，傥于法诚有所不及，于例诚有所不可废者，乞下敕令所详酌审订。参照前后，委无抵牾，则著为定法，然后施行；如有不可，即与画断，自后更不许引用。如是，则所行者皆法也，非例也，彼为吏者虽欲任情以出入，弄智而重轻，有不可得，奸弊自然寖消。举天下一之于通行之法，岂不明白坦易而可守也？"从之。③

　　这里公开提出国家法律适用中的"例"是不可能完全废除的，只是要求对"例"的适用进行规范和限定。

　　除了制定通行全国的"例"外，还须对使用"例"的程序进行规制。为

---

①　《宋会要辑稿》，"职官一五·刑部之26"，第3421页。

②　《宋会要辑稿》，"职官一五·刑部之26"，第3421～3422页。

③　《宋会要辑稿》，"刑法一·格令二之56"，第8268页。

此，中央制定了不少法律进行规范，希望减少因"例"的使用带来的问题，如淳熙、绍熙年间所进行的努力。从这些材料看，宋朝对"例"的使用，特别是对判例的使用并不是要禁止，而是要防止出现滥用的现象。从高宗、孝宗时的立法可以看出对"例"的态度和最后选择。

> 1.4.17 绍兴五年（1135）十有二月辛未，权户部侍郎王俣言："致治之要无他，上有道揆下有法守而已。然则守法者有司之事也，自兵火以来，虽案牍散亡，而嘉祐旧典、绍兴新书与夫通用专法纤悉具存，奈何比年以来官失其守，废法用例，其毙滋甚，如立功之赏，不可以一揆也，彼重而此轻，则必引重以为例，死事之泽不可以一律也，甲多而乙少则必引甲以为例，以至迁转补授之差，请给蠲减之异，如此之类，不可辄举，有司动辄援引以请，甚者巧为附益，规紊朝听，初则曰与例稍同，又其次则曰与例相类，一字之别，去法愈远，不啻倍蓰什伯千万然也，所以恩归于下，怨集于上，人不退听，事益增多，为治之害，孰大于此。伏望明诏大臣，除刑寺断例合依旧存留照用外，其余委官悉取已行之例，精加详定，有不庚于法而可行于时者，参订修润附入本例，严戒有司，自今以始，悉遵成宪，毋得受理，敢有弗率，必罚无赦。"①

户部侍郎王俣列举了"例"在法律适用中可能出现的各种问题，并指出解决办法是"刑名断例"应该继续适用，其他"例"应由中央机构进行专门审查：对于不违背现有法律且适用性强的可以将其修订为法律，公开适用；不能适用的则应该明确禁止。王俣的立场是一种现实主义，构成宋朝官方在法律中对"例"的主流态度。在对宋例的认识上，必须全面考察，而不是仅引几条对"例"出现的弊病进行列举和指责的史料就得出宋人对"例"是否定的观点。当然，宋人在法律实践中一直存在对"例"的批判和否定，这构成了宋朝对"例"的重要法律立场。

> 1.4.18 初，刑部有劫杀人狱，侍郎彭汝砺引例，乞加贷配。执政不以汝砺所言为是，降特旨皆杀之。汝砺执不可，其一状云："臣看详刑部自祖宗以来法与例兼行。强盗杀人不分首从，在法皆死。

---

① 《建炎以来系年要录》卷96，"绍兴五年十有二月辛未"条，胡坤点校，中华书局2013年版，第1583页。

强盗一次及盗杀人，其非为首及元不曾商量杀人，后来徒中杀人，或杀人不曾见、不曾闻、不曾知，或曾有悔戒之言，在例皆贷，前后甚多。再详刘俭旧不曾为强盗，后来受杨宗结架，劫刘宝家财物到本人家，等人出来。刘俭为行得辈困，于本处地上睡着。财主刘谭开门出来，其杨宗刺伤刘谭，随入堂前行抢，刺伤刘清、刘宝。其杨宗把刘清等控缚，时刘俭方睡觉入堂前，刘俭叫道：'不要伤他人。'皆应前项一次强盗不为首，及不曾商量杀人，后来徒中杀人，及杀时不见不闻不知，及曾有悔戒之言，合行贷放等例。刑部一次具因依，取指挥，奉圣旨依断。后来又详具因依，申都省，乞更详酌指挥及刑部官至都堂巡白。臣亦与同部范纯礼至宰相处巡白，皆不听。臣辞已尽，臣力已竭，无所可以关说。缘今来刑部虽已付开封府施行，缘须御史台审察，欲望圣慈深加哀恤，特赐指挥，下御史台取索前后公案及体例，仔细看详，取旨施行，庶几尽古人钦恤之慈，全二圣好生之德，上存祖宗之故事，下安有司之分守。或朝廷以臣所论不当，虽坐流窜不辞。"①

此处的争议是，是否引用先例对人犯进行减死处罚。按法律规定，该罪应判以死刑，但在实践中，虽然符合同一罪名，但判官会根据不同犯罪情节酌情处罚，于是形成了很多类型化的个案。侍郎彭汝砺所引的法律都是"例"，执政官判决的依据是法律。可知，不同司法人员对同一案件往往会有不同态度。

从相关法律史料看，宋人对"例"和断例，特别是判例在法律适用中的作用和价值存在争议，立场矛盾。然而，在法律较为完善的社会中，"例"和判例作为一种精确度较高的法律形式，中央和地方官吏为求稳定，会大量引用相应的先例作为行政决定和司法判决的依据。于是，在充满争议的法律适用中，判例和"例"越来越被重视、被编撰。宋人对断例不断进行编撰就是想把断例的适用规范化，减少无序适用带来的问题。虽然先例会不断产生，但是断例集一旦编纂完成，便可在全国范围内统一适用，从而减少官吏自由适用带来的混乱。当然，新的断例会不断产生，这种解决办法无法一劳永逸，但也恰成为断例生命力之体现。

---

① 《续资治通鉴长编》卷465，"元祐六年闰八月壬午"条，第11118页。

第二编 元朝断例考述

元朝法律形式由"条格"和"断例"组成，① 这是元朝法律形式发展史上的基本特征。虽然从严格意义上讲，元朝法律形式由三种构成，即制诏、条格和断例。但由于制诏编撰完成后，往往仅颁布于中央，不要求全国各地官府和民众遵守，所以很难说构成了严格意义上的法律形式。对元朝法律形式，近年学术界有较深入的研究，有学者重点研究了元朝的"断例"和"条画"，② 还有学者因为研究元朝《通制条格》、《至正条格》等法典渊源和结构，就此讨论了元朝的法律形式问题。③ 中外研究元朝法律形式的学者多认为，"条格"是唐宋金时期的"令"。④ 其实"条格"、"断例"两个术语在金朝已经开始独立使用，而且是与律令并用。元朝法律形式基本上可以确定是继承了唐宋金时期的法律形式，特别是在金朝法律形式上进行了变通创新。⑤ 虽然这种创新是否成功值得进一步讨论，但创新体现的新趋势却成为明清时期法律形式发展的重要基础。对元朝法律形式的构成，应重点理解《元史·

---

① 这种认识的基础是《元史·刑法》记载《大元通制》结构时载："其书之大纲有三：一曰诏制，二曰条格，三曰断例。"现存《至正条格》残本证明此结构是元朝重要的法律形式。法史学界流行的教材也把元朝的法律形式界定为"条格"和"断例"，如曾宪义主编的 21世纪法学系列教材《中国法制史》（中国人民大学出版社 2009 年版，第 150 页）认为元朝"其基本法律形式以条格、断例为主"。

② 吴海航：《元代条画与断例》，中国知识产权出版社 2009 年版。

③ 如黄时鉴、方龄贵、陈高华、刘晓和张帆等人在讨论《通制条格》和《至正条格》的问题时都讨论过元朝法律形式。日本、韩国学者在讨论以上法律问题时同样讨论过元朝法律形式，如金文京、安部健夫和宫崎市定等。

④ 这种看法现在基本上获得研究元史及元代法律史学者的认可，国内从黄时鉴、方龄贵到陈高华、张帆、刘晓等，国外如金文京、安部健夫、宫崎市定等都持有同样看法。文章可以参见黄时鉴《大元通制考辨》（《中国社会科学》1987 年第 2 期）；方龄贵《通制条格考略》，载杨一凡主编《中国法制史考证》（甲编第 5 卷）；〔日〕安部建夫《〈大元通制〉解说——兼介绍新刊本〈通制条格〉》，载杨一凡、〔日〕寺田浩明主编《日本学者中国法制史论著选·宋辽金元卷》，中华书局 2016 年版。

⑤ 对元朝法制继承金朝法制的情况，日本学者植松正在《元初法制一考：与金制的关系》（载杨一凡、〔日〕寺田浩明主编《日本学者中国法制史论著选·宋辽金元卷》，中华书局 2016 年版）中有详细考述。

刑法一》中"元兴，其初未有法守，百司断理狱讼，循用金律"这一记载。①
这里的"金律"不仅指金朝《泰和律义》，还包括泰和年间制定的令、格、
式、敕等法律形式，具体有《泰和律义》、《泰和令》、《泰和新定敕条》、《六
部格式》等，其中泰和"律义"与"令"是主体。② 此外，还存在一个更重
要的问题，即元世祖至元八年（1271）禁止适用的"金律"是仅指《泰和律
义》，还是包括金朝的令、敕、格、式等所有法律形式呢？若仅指《泰和律
义》，那么金朝法律中大量的令、格、式等非"律"类法律还被继续使用，构
成了法律渊源。

对金朝、元朝法律与唐朝和宋朝法律之间的渊源关系，我们可以从金朝
末年、元朝初年一个重要的律学家的经历和著作中看出。

> 《四库全书总目》：元郑汝翼撰《永徽法经》三十卷（永乐大典
> 本）。元郑汝翼撰。汝翼字鹏举，河南人。乔从善跋，谓其"束发读
> 书，学刑名家，罔不涉猎，得法外意"。中金朝律科，选官刑部检
> 法。迨壬辰革命，徙居顺德州。节度赵公识其有平反誉，擢详议中
> 书省，寻举授大理丞，后以奉直大夫左三部郎中致仕。是书作于中
> 统癸亥，意主发明《唐律》，故名之曰《永徽法经》。自序称，唐永
> 徽因隋参定为十三章三十卷，其法详备。金朝嘉尚制科，皇统大定，
> 权定大略，未成章目。道陵敕设详定、校定两所，自明昌至泰和，
> 以隋、唐、辽、宋遗文参定篇目，卷帙全依唐制。其间度时增损者
> 十有一二。辽、宋皇统大定，文籍更革无存。永徽、泰和，遗文足
> 征。因阅此书，以随款异同者分析编类，庶便于观览。其目仍用十
> 三章之旧，每篇目下有议。自李悝以后，同异分合，前后之次，各
> 析其沿革源流。其书则列《唐律》于前，而附《金律》于后。或有
> 或无，或同或异，或增或减，俱详为之注，颇为精密。《文渊阁书
> 目》载此书一部五册，不著卷数。《永乐大典》所载者并为四卷，今
> 从之著录。③

---

① 《元史》卷102《刑法一》，中华书局1976年版，第2603页。以下版本同，略。
② 金朝泰和年间制定的法律总称是《泰和律令敕条格式》，具体由《泰和律义》、《泰和令》、
　《泰和新定敕条》和《六部格式》组成。其中《泰和律义》包括"律文"和"疏议"两部
　分，共12篇563条30卷。《泰和令》共有29篇，加上随省月制定的敕共修成29卷，称为
　《泰和律令》。《泰和新定敕条》3卷，分别是《制敕》95条，《榷货》85条，《蕃部》39
　条，共219条。《六部格式》，共30卷。
③ 《四库全书总目》卷82《史部·政书类存目二·永徽法经》，中华书局2016年版，第726页。

从此处记载看，郑汝翼是金朝末期最重要的法律人。他专攻法律，并且考中明法科举，出任金朝刑部司法官员，对金朝法律十分娴熟，是当时难得的法律人才。金朝灭国后，他出任元朝中央司法官员，成为当时中央最重要的司法官员，提供元朝建国初期法律建设所需要的法律知识。从他所撰的《永徽法经》和"自序"看，他对唐朝及此后法律沿革十分了解，指出金朝泰和年间的法律实质上是唐律和宋法的结合。他的《永徽法经》是现在可以见到的中国古代比较早的法学书。书中将唐朝《永徽律》与金朝《泰和律义》进行了逐条比较，并且对各条法律来源进行了沿革考据。

此外，元初国家制度的重要参与者王恽，其祖父、父亲都是以吏学为业，且是当时最好的法律学者。对此，他在自己的家传中进行了详细描述。

> （王）祖宇，字彦宇，身长七尺二寸，仪观清淑，少传家学，尤明习文法，至帖问条对，义理当，笔洒洒无滞辞，行辈无居其右者……由郡掾辟刑曹孔目官，祖尽心庶狱，要本情与法应，未尝用察为明，情得为喜也。故郡中称平，至有哀矜折狱之誉，类注《刑统》、《进禄》等书。……今梁、卫间由吏业而上达者，半为门生，遂以吏学授先君，曰："吾治狱平后当有显者，然前贤有言，吏以法令为师，问而可知其能与否，自有资才，非学而可此。……"先君，讳天铎，字振之，姿精敏，幼知嗜学，诸弟出游嬉，独把书不置。既通大义，先祖以律学授之，即能下笔条对，明究情法，日靳然露头角。众谓能大其先业。……闻其才，由州户曹掾辟权行部令史。……荐拔所能，试京师，擢吏员甲首，时年二十有六。①

从这里看，王恽的祖父王宇不仅精于当时的法律，还对《宋刑统》进行过专门研究。说明金朝的律学家在研究法律时不仅涉及唐、辽的，还涉及宋朝的。

从上面两个个案看，元朝初期的很多重要官员，特别是司法官员多出身于金朝的法律世家。

元朝的多个重要法律术语都来自金朝。其中"断例"和"条格"在金朝已经成为重要的法律形式。金朝末年已经有断例，贞祐四年（1216），参知政

---

① （元）王恽：《秋涧先生大全文集》卷49《南埔王氏家传》，《景印文渊阁四库全书》，台湾商务印书馆1986年版，第1200册，第651页。

事李革奏称："有司各以情见引用断例，牵合附会，实启幸门。乞凡断例、敕条、特旨、奏断不为永格者，不许引用，皆以律为正。"① 这说明金朝与南宋一样，断例成为法律的重要形式，同时说明元朝法律形式中断例的判例结构是有渊源的。"条格"在金朝同样已成为重要法律术语。如大定十年（1170）十二月丙寅，"上谓宰臣曰：'比体中不佳，有妨朝事。今观所奏事，皆依条格，殊无一利国之事。若一朝行一事，岁计有余，则其利博矣！朕居深宫，岂能悉知外事？卿等尤当注意。'"② 承安四年（1199）十二月辛酉，"更定考试随朝检、知法条格"；③ 泰和元年（1201）十二月丁酉，"司空襄等进《新定律令敕条格式》五十二卷"；④ 兴定二年（1218），"宰臣奏：'自今违奏条之所指挥、及诸条格，当坐违制旨者，其徒年、杖数论赎可也。特奉诏旨违者，依大定例。'"⑤ 从这些材料看，金朝时"条格"已经成为专用法律术语，从具体内容看已经有法律形式内容。金朝除以上两个专用法律术语外，元朝的重要法律术语"条画"也已大量使用。天兴二年（1233），"乃敕河朔，招集兵粮，敕文条画十余款，分道传送"。⑥ 这些法律术语的沿袭说明两者之间关系紧密。

　　元初，中央司法人员中来自金朝的法律人才代表还有何荣祖。何荣祖出自吏学之家，史称"何氏世业吏，荣祖尤所通习，遂以吏累迁中书省掾，擢御史台都事"。⑦ 这里说何荣祖出身于吏学世家，说明他家在法律上十分精通，而且他本人也精通法律。他接受的法律教育是金朝的。他入仕元朝后，主要承担的是法律工作。他在世祖和成宗两朝主持和参与了很多重要立法工作，按史书记载有官员考课法、选官法、监察法、《至元新格》、《大德律令》等法律。其中，至元二十八年颁布的《至元新格》是按公规、选格、治民、理财、赋役、课程、仓库、造作、防盗、察狱十个门类分别撰成的事类体法典；大德年间制定的《大德律令》共有380条。从法律名称上看，应是采用"律令"合体的编撰体例。这些立法自然会吸收他在前朝学到的法律知识和立法技术。

　　从两人的出身看，元朝世祖朝重要的法律人员都是精通金朝及唐朝法律

---

① 《金史》卷99《李革传》，中华书局1975年版，第2197页。
② 《金史》卷6《世宗本纪上》，中华书局1975年版，第147页。
③ 《金史》卷11《章宗本纪三》，中华书局1975年版，第252页。
④ 《金史》卷11《章宗本纪三》，中华书局1975年版，第258页。
⑤ 《金史》卷107《张行信传》，中华书局1975年版，第2369页。
⑥ 《金史》卷114《白华传》，中华书局1975年版，第2512页。
⑦ 《元史》卷168《何荣祖传》，第3954页。

的专门人员。元朝初期掌握中央司法的核心人员是兼熟唐、辽、金、宋诸朝法律的专业人员，所以在法律创制上能继承当时发展起来的新成果。这也成为理解这个时期法律发展的关键所在。可惜的是，《永徽法经》没有保存下来，否则对中国古代律典变迁史的发展研究将有十分重要的作用。对于元朝法律形式的形成，日本学者宫崎市定和植松正都有过中肯评论。宫崎市定指出，"我在研读《元典章》的过程中，感到把元代法制判断为宋代法律的延续更为合适"。① 这里宫崎氏指出元朝法律形式的出现是一种历史的发展，但立法与社会发展的不相适应，没有准确指出。

关于元朝重要法律形式"断例"的构成、内在变迁原因等问题，法史学界研究较少。本部分将对元朝"断例"的形成、内容、特征等问题进行讨论。

元朝法律史料，根据元朝末年孔齐在《至正直记·国朝文典》的记载有："大元国朝文典，有《和林志》、《至元新格》、《国朝典章》、《大元通制》、《至正条格》、《皇朝经世大典》、《大一统志》、《平宋录》、《大元一统纪略》、《元真使交录》、《国朝文类》、《皇元风雅》、《国初国信使交通书》、《后妃名臣录》、《名臣事略》、《钱唐遗事》、《十八史略》、《后至元事》、《风宪宏纲》、《成宪纲要》。"② 可知元朝重要的法律典章主要有《至元新格》、《国朝典章》、《大元通制》、《至正条格》、《皇朝经世大典》、《风宪宏纲》、《成宪纲要》等。其中，《至元新格》、《国朝典章》、《大元通制》、《至正条格》、《皇朝经世大典》为元朝五大法典。在这五大法典中，仅《国朝典章》有全文，其他四部仅存残文，但相比唐宋，元朝所存法律史料是比较多的，而且重要法典现在皆可窥见，较宋朝有幸。此外，按记载看，元朝有制定但没有颁行的法律，如成宗时的《大德律令》、张绍的《大元条格纲目》等。元朝与断例有关的法律史料现主要集中在《通制条格》、《至正条格》、《元典章》中，此外，《刑统赋疏》、《无冤录》、《永乐大典》卷914所录《经世大典》的"验尸"法律部分③也有部分史料。这些成为研究元朝法律史的重要史料。此外，《事林广记》中的《至元杂令》、《告状新式》、《写状法式》也是重要史料，是元朝法律文书和司法文书的重要样式，成为了解元朝法律文书样式的关键史料。

---

① 〔日〕宫崎市定：《宋元时期的法制与审判机构》，载杨一凡、〔日〕寺田浩明主编《日本学者中国法制史论著选·宋辽金元卷》，中华书局2016年版，第2页。

② （元）孔齐：《至正直记》卷1《国朝文典》，上海古籍出版社2012年版，第65页。

③ 《永乐大典》第914卷所录《经世大典·验尸》中的法律属于检验法律，按宋朝的分类有敕、令、格和式四种。元朝法律中虽然不把敕令格式作为国家公开法律分类体系，但现实中很多法律继承了宋朝敕令格式的立法分类体系。

第五章　元朝诸例的结构和关系[*]

元朝诸例在继承和发展宋朝诸例的基础上，更加成熟和复杂，成为明清两朝"例"发展的基础。要考察元朝断例的情况，首先得厘清元朝诸例与断例的关系。在元朝史料中，与"例"有关的法律术语达十九种之多，其中很多构成了"例"的亚种。按笔者统计，元朝法律中与"例"有关的法律术语有例、格例、条例、断例、体例、通例、分例、定例、则例、旧例、禀例、等例、先例、事例、杂例、官例、常例、新例和原例等。这些术语，基本可以分为作为法律形式和作为一般法律术语两大类。这些不同的"例"在元代法律制度中有不同的含义，代表着不同的法律形式和种类，它们之间的联系和区别有时会使我们在分析元朝法律形式时产生各种错思。本章将对这些术语逐一进行考辨，以便全面揭示元朝诸例的含义和关系，进而揭示断例在元朝法律形式中的地位和作用，以及它们与宋朝相关"例"的联系与不同。

一　元朝诸例的含义与特征

（一）条格与格例

元朝法律制度中存在"条格"和"格例"两个术语。"格例"有时是"条格"和"条例"的略写，有时自身构成一种法律形式术语，如元朝两部重要法典称为《至元新格》和《至正条格》。中国古代，"格"在南北朝后成为一种固定的法律形式，特别是到了唐代，国家把法律形式基本确定为"律、令、格、式"四种，其中"格""以禁违正邪"。^① 但在唐朝中后期，"条格"开始有法律通用语的含义，甚至"格"有时还具有特定的刑事法律的含义。这种特点影响到宋朝，以至于"格法"有时就是法律的另一种通用名称。当然，辽宋金时期，"格"除了是一种法律形式的专称外，也拥有法律的含义。到了元朝，"格"是否还具有之前的含义，或已经发生了转变？从法律史料看，变化的确存在。元朝的"格"具有律、令等性质，有时"条格"就是法

---

*　本章主要内容作为阶段性成果以《元代例考》为题发表在《内蒙古师范大学学报》2010年第5期上。

①　（唐）李林甫等：《唐六典》卷6《刑部》，陈仲夫点校，中华书局1992年版，第185页。

律的同义词。如中统三年（1262）有"命大司农姚枢讲定条格"，这里"条格"就是"法律"的意思。至元元年（1264）八月有"诏新立条格"，这里"条格"仍然有法律的意思。换言之，在《至元新格》① 中，"条格"已经具有"律令"或"法律"的含义。但为什么称为《至元新格》，而不称《至元律令》或《至元律》呢？可能是因为"律"在来源上不是由具体"敕令"发展起来，而是通过国家系统立法确立起基本法律制度，而《至元新格》是由已经存在的单行"格敕"通过加工编纂而成；另外，该法典不是以国家名义系统立法，而是由大臣把已经存在的各类"格"整理编纂而成。对此，《元史·世祖十三》中有明确记载："何荣祖以公规、治民、御盗、理财等十事缉为一书，名曰《至元新格》，命刻版颁行，使百司遵守。"② 从这里可以看出该法典被称为"条格"的原因。《至元新格》与历史上的"格"有相同的来源，但此法典在效力上具有"律令典"的效力，以至元明时期有人把它称为"律"。如《元史·刑法一》称"及世祖平宋，疆理混一，由是简除繁苛，始定新律，颁之有司，号曰《至元新格》"。③ 这说明明初时人习惯把《至元新格》当作"律"典。以《至元新格》为法典名称，主要是体现其来源及编纂形式的特殊性，而不是效力上的减等。④ 此外，辽宋金时期，"格"除了是一种法律形式的专称外，还拥有"法律"、"法"的含义。我们在理解"格"时应注意"格"在元代的特殊意义和普通意义，只有弄清楚此点后，才能明白《元典章》中的"格例"含义和法律效力。

分析元朝相关法律史料，可以看出元朝的"格例"有两种含义。第一，格例是一种法律形式；第二，"格例"是"诸格"和"诸例"的略写，如

---

① 《至元新格》的主要内容是非刑事类法律，但也存在刑事类法律。因为《至正条格·条格·狱官·断决推理》中编入的至元二十八年六月"中书省奏准"下的 9 条内容属于《唐律》《斗讼》篇的内容。这说明《至元新格》虽然没有大量的刑事立法，特别是罪名方面的立法，但有刑事诉讼方面的立法。这也说明在至元二十八年时，元朝法律分类中还没有严格用条格与断例来归类非刑事法律与刑事法律。《至正条格》中把《至元新格》称为"至元二十八年六月，中书省奏准"的法律，因为《至正条格·条格·田令·理民》所引 9 条，在《元典章》和《通制条格》中同样引用，三处是同一内容，后两处明确指出是《至元新格》。

② 《元史》卷 16《世祖十三》，第 348 页。

③ 《元史》卷 102《刑法一》，第 2603 页。

④ 《至元新格》还有一种渊源，那就是辽金编撰法律时称为"条制"的传统，如辽朝的《重熙新定条制》、《咸雍条制》；金朝的《皇统条制》，"皇统间，参酌隋、唐、辽、宋律令，以为《皇统制条》"。分析这些法典会发现，这一时期北方诸政权在制定法律时出现不区分律敕令格式编撰的现象，而是把律令格式敕合编，将法典区分为"律"与"条例"两种立法分类。这种立法就是《至元新格》的体例渊源。

"禁民间私造格例"① 就是此种含义。这里，重点讨论第一种含义。《元典章》中以"格例"为名称的条目有三个，分别是《朝纲·政纪》中至大二年（1309）"省部减繁格例"、《台纲·内台》中"设立宪台格例"和《课程·盐课》中至元二十三年（1286）"巡禁私盐格例"。在涉及御史台、行台和监察御史等的众多立法中，仅有"设立宪台格例"被称为"格例"。"设立宪台格例"共有36条，是元朝监察御史制度的基本法律。从此可以看出，"格例"是针对某一基本制度、事务的单行法。因为该卷内"行台"下关于行台职能的立法称为"行台体察等例"，后卷中关于按察司的职能立法称为"察司体察等例"、按察司的违法立法称为"禁治察司等例"，这里的"例"应是"条例"，因为在同一目下有"廉访司合行条例"，这是把按察司改为廉访司时对廉访司职能的重新立法，两者在本质上是一致的。"巡禁私盐格例"是元朝禁止私盐方面的基本立法，其他相关私盐的法律都是在此基础上发展起来的。此外，《元史》中提到的"军官格例"，是选任军官的基本法律，规定了军官选任的原则和标准，如"定拟军官格例，以河西、回回、畏吾儿等依各官品充万户府达鲁花赤，同蒙古人；女直、契丹，同汉人"。② 可以看出，"格例"其实是针对某一基本制度、事务制定的单行法。

元朝"格例"作为一种法律形式，调整的是某一制度的基本问题，在诸例中效力较高，其调整方式有制度创制、设定罪名和刑名等。在制定程序上不是先由地方提出后经中央审查同意，而是由中书省直接提出，或是以皇帝名义直接制定。这一点与唐宋时期"格"作为一种法律形式时的含义有所不同。

（二）例

元朝法律中存在大量以"例"为名的法律形式。"例"与其他诸例既有相同之处，也存在不少差异，故这一法律形式含义较为复杂。认真分析元朝称为"例"的法律史料，可以发现例有以下多种含义。

第一，例是针对某一具体事项的立法，是"条例"、"格例"的同义词，也可以说是"条例"的略写。《元典章》中很多称为"例"的条目和没有以"例"为名的条目应具有这种含义，具有法律的意思，如至元八年（1271）"收小娘阿嫂例"、至元九年（1272）的"小叔收阿嫂例"。它们在法律效力上是格例，具有基本法律功能，因为这两个法律成为元朝收继婚姻中的基本法律。

---

① 《元史》卷39《顺帝二》，第834页。
② 《元史》卷13《世祖十》，第268页。

第二，例与断例相同，指某一罪名的具体量刑等级和原则。如"命中书省更定略卖良人罪例"，① 这里的"例"是指略卖良人罪的量刑等级和原则，具有"断例"的含义。再如"定诸改补钞罪例，为首者杖一百有七，从者减二等；再犯，从者杖与首同，为首者流"，② 这里明确记载了此"例"是改补钞罪的量刑等级和原则。此外，很多被称为"某某罪例"的法律性质上是断例，因为具体内容是设定量刑。如至元二十四年（1287）"私茶罪例"、至元二十五年（1288）"隐匿商税罪例"、至元二十九年（1292）"占使军匠罪例"、至元三十年（1293）"窝藏贼人罪例"、元贞元年（1295）"草贼生发罪例"、元贞元年"侵盗钱粮罪例"、元贞元年"挑补钞罪例"以及至大四年（1311）"官员嫌地远不去罪例"等。

第三，例在元朝被大量作为法律文件的名称。作为一种法律形式时，例具有中国古代"例"的基本特征，即是对某一法律的补充和细化，元人有"制者，诏旨条画之文；例者，为格为例之事"之说。③ 从元朝相关法律文献看，称为"例"的法律往往很具体，常常是针对特定事制定的单行法律。如"依云南行省令史例"④、"比依诸司局人匠总管府令史例"、"京畿都漕运司令史，比依诸路宝钞提举司司吏出身例，三十月吏目、四十五月之上、六十月之下都目，六十月之上提控案牍"，⑤ 这三个"例"都是很具体的单行法规。《元典章》中以"例"为名的条目也表现出同样的特征，如延祐二年（1315）"职官荫子例"、至元二十年（1283）"军官承袭例"、至元三年（1266）"上任罢任俸例"、至元九年（1272）"假告事俸例"等。

第四，例具有判例的含义。元朝"例"具有"判例"含义时很少被用作法律条目的名称，而是用在具体案例上，在书写时一般称为"某某例"。这在《元典章》中较为常见，如"若依白满儿例拟合离异"⑥、"若依韦称子例革废"⑦、"若比朱来兴例杖断一百七下徒役"⑧、"拟合比依冯子振例"⑨、"若依

---

① 《元史》卷20《成宗三》，第443页。
② 《元史》卷21《成宗四》，第447页。
③ （元）沈仲纬：《刑统赋疏》，载沈家本《枕碧楼丛书》，知识产权出版社2006年版，第198页。
④ 《元史》卷84《选举四》，第2102页。
⑤ 《元史》卷84《选举四》，第2110页。
⑥ 《元典章》卷18《户部四·婚姻·嫁娶·丁庆一争婚》，中国广播电视出版社1998年版，第679页。以下版本同，略。
⑦ 《元典章》卷19《户部五·田宅·典卖·革废亡宋已前典卖田土》，第761页。
⑧ 《元典章》卷20《户部六·伪钞·印造伪钞未完》，第797页。
⑨ 《元典章》卷39《刑部一·迁徙·迁徙会赦不原》，第1458页。

王继祖居丧成亲例断"①、"百户刘顺所犯，若依赵璋例除名不叙相应"②、"若比章万一盗东岳庙黄绢字幡例免刺，缘事干通例"③、"寿童所犯，若依王伯川例解见任，追烧埋银两，伏虑未应"④、"至元十四年（1277）八月二十一日刑部准礼部关段集秀告张义收弟妻例"⑤、"比依钱庆三偷铁猫例"⑥、"杨贵七抢夺例"⑦、"理问所比依省部已断徐咬住、王狗儿戏杀例"⑧ 等。从上面这些涉及"例"的法律内容看，"例"有判例的含义。当然，认真分析，会发现这里的"例"多是确立量刑原则和处理原则等内容。

第五，例具有法律、法规之含义。元朝"例"有时泛指法律、法规，而不是指某一具体法律。"应有死罪，有司勘问明白，提刑按察司审覆无冤，依例结案。"⑨ "耶律铸言：'前奉诏杀人者死，仍征烧埋银五十两，后止征钞二锭，其事太轻。臣等议，依蒙古人例，犯者没一女入仇家，无女者征钞四锭。'从之。"⑩ 这里"蒙古人例"是蒙古人的法律，或说蒙古人的习惯法。"本部照得：诏条内收嫂者有例，夫亡服缺守志者有例。"⑪ 这里的"例"是成文法，是法律、法规的意思，不是判例。整体来看，这类"例"就是法律、法规。

比较宋元狭义"例"的含义，会发现两者大体一致，体现出高度的沿袭性。这是中国古代"例"在发展中保持相对稳定含义的关键，也是"例"作为法律形式之一的原因所在。

（三）条例

条例作为一种法律形式在元朝很少被使用，《元典章》中仅有一个条目以此为名，即至元二十九年（1292）"廉访司合行条例"。⑫ 但应注意，元朝即便很多法律条目没有以"例"为名，但其实质上仍是条例类法律形式，特别

---

① 《元典章》卷41《刑部·诸恶·不孝·张大荣服内宿娼》，第1510页。
② 《元典章》卷45《刑部七·诸奸·官民奸·职官犯奸杖断不叙》，第1683页。
③ 《元典章》卷50《刑部十二·诸盗一·免刺·盗神衣免刺》，第1815页。
④ 《元典章》卷54《刑部十六·杂犯一·私役·万户寿童溺死军》，第2008页。
⑤ 《元典章·新集》，"户部·婚姻·不收继·兄收弟妻断离"，第2322~2323页。
⑥ 《元典章·新集》，"刑部·诸盗·偷盗·偷船贼断例"，第2369页。
⑦ 《元典章·新集》，"刑部·诸盗·骗夺·革闲弓手祗候夺骗钱物"，第2381页。
⑧ 《元典章·新集》，"刑部·诸杀·戏杀·李杞一身死案"，第2395页。
⑨ 《元史》卷10《世祖七》，第201页。
⑩ 《元史》卷12《世祖九》，第248页。
⑪ 《元典章》卷18《户部四·婚姻·服内婚·停尸成亲断离》，第722页。
⑫ 《元史》卷163《张德辉传》中有"有旨命德辉议御史台条例"（第3826页）。

是称为"条画"、"条制"和"条目"的多是"条例"的同义词。至于"条例"在法律形式中的地位，可以从《刑统赋疏》中看出，"律有条，例有制，不必细，止该大节"，① 这里明确认为"条"就是"条例"。当然，这是指法律效力上。元朝具有"律"的效力的法律形式主要有"制"和"条例"。此外，在名称上还应有"格例"、"条画"、"条制"等形式。元朝以"条例"为名称的法律不多，《元史》中有"军籍条例"、"税粮条例"、"户籍科差条例"等。② 从《元史》中所记载"条例"的内容看，条例确有较高的法律效力。"委审囚官挠法任情，擅断六十七下，本道廉访司纠其不平，刑部既不能比依条例定论。"③ 就法律效力而言，很难对"格例"和"条例"作出区分，但从调整对象上看，"条例"较"格例"更为具体，"格例"更具普遍性。

（四）体例

"体例"是元朝使用最多的法律术语。当然，"体例"在元朝也具有法律形式的含义。认真分析"体例"的含义，其内容十分复杂。在元朝法律文献中，"体例"有以下多种含义。

第一，体例作为一种法律形式时，往往指针对特定情况、有具体调整对象的专门法律，是成文法的一种形式。《元典章》中很多法律条目以此为名，如中统五年"放假日头体例"、至元元年"封掌印信体例"、至元四年"品官荫叙体例"、至元八年"嫁娶聘财体例"、至元十五年"乐人嫁女体例"、至元十五年"修城子无体例"、至元二十二年"官吏聚会体例"、至元二十三年"逃军复业体例"、至元二十六年"民官承袭体例"、至元二十六年"取受出道体例"、至元三十年"军人衣装体例"、元贞元年"僧道租税体例"、大德三年"配享三皇体例"、大德三年"倒换昏钞体例"、大德三年"畏吾儿丧事体例"、大德七年"大小勾当体例"、延祐四年"有罪过人依体例"等。认真分析这些以"体例"为名的法律，会发现它们有一个共性，即是针对某一具体的、专门的事项进行的专项立法。

① （元）沈仲纬：《刑统赋疏》，载沈家本《枕碧楼丛书》，知识产权出版社 2006 年版，第198 页。
② "己亥，从枢密院请，严立军籍条例，选壮士及有力家充军。"（《元史》卷 13《世祖十》，第 282 页）此法律在《元史》卷 98 中还提到，"十二月，从枢密院请，严立军籍条例"。"成宗大德六年，申明税粮条例，复定上都、河间输纳之期：上都，初限次年五月，中限六月，末限七月。河间，初限九月，中限十月，末限十一月。""中统元年，立十路宣抚司，定户籍科差条例。"（《元史》卷 93《食货一》，第 2361 页）
③ 《元典章》卷 45《刑部七·诸奸·强奸·强奸幼女处死》，第 1654 页。

第二，体例具有法律、法规、习惯法和习惯的含义。元朝体例有时具有现在法律术语中广义上的法律或法规的含义。如"汉儿人旧来体例"指汉人的法律、习惯，"完泽笃皇帝圣旨体例"、"羊儿年体例"、"每依着那体例"、"奥鲁官体例"、"圣旨体例有体例"等，这些"体例"都有法律、法规的含义。

第三，体例具有先例、判例的含义。元朝体例有时具有现在法律中判例的含义。如至元十年（1273）太原路宋德荣诉女婿案中，"若依元立文字归断，不见断过如此体例"，"各路具申，拟合照依婚书归结，却缘不曾断过体例"；①"却缘有徐斌殴死张驴儿体例，其陈猪狗所犯与徐斌无异，以此参详，拟合依例拟准私和，是为相应"；②等等。上述语境下的"体例"都具有先例的含义。

第四，体例有时具有事件、案件和案情类型的意思。这时体例是某一行政事务和具体案件体现出来的社会事实和案件情节的类型化产物，强调的不是法律上的问题，而是社会事件类型的本质。如"未曾断过如此体例"的案件，③就是没有审理过此类案情类型的案件。这种情况在元朝较为多见。

比较"体例"在宋朝与元朝的使用情况，会发现两者具有很高的相似性，甚至可以说，"体例"在宋元时期基本内容是一致的。

（五）定例

分析元朝相关法律史料中"定例"的含义，基本可以确定"定例"在元朝法律中有两种含义。

第一，指一种法律形式。如《元典章》至元八年（1271）"女婿财钱定例"等。此外，《元史》记载："省议：'江南提控案牍，除各路司吏比附腹里路司吏至元二十五年呈准定例迁除，其余已行直补，并自行踏逐历案牍两考者，再添资迁除。'"④"江南提控案牍除各路司吏，比腹里路司吏至元二十五年呈准例迁除，其余已行直补，并自行保举，自呈准月日立格，实历案牍两考者，止依至元二十一年定例，九十月入流。"⑤这里提到的"至元二十一年腹里路司吏转流的定例"和"至元二十五年腹里路司吏迁转定例"是指已经

①《元典章》卷18《户部·婚姻·嫁娶·女婿在逃依婚书断离》，第666页。
②《元典章》卷42《刑部·诸杀·戏杀·戏杀准和》，第1577页。
③《元典章》卷19《刑部·诸盗一·刺字·僧盗师伯物刺断》，第1804页。
④《元史》卷82《选举二》，第2047页。
⑤《元史》卷83《选举三》，第2070～2071页。

制定成法律的法规。"江湖鱼课，已有定例，长流采捕，贫民恃以为生，所在拘禁，今后听民采用。"① 定例作为一种法律形式，不管是从《元史》还是从《元典章》看，内容都较为具体，往往是关于具体事件的法律规定。如"路司吏转为流官定例"是关于这些吏员具体通过多少个月可以转为流官的立法，"江湖鱼课定例"是关于江湖打鱼交税的税率规则。

第二，作为一种法律术语使用时，含义是"制定为例"，指把某一类办事流程上升为稳定的法律，或制定为某一法律。如"江北荒田许人耕种者，元拟第三年收税，今并展限一年，著为定例"；②"遣官分道赈恤。凡狱囚禁系累年，疑不能决者，令廉访司具其疑状，申呈省、台详谳，仍为定例"；③"江南佃户私租太重，以十分为率减二分，永为定例"。④ 元朝的"定例"更多是作为一种法律术语而不是作为法律形式使用。

（六）通例

通例，在元朝的含义是多样的，但基本是作为法律形式和法律术语使用，与判例没有必然联系。

作为法律形式，"通例"在调整对象上专指对某一方面社会问题的基本立法，属于此方面问题的基本法律；在法律效力上，"通例"意味着该法律形式获得了普遍的效力，表现在事类和地域两个方面，即对某事类有约束力，并且适用于全国，也就是宋朝时称的"海行"法。《元典章》中以"通例"为名的条目有10条。⑤ 如大德十一年（1307）"提控案牍月日通例"，是关于府州司县的提控案牍人员转迁为路吏的年月时限和程序的法律，此法律成为后来吏员转为官员的基本法律；⑥ 延祐三年（1316）"流官封赠通例"，是关于不同品级的流官封赠本人与亲属的基本立法，规定了一品至七品流官的具体封赠，是此方面通行全国的基本立法；⑦ 至元二十年（1283）"选择典吏通例"，是关于典吏选任方面的专门立法，此法名上用"通例"，正文中用"通事"，从立法内容看应是"通例"；大德十年（1306）"狱典出身通例"，是关

① 《元史》卷205《卢世荣传》，第4565页。
② 《元史》卷20《成宗三》，第432页。
③ 《元史》卷20《成宗三》，第437页。
④ 《元史》卷21《成宗四》，第457页。
⑤ 其中元贞元年"执结罪断非通例"不是"通例"。
⑥ 《元典章》卷2《吏部·官制·当质》，第281页。
⑦ 《元典章》卷11《吏部·吏制·封赠》，第447页。

于狱典的出身及选用方面的基本立法；至大元年（1308）"流囚释放通例"，是关于流罪罪犯遇赦免时的法律，专门调整流犯人员遇到赦免释放的问题；至大元年（1308）"遗火决断通例"，规定了失火烧到官私房物、财产的法律责任；至元元年（1264）"都省通例"，则是关于有犯赃记录的吏员出任俸吏的立法。在《元典章》中，最有特点的"通例"是大德六年（1302）"强窃盗贼通例"和延祐六年（1319）"盐法通例"。这两个法律是元朝关于强盗犯罪和私贩私盐罪的法典式法律。大德六年（1302）的"强窃盗贼通例"在前言中明确指出"近为强窃盗贼断例不一"而制定，共有 11 条，① 分为强盗与窃盗两类，详细规定了不同行为的量刑原则。延祐六年（1319）"盐法通例"是详细规定制造、贩卖私盐方面的法律，属于当时针对制造、贩卖私盐的专门法律。此外，《至正条格·断例·诈伪·杂律》中有"诸奸通例"，从具体条文看，它是元朝关于奸罪方面的基本立法，规定的是"强奸幼女"、"僧道强奸幼女"、"十五岁男奸六岁女"、"三男奸一女"等 69 类具体奸罪类型和行为。这 69 类与"奸罪"有关的法律条目没有使用"通例"的，② 体现出此法律术语在这种语境下的特定含义。

"通例"在元朝作为法律术语时是指某法律形式和个案获得了较为普遍的法律效力，或者至少已经获得了对同类事件和同类问题的普遍效力，相当于宋朝的"海行"法。作为法律术语的"通例"在元朝法律文献中比比皆是，如《刑统赋疏》中引元朝具体法律说明时都用"通例"，而从所引的"通例"内容看，有成文和判例两种。这说明元朝成文法与判例法在法律效力上是一致的，确立了的判例在法律效力上具有全国性的效力。此外，《元史》中"各路提控案牍改受敕牒，不见通例"，③ 和大德四年（1300）"吏部拟腹里、江南都吏目、提控案牍升转通例"④ 是指对该事件具有普遍约束力的法律规范。"通例"在《元典章》中并不一定都是某一法律名称，更多是指某一法律的效力，即这种法律效力是全国性的，相对的是只针对特定部门和群体适用的法律。

（七）分例

"分例"在元朝作为一种特殊的法律形式，主要指涉及具体数量、标准方

---

① 《元典章》卷49《刑部·诸盗·强窃盗·强窃盗贼通例》，第 1775 页。

② 此法律在现存的《至正条格》残本中仅有条目，没有具体内容。

③ 《元史》卷82《选举二》，第 2048 页。

④ 《元史》卷83《选举三》，第 2070 页。

面的法律、法规，如征收赋税、口粮分配、官品等级等方面的内容。认真分析"分例"中的"分"，其含义更接近现代汉语中的"份"、"比例"、"率"等与数量有关的词语。如《元史》中，"杭、苏、嘉兴三路办课官吏，额外多取分例，今后月给食钱，或数外多取者罪之"；"江南三路管课官，于分例外支用钞一千九百锭"；① "定市舶抽分例，舶货精者取十之一，粗者十五之一"；② "诏谕：民间私租太重，以十分为率普减二分，永为定例"。③ 这些有关"分例"的法律都指赋税的数量和纳税率。在元朝，有很多法律是规定官员出差的补助、食宿等方面标准的。《元典章》中以"分例"为名的法律条目主要集中在"使臣"门，主要涉及使臣外出时的口食、住宿等方面的待遇，相当于现在公务员出差的生活补贴、住宿费用和标准等。如中统四年"定下使臣分例"、至元六年"打算人吏分例"、至元十七年"应副行省曳剌米麦等分例"、至元十九年"站赤使臣分例"、至元二十九年"禁差使多取分例"、元贞二年"出使衣装分例"、大德二年"下海使臣正从分例事"、大德三年"使臣宿住日期分例"、大德四年"差札内开写草料分例"④、大德六年"下番使臣山羊分例"、大德八年"铺马分例"、延祐二年"禁治钱食分例"和至大四年"省官多取分例"。这些法律条目都是关于使臣外出时具体待遇的，如口粮、肉量、乘马等。此外，有些"分例"涉及官品和不同品级官员的排位，如皇庆元年"正从分例差札上开写"、至元二十一年"品从之任分例"、至元二十九年"监临分使分例"；还有些涉及折耗和动物的口粮分配，如至元八年八月"应副鹰鹘分例"、至元三十三年"收粮鼠耗分例"、大德六年五月"应副豹子分例"和《通制条格》中"鹰食分例"等。⑤"分例"是关于具体事项数量标准方面的立法，此类法律在宋朝主要分布于"格"类法律中。在元朝诸例中，与之最接近的概念是下文要讨论的"则例"。

（八）则例

"则例"在元朝作为一种法律形式，是关于数量、折算等方面事项的法规，其调整内容与"分例"较为相似。《元典章》中有两处以"则例"为名的法律条目。至元七年"祗应酒麦则例"，此法调整的是"各路黄糯米出酒升

---

① 《元史》卷10《世祖七》，第216页。
② 《元史》卷12《世祖九》，第255页。
③ 《元史》卷43《顺帝六》，第918页。
④ 原文是"差札内开写分例草料"，今据内容改为"差札内开写草料分例"。
⑤ 《元典章》卷38《兵部·捕猎·皮货则例》，第1436页。

枸并小麦变面斤",① 规定在酿造黄酒时每石应出的酒量和每石小麦磨成面的数量;"兵部·捕猎·下有皮货则例",此则例是不同兽皮折成貂皮的折算比例:原规定的是虎、金钱豹、熊、土豹等大动物的皮一张折多少张貂皮;新规定的是尘鹿、飞生、花猫、野狸等小动物的皮折成貂皮的数量。《通制条格》中有"工粮则例",规定了工匠人户家口、驱口和本人每月口粮数量,如至元二十五年(1288)规定"正身月支米三斗、盐半斤,家属大口月支米二斗五升,家属小口并驱口大口月支米一斗五升,驱口小口月支米一升五合";②"衣装则例"是关于应支衣服的人的数量,规定"应支请衣装人数,皮衣,隔二年支一遍者,请匹帛的,隔一年支一遍者;支布,每年支者"。③ 此外,《元史》中有"盐折草则例",该法规定"盐折草之法,成宗大德八年,定其则例。每年以河间盐,令有司于五月预给京畿郡县之民,至秋成,各验盐数输草,以给京师秣马之用。每盐二斤,折草一束,重一十斤。岁用草八百万束,折盐四万引云"。④ 从这些可以看出,"则例"这种法律形式的调整对象及调整方式都较为具体。元代"则例"没有作为一种法律术语被广泛使用,因为它没有成为通用的法律术语并被赋予特定的含义。这点与宋朝、明清两朝都不同,宋朝、明清两朝"则例"成为常用法律术语,并作为重要法律形式被使用。

宋元时期,则例类法律在特征上具有高度的相似性,都是与标准、准则等有关的法律。明清时,特别是清朝把唐宋时期"格式"类法律纳入"分例"、"则例"中,归入新分类体系。

(九) 旧例

"旧例"是元朝最常见的法律术语之一。从相关法律文献看,"旧例"并不必然是先例,更没有和判例形成必然的联系。元朝法律中广泛使用"旧例"一词主要与元初司法中大量适用前朝法律,特别是唐、宋和金等诸朝的法律有关。从《元典章》、《元史》、《至正条格》、《刑统赋疏》等文献看,"旧例"在元朝主要有以下几个方面的含义。

---

① 《元典章》卷16《户部·祗应·祗应酒面则例》,第611页。
② 《通制条格》卷13《禄令·工粮则例》,方龄贵点校,中华书局2001年版,第388页。
③ 《通制条格》卷13《禄令·衣装则例》,方龄贵点校,中华书局2001年版,第390页。此条在《至正条格》中也被收入,名称和内容都一样。见《至正条格》卷23《仓库·衣装则例》,韩国学中央研究院2007年版,第30页。
④ 《元史》卷96《食货四》,第2470页。

第一，旧例是指前朝的法律，具体包括唐、宋、辽和金诸朝的法律，其中以唐朝和金朝的法律为主。在至元八年（1271）禁止使用金朝《泰和律义》以前，元朝"旧例"基本上是指《泰和律义》。对此，《元史·刑法一》中明确记载，"元兴，其初未有法守，百司断理狱讼，循用金律，颇伤严刻"。①《元典章》中，至元八年以前的很多案件在判决时引用的"旧例"多是《泰和律义》。如至元四年中都路审理李和你赤告樊兴殴打案中两处引用"旧例"，并列出具体条文。"旧例：拳手殴人不伤，笞四十，伤人杖六十，后下手者，理直者减二等，他物不伤者，杖六十"；"旧例：诸犯徒应役而家无兼丁者，徒一年加杖一百二十，不居作，加一等二十，若徒年限内无兼丁者，总计应役日及应加杖数，准折决放"。② 从所引内容看，"旧例"是具体法律条文。再如，"旧例：'汉儿、渤海不在接续有服兄弟之限'。移准中书省咨：'议得，旧例：同类自相犯者，各从本俗法'"。③ 这里前一个"旧例"应是引自金朝《泰和律义》，因为只有金朝把北方汉人与渤海人当作同一类人。元朝所引的"旧例"中还有唐朝和宋朝时法律，且在引用时有时还会明确指出是唐朝法律还是宋朝法律。《元典章》中以"旧例"为名的法律形式在严格意义上讲不存在，仅有一条有"旧例"字样，即延祐五年关于"令史"转迁年限问题的法律，具体是"例前幕职依旧例迁叙"。这里的"旧例"是指延祐二年（1315）以前确立的通行法律，因为具体内容中有"旧例：九十个月考满，典史一考升吏目；吏目一考升都目；都目一考升提控案牍，与九品"的法律。④ 从《元典章》看，这类"旧例"是指前朝的成文法，具体是辽、金、宋和唐朝相关法典的条文。"旧例"在元朝与"判例"没有必然联系。元朝对前朝法律的引用并没有因为至元八年的禁令而停止，因为在《刑统赋疏》中仍记载有至元三十年、至大二年、大德十年、至顺三年引用"旧例"的情况。

第二，旧例有时是指不同皇帝时期的法律。这种法律有的是已经失效的，有的还在生效。此种含义上的"旧例"相当于现在法律术语中的"旧法"，如"'旧例：各处乡试举人，三年一次，取三百名，会试取一百名。今岁乡试所取，比前数少，止有八十八名，会试三分内取一分，合取三十名，如于三十名外，添取五名为宜。'从之"；⑤ "部议：'合准旧例，云南六十月，河西、

---

① 《元史》卷102《刑法一》，第2603页。
② 《元典章》卷44《刑部二·诸殴·拳手伤·殴人》，第1637页。
③ 《元典章》卷18《户部·婚姻·不收继·汉儿人不得接续》，第707页。
④ 《元典章·新集》，"吏部·吏制·令史"，第2261页。
⑤ 《元史》卷45《顺帝八》，第950页。

西川六十五月，土人九十月为满'"。① 这里的"旧例"是指元朝不同皇帝时期的法律，而不是元朝之前的法律。

　　第三，旧例还指以前形成的某种处理事件的习惯、传统，而不是法律、法规。如"巩昌二十四城，依旧例于总帅汪氏弟兄子侄内选用二人"，② 这里是在巩昌二十四城的官员选任上有任命汪氏家族成员为官的习惯，而不是指法律。"诏各处转运司官，欺隐奸诈为人所讼者，听廉访司即时追问，其案牍仍旧例于岁终检之"；③ "乙未，命燕铁木儿依旧例以钞万锭分给蒙古孤寡者"。④ 这两处"旧例"是指办事习惯。再如，"平章铁哥奏：'太湖、淀山湖昨尝奏过先帝，差请民夫二十万疏掘已毕。今诸河日受两潮，渐致沙涨，若不依旧宋例，令军屯守，必致坐隳成功。'"⑤ "旧宋例"是指宋朝时处理此问题的办事惯例、习惯。

　　元朝"旧例"明确与判例有关的个案现在还没有检索到，但应有此类含义。因为在行政适用中存在引用"旧例"作为依据的。

（十）禀例

　　禀例作为元朝的一种法律形式是存在的，《元典章》和《刑统赋疏》中均有记载。"禀例"是指地方某机关因某事禀呈中央提出相关立法和处罚意见后形成的一种法律形式。《元典章》中有至大元年（1308）"格前克落钱粮禀例"和"格后追征钱粮禀例"，其中有"行台准，御史台咨承奉中书省札付来呈禀议内一款，都省仰照验施行⑥ 的记载。从这里可以看出，禀例是因为发起时采用禀呈，得名于形成方式而非调整对象或效力等级。从内容上看，禀例主要涉及对某一事件或案件的处罚，至大元年的两条禀例是关于处罚克扣匠户、盐户和军人粮钱草料的法律；至治元年"盗贼遇革赃给主禀例"是规定了偷盗赃物典质时，典质人员的法律责任；延祐元年"把持人再犯迁徙禀例"⑦ 是处罚把持官府的诉讼人员再犯的法律。《刑统赋疏》引天历二年（1329）法律时有"禀例：内但犯同情，追勘结案，其知情买使伪钞及两邻知

---

　　① 《元史》卷85《百官一》，第2096页。

　　② 《元史》卷17《世祖十四》，第372页。

　　③ 《元史》卷18《世祖十五》，第383页。

　　④ 《元史》卷36《文宗五》，第802页。

　　⑤ 《元史》卷65《河渠二》，第1638页。

　　⑥ 《元典章》卷31《户部·追征·格前克落钱粮禀例》，第841页。

　　⑦ 原文是"把持人再犯禀例迁徙"，今据内容改为"把持人再犯迁徙禀例"。

则不首，即非正法，俱各革拟"。① 严格来说，禀例应属于"例"的一种，仅因为发起的程序特殊而采用此种称谓。

（十一）等例

"等例"在元朝法律中有时作为一种法律形式使用。《元典章》中共有三处以"等例"命名的法律："处断逃军等例"，此例下有三款，分别是至元五年、至元二十一年和至元二十四年关于逃跑军人的具体处罚；至元二十五年"揽飞盗粮等例"是关于各类官吏侵盗粮税的处罚法律；延祐七年"革后禀到军官私役军人等例"是关于军官私自役使军人的处罚法律。从三个法律看，元朝"等例"主要是某一具体事务方面的处罚法律。此外，"等例"在《元史》中也有记载："福建盐运使司，依两淮等例，为都转运使司。"② 从这里看，"等例"与作为一种法律形式的使用情况是有区别的。

（十二）先例

"先例"在元代是作为法律术语而不是作为一种法律形式使用。认真分析与"先例"有关的资料，会发现"先例"在元朝并不必然是判例，而是常指某种办事流程或具体程式。如至大三年（1310）"监察廉访司依先例悬带弓箭"，③ 是指以前的习惯，即廉访司的官员出巡时要携带武器。《元史》中涉及"先例"的记载，从内容上看也是指以前的传统或习惯。

> 前奉旨命臣等议诸王朝会赐与，臣等议："宪宗、世祖登宝位时赏赐有数，成宗即位，承世祖府库充富，比先例，赐金五十两者增至二百五十两，银五十两者增至百五十两。"有旨："其遵成宗所赐之数赐之。"④
> 中书参知政事实理门言："旧立蒙古国子监，专教四怯薛并各爱马官员子弟，今宜谕之，依先例入学，俾严为训诲。"从之。⑤
> 至大三年（1310）例后，创入钱谷人员，及正从六品七品取荫子孙，亦依先例升转，不须添界外，其余杂进之人，依今次定例迁

---

① （元）沈仲纬：《刑统赋疏》，载沈家本《枕碧楼丛书》，知识产权出版社 2006 年版，第 176 页。
② 《元史》卷 14《世祖十一》，第 299 页。
③ 《元典章》卷 35《兵部·军器·许把》，第 1333 页。
④ 《元史》卷 22《武宗一》，第 480～481 页。
⑤ 《元史》卷 44《顺帝七》，第 925 页。

用，通历一十四界，依上例升转。①

　　先补按察书吏，然后贡之于部，按察书吏依先例选取考试，唯以经史吏业不失章指者为中选。②

　　在这四段材料中，"先例"都指以前办事的规程，而不是具体案件的判决，所以应注意其与现代判例法体系中使用的"先例"是有区别的。《元典章》在具体法律文件中使用"先例"时也同样如此。如延祐三年"出军贼人差人铺马押送"中两次提到"先例"，分别是"如今依在先例差人铺马里交押送去"和"依先例铺马里差人交押去者"，③ 这两处"先例"是指以前同类事件的处理方式，而不是判例。

（十三）事例

　　"事例"在元朝法律文献中具有三种含义。

　　第一，作为一种法律形式。从现在可见的以"事例"为名的法律形式看，事例往往指较为具体的立法。元朝以"事例"为名的法律形式，《元典章》中有延祐七年"拯盗未尽事例"，《通制条格》中有"司农事例"和"典卖田产事例"，《元史》中有"其减正额盐价，即与广海提举司事例不同，别难更议"。④ 此外，《元典章》中称为"事理"的法律形式也与此相同。

　　第二，作为判例使用。"事例"作为判例有两个方面含义：一是指某一个具有法律效力的判例，如"若比谭八十一嫁妻事例"；⑤ 二是某个案件体现出来的案情类型，如《元史》中有"桑哥言：'北安王王相府无印，而安西王相独有印，实非事例，乞收之。诸王胜纳合儿印文曰"皇侄贵宗之宝"，宝非人臣所宜用，因其分地改为"济南王印"为宜。'皆从之"。⑥ "凡诏制为条九十有四，条格为条一千一百五十有一，断例为条七百十有七，大概纂集世祖以来法制事例而已"，⑦ 此处"事例"亦兼具成文法之意。

　　第三，作为一种办事程序的先例，指某一具体的行政个案，或文书写作

---

　　①　《元史》卷82《选举二》，第2046页。
　　②　《元史》卷83《选举三》，第2072页。
　　③　《元典章》卷49《刑部·诸盗·强窃盗·出军贼人差人铺马押送》，第1786页。
　　④　《元史》卷97《食货五》，第2501页。
　　⑤　《元典章》卷18《户部·婚姻·嫁娶·受财将妻转嫁》，第682页。
　　⑥　《元史》卷14《世祖十一》，第301页。
　　⑦　《元史》卷102《刑法一》，第2604页。

上的一种规程、格式，如"今故据其事例，作元《天文志》"。①

（十四）杂例

在元朝，"杂例"作为一个法律术语，不是作为法律形式使用，而是作为法律分类时的类目。当某个门类下的一些法律条文无法归入具体类目时，就会被归入"杂例"类。如"兵部·军器门"下分为"拘收"、"许把"、"隐藏"和"杂例"目，这里"杂例"就是指不能归入前三目，但能归入军器门下的相关法律的类目名称。"杂例"目下的四条法律，分别是"体察钱匠等事"、"禁军人货卖弓箭"、"禁约擅造军器"和"军匠自造军器"，四条都涉及军器，但对象各不同。《元典章》中有很多"杂例"类目，功能也都一样。所以"杂例"在元朝是指一种法律目类的名称，而不是具体的法律形式。

（十五）其他

元朝法律文献中还会提到"官例"、"常例"、"新例"和"原例"等。其中"官例"作为法律形式，仅在《元典章》中提到一处——大德元年（1297）十月"押运钱粮官例"，此法律禁止地方路府州县司的官吏押送税赋。当然，认真分析此处，可以看作"例"，而不是"官例"，是指规范"押运钱粮官"行为之"例"，而非"官例"。"常例"主要是指已经被上升为"例"的法规，或常使用的"例"。"常例"在元朝是作为一个法律术语而不是一种法律形式。"新例"是指已经制定出规范某类问题的"例"之后，又出现了新情况，进而制定出应对新情况的"例"，两相区别，以"新例"称之。《元典章》中有延祐六年"减繁新例"、大德八年"掠卖良人新例"、大德十一年"选补州县司吏新例"和至大四年"整治盗贼新例"，这四条相对于"旧例"而言的"新例"，都是"例"的一种，而不是一种"例"的法律形式。"原例"在元朝是作为一个法律术语，指原来的"例"。如《元典章》中有至治二年"官员职田依乡原例分收"，这里"原例"是指各地民间收地租的税率习惯；《元史》中有"如臣等议，马谋以非罪杀人，不在原例"，② 这里的"原例"应是有关赦免的法律。对这些具体的各种"例"类名称必须认真分析，详加考辨，才能获得正确的理解。

---

① 《元史》卷48《天文一》，第990页。
② 《元史》卷173《崔彧传》，第4042页。

二　元朝诸例的性质与关系

从上文对元朝诸种例的性质和含义分析中可以看出，要得出元朝"例"的一个绝对结论是不可能的，同时要绝对地说出元朝诸例之间的关系也是很难的。元朝诸例的最大问题是其存在作为法律形式和法律术语两种适用情况，很多术语或兼具这两种含义，或虽有一种含义，但又能分属不同情况。这导致不同例在法律形式上既有相似之处亦存在区别，法律术语亦然。因此，严格区分不同种类的"例"的法律效力及相互关系非常困难。

元朝以"例"为名的各种法律形式具有相同之处，那就是都具有中国古代"例"的基本特征，即都是对基本法律，特别是"律令"等法律的解释和补充。从法律渊源上看，"例"是"律"、"令"的衍生物，因此，"例"的功能是对基本法律，特别是"律"、"令"的解释和补充。元朝没有律典和令典，其"例"的来源主要是前朝的"律"、"令"和本朝的"条格"，而"条格"的法律效力相当于"制"和"律"。《刑统赋疏》中明确指出："制者，诏旨条画之文；例者，为格为例之事。盖律有例，条有制。"①《元典章·刑部·刑制·刑法》的五刑就依此而分为五刑之制和新例。五刑之制是笞、杖、徒、流、死，从内容上看是《唐律》中的五刑之名、二十级刑等。五刑之制下有"新例"和"加徒减杖例"。其中，"新例"是元朝对笞杖刑的新分类："五十七以下用笞，六十七以上用杖。""加徒减杖例"源于宋朝确立的"折杖法"，规定了徒一年到徒三年折杖的数量，分别从六十七到一百七。②"加徒减杖例"是宋朝时期"折杖法"的新形式。这两个"例"都是从称为"制"的五刑中衍生而出，原因是元朝的笞杖刑以七为尾数，发生了新的变化。

元朝 19 种例中，作为法律形式的有格例、例、条例、断例、体例、通例、定例、分例、则例、事例、禀例、等例等 12 种；作为法律术语的有旧例、先例、杂例、常例、官例、新例和原例等 7 种；兼有两种含义的有例、断例、体例、通例、定例、事例等 6 种。

元朝诸例的分类主要涉及调整对象、调整方式、法律效力和制定程序四个方面，其中调整对象、调整方式和法律效力是不同"例"的分类标准。当然，像前面指出的那样，若认为元朝诸例存在严格区别是很难得到强有力的

---

① （元）沈仲纬：《刑统赋疏》，载沈家本《枕碧楼丛书》，知识产权出版社 2006 年版，第 198 页。
② 《元典章》卷 39《刑部·刑制·刑法》，第 1451 页。

论证的。元朝诸例在法律效力上大体可按以下排序：条格、条例、通例、例、体例、定例、则例、旧例等。其中能清楚区别开来的例类有以下几种。首先是条例、格例与断例的关系。条例和格例在法律效力上具有"律"的效力，《刑统赋疏》中明确指出"盖律有例，条有制……故自有各断例生于诸条，以总其事，则制岂必备哉？立例而已矣"，"律有条例有制，不备细，止该大节，俱在《名例》卷内，以为总要，自有各断例生于诸条，以总其事。故制不必备，止立例而已"。① 这里清楚地说明了元朝条例与断例的法律效力及关系。其次是断例与例的关系。元朝断例具有法律类型的含义，指刑事法律，这与其他称为"例"的法律都不同。此外，断例在使用时也存在更低层次的含义，这种含义的断例与例的关系可以从《刑统赋疏》中看出来。在解释"例八字"时，引用了延祐二年（1315）《盗贼断例》和大德五年（1301）《盗贼例》，前者是"强盗持杖伤人的，虽不得财，皆斩死"；后者是"未发而自首原罪，能捕同伴者，给赏"。② "例"的法律效力高于"断例"在《元典章》中也有体现，如"禁宰杀"下至元九年"禁杀羊羔儿例"和至元二十八年"杀羊羔儿断例"，前者规定了禁止此种行为的法律，后者仅规定了处罚原则。

元朝"例"的种类过多带来法律渊源的混乱和不清，造成法律适用的不方便。这种混乱情况到明清时期得到了修正，使"例"成为中国古代法律形式的重要组成部分。当然，"例"作为一种法定的正式法律形式，在明清得以确定。"例"在法律形式上一直只是"律"的补充和解释。对此，清人认为"例"的作用是"律"的附属物，故有"律是为例之宗，有律为经而例为传者。设例以详注律文之义"。③ 这是中国古代"例"作为法律形式存在的基本特征。

元朝"例"的诸种形式中，与判例有关的主要有例、体例、断例和事例四种，其他诸例都与判例没有太多联系，所以说元朝诸种"例"并不必然是判例。这一点与宋朝时"例"的诸种形式与判例的关系是一致的。

---

① （元）沈仲纬：《刑统赋疏》，载沈家本《枕碧楼丛书》，知识产权出版社2006年版，第198页。

② （元）沈仲纬：《刑统赋疏》，载沈家本《枕碧楼丛书》，知识产权出版社2006年版，第176页。

③ （清）白光峰：《琴堂必读》（下）"论习幕"，载杨一凡主编《中国律学文献》第3辑，第5册，黑龙江人民出版社2005年版，第227页。

第六章　元朝断例渊源考[*]

元朝的基本法律形式是条格和断例，虽然还有"制诏"，但制诏中具有法律性质的内容往往被分别编入条格和断例中，在法律形式上不构成独立的形式。那么，元朝条格和断例的立法渊源是什么呢？或者说它把唐宋辽西夏金，特别是宋金时期哪些法律形式作为自己的立法渊源，抑或说它把唐宋辽西夏金时期的哪些法律形式分别整合吸收而形成两种新的法律形式呢？因为元朝的条格和断例是将唐至宋金时期的律、敕、令、格、式、申明等法律形式打破，并对其内容进行整合而逐渐形成。下文将分别考察这两种法律形式的渊源。

一　元朝断例的含义

关于断例在元朝的含义，学术界一直存在错误的理解，学者普遍认为"断例"就是判例，[①] 这完全是用宋朝断例含义加以理解而带来的误解。元朝的"断例"是关于量刑的刑事法律，并不必然是司法判例。关于这一点，学术界却因对宋断例的认知而一直存在先入为主的误解，认为元朝的"断例"就是判例。《元典章》和《至正条格》中以"断例"为名的法律和具体的法律文件中，所涉及的"断例"均主要解决量刑问题。从现在能看到"断例"内容的文献来看都是如此。现在可以看到"断例"具体内容的主要有《元典章》和《至正条格》两部法律文献。两部法律文献中，以"断例"为名的法律内容和具体法律文件中涉及"断例"的内容都一致，主要是解决量刑问题，而不是制度创制、非刑事法律等内容。[②] 如大德六年（1302）《强窃盗贼通

---

[*] 本章部分内容作为阶段性成果以《元代令考》为题发表在《内蒙古师范大学学报》2016年第 4 期上。

[①] 如殷啸虎在《论〈大元通制〉"断例"的性质及其影响——兼与黄时鉴先生商榷》一文中"认为《大元通制》的'断例'就其性质与内容而言，是在吸收、借鉴传统立法经验与成果的基础上，将那些在长期的司法实践中形成的具有典型意义的判例和事例以及通则性的规定，按照旧律的体例进行汇编整理而成的。从法律形式与内容来看，是成文法与判例法的结合"（《华东政法学院学报》1999 年第 1 期）。

[②] 现在在元朝法律史研究中也存在一个问题，就是认为只要是判例都是断例，即把断例与判例等同。这种认识是错误的。

例》在序言中指明，制定该法律的原因是"近为强窃盗贼断例不一"，① 即当时对强盗、偷盗的犯罪量刑不统一，故要从立法上解决量刑的问题。此外，《大元通制》和《至正条格》中"断例"的含义与《元典章》中"断例"的含义亦存在差别，前两部法典中"断例"是刑、律的同义词，《元典章》中"断例"更具其本义，主要是指量刑问题。可以说，在性质分类上，元朝的"断例"是刑事法律，"条格"是非刑事法律。这是"条格"和"断例"在元朝法律上的基本含义。两者的基本区别不是断例是判例，条格是成文法。它们的区别是性质上的，不是法律形式，特别是载体表达形式上的。

二　元朝法典的体例渊源

从元朝法典的体例渊源着手考察其法律形式变迁是十分有效的途径。② 只有弄清楚法典编撰体例来源和法律分类体系的渊源，才能了解当时人们对法律的理解和认识。在《大元通制·条格》、《至正条格·条格》、《至正条格·断例》中，"条格"的法律内容在性质上与唐宋时期令、格、式的性质是一致的，"断例"中的法律内容在性质上与唐宋时期律、疏议、刑统、敕典、随敕申明和断例等刑事法律是一致的。

（一）元朝条格的体例渊源

对元朝法律中"条格"篇目结构进行考察，是解决元朝格类法律性质的关键，也是理解元朝"条格"与"断例"关系的重要途径。元朝条格篇名主要是从《大元通制》和《至正条格》的"条格"部分获得。《刑统赋疏·通例》中记载《大元通制》中"条格"的篇名和排序具体如下：

> 2.6.1 祭祀、户令、学令、选举、宫卫、军防、仪制、衣服、公式、禄令、仓库、厩牧、关市、捕亡、赏令、医药、田令、赋役、假宁、狱官、杂令、僧道、营缮、河防、服制、站赤、榷货

---

① 《元典章》卷49《刑部·强窃盗·强窃盗贼通例》，第1775页。

② 学术界对元朝立法，特别是法典的编撰体例研究成果较为显著，较早有20世纪90年代黄时鉴在《通制条格校注》中进行过考察，21世纪初方龄贵在《通制条格校注》中再次对其进行考察。近年有刘晓因《至正条格》的发现而考察了元朝立法的情况，参见刘晓《〈大元通制〉到〈至正条格〉：论元代的法典编纂体系》（《文史哲》2012年第1期）。这些研究多是从文献学和史学方面进行的整体性考察，从法学，特别是从法典结构与法律分类体系视角上对内在体例变迁方面的考察则存在不足。

　　《大元通制·条格》部分共有 27 个篇名，现存残本《通制条格》中具体有：户令、举令、选举、军防、仪制、衣服、禄令、仓库、厩牧、田令、赋役、关市、捕亡、医药、赏令、假令、杂令、僧道、营缮。共 19 个篇名，缺 8 个篇名。

　　此外，《至正条格》中的"条格"篇名情况，按《四库全书总目·史部四十·政书类存目二·至正条格》记载，具体如下：

　　　2.6.2 祭祀、户令、学令、选举、宫卫、军防、仪制、衣服、公式、禄令、仓库、厩牧、关市、捕亡、赏令、医药、田令、赋役、假宁、狱官、杂令、僧道、营缮、河防、服制、站赤、榷货①

　　共 27 个篇名。现在见到的《至正条格》残本中存有的篇名是：仓库、厩牧、田令、赋役、关市、捕亡、赏令、医药、假宁、狱官。共 10 个篇名，缺 17 个篇名。

　　《大元通制》和《至正条格》两部法典中"条格"的篇名具体是：

　　　祭祀、户令、学令、选举、宫卫、军防、仪制、衣服、公式、禄令、仓库、厩牧、关市、捕亡、赏令、医药、田令、赋役、假宁、狱官、杂令、僧道、营缮、河防、服制、站赤、榷货

　　从上面看，与两部法典相关文献所载篇目在它们的残本中都存在，可以肯定史料记载的篇名与实际篇名是一致的，仅在排序上，沈仲纬《刑统赋疏》的篇名排序与两部法典的排序略有不同。对此，学术界多认为是沈仲纬写时有误。《至正条格》是在《大元通制》的基础上编撰而成，补充了新颁布的规定，并对前书中分类不当之处进行了适当调整。有学者发现，《通制条格》和《至正条格》两部法典中存在同一法律条文被分别归入不同法典的现象，如《通制条格》中被归入"条格"的法条在《至正条格》中被归入"断例"。②认真分析这种情况出现的原因，正说明随着社会的发展，元人对条格与断例在法律分类上的标准越来越清晰和明确，性质分类特征更加明显。两部法典的"条格"部分结构是相同的，只是在条文内容上进行了删改。从现存的两个残本目录和内容可以看出，两法典确实存在高度的承袭关系。

────────────

① 《四库全书总目》卷 84《史部·政书类存目二》，中华书局 2016 年版，第 726 页。
② 具体可以参看金文京和刘晓的研究，分别是金文京的《有关庆州发现元刊本〈至正条格〉的若干问题》（《至正条格》，韩国学中央研究院 2007 年版）和刘晓的《〈大元通制〉到〈至正条格〉：论元代的法典编纂体系》（《文史哲》2012 年第 1 期）。

考察中国古代令典篇名和结构的变化可以知道，元朝"条格"的篇名结构是以此前令典篇名为核心，融合了唐宋时期事类体下的法典篇名而成。从现在的史料看，元朝《通制条格》和《至正条格》中"条格"篇名与《元典章》中使用的篇名分类体系不同，① 同时没有采用《宋刑统》中刑典十二篇下再分"门"的篇名结构，而是采用魏晋以来形成的令典篇名结构。这种篇名分类体例的使用说明，"条格"的性质属于晋至宋时的"令"。

中国古代"令"类法律最早法典化的成果是西晋时的《泰始令》，同时开始有令典的篇名结构，并且有明确的篇名名称、结构等记载。《唐六典》记载，晋《泰始令》共有四十个篇名，具体如下：

> 2.6.3 一、户，二、学，三、贡士，四、官品，五、吏员，六、俸廪，七、服制，八、祠，九、户调，十、佃，十一、复除，十二、关市，十三、捕亡，十四、狱官，十五、鞭杖，十六、医药疾病，十七、丧葬，十八、杂上，十九、杂中，二十、杂下，二十一、门下散骑中书，二十二、尚书，二十三、三台秘书，二十四、王公侯，二十五、军吏员，二十六、选吏，二十七、选将，二十八、选杂士，二十九、宫卫，三十、赎，三十一、军战，三十二、军水战，三十三至三十八皆军法，三十九、四十皆杂法。②

西晋《泰始令》不仅是中国古代令典的最早法典，而且是中国古代令典篇名体例的渊源。此后，南朝时期宋、齐两朝令典篇名体例是"略同晋氏"，即南朝宋、齐两朝的令典篇名沿用晋朝《泰始令》的篇名。南朝时期令典篇名发生变化始于梁朝。南朝梁时蔡法度等在编修法律时，对令典篇名进行了修改，让制定的《梁令》篇名减到三十篇。《梁令》的具体篇名如下：

> 2.6.4 一、户，二、学，三、贡士赠官，四、官品，五、吏员，六、服制，七、祠，八、户调，九、公田公用仪迎，十、医药疾病，

---

① 《元典章》的篇名是继承事类体与会要体篇名演化而成。在一级篇名上是会要体篇名，二级篇名上是事类体篇名。这种体例在《经世大典·宪典》中有所体现，"宪典"的篇名是 22 个，具体是名例、卫禁、职制、祭令、学规、军律、户婚、食货、大恶、奸非、盗贼、诈伪、诉讼、斗殴、杀伤、禁令、杂犯、捕亡、恤刑、平反、赦宥、狱空。此篇名是融合了律典与令典的篇名，其中 7 个是律典篇名，4 个是令典篇名。这种篇名演化成《大明律》的篇名结构。分析《大明律》的篇名，会发现它是融合了唐宋律典与令典的篇名而成。这在内容上扩大了律典的涵盖面，为法律形式形成律例体系提供了内在逻辑支撑。

② （唐）李林甫等：《唐六典》卷 6《尚书刑部》，陈仲夫点校，中华书局 1992 年版，第 184 页。

十一、复除，十二、关市，十三、劫贼水火，十四、捕亡，十五、狱官，十六、鞭杖，十七、丧葬，十八、杂上，十九、杂中，二十、杂下，二十一、宫卫，二十二、门下散骑中书，二十三、尚书，二十四、三台秘书，二十五、王公侯，二十六、选吏，二十七、选将，二十八、选杂士，二十九、军吏，三十、军赏。①

这是南北朝时期南朝令典篇名体例的演变情况。比较《泰始令》与《梁令》的篇名变化，会发现主要是在军法、职官、行政管理方面的篇名出现了减缩。

南北朝的法律发展是南北两支在继承西晋《泰始令》的同时，呈现不同的发展特色。考察北朝令典的演变史，其修撰始于北魏，但现在北魏令典篇名记载缺失，无法知其变化。北朝令典修撰中有较详细记载的是北齐。《北齐令》有五十卷，篇名体例是以"尚书二十八曹为其篇名，又撰权令二卷，两令并行"。从此看，《北齐令》的篇名有29篇，其中尚书省下的二十八曹每曹一篇，共28篇，加上两卷《权令》，共五十卷。从此看，《北齐令》的篇名命名体例与晋《泰始令》不同，因为《北齐令》在命名体例上是完全采用尚书省下二十八曹机构命名。这种以职制为中心的立法方式，构成了中国古代立法命名体系中的一种主要方法，并为后世所沿用。这种命名体例在宋元明清时期都大量存在，如宋朝用吏部七司、枢密院、大宗正司等命名令的名称，清朝用六部命名各部则例等。北朝时后周令典篇名没有记载。这样南北朝时令典篇名体例存在两种：南朝体例与北朝北齐体例。这种情况到隋朝时得到整合，隋朝令典的篇名体例从现在看，基本是把两者结合，以事类命名为主导，改变北齐完全以机构命名的情况。

隋朝令典篇名记载十分明确。根据《唐六典》，高颖等修撰的《开皇令》共30卷，27篇，因为其中《官品》、《卤簿》和《公式》有上下两卷，故整部令典共30卷。27个篇名具体如下：

2.6.5 一、官品上，二、官品下，三、诸省台职员，四、诸寺职员，五、诸卫职员，六、东宫职员，七、行台诸监职员，八、诸州郡县镇戍职官，九、命妇品员，十、祠，十一、户，十二、学，十三、选举，十四、封爵俸禀，十五、考课，十六、宫卫军防，十七、衣服，十八、卤簿上，十九、卤簿下，二十、仪制，二十一、公式上，二十二、公式下，二十三、田，二十四、赋役，二十五、仓库厩牧，

---

① （唐）李林甫等：《唐六典》卷6《尚书刑部》，陈仲夫点校，中华书局1992年版，第184页。

二十六、关市，二十七、假宁，二十八、狱官，二十九、丧葬，三十、杂。①

考察隋朝令典篇名的具体情况，会发现隋朝令典在命名体例上，基本是融合了晋朝、南朝与北朝北齐令典的两种体例，具体是融合机构命名与事类命名两种体例。在27个篇名中，第3篇至第8篇，共6篇是以机构命名，其他21篇是以事类命名。从此，中国古代令典篇名命名发生转变，事类命名成为令典命名的主流。这种以事类命名令典篇名，体现出立法对法律分类更加抽象，让制定的法律更具普适性。

隋朝《开皇令》的篇名命名体例被唐朝继承。唐朝的令典中，最有影响的有唐高祖武德七年（624）制定的《武德令》，唐太宗时制定的《贞观令》，唐高宗时制定的《永徽令》，唐玄宗时制定的《开元令》。按《唐会要·定格令》记载，《武德令》篇目全部沿用了《开皇令》，只是在《开皇令》的基础上进行了很小的修改。武德"七年三月二十九日成，诏颁于天下。大略以开皇为准，正五十三条……格入于新律，他无所改正"。② 由于不同时期令典篇目存在不同，学界对唐令典篇目的具体篇数存在争议。③ 现在可以明确看到的是开元二十五年（737）的《开元令》。据《唐六典》，《开元令》的篇名是27篇，具体是：

> 2.6.6 一曰官品（分为上、下），二曰三师三公台省职员，三曰寺监职员，四曰卫府职官，五曰东宫王府职员，六曰州县镇戍岳渎关津职员，七曰内外命妇职员，八曰祠，九曰户，十曰选举，十一曰考课，十二曰宫卫，十三曰军防，十四曰衣服，十五曰仪制，十六曰卤簿（分为上、下），十七曰公式（分为上、下），十八曰田，十九曰赋役，二十曰仓库，二十一曰厩牧，二十二曰关市，二十三曰医疾，二十四曰狱官，二十五曰营缮，二十六曰丧葬，二十七曰

---

① （唐）李林甫等：《唐六典》卷6《尚书刑部》，陈仲夫点校，中华书局1992年版，第184～185页。

② 《唐会要》卷39《定格令》，上海古籍出版社2006年版，第819页。

③ 唐朝令典的篇名，日本学者仁井田陞认为《开元二十五年令》有33篇；池田温、韩国磐认为《永徽令》有31篇；李玉生认为《永徽令》有32篇，《开元二十五年令》有33篇。从上可知，对唐朝几部令典的篇名数量，学术界存在很大的争议，不同学者对它们的篇名有不同看法。其中一个主要原因是《开元二十五年令》的篇名比《唐六典》记载的要多。对此，可以参见李玉生《唐令与中华法系研究》（南京师范大学出版社2005年版）一书第三章"唐令的制定、修改和篇目结构"。

杂令。而大凡一千五百四十有六条焉。①

《开元令》中的 27 篇共 30 卷是因为其中有 3 篇分上、下两卷，分别是《官品》、《卤簿》和《公式》。与《开皇令》相比，会发现《开元令》删除了《封爵俸禀》，将《宫卫军防》、《仓库厩牧》两篇拆分为《宫卫》、《军防》和《仓库》、《厩牧》四篇。

对唐朝令典的篇名，日本学者通过整理，认为唐令的篇目还有《学令》、《封爵令》、《禄令》、《乐令》、《捕亡》、《假宁》六篇。日本学者整理出来的这六篇令典的篇名，在宋朝成为令典的基本篇目。从史料看，唐朝"令"的篇目应存在两种情况：一是不同时期所修令典的篇名是变化的，并不是一直保持不变；二是除令典的篇名外，历朝会根据需要制定单行令，于是出现相应的单行令的篇名。从这个角度看，学术界对唐朝不同时期令典篇名的研究，想通过不同史料记载的内容来反推某一特定令典篇目是很难成立的。若比较唐开元二十五年前后令典的篇名，会发现除六篇涉及职官名称外，其他均属事类篇名。这与《开皇令》的命名结构是一致的，体现出在令典中抽象事类篇名取得了主导地位。这让隋唐与晋、南北朝时期的令典在篇名上呈现很大不同。

关于宋朝令典的篇名，现在可以比较明确了解的有《天圣令》和《庆元令》两部。对《天圣令》的篇名结构记载较详细，史料也较丰富，但由于不同史料记载不同，也让后人对其篇名情况产生了争议。宋人赵希弁在《郡斋读书后志·天圣编敕》题解中对《天圣令》的篇名结构有记载，具体如下：

2.6.7 右天圣中宋庠、庞籍受诏改修《唐令》，参与今制而成。凡二十一门：官品一、户二、祠三、选举四、考课五、军防六、衣服七、仪制八、卤簿九、公式十、田十一、赋十二、仓库十三、厩牧十四、关市十五、捕亡十六、疾医十七、狱官十八、营缮十九、丧葬二十、杂二十一。②

从记载的篇名看，《天圣令》篇名应是 21 篇，而不是完全继承《开元令》的 27 篇。但从记载的其制定情况看，若《天圣令》全依《唐令》修成，篇名应是 27 篇才对。

---

① （唐）李林甫等：《唐六典》卷 6《尚书刑部》，陈仲夫点校，中华书局 1992 年版，第 183 ~ 184 页。

② （宋）赵希弁：《郡斋读书后志》卷 1《史类·天圣编敕》，《续古逸丛书》（35），商务印书馆 1934 年版，第 204 页。

现存《天圣令》残卷共有 12 篇，分别是：《田令》、《赋役令》、《仓库令》、《厩牧令》、《关市令》、《捕亡令》、《医疾令》、《假宁令》、《狱官令》、《营缮令》、《丧葬令》、《杂令》。其中《假宁令》并未出现在赵希弁记载的篇名中，这说明宋人赵希弁记载的篇名存在缺失，或说是错误的问题。

此外，从《天圣令》残本看，从 21 卷到 30 卷，每卷都是一篇。这样推算《天圣令》有 30 卷，故篇名应有 30 篇才对。但若按唐令中将《官品令》、《卤簿令》和《公式令》分为两卷推算，现在的 21 篇也只能推出 24 卷，仍未到 30 卷，缺 6 卷。

结合赵希弁的记载和残卷，现在可以看到的《天圣令》篇名至少有 22 篇，即增加 1 篇《假宁令》，具体是：《官品令》、《户令》、《祠令》、《选举令》、《考课令》、《军防令》、《衣服令》、《仪制令》、《卤簿令》、《公式令》、《田令》、《赋役令》、《仓库令》、《厩牧令》、《关市令》、《捕亡令》、《医疾令》、《假宁令》、《狱官令》、《营缮令》、《丧葬令》、《杂令》。当然，从残卷中可以看出，在篇名结构上，《天圣令》采用以《官品令》为首、《杂令》为末的结构，与唐令是一致的，也与赵希弁记载一致。由上可知，《天圣令》篇名最有可能是 27 篇。

宋朝令典篇名从元丰年间开始增加，史料记载神宗朝的《元丰令》有 35 篇。《政和令》的篇名与《绍兴令》的篇名应是一致的，但没有明确记载。南宋令典的篇名，现在可以较明确知道的是《庆元令》。从《庆元条法事类》所录的令典篇名看，《庆元令》的篇名至少有 37 篇，具体如下：

《官品令》、《职制令》、《选试令》、《荐举令》、《文书令》、《公用令》、《假宁令》、《吏卒令》、《户令》、《田令》、《赋役令》、《考课令》、《给赐令》、《封赠令》、《赏令》、《仪制令》、《服制令》、《祀令》、《时令》、《杂令》、《军防令》、《军器令》、《进贡令》、《驿令》、《营膳令》、《关市令》、《辇运令》、《仓库令》、《理欠令》、《场务令》、《厩牧令》、《医疾令》、《河渠令》、《道释令》、《捕亡令》、《辞讼令》、《断狱令》。

南宋其他令典的篇名，经笔者考察，可能与《政和令》一样，同为 50 篇，具体篇名如下：①

---

① 对宋朝《政和令》及南宋诸朝的令典篇名，笔者在《宋朝立法通考》一书中有详细考述，具体参见《宋朝立法通考》（中国社会科学出版社 2018 年版）。

　　　1《官品令》、2《职制令》、3《宫卫令》、4《荐举令》、5《选
试令》、6《贡举令》、7《公式令》、8《文书令》、9《公用令》、10
《吏卒令》、11《假宁令》、12《禄令》、13《考课令》、14《赏令》、
15《封爵令》、16《给赐令》、17《封赠令》、18《户令》、19《田
令》、20《军防令》、21《军器令》、22《衣服令》、23《仪制令》、
24《卤簿令》、25《祠令》、26《祀令》、27《时令》、28《乐令》、
29《礼令》、30《服制令》、31《丧葬令》、32《赋役令》、33《仓库
令》、34《厩牧令》、35《关市令》、36《辇运令》、37《理欠令》、
38《场务令》、39《度支令》、40《杂令》、41《医疾令》、42《营缮
令》、43《学令》、44《进贡令》、45《河渠令》、46《道释令》、47
《捕亡令》、48《狱官令》、49《辞讼令》、50《断狱令》。

　　在中国古代法律发展中，宋朝与同期存在于北方的辽、金、西夏构成了
第二个南北朝时期的法律发展模式。其中金朝在继承和发展唐朝令典上较有
自己的特色。金朝令典的代表性成果是《泰和令》的。《金史·刑法》记载，
金朝《泰和令》有29篇，具体如下：

　　　2.6.8 自《官品令》、《职员令》之下，曰《祠令》四十八条，
《户令》六十六条，《学令》十一条，《选举令》八十三条，《封爵
令》九条、《封赠令》十条，《宫卫令》十条，《军防令》二十五条，
《仪制令》二十三条，《衣服令》十条，《公式令》五十八条，《禄
令》十七条，《仓库令》七条，《厩牧令》十二条，《田令》十七条，
《赋役令》二十三条，《关市令》十三条，《捕亡令》二十条，《赏
令》二十五条，《医疾令》五条，《假宁令》十四条，《狱官令》百
有六条，《杂令》四十九条，《释道令》十条，《营缮令》十三条，
《河防令》十一条，《服制令》十一条，附以年月之制，曰《律令》
二十卷。

　　从记载看，金朝《泰和令》的篇名已经完全采用事类命名，以特定机构
命名的篇名完全消失。这种篇名分类和命名的变化是中国古代令典发展史上
的重要特点。

　　若把《大元通制·条格》和《至正条格·条格》的篇名与金朝《泰和
令》的篇名比较，就会发现两者相似度非常高，体现了元朝"条格"立法体
例是以金朝《泰和令》为基础发展起来的事实。比较来看，《泰和令》29篇

中只有 4 篇是《大元通制·条格》中所没有的，具体是《官品令》、《职员令》、《封爵令》、《封赠令》；《大元通制·条格》中有两个篇目是《泰和令》中所没有的，即"站赤"和"榷货"。这两个篇名在金朝泰和年间立法中，存在于另一部法律之中，"又定《制敕》九十五条，《榷货》八十五条，《蕃部》三十九条，曰《新定敕条》三卷，《六部格式》三十卷"。可以看出元朝的"榷货"就是金朝的"榷货"。这样两者篇名重合高达 26 个。其中，《泰和令》中的"医疾令"在《大元通制》中称为"医药"，"释道"称为"僧道"。所以说，《大元通制·条格》篇名直接以《泰和令》中的篇名为基础。从《大元通制》和《至正条格》的"条格"篇名上看，只要是两个字的篇名都保留"令"字，三个字的把"令"去掉，让两部法典中的篇名字数保持了一致。可以推定，立法时其实都是采用"令"，仅是为了立法行文上的方便才没有在三个字的篇名上加"令"字。从内容上看，《大元通制》中"条格"损益的对象应是《泰和令》。《至正条格》中"条格"的篇目同样是 27 篇，与《大元通制》完全相同，但篇名下的一些内容却存在一些较小差异，这是不同时期立法者对法律分类存在不同理解所致。

　　为了更好地反映元朝"条格"篇名与前朝令典篇名的关系，笔者整理出晋朝《泰始令》至宋朝令典篇名的情况，以比较令典篇名的变化情况，具体如表 6 - 1 所示。

表 6 - 1　晋至宋令典篇名与元朝"条格"篇名的比较

	《泰始令》	《梁令》	《开皇令》	《开元令》	《天圣令》	《庆元令》	《泰和令》	元朝条格
1	户	户	户	户	户	户	户	户
2	学	学	学				学	学
3	贡士	贡士赠官						
4	官品	官品	官品	官品	官品	官品	官品	
5	吏员	吏员				吏卒	职员	
6	俸廪						禄	禄
7	服制	服制				服制	服制	服制
8	祠	祠	祠	祠	祠		祠	祭祀
9	户调	户调	赋役	赋役	赋役	赋役	赋役	赋役
10	佃							

	《泰始令》	《梁令》	《开皇令》	《开元令》	《天圣令》	《庆元令》	《泰和令》	元朝条格
11	复除	复除						
12	关市	关市	关市	关市	关市	关市	关市	关市
13	捕亡	捕亡		捕亡	捕亡	捕亡	捕亡	捕亡
14	狱官	狱官	狱官	狱官	狱官		狱官	狱官
15	鞭杖	鞭杖						
16	医药疾病	医药疾病		医疾	医疾	医疾	医疾	医药
17	丧葬	丧葬	丧葬	丧葬	丧葬			
18	杂	杂	杂	杂	杂	杂	杂	杂
19	选杂士	选杂士	选举	选举	选举		选举	选举
20	宫卫	宫卫	宫卫军防	宫卫			宫卫	宫卫
21	赎							
22	军战							
23	军水战							
24	军法							
25	杂法							
26	门下散骑中书	门下散骑中书						
27	尚书	尚书						
28	三台秘书	三台秘书						
29	王公侯	王公侯						
30	选吏	选吏						
31	选将	选将						
32	军吏员	军吏						
33		公田公用仪迎	田	田	田	田	田	田
34		劫贼水火						
35		军赏						
36			封爵俸禀				封爵	

	《泰始令》	《梁令》	《开皇令》	《开元令》	《天圣令》	《庆元令》	《泰和令》	元朝条格
37			考课	考课	考课	考课		
38			诸省台职官	三师三公台省职员		职制		
39			诸寺职员	寺监职员				
40			诸卫职员	卫府职官				
41			东宫职员	东宫王府职员				
42			行台诸监职员					
43			诸州郡县镇戍职官	州县镇戍岳渎关津职员				
44			命妇品员	内外命妇职员				
45			衣服	衣服	衣服		衣服	衣服
46				军防	军防	军防	军防	军防
47			卤簿	卤簿	卤簿			
48			仪制	仪制	仪制	仪制	仪制	仪制
49			假宁		假宁	假宁	假宁	假宁
50			公式	公式	公式		公式	公式
51			仓库厩牧	仓库	仓库	仓库	仓库	仓库
52				厩牧	厩牧	厩牧	厩牧	厩牧
53				营缮	营缮	营膳	营缮	营缮
54						时		
55						祀		
56						赏	赏	赏
57						封赠	封赠	
58						给赐		

	《泰始令》	《梁令》	《开皇令》	《开元令》	《天圣令》	《庆元令》	《泰和令》	元朝条格
59						选试		
60						荐举		
61						文书		
62						公用		
63						断狱		
64						军器		
65						进贡		
66						辞讼		
67						道释	释道	僧道
68						河渠	河防	河防
69						场务		榷货
70						理欠		
71						輦运		
72						驿		站赤

　　从表 6 - 1 可知，中国古代令典的篇名，在不同时期使用过的多达 72 个。虽然有些篇名在演变中要么被吸收，要么被合并，要么被调整，但越来越体现出篇名上的抽象性和统合性，反映出中国古人在令典调整对象认识上的理性化和准确性。

　　通过长时段的考察，我们会发现表 6 - 1 体现出的历代令典的变迁情况。在军事法律方面，晋《泰始令》的篇名最多，有《军战》、《军水战》、《军法》、《选将》、《军吏》5 篇；《梁令》中减少成《选将》、《军吏》、《军赏》3 篇；隋朝的《开皇令》中出现变化，只有《宫卫军防》1 篇；《开元令》把此方面的内容调整、合并，与军事相关的内容被压缩到《军防》篇中。当然，军事类的法律还存在"军令"这一独立法律中。选举类法律被纳入选官类篇名中，内容越来越集中。在职官方面，《泰始令》与《梁令》共有 5 篇，发展到隋唐时变成 7 篇，但宋朝后就没有了这样的篇名，相关内容被纳入《职制》中。还有一些篇名是两篇合并为一篇的，如《仓库厩牧》、《宫卫军防》、《封爵俸禀》。也有在发展中又被再次分成两篇的，即《仓库》和《厩牧》、《宫卫》和《军防》、《封爵》和《禄》等。这些篇名上的变化，体现出令典篇名变化的复杂，也体现出作为"设制立范"的法律在发展中的复杂性。

比较不同时期令典的篇名体例，会发现最初在命名上体现了以机构命名与事类命名相结合的特点。前者从晋朝至唐朝较为明显，进入宋朝后，按调整对象的性质命名成为主导。这在《泰始令》至《开元令》上都表现得十分突出，特别是《北齐令》直接以尚书省二十八曹作为令典的篇名。至宋朝，命名取向完全改变。宋朝令典多以作为调整对象的事类为令典篇名，如《庆元令》，整部令典有至少37篇，但无一以行政机构命名的。对于涉及机构职能、职权的法规，则以单行职能令典的形式颁行，如《吏部七司令》、《中书省令》、《枢密院令》、《大宗政府令》等。这种命名体例成为宋元时期令典与条格命名的基本特征。

由表6－1可知，元朝《大元通制·条格》与《至正条格·条格》中"条格"部分的篇名源于前朝的令典篇名，其中源自晋《泰始令》的有《户令》、《学令》、《禄令》、《服制》、《祭祀》、《赋役》、《关市》、《捕亡》、《狱官》、《医药》、《杂令》、《选举》、《宫卫》，共13篇；源自隋朝《开皇令》的有《衣服》、《军防》、《仪制》、《假宁》、《公式》、《仓库》、《厩牧》、《田令》，共8篇；源自唐《开元令》的有《营缮》，共1篇；源自宋朝《庆元令》的有《赏令》、《僧道》、《河防》、《榷货》、《站赤》，共5篇；而《僧道》是宋朝的《道释》和金朝的《释道》共同演变的产物。从名称上看，属元朝独创的篇名只有《榷货》和《站赤》，实质上，这两篇仅是使用新的名称，在内容和渊源上都有明确的出处，《站赤》应是宋朝《驿令》的时代化产物，《榷货》是宋朝《场务令》的时代化产物。对于元朝"条格"的性质，安部健夫提出是"以令法规为主，并包括其他若干格、式法规的一部行政法典"。[①] 这里揭示了元朝"条格"的性质，那就是属于"令典"的内容，且吸收了宋朝格、式等的相关内容，但说条格是"行政法典"是不正确的，因为"条格"是设制立范，而不是现代意义上的行政法。

（二）元朝断例的体例渊源

宋朝断例的编撰体例是什么？是在什么影响下发展形成的呢？这些问题学术界很少进行深入考察。在断例的体例形成上，应充分考虑唐中后期及宋辽西夏金时期中华大地上法律形式的整体性发展和演进的情况，如"敕"、"申明"等法律形式的产生和演变。这个时期，在与刑事法律有关的法律形式

---

① 〔日〕安部健夫：《〈大元通制〉解说——兼介绍新刊本〈通制条格〉》，载杨一凡、〔日〕寺田浩明主编《日本学者中国法制史论著选·宋辽金元卷》，中华书局2016年版，第141页。

上，"敕"、"申明"成为重要的法律形式。

　　唐朝至宋朝时期，法典编撰体例上的一个重要变化就是事类体法典编撰体例的兴起。采用事类体例对已经存在的法典进行再次编撰始于唐朝开元年间对律、令、格、式四典再次法典化的编撰。唐后期事类体例成为重要的法律编撰体例。① 从法典编撰体例看，元朝的"条格"和"断例"实质上构成了两个独立的法典。

　　中国古代在法律分类标准上，自西晋至宋朝，对律令和律令格式及敕等的定义，最有影响的有四次，分别是西晋杜预的定义、《唐六典》中的官方定义、《新唐书》编撰者的定义、《续资治通鉴长编》中记载的宋神宗的定义。其中，杜预对"律"与"令"的定义是"律以正罪名，令以存事制"。② 这个定义即是对此前律、令两种法律形式性质的总结，也是确定两者在法律体系中性质的标准，成为中国古代法律的基础，体现出一种很强的实质主义特点。对隋唐时期"律令格式"的定义，《唐六典》中的官方定义是"凡律以正刑定罪，令以设范立制，格以禁违正邪，式以轨物程事";③《新唐书·刑法志》在抄录《唐六典》的定义时存在当时修撰者的理解："唐之刑书有四，曰：律、令、格、式。令者，尊卑贵贱之等数，国家之制度也；格者，百官有司之所常行之事也；式者，其所常守之法也。凡邦国之政，必从事于此三者。其有所违及人之为恶而入于罪戾者，一断以律。"④ 认真考察这里的解释，会发现令、格、式在基本性质上是一致的，即"设范立制"，而不是创罪设罚。这样，从实质主义上看，晋朝时"律"与"令"的关系与隋唐时"律"与"令格式"

---

① 现在可以见到的最早的事类编撰体例是唐玄宗在开元二十五年完成律令格式法典编撰后，为了使用上的方便，让有司按事类编撰成"《格式律令事类》四十卷，以类相从，便于省览"。这种编撰体例在唐中后期得到发展，如《大中刑法总要格后敕》60 卷和《大中刑法统类》12 卷。从这里看，《大中刑法统类》应是按律典篇目结构编排。当然，唐玄宗时的《格式律令事类》的篇名结构史料没有记载，现在无法知道编排体例。事类编撰体例需要有篇名，这涉及采用哪种篇名结构的问题。从现在看，事类编撰体例有借用令典篇名与律典篇名和把令典篇名、律典篇名结合起来，消除重合的篇名，创成新的篇名三种情况，如《庆元条法事类》。宋以后，特别是元朝在《元典章》编撰中采用新的事类编撰体例，即以六部为纲，下面令令篇与律篇的相关篇名融合，进行排列。这种体系成为明清两朝立法的重要编排体例。这种编排体例的出现是可以理解的，因为中国古代律与令的篇名经过秦汉至宋朝一千多年的发展，在长期实践与总结的基础上形成，本身具有很高的理论性和逻辑合理性。

② （宋）李昉等编《太平御览》卷 638《律令下》，夏剑钦、王巽斋校点，河北教育出版社2000 年版，第 6 册，第 26 页。

③ （唐）李林甫等：《唐六典》卷 6《尚书刑部》，陈仲夫点校，中华书局 1992 年版，第 185 页。

④ 《新唐书》卷 56《刑法志》，中华书局 1975 年版，第 1407 页。

的关系是一致的。宋朝，神宗对敕令格式进行过新解释。神宗元丰二年
（1079）六月辛酉左谏议大夫安焘等上《诸司敕式》时，神宗对格式令敕进行
了定义，"设于此而逆彼之至曰格，设于此而使彼效之曰式，禁其未然之谓
令，治其已然之谓敕，修书者要当知此。有典有则，贻厥子孙，今之格式令
敕，即典则也。若其书完具，政府总之，有司守之，斯无事矣"。① 宋神宗是
从法律性质上对"格式令敕"进行定义，具有很高的理论性。从宋神宗的定义
看，"敕"是具有禁止性和处罚性的规范，与刑事法律很相似，是"律"的翻
版。分析比较四个定义，对"律"的解释基本一致，"律"是"正刑定罪"，涉
及罪名和量刑的问题。"敕"的性质经过神宗的定义，成为与"律"并用的刑事
法律专用术语，以前"敕"中属于非刑事的部分内容被调整入"令格式"中。
这样宋朝"敕"在性质上发生了根本的变化。宋朝刑事法律专用术语中出现了
"律"、"敕"。分析比较前朝对"律"与"令"的区分标准，实质上，元朝又回
到晋朝杜预对"律"和"令"的定义中，"断例以正罪名，条格以存事制"。

　　元朝"条格"与"断例"在编撰体例来源上是相似的，都是源自晋朝形
成的律典和令典体例及南宋时期大量使用的事类编撰体例。元朝"条格"在
内容上不仅融合了唐宋金时期令格式的内容，还吸收了唐中后期发展起来的
敕、申明等同类性质的法律；同时，还融入了宋朝形成的"断例"等编撰体
例。若比较元朝"条格"与《庆元条法事类》，会发现两者相似之处仅是《庆
元条法事类》在撰写时，明确指出某一法律属于敕、令、格、式、申明等法
律中的某一具体篇目。

　　总之，《大元通制》和《至正条格》中的"条格"和"断例"在编撰
体例和法律内容的来源上分别是："条格"吸收了令、格、式、申明、指挥
等法律形式中与非刑事有关的内容；"断例"吸收了宋朝律、敕、随敕申
明、指挥、断例等所有法律形式中与刑事有关的内容。简单地说，元朝
"条格"是非刑事法律，"断例"是刑事法律，用秦汉至唐朝的通用法律术
语就是"条格"是"令"，"断例"是"律"。

三　元朝断例的形式渊源

　　元朝条格和断例在本质上是吸收统合唐、辽、宋、西夏、金诸朝不同法
律形式而形成的新的法律分类体系。虽然沿用了前朝的术语，但含义发生了
实质性的转变。从史料看，元朝把宋朝的律、令、格、式、敕、申明等法律形

---

① 《续资治通鉴长编》卷298，"元丰二年六月辛酉"条，第7259页。

式均纳入条格和断例中，其中条格主要是吸收积极性规范，断例主要是刑事法律，两种法律形式在载体形式上都由条文和案例两种形式组成。元朝法律中，条格与断例的不同之处在于性质分类与载体形式两个方面。从《大元通制》、《至正条格》、《元典章》和《刑统赋疏·通例》的内容看，条格调整的对象包括行政、民事、诉讼等非刑事法律内容，而断例属于刑事法律。除调整对象的不同，条格与断例在篇目结构上也有不同，条格的篇名沿用晋至宋时期令典的篇名，断例篇名沿用魏晋唐朝的律典篇名。具体而言，《大元通制》和《至正条格》两部法典中，"条格"部分的篇目结构是晋朝以来以令典为中心的篇名体例，特别是对金《泰和令》的沿袭，仅增加了"站赤"；而"断例"部分的篇目却用《唐律》十二篇的结构，删除了"名例"篇。从两者篇目结构看，"条格"部分是唐宋金时期"令、格、式"典的综合，"断例"是唐宋金时期"律、敕"典的综合。可以看出，元朝"断例"和"条格"在性质和内容上都发生了本质变化，两者分别是元朝的刑事和非刑事法律，或者说是律典和令典两种法律形式的新名称、新体例。

元朝"断例"是对宋金时期与刑事有关的各种法律形式，特别是宋朝敕①、随敕申明、《申明刑统》和断例等法律形式整合的产物。宋朝律、疏议、刑统、敕典、随敕申明和断例等与刑事有关的法律形式在编撰体例上都采取了《唐律》十二篇的结构。元朝"断例"的篇目结构，根据《大元通制》和《至正条格》都有十一篇，《大元通制》中"断例"篇名分别是：卫禁、职制、户婚、厩库、擅兴、贼盗、斗讼、诈伪、杂律、捕亡、断狱。②《至正条格》中"断例"的篇名与此完全一致。这就解释了元朝两部重要法典——《大元通制》和《至正条格》中"条格"和"断例"两部分的篇目名称与数

① 宋朝敕根据适用范围，分为适用全国与适用特定地区和事类、部门两大类。适用全国的称为"海行敕"，这一部分可以分为刑事法律和田敕两种，其中刑事法律是主要部分；其他法律往往被纳入令、格、式，特别是令中，在制定时往往有"著为令"、"著为式"等用语。如宋真宗咸平五年有"三月丁酉朔，诏吏部选人，忧制阙者并放选，著于令"（《续资治通鉴长编》卷51，"真宗咸平五年三月丁酉朔"条，第1117页）。宋太宗淳化二年（991）有"先是，祠祀文命著作局官属临事撰进，多不合典礼。秘书监李至撰成数百道，号正辞录，凡三卷，以进，诏永为定式"（《续资治通鉴长编》卷32，"淳化二年秋七月己亥"条，第718页），这里明确指出将三卷所立法律纳入"式"中。所以宋朝全国性敕的调整对象十分明确。宋朝敕的另一大类就是适用于特定的区域，如京城；适用于某一部门或某一地区、某一事类。对此，《宋史·刑法志》中有明确记载："宋法制因唐律令、格式，而随时损益，则有《编敕》，一司、一路、一州、一县又别有《敕》。"（《宋史》卷199《刑法志一》，中华书局1977年版，第4966页）

② （元）沈仲纬：《刑统赋疏》，载沈家本编《枕碧楼丛书》，知识产权出版社2006年版，第172页。

量为什么与金朝《泰和令》一致。因为在《唐律》后，在刑事法律编撰体例
上一直采用《唐律》十二篇体例。唐朝中后期，以"律典"为中心，把实践
中因特定事项而损益的"律"的相关内容进行编撰在唐朝一直存在，最全面
的一次是大中五年（851）四月，刑部侍郎刘彖等奉敕撰修《大中刑法总要格
后敕》，共修成六十卷，所收法律是"起贞观二年六月二十日，至大中五年四
月十三日，凡二百二十四年杂敕，都计六百四十六门，二千一百六十五条"。①
这次编敕把贞观二年（628）至大中五年（851），共 224 年间的各种"敕"进
行全面整理汇纂，共分为 646 门，2165 条。从这里看，此次修法是对唐朝 224
年间新立法成果进行的一次全面系统的整理。这次整理的是唐朝 224 年间法律
发展的新内容，也是唐朝社会发展及人们对法律认识新产物的集大成。此次
修撰内容十分庞杂，没有记载是否区别刑事与非刑事类型。此后，在大中七
年（853）五月，左卫率仓曹参军张戣重新撰成《大中刑法统类》。此次修法
体例是按律典十二篇体例，共"一十二卷"，应该是把"格后敕"中与刑事有
关的内容撰入"统类"中。这样通过把"格后敕"中的刑事法律修撰成"统
类"，使其成为新的立法形式。大中七年的"刑法统类"的立法技术被五代和
宋朝继承，宋初制定《宋刑统》就采用这种立法技术，编撰成与刑事有关的
四卷敕类法律。

宋朝初期编敕有两种类型：一是把敕汇编，即《大中刑法总要格后敕》
模式；二是把敕按性质，借用律典结构进行编撰，即《大中刑法统类》模式。
前者具有综合性立法的特征，后者具有专门性立法的特征。前者在宋朝编敕
立法上的成果代表是《太平编敕》和《淳化编敕》，后者的代表是《咸平
敕》、《天圣敕》和《庆元敕》等。关于宋朝编敕的篇目结构，宋真宗咸平元
年（998）柴成务的奏折中有明确的说明：

> 2.6.9 咸平元年（998）十二月，先是，诏给事中柴成务等重详
> 定新编敕。丙午，成务等上言曰："自唐开元至周显德，咸有格敕，
> 并著简编。国初复修刑统，止行编敕四卷。洎方隅平定，文轨大同，
> 太宗临朝，声教弥远，遂增后敕为《太平编敕》卷，淳化中又增后
> 敕为《淳化编敕》三十卷。编辑之始，先帝亲戒有司，务存体要。
> 当时臣下，不能申明圣意，以去繁文。今景运重熙，孝心善继。自
> 淳化以后，宣敕至多。命有司别加删定，取刑部、大理寺、京百司、

---

① 《旧唐书》卷50《刑法志》，中华书局 1975 年版，第 2156 页。

诸路转运使所受《淳化编敕》及续降宣敕万八千五百五十五道，遍共披阅。凡敕文与刑统令式旧条重出者及一时机宜非永制者，并删去之；其条贯禁法当与三司参酌者，委本部编次之，凡取八百五十六道，为新删定编敕。其有止为一事前后累敕者，合而为一；本是一敕，条理数事者，各以类分取。其条目相因，不以年代为次，其闲文繁意局者，量经制事理增损之；情轻法重者，取约束刑名削去之。凡成二百八十六道，准律分十二门，并《目录》为十一卷。又以仪制、车服等十六道别为一卷，附仪制令，违者如违令法，本条自有刑名者依本条。又以续降敕书、德音九道别为一卷，附淳化敕书合为一卷。其厘革一州、一县、一司、一务者，各还本司，令敕称依法及行朝典勘断，不定刑名者，并准律、令、格、式；无本条者，准违制敕，分故失及不躬亲被受条区分。臣等重加详定，从议无殊，伏请镂板颁下，与律令格式、刑统同行。"①

这里明确记载，此次编撰对之前颁布的 18555 道敕进行全面整理，最后仅有 286 道被按律典性质和体例结构分为 12 门，编撰成《咸平敕》，与《唐律》及《刑统》并行，作为宋朝的刑事法律。此外，把"敕"中属于非刑事法律方面的仪制、车服等 16 道抽出制定为《仪制令》。可以说，宋朝真正意义上的立法是咸平元年（998）的这次立法。在这次立法中，不管是"敕"还是"令"都源于敕。这里明确指出《咸平敕》和《咸平仪制令》的内容是在唐令的基础上编撰出来。宋朝建立至咸平元年（998），此间国家法律的构成主要是沿用唐朝的律、令、格、式，如《咸平敕》和《咸平仪制令》即以唐令为基础编撰而成，以及五代的编敕、宋初简单修撰而成的《刑统》。《宋刑统》也是对五代时期及宋建立后几年的"敕"进行整理而成。对此，《宋会要辑稿》有记载："国初用唐律、令、格、式外，又有元和《删定格后敕》、太和《新编后敕》、开成《详定刑法总要格敕》、后唐同光《刑律统类》、清泰《编敕》、天福《编敕》、周广顺《续编敕》、显德《刑统》，皆参用焉。"② 咸平修法后，宋朝法律仍然是以唐朝的律令格式、《刑统》和新撰成的《咸平敕》、《仪制令》和《淳化编敕》等为主。这里可以看出宋朝当时法律形式上的基本构成和特点。

《咸平敕》体例后来被《天圣敕》所继承。从记载看，《天圣敕》是把大

---

① 《续资治通鉴长编》卷43，"咸平元年十二月"条，第922页。
② 《宋会要辑稿》，"刑法一·格令一之1"，第8211页。

中祥符七年（1014）到天圣五年（1027）的敕进行编撰，以律典为体例，分十二卷。"天圣十年三月十六日，诏以《天圣编敕》十三卷、《敕书德音》十二卷、《令文》三十卷付崇文院镂版施行。先是五年五月，诏以大中祥符七年止天圣五年续降宣敕删定……依律分门为十二卷。"① 而后，宋仁宗庆历四年（1044）五月的编敕更加体现出宋代敕典的性质。《续资治通鉴长编》记载："癸酉，司勋员外郎吕绍宁请以见行编敕年月后续降宣敕，令大理寺检法官，依律门分十二编，以颁天下，庶便于检阅而无误出入刑名。从之。"② 这里指出庆历四年编敕篇目仍然按律典的十二篇体例进行。此次编修的成果，在庆历七年春正月有记载："己亥，《庆历编敕》成，凡十二卷，别为《总例》一卷。视《天圣敕》五百条，大辟增八，流增五十有六，徒减十有六，杖减三十有八，笞减十有一；又配隶减三，大辟而下奏听旨者减二十有一。"③ 这里明确指出《庆历敕》的篇目结构是十二篇，内容是刑事法律，及其与《天圣敕》的不同之处。另外，要注意的是，宋朝"敕"中通行于全国的"敕"，即"海行敕"，不仅包括刑事法律，也包括非刑事法律，这从咸平年间《仪制令》的来源上可以看出。宋朝在编撰非刑事类"海行敕"上最具代表性的成果是《景德农田敕》，该法是专门关于田产、赋税的立法。景德二年（1005），诏令权三司使丁谓编《景德农田敕》，内容是"取户税条目及臣民所陈农田利害，编为书。谓乃与户部副使崔端，盐铁判官张若谷，度支判官崔曙、乐黄目，户部判官王曾，参议删定，成《景德农田敕》五卷。庚辰，上之，令雕印颁行，民间咸以为便"。④ 这次立法是对宋朝建立以来田产、赋税立法成果的编撰，它不仅是宋朝最重要的土地立法，也是中国古代土地立法史上最重要、最全面的立法成果。

　　宋朝编撰敕典的技术在后来为"断例"所借用。现在可以明确看到宋朝"断例"修撰体例的是《绍兴疑难断例》。绍兴二十六年（1156）九月二十九日，陈康伯等修成《绍兴编修刑名疑难断例》。该断例法典是"以《名例》、《卫禁》共二卷，《职制》、《户婚》、《厩库》、《擅兴》共一卷，《贼盗》三卷，《斗讼》七卷，《诈伪》一卷，《杂例》一卷，《捕亡》三卷，《断狱》二卷，《目录》一卷，《修书指挥》一卷。诏下刑寺遵守，仍以《绍兴编修刑名

---

① 《宋会要辑稿》，"刑法一·格令一之5"，第8215页。
② 《续资治通鉴长编》卷149，"仁宗庆历四年五月癸酉"条，第3609页。
③ 《续资治通鉴长编》卷160，"仁宗庆历七年春正月己亥"条，第3861页。
④ 《续资治通鉴长编》卷61，"真宗景德二年十月己卯"条，第1369页。

疑难断例》为名"。① 这里把断例的篇名和卷数都明确记载。此后，《乾道新编特旨断例》体例同样如此。乾道元年（1165）七月二十日，权刑部侍郎方滋建议"乞将绍兴元年正月一日以后至目今刑寺断过狱案，于内选取情实可悯之类，应得祖宗条法奏裁名件，即编类成书；及将敕令所修进《断例》更加参酌"。乾道二年（1166）六月五日修成，名为《乾道新编特旨断例》，共有"五百四十七件，《名例》三卷，《卫禁》一卷，《职制》三卷，《户婚》一卷，《仓库》二卷，《擅兴》一卷，《贼盗》十卷，《斗讼》十九卷，《诈伪》四卷，《杂例》四卷，《捕亡》十卷，《断狱》六卷，分为一十二门，共六十四卷；《目录》四卷，《修书指挥》一卷，《参用指挥》一卷。总七十卷。仍乞冠以《乾道新编特旨断例》为名"。② 从这些可以看出宋朝断例的内容特征，也可以看出断例在本质上与《刑统》、敕典构成了一个阶梯式的法律效力结构。

　　从《大元通制》和《至正条格》的"断例"篇名、法规表达形式和内容可以推定，元朝的"断例"是传统中国法律中的刑事法律，内容涉及定罪量刑等刑法问题，等同近代以来的刑事法律。元朝"断例"的来源有唐、宋、金时期的律、疏议、敕典、申明和断例等，甚至令、格、式中与刑法有关的内容。它把唐朝以来形成的与刑事有关的所有法律纳入其中，不再区别律、令、格、式及敕、申明、断例等，大大简化了法律形式，使法律编撰更加简便，归类更加简易，适用更加简单。当然，现在还无法证明南宋在编撰断例时是否已经把北宋时形成的编敕和断例结合在一起，构成一种新的断例法律形式。若是如此，元朝断例结构就是对南宋时期断例结构的继承。当前可以肯定的是，元朝断例是宋朝时期敕、申明和断例等刑事类法律结合而成的新法律形式。

　　元朝法律的一个重要内容是对金朝《泰和律义》的直接适用。虽然至元八年后废止了对《泰和律义》的直接适用，但此后元朝的立法都是在此基础上损益发展的。元朝，特别是元世祖朝，由于自身的法律数量还较少，国家在法律实践中大量使用金朝的法律（不管是明的，还是暗的）都成为一种事实。"在世祖初期，条画和判例的积累不足，所以不得不活用金代的法令。"③

　　关于元朝法律对前代的继承，稍作分析我们就会发现其立法的参照情况。

---

① 《宋会要辑稿》，"刑法一·格令三之47"，第8259页。
② 《宋会要辑稿》，"刑法一·格令三之48"，第8260页。
③ 〔日〕植松正：《元初法制一考：与金制的关系》，载杨一凡、〔日〕寺田浩明主编《日本学者中国法制史论著选·宋辽金元卷》，中华书局2016年版，第183页。

在篇目结构方面，元朝两部重要法典中的"条格"和"断例"与唐宋金时的"令"和"律"的篇目有高度继承性。对此，《刑统赋疏·通例》中有明白的解释，"断例，即唐律十二篇，名令提出《狱官》入条格"。按此记载，《大元通制》中"名令"纳入了"条格"中的《狱官》篇内。故大多数学者得出"断例"相当于"律"、条格相当于"令兼格式"、制诏相当于"敕"的结论。而《大元通制》中将"名例"改为"名令"，是因为涉及《名例》篇的内容没有涉及具体的定罪量刑问题，同时对《名例》的内容在时代化修改时主要采用了"令"的形式。对《泰和律义》等"律典"中《名例》篇的内容进行适当修改，如在杖刑上，元世祖通过立法，把尾数十下改为七下；枉法与不枉法条中的计赃数用"贯"，并在数量上进行调整。这些立法虽然有改变，但本质上仅是随时代损益的结果，因为不是通过制定"律典"完成，所以称为"令"。《事林广记·戊集卷上》"刑法类"下明确记载了《大元通制》"刑制"方面的内容，也认为是对《名例》损益的立法产物。其中"十恶条"中的《十恶条令》与《唐律》中的《名例》篇略有不同，内容更加具体。这些特点可作为把此部分称为"名令"，以区别"律"中的《名例》篇的原因所在。这种结构完全为《至正条格》所继承。在《至正条格》的篇目结构中，"断例"的第一篇是《卫禁》，而"条格"中《狱官》篇的很多内容可以确知是《名例》篇中的内容，如"狱具"、"二罪俱发"和"老幼笃废残疾"等。《事林广记·大元通制》中"狱具"的内容，在《至正条格》中属《狱官》篇，此内容最初是皇帝下圣旨，要求规范各地狱具，于是中央司法机构进行立法。按记载：

2.6.10 送法司，照勘到旧例："狱具：枷，长五尺以上六尽以下，阔一尺四寸以上一尺六寸以下；死罪，重二十五斤；徒、流，二十斤；杖罪一十五斤，皆以干木为之，长阔轻重，刻志其上。扭，长一尺六寸以上二尺以下，横三寸，厚一寸。锁，长八尺以上一丈二尺以下；镣连环，重三斤；笞，大头径二分七厘，小头径一分七厘；杖，大头径三分二厘，小头径二分二厘；讯杖，大头径四分五厘，小头径三分五厘，长三尺五寸。皆须消去节目，无令觔胶诸物装钉。应决者，并用小头，其决笞及杖者，臀受；拷讯者，臀腿分受，务要数停"。都省准拟。①

---

① 《至正条格·条格》卷34，"狱官·狱具"，韩国学中央研究院2007年版，第146页。

　　在《事林广记·大元通制·狱具》中，这一项的具体内容分别有笞杖、杖、讯囚杖、枷、扭械、铁锁等，是上文的抄录。这种抄录以前法律中的相关内容，并将其颁布为新法令的立法形式，是元朝通用的立法形式。中统二年（1261）七月制定的"狱具"就是通过颁布"敕"，或广义上诏令的形式进行的立法。此外，元朝还有另一种立法形式，即根据具体情况进行变通立法。如《至正条格·狱具》第二条是大德九年（1305）四月制定的确定笞与杖的区分数。以前笞杖的区分点是五十，以下为笞，以上为杖。元世祖改笞杖刑尾数为七后，变成十一等，最高为一百七，这样出现笞杖刑的区分点是五十七以上还是以下的问题。当时济南路申报说"即今，司县五十七以笞决，路府州郡五十七，却以杖断，罪责即同，杖笞各异，若不申覆，终无所守定例"。中央接到申报后，进行了立法："议得：笞五十，杖六十，盖为数止满百，故各为半其数，今既杖数至一百七下。所据五十七以下，当用笞；六十七以上，当用杖。都省准拟。"[1] 从实践看，因为元朝笞杖刑出现十一等，改变了传统分类，导致笞杖分类出现争议，于是只好立法重新确定。在立法时，立法机关参考了前朝相关立法，结合本朝情况进行新立法。这种法律颁布形式类似宋朝时的"敕"。《至正条格·狱具》中的这两种立法形式体现了元朝立法的风格及其与前朝相关法律的关系。

　　《大元通制》和《至正条格》中，"断例"源于《唐律》十二篇之篇名，"条格"源于唐令，特别是金朝《泰和令》的篇名。那么，元朝两个法典中"条格"和"断例"的篇名都是"令典"和"敕典"的篇名，是否就能得出"条格"和"断例"的内容就完全等于"令典"和"敕典"的内容呢？断例是在唐律和金律基础上发展起来的刑事法律，虽然其篇名与《唐律》十一篇相同，但内容上却有着重大区别。从内容上看，"断例"是宋朝"海行敕"中刑事法律和刑事断例的结合体。宋朝以《咸平敕》和《庆历敕》为中心的海行敕和以刑部为中心编撰的断例都是刑事法律，对宋朝刑事法律中"敕"与"律"的关系较准确的解释是"律不足以周事情，凡律所不载者，一断以敕，乃更其目名曰令格式，而律恒存乎敕之外"。这里重点指出，"敕"与"律"的关系是"敕"补"律"所不载者。实践中，"律"与"敕"是相互支持、相互补充的关系。当然，这里的"敕"是"敕"中具有刑事内容的"敕"，不是所有的"敕"。

　　元朝法典中，"条格"篇名虽然借用了唐宋金时"令"的篇名，但内容上是一种事类体下的内容，其内容与令典篇名下的内容不完全相同。对事类立

---

① 《至正条格·条格》卷34，"狱官·狱具"，韩国学中央研究院 2007 年版，第 146 页。

法的出现，《宋史·刑法志》有记载："淳熙初，诏除刑部许用乾道刑名断例，司勋许用获盗推赏例，并乾道经置条例事指挥，其余并不得引例。既而臣僚言：'《乾道新书》，尚多牴牾。'诏户部尚书蔡洸详定之，凡删改九百余条，号《淳熙敕令格式》。帝复以其书散漫，用法之际，官不暇遍阅，吏因得以容奸，令敕令所分门编类为一书，名曰《淳熙条法事类》，前此法令之所未有也。"① 制定《淳熙敕令格式》后，由于适用不便，皇帝要求敕令所把敕令格式按事类重新立法，遂形成《淳熙条法事类》，并自称此事类编撰体例是"前此法令之所未有也"。从历史上看，这是不实之言，因为此种立法形式最迟在唐玄宗朝就已开始，宋代只是沿袭而已。在事类体例中，借用"令"篇名下的内容也不全是令典中的内容，这可以从《庆元条法事类》中看出。如《庆元条法事类》中，"选举门"中"选举"是"令典"篇名，但下面的内容则由相同调整对象上的不同"敕令格式申明"内容组成。认真考察残本《庆元条法事类》中所有"门"下的内容，会发现每个"门"中的内容虽然调整对象相同，但在性质上却是"律令敕格式申明"等同"门"。事类体下是按调整对象，而不是按法律性质进行分类。与宋朝情况不同，元朝"条格"在借用事类体例时，在纳入的法律内容上却是"令"类性质的法律。这样，元朝"条格"下令典篇名的内容表现出了新的特点。元朝"条格"篇名下的法律只包括宋朝令、格、式、申明等法律形式中与刑事无关的法律，其他与刑事有关的法律则被归入了"断例"中。简而言之，宋朝时事类体例的分类标准是法律调整对象，而元朝"断例"与"条格"在分类上同时采用事类体例与律令分类两种技术标准。这是两朝事类体例在立法上的重要区别。

元朝法律分类的简约，在本质上是对宋朝法律分类过细的"反叛"。由于法律分类过细而导致立法繁杂，宋朝尤甚。南宋绍兴年间，官员俸禄立法被分别列入十几种敕令格式之中，构成了十分复杂的官俸立法体例。绍兴八年（1138）"十月三日，尚书右仆射、同中书门下平章事、提举详定一司敕令秦桧等续上《禄敕》一卷、《禄令》二卷、《禄格》一十五卷，《在京禄敕》一卷、《禄令》一卷、《禄格》一十二卷，《中书门下省尚书省令》一卷，《枢密院〔令〕》一卷、《格》一卷，《尚书六曹寺监通用令》一卷，《大理寺右治狱令》一卷，《目录》六卷，《申明》六卷。诏自绍兴九年正月一日颁行，仍以《绍兴重修禄秩敕令格》为名"。② 可以看出，当时官俸立法共有 12 种形式，

---

① 《宋史》卷 199《刑法志一》，中华书局 1977 年版，第 4966 页。
② 《宋会要辑稿》，"刑法一·格令二之 38"，第 8251 页。

内容庞杂，被分别归入不同法律形式和门类中。这种立法技术，不仅导致立法交叉重复，也使法律适用十分不便。这也是唐朝刚完成律令格式四典分类立法后立马转向"事类"编撰的原因。宋朝在继承唐朝法律分类的同时，还增加了敕与申明两种与令、格、式并列的法律形式。此外，还有半独立的法律形式——指挥。南宋法律形式种类越来越多，到中后期，事类体立法所占比重逐渐增加，成为立法趋势所在。元朝在吸收了唐宋金时期法律发展成果的同时，大量简化法律形式种类，不在单行法律中区分敕、令等法律形式，而是根据性质，把法律形式分为"条格"与"断例"，然后分别使用"令典"和"律典"的篇名进行分类立法。这正说明"律典"与"令典"的篇名分类是中国古代长期实践总结出来的产物，具有很高的理论性与实用性，两者构成了中国古代特有的法律分类体系，并且适应了中国古代法律制度分类体系发展的需要。中国古代法典的篇名在西晋后基本以两种法典篇名为基础，演变发展。其中，唐宋时期"令典"篇名被格、式法典借用；"律典"篇名被敕典、断例借用。如唐玄宗朝后，与刑名有关的法律在名称上用"敕"总称，在术语上形成了专用术语"格后敕"，编撰体例采用律典。为了与"律"相比较，"格后敕"采用律典体例。这样形成与刑事法律有关的法律都采用律典体例的传统。于是，宋朝在立法技术上法律分类体系更加完善，形成与刑事有关的法律归入"敕"与断例中采用律典的篇名，其他非刑事法律以令典作为篇名的传统。由此可见，元朝"条格"和"断例"的篇名分别采用"令典"和"律典"的篇名是唐宋立法发展的必然结果。这样，就能理解为什么明朝虽然在初期一度恢复律令两法典的分类体系，但很快就采用律典及用六部分类的条例或则例结构。因为律令典的法律分类是性质上的，分类标准以逻辑为基础，这会导致分类的繁杂；而事类体是以调整对象为依据，若再结合律令的性质分类，就可以解决两种分类的不足，让立法更加简约，减少立法上的重复，使用上的不便。这也说明在中国古代立法中，法律分类体系和法典结构体例是一种经验理性的产物，体现了以实用为导向的变迁。

四　元朝断例的表达形式

元朝断例的表达形式较为特别，然而深入考察会发现这种表达形式并不是元朝独创的。与宋代《吏部条法》中各类"申明"的表达形式相比较，会发现元朝断例中的法律表达形式，不管是成文法还是判例法，在行文格式和行文风格上均与之十分相似，两者之间具有很高的沿袭性。

《吏部条法》中的"申明"有大量的法定行文格式。下级呈报上级批准审查的，称为"呈"、"申"、"奏"、"状"，如"吏部申"、"户部申"、"成都运司申"、"枢密院奏"、"吏、刑、工部状"。上级给下级的命令称为"札子"，如"尚书省札子"、"枢密院札子"、"尚书省批下吏部札子"。皇帝批准的通用语是"奉圣旨：依"，尚书省、枢密院批准的称为"札付"，如"尚书省札付"、"枢密院札付"、"札付户部施行，准此"、"送吏部，从所申事办理施行"。部门作出的决定称为"看详"，如"吏部看详"、"刑部看详"、"敕令所看详"。这些法律文书格式已经较为完整和规范。

现在可以见到的元朝法律史料，大量格式虽然在用语上略有不同，但其基本内容继承了宋朝的行文格式。元朝，下级呈报上级的司法公文称为"奏"、"呈"、"申"，如"中书省奏"、"户部呈"、"枢密院呈"、"成都路申"。上级给下级的批文称为"准"，如"都省准拟"；在司法公文中，中央批准最多的是中书省（简称"都省"），即采用"都省准拟"、"都省准呈"。皇帝批准的，标准用语是"奉圣旨：那般者"。与宋朝相比，元朝使用了白话用语，称为"那般者"，宋朝用雅文，称为"准"。元代某个部门作出裁定、决定称为"议得"，如"刑部议得"、"户部议得"、"户部与刑部议得"等，这与宋朝的"看详"是一致的。

下面是《吏部条法》中所见"判例"和《至正条格》中所见"判例"的表达形式，略举几例，以反映两者的关系。

2.6.11 绍兴十三年（1143）八月十四日敕：吏部状，奏举改官人右从事郎沈夔仲已有六考，举主五员，内有淮西运判兼提刑吴序宾一员，乞作职司收使。昨来韩琚申降指挥，缘淮西路止系判官一员，见兼提刑职事，本路别无职司，遂申降到指挥，许作职司。今来本人乞用吴序宾系淮西运判兼提刑，本部欲引用上件指挥，便行收使。又缘指挥内止为韩琚举过官，及后官梁泽民、李仲孺各曾申降到许依韩琚前后已得指挥，即无令依此之文。其以后本司官窃虑亦合一体收使。奉圣旨：依。本所看详：前项指挥系申明淮西运判兼提刑举状作职司事理。今编节存留，申明照用。①

2.6.12 至大二年（1309）七月，江西省咨："龙兴路等榷茶提

---

① 《吏部条法·荐举门·尚书考功申明》，刘笃才点校，黑龙江人民出版社2002年版，第258~259页。

举秃林歹等，取受茶商卖据倒引答头分例中统钞一百二十二定九十两。"刑部议得："提举秃林歹、都目李珪所招，取受钞定，以汪遇贤为一主，各要讫中统钞九锭四十五两，折至元钞九十九两为重。依不枉法例，杖六十七下，殿三年，降一等，标附。已追到官钞定，既系行求之赃，拟合没官。"都省准拟。①

下面是《吏部条法》中所见成文法和《至正条格》中所见成文法的表达形式：

　　2.6.13 景定三年（1262）五月空日，都省札子：知循州刘宗申，乞省罢通判，添置签判。五月六日，奉圣旨：从申，省罢通判，添置签判一员。令广东安抚司从公选辟一次。②

　　2.6.14 景定元年（1260）五月七日，都省批下：吏部申准批下，广东经略安抚司申，从事郎郑永乞用常员两纸理作职司，照得磨勘改官，以职司为重。若以常员两纸比折职司，不特坏法，自此有势援之人，多取常员，以为比折之地，岂不重为孤寒者之困。虽有已放体例，亦是弊例。于法决不可行。承后批：送吏部，符下广东经略司，照应准此。③

　　2.6.15 至元三年（1266）六月十九日，中书省奏："江浙省与将文书来：'庆元路所辖定海县人民缺食的上头，委庆元路府判刘肃前去赈济，他托病不去，违慢八日。取了招，将刘肃决二十七下。'的说将来。教刑部定拟呵。'将它答决二十七下，标附过名'。说有。依部家定拟来的，教行的，怎生？"奏呵，奉圣旨："那般者。"④

　　2.6.16 至元二十七年（1290）十二月，尚书省，吏部呈："诸官吏人等，祖父母、父母丧亡并迁葬者，合依旧例给假，并除马程，日行七十里，所据俸给。"送户部议得："奔丧迁葬，既是人伦重事，许给假限，其限内俸钞拟合支给。"都省议得：依准所拟，除程给

① 《至正条格·断例》卷6《职制·运司取受茶商分例》，韩国学中央研究院2007年版，第222页。
② 《吏部条法·奏辟门·奏辟·尚书左选申明》，刘笃才点校，黑龙江人民出版社2002年版，第189页。
③ 《史部条法·改官门·改官通用·侍郎左选申明》，刘笃才点校，黑龙江人民出版社2002年版，第329页。
④ 《至正条格》卷3《断例·职制·赈济迟慢》，韩国学中央研究院2007年版，第190页。

假，违限不到者勒停。①

　　比较上面四条法律的表达风格，会发现它们之间的相似度是十分高的。元朝法律文书的用语与行文可以说是全面继承了宋朝。

---

① 《通制条格》卷22《假宁·奔丧迁葬》，方龄贵点校，中华书局2001年版，第602页。

第七章　元朝断例的编撰问题

元朝现有的法律史料，特别是法典，采用条格与断例分类进行编撰的有《大元通制》和《至正条格》。至元二十八年（1291）制定的《至元新格》没有采用条格和断例的分类体例，也没有把断例作为独立部分编撰。此外，《元典章》中虽然存在一些被称为"断例"的具体法律内容和图表，但在编撰体例上没有采用条格和断例的分类体例。为了全面了解元朝断例立法的成就，下面分别对元朝几部重要法律成果中涉及断例及判例的问题进行分析，以揭示元朝断例的特征和性质。

一　《大元通制》中的"断例"

根据现有史料，元朝在编撰法典时，首先把断例作为独立部分进行立法的是《大元通制》。对《大元通制》的编撰情况，有不同史料进行了记载。从现在可以见到的史料看，整个《大元通制》的结构基本可以断定有制诏、条格、断例和令类四个部分，或者说《大元通制》可以分为制诏、条格、断例和令类四个独立的法典。

较早对《大元通制》各个部分的名称和特征进行记载的是元人吴澄。他在《〈大元通制条例纲目〉后序》中对《大元通制》的篇名结构进行了详细记载：

> 2.7.1 制诏、条格，犹昔之敕令格式也；断例之目曰卫禁，曰职制，曰户婚，曰厩库，曰擅兴，曰贼盗，曰斗讼，曰诈伪，曰杂律，曰捕亡，曰断狱，一循古律篇题之次第而类辑，古律之必当从，虽欲违之而莫能违也。[①]

吴澄对《大元通制》"断例"部分篇名进行了逐一列举，整个篇名体例是唐朝律典十二篇名中的十一篇名，仅缺"名例"篇。《大元通制》的篇名和体例说明了"断例"部分的内容特征。这里吴澄指出"断例"实质上就是律典。

元人李术鲁翀在《大元通制·序》中记载：

[①] （元）吴澄：《吴文正公集》卷19《〈大元通制条例纲目〉后序》，《景印文渊阁四库全书》，台湾商务印书馆1986年版，第1197册，第210页。

2.7.2 由开创以来政制法程可著为令者，类集折衷，以示所司。其宏纲三：曰制诏，曰条格，曰断例。经纬乎格例之间，非外远职守所急，亦汇辑之，名曰别类。①

孛术鲁翀仅记载了《大元通制》的基本结构，即由制诏、条格、断例和别类四个部分组成。孛术鲁翀记载的最大特点是指出《大元通制》还存在一个称为"别类"的部分。

《元史》记载《大元通制》也是由四个部分构成，但第四部分名称不是孛术鲁翀所称的"别类"，而是"令类"。②《元史》记载的"令类"总条数是577条。至治三年（1323）二月辛巳条记载，"格例成定，凡二千五百三十九条，内断例七百一十七、条格千一百五十一、诏赦九十四、令类五百七十七，名曰《大元通制》，颁行天下"。③这一记载较有特点，把整个《大元通制》称为"格例"。整部《大元通制》共有格例2539条，其中断例717条，格例1151条，制诏94条，令类577条。这里详细记载了《大元通制》各个部分的法律条文数，使我们能够了解《大元通制》中条文的具体数量和分布。

元人沈仲纬在所著《刑统赋疏·通例》中对《大元通制》"条格"和"断例"的篇名也有具体记载，指出"断例"部分的篇名是"断例，即唐律十二篇，名令提出《狱官》入条格。卫禁、职制、户婚、厩库、擅兴、盗贼、斗讼、诈伪、杂律、捕亡、断狱"。④按沈仲纬的解释，"断例"的篇名由律典十二篇变成十一篇，是因为《大元通制》把《名例》篇的内容纳入《狱官》，归入"条格"部分，使"断例"变成十一篇。从现存材料看，《大元通制》中"条格"下确有《狱官》篇，且很多条文确属于《名例》篇中的内容，说明了此记载的真实性。

关于《大元通制·断例》部分法律条文的结构，目前没有直接史料可以证明，但从它与《至正条格》的关系可推知应该是以个案为主，同时存在大量成文法。《大元通制·条格》的内容从残本《通制条格》看，在现存的653条条格中，以案例形式表达的有114条，占总数的17.46%。案例分布在所存残本各卷之中，说明判例在元朝各类法律中均存在。

通过上面的分析可知，在《大元通制》中，断例共有717条，在条文数

----

①　《通制条格》，方龄贵点校，中华书局2001年版，第1页。

②　虽然孛术鲁翀在"序"中称为"别类"，《元史》称为"令类"，但从此类法律性质与当时使用的习惯看，此类法律称为"令类"才正确。

③　《元史》卷28《英宗二》，第629页。

④　（元）沈仲纬：《刑统赋疏》，载沈家本编《枕碧楼丛书》，知识产权出版社2006年版，第172页。

量上位居第二，占整部法典的 28.24%，是法典的基本组成部分。

二　《至正条格》中所见"断例"

在韩国发现的《至正条格》残本，可以从目录和具体内容上较全面地反映元朝"断例"的构成情况。此残本保留了元朝后期制定的"断例"目录结构和内容。从史料记载看，可以确知《至正条格》是对《大元通制》全面继承和修订的产物，是全面继承下的发展，具体来说，《至正条格》是在《大元通制》基础上增加新内容和对部分内容进行分类调整后的产物。① 对此，史料有明确记载，如《元史·顺帝三》记载后至元六年（1340）秋七月"命翰林学士腆哈、奎章阁学士夒夒等删《大元通制》"。② 在结构上，《至正条格》与《大元通制》基本一致，特别是制诏、条格和断例三部分是全面继承，所以，《至正条格》中"断例"部分反映出的情况基本就是《大元通制》中"断例"的情况。当然，在构成上存在的不同是《至正条格》没有"令类"部分。下面从三个方面对《至正条格》中的"断例"进行详细考察。

（一）《至正条格》制定的情况与基本结构

从现存史料文献看，全面记载《至正条格》制定情况的是元人欧阳玄的《至正条格·序》。《至正条格·序》全面记载了《至正条格》的制定情况，成为后人了解《至正条格》制定过程的最重要文献。这一奏请皇帝裁定颁行的说明，是对《至正条格》的制定情况、内容结构及其与《大元通制》关系等问题的最权威说明。

2.7.3（后）至元四年（1338）戊寅三月二十六日中书省臣言："《大元通制》为书，缵集于延祐之乙卯，颁行于至治之癸亥，距今二十余年。朝廷继降诏条，法司续议格例，岁月既久，简牍滋繁常。因

---

① 对《至正条格》在法律规范归类上的调整，金文京和刘晓都进行过考证。当然，两人在论述此问题时存在不同理解。从立法角度看，这种调整是必然的。金文京认为"或者也可以说《大元通制》和《至正条格》对断例与条格的定义并不完全一致"；刘晓认为是元朝法典编撰者用"生硬套用前代法典分类体系的方法，来整合现有法律文献"所致。从两个法典看，应该是金文京的理解更符适合当时的情况，经过 20 多年发展，元人对条格与断例的分类标准理解更加深入，体例运用更加成熟，在分类上自然会出现变化。此外，《至正条格》与《大元通制》结构存在不同，《大元通制》有"令类"，而《至正条格》缺少此部分。这导致《至正条格》把《大元通制》中的"令类"内容编入其他部分。

② 《元史》卷40《顺帝三》，第858页。

革靡常，前后冲突，有司无所质正，往复稽留，奸史舞文，台臣屡以为言。请择老成者旧文学法理之臣，重新删定为宜。"上乃敕中书专官典治其事，遴选枢府、宪台、大宗正、翰林、集贤等官明章程、习典故者，遍阅故府所藏新旧条格，杂议而圆听之，参酌比校，增损去存，务当其可。书成，为制诏百有五十，条格千有七百，断例千有五十有九。至正五年冬十一月有四日，右丞相阿鲁图，左丞相别里怯不花，平章政事铁穆尔达识、巩卜班、纳麟、伯颜，右丞相搠思监，参知政事朵儿职班等入奏，请赐其名曰《至正条格》，上曰可。即而群臣复议曰：制诏，国之典常，尊而阅之，礼也。昔者《周官》，正月之吉，始和大宰而下各以政教治刑之法，悬之象魏，挟日而敛之，示不敢亵也。条格、断例，有司奉行之事也。《甫刑》云：明启刑书，胥占其所，从来远矣。我元以忠质治天下，宽厚得民心，简易定国政，临事制宜，晋叔向所谓古人议事以制之意，斯谓得之。请以制诏三本，一置宣文阁，以备圣览；一留中书，藏国史院。条格、断例，申命锓梓示万方。上是其议，于是属玄叔叙其道篇。玄乃拜手稽首扬言曰：人君制法，奉天而行。臣知事君，即知事天，敬君敬天，敢不敬法。《书》曰："天命有德，五服五章哉。天讨有罪，五刑五用哉。"《易》曰："雷电噬嗑，先王以明罚敕法。"又曰："雷电皆至，丰，君子以折狱致刑。"二卦之象，为电为雷，所以明天威也。继自今司平之官，执法之士，当官莅政，有征是书，毋渎国宪，毋干天常。刑期无刑，实自此始，亦曰懋敬之哉！①

欧阳玄的"序"说明了《至正条格》与《大元通制》的关系、制定时所用的资料等重要问题。《至正条格》立法成果共分为三部分，即制诏、条格和断例，其中制诏有150条，条格有1700条，断例有1059条。两部法典的数量变化具体如表7-1所示。

表7-1　《大元通制》与《至正条格》内容数量的变化

单位：条

	制诏	条格	断例	令类
《大元通制》	94	1151	717	577
《至正条格》	150	1700	1509	0
变　　化	+56	+549	+792	-577

---

① （元）欧阳玄：《圭斋文集》卷7《至正条格·序》，《景印文渊阁四库全书》，台湾商务印书馆1986年版，第1210册，第58～59页。

从表 7 - 1 看，《至正条格》中制诏、条格、断例的数量都明显增加。其中断例增加了一倍多，达 792 条，条格增加了 48%，说明立法时对《大元通制》进行了较大扩修。当然，这当中可能有大量内容是从"令类"中移入，因为《至正条格》中没有此部分，而《大元通制》中有 577 条令类法律。此外，"令类"内容的主体应是非刑事法律。

《至正条格》仅把"条格"和"断例"公开刊印向全国颁行，"制诏"部分则存放于中央宣文阁、中书省和国史院三个地方。欧阳玄的"序"没有记载条格和断例各分多少卷，整个法典共有多少卷。由此是否可以推定当时颁行时，是把《至正条格》分成"条格"和"断例"两个独立部分分别颁布？对《至正条格》的卷数，清朝修的《钦定四库全书总目》卷 84 记载共 23 卷，这个卷数是从《永乐大典》中辑录出的版本数，也就是在《永乐大典》中被撰成 23 卷。① 对此，《钦定四库全书总目》也明确指出"原本卷数不可考，今

---

① 对《至正条格》的名称，学术界多有争议，认为《至正条格》从结构上是继承《大元通制》，由制诏、条格和断例组成，而采用《至正条格》的名称是不合适的。最早对《至正条格》名称提出异议的是元朝时人朵尔直班，他提出的理由有二：一是内容不全是当朝的，用"至正"不合；二是内容不仅有条格还有断例与制诏，用条格不能总括所有法律内容。"时纂集《至正条格》，朵尔直班以谓是书上有祖宗制诰，安得独称今日年号；又律中条格乃其一门耳，安可独以为书名。"（《元史》卷 139《朵儿直班传》，第 3385 页）这成为《至正条格》名称争议的来源。有学者认为是当时丞相不了解汉文化所致，如陈高华；有学者认为元朝"条格"有广义与狭义之分，《至正条格》中"条格"是广义，《至元新格》中"条格"是狭义，如金文京、李玉年等。金文京指出"由此而推，当时条格一词可能有广狭两义，狭义的条格是针对断例而言，是严格的含义；广义则条格、断例的统称，虽不确切，是广为流用的通俗用法"。参见《有关庆州发现元刊本〈至正条格〉的若干问题》，载《至正条格》，韩国学中央研究院 2007 年版，第 477 页。对《至正条格》的名称提出异议，认为是由于当时丞相不识汉文化所致是没有太大说服力的。虽然以丞相名义上奏折，但起草者往往是参与修撰法典的人员，如果不了解法典，要说明法典修撰的情况是很难的。"条格"一词从唐宋时期敕格、敕条、条贯、条例演化而来。从《宋会要辑稿》和《续资治通鉴长编》看，"条格"在宋朝除泛指律疏以外，还是因时因事而制定的各类法律规范的总称。宋朝"条格"包括刑事法规方面的内容，在《续资治通鉴长编》中有"戊申，大理寺言：'外州军人逃亡于京畿，首告者，除犯死罪及强盗或杀人罪不至死，并系凶恶及死罪贷命充军，不以今犯轻重，并从本府断遣外，余据所招罪先犯次断决讫，具录情款、合用条格，并所断刑名，牒送本逃处勘鞫，依法施行。如勘鞫得不实，其已决之罪，并不在通计之限。已上未至本所，逃走于京城内及畿县捕获者，并杖一百。'从之"（《续资治通鉴长编》卷 468，"元祐六年十一月戊申"条，第 11174 页）。"合用条格"就是刑事法律规范。学者用广义与狭义来解释《至正条格》的名称，更具合理性。元朝把唐宋金时期形成的"条格"一词进行了新定义，用"条格"与"断例"重新分类所有法律类型。对元朝很多法律术语的解释不能仅从其政治结构进行，尤其不能因元朝统治者是蒙古族，就认定他们不熟悉汉文化。元朝法律术语来源受到了两个方面的影响：一是唐宋时期形成的术语，二是辽西夏金诸北方民族政权时期形成的具有相对北方民族语境的法律术语。与《大元通制》相比，无论是法典内容还是结构，《至正条格》确有不够严谨之处，但从法律术语传统看，应是时代的通用之法。

载于《永乐大典》者，凡二十三卷"。①《文渊阁书目》卷3《宿字号第一厨书目·刑书》中记载"元《至正条格》一部，三十八册"；黄虞稷的《千顷堂书目》卷10《政刑类·补》记载"《至正条格》四册"。韩国残本中，《至正条格·条格》和《至正条格·断例》各一册，其中"断例"册目录共有10页，明确写明"至正条格目录·断例"等字样。从韩国残本看，《至正条格·断例》应是两册，所存为第一册。结合以上记载，元朝当时通行版本中《至正条格》的册数可能是4～5册，若是四册应是各为两册；若是五册，应是"条格"三册，"断例"两册。在卷数上，"断例"部分为30卷，"条格"的卷数应在30卷以上，因为韩国残本中所见"条格"卷数已经达30卷。

(二)《至正条格》中"断例"的篇名结构和条文

由于韩国发现的《至正条格》残本保留有完整的"断例"目录，学术界能够全面了解当时"断例"编撰的篇名和条目结构。从韩国残本看，《至正条格·断例》共11篇，30卷，1051个条目。断例的条目数量较欧阳玄记载的少了8条。从残本所存"断例"的目录看，条名有743个，条文有1051条。在743个条名下，有2条以上的共有198个条目。严格讲，1051条不全是条文，还有些属于条目，因为很多称为"条"的法律还是独立的法律，下面由数条条文构成，其中最多的达24条，如《漕运罪赏》。为了全面反映《至正条格》"断例"部分的情况，笔者对其篇名结构、各篇中的条文数量以及整个目录进行了整理分析，如表7-2所示。

表7-2 《至正条格》的内容结构

	篇名	卷数	条目		条文		备注
			数量（个）	占比（%）	数量（条）	占比（%）	
1	卫禁	第1，共1卷	7	0.94	10	0.95	其中2条目有2条以上
2	职制	第2、3、4、5、6，共5卷	158	21.27	189	17.98	其中25条目有2条以上
3	户婚	第7、8，共2卷	68	9.15	80	7.61	其中12条目有2条以上
4	厩库	第9、10、11、12，共4卷	115	15.48	126	11.99	其中9条目共有2条以上
5	擅兴	第13，共1卷	32	4.30	34	3.24	其中2条目有2条以上

---

① 《钦定四库全书总目》卷84《史部四十·政书类存二》，中华书局2016年版，第726页。

续表

	篇名	卷数	条目		条文		备注
			数量（个）	占比（%）	数量（条）	占比（%）	
6	贼盗	第14、15、16、17、18、19，共6卷	146	19.65	200	19.03	其中28条目有2条以上
7	斗讼	第20、21、22，共3卷	69	9.29	106	10.09	其中22条目有2条以上
8	诈伪	第23、24，共2卷	38	5.11	61	5.80	其中14条目有2条以上
9	杂律	第25、26、27，共3卷	120	16.15	168	15.98	其中22条目有2条以上
10	捕亡	第28，共1卷	27	3.63	30	2.85	其中6条目有2条以上
11	断狱	第29、30，共2卷	31	4.17	47	4.47	其中92条目有2条以上
总计	11篇	30卷	811		1051		234

从表7-2可知，《至正条格》"断例"部分的篇名结构与《唐律》11篇的篇名相同，仅缺《名例》篇。这与元人认为断例是"律"的认识是相符的。从韩国《至正条格》残本中的"断例"目录看，30卷都被保留了下来，共有断例1051条，比史书记载的1509条少了8条。① 这说明残本的"断例"目录是能够全面反映《至正条格·断例》条文目录结构的。从卷数上看，《贼盗》最多，有6卷；《卫禁》、《擅兴》和《捕亡》最少，各有1卷。从条文数看，《贼盗》最多，共有200条；其次是《职制》，有189条；再次是《杂律》，有168条。三者共有557条，占断例部分的52.99%。

下面是《至正条格·断例》各卷的篇名及条目名称、数量的情况（见表7-3至表7-32）。

表7-3　第一卷《卫禁》

1	阑入宫殿	2	肃严宫禁（三条）	5	分拣怯薛歹	6	侵耕纳钵草地
7	巡绰食践田禾	8	门尉不严	9	津渡留难致命（二条）		

---

① 在《至正条格·断例》的条数上，韩国残本的整理者认为应在1051~1503条，因为第540条"老幼为盗"和第622条"诱略良人"的条数漫漶，看不清是"二"还是"三"，若两者都是"三"，就有1053条（金文京：《有关庆州发现元刊本〈至正条格〉的若干问题》，载《至正条格》，韩国学中央研究院2007年版，第475页）。此外，条文数量的差异可能还存在不同版本中分类、统计上的不同，因为在一些条与条之间的关系认定上还存在问题。

《卫禁》部分体现了两方面的内容，即皇帝与皇宫的保卫和边关、驿站的管理。

表 7 - 4 第二卷《职制》

11	擅自离职（二条）	13	托故不赴任（二条）	15	应值不值（二条）	17	沮坏风宪
18	遗失印信	19	拘占印信	20	典质牌面	21	隐藏玄象图谶（二条）
23	各位下阴阳人	24	漏泄官事（二条）	26	稽缓开读	27	官文书有误（二条）
29	漏报卷宗	30	照刷文卷	31	迷失卷宗	32	妄申水溺文卷
33	漏附行止	34	私家顿放公文	35	误毁官文书	36	弃毁官文书（二条）
38	发视机密文字*（二条）	40	关防公文沉匿	41	季报官员迟慢	42	投下达鲁花赤重冒*
43	远年冒荫	44	废疾不许从仕	45	拆扣解由*	46	匿过求仕
47	迁调司吏	48	发补不赴役*	49	关防吏弊（三条）		

说明：* 据《至正条格·断例》正文补。

表 7 - 5 第三卷《职制》

52	失误祀事	53	差摄斋郎	54	不具公服*	55	失仪（二条）
57	失误迎接	58	失误拜贺*	59	僭用朝服	60	回纳公服稽缓
61	服色等第	62	私用贡物	63	失误赐帛	64	赈济迟慢
65	修堤失时	66	造作	67	造作违慢	68	造作违期
69	织作不如法（三条）	72	监收段匹不如法	73	监临中物	74	中卖站马
75	中卖站船	76	带造段匹	77	带绣段匹	78	违法买引
79	赊买盐引	80	诡名买引	81	聘卖末茶	82	减价买物
83	减价买马	84	借民钱债（二条）	86	违例取息（二条）	88	勒要借钱文契
89	虚契典买民田	90	侵使赡学钱粮	91	和雇和买违法	92	巡盐官军违期不换
93	纵军抢取民财	94	军官军人劫夺遇革	95	致死军人		

说明：* 据《至正条格·断例》正文补。

表 7 - 6 第四卷《职制》

96	被盗勒民赔偿	97	虚称被劫封装	98	亲故营进	99	与民交往
100	交通罢闲官吏	101	私役部民	102	挟势乞索	103	纵吏扰民
104	罚俸令人代纳	105	草贼生发罪及所司	106	丧所丁忧	107	冒哀从仕
108	不丁父母忧	109	闻丧不奔讣	110	诈称亲丧（二条）	112	妄冒奔丧
113	军官奔丧	114	虚称迁葬	115	推称迁葬遇革		

表7－7 第五卷《职制》

116	泛滥给驿（三条）	119	增乘驿马（三条）	122	强质驿马	123	枉道驰驿（二条）
125	冒名乘驿	126	擅起铺马	127	借骑铺马	128	走死铺马
129	枉道不诘	130	私用站车	131	多支分例	132	增起站车分例
133	取要长行马草料	134	使臣回还日程	135	稽留铺马札子	136	规划祗应夹带己钱
137	私用计置羊口	138	被差令人代替	139	军官承差不赴	140	军官被差违限
141	独员不差	142	差委有俸人员	143	公差不许截替	144	整点急递铺（二条）
146	设立邮长	147	禁扰铺兵	148	体覆站户消乏		

表7－8 第六卷《职制》

149	取受十二章	150	枉法赃满追夺	151	取受虽死征赃	152	取受身死贫乏遇革
153	赃罪再犯（二条）	155	前任取受改除事发	156	未任取受（二条）	158	已任未受犯赃
159	去官取受	160	风宪犯赃（四条）	164	军官取受值丧	165	运司取受茶商分例
166	远方迁调官取受	167	土官受赃	168	出使人员取受	169	湖务站官犯赃
170	奴贱为官犯赃	171	捕盗官匿赃	172	弓手犯赃	173	盗用侵使封装（二条）
175	侵使军人寄收钱粮	176	冒易封装军数	177	受要拜见钱	178	受要离役钱
179	强取民财（二条）	181	军官挟势乞索	182	乞索粮筹	183	齐敛财物（三条）
186	勒要贴户钱物	187	指除俸给	188	请求受赃	189	子受赃不坐父罪
190	家人乞受	191	知人欲告回主	192	悔过还主	193	出首不尽
194	回付不尽	195	非真犯不追封赠	196	说事过钱（三条）	199	过钱剋落
200	违例接首钱状						

表7－9 第七卷《户婚》

201	逃户差税	202	置局科差	203	赋役不均	204	私取差发
205	隐蔽包银	206	影避差徭	207	科敛扰民（二条）	209	虚供户绝
210	投下占户	211	妄献户计	212	诬侄为义子	213	压良为驱
214	非法虐驱（二条）	216	擅披剃僧	217	背夫为尼	218	屯田赏罚（二条）
220	失误屯种	221	私种官田	222	不修圩田	223	冒献地土
224	虚申义粮	225	虚报农桑	226	侵耕煎盐草地	227	多收公田
228	虚包公田	229	缺官公田	230	典卖田宅（二条）	232	僧道不许置买民田
233	检踏灾伤	234	检踏官吏	235	灾伤不即检覆	236	饥荒不申
237	虫蝻失捕	238	水灾不申	239	地震不申		

表 7－10　第八卷《户婚》

240	命妇不许再醮	241	禁收庶母并嫂	242	有妻娶妻	243	许婚而悔
244	同姓为婚	245	西夏私婚	246	禁叔伯成婚	247	兄妻配弟
248	弟妇配兄	249	娶男妇妹为妾	250	居丧嫁娶（二条）	252	娶有夫妇人
253	娶定婚妇（二条）	255	嚇娶女使（二条）	257	夫亡召婚	258	入广官员妻妾
259	妄嫁妻妾（二条）	261	转嫁男妇	262	逐婚嫁女	263	典雇妻妾
264	休妻再合	265	擅嫁匠妻	266	男妇配驱	267	勒要民女驱使
268	佶女嫁驱	269	娶逃驱妇为妾	270	冒娶良人配驱（二条）	272	娶囚妇为妾
273	定婚闻奸强娶	274	定婚夫为盗断离	275	僧道娶妻（三条）	278	禁娶乐人（二条）
280	职官娶倡（二条）						

表 7－11　第九卷《厩库》

282	私宰马牛（三条）	285	私宰病牛（二条）	287	受雇干犯宰牛	288	宰牛再首不准
289	药针刺牛	290	怀恨割牛舌	291	私宰驴骡	292	抽分羊马
293	阑遗头匹	294	阑遗不行起解	295	私卖阑遗头匹	296	拘收筋角
297	喂养驼马程限	298	倒换昏钞	299	监临倒钞	300	昏钞不使退印
301	检闸昏钞	302	闸钞官有失关防	303	提调官不封钞库	304	昏钞违期
305	结揽小倒（二条）	307	盗官本知情寄放	308	骚扰烧钞库	309	带钞入库
310	擅开生料库	311	纳体物色	312	主守分要轻赏	313	监临抵换官物
314	监临私借官钱（二条）	316	抵换官钱	317	关防漕运	318	漕运罪赏

表 7－12　第十卷《厩库》

319	海运带装私麦	320	掺和盗卖海运粮	321	纲翼运粮短少	322	纲船扰民
323	仓官少粮	324	监临官买军粮	325	盗卖官粮（二条）	327	虚交粮筹
328	不由运司支粮	329	接买支粮荒帖	330	用斛支粮	331	火者口粮
332	放支工粮	333	赈粜红帖罪赏	334	敚板损坏追赔	335	税粮限次
336	计点不实（二条）	338	虚出通关	339	诡名粜粮	340	监临揽税（二条）
342	取受附余粮	343	仓官盗粜分例粮	344	侵使粮价	345	中粮掺和私米
346	仓官带收席价	347	仓库军人交换	348	仓库被盗	349	拗支草料
350	剋落草料	351	收草官折受轻赏	352	冒料工物	353	剋落金箔
354	剋落皮货	355	解典造甲铁	356	漏报匹帛	357	起运上都段匹
358	押运官物短少	359	押运官物损坏	360	官物有失关防	361	段匹有违元料
362	照算钱帛						

表 7 – 13　第十一卷《厩库》

363	盐课	364	追问私盐欺隐断没钱物	365	私盐罪赏（二条）	367	增亏盐课升降
368	妇人犯私盐	369	巡盐骗赖平人	370	私盐转指平民	371	犯界盐货
372	无榷货不坐	373	军民官纵放私盐	374	纵放私盐遇革	375	官军乞取官盐
376	受寄私盐	377	私盐遇革（二条）	379	船户盗卖客盐	380	船户偷跑客盐
381	食用无主盐	382	剋除工本遇革	383	粮船回载盐泥	384	扫刮卤土
385	官盐掺土	386	卤水合酱	387	买食卤水卤土	388	腌泡鱼虾
389	腌造盐梅	390	腌鱼不禁转贩	391	卤水腌鱼	392	捉获腌鱼给赏

表 7 – 14　第十二卷《厩库》

393	铁课（二条）	395	茶课	396	私茶生发	397	妄献课程
398	纳课程限	399	绰敛圈税	400	匿税	401	诬人匿税
402	无契本同匿税	403	职官不纳契税	404	贸易收税	405	欺隐增余课程
406	亏折契本	407	务官抑取钱物遇革	408	市舶		

表 7 – 15　第十三卷《擅兴》

409	临阵先退	410	擅自领军回还	411	军官遇贼不捕	412	军民官失捕耗贼（二条）
414	诈避征役	415	交通贼人（二条）	417	激变瑶人	418	分镇违期
419	交换不即还营	420	逃军赏罚	421	代军罪名	422	私役军人（二条）
424	私役弓手	425	私代军夫	426	代替军役钱粮遇革	427	私役军人不准首
428	私役民夫	429	受财放军	430	受军人买闲钱	431	擅差军人围猎
432	军官滥设扎牙	433	挟仇差军人房舍	434	错起军人	435	擅起递运人夫
436	丁夫差遣不平	437	避役自残	438	受雇军在逃	439	征人在逃自首
440	擅点军器库	441	私有兵器	442	执把兵器围猎	443	重击禁钟

表 7 – 16　第十四卷《贼盗》

444	谋反（七条）	451	耗贼家产	452	耗贼遇革屯种	453	奸探
454	说大言语（二条）	456	传说乱言	457	妖书妖语（三条）	460	妖言遇革
461	伪造经文惑众	462	符文惑众	463	妖术惑众	464	蛊毒厌魅
465	蛊毒不即申告						

表 7 – 17　第十五卷《贼盗》

466	恶逆（三条）	469	心风恶逆	470	因奸杀舅姑（二条）	472	杀使（三条）
475	因奸杀夫（三条）	478	因奸杀夫偶获生免	479	因奸打死定婚夫	480	杀兄（三条）
483	杀兄偶获生免	484	以刃伤兄	485	杀弟（二条）	487	义兄杀弟
488	因奸杀子	489	妾杀嫡子（二条）	491	妻杀妾子	492	故杀义男
493	杀侄（二条）	495	因奸杀妻	496	勒死女婿	497	故杀义女婿
498	故杀定婚婿	499	谋故杀人	500	共谋杀人遇革	501	资给凶徒钱物遇革
502	共犯十连人数	503	谋杀同僚	504	杀平人妄称瑶贼	505	强盗杀害官民
506	贼杀一家（二条）	508	卑幼私和人命（二条）	510	尊长私和人命	511	经断重罪遇革

表 7 – 18　第十六卷《贼盗》

512	盗贼通例（三条）	515	强盗伤主	516	盗贼窝主罪名	517	盗内府财物（四条）
521	盗绮源库段匹	522	看库军盗钞	523	行人偷盗昏钞	524	抵换官金

表 7 – 19　第十七卷《贼盗》

525	监守自盗	526	监临自盗	527	乐人取财（二条）	529	强夺财物（三条）
532	先窃后强	533	共盗分强窃	534	盗贼罪等从一	535	放火为盗
536	窃盗拒捕伤事主	537	妇人为盗	538	协从为盗（二条）	540	老幼为盗（二条）*
542	瘄痍为盗	543	饥民为盗	544	随从尊长为盗（二条）	546	兄弟共盗
548	亲属相盗（三条）	551	亲属相盗从贼刺字	552	亲属相盗盘诘首服	553	另居卑幼先窃后强
554	奴盗主财	555	佃客盗主财	556	主盗佃客财物	557	盗雇主财物（二条）
559	盗同户财物	560	偷递同本财物	561	僧盗师兄财物	562	僧盗同庵师兄财物
563	杖罪遇原免徒流	564	出军贼遇革	565	革后正赃还官给主	

说明：* 此条原书中字漫漶，不知是"二"还是"三"。

表 7 – 20　第十八卷《贼盗》

566	盗神像衣物	567	盗官文书（二条）	569	盗军官牌面	570	盗官粮刺字
571	盗筹关粮刺字	572	盗官粮未离仓免刺	573	窃盗粮食	574	偷盐刺断（二条）
576	答剌赤盗酒	577	盗酒免刺	578	盗系官材木	579	偷砍树木拒捕
580	偷花木	581	偷河内松木	582	偷柴草	583	盗磬
584	盗宰禁苑鹿	585	盗宰马牛（三条）	588	偷马未离盗所	589	攘羊

续表

590	盗犬	591	盗鸡鹅雁鸭	592	杀死窃盗贼人（二条）	594	黉夜入人家
595	贼人自残	596	强盗再遇释免刺右项	597	贼人雕青刺手背	598	曾赦刺字
599	改革从轻典	600	女真人刺字	601	贼人起字补刺	602	涂毁刺字
603	法开首路	604	盘诘首服	605	强贼首露免罪	606	窃盗自首准免
607	赃物出首不尽	608	首子为盗	609	首婿为盗	610	首表侄为盗
611	首表弟为盗	612	主首奴盗	613	为盗悔过还主	614	悔过不分赃
615	盗贼亲老留养（二条）	617	从贼未至盗所	618	贼属免罪		

表 7 - 21　　第十九卷《贼盗》

619	略卖良人（二条）	621	略卖良人遇革	622	诱略良人（二条）*	624	图财强卖期亲
625	发塚（六条）	631	买卖墓田	632	局骗取财	633	撮卷取财
634	拐带财物	635	诓赚财物	636	恐喝取财（四条）	640	劫夺盐徒
641	劫配役囚	642	职官劫囚	643	军官劫犯夜人	644	巡捕人抢夺准盗论

说明：*此条原书中字漫漶，不知是"二"还是"三"。

表 7 - 22　　第二十卷《斗讼》

645	斗殴杀人	646	因斗用刃	647	以刃拒杀逼己人	648	殴死杀父仇人
649	父被人殴还击致死	650	因母被伤用力杀人	651	执缚殴人致死	652	他物殴人致死
653	杀妻（三条）	656	殴妻致死（二条）	658	被夫殴自缢身死	659	妻殴妾死
660	殴弟致死（二条）	662	殴死弟妻（二条）	664	殴死男妇（二条）	666	父殴子死（二条）
668	杀有罪驱（三条）	671	杀无罪驱（二条）	673	驱杀驱（三条）	676	殴他人驱致死
677	殴死有罪放良驱	678	殴死佃客	679	殴死雇工人	680	误杀（二条）
682	戏杀	683	戏杀人驱	684	过人杀人（二条）	686	逼人致死（二条）
687	心风杀他人驱	688	年幼殴人致死				

表 7 - 23　　第二十一卷《斗讼》

689	斗殴	690	辜限	691	毁伤支体（四条）	695	毁败人阴阳
696	殴詈母	697	殴詈舅姑	698	殴婶母	699	詈兄
700	刃伤母之兄弟	701	殴伤妻父	702	刃伤妻母	703	殴伤妻
704	苦虐男妇（二条）	706	虐夫前妻子	707	职官殴詈（八条）	715	首领官殴詈正官（二条）
716	毁詈官长（五条）	721	纵官扰害官民（三条）	722	军官殴伤县尹		

表 7-24 第二十二卷《斗讼》

723	陵犯官长	724	射伤差事人员	725	咆哮无礼	726	违犯祖父教令
727	卑幼告尊长	728	亲属相告同首	729	杀妻诬人	730	故杀子孙诬人（二条）
732	故杀卑幼诬人（二条）	734	殴詈使（四条）	735	奴讦主	736	杀子诬赖本使
737	擅刺驱面	738	诬告（七条）	745	越诉（二条）	747	失口乱言
748	匿名书	749	虚申被劫	750	冒名称冤	751	争田聚众

表 7-25 第二十三卷《诈伪》

752	诈称太子（二条）	754	伪造符宝制敕（二条）	756	增减制书	757	诈传令旨
758	诈传钧旨	759	诈假官（二条）	761	诈冒求仕（五条）	766	诈冒求仕遇革（三条）
769	冒荫	770	伪造印信（四条）	774	伪造茶由		

表 7-26 第二十四卷《诈伪》

775	诈为官文书（二条）	777	诈改官文书（三条）	780	伪钞（二条）	782	烧毁伪钞
783	伪钞家人共犯	784	买使伪钞遇革（三条）	787	应捕人分使伪钞	788	伪钞家产遇革
789	伪钞干连遇革	790	印写伪钞	791	同造伪钞自首	792	挑剜补綴等钞（三条）
795	挑揭伪钞遇革	796	挑钞流远处所	797	首佥挑钞	798	伪造金银
799	冒除官粮	800	冒支钱粮（三条）	803	伪造支粮筹账	804	诈抽分鱼货
805	诈骑铺马（二条）	807	妄认良人为驱（二条）	809	妄认马匹	810	避罪诈死
811	故自伤残	812	有罪妇自害	813	吏诈		

表 7-27 第二十五卷《杂律》

814	诸奸通例	815	强奸幼女（四条）	819	僧道强奸幼女（二条）	821	十五岁男奸六岁女
822	三男强奸一妇	823	强奸妻前夫女	824	强奸妻前夫男妇	825	强奸部民妻未成
826	刁奸品官妻妾	827	刁奸侄妇	828	首子刁奸	829	刁奸图奸
830	刁奸遇革	831	刁奸庶母	832	翁奸男妇	833	奸侄妇
834	奸侄女	835	奸房侄女	836	奸族侄女孙	837	和奸义女
838	主奸奴妻	839	欺奸使妻	840	驱收使妻	841	强奸使女
842	主奴相奸	843	职官犯奸（二条）	845	职官求奸未成	846	戏虐部民妻
847	强要部民幼女	848	军官求奸军妻未成	849	军官令人奸寡妇	850	先奸后婚

851	指奸（二条）	853	抑勒男妇虚指奸夫	854	奸夫有孕	855	指奸拒捕
856	无服亲媒合通奸	857	职官媒合通奸	858	和奸勒夫买休	859	买休从夫嫁卖
860	犯奸残疾断罪	861	奸事再犯	862	杀死奸夫（二条）	864	殴死妹奸夫
865	傍人殴死奸夫	866	杀拘执求奸夫	867	僧道犯奸（二条）	869	纵妻为倡
870	抑勒妻妾为倡	871	抑勒驱妇为倡	872	乞养女为倡	873	教坊养女为倡
874	买奸钱遇革	875	教女歌唱典雇	876	官吏宿倡（二条）	878	蒸收继母
879	强收婶母	880	收舅妻	881	收纳弟妻（二条）	883	非理虐妻
884	斛斗秤尺不如法	885	街市纰薄段匹				

表 7 - 28　第二十六卷《杂律》

886	塞讼弥盗	887	迁徙豪霸（二条）	889	凶徒（二条）	891	发遣凶党
892	凶恶遇革迁徙	893	驱奴犯罪	894	群党害民	895	哄坏税务
896	庸医杀人（二条）	898	车马伤人（三条）	901	畜类伤人（四条）	905	窝弓伤人
906	禁买卖毒药	907	酒药伤人	908	放火（二条）	910	驱奴放火加等
911	烧山伤人	912	烧死放火贼人	913	故烧文卷	914	遗火（五条）
919	野火浇胤龙草	920	盗决堤防	921	夜禁	922	诬执犯夜
923	禁赛神社（二条）	925	禁立集场	926	习学枪棒	927	赌博钱物（五条）
932	禁造赌具	933	赌斗促织	934	榷货摊场钱物遇革	935	划斗龙船

表 7 - 29　第二十七卷《杂律》

936	禁取高丽火者女子	937	禁做火者（三条）	940	禁私债准人女子	941	客商遗下财物
942	禁溪洞博易	943	禁断屠宰（二条）	945	禁宰怀羔羊	946	禁宰羊羔
947	禁围猎（六条）	953	误杀鹰犬（二条）	955	昔宝赤扰民	956	贵赤校卫扰民
957	祗候扰民	958	非理行孝	959	叔亡不持服	960	夫亡参预吉席
961	偷跑嫁母骨殖	962	擅开远年祖墓	963	砍伐坟茔树株	964	犯界酒货
965	禁卖官酒	966	禁用木牌纸贴	967	违禁房屋	968	假借只孙
969	滥设牙人（二条）	970	诡名结缆车辆	972	私使空印		

表 7 - 30　第二十八卷《捕亡》

973	捕盗罪罚（四条）	974	军官停俸捕贼	975	军官军人捕限	976	忽剌罕赤坐铺军捕限
977	撤卷贼捕限	978	掏摸依窃盗捕限	979	烧官舍贼人捕限	980	弓兵责限不准分科
981	不即捕盗	982	捕贼先退（二条）	984	遇贼不捕（二条）	986	畏避捕限

续表

987	捕贼妄分疆界	988	摘语强贼消息	989	事主击贼	990	防镇军在逃
991	隐藏逃军	992	主守不觉失囚	993	反狱伤狱卒	994	拒捕伤狱卒
995	打死脱监贼人	996	出军囚徒在逃（二条）	998	流配囚徒在逃	999	配所逃亡贴役
1000	犯夜拒捕（二条）	1001	隐藏逃驱（二条）	1003	逃驱拒捕		

表 7-31　第二十九卷《断狱》

1004	出入人罪（四条）	1008	出罪贴断	1009	枉勘（六条）	1015	勘贼致死
1016	枉禁（三条）	1019	淹禁	1020	枉断（二条）	1022	擅断
1023	绝食杀人	1024	无招决人致死	1025	恐迫致命（二条）	1027	殴死罪囚
1028	殴死犯夜人						

表 7-32　第三十卷《断狱》

1029	挟仇问事	1030	非法用刑（二条）	1032	禁刑日决罚	1033	依理决罚致死免罪
1034	告谋叛不理（二条）	1036	告恶逆不理（二条）	1038	承告聚众不理	1039	承告强贼不理
1040	脱放叛贼	1041	脱囚囚徒	1042	递囚反禁	1043	检尸不明（三条）
1046	军官遗例检尸	1047	错刺蒙古人	1048	错刺出军贼人	1049	失入刺配
1050	决死孕妇	1051	孕妇限满行刑				

若把上面断例的所有条目与《元典章》相关条目进行严格比较就可以知此部分很多条文的来源与特点。

（三）《至正条格》中"断例"的内容形式

学术界在元朝断例研究上的最大争议是它的表达形式，具体来说就是断例是判例法还是成文法，或者两者皆是。韩国残本出现后，此问题得到解决，因为残本中有完整的表达形式。当然，这接着又产生了新的问题，元朝断例的形式与宋朝断例的形式一样吗？两者存在区别吗？元朝断例，至少从《大元通制》和《至正条格》两部法典看，表达形式是一样的。而且，《大元通制》和《至正条格》两个重要组成部分——条格和断例的表达形式也是一致的，都由成文与判例两种组成。当然，从元朝初期制定的《至元新格》所存留的残文看，《至元新格》在表达形式上完全采用成文法形式，没有采用判例。① 除此之外，《大元通制》、《至正条格》、《元典章》三者在法律表达形式上是一致的。可以确定，元朝法律表达形式上存在成文和判例两种通用形式。对"条格"的内容与表达形式可以从《大元通制》、《至正条格》两部法典中所存的"条格"内容中看出，它们在具体法律表达形式上是由成文与判例两种形式组成。所以说，元朝法律形式中"条格"和"断例"与成文法和判例法并不等同，两者都有成文法，也有判例法。这是元朝法律形式最重要的特征，也是元朝在中国古代法律形式发展中的特殊性所在。

《至正条格·断例》共 30 卷，残本中保存了 13 卷的内容，按原书分类共 423 条。这 423 条法律的表达形式可以分为两类：成文和个案。其中以成文形式表达的又分为两种，即一个法律条文就是一个条目，或者一个条目下有多个条文，最多可达 24 条。所以说，史料记载《至正条格》的条文数量与实际条文数量是有差异的，整个法典的条文数量远远多于记载条文数。

1. 成文法形式

第一，以成文形式表达，很多是对某一法律中与刑事有关的部分以及整部涉及刑事部分的摘录和整理。如：

第一卷《卫禁》第 7 条"巡绰食践田禾"：

> 2.7.4 泰定三年（1326）七月二十一日，中书省奏："每年上位大都、上都往来经行时分，扎撒孙内差发，教为头领着一百名怯薛丹巡绰。但有将百姓田禾食践的，禁约有来。在先禁约的上头，行了几般禁例，忒轻呵，也不宜，忒重呵，也不宜有。守得的一般禁例偏行呵，相应也者。俺如今偏行省谕，若有撒放马驼牛只，食践田禾的每根底，一个头匹，令人陪［赔］偿十两钞，断一十七下。各怯薛、各枝儿里偏行省谕呵，怎生？"奏呵，奉圣旨："那般者。"②

此法律是针对每年皇帝巡幸大都和上都过程中，随行军马、权贵随便食踏百姓庄稼而颁布的处罚法律，整个法律只有一条。这里把整个法律编入，成为独立的一条，条目的名称就是条文的名称。

第二卷《职制》第 29 条"漏报卷宗"：

---

① 对《至元新格》残条，黄时鉴有过整理辑考，从辑录出来的条文看都是成文法。此外，从《元典章》中所引《至元新格》的内容看也是成文法，现在《至正条格》中所引《至元新格》的内容也是成文法。参见黄时鉴《至元新格辑存》，载《元代法律资料辑存》，浙江古籍出版社 1988 年版。

② 《至正条格》卷 1《断例·卫禁·巡绰食践田禾》，韩国学中央研究院 2007 年版，第 172 页。

2.7.5 延祐元年（1314）十二月，中书省检校官呈："吏部漏报合检文卷，罪过遇革拨。今后各部似此漏报卷宗，合验多寡，定立罪名。"刑部议得："省部应合检校文卷，如漏落不行，从实具报者，一宗决七下，每五宗加一等，罪止三十七下。若有所规避，临事详情定拟。"都省准呈。①

此法律涉及中央各部的文书检校法律责任，由中书省官员提出，交刑部立法，是独立的法律条文。

第十二卷《厩库》第 396 条"私茶生发"，全文如下：

2.7.6 延祐六年（1319）二月，刑部与户部议得："今后随处府州司县提调长官，禁治不严，致有私茶生发，比依私钱提调官例，初犯知叁拾，再犯加一等，三犯别议黜降。"都省准拟。②

这里把中央制定的单行法令整理编撰成条文，在内容上具有很大的原始性。此类法律表达形式在"断例"中成为重要组成部分，构成整个成文法的主体。

第二，法典中有些条文目下再设多款条文，整个条文看起来是一个独立的法律文件，而不是具体的法律条文。

第五卷《职制》第 145 条"整点急递铺"：

2.7.7 至顺三年（1332）二月，兵部议得："邮传之设，累有整治条画，有司失于检举，因仍弛，以致入递文字，多有稽迟，铺司人等，中间作弊，于公未便。议拟至整治事理。"都省准拟。

1. 凡有递转文字，一昼夜须及四百里，迟慢二刻，犯人笞决七下，每二刻加一等，罪止三十七下。

2. 将递转文字擦磨损坏者，三角已上，犯人笞决七下，每三角加一等，罪止四十七下。

3. 将递转文字停留，不即入递，及伺候类发者，三件以上，犯人笞决七下，每三件加一等，罪止四十七下。

4. 铺司铺兵，将递铺文字受财卖与为事人等，挨究明白，计赃论罪，取与同科。

---

① 《至正条格》卷 2《断例·职制·漏报卷宗》，韩国学中央研究院 2007 年版，第 180 页。

② 《至正条格》卷 12《断例·厩库·私茶生发》，韩国学中央研究院 2007 年版，第 301 页。

5. 亲临提调官吏，不行依期整点者，依例决责。①

第 145 条"整点急递铺"实质上是一个独立法律文件，下有 5 款内容，编撰时把此法律文件作为一条编入。认真分析，此条下的 5 款本质上是 5 条。

第六卷《职制》第 149 条"取受十二章"：

2.7.8 大德七年（1303）三月十六日，钦奉圣旨，节该："诸职官及有出身人等，今后因事受财，依条断罪。枉法者，除名不叙，不枉法者，须殿三年，再犯不叙，无禄者减等，以至元钞为则。"

枉法：

一贯至十贯，四十七下。不满贯者，量情断罪，依例除名。

十贯已上至二十贯，五十七。

二十贯已上至五十贯，七十七。

五十贯已上至一百贯，八十七。

一百贯已上，一百七。

不枉法：

一贯至二十贯，四十七，本等叙。不满贯者，量情断罪，解见任，别行求仕。

二十贯已上至五十贯，五十七，注边远一任。

五十贯已上至一百贯，六十七，降一等。

一百贯已上至一百五十贯，七十七，降二等。

一百五十贯已上至二百贯，八十七，降三等。

二百贯已上至三百贯，九十七，降四等。

三百贯已上，一百七，除名不叙。②

这是针对官员受赃行为的处罚，整个法律分为枉法与不枉法两类，枉法分五等处罚，不枉法分七等处罚，在元朝称为"取受十二章"。它在本质上是一个独立的法律，可细分为两条。

《至正条格》残本中，以"条"为名，实际上是具体法律文件名称的情况，如表 7-33 所示。

---

① 《至正条格》卷 5《断例·职制·整点急递铺》，韩国学中央研究院 2007 年版，第 215~216 页。

② 《至正条格》卷 6《断例·职制·取受十二章》，韩国学中央研究院 2007 年版，第 218~219 页。

表 7 – 33 《至正条格》中的具体法律文件名称情况

卷数	篇名	条序	名称	条数
卷三	《职制》	66	造作	中书省制定6条，工部制定8条，共14条
卷三	《职制》	67	造作违慢	3条
卷四	《职制》	105	草贼生发罪及所司	2条
卷五	《职制》	145	整点争递铺	5条
卷六	《职制》	149	取受十二章	12条
卷九	《厩库》	301	检闸昏钞	3条，条下还分款，如第一条有12款
卷九	《厩库》	317	关防漕运	11条
卷九	《厩库》	318	漕运罪赏	24条
卷十	《厩库》	322	纲船扰民	6条
卷十一	《厩库》	363	盐课	9条
卷十一	《厩库》	365	私盐罪赏	延祐元年有9条，至正二年有11条
卷十二	《厩库》	393	铁课	至元年间有7条，延祐元年有10条
卷十二	《厩库》	395	茶课	6条
卷十二	《厩库》	408	市舶	22条

表 7 – 33 中，"漕运罪赏"、"盐课"、"私盐罪赏"、"铁课"、"茶课"、"市舶"是专门领域的刑事法律，都是独立的法律文件。有些条名下还分别由不同部门、不同时期制定的不同法律组成，如第 66 条"造作"，其中 6 条由中书省制定、8 条由工部制定；第 365 条"私盐罪赏"，其中 9 条于延祐元年（1314）制定、11 条于至正二年（1342）制定；第 393 条"铁课"，其中 7 条于至元年间制定、10 条于延祐元年制定。这种立法风格更像是对已经存在的各种法律的整理编撰，具有明显的原始性。此种立法情况同样存在于"条格"部分，这也是学术界一些学者对元朝立法成就持否定态度的根源。

2. **个案形式**

《至正条格·断例》中很多具体条文是以个案形式表达，构成了一种特殊判例。这种表达形式成为"断例"的重要组成部分。如第 57 条"失误迎接"：

2.7.9 至治二年（1322）十月，刑部议得："哈剌鲁万户府镇抚黄头，因为酒醉，失误迎接诏书，合答五十七下，标附。"都省准拟。①

---

① 《至元条格》卷3《断例·职制·失误迎接》，韩国学中央研究院2007年版，第189页。

第 58 条 "失误拜贺"：

2.7.10 至顺三年（1332）十一月，刑部议得："鲁王位下钱粮总
管府提控案牍张思恭，天寿节辰指称带酒，不行拜贺，合杖六十七
下，解任标附。"都省准拟。①

第 109 条 "闻丧不奔讣"：

2.7.11 元统二年（1334）正月，刑部与礼部议得："父母丧亡，
闻即奔讣。今松蟠等处按抚使八剌，父死匿不举哀，又不大奔丧。
虽色目人等例不丁忧，理当奔讣。拟合杖断六十七下，降二等，杂
职内叙用。罪幸遇免，依上降叙。"都省准拟。②

此类法律形式是《至正条格·断例》残本中的主体。下面是笔者统计的
《至正条格·断例》各卷中条文以判例为载体的具体情况。

第一卷《卫禁》中第 8 条 "门尉不严" 和第 9、10 条 "津渡留难致命"，
共有 3 条通过个案表达。

第二卷《职制》中第 11、12 条 "擅自离职"，第 16 条 "应值不值"，第
17 条 "沮坏风宪"，第 18 条 "遗失印信"，第 19 条 "拘占印信"，第 22 条
"隐藏玄象图谶"，第 26 条 "稽缓开读"，第 27、28 条 "官文书有误"，第 34
条 "私家顿放公文"，第 35 条 "误毁官文书"，第 36、37 条 "弃毁官文书"，
第 38、39 条 "发视机密文字"，第 44 条 "废疾不许从仕"，第 45 条 "拆扣解
由"。共有 18 条通过个案表达。

第三卷《职制》中第 52 条 "失误祀事"，第 57 条 "失误迎接"，第 58 条
"失误拜贺"，第 62 条 "私用贡物"，第 63 条 "失误赐帛"，第 64 条 "赈济迟
慢"，第 65 条 "修堤失时"，第 71 条 "织作不如法"，第 74 条 "中卖站马"，
第 75 条 "中卖站船"，第 76 条 "带造段匹"，第 77 条 "带绣段匹"，第 78 条
"违法买引"，第 80 条 "诡名买引"，第 81 条 "聘卖未茶"，第 82 条 "减价买
物"，第 83 条 "减价买马"，第 84、85 条 "借民钱债"，第 86、87 条 "违例
取息"，第 88 条 "勒要借钱文契"，第 89 条 "虚契典买民田"，第 90 条 "侵
使赡学钱粮"，第 92 条 "巡盐官军违期不换"，第 93 条 "纵军抢取民财" 和
第 95 条 "致死军人"。共有 27 条通过个案表达。

---

① 《至正条格》卷 3《断例·职制·失误拜贺》，韩国学中央研究院 2007 年版，第 189 页。
② 《至正条格》卷 4《断例·职制·闻丧不奔讣》，韩国学中央研究院 2007 年版，第 205 页。

第四卷《职制》中第 96 条"被盗勒民赔偿"，第 97 条"虚称被封装"，第 101 条"私役部民"，第 102 条"挟势乞索"，第 103 条"纵吏扰民"，第 104 条"罚俸令人代纳"，第 107 条"冒哀从仕"，第 108 条"不丁父母忧"，第 109 条"闻丧不奔讣"，第 111 条"诈称亲丧"，第 112 条"妄冒奔丧"，第 113 条"军官奔丧"，第 114 条"虚称迁葬"。共有 13 条通过个案表达。

第五卷《职制》中第 116 条"泛滥给驿"，第 119、120、121 条"增乘驿马"，第 122 条"强质驿马"，第 123 条"枉道驰驿"，第 125 条"冒名乘驿"，第 126 条"擅起铺马"，第 127 条"借骑铺马"，第 128 条"走死铺马"，第 129 条"枉道不诘"，第 130 条"私用站车"，第 131 条"多支分例"，第 132 条"增起站车分例"，第 133 条"取要长行马草料"，第 135 条"稽留铺马札子"，第 137 条"私用计置羊口"，第 138 条"被差令人代替"，第 139 条"军官承差不赴"。共有 19 条通过个案表达。

第六卷《职制》中第 151 条"取受虽死征赃"，第 153、154 条"赃罪再犯"，第 156、157 条"未任取受"，第 158 条"已任未授犯赃"，第 159 条"去官取受"，第 163 条"风宪犯赃"，第 164 条"军官取受值丧"，第 165 条"运司取受茶商分例"，第 167 条"土官受赃"，第 170 条"奴贱为官犯赃"，第 171 条"捕盗官匿赃"，第 172 条"弓手犯赃"，第 174 条"盗用侵使封装"，第 175 条"侵使军人寄收钱粮"，第 177 条"受要拜见钱"，第 178 条"受要离役钱"，第 179、180 条"强取民财"，第 181 条"军官挟势乞索"，第 182 条"乞索粮筹"，第 183、184 条"齐敛财物"，第 186 条"勒要贴户钱物"，第 188 条"请求受赃"，第 189 条"子受赃不坐父罪"，第 192 条"悔过还主"，第 193 条"出首不尽"，第 195 条"非真犯不追封赠"，第 199 条"过钱剋落"和第 200 条"违例接首钱状"。共有 32 条通过个案表达。

第七卷《户婚》中第 203 条"赋役不均"，第 204 条"私取差发"，第 205 条"隐蔽包银"，第 207、208 条"科敛扰民"，第 209 条"虚供户绝"，第 211 条"妄献户计"，第 212 条"诬侄为义子"，第 213 条"压良为驱"，第 214、215 条"非法虐驱"，第 216 条"擅披剃僧"，第 217 条"背夫为尼"，第 221 条"私种官田"，第 222 条"不修圩田"，第 223 条"冒献地土"，第 224 条"虚申义粮"，第 225 条"虚报农桑"，第 228 条"虚包公田"，第 232 条"僧道不许置买民田"，第 237 条"虫蝻失捕"，第 238 条"水灾不申"，第 239 条"地震不申"。共有 23 条通过个案表达。

第八卷《户婚》中第 242 条"有妻娶妻"，第 244 条"同姓为婚"，第 247 条"兄妻配弟"，第 248 条"弟妇配兄"，第 249 条"娶男妇妹为妾"，第

250、251 条"居丧嫁娶"，第 252 条"娶有夫妇人"，第 253、254 条"娶定婚妇"，第 255、256 条"嚇娶女使"，第 259、260 条"妄嫁妻妾"，第 261 条"转嫁男妇"，第 262 条"逐婿嫁女"，第 264 条"休妻再合"，第 265 条"擅嫁匠妻"，第 266 条"男妇配驱"，第 267 条"勒娶民女驱使"，第 268 条"侄女嫁驱"，第 269 条"娶逃驱妇为妾"，第 271 条"冒娶良人配驱"，第 272 条"娶囚妇为妾"，第 273 条"定婚闻奸强娶"，第 274 条"定婚夫为盗断离"，第 276、277 条"僧道娶妻"，第 279 条"禁娶乐人"，第 280 条"职官娶倡"。共有 30 条通过个案表达。

第九卷《厩库》中第 283 条"私宰马牛"，第 285、286 条"私宰病马牛"，第 287 条"受雇干犯宰牛"，第 288 条"宰牛再首不准"，第 289 条"药针刺牛"，第 290 条"怀恨割牛舌"，第 294 条"阑遗不行起解"，第 295 条"私卖阑遗头匹"，第 299 条"监临倒钞"，第 300 条"昏钞不使退印"，第 302 条"闸钞官有失关防"，第 303 条"提调官不封钞库"，第 306 条"结揽小倒"，第 307 条"盗官本知情寄放"，第 312 条"主守分要轻赍"，第 313 条"监临抵换官物"，第 314、315 条"监临私借官钱"，第 316 条"抵换官钱"。共有 20 条通过个案表达。

第十卷《厩库》中第 319 条"海运带装私麦"，第 324 条"监临官买军粮"，第 326 条"盗卖官粮"，第 327 条"虚交粮筹"，第 336、337 条"计点不实"，第 338 条"虚出通关"，第 339 条"诡名粜粮"，第 340、341 条"监临揽税"，第 342 条"取受附余粮"，第 343 条"仓官盗粜分例粮"，第 344 条"侵使粮价"，第 346 条"仓官带收席价"，第 349 条"拗支草料"，第 351 条"收草官折受轻赍"，第 354 条"剋落皮货"，第 355 条"解典造甲铁"，第 356 条"漏报匹帛"，第 359 条"押运官物损坏"，第 360 条"官物有失关防"。共有 21 条通过个案表达。

第十一卷《厩库》中第 368 条"妇人犯私盐"，第 372 条"无榷货不坐"，第 377 条"私盐遇革"，第 379 条"船户盗卖客盐"，第 384 条"扫刮卤土"，第 385 条"官盐掺土"，第 389 条"腌造盐梅"和第 392 条"捉获腌鱼给赏"。共有 8 条通过个案表达。

第十二卷《厩库》中第 399 条"绰敛圈税"，第 401 条"诬人匿税"，第 403 条"职官不纳契税"，第 404 条"贸易收税"，第 405 条"欺隐增余课程"，第 406 条"亏折契本"。共有 6 条通过个案表达。

第十三卷《擅兴》中第 409 条"临阵先退"，第 410 条"擅自领军回还"，第 411 条"军官遇贼不捕"，第 412、413 条"军民官失捕耗贼"，第 414 条

"诈避征役"，第415、416 条 "交通贼人"，第417 条 "激变瑶人"，第419 条
"交换不即还营"，第420 条 "逃军赏罚"，第422、423 条 "私役军人"。共有
13 条通过个案表达。

统计上面各卷中以个案形式表达的法律条文共有232 条，占所残存423 条
的54.85%；成文形式的共有191 条，占45.15%，其中14 条属于法律文件的
整体编入，独立成文的共有177 条。这样可以确定元朝 "断例" 在法律条文
构成上判例和成文法的比例，两者相比，判例数量超过了成文法的数量，达
10% 左右。

三　《元典章》中所见 "断例"

现在可以见到的元朝法律史料中，体现法律法典化前状态的是《元典
章》。《元典章》作为元朝由原始法律文件编撰而成的成果，体现了元朝立法
的特征、通用法律术语和法律名称的通行形式等。本节对《元典章》中以
"断例" 为名的法律进行全面检索后，再对其内容进行深入分析。根据检索结
果，《元典章》中 "断例" 可以分为两个部分：一是各卷的卷首量刑图表中把
量刑等级称为 "断例"，共有14 条；二是在具体法律条文名称上使用 "断
例"，共有22 条，因为有两条是同一法律的重复，所以只有21 条。为了全面
反映元朝一般法律中 "断例" 的使用情况，下面分别考察图表中的 "断例"
和条文中的 "断例" 情况。

（一）《元典章》各卷图表中使用 "断例" 的情况

《元典章》中有定罪量刑的内容，为了使用方便，编撰者往往在各卷卷
首把本卷的核心内容绘制成图表，以便于检索。其中很多图表明确以 "断
例" 为名。整部《元典章》在卷前图表中使用 "断例" 的情况如表 7－34
至表 7－47 所示。

表 7－34　卷六《台纲之二·照刷·断例》（p.165）

断例	免罪	五下	七下	一十七下	二十七	三十七	御史台断过例
稽迟	六日之下	七日之上，半月之下	半月之上，一月之下	一月之上，两月之下*	两月之上，罪止	一年之上，罪止	重事者临时裁断
违错					卷宗数少者	卷宗数多者	

说明：*原文是 "中"，但应有误。

表 7 – 35　卷十七《户部之三・户计・断例》（p. 621）

断例	十七	二十七	三十七	四十七	五十七	六十七	八十七	
州官占户供送粟麦米面柴草	州判	达鲁花赤、知州、同知						各解见任，期年后降先职一等叙用
县官占户供送粟麦米豆油草	簿尉	县尹						同前
录事司官隐占户计供送油菜			达鲁花赤					解见任，别行求仕
县吏占户取要差发						权司吏	请俸司吏	罢役
县官一面科差					主簿	县尹		俱各罢役。擅科差发，依公支用不追，人情钱用追给元主

表 7 – 36　卷三十五《兵部之二・军器・断例》（p. 1323）

断例		三十七	五十七	七十七	九十七	处死	
隐藏	甲	零散甲片，不堪穿吊御敌者，笞~	不成副，决杖~，徒一年		私有全副者		若有捉获隐藏军器合徒人数，取责明白招伏，照勘完备，自结案起解申部月日为始，权令本处带镣居作。如无作院，应当处官役，修理城隍、公廨，待报下决遣，通理月日，役满踈放
	枪或刀弩		不堪使用，杖~	四件以下，杖~，徒二年	五件以上，杖~，徒三年	私有十件者~	
	弓箭		不成副，杖~	四副以下，杖~，徒二年	五副以上，杖~，徒三年	私有十副者~	

表 7-37　卷四十四《刑部之六·诸殴》(p. 1635)

断例	罚俸	二十七	三十七	四十七	五十七	六十七	七十七	八十七	一百七
诸殴	殴所属吏，罚俸两月，一半没官，一半给付被伤人。品官相殴，各罚俸一十日没官	故殴无伤	拳手伤人	他物伤人	刀刃伤人	折指、折牙、眇目、毁缺耳鼻、破骨、汤火伤及秃髦，各决~	刀伤、他物折肋、眇两目、堕胎、秽物污头面，各决~	折跌支体、瞎一目者，各决~	损二事，因患致笃疾、断舌、毁败阴阳，各决~
诸人殴					军手县令面上打讫一拳，决~			弟为从，打伤亲兄，决~	弟为首，打伤亲兄，各依本法
辜限	手足殴伤一十日，他物殴二十日，刃及汤火伤三十日，折跌支体，破骨五十日。限内死各依杀人论。其限外，及虽在限内以他故死，各依本法								

表7－38　卷四十六《刑部之八·诸赃一》（ p. 1689 ）

断例	五十七	六十七	七十七	八十七	九十七	一百七	以至元钞为则
枉法：不满贯者，量情断罪，依例除名	十贯以上，至二十贯		二十贯以上，至五十贯	五十贯以上，至一百贯		一百贯之上～，应受宣敕并行追夺	今后因事受财，依条断罢。枉法者，除名不叙
不枉法：不满贯者，量情断罪，解见任，别行求仕	二十贯以上，至五十贯，注边远一任	五十贯以上，至一百贯，降一等	一百贯以上，至一百五十贯，降二等	一百五十贯以上，至二百贯，降三等	二百贯以上，至三百贯，降四等	三百贯以上，除名不叙	不枉法者，须殿三年，再犯不叙，无禄人减一等。吏人犯赃，终身不叙

表7－39　卷四十七《刑部之九·诸赃三》（ p. 1725 ）

断例	五十七	六十七	七十七	八十七	九十七	一百七	死
仓库官吏人等盗所守钱粮	一贯以下	十贯	每二十贯加一等。四十贯	六十贯	八十贯		
		一百二十贯，徒一年	每三十贯加一等，一百五十贯，徒一年半	一百八十贯，徒二年	二百一十贯，徒二年半	二百四十贯，徒三年	三百贯～
仓库人等盗窠官粮					犯人十石之下	十石以上，刺面	
					知情窠者十石以下	十石以上	
江淮河海运粮官吏、船户、梢工、水手人等妄称风水淹没船只					犯人十石之下	十石以上，刺面	
					知情窠者十石之下	十石以上	

续表

断例	五十七	六十七	七十七	八十七	九十七	一百七	死
车船人户用水搅拌掺和糠尘因而盗用官粮	本管官吏知情，不受分皆除名不叙						受分与盗粮人同罪，失觉察，验粮多寡究治
运粮船户	犯人十石之下	十石以上					
冒支粮料	本管官吏知情受分，或尅落十石之下	十石以上					除名永不叙用，失觉察者，验粮多寡究治

表7-40　卷五十一《刑部之十三·捕盗》（p. 1857）

断例	免罪	罚俸	七下	一十七	二十七	三十七	五十七	
捕盗三限	限内获贼数及一半者	限内不获强盗罚两月，窃盗罚一月	弓手一月不获窃盗，决~	弓手两月不获强盗，再决~。弓手两月不获窃盗，再决~	弓手两月不获强盗，再决~，弓手三月不获窃盗，再次~	弓手三月不获强盗，再决~		
盗贼不即救捕						长官以下，决~	捕盗官决，解见任，别行求仕	一起：职官已招，钦遇诏赦，罢役，除名不叙
巡捕失过盗贼						罢役，决~		
职官受财放贼	钦遇赦恩，除名不叙				弓手受财放贼	罢役，追赃没，决一百七下		

表7－41　卷五十二《刑部之十四·诈伪》（p.1887）

断例	四十七	五十七	六十七	七十七	八十七	杖一百	一百七	流远	处死	
诈传制书									犯人	
诈令旨				犯人						
伪造省印敕牒								为首		余人杖断
诈称监察		犯人								
伪造盐引					邻首失觉察			犯人		家产并给付告人充赏
伪造茶引								犯人		
伪造矾引										比同伪造省部印信，告捉人赏钞二锭
伪造税印					但犯					伪造颜色、酒记匿税者，亦如之。并许诸人告捕，得实，于犯人名下征中统钞一百贯充赏。物主知情，减犯人罪一等，其匿税之物一没官，于没官物内一半付告人充赏。不知情者免罪，物给元主。若捉人擅自脱放，减犯人罪二等，受财者与人同罪
诈认官物货卖										同真盗刺断
伪造历日										以违制论。告捕者，赏银一百两
伪造官文书		伪县引，从	伪县引，首							
诈称母亡										职官遇革释免，罢役不叙

断例	四十七	五十七	六十七	七十七	八十七	杖一百	一百七	流远	处死	
伪造印信	县印徒	县印，首					伪造行省印			延祐六年五月奏准新例：今后斟酌勾当轻重，一两个合处死的处死，合出军的交出军。同伴当来的，斟酌他每的罪过，比例加一二［等］*要罪过
行省令史诈传省官钧旨		犯人								罢役，别行求仕

说明：原文缺"等"，今补。

表 7－42　卷五十三《刑部之五十·诉讼》（p. 1899）

断例抹子	笞五十七	四十七	七十七一百七	流远	处死	
诸告人罪者，明注年月，指陈实事，不得称疑，诬告者抵罪反坐	越本管官司，~	诬告枉断，~				今后若有书画圆状保举官员，论诉公事，取问是实，钦依断罪。其余写立私约文字
无头圆状			但是写着名儿的，断~		写呵，起意的，交死者	告诉公事，量事轻重科罪
元告人走了呵，被论人至一百日，不生受那甚么？两个月尚远，不见呵，或一个月，或四十日不见呵，有勾当的便勾当去者					这般走了的状头，并虚告论人的，一两个~者	

续表

断例抹子	笞五十七	四十七	七十七一百七	流远	处死	
无头匿名文字				写的轻呵，将本人流远。他的媳妇、孩儿断与拿住的人，更赏钞五十锭	若是写的重呵，将本人敲了，将它媳妇、孩儿断与拿住的人，更赏钞一百锭	不曾见撒的人呵，不教告。随时败获者，依条处断。得书者，即便焚毁。将送人官，减犯人二等。官司受而为理，减二等

表 7-43　卷五十四《刑部之十六·杂犯一》(pp. 1959-1960)

断例		一十七	二十七	三十七	四十七	五十七	六十七	七十七	八十七	一百七
违枉	枉勘平民身死	县丞为从，决~，解任，期年降等叙	县尹为从，决~，解见任，期年降等叙	达鲁花赤主意，决~，除名，不叙						
	执民为盗禁死			达鲁花赤、治中，各决~，解见任，期年降等叙		知事又权司狱事，决~，罢职，除名，不叙			推官决~，除名不叙	县尉决~，仍与本路判署官吏均征烧埋银
违错	县官擅断军事		弓手决~	县尉决~	县尹决~，典史决~	司吏决~				
私役	影占弓手	骑坐弓手马匹者决~，标附过名。本管官吏不应应副者各减一等	除例应公差外，若有私役弓手者决~，三名以上加一等							

续表

断例		一十七	二十七	三十七	四十七	五十七	六十七	七十七	八十七	一百七
脱囚					获伪钞贼传令弓手监押,在逃强盗劫获在逃,司狱决~	失囚,走杀人贼,首领官决~	强盗劫狱逃走,牢子决~	押送贼在逃,监事人决失囚,走讫杀人贼,禁子决~,强盗劫狱在逃,押狱决~		
承告不即救捕				长官以下决~		捕盗官决,解见任,别行求仕				

违慢	起解昏钞违期		罚俸	七下	十七	二十七	三十七	四十七	一百七
		一季	提调路官~一月	首领官、州官	司吏、库官、首领官	司吏、库官			每季不过次季孟月
		二季	提调路官~二月		首领官、州官	司吏、库官、首领官	司吏、库官		十五日已裹起纳
		三季	提调路官~三月			首领官、州官	司吏、库官、首领官	司吏、库官	

表 7 - 44　卷五十六《刑部之十八·阑遗》（p. 2025）

断例	七下	一十七	二十七	三十七	
县官隐占孛兰奚人口		在家使唤			标注私罪过名
隐占孛兰奚鹰犬,背地放飞的				决	断没一半
走失马人,诸人收住,不送官者	一日	二日	三日		送兵马司,令人识认

表7-45　卷五十七《刑部之十九·诸禁》(pp. 2037-2038)

断例	一十七	二十七	四十七	五十七	六十七	七十七	八十七	九十七	杖一百	一百七	处死
诱略良人		关津所过失觉察者，首司失觉察者～，因而受财纵放，减人罪三等，仍除名不叙	务司无元卖契书，官司应税契，辄行税契，有司不应给据而给据，～，承告不即追捕不～，决～			假以乞养过房为名，引领牙保知情，略诱奴婢为妻妾子孙者，～徒一年半	和诱为妻妾子孙，决～，略诱奴婢，诱卖为奴婢一人者，各～徒二年	假以乞养过房为名货卖为奴婢者，～，和诱奴婢，略卖奴婢一人，略诱奴婢二人以上者，～各徒二年半		和同相卖为奴婢，各～略断，略买良人为妻妾子孙者，～徒三年，略卖良人为奴婢，一人，～略卖良人二人，杖，略卖而未卖二人，各流远	略卖良人二人以上
私宰马牛	亲民正官禁治不严，初犯罚俸半月，再犯一月，三犯笞	两邻知而不首		本管头目有失察者，决杖～		见杀牛马不行告官，恐吓钱物，有人告是实，决杖二十五，征钞二十五，两与告人充赏			正犯人决杖，征钞二十五两付告人充赏		

续表

断例	一十七	二十七	四十七	五十七	六十七	七十七	八十七	九十七	杖一百	一百七	处死
夜禁		无故犯者									
禁遗漏		烧自己房屋者～，止坐本家失火之家		延及人家及财物畜产			财物虽多，罪止				
禁刑	禁刑日宰杀者决～										
禁学枪棒				社长知情故纵	两邻知而不首	教师及学习人					
赌博钱物						犯人及开张兑房之家，各断决					
买卖毒药				人犯决杖，止坐见发之家	闲杂人根底卖与，不曾害人性命的，买的杖						明白知道卖与害人性命，卖的都交
禁私斟斗秤尺											

表7-46　《新集户部·钞法·倒钞》（p. 2267）

断例	一十七	二十七	三十七	四十七	六十七	七十七	八十七	九十七	一百七	一百七，徒一年	处死
钞库接假挑补倒昏钞罪名	知事，司吏依旧勾当	干连人	提调官，州尹，解任别仕	攒典~，革去	库使~，解见任，降先一等别仕，库子~，革去	库副~，解任降先二等职用，库子~，革去	描写昏钞人~，接揽假伪钞~，恐吓指钱~	知情收买假伪钞，~收接假伪钞~	同情收接假伪，倒换合干人~	挑补裤裰钞两	通同收假伪等钞，倒换合干人~

表7－47　《永乐大典》所见《元典章》残文（pp. 2271－2272）

断例	站赤免罪	罚俸	二十七	三十七	五十七	六十七	七十七	一百七	处死
诈骑铺马	次二、第三起站官不曾回马札子，倒换与铺马		为头不曾盘同起马札子，应付与铺马，站官决～	直日管站官决～	脱脱禾孙盘同后纵令在逃，决～		站司决～	诈称大王位下使臣倒换铺马，取要饮食，决～	诈称使臣文字，骑铺马及诈传圣旨，正犯人～
借骑铺马		品官借与，罚俸一月，诸人徒二年				骑铺马的人决～			
背站驰驿	经由两站，不系正路，量情决四十七下				在逃站户	逃去了站户，拿将来，打七十七，欠下差发交纳			
失去铺马札子	兀剌赤背着官匣内不见了札子一道，打九十七下				站赤偷盗官物	偷盗本站顿放系官布匹，分户各站晓谕			

资料来源：《元典章》，陈高华等点校，中华书局，天津古籍出版社2011年版，"附录（一）·文书补遗"。

以上 14 个图表内容显示，"断例"在本质上是量刑等级，是刑事量刑法律表达的一种形式。因此，定罪量刑时的量刑等级规则标准，是"断例"的原义。

（二）《元典章》中使用"断例"的具体法律

"断例"作为元朝两大基本法律形式之一，在元朝一般法律中具体使用如何？接下来，笔者对《元典章》中 21 条以"断例"为名的法律逐一考察，以揭示其在日常法律使用中的情况。

通检《元典章》中以"断例"为名的法律，具体如表 7 - 48 所示。

表 7 - 48　《元典章》中以"断例"为名的法律

		卷数	法律内容	形式	确立的法律内容
1	焚夫尸嫁断例*，p. 668	《户部四·婚姻·服内婚》，卷 18	至元十五年潭州路奏阿陈诉表嫂阿吴焚夫尸改嫁案	判例	确立相关焚夫尸改嫁属于违律成婚，改嫁人受处罚的量刑等级
2	户绝家产断例，p. 682	《户部五·田宅·家财》，卷 19	至元八年南京路张阿刘继承诉讼案	判例	确立户绝户出嫁女财产继承份额
3	买卖蛮会断例，p. 741	《户部六·钞法·伪钞》，卷 20	延祐六年江浙行省等地方百姓仍沿用和制造宋时交会案	成文	确立制造宋朝和使用宋朝交会的违法量刑原则
4	买使挑钞断例，p. 745	《户部六·钞法·挑钞》，卷 20	皇庆元年湖州路许季二挑钞案	判例	确立挑剜补凑宝钞以真作伪量刑原则
5	侏儒挑钞断例，p. 746	《户部六·钞法·挑钞》，卷 20	延祐二年临江路萧真挑造钞案	判例	确立侏儒挑造宝钞的量刑原则
6	食践田禾断例，p. 931	《户部九·农桑·劝课》，卷 23	至大元年禁止诸王驸马人员外出让马食践田禾庄稼	成文	确立犯此类行为量刑原则
7	借骑铺马断例，p. 1295	《兵部三·驿站·违例》，卷 36	至元四年东平路马户崔进诉恩州太守石璘借铺马案	判例	确立官员无故借骑铺马的量刑原则
8	背站驰驿断例，p. 1296	《兵部三·驿站·违例》，卷 36	至元二十四年回回令史法鲁沙背站骑马案	判例	确立违法站骑铺马量刑原则

续表

		卷数	法律内容	形式	确立的法律内容
9	奸八岁女断例，p. 1519	《刑部七·诸奸·强奸》，卷45	皇庆元年绍兴路姚细僧强奸案	判例	确立强奸幼女量刑原则
10	借使官吏俸钱断例，p. 1590	《刑部九·诸赃二·侵使》，卷47	至元二十七年刘从恕侵占官钱案	判例	确立官员侵占官钱的量刑原则
11	处断盗贼断例，p. 1634	《刑部十一·诸盗一·强窃盗》，卷49	延祐二年偷盗犯罪量刑问题立法	成文	确立不同类型偷盗行为的量刑原则
12	蒙药摸钞断例，p. 1680	《刑部十二·掏摸》，卷50	大德十一年李广志用药迷吴仲一后偷钞案	判例	确立使用迷药偷窃财物处罚原则
13	诈骑铺马断例，p. 1737	《刑部十四·诈伪·诈》，卷52	至元三十年刘斌诈骑铺马案	判例	确立诈骑铺马的量刑原则
14	奴诬告主断例，p. 1766	《刑部十五·诉讼·诬告》，卷53	至元三年高德禄诬告主人案	判例	确立奴婢诬告主人的量刑原则
15	刑名枉错断例，p. 1820	《刑部十六·杂犯一·违错》，卷54	大德九年廉阿罗诉儿子被枉打致死案	判例	确立官员审理案件中冤枉他人的量刑原则
16	昏钞不使退印断例，p. 1840	《刑部十六·杂犯一·违例》，卷54	元贞二年平准行用库提领李成、大使程福等人不退昏钞案	判例	确立官吏在此类犯罪行为中的量刑原则
17	杀羊羔儿断例，p. 1896	《刑部十九·诸禁·禁宰杀》，卷57	至元二十八年制定宰杀羊羔法律	成文	确立宰杀羊羔的处罚原则
18	抹牌赌博断例，p. 1912	《刑部十九·诸禁·禁赌博》，卷57	元贞元年闫僧往、郑猪狗抹牌赌博案	判例	确立赌博量刑原则
19	禁断金箔等物断例，p. 1975	《工部一·造作一·杂造》，卷58	至大四年立法禁止使用金箔等物制造器物	成文	确立违法者量刑原则
20	偷船贼断例，p. 2170	《新集·刑部·诸盗·偷盗》	延祐五年宣城县武多儿偷盗陈荣祖木船案	判例	确立偷盗船只量刑原则
21	戳剜双眼断例，p. 2213	《新集·诸殴·殴伤眼目》	至治二年舒杞八唉使舒信三甲奴刺戳挖舒寓一双眼案	判例	确立此类行为的量刑原则

说明：*此条在《刑部三·不义·焚夫尸嫁断例》中有重复，具体见第1412页。

　　表 7 - 48 是《元典章》中以"断例"为名的具体法律,共有 21 条。在这21 条以"断例"为名的法律中,以个案为载体的有 16 条,以成文法为载体的有 5 条,其中第 11 条是法律文件的名称,下由多条具体法律条文组成,而不是某条法律的名称。分析这 21 条法律,有 20 条属于刑事法律,属于"律"的法律范围;仅有 1 条,即第 2 条,是家庭继承法律而非刑事法律。所以,元朝"断例"在日常使用中主要是指刑事法律,其以个案为主的构成特征在《元典章》中亦得到体现。

四　《刑统赋疏》和《无冤录》中所见"判例"

　　元顺帝年间,元人沈仲纬对宋人傅霖的《刑统赋》进行了全面注疏。沈仲纬注疏的最大特点是改变了元初《刑统赋解》的结构和所引法律,两者构成了元朝对《刑统赋》解释上的两大特色,体现了元朝不同时期法律所宗的指向。具体来看,《刑统赋解》所宗的是金《泰和律义》,《刑统赋疏》所宗的是《唐律疏议》。《刑统赋解》写明所注的人是元朝东原人郗韵释,王亮增注。然而分析"解"和"歌"以及"增注"所引用的法律,会发现"解"和"歌"的内容是金朝《泰和律义》的内容,"增注"是元朝当时的法律,其成为现在了解《泰和律义》的重要法律文献。《刑统赋疏》在"解"部分所引内容现在可以确定是《唐律疏议》,而不是金朝《泰和律义》;"通例"所引和总结的法律是元朝当时法律。现在可以确定,《刑统赋解》是元初期的成果,《刑统赋疏》是后期成果。《刑统赋疏》所体现出的"法律精神"是唐朝《唐律疏议》的精神,整个解释也以《唐律疏议》的原则作为指导。

　　沈仲纬的《刑统赋疏》现在虽然有几个地方缺失他作的具体解释,但通观现在所存的"通例"部分内容,具体引用的元朝法律基本上全面反映了元朝的法律形式和特点。《刑统赋疏》中八韵下的"通例"部分共引用了当时有效法律 162 条,其中 90 个是具体案例。除《至正条格》、《通制条格》和《元典章》外,《刑统赋疏》是全面反映元朝法律结构和内容的重要法律史料,但因为此法律多为刑事和诉讼方面的内容,没有很好反映民事、行政等方面的内容,让收集的内容存在不足。

　　对《刑统赋疏》的特点,元人杨维桢在"序"中有说明,他称赞该书是"吴中沈仲纬氏为郡府掾,独能尽心于例事,指明霖意,取其则赋,章分句解,又以本朝律款,会而通之,辩取其要,无不中隙。待论厚而诗书者乐闻,

演义白而俗胥所共晓，析类例最精而大吏者取信"。①《刑统赋疏》共有八韵的
"通例"部分法律条文，具体结构如表7-49所示。

表7-49　　《刑统赋疏》"通例"部分法律条文的结构

	第一韵	第二韵	第三韵	第四韵	第五韵	第六韵	第七韵	第八韵	总数
个案数（个）	1	23	15	11	11	10	12	6	89
条文数（条）	3	40	27	21	18	21	19	12	161

《刑统赋疏》中有明确称为"断例"的法律，如第二韵中的"刑异五
等"，在"通例"中引用了延祐二年（1315）三月的"盗贼断例"，内容是
"强盗持杖伤人的，虽不得财，皆斩死"；②第四韵"言其变，则或严未得之
始"中的"通例"引大德五年（1301）"盗贼断例"，内容是"强盗持杖，但
伤人者，虽不得财，皆死；不曾伤人者，不得财徒二年半；谋而未行者，于
不得财罪各减一等坐之。盗库藏钱物者，比常盗加一等。赃满至五百贯以上
者，远流"。③这两处引用的"断例"与《元典章》记载是一致的，体现的是
定罪量刑问题。

根据笔者检考，元朝现存法律史料中，王与的《无冤录》收录的法律虽
然只是元朝法医检验的法律，但其中有6条是由具体个案构成，属于判例。
《无冤录》是元朝现存的重要法律史料之一。

《无冤录》的上卷收录了大量与检验有关的法律，共17条，其中6条是
判例。且所收法律都是当时生效的法律，因为书中有"伏见省部通行"。"通
行"在元朝是指具有普遍效力的法律，与宋朝的"海行"是同义词。《无冤
录》所收法律中判例的情况具体如下：

　　2.7.12 大德十一年（1307），磁州成安县田云童殴弟误伤母死，
　　伊舅耿瑞告县，达鲁花赤太帖木儿推抑不受。刘主簿受而为理，太
　　帖木儿等检尸受赃，验作风气病死。本州张知州觉举其事，直申省

---

① （元）沈仲纬：《刑统赋疏》，载沈家本编《枕碧楼丛书》，知识产权出版社2006年版，第
　169页。
② （元）沈仲纬：《刑统赋疏》，载沈家本编《枕碧楼丛书》，知识产权出版社2006年版，第
　176页。
③ （元）沈仲纬：《刑统赋疏》，载沈家本编《枕碧楼丛书》，知识产权出版社2006年版，第
　193页。

部，太帖木儿等计赃论罪，田云童结案待报，张知州辨明恶逆，优加升用。①

2.7.13 至元六年（1269）十二月二十五日，平阳路臧彦松因斗踢死姬进，省部定罪合行处死，缘臧彦松父年七十六岁，别无兼丁，拟杖五十七下，征给烧埋银两，于至元八年十月二十日奏准断决。以此参详，凡犯徒以上罪名，如亲老无侍者，拟合比附断过事例申详，使养亲老。②

2.7.14 至元十五年（1278）五月，中书兵刑部为中牟县樊润告男妇喜仙自缢身死，初检官主簿李伯英据喜仙母阿白等告，委是自缢身死，别无他故，情愿收埋。本官准告免检，责付尸亲安埋。取到李伯英不合准告，违错招伏。省部相度，既是自缢身死，别无他故，情愿将尸安埋，初检官虽有准告免检，罪犯合从本路省会免罪。③

2.7.15 元贞二年（1296）九月，江西行省为端州路申上高县李伯盛告刘二落水身死，安埋了当，赵县尹开棺检验违错；高安县陈显告陈德一被王俊卿打死，安埋了当，本县移准所委官牛县丞牒，若便发冢开棺检验，诚恐未应。奉省札取问，不行催督检验违错。参详莫若今后但有人命，虽已安埋亦合开检，庶望事有证验，情无疑似等事。移准中书省咨送刑部议得：人命至重，合验尸伤。却缘埋有月日远近，时有寒暑不同，况人情万状，所犯各别，似难一概定论。以此参详：拟合临事详情区处相应。都省准拟，请照验施行。④

2.7.16 大德四年（1300）九月，江西行省札付，据袁州路申，为宜春县钟元七身死事照得：先据本路备萍乡州申彭阿夏告大彭季八身死公事，委官开棺，检得皮骨消化，骨殖显露，难以检验。移准都省送刑部议得：自来亦无检骨定例。参详：合依已行事理，详情区处。已经行下本路，依上施行去讫。今据见申，不见凭何典例

① （元）王与：《无冤录》卷上，"张知州辨明恶逆"，载沈家本编《枕碧楼丛书》，知识产权出版社 2006 年版，第 237 页。
② （元）王与：《无冤录》卷上，"亲老无侍犯徒以上罪名"，载沈家本编《枕碧楼丛书》，知识产权出版社 2006 年版，第 237 页。
③ （元）王与：《无冤录》卷上，"自缢免检"，载沈家本编《枕碧楼丛书》，知识产权出版社 2006 年版，第 243 页。
④ （元）王与：《无冤录》卷上，"开棺临事区处"，载沈家本编《枕碧楼丛书》，知识产权出版社 2006 年版，第 243 页。

将骨检验定执致命根因。省府合下仰照验照勘明白，将行凶人一干
人等研穷磨问钟元七端的致命根因，取责各各照准实词，追究完备，
牒审无冤，依例结案。仍取不应检骨违错招状申省。①

2.7.17 至元五年（1268）六月，尚书刑部为淄莱路淄阳县刘聚因争
地殴打刘开身死，有本县官吏检尸怠慢罪犯。本部议得：达鲁花赤县尹
主簿交互相推，以致往复迟慢，拟笞四十，赎铜。典史、司吏事由官长，
不合治罪。呈奉都省准拟，各官罚俸，典史、司吏各免罪。②

五　《经世大典·宪典·验尸》遗文所见"判例"

《经世大典·宪典》是元朝中期编撰的重要法典，现存《永乐大典》残本
第 914 卷中可以看到"验尸"遗文。"验尸"抄录了元朝与检验有关的法律，
共有 16 条，并抄录了 22 个当时具有法律效力的判例。分析《永乐大典》中
"验尸"的相关法律，会发现《经世大典·宪典》是把判例法与成文法的内容
抽象出来，进行成文法典式的立法。在抽象出来的每条法律下，把来源的判
例和成文法抄录在下面，如第 1 条就由四个具体案例事实抽象出来。第 16 条
是由"检尸式"中 4 条成文法整理综合而成，属于宋朝法律中"式"类法律；
其他 15 条属于与"验检"有关的法律。15 条中共有 19 个具体判例。《经世大
典·验尸》遗文的 16 条法律中，共有 10 条是《经世大典》独有，其中"判
例"中 11 个个案是此处独见。遗文成为了解元朝法律十分重要的史料。

通观元朝以上现存的不同法律史料，对元朝断例、判例及法律形式都能
得出较为真实的结论。若用成文法与判例法来分析元朝法律形式的话，元朝
是混合法时期。它的法律中成文法与判例法并存，而且判例成为国家公开承
认的法律形式。元朝"条格"与"断例"两种法律分类体系并不是当时成文
法与判例法的分类体系。"条格"与"断例"的分类体系是继承发展秦汉至隋
唐时期，刑事与非刑事法律分类下形成的律令分类体系及宋朝形成的律敕和
令格式分类体系的新法律分类体系。总之，元朝的"断例"与"条格"是中
国古代刑事法律与非刑事法律分类体系的新形式，而不是判例法与成文法的
分类形式。认清这一点，对把握元朝"断例"与"条格"至关重要。

---

① （元）王与：《无冤录》卷上，"检验骨殖无定例"，载沈家本编《枕碧楼丛书》，知识产权
出版社 2006 年版，第 244 页。
② （元）王与：《无冤录》卷上，"检复迟慢"，载沈家本编《枕碧楼丛书》，知识产权出版社
2006 年版，第 244 页。

第八章 断例在元朝法律体系中的地位

通过上文的分析，可以确定元朝"断例"本身不是现在法律术语中"判例"的同义词。"断例"本身在元朝主要指与刑事法律有关的法律，在内容上是指量刑的原则和具体等级。只是元朝"断例"在确立量刑原则时，存在通过具体个案和成文法两种表达方式，其中通过个案判决确立量刑原则的部分按现在的法律形式属于判例法。其实，元朝的"断例"，在本质上更体现了中国古代司法适用技术上的特征，而不是现在西方普通法系下判例法的特征。当然，作为一种法律术语，"断例"在元朝有时也具有"判例"的含义，如"王解愁强奸李道道断例"中，① "断例"就是判例的同义词。

一 元朝成文法与判例法的结构问题

元朝"条格"和"断例"在判例法上是"条格"判例所占比例低于"断例"，构成了两者在判例上的差异。在现存的《至正条格》残本中，"条格"有 373 条，以个案形式表达的有 36 条，占总数的 9.65%；《通制条格》残本中，"条格"有 653 条，以个案形式表达的有 114 条，占总数的 17.46%。两部残本的"条格"判例所占比例都低于"断例"判例所占比例，且"条格"以成文法为主，其中单行法是主体，其所占比例也较"断例"高。

此种情况在《元典章》中也有同样的体现。对《元典章》中成文法与判例法的情况进行比较，会发现元朝法律中成文法与判例法的一般关系。《元典章》共有 10 部分，即诏令、圣政、朝纲、台纲、吏部、户部、礼部、兵部、刑部和工部，其中"前集"有 2409 条文书，"新集"有 227 条文书，两者共计 2636 条文书。根据统计，在 2636 条法律文书中以个案形式存在的法律文书共有 782 条，其中"前集"有 682 条，"新集"有 100 条。这样，《元典章》中以个案形式存在的条文占 29.67%。《元典章》中个案的分布情况如表 8 - 1 所示。

---

① 《元典章》卷 45《刑部七·诸奸·强奸·强奸幼女处死》，中国广播电视出版社 1998 年版，第 1654~1655 页。

表8-1 《元典章》中个案的分布情况

		诏令	圣政	朝纲	台纲	吏部	户部	礼部	兵部	刑部	工部
前集	总数（条）	35	266	9	43	331	514	159	216	752	84
	个案（条）	0	0	0	0	12	122	16	14	516	2
	比例（%）	0	0	0	0	3.63	23.74	10.06	6.48	68.12	2.38
新集	总数（条）	5	0	18	0	40	47	8	10	95	4
	个案（条）	1	0	1	0	18	16	3	2	59	0
	比例（%）	20	0	5.56	0	45	34.04	37.5	20	62.11	0

"新集"中以个案形式存在的法律共有100条，其中户部16条，刑部59条，在"新集"227条法律中，刑部共有95条，户部共有47条。刑部95条中以个案形式存在的有59条，比例为62.11%，户部47条中以个案形式存在的有16条，比例为34.04%。

分析上面三部法典中以个案形式存在的条文情况，元朝"断例"部分中个案构成了法律形式的主体。《至正条格·断例》所存部分中个案占整个"断例"条文的54.85%。但从目录上看，《至正条格·断例》中涉及《元典章·刑部》中《贼盗》、《斗讼》、《诈伪》、《杂律》和《断狱》这些篇名中的内容没有保存下来，无法统计。若从《元典章》看，这几个部分不仅数量多，而且是判例最集中的篇章。这种情况在《至正条格·断例》中也应同样如此，那么《至正条例·断例》中判例的比例应该会更高。

下面对元朝重要法典的刑事部分涉及个案的情况进行统计，具体如表8-2所示。

表8-2 元朝重要法典中"断例"部分的个案所占比例情况

数量 \ 法典	《至正条格·断例》	《元典章·前集·刑部》	《元典章·新集·刑部》
条文总数（条）	423	752	95
判例数（个）	232	516	59
比例（%）	54.85	68.62	62.11

表8-2的数据表明，元朝判例在"断例"或者刑事法律中所占比例在50%~70%，构成了刑事法律的主体。

元朝法律中"条格"部分的个案与成文法的结构情况具体如何呢？《通制条格》和《至正条格》中"条格"部分内容主要集中在《元典章》的吏部、

户部、礼部、兵部和工部五部分之中，共有1304条，若加上"朝纲"和"台纲"，共有1356条。《元典章》中用个案形式表达的条数是166条。个案所占比例，按五部1304条计算，占有12.73%；按七部1356条计算，占12.24%。《通制条格》、《至正条格》、《元典章·前集》和《元典章·新集》中，"条格"部分的个案所占比例情况具体如表8－3所示。

表8－3　元朝重要法典中，"条格"部分的个案所占比例情况

数量　　　法典	《通制条格》	《至正条格》	《元典章·前集》		《元典章·新集》	
			七部分	五部分	七部分	五部分
总条文数（条）	653	373	1356	1304	166	148
判例数（个）	114	36	166	166	16	16
比例（%）	17.46	9.65	12.24	12.73	9.64	10.81

可以看出，"条格"中判例所占比例较小，在9%~20%。从上文对"条格"分析看，特别是从《元典章》的情况看，"条格"部分中个案主要集中在"户部"部分，《元典章·前集》中个案占到"户部"总条数的23.74%，《元典章·新集》中个案占到"户部"总条数的34.04%。这种情况在《通制条格》中也同样存在，《通制条格》中属于"户部"部分的个案所占条文的比例较其他部分高。

总之，通过上面的统计分析可以看出，元朝法律形式中，判例构成了法律的重要组成部分。"条格"和"断例"中既有判例法，也有成文法，其中成文法主要集中在"条格"中，判例法主要集中在"断例"中。"条格"与"断例"的基本区别是："条格"是非刑事法律，包括现在的行政、民事和诉讼；"断例"是刑事法律。元朝的两部法典，《大元通制》和《至正条格》在法律形式上都由成文法和判例法两种形式组成。元朝"断例"中判例法所占比例高达50%~70%，"条格"在9%~20%；"条格"中判例主要集中在"户部"部分，达20%~30%。所以说，元朝判例法主要集中在刑事法律中是可以成立的，但不能得出元朝判例法仅存在于刑事法律中，因为非刑事法律中同样存在大量的判例法。元朝断例主要集中在刑事部分，其实早有学者指出。宫崎市定在研究《元典章》时就认为"《元典章》还含有数量很多的断例，这是最有趣味的部分，多数收录在《刑部》中"。① 这是因为元朝在建立

① 〔日〕宫崎市定：《宋元时期的法制与审判机构》，载杨一凡、〔日〕寺田浩明主编《日本学者中国法制史论著选·宋辽金元卷》，中华书局2016年版，第77页。

初期主要适用金《泰和律义》的罪名和刑名，此后主要适用《唐律》，国家主要是对不同类型的案件进行定性和量刑等。于是，这种法律变化以司法判例的形式来解决，最为方便、有效。

二　元朝"断例"的性质

"断例"在元朝法律术语中有两层含义，即作为法律概念和作为法律形式。作为法律概念，"断例"指的是刑事法律中的量刑问题；作为法律形式，"断例"是指刑事法律。对元朝"断例"具有两种不同含义，日本学者较早就指出："这一纲目，也包括两种不同性质的法规，即判例与统一的刑事法规（相当于'律'的法规）。"① 当然，安部健夫由于没有从法律形式变迁的角度理解元朝"断例"的性质和载体形式两个不同的内容，导致把"断例"在法律性质和法律形式上混在一起来讲。当然，他最大的贡献是正确地指出了"断例"在元朝法律性质上是属于"律"类，且在法律载体形式上主要由判例构成。现在可以确定，"断例"不管是作为法律术语还是法律形式，基本含义都是刑事法律而不是判例，与之最相近的中国古代法律术语是"律"、"刑"，而不是现在法律术语中的"判例"。这与学术界的理解存在差异，因为学者普遍认为"断例"是判例。② 作为刑事法律的元朝"断例"与其他朝代的差别是把范围缩小了，把以前属于刑名与断狱的很多程序内容归入"条格"的《狱官》中，这种分类改变了"律"的内容，使断例的内涵更加精确。按现在法律分类就是把刑法总则和刑事诉讼中的大量内容调整入"条格"中。元朝的断例与判例两者是有区别的，虽然断例的构成主体是判例，但不是全部。判例在元朝是基本法律载体，不管在"条格"还是在"断例"中都存在判例。当然，从现在可以见到的史料看，判例主要集中在"断例"中。若按六部法律分类体系，主要集中在"户部"和"刑部"中，户部主要涉及行政、税收、民事等法律，刑部主要是刑事法律。总之，元朝"断例"是与刑事有关的法律总称，是"律"的一种新称谓。元朝断例、条格与判例法的关系

---

① 〔日〕安部健夫：《〈大元通制〉解说——兼介绍新刊本〈通制条格〉》，载杨一凡、〔日〕寺田浩明主编《日本学者中国法制史论著选·宋辽金元卷》，中华书局 2016 年版，第 141 页。

② 如殷啸虎在《论〈大元通制〉"断例"的性质及其影响——兼与黄时鉴先生商榷》一文中认为："《大元通制》的'断例'就其性质与内容而言，是在吸收、借鉴传统立法经验与成果的基础上，将那些在长期的司法实践中形成的具有典型意义的判例和事例以及通则性的规定，按照旧律的体例进行汇编整理而成的。从法律形式与内容来看，是成文法与判例法的结合。"（《华东政法学院学报》1999 年第 1 期）

具体见图 8 - 1。

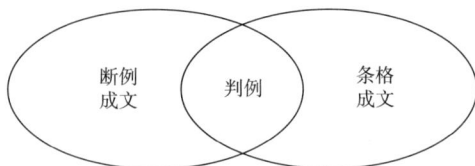

图 8 - 1　元朝断例、条格与判例法的关系

从图 8 - 1 可以看出，"断例"和"条格"两者的区别是调整对象不同，而不是法律载体的形式。

三　元朝"断例"的特征

通过上文对"断例"的考察，可以解释《至正条格》中为什么"断例"类下不全由具体判例组成。从现存《至正条格·断例》部分的法律内容看，主要涉及定罪量刑的具体问题，但在条文表现形式上存在判例和条文两种。"条格"部分虽然也有判例和条文两种形式，但判例确立的不是定罪量刑的具体问题，多是涉及某一制度的创制和规制问题。如《假宁·给假》中有至元十四年十二月二十九日："中书省奏'在先，初十日、二十日、三十日，每月三次假有来，如今，初一日、初八日、十五日、二十三日、元命日，这日数里放假呵，怎生？'奏呵，奉圣旨：'那般者。'"① 从这里可以看出该法是规定每个月公职人员的假日，而不是定罪量刑问题。在"条格"中的具体判例同样如此，如"典卖田产"法是由两个具体判例组成，分别是至元二十八年（1291）十二月保定路军人崔忠诉请返回田产案和至大元年（1308）十月冠州张著诉讼元非法转让桑枣地案。两案都没有涉及罪名和量刑问题，前案确立因灾抛荒土地原主所拥有的返回请求权，后案确立在田产典卖中军户应遵守的法律，具体是"诸军户典卖田宅，先须于官给据，明立问账，具写用钱缘故，先尽同户有服房亲并正军贴户，如不愿者，依限批退，然后方问邻人，典主成交"。此外，元贞元年（1295）十一月陕西行省安西路普净寺僧优吉祥诉西邻王文用案和泰定二年（1325）六月上都大司农司诉亦思马因卖房院案，则分别确立了在田产、房产等不动产交易中僧道寺院、官衙与百姓不得确认

---

① 《至正条格》卷 32《条格·假宁·给假》，韩国学中央研究院 2007 年版，第 125 页。

为"邻人"的法律问题,① 即他们不构成不动产交易中的"邻人",没有优先购买权。相反,《至正条格》中的"断例"部分,不管是涉及判例还是条文,都与量刑问题有关。如泰定元年(1324)二月前卫百户太不花案是因为前卫百户太不花因公差到大都卫宿,结束后不按时返回军营,而是私自回到乐亭县老家达十二个月之久才回到军队,于是对他采用"拟合笞三十七下,罢职别叙"的惩罚。② 此判决确立了此类行为的具体量刑问题。在具体条目中,如《关防漕运》和《漕运罪赏》下,前者有十一条,后者有二十四条,两者内容都涉及定罪量刑问题,其中对相关罪名的具体量刑问题是该法的基本内容。元朝"条格"与"断例"的关系是,前者创制制度,后者定罪量刑,而不是指前者是法条,后者是判例。两者的区别在功能上,而不是载体形式上。

　　元朝把隋唐、宋时期的律、令、格、式、敕、申明等法律形式纳入了"条格"和"断例"中,其中"条格"主要是积极性规范,"断例"主要是消极性规范。两种法律形式都由条文和判例组成。在元朝法律形式中,"条格"与"断例"的基本内容是条文与个案,这是元朝法律表现形式中的特殊所在。从《大元通制》和《至正条格》的内容看,"条格"属于非刑事法律类的法律规范,"断例"属于刑事法律规范。当然,不能说"条格"是行政法,因为"条格"的调整对象也包括行政、民事等非刑事法律内容。元朝"条格"与"断例"的分类还与它们的篇目结构有关。元朝"条格"部分的篇名结构和命名是以唐宋金时期令格式的篇名为继承对象,特别是对金朝《泰和令》篇名的继承,仅增加了"站赤",而"断例"的篇目却沿用唐宋时期律敕法典的十二篇。若从两者的篇目结构看,可以说元朝"条格"是唐宋金时期的"令典","断例"是唐宋金时期的"律典"。这样我们对元朝"条格"和"断例"的性质和内容在认识都发生了变化,因为两者分别是元朝的非刑事法律与刑事法律,或说是"令"和"律"两种法律的另一种表达形式,只是它们吸收整合的法律形式比较广。"条格"整合了唐宋时期的令、格、式、申明等所有与非刑事有关的法律;"断例"整合了唐宋时期的律、敕、申明等与刑事有关的法律。这种法律形式变迁的最大作用是把唐宋金时期越来越繁杂的法律分类简化成两个简单的分类形式,让国家立法更易于分类,适用更加方便。从两者的标准看,区分也较易操作。这是中国古代法律形式从繁入简的历史结

---

① 《至正条格》卷26《条格·田令》下"典卖田产"、"僧道不为邻"和"公廨不为邻"条,韩国学中央研究院2007年版,第66~67页。

② 《至正条格》卷13《断例·交换不即还营》,韩国学中央研究院2007年版,第311页。

果。所以对元朝法律不能简单认为是一种汇编而不是编撰，元朝在"条格"与"断例"的编撰上是有明确标准的。一些单行法律中若同时有非刑法、刑法的内容，在编撰时则往往按标准分开，按"条格"与"断例"的标准将其归类到各自的篇名下。如有学者考察过至大四年（1311）《仁宗皇帝登宝位诏》后附有 28 条具体成文法，现在考证出来共有 6 条被编入《至正条格》中。这 6 条按"条格"和"断例"的标准，有 4 条编入"条格"，2 条编入"断例"。① 此外，金文京和刘晓分别考察了两个法典中分类发生变化的问题。刘晓考察两法典后，考证出 10 条法律从《大元通制·条格》中被重新分入《至正条格·断例》中。② 重新分类的原因是这 10 条法律都属于刑事法律，所以才按标准进行重新归类。这里的考证正好说明《大元通制》与《至正条格》在"条格"与"断例"分类上的标准和特征。随着时代发展，在运用中越来越严格执行两种法律的分类标准。

四　元朝判例成为法律的主体

与中国古代其他王朝相比，元朝法律体系的重要特征是判例法构成了法律的主体。《经世大典·宪典》部分以前被认为是成文法，从现存《永乐大典》"验尸"遗文看，其 16 条成文法表述粗糙，法条后却附有大量具体生效的判例。这 16 条法律由 22 个判例和 2 条成文法提炼而成，如第一条就由 4 个具体个案提炼而成：

> 一、诸检尸，有司故迁延，及检覆牒到不受，以致尸变者，正官笞三十七，首领官吏各四十七。其不亲临，或使人代之，以致增减不实，移易轻重，及初覆检官相符同者，正官随事轻重论罪黜降，首领官吏各笞五十七下罢之，仵作行人杖七十七，受财者以枉法论。官吏但犯者，虽会赦罢职，记过。本路仍别置籍，合推官掌之。遇所部申报人命公事，随时附籍检举驳问，但因循不即举问，罪及推官。无推官者，令长司首领官掌之。廉访司行部，所至严加审察。
>
> 1. 元贞元年（1295）九月，御史台呈，衡山县王庚二打死陈大十七，县丞王立不亲临检验，转令司吏蔡朝用代之。本吏受财以重伤为轻伤，妄作风中而死。据王立所犯，拟笞三十七下，解见任。

---

① 参见〔日〕植松正《元代条画考（七）》（《香川大学教育学部研究报告》）和刘晓《〈大元通制〉到〈至正条格〉：论元代的法典编纂体系》（《文史哲》2012 年第 1 期）。
② 刘晓：《〈大元通制〉到〈至正条格〉：论元代的法典编纂体系》，《文史哲》2012 年第 1 期。

都省准拟。

2. 大德六年（1302）三月，刑部呈，邹平县黄成告王伴儿，因上树压折树枝掉下摔死。县尹张享、典史宋宥，不即躬问，又不亲临检尸。仵作行人陈全，却将王伴儿作踢死检验。辄凭取讫，黄成弟黄喜儿曾于王伴儿右腮连耳，并阴间踢伤身死招伏。及移委隶州推问得王伴儿委因上树压折树枝掉下摔死。县尹张享笞五十七，降先职一等，期年后复叙，典史宋宥、司吏刘居敬依例科断。罪遇原免，依上降罢。都省准拟。

3. 大德六年（1302）三月，中书所委官呈，庐江路含山县梅张保患丁肿而死。梅开先妄告赵马儿路踢死。初检官含山县达鲁花赤众家奴，覆检官历阳县尉侯泽并不亲临监视，止听从仵作行人刘兴、王永兴定验，梅张保作脚踢身死。屈令赵马儿虚招，及赵文通称冤，委官绲问得梅张保却系患丁肿身死，具上其事。中书下刑部议：各官所犯，罪经释免，合解见任，别行求仕，记过刑书。都省准拟。

4. 大德七年（1303）正月，御史台呈，广西廉访司申，刘子开告大德五年六月弟刘子胜买香货，至八月十七日经过远江务，被大使吴让将所执往，杖殴死。初覆检官临桂县尹张辅翼、录事司达鲁花赤秃哥伲作服毒身死。取具各官招词，罪过原名，比例解见任，斯年复，降先职一等，杂职内叙，过过刑书。都省准拟。①

分析提炼出来的成文法，若与《唐律》、《庆元敕》等的条文相比，从表达到用语都十分原始，基本是原来法律的简单整理。

对此，《经世大典·宪典》在"序言"中有明确说明。《经典大典·宪典·附录序》中有：

> 《宪典》之有附录何？议法者有沿革之不伦，建言者有作辍之不一，载之则非今日之循行，削之则没一代之典故。于是，事可入例者录于前，事难遍举者附于后。至于用罚之重轻，有上下之比附；论人之淑慝，有始终之异同；善恶之彰瘅，枉直之举错，具存于是，而公论自着焉。此附录之所由作也。嗟夫！治具百端，性初一致。齐其末唯见其略，揣其本不胜其烦。有志德礼之君子，尚鉴于

---

① 《永乐大典》卷914，中华书局1986年版，第8662页。

兹哉。①

　　从此可以看出，《宪典》在严格意义上分为"正文"与"附录"两个部分。"正文"是编撰者根据生效的判例和成文法整理出来的成文法，"附录"则是把生效的各种判例和成文法附在整理的成文法后面。"附录序"中的"例"多指判例，而不是一般意义上的"例"。《宪典》中抽象出来的成文法，在用语和行文上都十分粗糙，很多条文甚至可以说是繁杂而不准确的。这从本书附在后面的 16 条《经世大典》遗文中可以看出。若把《经世大典》中《宪典》部分与唐朝至清朝时期的其他法典相比，会发现在成文法典的立法水平上，《宪典》是十分不成熟的，就是与元初《至元新格》相比，差距都很大，更无法与《唐律》、《大明律》、《大清律例》等相比。当然，《宪典》在具体条文下把相关判例大量收录，反倒成为一种新的法典编撰体例。此外，从中也可以看出元朝判例在当时国家法律中的普遍性。

---

①　黄时鉴辑点《元代法律资料辑存》，浙江古籍出版社 1988 年版。

第三编 宋元断例的性质、历史地位及兴起原因

第九章　宋元断例的特点和异同[*]

通过前两编相对独立的考论和比较，现在可以对宋元断例作出一些结论，以揭示两个王朝中"断例"的异同，甚至是对中国古代判例问题作出相应的结论。

一　宋元断例的含义和性质

通过前面各章的考察，可以确定宋元"断例"在本义上是一致的。认真考察宋元"断例"会发现，原初含义是指审理案件时确立的定罪量刑标准和原则，是"断"和"例"两字本义的结合产物。通俗地讲，"断例"是刑事案件审理中形成的关于定罪量刑的特定司法个案，或法律解释的类型化产物。"断"字在中国古代法律上是审理时的判决、裁断之意，通俗说是司法时对案件确定罪名，解决案件定性问题；"例"的含义与本义一致，是案件审判中的量刑问题。两者分别解决司法中的两个核心问题，即案件的定性和当事人承担刑事责任的问题。对此，宋元时期法律中有多次说明。如"例训为比，命诸篇之刑名，比诸篇之法例。但名因罪立，事由犯生，命名即刑应，比例即事表"，[①] 这里指出"例"是用具体罪名来比附适用刑名的一种司法技术和过程。"诏军官受赃者与民官同例，量罪大小殿黜"，[②] 这里"例"是指军官和民官在受贿罪上应同等量刑。元人沈仲纬在《刑统赋疏》中明确指出"盖律有例，条有制……故自有各断例生于诸条，以总其事，则制岂必备哉？立例而已矣"，[③] 这里指出"断例"源于诸"条制"，而"制"在元朝有"基本法律"的含义。"例"在中国古代一直有量刑的原则和标准的含义，即"法者，盖绳墨之断例，非穷理尽性之书也。故文约而例直，听省而禁简。例直易见，禁简难犯"。[④] "断例"从某个角度看，是"比"，这是"例"的基本含义。宋

---

[*] 本章主要内容曾作为阶段性成果以《宋元断例新探》为题发表在《思想战线》2018 年第 1 期上。

① 刘俊文：《唐律疏议笺解》，中华书局 1996 年版，第 2 页。

② 《元史》卷 20《成宗三》，第 436 页。

③ （元）沈仲纬：《刑统赋疏》，载沈家本编《枕碧楼丛书》，知识产权出版社 2006 年版，第 198 页。

④ 《晋书》卷 34《杜预传》，中华书局 1974 年版，第 1026 页。

元断例主要涉及法律适用时的定罪量刑问题，与司法判例在逻辑上有必然一致性。现存元朝断例的具体内容主要集中在《至正条格》和《元典章》两部法律中，其中《至正条格》是最全面的，能够充分反映元朝断例法律形式的基本特征。两部法律中以"断例"为名的法律内容和具体法律文件中涉及"断例"的内容是一致的，主要解决量刑问题，而不是罪名创制问题。如大德六年（1302）《强窃盗贼通例》在"序言"中指明制定该法律的原因是"近为强窃盗贼断例不一"，① 即当时出现在强盗、偷盗犯罪上量刑不统一，从而在立法上解决量刑问题。

虽然宋元断例主要是解决量刑问题，但宋朝断例在作用上是定罪量刑的刑事法律的解释和补充，具体是对《唐律疏议》、《宋刑统》、敕典及各类敕在适用上的解释和补充。宋朝的刑事法律主要由《唐律疏议》、《宋刑统》、敕典及各类敕、《申明刑统》和随敕申明等成文法律构成，其中仅有少量刑事申明是以判例为载体的。"断例"在宋元时期成了刑事法律的代名词，特别是到元朝，甚至成为基本法律形式之一，包括的法律对象相当于隋唐时期的"律"，在法律内容上发生变化。宋朝断例作为一种法律形式，最初基本是判例，但在成为国家法律重要组成部分的同时，由于行政判例主要适用于官吏群体，与一般百姓无关，而断例由于较具体，百姓更易知晓，慢慢地成为一个通用法律术语。元朝断例在功能上是各类与刑事有关的法律形式的总称，成为自晋朝以来与"律"一样专指刑事法律的术语。元朝断例在表达形式上以判例为主体的同时，也有大量的成文法。这让元朝判例制度中断例成为活跃分子。

二　宋元断例的编撰体系

宋元断例在性质上同属于刑事法律，相当于秦汉隋唐时期"律"类法律，这是两者在法律上一致的地方。宋朝断例最初是对中央司法机关审理过的刑事案件的编撰，以司法案例为创制载体。同时，作为刑事法律——律典、刑统和敕典等刑事法律的衍生物，断例是刑事法律具体化、类型化的产物。为了适用方便，断例在编撰体例上采用律典十二篇的体例。这种十二篇体例让断例在编撰上与律典一致，构成了国家刑事法律体系中原则性和个别性、普遍性和特殊性的统一，让刑事法律在适用上实现了确定性和稳定性的统一。

---

① 《元典章》卷49《刑部·强窃盗·强窃盗贼通例》，中国广播电视出版社1998年版，第1775页。

元朝断例在编撰体例上继承了宋朝断例编撰时使用律典体例的传统，唯一变化仅是元朝断例在使用律典体例时只使用了律典分则十一篇，把律典总则篇——《名例》内容归入"条格"部分的《狱官》篇中。《至正条格·条格·狱官》的具体内容包括了以前律典中《名例》篇总则的内容和刑事诉讼中的部分内容，如"重刑覆奏"、"处决重刑"、"二罪俱发"、"老幼笃废残疾"、"狱具"等。当然，宋朝断例作为刑事法律的一种，在法律分类上严格界定在"律"、"敕"类法律中。元朝把律典中的《刑名》内容分散到"条格"和"断例"的其他篇章中，所以《大元通制·断例》和《至正条格·断例》中"断例"的篇名都只是11篇。元朝出现这种变化，让"断例"部分更加集中在定罪量刑问题上。元朝断例虽然属于刑事法律，但在分类上由于受到唐宋时兴起的事类体影响，若按宋朝敕、令、格、式、申明、指挥分类，元朝断例是格式、申明、指挥中与刑事法律有关的内容。

宋元断例在编撰体例上的继承性说明，它们在中国法律形式发展史上并不是一个特例，本质上是中国古代法律发展过程中内生出的一种自然演化物，是中国古代法律形式发展中"变"与"不变"的一种产物。

三　宋元断例与判例的关系

宋元断例与判例的关系是宋元断例诸问题中对当前中国法律史问题研究影响最大的问题之一。现在可以得出的明确结论是宋元断例与判例有密切关系，但是断例并不等于判例，两者属于不同时代的法律术语。宋朝断例的载体形式中，案例只是其中的重要构成部分，同时宋朝断例中存在成文法的内容。宋朝在判例构成上还有行政判例和少量民事判例。宋朝行政管理法律中行政判例数量繁多，是已经被证实的。此外，宋朝在民事法律上，特别是"户部"类法律中也存在少量判例。这样，宋朝判例在构成上有刑事判例（即断例）、行政判例、民事判例等。

元朝的断例不等于判例，是因为元朝断例中以案例为载体的法律只是基本构成部分，此外还有大量的成文法。另外，元朝"条格"中有大量法律是由案例构成。元朝判例存在于"条格"和"断例"两种法律形式中，且在分布上体现出不同特点。"条格"中的判例主要集中在"户部"领域，即民事和婚姻家庭类法律中，"兵部"中也有，主要集中在军籍管理、驿传制度方面。

宋朝判例不管是在刑事还是在行政、民事等方面都仅起到补充作用，元朝判例的重要特征是成为所有法律类型中的重要组成部分。元朝是中国古代判例制度发展史上的特殊时期，在中国古代判例制度发展史中占有重要地位。①

宋朝判例法中以职官管理为中心的行政判例是客观存在的，而且有专门立法。宋朝末期制定的《吏部条法》中收有一条通过判例建立起的法律，具体如下：

> 宝祐五年（1257）三月七日敕：礼部申准都省批下，正奏名赵鉥夫札子，乞照崇苡与齺等例，附第四等推恩出官。照得鉥夫淳祐十年中省试覆试未通之人，自合再赴后举覆试，引援就特，其意不过急禄，在朝廷斟酌施行。奉圣旨：依礼部所申，赵鉥夫照例补下州文学，初任止许注岳庙差遣。仍下吏部，自今后遵守施行。本所看详，上件指挥为赵鉥夫省试中覆试未通，与补下州文学，初任注岳庙。虽是一名照例施行，节缘得旨，今后遵之，权存留，权申明照用。②

这里的"申明"是一个由具体个案构成的法律。此案中当事人赵鉥夫作为宗室，引用了崇苡和与齺的出官先例。虽然法律规定宗室参加省试不及格者不能出任官员，但赵鉥夫提出适用先例，即使被礼部否定，最终还是得到了皇帝的支持。最后此案成为宗室在此种情况下任官的先例。将其与元朝判例相比较，会发现两者在结构、用语上都具有很高的相似性，可以证明元朝判例形式本质上是对宋朝的继承。进而也说明元朝个案立法与表达形式并非其独创，而是对宋金等朝已经形成的法律形式的一种继承和发展。

宋元断例中的案例是判例法，是因为这些案例的法律效力不是不确定的，而是被国家明确赋予的，是国家公认的正式法律渊源。

四　宋元断例的篇名渊源和变迁

通过上文的考察，宋元断例法律篇名的渊源结构现在可以说是基本弄清楚了。宋元断例的法律篇名是采用晋朝的，特别是隋唐时期的律典篇名结构。宋朝断例与元朝断例在篇名结构上的相同之处是：宋元断例的篇名采用了隋唐时期形成的律典篇名结构。两者的区别是：宋朝采用的是十二篇

---

① 对元朝判例制度的基本情况，可以参见拙著《中国古代判例法运作机制研究》。书中对元朝判例制度进行了全面考察，指出它构成了中国古代无成文法典下的一种特别判例法形式。
② 《吏部条法·宫观岳庙门·宗室》，刘笃才点校，黑龙江人民出版社2002年版，第215～216页。

篇名，严格援用了律典篇名结构；元朝断例删除了《名例》篇，采用十一篇结构。

在全面适用律典篇名结构的同时，宋元断例在内容上略有不同。宋朝断例在内容上以具体个案为绝对主体，内容是判例法。元朝断例在篇名体例上虽然全面继承宋朝，但具体篇名下的法律内容和结构形式，实质上是对南宋时期"事类"和"断例"编撰体例的继承和融合。元朝断例中很多内容其实就是宋朝的"格"和"式"两种法律形式的内容。如《至正条格·断例》卷11《厩库》下第323条"仓官少粮"和《至正条格·断例》卷11《厩库》下第367条"增亏盐课升降"，内容是宋朝赏格类法律。

《至正条格·断例》卷11《厩库·仓官少粮》的具体内容如下：

> 元贞二年六月，吏部定拟到仓官短少粮斛黜降等第，都省准呈：
> 省仓，即系收受通州、河西务仓运到干圆物斛。每石短少：
> 一升之下，依例本等叙用。
> 一升之上二升之下　曾升等者添二资　不曾升者依例本等叙用
> 二升之上三升之下　曾升等者降一等　不曾升等者添一资
> 三升之上五升之下　曾升等者降二等　不曾升者降一等
> 五升之上　曾升等者降三等　不曾升者降二等
> 一斗以上不叙。
> 通州、河西务等仓，即系交收河海运到湿润粮斛，多有烧毁发变。
> 每石短少：
> 一升之下，依例本等叙用。
> 二升之下　曾升等者添二资　不曾升者依例本等叙用
> 二升之上五升之下　曾升等者降一等　不曾升等者添一资
> 五升之上　曾升等者降二等　不曾升者降一等
> 一斗之上　曾升等者降三等　不曾升者降二等
> 二斗以上不叙。
> 河仓，即系收受百姓送纳干圆洁净、丁地税粮，不曾破耗，每年逐旋起运。仓官俱受省札人员，每石短少：
> 一升之下，依例本等叙用
> 一升之上降一等
> 二升之上降二等

三升之上不叙。①

考察此条调整的对象和表达形式，就是宋朝典型格类法律中的赏格。《至正条格·断例》卷11《厩库·增亏盐课升降》内容如下：

> 至治元年正月，户部与吏部议得："运司盐课已有定额，各处煎捞难易不同，拟到增亏升降等第。"都省准拟。
>
> 各处运司官亲临场分煎办盐课，以元额十分为率，增及一分，从优定夺，二分减一资历，三分升一等，四分之上升二等。亏及一分添一资，二分降一等，三分之上降二等，皆须追赔断罪。
>
> 运司、守司。运官、首领官总行措办发卖盐袋，验课钞。到官盐袋出场。方许结课。以十分为率，增卖及一分者给赏，二分之上优加升用，三分减一资，四分之上升一等。亏及一分添一资，二分之上降一等，三分者降二等，厘勒赔偿断罪。煎盐其间，立法关防恢办，务要有增。若有亏煎，比例一体黜降断罪，分催煎办。官验各场分，除增亏相补，以十分为率，增及一分从优定夺，二分之上减一资，三分升一等，四分之上升二等。亏一分添一资，二分降一等，三分之上降二等，亦行追赔断罪。
>
> 河东、陕西运司，发卖盐引，验课钞。到官盐袋出场，以十分为率，若有增亏盐数，比例一体升降，追赔断罪。②

五　宋元断例在国家法律体系中的作用

宋元断例在国家法律体系中的作用是存在较大差异的，具体是宋朝断例是国家法律体系中的从属性法律形式，在刑事法律中起补充作用；元朝断例是国家的基本法律形式，构成了元朝刑事法律的主要载体。

在宋朝国家刑事法律体系中，断例仅起到补充作用，是一种次要的法律渊源。宋朝有《宋刑统》、敕典及专门敕、随敕申明等完整体系的成文刑事法律。宋朝刑事法律的主体是敕典和专门敕，敕典如《元丰敕》、《绍兴敕》等，专门敕如《尚书吏部左选敕》、《尚书吏部右选敕》等。随敕申明在宋神宗朝以后，特别是南宋有《申明刑统》和随敕申明两种，随敕申明按敕典，即律

---

① 《至正条格·断例》卷11《厩库·仓官少粮》，韩国学中央研究院2007年版，第271~272页。
② 《至正条格·断例》卷11《厩库·增亏盐课升降》，韩国学中央研究院2007年版，第290页。

典十二篇结构编撰，是对敕典解释、补充的产物。宋朝断例仅是刑事法律中主要通过案例表现出来的部分，所以在整个国家法律体系中居于从属地位，在刑事法律中，只起到补充和细化的作用。

元朝断例在国家法律体系中居于核心地位，是国家法律体系中刑事法律的载体。元朝的断例在国家法律形式中不是从属性质的，是国家两大法律形式中的独立部分，是国家刑事法律的唯一名称。元朝断例和条格分别构成了国家两大法律部类，即刑事法律和非刑事法律。元朝条格和断例在性质上的关系，就是隋唐时期的"令格式"与"律"的关系。

六　宋元断例在中国古代判例法中的地位

宋元断例在中国古代法律形式中拥有重要地位，是因为它们的主体是判例法，它们构成了中国古代判例法发展史上的重要内容。① 不管是宋朝的断例还是元朝的断例，不管它们在性质和地位上存在怎样的不同，它们的法律形式主体都是判例。这样宋元断例成为中国古代判例制度中的重要形式，构成了中国古代判例制度中的重要一环，让中国古代判例制度的发展更具特色。

当然，宋元断例虽是两个朝代判例制度的一个重要构成部分，但不是全部。宋朝判例制度中存在两大体系，即行政判例与司法判例，断例是司法判例的绝对主体，不包括行政判例，这是必须要明确的。元朝断例是判例制度的重要组成部分，另一部分判例存在于条格中。从统计分析可见，判例在断例中所占比例要高于在条格中所占比例，断例中的判例成为整个国家判例制度的主体。

宋元断例中的案例形式成为中国古代立法史上的一种特殊法律表达形式，使中国古代法律载体形式呈现自身特色和特点，这也是宋元断例在中国古代法律史上的重要特征之一。

七　宋元断例的异同

1. 宋元断例的相同点

首先，在性质上，宋元断例都属于刑事性法律；其次，在来源上，两者

---

① 关于中国古代的判例制度情况，拙著《中国古代判例法运作机制研究》集中考察了元朝和清朝的判例法情况，同时考察了中国古代判例法的其他情况。宋元断例仅构成了中国古代整个判例法历史中的重要一环，而不是唯一。学术界对中国古代判例法，集中考察的是秦朝至清朝。秦朝以前判例法的情况，武树臣先生有很多深入研究，揭示了先秦时期中国判例制度的情况。具体参见武树臣《贵族精神与判例法传统》(《中外法学》1998年第5期)。

都以司法案例为主体；再次，在载体形式上，都有判例形式；最后，宋元断例中判例构成了中国古代判例制度的重要组成部分。

2. 宋元断例的不同点

首先，宋朝断例仅是整个国家刑事法律中较少的部分，起到的是补充作用；元朝断例是整个国家刑事法律的总称，构成了两类国家法律形式中的一类。其次，宋朝断例载体形式上，判例构成了绝对主体，成文法只有少量作为补充；元朝断例载体形式上，判例构成主要组成部分，同时成文法数量比较多。

3. 两者的继承关系

元朝断例对宋朝断例的继承主要体现在：在性质上，元朝断例继承了宋朝断例的刑事法律性质；在载体形式上，元朝断例继承了宋朝断例以判例作为载体的形式；在产生形式上，元朝断例继承了宋朝断例以具体司法判例作为产生来源的方式；在编撰体例上，元朝断例继承了宋朝断例律典十二篇的编撰体例。现在基本可以确定，元朝断例来源于唐宋金时期的律、海行敕中涉及刑事方面的内容和宋朝时期特别是南宋时期的"断例"，即刑事判例。从内容上看，还有唐宋金时期与刑事法律有关的令、格、式方面的内容。元朝把唐朝以来形成的与刑事（刑名）有关的所有法律纳入了新的法律形式"断例"中，不再区别律、令、格、式、敕、申明、指挥、判例等。这样简化了相关法律形式，让法律编撰更加简便，归类更加简易，适用更加简单。现在可以肯定的是，元朝的断例就是宋朝敕与断例结合而形成的新法律形式。

第十章　法律形式变迁史视野下的
宋元断例*

要想了解宋元时期断例兴起的情形，就必须对中国古代法律形式变迁的历史进行全面考察。从法律形式变迁的过程中弄清宋元时期断例兴起的原因及其在明清两朝的变化是一种较为有效的途径。自秦朝以来，中国古代法律形式在结构上就是由多层次的、相互间有一定关联的不同类型构成。不同层次的法律形式在稳定性、效力与司法适用上的地位、作用各不相同，但相互间构成了一个有机整体。当然，不同时期，不同法律形式在得到统治者高度重视与重点发展时会形成某一主导的法律形式。某个时期特别依赖某种法律形式就会导致该形式的法律出现数量剧增的结果，适用上出现不方便等问题。在司法实践中，笔者发现某种法律形式的立法成功并不必然带来司法实务上的成功。中国古代法律形式经过长期发展，形成了效力越高、稳定性越强、抽象性越高、数量越少和效力越低、可变性越强、准确性越弱、数量越多的两种模式。这种法律形式模式解决了法律功能的多样性冲突，实现了法律的稳定性与可变性、抽象性与准确性、及时性与继承性等方面的需要。中国古代法律形式是由中国人的认识观、司法价值取向及不同法律形式的特点等因素综合作用而形成的。所以只要把宋元断例放在历史长河中进行考察，就会发现它的出现和变化是受制于整个中国古代法律形式变迁历史的。宋元时期断例的出现绝不是什么特别事件，断例在中国古代判例制度中仅是其中一种具有相对特色的判例形态，并不是宋元时期突然出现的法律形式。对此，宫崎市定就指出"参考断例进行审判，在中国古已有之，绝不是什么新鲜事"。①

一　经义化：律令的兴起与法典化

在中国古代法律形式发展史中，从整体上看，春秋战国以前在法律适用上否定成文法的重要性，承认个案的特殊性与重要性，在法律适用上大量采

＊　本章主要内容作为阶段性成果以《中国古代法律形式结构研究》为题发表在《北方法学》2014 年第 3 期上，但这里进行了必要的修改。

① 〔日〕宫崎市定：《宋元时期的法制与审判机构》，载杨一凡、〔日〕寺田浩明主编《日本学者中国法制史论著选·宋辽金元卷》，中华书局 2016 年版，第 7 页。

用类比和"临事议制"的司法。当然，夏商周时期，特别是西周时期判例法是否构成了法律形式的主体，现在无法通过确凿的史料加以证明。春秋后期，随着法家兴起，开始对成文法形成推崇，其构成国家法律形式发展的重点。战国至汉朝前中期，大量制定成文法，想通过完备的立法实现社会的"大治"。这种对成文法的推崇导致法律数量不断增加，到西汉中期出现了法律篇章数量过多的现象。

现在可以见到的秦朝立法中"律"的内容十分庞杂，到汉朝武、成帝时期，立法内容繁杂到极点，"律令"内容达几百篇。"律令凡三百五十九章，大辟四百九条，千八百八十二事，死罪决事比万三千四百七十二事，文书盈于几阁，典者不能遍睹。是以郡国承用者驳，或同罪而论异。奸吏因缘为市，所欲活则傅生议，所欲陷则予死比。"① 这是汉武帝时，律令数量达到 359 篇，决事比达到 13472 个。汉成帝时，"律令烦多，百有余万言，奇请它比，日以益滋，自明习者不知所由，欲以晓喻众庶，不亦难乎！"② 律令数量增加到极点，字数达百万余言，出现难以通读和适用的问题。若把《晋书·刑法志》记载李悝制定《法经》的篇目当成事实，从战国初期到汉武帝时期，律令篇名数量从 6 篇增加到 359 篇，就是按汉初律 60 篇算，仅律的数就增加了 9 倍；若按律令 359 篇，增加了近 60 倍。所以说，这一时期国家法律形式的发展重点是律令，并以律令成文化为中心建构国家法律。从《睡虎地秦墓竹简》和《张家山汉墓竹简》看，秦汉时期"律"可能仅是一种法律形式的名称，并没有形成严格的法典法，虽然在战国时期李悝对"律"的基本篇名结构有过创制，但并没有形成律令篇章数量上的严格限制与内容上的严格分类。从《睡虎地秦墓竹简》看，"律"的内容有民事、行政、经济、刑事等，篇目现在可以确定的达 18 种以上。同样，《张家山汉墓竹简》的篇目数量远远超过九章律的数量。秦汉时期律令数量在增加的同时，还存在决事比、故事、廷行事等因事因案而形成的各种判例和成文等法律形式。决事比、故事、廷行事在具体载体形式上有以成文的司法解释与具体个案出现的法律补充和解释两种，即后来清朝出现的条例与判例的前身。这些内容在当时都出现过增加的情形，如武帝时决事比多达 13472 个，若决事比就是判例，那么就有 13472 个判例。按笔者的分析，汉代决事比中有些内容不属于判例。汉朝时法律形式上的问题是律令问题，而不是决事比、廷行事等问题，因为这两类法律形式的出现

---

① 《汉书》卷 23《刑法志》，中华书局 1962 年版，第 1101 页。
② 《汉书》卷 23《刑法志》，中华书局 1962 年版，第 1103 页。

是解决律令数量过多带来的适用不稳定问题。所以国家立法中重点解决的是律令数量过多带来的问题，特别是律的问题。

武帝朝后，解决律的数量问题主要由儒家化的律学家通过比类儒家经义技术而实现。汉武帝朝中后期儒家思想在法律上获得统治地位，但儒家不再像战国时期那样简单否定成文法的作用，而是在承认成文法的必要性下对其内容和形式进行改造。在内容上，儒家反对法家坚持的治国以法及否定道德重要性的法制主张，改为以德为主，以刑为辅，宽严适中；在形式上，儒家反对无限制地制定法律，要求制定法律时简约化、经义化。于是，通过由汉朝中后期的儒学家转化成律学家的"法家"群体的努力，三国时兴起了把成文"律令"法典化的新立法，努力减少成文律令的条文和篇目，再次重构中国古代的法典法时代。其中对律的性质，儒学家通过比类四书五经，开始提升律的作用和地位，同时把律典经义化。在结构上提出以简练和合理为目标。这就是三国时《魏律》法典化的内在驱动力，同时"令"的数量也在减少。"制《新律》十八篇，《州郡令》四十五篇，《尚书官令》、《军中令》，合百八十余篇。"①晋朝泰和年间在制定新法时进一步推动了法典法的发展，让律令两典的篇名和数量进一步合理化，数量减少。"凡律令合二千九百二十六条，十二万六千三百言，六十卷，故事三十卷。"②比较三国时魏国律令法典法与西晋时期律令法典法的数量，前者有180篇，后者仅有60篇，篇目应少于60篇，最多也只是60篇，减少了2/3。这个时期，在"律"法典化、篇目减少的同时，条文也在减少，如晋律为630条，南朝齐律为1532条，梁律为2529条，北齐律为949条，北周《大律》为1530条，到隋朝时《开皇律》只有500条。经过三国两晋南北朝近四百年的努力，终于在隋朝时形成了完善的律令法典法。

唐朝时法典法发展达到了鼎盛，最终的代表是开元年间的律令格式四典。唐朝贞观年间制定了律典和令典，结构合理、简要，内容简练。"贞观十一年正月十四日，颁新格于天下。凡律五百条，分为十二卷，减大辟者九十二条，减流入徒者七十一条；令分为三十卷，二十七篇，一千五百九十条；格七百条，以为通式。"③唐贞观年间律令两典只有39篇，条文共2090条。与汉武帝时相比，篇目减少了320篇，仅是前者的1/10左右。从这两个数字的变化

---

① 《晋书》卷30《刑法志》，中华书局1974年版，第923页。
② 《晋书》卷30《刑法志》，中华书局1974年版，第927页。
③ 《唐会要》卷39《定格令》，上海古籍出版社2006年版，第819页。

可以看出，汉武帝朝至唐贞观年间，中国古代法律发展中重点解决的是律令数量和结构问题。贞观年间法典化集中在律、令、格上，因为制定了律典、令典、格典。当然，唐朝法典化中最为成功的是律令两典，其中律典最为重要。律典在篇与篇之间有深入的学理思考，分为总则与分则，并根据当时法理学价值取向，分成 12 篇，共 500 条。唐朝制定《贞观律》时，通过各方努力，不仅从内容上完成了适中、宽平，条文上也实现了简要的法典法形式上的追求目标。《贞观律》还是春秋以来中国古代对成文法典推崇达到的最高水平代表和完美结晶的产物。然而，律令两典的立法成功并不必然带来司法适用上的方便和准确，反而由于法典内容的简要、条文的抽象，法律适用中需要解释的问题倍增。因此，《贞观律》制定不到三十年，中央政府就制定了《永徽律疏》。《永徽律疏》的出现标志着中国古代对法典法的成功喜悦感开始消失，让位于司法实践的真实需要，于是相反的法律形式开始出现。对此，现存《唐律疏议》中有明确说明："刑宪之司执行殊异；大理当其死坐，刑部处以流刑；一州断以徒年，一县将为杖罚，不有解释，触涂睽误。"① 这里指出法典法的成功并没有带来法律适用中的准确和统一。这不得不说是法典法崇拜下的悲剧。国家为了统一法律适用，只好出面进行正式的官方解释。这种解释不管是官方自觉的、统一的还是司法机关自发的、被动的，都说明法典法在司法适用中有其不足。更为可悲的是，法典法与解释仍然无法实现法律适用的准确和统一。唐高宗承认法典法的重要性，反对对法典法的解释。当他知道详刑少卿赵仁本编撰《法例》三卷用以"断狱"时就公开反对，认为法典法已经十分完备。"引以断狱，时议亦为折衷。后高宗览之，以为烦文不便，因谓侍臣曰：'律令格式，天下通规，非朕庸虚所能创制。并是武德之际，贞观已来，或取定宸衷，参详众议，条章备举，轨躅昭然，临事遵行，自不能尽。何为更须作例，致使触绪多疑，计此因循，非适今日，速宜改辙，不得更然。'自是，《法例》遂废不用。"② 此《法例》虽然在高宗反对下被废止，但它想解决的问题依然存在，解决这一问题的方法也只能通过司法实践形成判例。认真考察唐高宗的行为，他反对的仅是大臣拥有立法权及司法解释权。因为唐高宗本人对律典的解释就构成了对法典法的反叛。自唐玄宗朝起，统治者发现要在法典法与国家规范化解释上超越《贞观律》和《永徽律疏》所形成的两种法律形式已经不可能了。在司法适用上，社会发生变化太

① 刘俊文：《唐律疏议笺解》，中华书局 1996 年版，第 3 页。
② 《旧唐书》卷 50《刑法志》，中华书局 1975 年版，第 2142 页。

快, 于是国家把法律发展的重心转向解决适用而不是理性构建立法问题上。这样秦汉以来虽然一直存在司法判例的各种法律形式, 但由于这个时期国家立法的中心是实现律令格式等的法典化, 所以并没有将以司法判例为中心的法律形式问题作为重点来解决。同时, 当时国家认为只要制定完善的法典法, 就能消除需要判例的客观需求。这可以从汉朝时决事比、廷行事、故事等数量越来越少, 特别是到隋朝和唐贞观年间以判例为载体的法律形式基本完全消失中看出来。可以说, 秦朝以来成文法到法典法的发展过程是秦朝的法律答问、廷行事、决事比等法律形式和数量越来越少的原因。

二 随时随事损益: 格后敕与断例的兴起

唐朝前中期法典法成功但在适用上失败, 让玄宗朝后司法实践转向加强对新法律形式的需求, 以适应社会变化的需要。理性化法典法失败后, 唐玄宗朝开始形成新的以适用为目标的法律形式, 具体表现在以下三个方面: 首先, 开元年间后国家不再把制定律令格式法典法作为立法工作; 其次, 国家对律令格式四个法典法采用新型法律编撰体例——事类体, 即《格式律令事类》; 最后, 国家把以具体事件和案件引起的"敕"作为发展的主要对象。这种具体司法实践中产生的法律产物逐渐成为 8 ~ 11 世纪中国法律形式发展的中心。"敕"成为司法实践中法律形式的重要形式表现为唐德宗至唐宣宗时期, 中央不再制定律、令、格、式等法典法, 而是开始大量编纂"敕", 或称为"格后敕"的法律。很多学者认为唐中后期出现的条格, 或说格后敕是独立于"格"的一种法律形式, 是从因事因时制定的"敕"中整理出来的内容。但"格后敕"的"格"是指法典化的"律、令、格、式"等四种法律形式的总称, 而不是"格"典的一种法律形式。① "自唐玄宗开元十九年（731）起, 唐开始采用直接编纂皇帝制敕的方式, 使之法律化, 制定成格后敕, 用以调整变化了的社会关系。唐后期修纂的格后敕, 条文体例与唐格不同, 乃取适宜普遍和长久使用的敕, 按照二十四司分门别类, 直接修纂成一种独立于格的新法典。对收载的敕文通常不再进行大幅度改写加工, 最大程度地保持了诏敕的原貌, 并保留了当初皇帝颁布制敕的日期, 每条末尾署有年月日。"② 这里戴建国先生指出了唐朝"格后敕"的形成和载体形式。宋朝在法律形式

---

① "格"在唐朝有广义与狭义之分, 广义的"格"就是指"律令格式", 相当于现在的"法律"; 狭义的"格"是南北朝至唐朝时期形成的一种法律形式, 与律令并称。"格后敕"中的"格"是广义的, 指在律令格式四种法律形式下进行解释与补充的新法律形式。

② 戴建国:《唐格后敕修纂体例考》,《江西社会科学》2010 年第 9 期。

的种类上，基本上继承了唐朝。宋朝在法典法上虽然制定了《宋刑统》，但"律"和"疏"的内容是对《唐律》的抄袭，仅增加了部分格后敕内容。这说明了两个问题：首先，宋朝建立者认为无力超越《唐律》，不能超越就不必为制定全新的律典浪费时间与精力；其次，希望国家有一个稳定而又能适应新的社会需要的法律形式，于是因时制宜地制定了《宋刑统》，但在具体法律发展中提高了因时而变的"敕"和"断例"的地位，让它们成为整个法律发展的新形式，以适应社会发展的需要。所以《宋史·刑法志》才有"宋法制因唐律、令、格、式，随时损益则有编敕"的说法。这说明"敕"是对律、令、格、式等法律形式的一种解释和补充。宋朝法律形式是在可变性极强的"敕"与"断例"上充分发展，同时两者的可变性、随意性带来的问题在宋朝不同时期都出现过。这成为宋朝法制建设中的新问题。

　　唐中后期至宋朝，格后敕与编敕及成例、断例等法律形式成为法律形式发展的重要内容。但格后敕与断例之间没有形成较好的转化机制，导致两种内容无限地增加。首先是格后敕产生了问题。格后敕数量增加带来的问题，在唐朝还不是十分明显，但到宋朝就十分明显了。宋朝时编敕出现越编越繁杂的趋势，最后出现一司一务、一州一县皆有敕的现象，这样国家在法律适用上就会出现混乱不堪的问题。宋朝前期的编敕情况，《宋史·刑法志》中有记载：

　　　　建隆初，诏判大理寺窦仪等上《编敕》四卷，凡一百有六条……太平兴国中，增《敕》至十五卷，淳化中倍之。咸平中增至万八千五百五十有五条，诏给事中柴成务等芟其繁乱，定可为《敕》者二百八十有六条，准律分十二门，总十一卷。又为《仪制令》一卷。当时便其简易。大中祥符间，又增三十卷，千三百七十四条。又有《农田敕》五卷，与《敕》兼行……庆历，又复删定，增五百条，别为《总例》一卷。后又修《一司敕》二千三百十有七条，《一路敕》千八百二十有七条，《一州》、《一县敕》千四百五十有一条。其丽于法者，大辟之属总三十有一，流之属总二十有一，徒之属总百有五，杖之属总百六十有八，笞之属总十有二。又配隶之属总八十有一，大辟而下奏听旨者总六十有四。凡此，又在《编敕》之外者也。……自庆历四年，距嘉祐二年，敕增至四千余条……又别为《续附令敕》三卷。①

_____

① 《宋史》卷199《刑法志》，中华书局1977年版，第4962页。

由此可知编敕在宋朝前期之繁，与汉武帝至成帝时期律令之繁的情况是一致的。对此，司马光在元祐年间奏章中说得更为具体，他奏称："近据中书门下后省修成尚书六曹条贯，共计三千六百九十四册，寺监在外。又据编修诸司敕式所申修到敕令格式一千余卷册。"① 这里仅尚书省六部及中央其他部门的编敕就多达4694 册以上。按古代装订书的习惯，一册至少为一卷，中央诸部门的敕就有4694 卷以上。若加上全国各地州县编的一州、一县别敕："一司、一路、一州、一县又别有《敕》。"② 数量就更多了，可能达到8000 册以上。敕条数量繁杂导致整个司法难以运行。对此，宋朝在天圣年间制定了《天圣敕》和《天圣令》。然而，对此问题仍然无法有效解决，宋神宗元丰二年（1079）不得不对法律形式进行再次改革。具体是改变唐中后期以来形成的综合编敕的立法传统，转向专业编撰刑法敕典，同时对令格式基本法律形式进行全面修订。这样就把编敕从数量繁多中解脱出来。此次立法改革后，编敕在宋朝数量开始锐减，"敕"不再成为法律形式上的问题。如《绍兴重修敕》、《乾道重修敕》中均仅有12 卷敕。然而，神宗朝这次法律改革让宋朝新法律形式——断例迅速增加，成为新的法律形式，随之而来的问题是断例数量开始增加。

"例"作为一种特殊的法律形式，在中国古代自秦汉以来就以不同名称存在，唐朝时获得较快发展，特别是以判例形式存在的例。唐朝较早记载"例"是唐高宗时期，当时称为"法例"。从记载看，"法例"的内容应是中央司法机关在司法过程中形成的判例和司法解释，其中判例构成了主体。可以说，唐初的"法例"是宋朝"断例"的前身。"法例"很快由于唐高宗的反对而被废除。从记载看，这次废除的仅是赵仁本编纂的《法例》，武则天时成例仍然在司法中适用。史书记载，徐有功在做司刑寺丞时对韩纯孝因为参与徐敬业案判决量刑时有异议就用"成例"作为依据，提出反驳的司法意见。审理者判决是"伪官同反，其身先死，家口合缘坐。奉敕依曹断，家口籍没"，徐有功提出异议的依据是"伏唯逆人独孤敬同柳明肃之辈，身先殒没，不许推寻。未敢比附敕文。但欲见其成例，勘当尚犹不许，家口宁容没官？"最后是"申复，依有功所议，断放。此后援例皆没官者，三数百家"。③ 这里明确指出徐有功引用"成例"得到了承认，成为异议的重要法律依据。此外，《宋刑

---

① （宋）司马光：《温国文正司马公集》卷54《乞令六曹删减条贯札子》，《四部丛刊初编·集部》，上海书店出版社1989 年版，第404 页。
② 《宋史》卷199《刑法志》，中华书局1977 年版，第4963 页。
③ 《通典》卷169《刑七》，中华书局1988 年版，第4374 页。

统》中有开元二十五年《刑部格敕》，其中有"如闻诸司用例破敕，及令式深乖道理，自今以后，不得更然"，① 这里明确指出诸司有"用例破敕及令式"的现实。唐中宗景龙三年（709）八月九日敕文中有"应酬功赏，须依格式，格式无文，然始比例。其制敕不言自今以后永为常式者，不得攀引为例"，② 说明在唐朝的司法实践中，"例"是存在的。当然，唐朝的"例"并不都指判例，主要是因时因事而形成的法律裁决和法律解释。当然，"例"中存在判例法是可以肯定的。宋朝的断例则是在"敕"开始法典化后，以中央刑部、大理寺等司法机关形成的判例为中心的法律载体。宋朝断例是司法判例，特别是刑事司法判例的主要产物。这与唐中后期的"格后敕"在宋朝转向新型法典后而形成的新法律形式有关。

宋朝的"敕"与"例"发展到元朝形成了"条格"与"断例"。元朝的"条格"是唐朝中后期以来形成的格后敕和宋朝时敕、申明、指挥等与非刑事法律有关的新称谓。宋元时期的"断例"是秦汉以来不同时期廷行事、决事比、故事、成例等判例法发展起来后的产物。断例在宋元时期具有相对特殊性，主要是解决刑事案件中的定罪量刑问题。在内容上不全是判例，有成文法的部分。宋朝在立法上还受到魏晋以来法典化的影响，在实践中，国家为了规制"断例"的适用，开始大量编纂断例法典，以解决法律发展中的即时性和可变性问题。宋朝三百多年有近二十部断例法典编成，成为中国古代判例法发展史上较为特殊的时期。当然，这一立法的出现与这个时期已经有成熟的律典立法体例有关。宋朝断例由判例组成是可以从史料上得到证明的。元祐六年（1091），任永寿案在判决时出现了大理寺、刑部和尚书省在量刑上的争议，其中大理寺与刑部引用了先例说明自己的量刑依据。此案在判决时御史中丞赵君锡指出："臣伏见近降敕命，任永寿特依大理寺前断，决臀杖二十，千里编管……都省以开封府见任永寿冒请食料钱等未结案，退送刑部，候案到从一重断罪。相次刑部、大理寺将后案再断，徒一年，并具例数件，皆是编配。上尚书省，兼言永寿情重，合取旨。遂奉特旨施行。"③ 此外，景德年间发生兵部员外郎邵晔因为曾经保荐光禄寺丞李随，后来李随犯赃罪除名，大理寺提出追究邵晔保荐不当罪。对此，审刑院提出反驳，认为"当用正月德音减降"，但大理寺认为李随案虽事发在德音发布前，但法律规定"官

---

① 《宋刑统》卷30，"断罪引律令格式"门，中华书局1984年版，第485页。
② 《唐会要》卷39《定格令》，上海古籍出版社2006年版，第824页。
③ 《续资治通鉴长编》卷458，"元祐六年五月丙子"条，第10964页。

典受赇不在恩宥之例"。为此审刑院引用先例作为依据，"是春，刑部员外郎郑文宝坐举张舜举当徙（徒），大理引德音降从杖，晔当如其例"。① 这里明确引用了先例郑文宝保荐张舜举连坐案。但不能把宋朝断例等同判例，因为它同样存在成文的司法解释。

　　元朝在法律形式发展上，由于受到金朝和南宋后期的影响，在成文法典制定上的积极性受到了很大的制约，所以不再制定《唐律》式的法典，而是制定敕例结合的汇编式法典。代表成果是《大元通制》与《至正条格》。元朝法律形式形成了以判例为中心的法律结构，出现了"今天下所奉以行者，有例可援，无法可守"，"审囚决狱官每临郡邑，惟具成案行故事"② 的司法现象。

　　元朝法律主要是吸收了唐朝中后期至宋朝形成的格后敕与断例两种形式。然而，元朝没有唐宋时期的律典、令典，特别是超稳定的律典，导致法律发展中必须对条格和断例加快整理与立法，以便让国家法律形式获得稳定性，克服两者无限制发展带来的问题。这就解释了至元二十八年制定的《至元新格》的性质问题。《至元新格》是唐朝以来格后敕中非刑事法律部分的产物，是条格法典化的成果。然而，元朝在整个国家法律形式中条格与断例是并重的。因为从元朝两部重要法典《大元通制》和《至正条格》看，两者的基本形式都是条格与断例。并且，元朝的断例性质与宋朝是一致的，主要是刑事类法律。从《大元通制》、《至正条格》等法律看，元朝条格与断例两种法律形式中都存在"判例"。整体看，判例成为当时重要的法律载体。

　　元朝法律形式是唐朝中后期至宋朝中国古代法律发展趋势的必然结果。如宫崎市定指出："对于元代未曾颁布律令的事实，不能简单地用元朝是少数民族征服者王朝解释。实际上，中国由唐而至于宋朝，经历了一场社会大变迁，中世的立法已与社会不相适应，元代的未颁布律令，原因正在于此。"③ 这里宫崎氏虽然指出元朝法律形式的出现是一种历史的发展，但将原因主要归于立法与社会发展不相适应，没有完全准确指出原因。其实，这主要源于对法典法的实用性感到失望，具体表现在"格后敕"和"断例"的地位上升上。北宋后期，断例与敕地位迅速上升，法律适用上出现敕与律文相同。南

---

① 《续资治通鉴长编》卷66，"景德四年八月庚戌"条，第1482页。
② （元）郑介夫：《上奏一纲二十目·定律》，载陈得芝等辑点《元代奏议集录》（下），浙江古籍出版社1998年版，第82～83页。
③ 〔日〕宫崎市定：《宋元时期的法制与审判机构》，载杨一凡、〔日〕寺田浩明主编《日本学者中国法制史论著选·宋辽金元卷》，中华书局2016年版，第2页。

宋朱熹说"今世断狱只是敕，敕中无，方用律"。① 由于敕的广泛运用，断例在政府编纂并颁行下盛行起来。

唐中后期到元朝之间，社会变化急剧，社会发展过快，使稳定性的法典暴露出不适应社会发展需要的问题，在一定程度上减弱了国家对法典法的需求热情。元成宗大德七年（1303），郑介夫在所上《太平策》中指出社会发展导致法律不能适用的矛盾十分突出。"试阅二十年间之例，较之三十年前，半不可用矣。更以十年间之例，较之二十年前，又半不可用矣。"② 加上国土辽阔，民族众多，各地风俗迥异，要实行统一的法典法更加困难。对此，主张制定法典的儒士官员胡祗遹认识到当时社会情况十分特殊，"法之不立，其原在于南不能从北，北不能从南。然则何时而定乎？莫若南自南而北自北，则法自立矣"。为什么要"南自南而北自北"呢？他解释说，"以南从北则不可，以北从南则尤不可。南方事繁，事繁则法繁；北方事简，事简则法简。以繁从简，则不能为治；以简从繁，则人厌苦之"。③ 这些原因结合在一起，导致元朝在立法上虽没有再把隋唐时期形成的律令格式法典法作为立法目标，但仍然继承了魏晋以来形成的法典化传统，把因实践而形成的立法产物、司法判例等按"设制立范"和"定罪正刑"两种分类分别法典化，制定成条格法典和断例法典。

当然，宋朝中后期到元朝时期，虽然断例成为法律的重要形式，但认真分析断例的内容，其基本渊源是"律典"，即断例是在律条基础上发展起来

---

① （宋）黎靖德编《朱子语类》卷128，"本朝"，中华书局1986年版，第3080页。从司法适用角度看，这并没有什么问题，更不意味"律"的地位下降。司法判决时，任何法官都会首先从特别法考察，优先适用特别法。在没有特别法时才会从一般法进行考察。这与学术界对法律的认识是有区别的。因为特别法规定的法律在逻辑上与个案具有更高的契合性。对此，五代后唐法律就有此种表达。后唐长兴二年（931）八月十一日，敕条规定法律适用的原则是"今后凡有刑狱，宜据所犯罪名，须具引律、令、格、式，逐色有无正文，然后检详后敕，须是名目条件同，即以后敕定罪。自敕内无正条，即以格文定罪。格内又无正条，即以律文定罪。律、格及后敕内并无正条，即比附定刑，亦先自后敕为比"（《宋刑统》卷30"断罪引律令格式"门，中华书局1984年版，第486页）。从法律形式层次上看，律、令、格和敕是越来越具体，从法律适用的准确性与个案的恰当性看，适用越具体的法律，两者之间的契合度就越高。"敕"条与待判案件能做到"名目条件同"，具体是法律适用上罪名、案情事实类型与量刑都能做到与条文契合，让案件判决实现"情罪相应"的司法原则。但这不能说明"敕"的法律效力高于"律"。"敕"能不能高于"律"的效力，主要看"敕"能不能推翻或抛弃"律"。

② （元）郑介夫：《上奏一纲二十目·定律》，载陈得芝等辑点《元代奏议集录》（下），浙江古籍出版社1998年版，第82页。

③ （元）胡祗遹：《紫山大全集》卷21《杂著·论治法》，《景印文渊阁四库全书》，台湾商务印书馆1986年版，第1196册，第366页。

的。同时，断例的出现导致法律内容无限增加，出现法律规定越具体，存在问题越多的局面。这是法律发展中的基本弊病，也是宋朝中后期出现事类编纂体例和断例编纂体例的原因。元朝中后期，国家开始对条格与断例进行整理编纂，并且出现了法典化倾向。分析《大元通制》和《至正条格》的结构，两者在结构和体例上采用的都是令典和律典新形式。总之，元朝在法律发展中形成的特殊模式是中国古代法律发展中内因与时代因素相互作用的产物。这种发展推动了中国古代法律形式发展形式上的多样化。所以说，从历史视角看，明清两朝的律典下出现条例和判例的法律结构是元朝法律发展的一种新动向、新结果，是魏晋至隋唐时期形成的法典法与唐中后期以来形成的格后敕和断例两种法律形式有机结合的产物，其中元朝构成了过渡时期。因为《元典章》和《大元通制》、《至正条格》提供了两种不同的立法技术。具体来说就是律典体例与事类体例的结合，成文法与判例法的结合，进而重构成新的法律编撰体例与法律分类体系。

从唐中后期到明清法律形式发展的整体态势看，明朝是中国古代法律发展的重要转变时期。明太祖建立政权后，提出恢复传统汉文化。他和大臣认为汉文化的典型代表是唐朝文化，具体是唐初文化。于是，在法律形式上不再继承唐朝中后期以来公开承认判例法重要而轻视成文法典的传统，转向制定以《唐律》为宗的《大明律》。"将蒙古统治者驱逐到北方、重建汉人王朝的明太祖，其国粹主义的措施之一，就是试图复活《唐律》。"① 对此，《明实录》记载朱元璋在平定武昌时就着手制定新法律，"上以唐宋皆有成律断狱，惟元不仿古制，取一时所行之事为条格，胥吏易为奸弊。自平武昌以来，即议定律"。② 《大明律》以《唐律》为标准制定是明太祖朝君臣公开宣称的，洪武七年刘惟谦在《进〈大明律〉表》中指出"篇目一准之于唐"。虽然此后《大明律》有较大修改，但以《唐律》为宗的现象并没有改变。从《大明令》和《大明律》来看，明初有刻意恢复唐朝法律形式的努力，然而从具体内容上看却多继承宋元时期的新发展。明太祖在"复古"的同时，仍然继承了宋元时期法律发展中的一些新形式，如他的《大诰三编》从形式上看就是典型的"断例"体例，其中很多内容是判例法。若比较《大诰》与《至正条格·断例》的结构和形式，会发现两者十分相似。这在本质上构成了对宋元

---

① 〔日〕宫崎市定：《宋元时期的法制与审判机构》，载杨一凡、〔日〕寺田浩明主编《日本学者中国法制史论著选·宋辽金元卷》，中华书局 2016 年版，第 94 页。

② 《明太祖实录》卷 26，"吴元年十月甲寅"条，中华书局 2015 年版，第 389 页。

时期立法传统的继承。明初太祖制定的洪武三十年《大明律》，就像宫崎市定指出的，它不管是从内容还是从结构上看都与《唐律》不同。若认真分析，从结构与内容上看，它本质上是《元典章》的继承产物。"如果夸张一点说的话，与其把《明律》称为'律'，还不如称其为《明典章》更为合适"。① 这种评价若结合对明《大诰》的考察，会发现是十分适当的。

明太祖认为《大明律》与《大诰》能让明朝法律完美运行仅是一厢情愿。明朝初期的皇帝多有同样想法，如明成祖永乐十九年下诏"诏法司问囚，一依《大明律》拟议"，成化元年下诏"谳囚者一依正律，尽革所有条例"。② 但这些努力都以失败告终。明朝中后期由于《大明律》不能适应社会发展，因事、因时出现的对律条解释的"条例"大量产生，并成为重要的法律形式。国家为了不让这类法律形式过于繁多混杂，于是在弘治五年（1492）修订了《问刑条例》，并"与《大明律》兼用，庶事例有定，情罪无遗"。③ 此后，《问刑条例》成为与《大明律》并行的两大基本刑事法律之一。认真分析《问刑条例》的条文渊源，皆出自《大明律》的相关律条。同时，从条例的性质看，则是因时、因事制定或产生的法律解释与补充。当然，明朝这种法律形式的发展纠正了唐朝中期以来法律形式发展中敕与断例存在的不足，发展出新的法律形式，克服了敕、申明、指挥、断例等的零乱和类型化不足的缺点，形成了更加稳定的条例。这样在法律形式上案例与判例分离，判例与条例分离，三者有明确的区别，但又能逐级转化，其构成了三种不同功能的法律形式。

三 经义权变的协同：律典、条例与成案

中国古代判例法的形成与决事比、故事、廷行事、例、断例等法律形式的出现有十分密切的关系。同时律与例、判例是体现中国古代判例法形成与变迁的重要历史。要了解中国古代法律形式结构中律、例、判例的关系，必须先从春秋时期子产公开制定成文法后的司法适用考察起。现在无法知道子产公开制定的法律是律典式，还是分散的单行法律汇编，但成文法在法律创制上是主动的，与判例法创制的事后性有着本质的区别。这里笔者把法律创制分为主动式与被动式。主动式是指立法者通过对以往法律的总结，再加上

---

① 〔日〕宫崎市定：《宋元时期的法制与审判机构》，载杨一凡、〔日〕寺田浩明主编《日本学者中国法制史论著选·宋辽金元卷》，中华书局 2016 年版，第 97 页。
② 《明史》卷 144《刑法志》，中华书局 1974 年版，第 2286 页。
③ 《明孝宗实录》卷 65，"弘治五年七月壬午"条，中华书局 2015 年版，第 1245 页。

自己的理解，预先制定出相应的法律规则；被动式则是指某一法律规则不是预先制定，而是因为社会生活中出现了某一必须解决的法律问题或事件，相关机关通过特定程序和方式创制出相应的法律规则（当然，在法律上，我们只能称为"发现"，而不是创制）。

在中国古代法律创制上，李悝制定《法经》后，特别是商鞅改革后，主动式立法中的重要成果是"律"和"令"。"律"在秦朝以后成为中国古代法律形式中具有经义化性质的刑事法律的专称。① 汉朝以后，"律"成为稳定性极强的法律形式，之下往往引申出各种各样的法律形式，如例、敕等。当然，"令"在秦汉时较为特殊。秦汉时"令"开始出现法典化倾向，与"律"并列成为两种基本法律形式。但"令"在内容上往往是"律"的补充和细化，同时有设定基本制度的"设制立范"内容，如《断狱令》是对律典中"断狱"部分的细化和补充。其他法律形式往往成为"律"的直接派生物，如秦朝的廷行事、汉朝的决事比、晋朝的故事、唐朝的格后敕、宋朝的"敕"和"例"，及宋以后的"条例"、"断例"和"则例"等，性质上构成对律令典的具体适用和解释。清人王明德指出："然而定例新例，虽云本朝所特重，然其因时通变，随事致宜，又皆不外正律及名例为权衡。夫非例律并行不悖，律非例不行，例非正律不著之的据，是岂愚之独为好异以欺世，而徒为是聒聒，以眩众听为耶？知此，则知前贤所以定乎例之义矣。知例之所以为例，不愈知律之所为律也乎？"② 这里讲的虽然是清代，却是对中国古代"律"与其他法律形式之间关系的准确表述。由于它们是被动性创制，所以在产生上一般由以下途径完成。一是因特定事件引起法律问题，国家司法机关在解释相关法律问题时，进行立法性解释和司法性解释。但这类行为并不必然导致司法先例的出现。二是具体案件出现后，在法律适用时出现对相关法律的解释或因应立法的需要，而形成具有典型意义的判例。这种判例有特定的法律规则，有时把包含的法律规则抽象出来，制定为特定法律规范。除元朝外，中国古代判

---

① "律"最早并不是指法律，这是学术界共知的。但"律"用来指称法律中的某一类型，自商鞅开始就发生了重大变化。"律"在三国以后，特别是唐朝后，成为特定的法律术语，具有特定含义。元人王亮在注傅霖的《刑统赋解》中对"律"的解释是："禁人为非者，法；法之中理者，律；事之合宜者，义。"（沈家本编《枕碧楼丛书》，知识产权出版社2006年版，第111页）从这里看，王亮把"律"上升为法律中的"原理"、"规律"、"原则"。这种认识在中国古代至少在唐朝以后就存在。元人沈仲纬认为"律为万世准则绳约，使人知而不敢违犯"（沈家本编《枕碧楼丛书》，知识产权出版社2006年版，第172页），强调"律"效力的至上性。

② （清）王明德：《读律佩觿》卷2，法律出版社2001年版，第25页。

例制度在司法中的作用至少自秦朝开始，就不是近代西方普通法系的判例法。中国古代判例法是对成文法的一种具体化，是对新事物、新问题立法的前提和条件。

清朝法律中，律典、条例、通行、成案、案例之间有相当明显的区别与转化过程。它们之间构成一个相互依存、相互制约的循环体系。清朝与判例有关的主要有"成案"和"通行"两类法律形式，其中"成案"是完全由具体个案组成；"通行"则由两部分组成，即具体个案与法律解释，就是有判例与成文法两种。所以说清朝判例由成案与部分通行组成。清朝个案判决成为成案较为容易，只要任何个案被其他司法机构引用作为后来案件判决依据的都可以成为成案。从成案到通行却不同，具体有两种形式：一是某个案件判决时，国家司法机关明确规定它是通行；二是某一成案具有典型性后，被特定机关提出，通过法定程序后上升为通行。通行到条例却需要法定程序：通过相关机构立法整理后才能上升为条例。条例的形成有立法机关的司法解释和通行立法上升两种。清朝法律形式中，"例"中的"条例"不是判例是没有任何问题的。① 乾隆五年制定《大清律例》时，在"三泰等大清律例附记"下的"凡例"中明确指出，"笺释、辑注等书，但意在敷宣，易生支蔓，又或义本明显，无事笺疏，今皆不载。其中有于律义有所发明，实可补律之所不逮，则意别立一条，著为成例，以便引用"。② 说明《大清律例》中有些"成例"是对相关律条的解释并由此发展起来的，而不是由判例发展起来的。清代的"例"或"成例"有很大部分是从具体判例发展起来的，这是不可否认的，这也是学术界会把"条例"当成"判例"的原因所在。清朝从判例到条例的过程是：判决发展成为成案，成案再发展到通行，通行最后发展为条例。从数量上看，清朝成案到通行再到条例的过程是一个逐渐递减的过程。清朝一个具体的判决并不必然成为后来同类案件的先例，其中成案与通行是广义的判例，区别是成案仅有说服力，通行具有拘束力，条例已经是成文法，只是条例稳定性比律条低，可以根据需要进行修订。"虽系远年成案，非定例可比，惟立论与例义相符，引断自应照办。"③ 旧例、成案虽然没有法定约束力，但有说服力，并且当地方督抚在审理案件时认为某一个成案具有一定普遍性，可以引用并提请刑部确认。若刑部认为提出的建议有理，可以奏请皇帝裁准，

---

① 虽然过去有学者认为"条例"是判例，但这种认识基本已经被法史学界纠正。
② 《大清律例》，法律出版社1999年版，第27页。
③ 《刑案汇览》卷26《刑律·人命·杀死奸夫·母被逼嫁其子捕殴奸夫致毙》，北京古籍出版社2004年版，第959页。

把成案上升为通行，进而成为判例。"因令刑部堂官查明旧例成案，详悉具奏。"① "通行"过法定年限后必须进行修订，大部分会上升成为条例，写入《大清律例》，成为条例的组成部分。清代"条例"来源有两部分：一是对律文的法定解释，可以由地方督抚等高级官员和中央各部官员提出；二是通过具体判决发展起来，这部分"通行"是条例的重要来源。清代虽然并未把所有"通行"都上升为条例，但"通行"作为条例的重要来源是明确的。沈家本编辑的《通行章程》中明确指出，所有编入"通行"的是那些"业经纂例无庸采入外"的部分，② 即已经纂入条例的"通行"就没有收录，这是没有收入条例的"通行"。如道光十四年出现的听从尊长殴死期亲尊长的条例就是由判决发展起来的，经过把相关案件具体化、类型化，把以前不同成案中复杂的内容进行整理，以解决成案之间相互矛盾之处。最后，刑部对此类案件一律按照本条例拟斩决，法司核拟时夹签请旨，呈请皇帝裁决。并提出"臣部通行各省一体遵照，并俟修例时将下手伤轻止科伤罪之例删除"。③ 由此便能理解通行与条例的关系。从记载看，清代判例的有效期在十年之内，因为刑部律例馆对判决档案的存档时间是十年。十年后就不再正式存档于律例馆中，除非已经写入"条例"。对"条例"定期整理、清理的时间，乾隆五年规定是"定限三年一次编辑，附律例之后，颁行直省，从此永著为例"。但在实践中发展为三年小修、五年大修的传统。清朝通过这种方式，终于在制度上找到了解决成文法与判例法各自缺陷的途径。同时通过这种特定机制，把两种法律形式的长处有机制结合起来，使其构成了一个具有稳定性和可变性的动态法律形式结构机制。清朝律文与例文的最大区别在于随着时代的变化，律文不进行修改与废除，例文可以修改和废止。沈家本在《通行章程序》中指出："律者，一成不易者也。例者，因时制宜者也。于律、例之外，而有通行，又补律、例之所未尽也……盖律、例之有通行，譬犹江沱汉潜，而非骈拇枝指也。"④ 这里对三者的关系和作用进行了总结和说明。

清朝《大清律例》的出现，标志着中国古代法律经过春秋战国至清朝找

---

① 《刑案汇览》卷 32《刑律·人命·戏杀误杀过失杀伤人·因疯及误杀夫之案向不夹签》，北京古籍出版社 2004 年版，第 1191 页。

② 沈家本：《寄簃文存·通行章程序》卷 6，载氏著《历代刑法考》（四），中华书局 2006 年版，第 2220 页。

③ 《刑案汇览》卷 42《刑律·斗殴·殴期亲尊长·听从尊长殴死次尊仍遵本律》，北京古籍出版社 2004 年版，第 1559 页。

④ 沈家本：《寄簃文存·通行章程序》卷 6，载氏著《历代刑法考》（四），中华书局 2006 年版，第 2220～2221 页。

到了一种如分析法学派凯尔森提出的法律阶梯式等级结构的法律形式体系，以满足国家法律运行中两个具有矛盾性的需求，即法律的稳定性与可变性。清朝形成的律典和会典（乾隆朝后）是对魏晋至隋唐时期法典法的继承，条例、通行、成案则是把秦朝以来的法律问答、廷行事、决事比、故事、法例、格后敕、断例等随事而成的法律形式重构成一种结构明晰、功能互补的法律形式体系。这样，清朝国家法律形式从效力和稳定性上形成了律典、条例、通行、成案四个层级。其中，成案、通行、条例通过法定程序，获得了相对的稳定。这样清朝四种法律形式实现了法律适用中的稳定性与可变性的动态结构。从法律形式上看，清朝的这种法律形式结构使中国古代法律形式发展形成了独具特点的结构样式，提供了法律发展中稳定性与及时性、形式与实质等不同价值同时获得的路径。所以明清时期的判例法是存在的，但由于受制于律典和会典等法典及条例，它们在运行时，体现出不同于宋元时期断例的特征。宋朝对断例及元朝对条格与断例中的判例采用法典化处理，仍然无法解决判例法与法典法之间的固有问题。而明清采用判例向条例的制度性转化，让两种法律获得了新形态。

　　中国古代律、例、判例的关系自秦朝至清朝基本相同，仅是不同时期称谓不同，形成上区分明晰程度不同，具体看是越来越明晰，越来越清楚。清朝时最为明确。清朝刑部大臣明确指出，"臣寻绎例文，窃以为例从律出，例有因时变通，律乃一成不易。有增减之例，无增减之律，古今皆然"。① 这里明确说出了律与条例的关系。清代条例是律条具体化、特别化、类型化的产物。清朝学者袁枚在《答金震方先生问律例书》中指出："律者，万世之法也，例者一时之事也。万世之法有伦有要，无所喜怒于其间；一时之事则人君有宽严之不同，见相有仁刻之互异。"② 律学家王明德的解释更为深刻，"条例所在，及极人情之变，用补正律本条所未详，采择而并行之……律非例，则不可以独行，而例非律，又无由以共著"。③ 这里说明清朝"律"是稳定的、基本的，"例"是根据时代与个案发生变化的。对于律与条例在法律适用中的

　　① 《刑案汇览》卷42《刑律·斗殴·殴期亲尊长·听从尊长殴死次尊仍遵本律》，北京古籍出版社2004年版，第1557页。

　　② （清）袁枚：《小仓山房文集》卷15《答金震方先生问律例书》，载《袁枚全集》第2集，江苏古籍出版社1993年版，第250页。

　　③ （清）王明德：《读律佩觿》卷2，法律出版社2001年版，第18页。

作用，有人指出"不知例无以见法之所同，不知制无以见法之所异"，① 这里指出"条例"对律条的作用。至于例，特别是判例会因司法实践而无限增加，导致"例则朝例未刊，暮例复下，千条万端，藏诸故府，聪强之官不能省记"。② 这样会导致司法适用时无所适从的问题。这是中国古代学者与官员反对判例法的重要原因。为此，清朝发展了一种动态机制，具体是中央政府刑部的律例馆定期对成案、通行与条例等法律形式进行清理和整理，尽量把成案、通行中具有类型化必要与需要的判例上升为条例，把条例中重复、交叉的部分统一，不合时宜部分删除，让可变部分在变中获得相对稳定。清代刑部律例馆是专门负责法律解释、修订和编纂出版各种官方法律汇编的机关，如律例馆专门汇编发行"通行"本，即法定判例集。《刑案汇览》中一些案件下明确写明出自"通行本内案"。这样清朝的律典、条例、通行、成案解决了秦朝以来法律形式中的三个问题，即律令典问题、敕条例的问题、判例的问题，让三者的优点得到保留的同时克服了缺点。

从法律适用的逻辑学和解释学看，清朝法律形式构成了一个循环体系。律典是整个法律适用的起点，通过类比、比附等司法技术使律条适应纷繁复杂、个案案情多变的需要。同时，条例、通行、成案的最终解释与渊源都可以回溯到律典中某一具体律文或法律原则，让法律解释不会走向整体性迷失和混乱，整个法律体系形成逻辑体系上的自洽和自我循环。如道光二年（1822）山西李贾氏因通奸殴烙童养儿媳李乔氏杀人灭口案是当时成案、通行、条例在司法中适用的具体体现。此案发生后，在法律适用上需要用类比适用母亲杀死子女的律文解决此方面立法上的空缺。但在类比中存在一个问题，儿媳与婆婆关系同母亲与子女的关系按现在看是一致的，但中国古代有"三父八母"之分，不同性质的"母亲"与子女在伦理服制上存在严格的区别，互犯时构成的法律事实是不同的，法律责任自然也就不同。清朝时儿媳与婆婆的关系有亲姑、继姑、嫡姑等不同分类，子女与母亲关系有嫡母、亲母、继母等关系。不同关系中母亲致子女死亡承担的法律责任不同，具体是嫡母致子女死亡时适用绞监候，继母致子女死亡时适用斩监候。本案中李乔氏与李贾氏关系是儿媳与亲姑，判决是"应仍照例拟绞监候，入于缓决，永远监禁"。但此案由于是婆婆通奸杀儿媳，在法律上要加重，在缓决时增加为

---

① （元）沈仲纬：《刑统赋疏》，载沈家本编《枕碧楼丛书》，知识产权出版社 2006 年版，第 198 页。

② 杨鸿烈：《中国古代法律思想史》（下），上海书店出版社 1984 年版，第 114 页。

"永远监禁"。此案成为婆婆通奸杀儿媳灭口的典型案例，被规定为"通行"，成为此类案件中具有约束力的判例。同时，刑部在检查相关成案时发现此类案件以前存在把亲姑、嫡姑比照为继母适用的先例，所以提出对此类案件作统一解释，规定"嗣后奸妇致死伊媳灭口之案，系亲姑嫡姑即照嫡母例拟绞监候，系继姑即照继母例拟斩监候，均入于缓决，永远监禁，以昭画一"。① 此部分内容后来在修订条例时纂成"条例"，上升为成文法。

中国古代法律形式在历史发展中形成了相对自成体系的法律形式结构，使法律在稳定性和及时性中找到了动态平衡，是经历过对成文法典和判例法两种法律形式绝对推崇的实践后逐渐形成的，是一种经验理性的产物。清朝形成的法律形式是在普遍性与特殊性之间找到了一种过渡性法律形式，让两个极点能够发挥所长而克制所短。中国古代判例法的出现，不仅在法律形式上弥补了成文法的不足，还在法律适用上对实现"实质正义"的司法追求提供了一种保障机制。当然，判例制度是中国古代成文法典下实现司法"实质正义"的必然选择，是整个法律形式运行中的重要环节。从某个角度看，判例法是中国古代法律形式结构下的产物，是解决法律形式存在问题的重要保障，判例制度构成了整个法律形式体系中的重要环节。宋元断例作为中国古代判例的重要内容，其产生是同理的。

中国古代法律形式在发展中，从春秋时郑国子产公布成文法开始，主要经历了三个过程。首先是律、令在数量和篇目上迭增，再后是格后敕或敕迭增，最后是断例迭增。三个问题是中国古代法律形式发展中出现的重要问题。为解决这三个问题，中国古代在不同时期出现过重点发展和重点解决某种法律形式的时期。春秋至汉武帝、成帝时期，在对成文法的推崇下，律、令两种法律形式得到重点发展，到武帝、成帝时期发展到极点，但实践证明其存在很多不足。为解决律令过多带来的适用困难，从汉武帝、成帝时期开始到唐前期，经过八个世纪的发展，形成了律典、令典等法典法时期，解决了律令数量增加导致司法适用混乱的问题，但在司法实践中法典法还是存在问题。当然，这个时期整个法律形式上出现了法典化、简约化的发展趋势，可以说是法典法崇拜时期。具体表现为三国时期魏国开始制定律典、令典等法典，唐贞观年间出现了结构合理、内容简练的律典、令典、格典、式典等。唐贞观年间的法典法立法的成功并不必然带来司法上的成功，于是唐玄宗朝后，

---

① 《刑案汇览》卷23《刑律·人命·谋杀祖父母父母·因奸致死子媳分别斩绞通行》，北京古籍出版社2004年版，第815页。

开始以灵活性极强的格后敕为中心大量发展因时因事制定的法律。编敕的成功并没有消除相应的问题。宋神宗朝后，国家把法律形式的发展转向了以断例为中心，减少了编敕带来的问题，到元朝时条格和断例并行，整个法律形式完全建立在两者之上。明朝开始重新重视法典法，同时对断例、条格进行新的形式化，具体是通过对条例定期整理和法典化，解决其数量增加的问题。《问刑条例》的出现解决了格后敕及后来条格产生的问题，找到了让它们与律典有机结合的机制。判例作为一种法律形式，在中国古代自秦汉以来就已存在，但问题的出现是在宋元时期，因为这个时期断例数量倍增，导致法律形式混乱。最终把判例融入中国古代以律典为中心的法律形式结构中是在清朝乾隆年间。清朝通过把判例分为成案、通行，经过技术化处理，让通行中的判例上升为条例。这样，清朝乾隆年间在法律形式上终于解决了律典、条例、判例三种法律形式出现的问题，通过一种内在的有效机制，让三种法律形式在发挥自己的优势时，克制住各自的不足，构建起了中国古代法律体系的合理化机制。从现在存留下来的清朝乾隆至光绪年间的司法材料看，中国古代这种法律体系是能够满足法律发展中数量有限、具有可发展性、司法适用具有准确性以及个案适用的公正性等多种法律价值需要的。

当然，笔者发现法律形式在逻辑结构上的合理，仍然无法保证得出与法律实质性评价一致的结果。在一种合理的法律形式体系中，并不必然带来合理的法律内容体系，两者是存在区别的。法律形式结构体系仅能实现法律体系建构形式的合理与有效，而不能解决实质内容上的合理与正义。当前，在中国法律形式体系构建上，要充分借鉴和继承中国古代法律形式结构体系发展中的成功经验和具体做法，否则在法律体系建设中法律形式结构上出现的问题可能会重复过去的历史。

第十一章　宋元以断例为主的判例法
兴起的原因 *

　　分析宋元时期断例兴起的原因，其与两朝经济发展变化的相关度并不高，主要有政治与法律形式发展两个内在原因。在政治上，宋朝士大夫官僚群体与胥吏群体严格分野，且士大夫官僚群体放弃对法律知识的学习和垄断，从而把法律知识完全交给了胥吏群体；在法律上，隋唐至宋时在法典法获得高度发展的同时，对法律形式的分类越来越细密，隋唐时期有律、令、格、式四种，至宋朝形成律、令、格、式、敕、申明、指挥等。这种法律形式的变化使士大夫官僚不再是法律运行的主体，而胥吏群体获得绝对主导地位后开始寻找更加有利于自己职业特点的法律形式。其中，判例具有两大好处，成为他们的首选。首先，准确性高，运用判例执法与司法可以获得一种高度的一致性，能更好地满足上下级之间形成覆审制度的需要；其次，能够绕开士大夫官僚易于干预的成文法领域。

一　士大夫官僚群体与胥吏群体在法律运行中的重构

　　宋朝士大夫官僚群体对法律知识和司法技能学习的抵制，加上传统士大夫群体对儒家经学的痴迷，以及宋朝中后期道学、理学、心学等的兴起，带来的结果是以经学为中心的科举考试和为官治理所应拥有的基本司法、财政文书知识技能必然的抵牾。元明清时期，科举考试完全以朱熹的理学为中心，考四书五经内容，文体固化成八股文，让士大夫官僚群体更加缺乏为官所需的法律、财政管理能力。在这种知识结构下，士大夫官僚群体虽然可以在道义上滔滔不绝地讨论国家治理中的德性问题，但无法满足国家治理中理财和司法事务的职业化和技术化的需要。宋朝后，国家在治理中，财赋和法律问题越来越繁杂，这对为官者在这两方面的知识技能要求越来越高。对此，顾炎武指出，宋朝以后胥吏权重与国家治理中法律繁杂密切相关。"胥吏之权所

---

　　*　本章主要内容作为阶段性成果以《宋朝对士大夫官僚法律知识改善措施、失败及其影响研究》为题发表在《思想战线》2016 年第 2 期上，但这里进行了必要修改。

以日重而不可拔者，任法之弊使之然也。"① 在地方官员的日常事务中，财赋处理成为核心内容。宋人早就指出，"今之为令者，知有财赋耳，知有簿书期会耳，狱讼一事已不皇悉尽其心"。② 这说明宋朝后，随着政府事务繁杂，需要官员专业化以适应社会治理的需要，但国家选官制度中科举考试并没有作出相应调整，而是与此越来越远，走向以词赋、经学为中心的考试，导致国家治理出现自然转化，以适应此种挑战。

（一）官僚士大夫阶层对法律知识的放弃

宋朝皇帝高度重视法律，部分官员也认识到法律知识在国家治理中的重要性。同时，国家也努力增加官僚士大夫学习法律的机会。③ 然而，北宋建立后至神宗朝出现的整体对法律知识的重视以及改变士大夫官僚群体轻视法律知识的努力在"元祐更化"后开始走向失败，在南宋反王安石改革下这一行动完全失败。于是，宋朝法律知识的载体发生了变化，这使中国古代判例法有了新的发展动力。这是中国古代在以成文法法典为主导下的判例法得到发展的重要原因。

1. 抵制参与法律考试

宋朝国家为解决官员不学习法律、司法官员法律知识不足等问题进行了专业法律考试，同时在任职、提拔、工资上给予考试合格者以优待。然而，自汉朝以来形成了儒学独占国家意识形态，士大夫坚持"君子不器"的儒士取向，使将法律嗤为法家流毒的社会意识十分强大。随着科举考试的兴起，国家在考试上以经学词赋为中心，让自秦汉时期形成的官员从吏员起家的传统遭到了结构性的打击。唐朝以后，士大夫对以法律技能、财赋处理、文书写作为中心的"吏学"越来越排斥。清人吴铤指出"唐宋以后，士大夫皆以科目进，故儒耻为吏，所学皆拘谲不通"。④ 士大夫官僚在获得政治上的垄断地位后，并不积极改变自身知识结构以适应国家管理上的需要。对国家举行的各类法律考试采取抵制的态度。宋真宗大中祥符元年（1008）正月，就有

---

① （清）顾炎武著，黄汝成集释《日知录集释》卷8《吏胥》，秦克诚点校，岳麓书社1994年版，第292页。

② 胡太初：《昼帘绪论·临民篇第二》，载《宋代官箴书五种》，中华书局2019年版，第163页。

③ 关于宋朝时期国家积极改变官僚群体法律知识的努力情况，可以详见笔者的《宋朝对士大夫官僚法律知识改善措施、失败及其影响研究》（《思想战线》2016年第2期）一文。

④ （清）盛康辑《皇朝经世文编续编》卷28《吏政十一·吏胥》，文海出版社1980年版，第2854页。

官员指出"审刑院、刑部、大理寺皆缺属官，累诏朝臣保任及较试，皆不中选"。① 这说明国家在司法官员考试和选拔上一直存在参选人员不足、选出人员不胜任的严重问题。宋朝虽然在神宗朝出现过整个社会对法律考试的全面参与、天下读书人皆读法律的社会风气。然而，在哲宗朝"元祐更化"后，此种社会风气受到保守士大夫的反对，最先出来反击的是刘挚。刘挚在元祐元年提出要在明法科中增加经义考试和减少明法科录取名额。接着国家规定试刑法与明法科考试只考《刑统》，是否合格不以法律知识为准，而是以"经义"知识为准，根本上改变了明法科和试刑法考试以选拔法律人才为目的设置状况，让法律考试流于形式。"所有发解及省试刑法考试官，止是考定得《刑统》义通、粗否，其去留自合是考试经义官以三场通定去留高下。"② 通过这些措施，士大夫们重新获得了国家对官员选拔标准制定的主导权，让法律人才越来越不足。宋徽宗宣和三年（1121）五月二十五日，出现"近年以来，试中刑法人数绝少，选任官多是避免。法寺掌断天下狱案，刑名稍有差失，所系非轻"。③ 此种社会风气到南宋朝更加炽盛，孝宗宣称"古之儒者以经术决狱，若用俗吏，必流于刻"，④ 把法律出身的人员称为"俗吏"，认为只用儒者经术就能满足国家司法的需要。这样，宋朝士大夫官僚群体对法律考试的抵制最终获得成功。宋朝国家本计划通过制度引导士大夫官僚群体参与法律学习，却不成功。民间却相反，出现学习法律的高潮。"政府所烦恼的是理论学习法律的官员没有学习热情，不指望其学习法律的民间却有高涨的学习热情。"⑤ 这种法律知识的转化，影响了整个国家对法律形式的不同追求，因为民间学习法律是为了适用，以获得对自己有利的法律结果。这自然对那些作为实践产物的判例具有更高的需求。对此，从宋朝、元朝民间形成的法律书的主要内容中就可以看出。如元朝有"民间自以耳目所得之敕旨条令，杂采类编，刊行成帙，曰《断例条章》，曰《仕民要览》，各家收置一本以为准绳"⑥ 的记载。

　　这种风气在金朝同样存在。金朝在大定年间有过中央高级吏员从进士中

---

① 《宋会要辑稿》，"职官一五·法官之35"，第3427页。
② 《宋会要辑稿》，"选举一四·新明法科之3"，第5532页。
③ 《宋会要辑稿》，"选举一三·试法之26"，第5528页。
④ 《宋会要辑稿》，"选举一四·新明法科之6"，第5533页。
⑤ 〔日〕宫崎市定：《宋元时期的法制与审判机构》，载杨一凡、〔日〕寺田浩明主编《日本学者中国法制史论著选·宋辽金元卷》，中华书局2016年版，第71页。
⑥ （元）郑介夫：《上奏一纲二十目》，载陈得芝等辑点《元代奏议集录》（下），浙江古籍出版社1998年版，第82页。

选择培养的努力，"金朝大定初，张太师浩制皇制，祖免亲宰执子试补外，杂用进士"，以改变辽宋时期中央高级吏官从胥吏中选拔的情况。① "省吏，前朝止用胥吏，号'堂后官'。"这种努力很快遭到士大夫官僚群体的反对。"然省令史仪礼冠带，抱书进趋，与掾史不殊，有过，辄决杖，惜乎，以胥吏待天下士也。故士大夫有气概者往往不就，如雷翰林希颜、魏翰林邦彦、宋翰林飞卿及余先子，或召补不愿，或暂为，遽告出，皆不能终其任也。"② 从这里看，士大夫对中央机关吏员受到的待遇不满，导致最终失败。由于士大夫群体不愿通过先出任吏官再升为官员以获得相关的法律职业技能，金朝只好从胥吏中选拔高级吏员和官员。

2. 削弱法律在科举考试中的地位

宋朝士大夫官僚群体通过否定法律作用、强化儒家经典地位，构成对宋初重视法律发展风气的破坏。这种转折始于"元祐更化"，典型代表是两位反改革派大将刘挚和司马光公开否定法律的作用，提出以礼义为主就能治理好国家的主张。南宋时由于高宗等人在反思北宋灭亡时把责任推到王安石变法上，这种社会风气更加盛行。于是，对宋朝建立以来，特别是神宗朝形成的国家选拔官员中重法律的政策进行了全面否定。

哲宗即位后，在高皇后支持下，反改革派大将刘挚立马上奏，要求改变神宗朝国家在选官上形成的重法律趋势：

> 近制明法举人试以律令、刑统大义及断案，谓之新科。明法登科者，吏部将司法员阙先次差注，在进士及第人之上。臣窃以先王之治天下，以礼义为本，而刑法所以助之者也。惟君子用法，必傅之以经术，法之所治，理之所在也，故恶有所惩，而常不失忠恕之道。旧制，明法最为下科，然其所试，必有兼经，虽不知其义而止于诵数，而先王之意犹在也。今新科罢其兼经，专于刑书，则意若止欲得浅陋刻害之人、固滞深险之士而已。又所取之数，比旧猥多，调拟之法，失其次序。臣以谓宜有更张，欲乞新科明法，并加论语、孝经大义，登科之额，裁减其半，及注官之日，并依科目资次。所贵从事于法者稍不远义，而士之流品不失其分。③

---

① 根据洪皓《松漠纪闻》卷2，这种变化发生在天眷、皇统年间。"省部有令史，以进士及第者为之。"（《景印文渊阁四库丛书》，台湾商务印书馆1986年版，第407册，第702页）

② （金）刘祁：《归潜志》卷7，崔文印点校，中华书局1983年版，第77页。

③ 《续资治通鉴长编》卷368，"哲宗元祐元年闰二月庚寅"条，第8860页。

　　刘挚认为治国之本在礼义，要求改变神宗朝形成的明法科以法律为主的考试形式，在明法科中增加儒家经典内容。其核心是把明法科从神宗朝成为诸科中的"最上科"打回到之前的"最下科"地位。从历史来看，刘挚完全实现了此目标。

　　作为反改革派的主将，司马光对刘挚所言十分支持，他接着上奏，对神宗朝明法科考试提出同样批评和改造：

> 　　至于律令敕式，皆当官者所须，何必置明法一科使为士者豫习之。夫礼之所去，刑之所取，为士者果能知道义，自与法律冥合。若其不知，但日诵徒流绞斩之书，习锻炼文致之事，为士已成刻薄，从政岂有循良，非所以长育人材，敦厚风俗也。朝廷若不欲废弃已习之人，其明法曾得解者依旧应举，未曾得解者不得更应，则收拾无遗矣。①

　　司马光提出的理由更加理想，对官员的候选人员学习法律进行了全面否定，认为当官者拥有法律知识是必然，不必通过专门学习和考试来保证。从理论指出，知道儒家的道义就自然知道法律知识与技能。从司马光的言论看，目的是否定神宗朝重法律的国家选官取向，只是没敢直接说出废除新明法科等法律考试。

　　在宋朝整个社会教育都以儒家经义为中心的背景下，把明法科、试刑法等法律考试转向重经义，自然形成对法律考试的一种反叛。② 而且，宋朝士大夫主流中一直存在否定学习法律和司法技能的传统，把学习法律知识和司法技能的人员称为"俗吏"、"刀笔吏"。对此，神宗朝有官员指出，此前社会风气是把学习法律的官吏斥为"俗吏"，"兼前日官吏有讲习刑名，众皆指为俗吏"。③ 这种社会风气在宋真宗朝就很盛行，史称"北宋名相"的寇准就是"为官不重本职工作"的典型，"旧相出镇者，多不以吏事为意。寇莱公虽有重名，所至之处，终日游宴，所爱伶人，或付与富室，辄厚有所得，然人皆乐之，不以为非。张齐贤倜荡任情，获劫盗或时纵遣之，所至尤不治。上闻之，皆不为善，唯敏中勤于政事，所至著称。上曰：'大臣出临方面，惟向敏

---

① 《续资治通鉴长编》卷371，"哲宗元祐元年三月壬戌"条，第8979页。
② 对哲宗朝后，特别是南宋时期试刑法等法律考试是如何受到经学的蚕食，可以参见乔惠全的《儒生与法吏的考试抉择》（《中国政法大学学报》2013年第3期）一文。
③ 《宋会要辑稿》，"选举一三·试法之16"，第5525页。

中尽心于民事耳。'于是有复用之意。"① 由此可知，当时很多士大夫官僚由于没有处理地方政务的能力，出任地方官时往往借其他理由不尽心处理具体政务，弄得皇帝对此毫无对策。苏轼甚至公开宣称"读书万卷不读律"。南宋官员唐庚在诗中自嘲："案头故纸如拔山，三年祇有马上闲。贵官眼高不解颜，紧推不去何其顽。平生所学尽虚谈，为吏文书百不谙。唤作参军真漫浪，军中底事更须参。"② 这首诗真实反映了士大夫官僚在儒家经典培养下，任官后无法处理职事的现实。在这种社会风气下，士大夫官僚自然对学习法律的官员加以排斥。宋初游简所受到的待遇就是此方面的代表。游简为官勤谨，掌握为官的各种知识和技能。"躬亲簿领，督责稽缓，僚吏畏之。然暗于大体，不为士大夫所重。"③ 士大夫对学习法律、精于司法等为官事务的否定性评价，导致参加法律考试的士大夫有一种耻辱感，受到群体的排斥。这是宋朝国家在解决官僚群体法律知识不足时失败的根本原因。

（二）胥吏群体垄断法律知识与司法技术的出现

宋朝由于士大夫官僚群体对法律知识和司法技术的轻视和无知，无法满足国家管理及司法实务中对法律知识和司法技能的需要，导致国家在发展中形成法律知识由胥吏群体掌握，司法领域由胥吏群体控制的社会局面。④ 所以，士大夫群体自宋朝开始就不停地喊出"吏强官弱"，或发出"胥吏治天下"的惊叹，然而很少反思造成此种结构的根本原因。对于造成这种政治局面的原因，南宋绍兴年间有两位官员分析过，分别是绍兴五年（1135）李椿年和绍兴三十二年（1162）留正。绍兴五年李椿年上奏称：

> 所谓吏强官弱者，非吏挠权之罪，官不知法之罪也。明乎法则曲直轻重在我而已，吏岂得而欺乎！今之士大夫不以为法家者流而莫之学也，在今初入官人有铨试。铨试有断案，盖虑其不知法也。然铨试者，或亦以缘故而免试断案者，亦非素习，不过临时转相传写而已，求其明法十百中无一焉。法即不明，监民遇事不能自决，

---

① （宋）司马光：《涑水记闻》卷七（下），邓广铭、张希清校，中华书局 1989 年版，第 138～139 页。

② （宋）唐庚：《眉山诗集》卷 10《自笑二绝》，《景印文渊阁四库全书》，台湾商务印书馆 1986 年版，第 1124 册，第 320～321 页。

③ 《续资治通鉴长编》卷 10，"开宝二年三月丁未"条，第 220 页。

④ 对宋朝胥吏在司法中的作用与地位，张正印在《宋代狱讼胥吏研究》（中国政法大学出版社 2012 年版）一书中有全面的讨论。

吏始得以弄法而欺之，曲直轻重惟吏所为，强弱之形式于此可见。①

绍兴三十二年（1162），大臣留正上奏称：

> 盖吏强于官久矣。外而郡守，内而省部，往往而是。然外之监司守令，一或得人，犹足以行其政，至若省部之吏，风成弊积，盖有肆为欺慢而莫之谁何者。其弊始于法令之繁多，而成于居官者之苟且。夫以不素解暂临之官，驭长子孙之吏，文法之日滋，吏又得以并缘出入，其势固易于为欺。而为之官者，复狃于习俗，乐于因循，以宽纵为识体，以振厉为生事。偷安岁月，受成吏手，默货挠法，将何惮而不为，是毋惑乎吏之强矣。②

两人指出当时出现"吏强官弱"的原因是相同的，即认为是随着法律数量的增多，官员却出现相反的现象——不知法，而胥吏们长期从事法律实务，拥有专业法律知识。为官者缺少法律知识，就无法与胥吏对抗，只好认同他们的行为。对此，早在神宗熙宁六年（1073）七月二十三日，中书门下省就有更加简明的总结，"盖为先时官吏多不晓习刑法，决狱治讼，唯胥吏为听"。③ 对于这种现象，司马光本人也承认，他在反驳王安石改革和重视法律时，指出"宰相以道佐人主，安用例？苟用例而已，则胥史足矣"。④ 这里，司马光指出"例"的载体是胥吏群体，官员不是载体。从这里可以看出，"例"的兴起与胥吏群体成为司法知识和技能的主要载体是紧密相关的。

宋神宗加强官员法律知识学习的本质就是要改变此前官员不知法律、司法实务由胥吏控制的局面。宋朝由于官员缺少法律知识，导致地方司法中不管是检法，还是拟判都由专业胥吏群体控制，这让地方司法活动中最重要的两个环节由胥吏掌握。当然，这与两个环节需要职业化的知识和技能有关。然而现实中，士大夫官僚群体采用各种方法拒绝学习法律知识和技能，让国家在选用专业司法人员时只能以胥吏群体作为对象。如绍兴三十年（1160）五月一日，刑部和大理寺高级专业司法官员空缺时，只能从下级胥吏中选拔，

---

① 《建炎以来系年要录》卷89，"绍兴五年五月丙戌"条，胡坤点校，中华书局2013年版，第1458页。
② 《建炎以来系年要录》卷200，"绍兴三十二年十二月丁亥"条，胡坤点校，中华书局2013年版，第3408页。
③ 《宋会要辑稿》，"选举一三·试法"，第5524页。
④ （宋）江少虞编纂《宋朝事实类苑》卷15，"顾问奏对（二）·司马温公"，上海古籍出版社1980年版，第183页。

由此就能看出此问题的严峻。由于士大夫官僚不懂法律知识，缺乏司法技能，于是现实中地方州县长官完全把司法问题交给胥吏处理的现象越来越严重。如北宋哲宗元祐元年（1086）四月二十四日，殿中侍御史林旦奏称："窃闻在京、诸州狱推问囚徒，勘官或多畏避嫌疑，苟简，不肯亲临讯问，棰楚枷锢，一委胥吏。"① 南宋绍兴二十五年（1155）六月二十六日，刑部员外郎张嵘言奏称："郡县长吏间有连日不出公厅，文书讼牒多令胥吏传押，因缘请托，无所不至，乡民留滞，动经旬月，至有辨讼终事而不识长官面者。"② 两个相反案例说明了这种问题的原因所在。一是韩琦，嘉祐三年（1058），他出任同中书门下平章事、集贤殿大学士时，就面对"中书习旧弊，每事必用例，五房史操例在手，顾金钱惟意所出去取。所欲与一日举用之；所不决欲行或匿例不见"的局面，"公令删取五房例及刑房断例，除其冗谬不可用者，为纲目类次之，封縢谨掌，每用例必自阅。自是，人始知赏罚可否在宰相，五房史不得高下于其间"。③ 二是陈次升由于精于法律和司法技能，"公至则除刑部员外郎，公明练典章，虽老吏莫肆其奸巧，律令格式为之一下"。④ 宋朝对士大夫官僚群体法律知识改变的努力失败后，士大夫官僚群体并没有因此退出政治中心，而是更加全面地垄断了此后近千年的中国政治。这是宋元明清时期形成"胥吏政治"的根本原因，也是最终形成中国近千年"官、吏二元结构"的特殊国家治理主体权力结构的根本原因。对宋朝胥吏垄断法律知识、士大夫不懂法律导致的法律困境，南宋叶适有过深入的分析：

> 何谓吏胥之害，从古患之，非直一日也。而今为甚者，盖自崇宁，极于宣和，士大夫之职业虽皮肤寒浅者，亦不复修治，而专从事于奔走进取，其簿书期会，一切惟吏胥之听。而吏人根固窟穴，权势熏炙，滥恩横赐，自占优比。渡江之后，文字散逸，旧法往例尽用省记，轻重予夺，惟意所出。其最骄横者，三省、密院、吏部七司、户刑，若他曹、外路从而效，视又其常情耳，故今世号为公人世界。又以为官无封建，而吏有封建者，皆指实而言也。且公卿大臣之位，其人不足以居之，俛首刮席条令宪法多所不谙，而寄命

① 《宋会要辑稿》，"刑法三·勘狱之68"，第8429页。
② 《宋会要辑稿》，"职官四七·判知州府军监之31"，第4282页。
③ （宋）杜大珪编《名臣碑传琬琰之集中》卷48《李清臣·韩忠献公琦行状》，《景印文渊阁四库全书》，台湾商务印书馆1986年版，第450册，第575页。
④ （宋）陈次升：《谠论集》卷5《待制陈公行实》，《景印文渊阁四库全书》，台湾商务印书馆1986年版，第427册，第380页。

于吏，此固然也。然虽使得其人而居之，如昔之所谓伊尹、傅说之
俦而已，夫区区条令宪法仍为不晓，而与是吏人共事，终亦不可。
然则，今世吏胥之害，无问乎官之得其人与不得其人，而要以为当
革而已矣。①

这里，叶适指出士大夫官僚群体自身知识的缺陷才是胥吏垄断司法问题
的原因所在。胥吏由于自身的特点，在司法与执法时往往喜欢适用先例。绍
兴二十六年（1156）御史中丞汤鹏举指出，用"例"主要是由胥吏特点所决
定的，"法者，天下之所通用，例之所传，乃老奸宿赃，秘而藏之，以舞文弄
法，贪饕货赂而已，不用法而用例，古未之闻也。若刑部之所以断罪、吏部
之所以驳吏，最为剧曹。此正猾吏可以上下其手而轻重其心者。伏望明诏吏、
刑部条具合用之例，修入见行之法，以为中兴之成宪"。② 这些言论虽然多是
批评，但从中可以看出以判例法为中心的"例"的兴起是与此种司法结构转
变紧密相关的。这是因为对先例的使用，对胥吏群体来说是自己的所长，也
是垄断司法的最好办法。对此，宋人指出"吏部七司有法有例。法可按籍而
视，例则散于案牍之中，匿于胥吏之手。官有去来不能遽知，故索例而不获，
虽有强明健决之才，不复敢议"。③ 这里指出由于判例多是分散的，只有长期
从事的职业人员才能熟练掌握和使用。

从上面的考察中可以看出，"断例"作为一种司法判例，需要很高的法律
知识素养和司法技能，它的兴起正是宋朝士大夫官僚群体与胥吏群体分工的
结果。

（三）以吏为主：元朝国家选官制度的变化

由于士大夫官僚群体不懂法律，不知司法技能，神宗朝王安石在变法时
不仅进行制度化的法律考试，还想通过法律考试，让胥吏群体与官员混合，
或者说是让胥吏群体能够进入官僚阶层。这种从胥吏中选官到宋徽宗朝更加
明显，"实际上，从王安石时代开始，就已在有意识地策划儒士与吏员的混
同，到北宋末年徽宗时期，已经得到相当程度的实施，并开创了一条入仕的

① （宋）叶适：《水心集》卷3《奏议·吏胥》，《景印文渊阁四库全书》，台湾商务印书馆
1986 年版，第 1164 册，第 87 页。
② 《宋史全文》卷 22 下《宋高宗十七》，汪圣铎点校，中华书局 2016 年版，第 1818 页。
③ （宋）潜说友纂修《咸淳临安志》卷 67《志·人物八·列传·国朝·凌景夏》，《景印文渊
阁四库全书》，台湾商务印书馆 1986 年版，第 490 册，第 662 页。

新途径，即州的胥吏可以被提拔为中央政府的胥吏，他们在中央政府任事满一定年限后，可以被授予文武官员的身份担任地方官"。① 这种社会现象的出现，对断例的兴起是起到了促进作用的。

于是，南宋开始出现从吏员中选司法官员的现象。如南宋乾道二年（1166）十一月十四日，规定大理寺治狱贴书充推司一年相当于出任贴书七年，断狱胥长满一年八个月相当于入仕二十五年。这样开启了司法机构中吏员转充司法高级吏员或司法官员的途径。淳熙九年（1182）二月十五日，大理寺卿潘谨珪奏称"本寺胥佐缺则贴司试补，职级缺则胥佐试补"。② 淳熙十年十二月十三日，程宏图提出大理寺、刑部胥吏选拔采用在现役吏员和投名吏员中招考，合格的，超一等迁补。这些说明南宋由于对整个法律教育不再重视，国家明法科、试刑法考试被减少或废除后，司法机构从内部下级胥吏中选拔司法官员或高级司法吏员成为越来越重要的途径。正如程宏图所言，通过试刑法考试，让下级司法胥吏升级为高级司法胥吏，或出任司法官员，"以劝习法"。③ 这为司法胥吏成为官员提供了机会，促进了这个群体的职业化，最终导致整个国家的司法运行由各级司法胥吏在实践中控制着。对南宋这种社会现象，后期很多有识之士进行过反思。如周密指出："今之学者，但是议论中理会太深切，不加意于实行，只如人学安定先生，有何差错？若学伊川、喻子才、仲弥性之徒，岂不误事？"④ 南宋晚期出现了一种新倾向，即国家开始从吏员中选择官员，以解决实际的需要。

这一现象在金朝同样存在。金朝在整个制度设置上越来越以南宋为学习对象，在科举考试上完全照搬宋朝，以经学和词赋为对象。金朝后期，科举制度培养出来的人才越来越不适应国家治理的需要。他们仅注重词赋、诗的写法，对如何处理政务漠不关心，特别对司法事务一窍不通。对此，金熙宗天眷年间、金世宗皇统年间进行过改革，希望让进士人员先从吏员做起，再升为正式官员。但由于士大夫官僚群体的反对，最终失败。金朝遗民刘祁对金朝科举选官的缺点进行过深入反思和批评："金朝取士，止以词赋为重，故士人往往不暇读书为他文。尝闻先进故老见子弟辈读苏、黄诗，辄怒斥。故学子止于律、赋，问之他文则懵然不知……殊不知国家初设科举用四篇文字，

---

① 〔日〕宫崎市定：《宋元时期的法制与审判机构》，载杨一凡、〔日〕寺田浩明主编《日本学者中国法制史论著选·宋辽金元卷》，中华书局2016年版，第41页。
② 《宋会要辑稿》，"职官二四·大理寺之36"，第3674页。
③ 《宋会要辑稿》，"职官二四·大理寺之36"，第3674页。
④ （宋）周密：《癸辛杂识·别集下·空谈实效》，中华书局1988年版，第282页。

本取全才，盖赋以择制诰之才；诗以取风骚之旨；策以究经济之业；论以考识鉴之方。四者俱工，其人材为何如也？"① 刘祁指出这造成国家无可用之才，"金朝取士，止以词赋、经义学，士大夫往往局于此，不能多读书。其格法最陋者，词赋状元即授应奉翰林文字，不问其人才何如，故多有不任其事者，或顾问不称上意，被笑嗤，出补外官"。② 士大夫在被委以重任后无法承担国家治理的需要。于是，实践中出现改由胥吏充任选官后备人员的现象，"（金宣宗）贞祐间，术虎高琪为相，欲树党固其权，先擢用文人，将以为羽翼。已而，台谏官许古、刘元规之徒见其恣横，相继言之。高琪大怒，斥罢二人。因此大恶进士，更用胥吏。彼喜其奖拔，往往为尽心，于是吏权大盛，胜进士矣……宣宗亦喜此曹刻深，故时全由小吏侍东宫，至为金枢密院事"。③ 这里刘祁是站在儒士角度看待当时宰相术虎高琪、金宣宗重用胥吏出身的官员的现象。实际上是由于吏员具有实干精神，拥有处理各类政务的知识和技能。对此，刘祁进一步指出，金朝这种重实用的取向为胥吏获得政治地位提供了基础。"金朝用人，大概由省令史迁左右司郎中、员外郎、首领官，取其簿书精干也。由左右首领官选宰相执政，取其奏对详敏也。其经济大略安在哉？此所以在位者多长于吏事也。"④ 这里，他指出胥吏出身对提高官员处理政务和司法的能力起到了积极作用。

　　从上面分析可以看出，北宋以来，特别是南宋和金朝时期士大夫官僚对法律知识和司法技能的漠视，留出社会治理中的空缺，最终由胥吏群体填补，这为胥吏群体主导国家司法运行提供了条件。

　　这种社会风气影响到元朝。"金末以后儒教权威衰微，胥吏出身的实务家得到重用，他们享有与儒家出身的官僚同样的权利，官场中的'儒吏之争'相当激烈，而元朝又全盘继受了这种态势。"⑤ 元朝在国家组织上全面继承金朝，官员多来自金朝和南宋中下层官员和吏员，使元朝官僚群体中形成一股"对金代儒人专尚词章歌赋及南宋推崇道学和科举考试不重实务的反动"的社会风气。⑥ 这造成元朝在官员选拔上重视胥吏人员出身和整个国家法律实质上

---

① 〔金〕刘祁：《归潜志》卷8，崔文印点校，中华书局1983年版，第80页。
② 〔金〕刘祁：《归潜志》卷7，崔文印点校，中华书局1983年版，第72页。
③ 〔金〕刘祁：《归潜志》卷8，崔文印点校，中华书局1983年版，第71页。
④ 〔金〕刘祁：《归潜志》卷7，崔文印点校，中华书局1983年版，第77页。
⑤ 〔日〕宫崎市定：《宋元时期的法制与审判机构》，载杨一凡、〔日〕寺田浩明主编《日本学者中国法制史论著选·宋辽金元卷》，中华书局2016年版，第22页。
⑥ 许凡：《元代吏制研究》，劳动人事出版社1987年版，第141页。

由司法胥吏控制的现象，这也成为元朝"判例"高度发达的重要原因。因为"他们所掌握的知识是最近的法制和断例"。① 对此，元成宗大德三年（1299）姚燧有过总结，他认为当时官员选拔上是：

> 大凡今仕惟三涂：一由宿卫，一由儒，一由吏。由宿卫者言出中禁，中书奉行制敕而已，十一之。由儒者则校官及品者，提举、教授出中书，未及者则正、录以下，出行省宣慰，十分之一半。由吏者省、台、院，中外庶司郡县，十九有半焉。②

分析姚燧所言，当时全国出仕人员中，宿卫贵族群体占了 10%，儒者占了 5%，吏员占了 85%。元末叶子奇对元朝官员出身有过相同总结：

> 仕途自木华黎王等四怯薛大根脚出身分任省台外，其余多吏员。至于科目举士，止是万分之一耳，殆不过粉藻太平之具。③

分析元朝这种现象的形成，本质上是因为南宋和金朝中后期科举考试走向空虚，无法满足社会需要。从元朝初年很多重要官员经历来看，多有从事过吏员的经历。如耶律楚材"金制，宰相子例试补省掾。楚材欲试进士科，章宗诏如旧制。问以疑狱数事，时同试者十七人，楚材所对独优，遂辟为掾"；④ 刘秉忠"公名秉忠，家贫，年十七为邢台节度使府令史，以养其亲"；⑤ 许衡"时民间徭戍繁迫，舅氏适典县史，先生从授吏事，参摭名议，考求立法用刑之原"；⑥ 何荣祖"父瑛，金贞祐间试文法入优等，补吏……何氏世业吏，荣祖尤所通习，遂以吏累迁中书省掾，擢御史台都事"；⑦ 王恽"父天铎，金正大初，以律学中首选，仕至户部主事。恽有材干，操履端方，好学善属文，与东鲁王博文、渤海王旭齐名"。⑧ 这些人多在金朝为过吏，熟

---

① 〔日〕宫崎市定：《宋元时期的法制与审判机构》，载杨一凡、〔日〕寺田浩明主编《日本学者中国法制史论著选·宋辽金元卷》，中华书局 2016 年版，第 22 页。
② （元）姚燧：《牧庵集》卷 4《送李茂卿序》，《景印文渊阁四库全书》，台湾商务印书馆 1986 年版，第 1201 册，第 445 页。
③ （元）叶子奇：《草木子》卷 4《杂俎篇》，中华书局 1983 年版，第 82 页。
④ 《元史》卷 146《耶律楚材传》，第 3455 页。
⑤ （元）苏天爵：《元朝名臣事略》卷 7《太保刘文正公（秉忠）》，中华书局 1996 年版，第 111 页。
⑥ （元）苏天爵：《元朝名臣事略》卷 83《左丞许文正公（衡）》，中华书局 1996 年版，第 166 页。
⑦ 《元史》卷 168《何荣祖传》，第 3954 页。
⑧ 《元史》卷 167《王恽传》，第 3933 页。

习法律和财赋等事务。元朝初期的政治精英主要来自金朝的官吏群体。这个结论没有太多可以质疑的，因为上面所考的这些元初著名官员的出身说明了此点。这些对元朝整个政治结构和法律建设起决定性作用的人自然将自己的经历烙在了历史上，这是元朝整个法律建设中影响最大的事件。所以元朝有些士大夫官员不再反对儒士学习吏业，而是转向两者结合，以解决儒士无法律知识、司法技能、财赋管理、文书写作等方面能力的问题。这当中最典型的是郑介夫，他对元朝当时"中外百官，悉出于吏"的现象展开批评，"今随朝吏员通儒明吏者，十无二三"，以至于出现"今吟一篇诗，习半行文，即名为儒，何尝造学业之深奥？检举式例，会计出入，即名为吏，何尝知经国之大礼？"于是，两者相互指责，"吏则指儒为不识时务之书生，儒则指吏不通古今之俗子"。这种结构导致"儒自儒，吏自吏，本出一途，析为二事，遂致人物之冗，莫甚于此时也"。为此，他认为"夫吏之与儒，可相有而不可相无，儒不通吏，则为腐儒；吏不通儒，则为俗吏，必儒吏兼通，而后可以莅政临民"。① 因为只有"使儒通于吏，吏出于儒，儒吏不致扞格，内外无分于重轻"，② 才能让官员拥有儒家的道德人格和胥吏的为官技能。郑介夫的言论可以说是对宋金以来官吏分野、国家治理中出现官僚群体与胥吏群体斗争的一种解决之道。

南宋和金朝后期，在士大夫官僚群体走向以虚空的理学等经业为主后，国家为改变这种风气带来的官僚群体在国家治理主体上能力不足的问题，出现选官重视吏员的现象，到元朝时形成吏官成为官员主要候选人的现象。这对宋元时期以断例为中心的判例兴起产生了决定性的作用。

（四）胥吏与刑名幕友：明清新法律群体的形成

明朝建立后，朱元璋继承了元朝重视吏员出身官员的传统，但这种从胥吏中选拔官员的局面很快发生了改变。③ 原因是明朝很快确立了以朱熹理学为中心的经学教育体系，在科举考试中以四书五经作为对象，儒家士大夫群体再次垄断了官僚阶层。然而，理学熏陶下的士大夫群体对法律知识和司法技

---

① （元）郑介夫：《上奏一纲二十目》，载陈得芝等辑点《元代奏议集录》（下），浙江古籍出版社1998年版，第56页。
② （元）郑介夫：《上奏一纲二十目》，载陈得芝等辑点《元代奏议集录》（下），浙江古籍出版社1998年版，第58页。
③ 洪武朝对吏员出身官员的重视现象和这种现象改变的具体情况可以参见王雪华的《朱元璋的胥吏认知及洪武朝胥吏任官情形》（《明太祖与凤阳》2009年，中国知网之中国会议论文库）一文。

能的学习兴趣全无，也失去了学习的必要，① 加上明清两朝皇帝对法律在国家治理中的重要性认识已经无法与宋朝时的皇帝相比。于是，与法律有关的教学和科举考试不再成为国家教育和科举的内容。可是，国家治理中的司法服务必须有相应群体来提供。清朝少数人员对科举制下的教育不适应国家管理需要的现象认识越来越清楚。如朱鸿认为"自官不熟谙条例，每事任诸书吏，遂授以倒持之柄，而百病丛生"；② 鲁一同认为"胥吏必不可裁，何也？ 法密也。法密，官不能尽知，必问之吏，吏安得不横、法安得不枉乎？"③ 于是，明清两朝在中央司法机构中形成由中下级官员胥吏来解决这种社会结构造成的问题的现象。如在清代中央司法机关的运行中，真实情况是"每办一案，堂官委之司官，司官委之书吏，书吏检阅成案比照律例，呈之司官，司官略而加润色，呈之堂官，堂官若不驳斥，则此案定矣"，原因是"堂官久于其部者，能有几人？ 即久于其部，而能于此部成案，条举历历者，更有几人？ 下及司官，罔不如是。而祖孙父子世代相传者，惟吏耳"。④ 这里明确指出中央司法部门需要职业化的专业人才，但由于官员（堂官）任期有限，少有长期任职的，而刑部等司法机构由长期任职的司级官员和各类胥吏控制，胥吏甚至出现世袭的情形。这样胥吏群体成为高度专业化和世袭化的群体。清朝地方司法中刑名幕友的出现，正如宫崎市定指出的，是因为清朝地方专职司法官员完全消除，没有专业人员提供相应的法律知识，"明代还是继承了元制，在府设置了推官，即使不是宋代司法参军那样的刑法守护人，也还是分工执行鞫狱和审判的专门官员。进入清代以后，连这些也被淘汰了"。⑤ 清朝地方官制中消除专业司法官员是刑名幕友出现的根本原因。这样，清朝中央司法基本上由司官和书吏控制。地方各级司法中，地方官员在不信任胥吏和为克服胥吏垄断法律知识和司法技能带来的问题时，创造性地形成地方官员通过私聘专业法律人员——刑名幕友来弥补自己法律知识和司法技能上不足的现象。对这种社会结构造成的后果，嘉庆皇帝有过评价。嘉庆九年（1804）他

---

① 清朝在法律上规定除吏人外所有读书人不能读律，科举完成前不能参与地方政务，这造成读书人以经学为主，丧失对为官基本知识和技能的学习和培养的机会。
② （清）饶玉成：《皇朝经世文编续集》卷24《吏政十·吏胥·朱鸿筹杜书吏舞弊之源疏》，清光绪八年（1882）刻。
③ （清）盛康辑《皇朝经世文编续编》卷28《吏政十一·吏胥》，文海出版社1980年版，第2859页。
④ 〔清〕徐珂：《清稗类钞·胥役类一·各部书吏主案》，中华书局2010年版，第5251页。
⑤ 〔日〕宫崎市定：《宋元时期的法制与审判机构》，载杨一凡、〔日〕寺田浩明主编《日本学者中国法制史论著选·宋辽金元卷》，中华书局2016年版，第97页。

在上谕中指出："奈诸臣全身保位者多，为国除弊者少，苟且塞责者多，直言陈事者少；甚至问一事，惟推诿于属员，自言堂官不如司官，司官不如书吏，实不能除弊去害。……自大学士、尚书、侍郎以及百司庶尹，唯诺成风，皆听命于书吏，举一例牢不可破，出一言唯令是从。今吏部、京兆相争一事，任书吏之颠倒是非、变幻案例，各堂官受其愚弄，冥然不觉。"① 在国家治理遇到司法问题、赋役问题时，官员因为不知应如何处理，于是只能听从专业人员的裁断。这种结构，可以说是现在可以看到清朝各类判例法律整理成果倍出的根本原因。

　　总之，政治实践有自身规律。为适应这种结构性的变化，再自发演化出国家治理主体的新结构：士大夫官僚垄断国家政治社会中显性的公共权力，独占公共话语权；各类吏员和幕友群体则隐性地控制国家治理中的具体事务，形成宋元明清时期国家治理中一种较为特殊的治理结构。清人韩振就指出当时国家制度中存在显性和隐性两个群体。"自天子至庶人，未有不求助于人者也。……天下之事谁为政，曰二显二隐。何谓显，曰三公统六部，六部各统其曹，是谓内之显治；以司道察守令，以督抚察司道，是谓外之显治。何谓隐。曰内掌曹郎之事，以代六部出治者，胥吏也；外掌守令司道督抚之事，以代十七省出治者，幕友也。是皆上佐天子以治民事，而其迹不见者也。"② 这里非常准确地指出清朝国家治理中两种不同群体的特征。这样士大夫官僚群体在获得公共权力和知识上的优越性后，虽然在道德上获得主导地位，但在具体政治事务中却不得不依靠他们鄙视的胥吏和幕友群体。③ 于是出现清人杨芸士所言"上自公卿，下至守令，总不能出此辈圈牢，刑名簿书出其手，典故宪令出其手，甚至于兵枢政要，迟速进退无不出其手，使一刻无此辈，

---

① 《清仁宗实录》卷130，"嘉庆九年六月戊辰"条，中华书局影印本，第29册，第757页。

② （清）贺长龄：《皇朝经世文编》卷25《吏政十一·幕友·幕友论》，文海出版社1972年版，第921页。

③ 宋朝士大夫官僚对胥吏常作"奴仆"对待。如吕本中在《官箴》中提出"事君如事亲，事官长如事兄，与同僚如家人，待群吏如奴仆"［（宋）吕本中：《官箴》，载《宋代官箴书五种》，中华书局2019年版，第75页］；杨万里在《江西道院集送吉州太守朱子渊造朝二首》诗中有"庐陵难做定何如，请看黔州朱大夫，秋月满怀春满面，视民如子吏如奴"［（宋）杨成里：《诚斋集》卷25，《景印文渊阁四库全书》，台湾商务印书馆1986年版，第1160册，第265页］。宋初著名官员柴成务做刑部官员时，因为"本司小吏倨慢，成务怒而笞之"，后"吏击登闻鼓诉冤，有诏问状"，被皇帝追查时柴成务认为是"吾为长官，挟一胥吏而被劾，何面目据堂决事耶？"（《续资治通鉴长编》卷56，"景德元年五月癸丑"条，第1238页），于是提出辞官。从这些人的言行中可以看出士大夫官僚对胥吏的轻视。

则宰相亦束手矣"① 的社会局面。更加糟糕的是，支撑着整个国家政治生活正常运行的群体完全没有获得公开的政治承认和生活保障，大量胥吏收入低下，政治地位卑贱，无法在公共政治生活中获得应有的政治权力。这样，胥吏不得不通过利用自己的专业知识和所寄存的显性公共权力来"寻租"获取生存所需的资源。② 于是，胥吏滥用国家治理中的专业知识和技能，以获取生存资源成为一种难以避免的历史必然。这样，宋元明清时期在国家治理中，民众在获得公共服务时必须负担显性官僚群体和隐性公共服务提供者两个群体的成本。这导致国家财政支出中维持国家治理主体的显性成本好像很低，但大量真实成本转向了隐性，最终让国家社会秩序在一种高成本下运行。因为胥吏和幕友群体在低薪制下，收取的各种形式的杂费构成民众在国家司法诉讼和赋税交纳支付上的额外成本。对此，清人章学诚指出，"州县有千金之通融，则胥役得乘而牟万金之利；督抚有万金之通融，州县得乘而牟十万之利"；"官取其十，吏取其百"；最低也是"官取其一，民出其三"。③ 进一步追究，胥吏和幕友群体通过滥权而收取的各种费用，构成民众必须支付的成本，实质上这是士大夫官僚群体对传统国家治理中基本知识和技能缺失而造成的后果，可以说，这个时期社会政治腐败的制造者正是士大夫官僚群体。然而，这种不合理的社会结构却提供了让士大夫官僚群体可以永远站在"道义"制高点上，充满"仁义"地指责胥吏和幕友群体的各种违法行为的空间，讽刺的是，士大夫官僚群体正是这种空间的制造者。黄宗羲指出，宋朝以后"天下之吏，既为无赖子所据，佐贰又为吏之出身，士人目为异途，羞与为伍"。④ 若没有胥吏的存在，士大夫官僚群体无法获得如此超脱的"道义"制高点和政治上的"自由"。传统国家治理中，国家提供的公共服务基本以司法、财赋和较少的救助救灾等公共服务为主。没有这些，国家存在的正当性就不存在了。这是宋元明清时期中华帝国在治理中看似矛盾，却能长期存在的原因，也是元人王恽言"一县之务，领持大概者，官也。办集一切者，吏

---

① （清）梁章矩：《制义丛话》卷7《杨芸士·吏胥》，清咸丰九年知不足斋精刻本，第29页。

② 宋太宗时齐贤在奏折中指出，当时"州县胥吏，皆欲多禁系人，或以根穷为名，恣行追扰，租税通欠至少，而禁系累日，遂至破家"（《续资治通鉴长编》卷22，"太平兴国六年是岁"条，第507页）。

③ （清）章学诚：《章氏遗书》卷29《上执政论时务书》，文物出版社1985年版，第327～328页。

④ （清）黄宗羲著，孙卫华校释《明夷待访录校释·胥吏》，岳麓书社2010年版，第105～106页。

也"① 的原因。

二　隋唐宋时期法律形式分类的繁杂化

宋元时期以断例为中心的判例法兴起，还与这个时期法律形式分类过细，导致同一性质的法律分属于不同法律形式的情形有关，如"选举门"下同是"荐举"内容，却被分别修入荐举令、荐举格和荐举式中。宋朝还有敕令格式申明，如"职制"有职制敕、职制令、职制格、职制式和职制申明，加上职制律，与"职制"有关的法律形式有六种。这样"职制"中同一性质的内容会因为法律特征不同，被分别撰入六种法律形式中，出现于五种不同法典中。这种立法还导致同一事类的法律被分别纳入不同篇名中，如"服制门"下"丧葬"有关内容被分别纳入 11 种不同篇名中。宋朝法律分类越来越细，带来立法的繁杂，如南宋绍兴年间官员俸禄立法被分别立入十几种敕令格式中。绍兴八年"十月三日，尚书右仆射、同中书门下平章事、提举详定一司敕令秦桧等续上《禄敕》一卷，《禄令》二卷，《禄格》一十五卷，《在京禄敕》一卷，《禄令》一卷，《禄格》一十二卷，《中书门下省尚书省令》一卷，《枢密院院〔令〕》一卷，《格》一卷，《尚书六曹寺监通用令》一卷，《大理寺右治狱令》一卷，《目录》六卷，《申明》六卷。诏自绍兴九年正月一日颁行，仍以《绍兴重修禄秩敕令格》为名。"② 从这里看，南宋时对俸禄立法有 12 种，内容十分庞杂，被分别归入不同法律形式与部门法律中。这种立法技术，不管从纵向还是横向上看都出现了问题。这让法律适用十分不便，同时导致了立法上的交叉重复。宋朝在继承唐朝法律分类的同时，还增加了"敕"与"申明"两种与令、格、式并列的法律形式。此外，还有半个独立的法律形式——指挥，导致法律形式种类更加繁多，所以宋朝中后期在立法上事类立法越来越明显。南宋时期，事类立法成为重要的立法体系。

对此，《庆元条法事类》残本中有明显的体现，如《庆元条法事类》中"选举门"的名称"选举"属于"令"的篇名，但具体纳入的内容则由不同篇名下的敕、令、格、式、申明组成。认真考察残本《庆元条法事类》中所有门下的内容，会发现每个门中次类的内容往往由不同篇名的敕、令、格、式、申明组成。这样"令"篇名称下的内容往往不一定仅是该令篇的内容。下面是

---

① （元）王恽：《秋涧先生大全文集》卷46《吏解》，《景印文渊阁四库全书》，台湾商务印书馆 1986 年版，第 1200 册，第 606 页。

② 《宋会要辑稿》，"刑法一·格令二之38"，第 8251 页。

"选举门"下各类目涉及敕、令、格、式、申明的篇名（见表11-1）。

表11-1　《庆元条法事类·选举门》下各类目涉及敕、令、格、式、申明的情况

类目	敕	令	格	式	申明
荐举总法	职制	荐举、职制		职制	职制
改官关升	职制	荐举	荐举	荐举	职制
升陟	职制	荐举	荐举	荐举	职制
文学注官	职制、荐举			荐举	
十科	荐举	荐举		荐举	
举武臣	职制	荐举	荐举	荐举	职制
试刑法	职制、诈伪	考课、荐举、选试	荐举		
试武艺	职制	选试	选试	选试	
试换官资	诈伪	选试	选试	选试	
举辟	职制、名例	荐举、考课、职制	荐举	荐举	职制

"选举门"下10个类目涉及的内容有敕、令、格、式、申明，从具体涉及的名称看，"敕"有名例、职制、诈伪、荐举四种；"令"有荐举、职制、考课、选试四种；"格"有荐举、选试两种；"式"有荐举、选试、职制三种；"申明"有职制一种。

《庆元条法事类·服制门》下四个类目涉及敕、令、格、式、申明的情况如下（表11-2）。

表11-2　《庆元条法事类·服制门》下四个类目涉及
敕、令、格、式、申明的情况

类目	敕	令	格	式	申明
服制		仪制、服制	服制		
丁忧服阙	户婚	职制、服制、假宁、仪制、给赐	服制		
匿服	职制、杂敕	职制			
丧葬	杂敕、断狱、户婚	仪制、服制、假宁、户令、辇运、给赐、吏卒、断狱、赏令	服制、赏格	服制	户婚

从表11-2可以看出，《庆元条法事类·服制门》下，"敕"有户婚、职制、杂敕、断狱四种，"令"有仪制、服制、假宁、职制、给赐、户令、辇运、吏卒、断狱、赏令十种，"格"有服制、赏格两种，"式"有服制一种，"申明"有户婚一种。

以上这种烦琐的法律分类，对那些没有受过很好法律教育的士大夫官僚

群体来说更加困难。同时，面对这种繁杂的法律分类，胥吏群体开始使用精准性更高的"判例"。可以说，隋唐至宋时期法典法分类在逻辑上的成功并没有带来实用上的方便。这种法律形式上的弊病成为以断例为主体的判例法法律形式兴起的重要原因。

　　总之，宋元时期以断例为主体的判例法兴起主要有两个原因：第一，魏晋至隋唐以来的法典法在发展中形成严格的分类，导致立法越来越繁杂，出现适用上的不方便；第二，宋朝形成士大夫官僚群体与胥吏群体的严格分野，同时士大夫官僚群体对法律知识与司法技能的不学习导致他们无法满足国家治理中的执法与司法需要，而胥吏群体由于职业化，事实上成为国家法律知识的载体，垄断了整个执法与司法。胥吏群体出于职业习惯、自身利益和对抗士大夫官僚群体等的需要，对具有高度专业性和职业性、准确性的判例更加看重。

附 录

一 宋朝重要史料所见"例"的史料

(一)《宋会要辑稿》中与"例"有关的史料辑录①

宋会要辑稿·帝系一·庙号追尊

1. 光尧皇帝（即宋高宗）绍兴三年六月二十四日，太常寺言："昭慈献烈皇后改谥昭慈圣献皇后，于温州太庙奉上册、宝，今参酌礼例修撰仪注。"诏依。(14，p. 11)

2. 绍兴三年十二月十三日，诏：昭慈圣献皇后改谥册、宝，命使发册，告迁，权安奉神御，迎奉至温州太庙，奉上册、宝，景灵宫安奉神御礼毕，礼仪使已下并官吏等比拟除几筵例，各支银绢有差。(14，p. 11)

3. 绍兴七年四月六日，太常少卿吴表臣言："侍从官议上惠恭皇后改谥，俟敕下有司合行制造册、宝。检照昨加上神宗皇帝、哲宗皇帝谥号，系于政和三年冬祀大礼前一日皇帝行朝飨礼前躬行奉上。所（以）[有] 将来奉上惠恭皇后改谥册、宝，合依加上神宗谥号礼例，将来大礼躬行奉上。"诏恭依。(15，pp. 11 – 12)

4. 淳熙十二年十二月十四日，诏加上尊号册、宝了毕，依绍兴三十二年奉上尊号册、宝体例，等第推恩。第一等：都大主管、承受、诸司官各转两官。第二等：照管一行事务三省礼工房、主管所催依、照管官物使臣、主管文字并行遣使臣各转一官，减二年磨勘。第三等：主管所白身行遣人并承受、诸司下行遣人、礼直官、剋择官、快行、亲从、亲事官各转一官资。 (20，p. 16)

宋会要辑稿·帝系二·皇子诸王杂录·昭成太子元僖

5. 大中祥符八年十二月十七日，礼仪院言："皇子寿春郡王告敕，望令中书进呈，别择良日，阁门使押引诣内东门进纳，宫中给赐。"诏令阁门使就内

---

① 本部分辑录"例"的有关材料是为全面反映宋朝例在不同情况下的含义和使用特征，所以辑录史料具有不同的特征，而非全面体现宋朝判例特征的史料。每条史料后所标数字分别是：第一个为原书中页码，第二个带 p. 的是 2014 年上海古籍出版社点校本中的页码。

东门，依降麻官告例赐。（9，p. 43）

6. 康定元年五月十二日，枢密院言："皇子八月十五日生，请依郡王使相例，赐袭衣、彩帛百匹、金器百两、马二匹、金镀银鞍勒一副。"从之。（11，p. 44）

7. 元丰六年闰六月二十二日，诏：皇子、新授检校太尉、山南东道节度使、仪国公佖请给、公使并依延安郡王初除官例二千贯支给。其牌印亦令改铸。仍为永例。（13，p. 45）

8. 哲宗元祐七年十一月二十二日，诏徐王颢增赐公使钱三千缗。先是三省言："南郊礼毕，徐王加恩，当赐剑履上殿，缘虚文已删去，请易以岁增公使缗钱。"太皇太后曰："尝有例耶？"吕大防等对曰："仁宗时荆王元俨增至五万贯，徐王昨亦增赐，今才万三千缗。"乃诏增之。（14，p. 46）

9. 元符元年三月六日，中书省言："皇弟普宁郡王阁管干所奏：普宁郡王出阁，欲依大宁郡王等例，日于前后殿退，入内奏万福，未时奏安置等。"从之。（16，p. 47）

10. 元符元年三月八日，诏："五王外第以懿亲宅为名。候申王佖、端王佶入日，宗室正任以上自府门送至第，仍就赐御筵，入内内侍省取旨差内臣二员管干。"其后莘王俣、简王似、永宁郡王偲出居外第，并用此例。（16，p. 47）

11. 元符元年三月十六日，诏："申王佖、端王佶岁赐实给公使见钱八千缗；及迁外第，特各赐银绢五千匹两、钱五千缗；府官吏赐有差。"其后莘王俣、简王似、永宁郡王偲出居外第，并用此例。（16，p. 47）

12. 元符元年十月二十二日，诏睦王偲已出阁，依申王例添岁赐公使钱。（16，p. 47）

13. 元符三年八月二十一日，诏："蔡王似九月三日迁外第，是日令宗室正任以上往送，亲王伴食，及差内臣二员主治。其余外第事并如陈王佖等例。"（16，p. 47）

14. 大观元年十一月二十八日……诏："祥符故事，记室、翊善见诸王皆下拜，真宗皇帝特以张士逊为王友，命王答拜，以示宾礼。今讲读辅翼之官，职在训导，亦王之友傅也，可如王友例令答拜。"（18，p. 48）

15. 政和五年二月二十三日，诏皇子建安郡王枢、文安郡王杞今春出资善堂讲读，其管干官比附定、嘉王听读例施行。（19，p. 49）

16. 政和七年五月十九日，内出手诏：燕王俣第三子与依长子有章例，赐名、授官、支破请给等。（20，p. 49）

17. 宣和四年五月六日，诏："皇子祁王模已经襄头出阁，本阁官吏、诸色祇应人并依昨文安郡王襄头例各与转一官。"（22，p. 50）

18. 乾道七年二月二十一日，诏皇子魏王恺妻韦氏封韩魏国夫人。是日，上御选德殿，宰执进呈，上曰："旧无此例，今以封可乎？"宰臣虞允文奏曰："陛下因建储之庆，特示恩章，进两国亦无不可。"上曰："亦须与封大国。"允文奏曰："大国著于令者二十有八，陛下财择。"遂有是诏。（24，p. 52）

19. 乾道七年二月二十五日，诏："魏王恺出镇，可依元祐五年文彦博例宴饯，仍依赐宰执已下喜雪体例排办。"（24，p. 52）

宋会要辑稿·帝系二·皇孙憆、惇

20. 高宗绍兴十六年七月二十二日，吏部言："普安郡王二子令取索补官条法取旨。大宗正司具到宗室赐名授官令格体例：缌麻以上亲右内率府副率，袒免亲保义郎。昨绍兴五年内右千牛卫将军安郡男赐名授官，赐名居端，补右内率府副率。"诏可赐名愉、恺，并补右内率府副率。（29，p. 54）

21. 绍兴二十年二月十六日，诏普安郡王第三男赐名惇，依长男、次男例补官。（29，p. 54）

22. 绍兴二十八年正月二十二日，诏普安郡王长子右内率府副率憆可特转右监门卫大将军、荣州刺史，请给等并依行在赴朝南班宗室例支破。（29，p. 54）

23. 绍兴三十年正月二十八日，诏普安郡王次子恺可特授右监门卫大将军，请给等并依行在赴朝南班宗室例支破。（29，p. 54）

宋会要辑稿·帝系二·皇孙挺、挺、扩、摅、柄

24. 淳熙十一年七月十九日，诏："皇孙英国公阁差破亲事官、步军司宣效等，依使臣等例，每及八年与转一资，仍自今降指挥下日为始"。（32，p. 55）

25. 淳熙十二年四月三日，皇太子宫左右春坊言："皇孙平阳郡王近除安庆军节度使，进封平阳郡王。先承指挥，请给'生日支赐'公使钱并与依格全支。所有禄粟，欲乞依南班节度使士岘体例，依《禄格》全支。"从之。（32，p. 56）

26. 淳熙十二年九月十一日，诏："皇孙平阳郡王府见差破干办、指使、宅案、书表、客司、楷书、抱笏等，并特与依昨来恩平郡王府书表、客司已得指挥见行帮诸般请给等则例，自到府供职日放行批勘。余依本府已得指挥。"（33，p. 56）

宋会要辑稿·帝系二·濮秀二王杂录·濮王

27. 元丰七年九月七日，诏："嗣濮王宗晖主奉祠事，宜比宗姓使相、郡王，岁增公使钱二千贯，厨料给亲王例三分之二"。（38，p. 59）

28. 哲宗绍圣元年十一月二十六日，诏："宗晖系嗣濮王，遗表恩泽依宗朴例外，特更与一男恩泽。"（39，p. 59）

29. 绍圣二年三月二十八日，三省奏：嗣濮王宗晟乞遗表恩泽，与男仲御、仲聘、仲仪转官。诏依宗晖例。（39，p. 59）

30. 绍兴二年四月十九日，尚书礼部言：嗣濮王宗愈乞今后仲飨依宗晖、宗晟例，轮男二人充摄亚、终献行礼，及许以一子自随供侍。从之。（39，p. 59）

31. 绍圣二年八月七日，尚书户部言：嗣濮王宗愈欲依故宗晖等例，岁添公使钱二千贯。从之。（39，p. 59）

32. 绍圣二年十月九日，诏："嗣濮王宗愈系英宗皇帝同母弟，遗表恩泽依宗晖、宗晟例特加一名。"（39，p. 59）

33. 绍圣二年十一月二十二日，尚书户部言：嗣濮王宗绰乞依故宗晖例，岁添公使钱二千贯。从之。（39，p. 59）

34. 绍圣四年七月二十三日，礼部言："仲縻奏，父宗绰遗表恩泽，乞奉圣旨依宗晟例，所有添厨物料亦合依例支破。"从之。（39，p. 59）

35. 政和七年三月，诏："故宗室仲的，濮安懿王孙，年高官卑，未尝求进。聚族百余人，无所依赖，殊可矜悯。其见居室宇可特拨赐本位子孙，永充己业。其妻滕氏可特封〔康〕国夫人，恩例请给并依仲缩新妇例倍给。"（42，p. 61）

36. 高宗绍兴元年九年十二月十八日，检校少师、光山军节度使、开府仪同三司、同（封）〔判〕大宗正事、斋安郡王士儇奏："嗣濮王仲理自靖康之后止存男士豢，见任右监门（亲）卫大将军。乞将仲理袭封恩例与士豢，于见任官上转行。"诏与特转遥郡刺史。（44，p. 62）

37. 绍兴二十八年十一月十七日，士輠又奏："乞依前嗣濮王仲儡例趁赴朝参，及依士谐例在外居止，令临安府应副廨宇。如每遇仲享，乞依仲儡、士会已降指挥，将带合破亲事官前去，出入免见辞，候回日随班起居。"从之。（46，p. 63）

38. 绍兴三十年四月二十一日，诏："修武郎不昊系濮安懿王近属，可特依不悦等例与换文资。"（46，p. 63）

39. 乾道元年三月十一日，士輠言："臣年喻七十，拜跪稍艰，乞依士衍

例趁赴六参起居，仍特免差诸处行事。"诏从之。（46，p. 63）

40. 乾道元年十一月十七日，士輵言："濮安懿王园令士程在任恭奉神主神貌，并躬亲监督修造园庙龛室屋宇，并皆如法。乞〔依〕士奇前任园令体例，将两次该遇园令月日，每一年与减一年磨勘，仍许通理转官后历过年月，揍行收使，于见今官上特与转行。"诏从之。（47，pp. 63 - 64）

41. 乾道三年十月四日，诏："士輵已除开府仪同三司，其生日支赐并使臣依已降指挥外，所有应干恩数、请给、人从等，并依居广例施行。"（47，p. 64）

42. 淳熙元年十二月二十日，吏、礼部言："看详判大宗正事、嗣濮王士輵奏，请选择列濮王下十七位'不'字比换南班，乞于旧格稍加升擢。今若依元换出格法，复令换入，恐请给微薄。"诏依宣和六年正月八日指挥，与对换南班官。其所换人内，诸卫大将军每月特添给钱一十贯，将军、正副率各添二十贯。仍依已降指挥月给米十石，候转至合请米日住支。非今来十七位下选择到人，不得援例。（48，p. 64）

43. 淳熙四年八月九日，嗣濮王士輵言："省部将臣少傅合得给使、减年等恩数，比之少保并行减半。乞依昨除少保体例全与放行。"诏依枢密使见行条法放行。既而刑部言："士輵昨除少保，已依初除枢密使例全行出给、减年，再除少傅亦已作转厅例减半，出给公据。今再乞全给，从来枢密使即无两次升迁并作初除全给之例。"诏依转厅条格减半出给。（49，p. 65）

44. 淳熙四年九月二十七日，嗣濮王士輵言："昨该遇大礼恩数，缘臣别无儿男承受，遂奏补亲从侄不恌文资内安排，降等补登仕郎。赴春铨试中第一名出官。缘侄不恌元系忠训郎亲民资序，差御前军器所监造官。其不恌父知西外宗正事士程殁于任所，已降指挥依例得遗表恩泽四名，与男不迖、不恌特添差不厘务一次，未曾收使。今乞依士珸男不扰、不流例，与侄不恌初官上特换承务郎。仍乞将前项二男差遣恩数并与不恌收使，依前差御前军器所监造官。"诏特依所乞。（49，p. 65）

45. 淳熙八年九月二十一日，大宗正司言："太子右监门率府率不阅元系忠翊郎，用父士歆袭封嗣濮王恩例，特换授前件官。其本身请给、生日支赐、人从等，及添支钱米、人从敕号，乞依不谔等前后已得指挥体例支破。"诏依所乞。初，户部勘当，以未有承降指挥，兼（口）〔日〕前有不许援例之人，故降特旨。（50，p. 65）

46. 淳熙十一年十月十四日，诏：保康军节度使、开府仪同三司、充醴泉观使、嗣濮王士歆男右监门率府率不阅换授南班已逾三载，依前嗣王士輵侄

不舍例，特与转行一官。从士歆请也。（50，p. 65）

47. 淳熙十五年十二月三日，诏："少保、嗣濮王士歆特与依士辐例，除上寿、六参、郊礼外，其余并免趁赴。"（51，p. 66）

48. 庆元三年五月二十一日，福州观察使、嗣濮王不秸言："叨冒袭封，合得诸般请给、岁赐、公使钱、春冬衣拆洗、生日大礼等，乞依士歆未袭封任观察使体例支破施行。"从之。（53，p. 67）

49. 庆元四年二月二十五日，诏："嗣濮王不秸长男善辐、次男善耕与授太子右监门率府率，其请给、生日支赐、人从等依不谔体例支破。"从不秸请也。（53，p. 67）

50. 庆元六年十二月二日，诏嗣濮王不璺特与依士歆例，除上寿、六参、郊礼外，其余并免趁赴。（54，p. 68）

宋会要辑稿·帝系二·濮秀二王杂录·秀王

51. 绍兴二十年二月十六日，诏普安郡王第三男赐名惇，依长男、次男例补官，并第四女与比附施行。（56，p. 68）

52. 绍熙二年五月二十一日，诏："秀王孙女县主二人并与加封郡主，请给依禄格支破本色，于所在州军经总制钱内帮支。其出嫁女夫张似续、史弥廓恩例各特与转两官。"既而臣僚论以续、弥廓恩数太过，乞各转一官，从之。（57，p. 69）

53. 开禧元年七月二十一日，诏："崇王元赐第，以居民遗火，沿烧不存，师撰未有居止。支降度牒一百道、会子二万贯，依显仁皇后等宅体例自行盖造。"（58，p. 70）

宋会要辑稿·帝系四·宗室杂录一

54. 熙宁四年二月十八日，大宗正司言："宗悌等奏称，自嘉祐五年十二月磨勘转官，今已十年，乞依条磨勘。检会至和二年诏书，即无今后指挥；近正月所降诏旨并系特恩，即非定制。又宗厚等引克继例，又称：治平四年正月赦书，文武职官并与转官，合磨勘者仍不隔磨勘。缘宗室即无立定磨勘年限，其昨降敕文称祖宗玄孙磨勘至观察使止。缘自有十年取旨指挥后，宗室合转官者亦磨勘前后授官年月，及有无过犯合展年，故亦谓之磨勘，即与外官不同。克继昨所转官乃是有司误行。"诏：克继去转官日限只少一年，更不追夺。余并从之。（25，p. 112）

55. 熙宁四年三月十八日，左骐骥使、邵州团练使、新许州兵马都监赵令晏乞遇国朝大礼入陪位，及依宗室例支日食等物。并从之。（25，p. 112）

56. 熙宁五年五月十三日，中书言："宗室改官，欲自观察使以上令大宗正司检举，保明申奏，中书以例施行。其正任防御使已下止令本司检举，依审官东院京朝官磨勘例取旨，候印画讫，降付中书给敕告。外任宗室依外任例，令所属施行。"从之。（27，p. 113）

57. 熙宁七年十月十八日，诏："宗室见补外官者，皆非近制所当出之人，宜依令晏例，并仍旧与南郊赐赍。"（28，p. 114）

58. 熙宁八年十一月二十七日，诏右龙武军大将军、楚州团练使世开领洺州防御使。以大宗正司言世开学行修洁，帝既召见，手诏曰："世开资性俊敏，少勤于学，可依仲锐例迁一官。"（29，pp. 114 – 115）

宋会要辑稿·帝系五·宗室杂录二

59. 神宗元丰元年正月二十六日，诏："康王宗朴，先帝近亲，其子仲容、仲任，服阕日各特转一官，女二人特与县主。他人不得援例。"（1，p. 121）

60. 元丰二年八月二十六日，诏："崇信军节度使、同中书门下平章事、判大宗正〔司〕［事］宗旦，旧例添厨食料，虽合该后条冲革不支，以其领职宗正，特与支给。他官虽等，非职事同者，无得援以为例。"（1，p. 121）

61. 元丰五年正月十八日，诏锁闭人叔跪依世融例五日一开锁涤除，遇有疾即令医治。叔跪、世融皆坐内乱，故收闭之。（3，p. 122）

62. 元丰七年二月三日，右监门卫大将军子骞奏："祖世清卒，大宗正司令再从叔祖世准权行主奉越王祭祀，候有袭封人即依旧。世准不待朝命，取本宫越王并夫人绘像赴越王院。今臣父令廓虽在草土，已袭封越国，欲乞依臣祖世清袭封主奉祭祀。"诏旨许迎越王及夫人绘像，与冀王同处一室，及依克愉例权令诸子主奉祀事。从之。（5，p. 123）

63. 哲宗元祐元年四月二十二日，大宗正司言："宗室内殿崇班士琢奏：有弟士琈、士仙、士双，乞依令晏例，将带随行指教。将来授差遣日，亦乞随行。又宗室殿直士瑃言：乞迎侍母刘氏，将带弟士刚随行赴任指教。"并从之。（6，p. 124）

64. 元祐五年九月二日，户部言："请令大宗正司具合请生日支赐宗室及宗室女职位、名称，并系所生月日，及合给支赐条例，关太府寺。"从之。（8，p. 125）

65. 元祐七年正月十三日，诏："宗室祖免亲参选，常许不拘名次路分陈乞指名差遣。非祖免亲除初参选依条添差外，更许不拘名次路分陈乞指名差遣一次，并替任、满阙、初任并与监当。须职事干集，操守修饬，有监司或〔尊〕长同罪保明，与亲民。内选人与录事参军即别有县令举主二员，内一员职司，仍通注县令。其无保明者，并依外官条例。"从尚书省所请也。（8，

p. 125）

66. 元祐八年五月十八日，户部言："左班殿直赵叔峣等自陈系袒免亲，为父亡解官持服，乞比附宗室换官体例支给请受。按宗室小使臣丁忧，并不许解官，所以不罢俸给。今若依外官丁忧例，更不支给俸钱，虑或失所。欲乞应宗室小使臣丁忧，父祖俱亡者，袒免亲许给俸，非袒免亲许给半俸。"从之。（8，p. 125）

67. 绍圣元年十一月十五日，内侍省（官）［言］："建武军节度使、郧国公宗楚乞差高班周华充都监。缘本省三等差遣，依令以等第优劣及合入资序定差，不以私徇屈法。"诏内侍省依条定差。先是熙宁中，宗祖指名乞差都监，自是援例陈请。宗子至有公为不法，相与蒙蔽，陷于罪者。帝察见，革之。（9，p. 125）

68. 绍圣二年五月十一日，尚书吏部言："欲将宗室两犯私罪以上，除依本条外，候到部，不许用陈乞占射及初参选添差恩例。"从之。以开封府言：宗室有屡犯法禁者，乞立法惩戒，故有是命。（9，pp. 125－126）

69. 绍圣二年四月五日，右金吾卫大将军、泽州防御使、秦国公叔牙言："本秦王之后，承袭公爵，遇登极覃恩，转前件官。若使臣与诸袒免亲一例止官，窃恐未尽先帝立宗子、隆本系之意。欲乞以遥郡防御使依例换正任团练使，即非在正官之上侥求恩命。"诏特与换正任团练使，余人不得援例。（9，p. 126）

70. 绍圣二年六月二十一日，诏："元祐减定除授正任以下俸禄，递损物数不多，有亏朝廷优异之礼。其见行条例悉宜罢去，并依元丰旧制。其宗室公使并生日所赐自依元祐法。"元祐格寻未获。（9，p. 126）

71. 绍圣三年五月二十六日，管干亲贤宅所言："故魏王男孝诒等并系皇孙，乞定祇应人，各随本官见任官关所属依条例差。今后有来赴朝参人，并依孝诒等例。"从之。（11，p. 127）

72. 绍圣三年七月十一日，礼部言："乞宗室袒免、非袒免亲授外官人，若未曾参部者，并依宗室例，令大宗正司管辖。"从之。（11，p. 127）

73. 绍圣四年十月十二日，三省奏：大宗正司言叔益乞依令晏例换武官。诏叔益换左藏库使，依旧康州团练使。（12，p. 127）

74. 政和二年六月二十八日，诏："节度使仲挽特依仲縻例，人从并同外官额定人数差取。如遇疾病在假，缓急事故，许依《元丰令》乘暖轿出入。余人不得援例。"（24，p. 133）

75. 政和三年正月二十一日，宗正寺言："本寺训撰宗室名，'之'字子皆从'公'字，'子'字子从'伯'字，'不'字子从'善'字。自来未有'公'字、'伯'字、'善'字之子许连名指挥，今欲乞依'公'字等例，许撰连名。所贵有以分别宗族昭穆。"从之。(24，p. 133)

76. 政和三年闰四月二日，诏："宗室同安郡王仲仆麑，陈乞男三人见系副率，转将军；女二人转郡主，仍依出适人例支请俸等；妻张氏依故仲绾妻王氏例破俸给；余恩例并依故仲损遗表恩泽体例已得指挥。其仲仆父宗愈为系英祖同母弟，所乞先次行出，余人不得援例。"(24，pp. 133 – 134)

77. 政和五年六月十六日，诏："宗庭按雅乐所得各转一官恩例，内宗室仲轩、仲釭系大将军止法，合行回授，特许与亲侄士僅；士称合转小将军，亦系止法，特令转行。余人不许援例。"(26，p. 134)

78. 政和七年三月二十七日，诏："故濮王孙仲的年高官卑，未尝干托求进。家贫累重，聚族百余人，并无依赖，殊可矜悯。其见居宅屋等可特拨赐本位子孙永充己业。其妻滕氏恩例请给，并依仲绾新妇例倍给，仍封康国夫人。"(27，p. 135)

79. 政和七年九月九日，诏以仲爱、仲忽判大宗正事，各特添差兵士二十人，余人不得援例。(28，p. 135)

80. 建炎四年六月十五日，礼部、太常寺言："勘会袭封节度使、信都郡王孝参身亡，合系孝参嫡子袭封。今右监门卫大将军、忠州防御使安时乞依孝骞等例袭封。昨系朝廷特降指挥，所乞难行。其益王祭祀即合专差官主奉。"诏安时差权主奉祭祀。(33，pp. 138 – 139)

宋会要辑稿·帝系六·宗室杂录三

81. 绍兴二年十二月一日，诏：故安定郡王令话亲孙女三人，候出嫁日，依仲综例，女夫与补承信郎。以其用遗表恩陈乞也。(1，p. 141)

82. 绍兴三年九月十八日，诏："仲湜、士从、士术、士籧月廪依令時等例，特免一半折钱，并依尚书郎官则例支破本色"。(5，p. 143)

83. 绍兴十五年正月十一日，诏璩可于三月内选日出外第，应合行事并依普安郡王例施行。……三月一日，诏璩所差官吏并合行礼仪等，并依普安郡王体例。(9，p. 145)

84. 绍兴六年四月九日，诏亲贤宅益王府开府仪同三司、豫章郡王孝参两女，特依晋安郡王孝骞女和容宗姬体例放行请给米麦。时有旨并权住支，(所)[从] 所乞也。(10，p. 145)

85. 绍兴十年正月二十九日，大宗正司言："修武郎士谷昨取福建路转运司文解，未尝试。欲依宗室令芹、子蘷例换授文资。"诏：士谷令中书后省召试时务策一道，特与补右宣义郎。其后十四年五月二十四日，宗室子攸进文字，乞换文资，上曰："朕固欲宗室向学，然文资岂可侥幸而得，须令后省试策乃可。"（14，p. 148）

86. 绍兴十六年八月二十九日，诏："故宁国军节度使安时合（德）〔得〕遗表恩泽，依〔安〕信例，与安时亲男右监门卫大将军、荣州团练使居广转行两官，千牛卫将军居仁、居申、居修各转行一官"。从所乞也。（19，p. 150）

87. 绍兴二十年十二月四日，诏："宣州观察使士衎特许用兄士术所得回授一官恩例，与减三年磨勘；仍依仲温例除在京宫观，任便居住。应合得请给支赐等，并依南班旧法支破。"（20，p. 151）

88. 绍兴二十三年三月二十二日，诏："皇侄右千牛卫将军、权主奉吴王祭祀居端转两官；右监门率府率居靖转一官。"以居端等言："祖父检校少保、宁国军节度使、开府仪同三司、晋康郡王孝骞，自靖康以来该遇圣节并大礼共三十余次，合得奏荐恩泽，乞依安时、仲麇例，止于居端及居靖官上转行。"故有是诏。（21，p. 151）

89. 绍兴二十三年五月四日，故检校少师、光山军节度使、开府仪同三司、齐安郡王士㒟男不怵言："先臣曾判大宗正事，兼主奉濮安懿王祠事，乞依仲湜、仲偁例赠官封爵。臣乞依不微例转行一官，候服阕日差在京宫观。亲弟六人，乞以（遣）〔遗〕表恩泽各转两官。曾长孙汝砺系白身，乞补文资。姑崇德县主乞特封郡主。诸妹所生母五人，乞依士荟姜焦氏封号。仍许踏逐功德院。"诏并从之。（22，pp. 151－152）

90. 绍兴二十四年三月十七日，诏："士（大）〔太〕上遗表，可依士荟例赠官进爵。弟士谊、士奇各特转行一官，男不谛与转行两官，不赇、不瀯并特与除直秘阁，不骋、不呰、不刓并特改次等合入官，并幼男二人与赐名补官。仍拨赐绍兴府山阴县天衣寺充功德院。"（22，p. 152）

91. 绍兴二十六年十一月二十六日，诏："亲贤宅南班宗室居广等九员，可依士㻶等例，特与转行一官。内居广系承宣使，许依条回授。"（25，p. 153）

92. 绍兴二十九年八月十四日，崇庆军承宣使、安定郡王令誏奏："前此未有自从列而袭封者，欲乞少加优异。遇大礼奏荐，及将来致仕遗表恩泽，仍旧依权侍郎格例，于文资内安排。其应干请给并大礼生日支赐，及公使拆洗、食料等，依行在东南班官帮行旧请格例，及出入接见投下文字依外官外，并宣借人数、书表、客司等请给，欲乞并依前定安郡王令枚已得指挥施行。"从之。（31，p. 156）

93. 绍兴二十九年九月十日，皇叔右监门卫大将军、成州团练使士诇言："父光山军承宣使仲溁自靖康以后，遇圣节、大礼恩泽三十余次，未曾陈乞。兼自宣和三年升朝，合理磨勘，至绍兴十七年方使过十周年转行一官，所有绍兴十七年已前实历过一十三年，至今未曾收使。乞依复州防御使居厚体例，及已未曾收使磨勘，于见任官上特与转行。"从之。（31，pp. 156 - 157）

94. 绍兴二十九年十二月二十二日，诏："建宁军节度使、知（内）〔南〕外宗正司士劀，如遇生日，特依士衎例取赐。"（32，p. 157）

95. 绍兴三十年八月十二日，诏："静江军承宣使士嶵趁赴朝参，所有请给支赐等依士谞等例支破。"（32，p. 157）

96. 绍兴三十年十一月二十九日，诏："华容军节度使、权主奉益王祭祀居广合差破马下人从及生日取赐，并比附士辐体例施行。"居广言："士辐见差破抱笏祗应六人，今乞差四人；书表、客司、通引官七人，今乞差五人；宣借兵士二十五人，乞依例全破。其抱笏祗应依例每月各添支茶汤钱一十贯，书表、客司各一十二贯。益王影前书表、客司各一人，乞依例各人每月支破添给茶汤钱一十二贯文。所有臣生日支赐，乞依士辐体例取赐。"从之。（32，p. 157）

宋会要辑稿·帝系七·宗室杂录四·绍熙宗室杂录

97. 隆兴元年正月二十五日，安庆军节度使、同知大宗正事士篯言："宗司行移以官叙高下列衔。臣序位在令誏之上，缘令誏系臣二兄，乞依士儇例，许臣列衔令誏下。庶几尊卑有序，不致逾越分守。"从之。（1，p. 159）

98. 隆兴二年四月十五日，诏洪州观察使居厚转行一官。居厚言："实历磨勘一十年，乞依士街、居中例转行。"从其请也。（4，p. 160）

99. 隆兴二年五月二十九日，诏岳州观察使、权主奉益王祭祀居阆转行一官。居阆言："自靖康以来该遇恩泽三十余次，未曾循转，乞依居端、居厚例转行。"从其请也。（4，p. 160）

100. 隆兴二年闰十一月十一日，皇（帝）〔弟〕少保、静江军节度使、判大宗正事、恩平郡王璩言："昨除开府仪同三司、判大宗正事指挥内依旧恩平郡王，止是请给恩数依士儇例。其恩平郡王前后已得指挥，即无冲改。缘主管所更不照应，将元差人兵官吏等并皆裁减。乞将恩平郡王前后已得指挥依旧施行，并昨已得指挥依《禄格》支岁给钱，仍乞改昨岁赐钱。"诏依。（4，p. 160）

101. 乾道元年正月一日敕："勘会州县寄居宗子等孤遗钱米，累降指挥，令按月支给。访闻州县不为依期批勘，致有失所，未副惇睦之意。仰监司常切检察。勘会行在、绍兴府孤遗宗子、宗女、宗妇等，所请钱米微薄，不能养赡，可比附两外司孤遗体例，将见请钱米之人籍定名字。如十五岁以上，每月添支钱一贯、米一石；十四岁以下，减半添支。"（4，p.160）

102. 乾道元年正月十三日，崇庆军承宣使、同知大宗正事、安定郡王令誾言："依格：任宗官每一岁子孙遥郡刺史以下减二年磨勘。昨自南渡后，任宗官子孙服属稍远，多无任遥郡刺史以下之人。其前官令廙子孙皆系文臣，已蒙依所乞收使。今令誾子孙亦系文臣，欲望特与收使。"诏依令廙例特许回授。（5，p.161）

103. 乾道元年二月二十九日，明州观察使、提举祐神观、权主奉吴王祭祀居端言："伏为系英宗皇帝三世孙、缌麻亲，昨差权主奉吴王祭祀。及脚膝之疾，已蒙除在京久任宫观。近年疾势愈增，乞除一在外久任宫观，台州居住。其合得请给，就本州帮请；生日、大礼支赐依士篯等例，于行在帮支。见权主奉吴王祭祀，乞令亲侄保义郎多才权行主奉。"诏并依。（5，p.161）

104. 乾道二年四月十五日，常德军承宣使、同知大宗正事士铢言："臣筋力不逮，乞依士輵例，特与出入南北门，免诸处行事、趁赴六参起居。"诏依。（7，p.162）

105. 乾道六年二月二十九日，光州观察使、安定郡王令德言："昨经外任，有历过月日，自袭封后，通理十年。兼依令衿例合该磨勘。"诏特转定武军承宣使。（9，p.163）

106. 乾道六年六月二十八日，奉国军承宣使、提举台州崇道观士夆言："年老多病，伏乞依士衍例任便居［住］。所有合得请给，依已得指挥，于所至州军经总制钱支给。"诏从之。（9，p.163）

107. 乾道九年闰五月十日，知明州伯圭言："馆客周筌（又）［久］从先臣，且教导臣子，欲望特降指挥补文资恩泽。"诏："恭奉太上皇帝圣旨，特与依士铢例，依《禄格》全支本色，仍免折支。"（11，p.164）

宋会要辑稿・帝系七・宗室杂录四・换授

108. 开禧三年三月二十三日，诏师皋次男希怗与依兄希闶例换授将军，免赴朝参，应干请给等依兄希闶例支破。（18，p.168）

宋会要辑稿・帝系七・宗室杂录四・请给

109. 绍熙五年九月十四日明堂赦："勘会行在及绍兴府见请孤遗钱米宗子、宗女、宗妇等，其间有未曾引赦添支钱米，可比附两外司孤遗体例，籍定名字，将十五岁以上并依前赦例添支，十四岁以下减半给。"自后明堂、郊赦并同。（19，p.169）

宋会要辑稿·帝系七·宗室杂录四·恤孤

110. 开禧元年五月二十三日，诏："英宗皇帝二世孙安邵最为近属，昨在军前，深可怜悯，累该奏荐子孙恩泽。可将已升等见主祀长孙多艺，依居端等例特与转行官，以示优恤。"（22，p. 170）

宋会要辑稿·帝系七·宗室杂录四·杂录

111. 绍熙五年七月七日登极赦："应宗室犯请到文解，并与推恩。仰有司照应淳熙十六年体例，条具取旨。"同日赦："应宗室无官人，依淳熙十六年二月四日赦，与量试推恩。令有司照应已行体例，条具取旨。"（29，pp. 173 - 174）

112. 嘉定十年三月十八日，诏：魏惠宪王府小学教授依庄文府教授体例，除落"小学"二字。以皇侄贵和趁赴朝参，本府教官陈戭等申请故也。（32，p. 175）

宋会要辑稿·帝系八·公主

仁宗十三女

113. 崇宁元年十一月二十四日，诏："秦、魏国大长公主第三女钱氏，已与故李玮男承徽议亲，特封信都郡主。所有请给、祗应人并添赐生料、细食等，并依长女宜春郡主例施行。"（19，p. 188）

114. 绍兴十二年十一月七日，诏：秦、鲁国大长公主男钱恺特落阶官指挥更不施行。以臣僚札子奏："陛下敦肺腑之爱，曲徇其欲，然事越旧制，不可为法。钱氏所引，乃潘长卿、粹卿之例，而潘氏有请，缘钱氏启之于前。今各思及其子，不为不均，若又从而求之，则转相攀援，宁有穷已。此例复开，后来者何以拒之？伏望宸断于艺祖之训，效章圣之为，将钱恺落阶官指挥亟赐寝罢。自今尚有似此不应陈乞而陈乞者，令臣僚施行。庶几少塞幸门，以复先朝旧制。"故有是诏。（24，p. 190）

英宗四女

115. 元祐六年闰八月十四日，户部言："故魏王位影前姨忟共二十二人，请给自秦国惠和、越国、荆国大长公主宅例，仍旧勘给。"诏："比旧人数减半，其秦国惠和、越国、荆国大长公主宅亦如之。若秦国庄孝、秦国献穆大长公主宅人数、请给，据见存者给终身，候及半勿补。"（27，p. 192）

116. 哲宗绍圣元年闰四月三日，三省言："冀国大长公主言：长男右骐骥副使张秉渊欲赴朝参，乞依李端懿恩例，特与对改使额。"诏张秉渊除右骐骥使，令赴朝参，免吏部试并短使差遣。后遂为例。（29，p. 193）

神宗十女

117. 绍圣元年八月十八日，诏："故惠国、莘〔国〕、申国公主祔葬毕，

于奉先资福禅院依故燕国公主例修影堂屋各十间，每位方二十五步。"（31，p. 194）

哲宗四女

118. 绍兴五年二月二十五日，吴国长公主奏："有男二人，望依男潘粹卿、端卿例赐名授官，支破请给。"（33，p. 195）

119. 绍兴七年二月五日，吴国长公主奏："男武义大夫、文州刺史潘温卿合趁赴朝参，乞依男长卿等例，除一外任宫观。"诏特差（立）〔主〕管台州崇道观。（33，p. 195）

120. 绍兴七年八月九日，吴国长公主乞驸马都尉潘正夫依石保吉、魏咸信、柴宗庆等及见今宗室士儇例，除开府仪同三司，并将见任检校少保除落检校二字。诏："士儇系任宗司十年，依故事除开府仪同三司。札与本位都监照会，自后不得妄有陈请。"（33，p. 195）

121. 绍兴二十八年正月二十八日，吏部言："吴国长公主〔乞〕孙潘昌衡、昌佐、昌辅、昌朝依秦、鲁国大长公主孙钱端英等，并孙昌期、昌龄等体例，并与补授文资。本部契勘，昨秦、鲁国大长公主奏孙钱端英等并吴国长公主孙潘昌期等补官体例，系是先次依格补授从义郎，后来与依格换授文资。今欲依此施行。"从之。（37，p. 197）

宋会要辑稿·帝系八·宗女

122. 绍熙二年十一月二十七日郊祀赦："行在及绍兴府见请孤遗钱米宗女宗妇等，其间有未曾引赦添支钱米，可比附两外（可）〔司〕孤遗体例，籍定名字，将十五岁以上并依前赦例添支，十四岁以下减半添给。"（44，p. 201）

宋会要辑稿·帝系八·驸马都尉杂录

123. 太祖开宝五年闰二月四日，以故镇安军节度使、中书令石守信子郓州牙内指挥使保吉为左卫将军、驸马都尉，选尚延庆公主，赐袭衣、玉带、涂金鞍勒马。自是尚主者赐率如例。后又加赐绒毛暖座。（46，p. 201）

124. 真宗咸平六年正月十一日，以故太师王溥子贻永，为右卫将军、驸马都尉，选尚（懿贤）〔贤懿〕长公主。贻永以祖为父，如柴宗庆例。（47，p. 202）

125. 大中祥符元年十一月二十七日，以故右千牛卫上将军李崇矩子遵勖为左龙武将军、驸马都尉，选尚万寿长公主。遵勖以祖为父，如王贻永例。（47，p. 202）

126. 嘉祐六年十一月一日，驸马都尉李玮言："奉诏举官为将领，而臣家有宾客之禁，无由与士人相亲。闻柴宗庆当时得与禁近往还，臣请如宗庆等例。"诏具凡所接宾客以闻。（49，p. 203）

127. 哲宗元祐六年十月十二日，右朝奉郎韩端彦言："弟嘉彦尚温国长公主，下降有期，私家进财，支费甚多。欲以相州田业契书于在京四抵当所各质钱二千五百缗，依例出息。"诏于抵当所特贷钱万缗，仍限五年还纳。其后韩端彦援元丰中郭献卿例，乞除放所贷钱，从之。(53，p. 206)

128. 崇宁二年七月二十三日，手诏："朕观前世外戚擅事，终祸乱天下。唯我祖考创业垂统，承平百有余年，外戚之家，未尝预政，厥有典则，以贻子孙。即政之初，以驸马都尉韩嘉〔彦〕兄忠彦为门下侍郎，继除宰相。方朕恭默，弗敢有言。给事中刘拯抗疏论驳，亦不果听。上违祖考成宪，下虞前世祸乱之失。其自今勿复援忠彦例，以戚里家属为三省执政官。世世守之，著为甲令。"(55，p. 207)

129. 政和八年四月六日，太师蔡京言："男脩已蒙宣系縶，选尚康福帝姬。检会崇〔宁〕诏书：今后勿复援韩忠〔彦〕例，以戚里家属为三省执政官。乞免五日一赴都堂治事。"诏答不允。是后以帝姬下降毕，再上章乞罢，不允。(57，p. 208)

宋会要辑稿·帝系一一·守法·六曹以例决事

130. 绍兴四年八月，权吏部侍郎胡交修等奏："契勘近降细务指挥，内一项：'六曹长贰以其事治，有条者以条决之，无条者以例决之，无条例者酌情裁决。'夫以例决事，史部最为繁多。因事旋行检例，深恐人吏隐匿作弊。欲七司各置例册，凡敕札、批状、指挥可以为例者编之，令法司收掌，以待检阅。"诏依之。臣升之释曰：庆历三年，富弼谓："近年纪纲甚紊，随事变更，两府执守，便为常例，施于天下，咸以为非。而朝廷安然奉行，不思划革。"盖不务谨守成宪，而凡事许以援例。兹顽弊所由生，而弼之所深虑也。吕源《增释·总论》谓："景祐亲政，小大之臣不能丕变。朝廷命令之地，刑赏之施，合取进止，率皆引例，以决重轻。往往出于堂吏之手，则天子威权悉制于例，非祖宗独断之意也。"由是言之，守法不谨而牵于用例，非一日矣。绍兴四年，常因权吏部侍郎胡交修等奏：无条例者酌情裁决，谓以例决事，吏部最为繁多。盖深虑人吏（之）隐（慝）〔匿〕之弊，而《圣政》史臣所谓稍知任人之重，而救吏强之弊也。九年，御史中丞勾龙如渊抗论，谓："艺祖受命之初，睿断英发，动以便宜从事，而法令之在天下，何其简也！累圣相承，讲求备具，凡载在官府者，有嘉祐、熙丰、政和敕令。陛下即位以来，有《绍兴令》，本末相参，纤悉备具，凡人情有疑而事之难决者，揆之于法，鲜不在焉。粤自艰难以来，有权一时之宜而行之者，有朝廷一时特达而行者，有出州县一时利害而申明者，有出百司庶府一时务为人情而不恤后患者。事既一行，遂引为例，而法令之外，又杂例而行，始不胜其繁矣。夫例之为害有四：法令已繁而复援例，是非丛扰，不知所出，一害也。其始有司所行，本非得已，互相攀引，取若探囊，而官日增，费日广，赏日滥，二害也。吏人私自记录，随事而售。甲理会某事，则曰有某例；乙理会某事，则曰有某例。既得此例而诉之也，所偿或不如所欲，则又持他例之不可者白之官，曰某例虽可用，然有某例以冲之。吏强官弱，贿赂公行，三害也。甲令所载，本有定法，或缘官司特行一事，后来循吏，置法用吏，四害也。欲望特降指挥，将官司应干行过旧例，委官搜检，并行架阁；并吏人私所纪录者，限十日许令首纳，尽行烧燬。仍明饬有司，今后一切依法令从事，而诉事之人敢辄引例者，官员徒一年，百姓杖一百科断。"并亦深有见于用例之弊，不容以不革也。乾道元年五月诏告天下，以旁缘出入引例为弊，失刑政之中，其刑部大理寺例册各封鑰架阁，更不引用矣。二年又谕执政："当谨法令，毋创例害法。"臣以斯言推之，则当时之事必无牵制于例之患。诿曰久用之例不容尽废也，亦决不至听其出没变化于吏胥之手矣。（2～3，pp. 237-238）

宋会要辑稿·帝系一一·守法·用法不用例晓告天下

131. 乾道元年五月，诏："法令禁奸，理宜画一。比年（一）〔以〕来，旁缘出入，引例为弊，殊失刑政之中。应今后犯罪者，有司并据情犯，直引条法定断，更不奏裁。内刑名有疑，令刑部、大理寺看详，指定闻奏。永为常法，仍行下诸路遵守施行。其刑部、大理寺见引用例册，令封鑰架阁，更不引用。仰刑部遍牒诸州，大字出榜晓谕。"（6，p. 240）

宋会要辑稿·后妃一·皇后皇太后杂录

132. 元丰八年六月八日，尚书礼部言："太皇太后生辰旧所供奉物于令式宜增一倍。冠朵旧用朵子九及花五，亦各增为十二之数。皇太妃生辰节序宜用皇后例。"从之。（14，p. 259）

133. 元丰八年十二月十二日，礼部言："皇太妃欲依皇后例供进新历。"从之。（14，p. 260）

134. 元祐元年正月十二日，诏："太皇太后出入仪卫及从驾臣僚对御赐茶酒等仪式，并依章献明肃皇后故事，内不可考者，依慈圣光献皇后例施行。"（14，p. 260）

135. 元祐三年六月四日，三省奏，尚书吏部言："同进士出身陈仲宜状，自三班奉职鑰应，合换判、司、簿、尉。为系太皇太后姑之子，依昭宪皇后族孙杜藻例，特与初等职官。今欲少损恩例，与知、令、录。"太皇太后曰："安敢比用昭宪体例，兼非本宗，只今依条。"（14，p. 260）

136. 绍圣二年三月二日，诏皇太妃生辰祗应人推恩依皇太后条例。（16，p. 262）

137. 元符三年二月二十一日，诏皇太后殿使臣等并依宣仁圣烈皇后例推恩，各转一资。（18，p. 264）

138. 建中靖国元年二月二十七日，封皇后姊妹三人为县君，仍赐冠帔，弟宗涣、宗沔为右侍禁，用向宗回等例也。（19，p. 265）

139. 崇宁元年七月八日，诏元符皇后奏补等恩数并依圣瑞皇太妃例。又诏元符皇后自今应（共）［供］须荐献之物，并依圣瑞皇太妃元符三年体例。以后于元符末尝参预钦圣援立之谋也。（20，p. 266）

140. 崇宁元年八月六日，皇后祖母庆国太夫人慎氏、皇后母卫国太夫人吕氏等授国太夫人，乞比刘宅魏国太夫人王氏例请诸般请给。从之。（20，p. 266）

141. 崇宁二年二月十七日，手诏："朕入继大统，获承至尊。永惟哲宗皇帝不克与子，而元符皇后实与定策。因心之义，夙夜靡忘。故邓王已追赠为皇太子。母以子贵，于古有稽，而礼义以起，惟事之称。宜崇位号，以慰在天之灵，称朕友恭敦报之意。可进号太后。除依礼部所定加崇仪制外，其仪卫人数及请俸、奏荐、恩泽等并依昨钦圣宪肃皇后元符三年体例，依皇后礼制施行，名所居宫曰崇恩。"（21，p. 267）

142. 政和八年四月二十二日，御笔："皇后亲姑宜春郡夫人郑氏等三人，并特依郑直之妻永嘉郡夫人朱氏例支破请受。"（24，p. 270）

宋会要辑稿・后妃二・皇后皇太后杂录二

143. 绍兴元年正月十四日，宰执进呈："内批皇太后以圣节恩例，令本殿祗应人转官，在法许以亲属恩泽回授，意其已补亲属，别有创行。"（3，p. 274）

144. 绍兴三年十月二十一日，吏部言："故赠开府仪同三司邢焕妻熊氏进状，本家遇皇后受册，亲属合该推恩。钦慈皇后亲侄陈仲坚具到钦慈皇后受册恩数，曾祖太保怀敏赠祁王等八项，司封供到状，宣和皇后恩例并依陈祁王宅例施行。承建炎三年七月五日敕，许依例借奉使印，三代依格封赠，亲属并出嫁侄女侄孙女恩泽共与承信郎三十名。"诏依宣和皇后恩例，许借奉使印一面，应行移文字以邢开府宅为名，所有本宅及异姓有服亲恩泽承信郎咸五名，共与二十五名，令本家遇陈乞逐旋具合祗受人姓名申尚书省。（4，p. 276）

145. 绍兴三年十一月三日，故邢焕妻福国夫人熊氏上遗表，乞除皇后亲弟邢孝扬职名。诏:"皇后母熊氏特令户部支银绢五百匹两,并支本色。皇后弟邢孝扬除直秘阁,孝蕴、孝骞并除阁门祗候,依旧持服。叔尽孟臣与转两官,姊硕人加郡夫人,姊硕人加郡夫人,妹并弟之妇并与转两等封号。"又奏:"皇后父邢焕自徽猷阁待制换光州观察使,除庆远军节度使、开府仪同三司,身亡,未被受册恩数,望优加赠官。一、陈祁王宅体例,合赐酒名,酝造进酒;及韦郡王宅见今赐'王旨'为名,本家欲依例赐酒名为'庆远'。一、陈祁王宅差破官船三只,今乞差破二只。"诏邢焕赠少师,追封嘉国公。余从之。(4,p. 276)

146. 绍兴十一年十月九日,昭远军节度使、开府仪同三司充万寿观使韦渊奏:"皇太后既上册、宝,正徽号,所有礼仪体例欲望依陈祁王宅比类开具。今来皇太后父已累封鲁王、母秦越国夫人外,曾祖并乞追封王爵,高祖以下父亲属恩数并田宅、影堂、月钱、酒库、功德院、使臣兵级并乞依陈祁王体例。"诏有司具体例申尚书省取旨。(7,p. 279)

147. 绍兴十二年四月二十四日,礼部、太常寺言:"……皇太后还宫日,欲比附(太)〔大〕庆体例,择日差官奏告天地、宗庙、社稷、诸陵。"从之。(7,p. 279)

148. 绍兴十二年六月七日,诏差左迪功郎张本为皇太后宅教授,以太后宅援陈祁王例陈乞故也。(8,p. 280)

149. 绍兴十三年四月六日,翰林司状,依今例,每年自五月二十六日起供御前并及皇太后时果日各一合,至八月六日止。诏御前权罢,皇太后依例供进。(9,p. 281)

150. 绍兴十三年七月十二日,宰执进呈吴益以皇后受册陈乞合得恩数文字。上曰:"可令检例,有例即行。皇后甚严,无例事必不敢陈乞。皇后之意见欲除益等在内宫观,不令出入,且教闭门读书。朕以谓书不惟男子不可不读,虽妇女亦不可不读,读书则知自古兴衰,亦有所鉴诫。"(9,p. 281)

151. 绍兴十四年四月九日,诏:"皇后归谒家庙,本家官吏等并依显肃皇后归宁例推恩。"(10,p. 282)

152. 绍兴二十一年四月十五日,诏皇后乳母建国夫人蔡氏、姊楚国夫人吴氏、越国夫人吴氏,与依张浚等妻见请《禄式》则例支破诸般请给。(9,p. 282)

153. 绍兴三十年八月二十三日,诏故武翼郎杜修妻孺人李氏并男泽等,依杜演等例支破钱米。以自陈昭宪皇太后侄孙也。(13,p. 285)

154. 孝宗隆兴元年十一月五日,宰执进呈皇后受册,依例于有司排办到礼物金五千两、银五万两上进。上曰："太多。"宰臣陈康伯奏："系旧例。"上曰："金减作二千两，银三万两。"（13，p. 286）

155. 乾道四年七月十九日，诏："持服夏执中已除容州观察使，告命依韦讯等例，赐所有执中元带见请职钱；新例请给人从等，自授告命日令所属照见，请条例批请。安泰皇后宅并家庙、影堂等处屋宇，令两浙转运司每季检计损动去处，如法修整看管，家庙、影堂宣借人并潜火军兵等，并与分擘逐人身分诸般请受，随本宅干办官等一历批勘。"（14，p. 287）

156. 乾道六年十一月二日，诏安穆皇后母福国夫人赵氏特与依泰国夫人王氏见请则例，支破诸般请给。（15，p. 288）

宋会要辑稿·后妃二·皇后皇太后杂录·皇太后

157. 孝宗淳熙八年九月二十四日，诏寿圣齐明广慈太上皇后妹子武翼大夫、阁门宣赞舍人潘师尹，特添差干办御前忠佐军头引见司，请给、理任、酬赏、人从等与正官同，依吴珏例与厘务。（16，p. 289）

158. 淳熙九年十二月十八日，诏寿圣齐明广慈太上皇后亲侄承奉郎、直敷文阁、特添差两浙路转运司主管文字、赐绯鱼袋、不厘务吴璠，候今任满日特令再任，请给等并依正官例，仍赐紫章服。阁门宣赞舍人吴璨可特添差权发遣两浙西路马步军副总管、湖州驻札、不厘务，二年满日罢，任满更不差人，请给等并依正官例。（16，p. 289）

159. 淳熙十五年九月一日，诏会庆节皇太后合得亲属恩泽，可依天申节例。（18，p. 290）

160. 光宗绍熙二年三月七日，诏"皇太后亲侄朝议大夫、充显谟阁待制、知襄阳府吴琚久在从班，服劳边寄，可依师夔例与换承宣使、在京宫观，奉朝请"。（19，p. 292）

161. 绍熙五年十二月十三日，诏"恭奉太皇太后圣旨，诸侄并已易武，止有吴璇、吴琯并特依吴珹、吴琦例，吴璠特授永州防御使，吴琯特授忠州防御使，并提举佑神观"。（19，p. 296）

宋会要辑稿·后妃二·皇后皇太后杂录·皇后杂录

162. 淳熙十六年五月七日，诏安穆皇后宅可赐家庙，令有司条具以闻。礼部、太常寺言："家庙制度礼例：一、堂及旁两翼增置前两庑及门，东庑以藏祭器，西庑以藏家谱，祊在中门之右，省牲、展馔、涤濯在中门之左，庖厨在其东南，其门外再重西折而南出。一、庙在门内之左，如狭隘，听于私第之侧，力所不及，仍许随宜。四孟月择日祫庙，差本宅亲宾充行事官。应合用酒齐礼料等，照应安恭皇后宅礼例施行，祭器乞令工部行下所属制造给

赐。"从之。（24，p. 296）

163. 绍熙三年八月三日，阁门宣赞舍人李孝友言："该遇皇后受册，合赐功德院，欲以褒忠显德。赐田三十顷，乞依绍兴十三年、乾道元年则例施行。并乞差干办官二员、于得替待阙大小使臣校副尉内踏逐指名差取，理为资任愿再任者听。副知一名、七年为界，界满无遗阙，白身人补进武副尉，有名目人转一官资。宅案司二名、书表司一名。出职年限并比附亲王府体例，满七年补进武副尉。官船二只，篙梢随船差破。并从本家踏逐，于所属官司指差。如看管影堂等役使，或有事故，报元差拨处差填。"诏特依所乞。（25，p. 297）

164. 绍熙三年十二月二十六日，臣僚言："皇后受册恩数，今若欲援引成例，则乾道二年推恩体例九十三人，淳熙四年一百三十三人，今来计一百七十二人，数目之多，则前例所无也。乾道二年惟陈璪一人转两官，淳熙四年本阁官止转一官。今杨舜卿于遥郡转两官则为观察使，陆彦端、张彦臣亦转两官，则径转团练使。夫以两使之重，而以恩赏超迁，亦前例所无也。其未有请给文历人特令户部出给，此又前例所无也。乞下枢密院条具合推恩人数，酌量裁定。"诏："本阁提举官杨舜卿、陆彦端、张彦臣特与依指挥转行，兼为其间有制造头冠未曾推恩之人，余人不得援例外，其余碍止法人特与回授，白身人候有名目日特与作一官资收使，未有料钱文历人更不出给。余依已降指挥。"（25，p. 297）

165. 绍熙四年六月十九日，诏安恭皇后宅家庙日常花果、旦望供养、四时祭飨等，令临安府依安穆皇后宅例，每月支钱三百贯文。（26，p. 298）

166. 绍熙四年十一月十六日，诏皇后亲属庄氏、路氏、钱氏、张氏并与依宫人《禄式》则例，支破红霞帔请给。（26，p. 298）

167. 庆元二年十一月十一日，诏："成穆皇后亲弟故太保、永宁郡王郭师禹可比附吴益、夏执中体例，长男授特除阁门宣赞舍人，次男拓、棨见系文资，特与带贴职，并候出官祗授。亲侄揄、扬、女夫张沆、从侄抡、操、揆及皇后亲舅之子赵彦梁，并特与转行一官，内选人比类施行。"（27，p. 299）

宋会要辑稿·后妃三·乳母

168. 绍圣三年六月十一日，魏国福康惠佑夫人窦氏言："本位辇官张遇等四人到位岁久，备见勤劳，乞依吴楚国安仁保佑贤寿夫人张氏例，各与转官一等，仍旧祗应。"从之。（33，p. 320）

169. 徽宗崇宁四年八月七日，又诏管氏每月添料钱一十五贯文，以管氏陈乞依神宗朝司饰刘氏等例入内祗应，故有是诏。（34，p. 320）

宋会要辑稿·后妃四·内职杂录

170. 政和元年五月二十日，诏："宫人鲁国安仁惠和夫人李氏，昨遇冬祀大礼，特与依魏国惠和康祐夫人薛氏例，封赠三代。"（9，p. 328）

171. 高宗建炎元年九月四日，诏荣国柔惠夫人郭氏、永嘉郡夫人王氏、宜春郡夫人孙氏位祗候使臣、诸色祗应人等，依和国王夫人例支破身分驿券诸般请给。以扈从隆祐皇太后故也。（13，p. 330）

宋会要辑稿·乐四·乐器·乐舞

172. 绍兴三十二年六月二十日，礼部、太常寺言："今来皇帝登宝位，车驾诣太庙、别庙亲行朝飨之礼，依仪合用登歌、宫架、乐舞、鼓吹等，内鼓吹系备而不作。今具下项：一、所有大乐乐章，乞从本寺由学士院制撰修润，降付本寺教习。一、合用登歌、金玉大乐及彩画宫架、乐舞，系用节奏乐正六人，登歌乐工四十八人，别庙登歌乐工三十六人，宫架乐工一百九人，二舞九十人。内登歌乐工前十日受誓戒，合服着衫帻等乞于祗候库并文思院应副使用，更不请敕号，止乞令所属照验头冠法衣，放令入出祗候。一、今来亲行朝享，创行制撰，修润乐曲。每遇大礼，乐舞系教习一百余日，今系作乐，教习四十余曲，委是繁难，止乞教习一十曲。一、合用艎运大乐军兵一百五十人，及遮护乐架油幕屋，乞依例下所属差拨，绞缚施行。一、契勘别庙殿基窄隘，难以铺设大乐、祭器，欲乞令临安府依大礼景灵宫例，帮筑堦基，搭盖席屋，安设施行。一、合用鼓吹系在仪仗内排设，备而不作，导引祗应合用鼓吹二百二十六人。除本寺见管令丞三人外，其余人乞下殿前马步三司差拨。杂攒乐人所有合用服着、执色乐器，乞下祗候库拣选使用。"诏依。（5，p. 395）

宋会要辑稿·乐五·郊祀乐

173. 哲宗元祐四年正月十三日，诏讲筵官许依秘书省职官例观新乐。（17，p. 415）

宋会要辑稿·礼一·郊祀仪注·职事

174. 元丰三年十二月，又言："奉诏：五方岳镇海渎共为一坛，系中祠，以五时迎气日祭之。旧例，中（词）〔祠〕，审官东院差行事官等。（迄）〔乞〕今后逐次〔依〕例牒审官东院差摄。"从之。（9，p. 498）

宋会要辑稿·礼二·郊祀奏告

175. 绍兴十三年七月二十二日，礼部言："准都省批送下入内内侍省申：大礼前豫告宫观礼毕，各作道场一昼夜等。后批送部看详，寻下太常寺看详，（钦）〔欲〕依绍兴十年体例，于大礼前降香于，行在天庆观设道场一昼夜罢

散。并礼毕亦降香，于天庆观设道场一昼夜罢散。"诏依。（19，pp. 524–525）

176. 隆兴二年十一月二十日，礼部、太常寺言："昨准御札，今年十一月二十九日谒欸于南郊，已依逐次大礼奏告五岳、四海、四渎等了当。续准指挥，以来年正阳之月雩祀之辰，恭见上帝于圆丘。所有祭告外路岳、镇、海、渎香祝，止乞依见今岁中常祀礼例，付进奏院入递前去逐处。"诏依。旧制，郊祀告谢南方岳、镇、海、渎，依吏部各差小使臣一员赍降香祝前去逐州行礼，是年冬至郊祀改作雩祀，续又改上辛，差官不及，遂有此请。自后因以为例。（21，p. 526）

177. 乾道五年七月二十六日，太常少卿林栗等言："伏见国家驻跸东南，东海、南海实在封域之内。检照国朝祀仪，立春祭东海于莱州，立夏祭南海于广州。其西海、北〔海〕远在夷貊，独即方州行二时望祭之礼。自渡江以后，唯南海广利王庙岁时降御书祝文，令广州行礼，如东海之祠。但以莱州隔绝，不曾令沿海官司致祭。栗等谨按：东海祠，隋祭于会稽县界，唐祭于莱州界。本朝沿唐制，莱州立祠。元丰元年，建庙于明州定海县，加封'渊圣助顺'之后，则东海之祠本朝累加崇奉，皆在明州，不必泥于莱州矣。欲乞自今后立春及大礼告谢，依见今广州祭南海礼例，关报所属请降香祝，下明州排办，差官行礼。"诏依。自后仿此。（22，p. 526）

宋会要辑稿·礼二·郊祀陈八宝

178. 绍兴十六年十月十四日，门下后省、太常寺言："今来相视到太庙、圆坛有合申请事件下项：一、太庙内东西地步比十三年增展稍宽，今欲将八宝至日依仪于宫架东西随地之宜安设。如遇雨雪，那移于廊上随宜安设。一、太庙、圆坛宫架东西地步虽可以随宜安设八宝，缘行礼将毕，八宝却合前导，内圆坛中壝并太庙八宝导驾行路侵碍立班官及二舞，欲乞至时量行随宜趱那，许八宝趁赴前导。其奏请皇帝宿斋并景灵宫等处安设行礼，并依十三年已得指挥体例施行。"诏依。后仿此。（32，p. 531）

179. 绍兴二十二年八月十一日，门下后省言："勘会将来郊祀大礼，皇帝宿斋前一日，请降八宝出外归宝幄。所有宝幄并符宝郎幕次等，昨十三年系将都亭驿充，十六〔年〕以后系于天庆观巷内空闲府第。今欲乞依十六年体例，令仪鸾司、临安府钉设排办。"诏依。（32，p. 531）

180. 隆兴二年三月三日，礼部言："门下后省申，为大礼八宝更不排办事，送部看详。寻下太常寺看详：八宝系乘舆仪卫，不系事神仪物，乞依昨明堂大礼体例，更不排办。欲依本省所申事理施行。"诏依。（32，p. 531）

181. 淳熙十二年六月十五日，门下后省言："将来郊祀大礼排设八宝导驾行礼，未审合与不合依淳熙三年郊祀大礼体例排办。"诏依例排办。（33，p.532）

宋会要辑稿·礼二·郊祀冕辂冠服

182. 隆兴二年八月二十八日，太常少卿洪适言："准已降旨，郊祀回止乘平辇，冠服令礼部官讨论。今讨论，欲视景灵宫、太庙献飨礼例，郊祀毕，皇帝自斋殿服履袍，乘平辇还内，导驾官以常服前导。其奉迎及侍中奏请升辇，参知政事当辇奏请进发等，合于见行仪注内修改。其自青城至大次，并礼毕自大次还青城，每郊系服通天冠、绛纱袍，今乞依上仪服冠袍，乘平辇。"并从之。（40，p.535）

宋会要辑稿·礼四·大辰

183. 绍兴七年六月二日，礼部、太常寺言："准敕，臣僚札子奏：'臣闻古之火正，盖火官也，帝喾则有祝融，陶唐则有阏伯，掌行火正，以顺天时。后世尊为火祖，配祭火星。夫祝融氏远矣，士弱之对晋侯，公（叙）［孙］侨之告叔向，皆言阏伯之居商丘。说者谓商人承阏伯之业，宋其后也，世司其占，故先知灾变，修道以销除，班固志之，可玫而知。且宋大辰之墟，而房心之野，商丘在焉，今睢阳是也。国家垂统，实感炎德，以宋建号，用诏万世。太祖受命，陛下中兴，应天顺人，皆在于此。是则大火之神，发祥储祉，佑我（实）［宋］祚，其所由来久矣。仁宗康定间，礼官建明，因古商丘，作为坛兆，以阏伯配大火之祀，内降祝词，命陪京尹正之臣奉祠行事，牲币笾豆，咸有品式。多事以来，祀弗克举，殊非祐神之意。比年多灾，虽缘有司不戒于火，然预防之计，亦宜无所不用其至。臣愚欲望睿慈特命曲台，参酌旧章，即行在所，每逢辰戌出纳之月，各设位望祭。如此，岂特昭炎德昌炽之福，盖亦弭灾之道也。'诏令礼部、太常寺同共讨论，申尚书省。今勘会：应天府祀大火，近因臣僚陈请，季春、季秋见于行宫，设位望祭。兼昨宣和间，因臣僚陈请，以季春出火日于东郊，季秋内火日于西郊，各建坛壝，以大祠之礼祀祭大辰。近缘军兴，未曾举行。今讨论，欲依今来臣僚所请，于行在所，每建辰、戌之月，依见今举行五方帝礼例，差（差）官用酒脯设位望祭。"诏依。（2～4，p.554）

184. 乾道五年八月二十九日，礼部、太常寺言："准都省批下太常少卿林栗、丞陈损、博士龚涝札子：'契勘九月十四日望祭应天府大火，以商丘宣明王配；二十一日内火祀大辰，以阏伯配。大辰即大火也，阏伯即商丘宣明王也。伏缘国朝以宋建号，以火纪德，太祖皇帝、光尧寿（辰）［圣］太上皇帝皆受命于宋，故推原发祥储祉之所自，崇建商丘之祠，府曰应天，庙曰光德，加封王爵，锡谥宣明，所以追严者备矣。今有司旬日之间举行二祭，一称其号，一斥其名，义所未安，恐合厘正。欲乞今后祀荧惑、大辰，其配位称阏伯者，祝文位版并依应天府大火礼例，改称商丘宣明王，以称国家崇奉火正之意。'今勘当，欲依逐官所乞。"诏依。（4，pp. 554－555）

宋会要辑稿·礼五·祠宫观·神霄玉清万寿宫

185. 徽宗政和八年五月二日，诏诸州神霄玉清万寿宫并依在京宫观体例。（5，p. 565）

宋会要辑稿·礼五·祠宫观·开元宫

186. 嘉泰元年四月十九日，诏："可将潜邸府改充开元宫，干办官差毛居实。今后作入内内侍省寀阙，比附太一宫作上等，三年替。"既而居实依太一宫体例裁减条具："一、今来开元宫将潜邸旧府创建，崇奉香火，乞以干办开元宫为名。一、所差干办，本宫更不支破诸般请给等。一、本宫系创建，将来降到金银器皿、酌献醮器等，及钱物入出，阙人掌管。照得太一宫差置监真仪库官一员、专知官一员、手分二名、贴司一名，共五人。今乞减专知、手分各一名，止差三人。内监库官一员更不差置，止差监门一员，兼掌管官物，许于已未到部见任得替待阙大小使臣、校副尉内指差，理任、酬掌、请给等并依太一宫真仪库官条例。日后遇阙，依此差取。并乞差手分、贴司各一名，许于内外官司及白身人内指差，理年、迁补、出职、补授、请给等并乞依太一宫体例。一、早晚焚修合用道众，照得太一宫额管道士三十五人，今乞减二十一人，止差一十四人。于内外宫观踏逐指差有道行道士赴宫，仍不隶道正司所辖，并免诸处差借。如日后遇阙，依此施行。一、本宫行移印记，乞下文思院铸造，以'干办开元宫印'六字为文。一、照得太一宫昨于殿司差拨不披带人兵七十人，充把门、扫洒、守宿、杂役，创置寨屋，并割籍名粮，赴宫帮勘。今若依体例差拨，窃缘开元宫别无空隙地段创盖寨屋，今欲裁减四十，止乞下临安府差拨无过犯将兵三十人，内节级人员二人，止就本将居住，分番赴宫，专听差拨杂役、洒扫、巡防使唤。照得太一宫于临安府差破茶酒帐设司四人，今止乞差二人。所差人兵除本身见请外，将兵每日各添支苔帚等钱五十文，人员节级各七十文，茶酒帐设司各添支食钱一百文，并于临安府按日支破。遇阙依此差填。一、乞下皇城司踏逐亲事官二人，充替背印投送文字，并一年一替。一、应差到祗应人，乞下皇城司支破敕号。"从之。（9，pp. 566－567）

187. 嘉泰四年六月三十日，诏令临安府于开元宫火德真君殿之右，创建阏伯、商丘宣明王殿。其神像依典礼用王者之服。先是臣僚言："本朝王以火德，于阏伯之祀，奉事尤谨，况已封王爵。今乃抑王爵而目为真官，使之侍立于星像之侧。乞别建殿宇，以彰国家崇祀火德之意。"礼部、太常寺讨论："乞每岁立夏日，差官祀开元宫，先火德真君，次商丘宣明王。所用祭器、祝版、币帛、素馔等物，应干事件并依见今太一宫体例。"故有是诏。 （9，p. 567）

188. 嘉定七年三月九日，干办开元宫言："本宫崇奉御前香火，专管酌献金银器皿。应干事件全藉曾经繁难人任使。缘差到人方谙事务，即行替罢，实为未便。已差下姚序，欲候任满，将上件监门员阙改作掌管官物使臣名称，不理资任，亦无酬赏，其请给、雇募并依则例。许于大小使臣、校副尉、吏职补授人差取，如遇迁改事故，依此差填。"从之。（9~10，p. 567）

189. 嘉定七年九月二十三日，诏："开元宫承佃平江府吴江县震泽乡第十都荒补泾角字号没官荒田一千三百亩，特与免纳租钱。如有其他寺观援例陈乞，许令三省执奏。"（10，p. 567）

190. 嘉定十六年九月二十一日，诏："开元宫系潜邸改为宫观，事体至重，特免纳租赋。其余寺观不得援例。"（10，p. 567）

宋会要辑稿·礼五·祠宫观·万寿观

191. 淳熙十六年二月十四日，万寿观言："皇帝本命纯福殿见安奉至尊寿皇圣帝丁未本命星官位牌，乞依礼例设置皇帝丁卯本命星官位牌，一处安奉。每遇至尊寿皇（帝）〔圣〕帝、皇帝本命日，依例用本观道士一十人，就本殿作道场一昼夜，设醮一百二十分位。皇帝圣节亦乞依会庆圣节体例。"从之。（22，p. 576）

192. 淳熙十六年三月十七日，本观言："将来安奉高宗皇帝神御附宫崇奉日，及见安奉诸殿神御，遇旦望节序、生忌辰，乞并依景灵宫体例排办。"从之。（22，pp. 576 - 577）

193. 绍（兴）〔熙〕五年七月十八日，万寿观言："皇帝本命纯福殿安奉太上皇帝丁卯相属座并本命星官位牌。今皇帝戊子相属并本命星官位牌乞依此设置，同处安奉，以祝圣寿。及每遇太上皇帝、皇帝本命日，依例用道士一十人，就本殿作道场一昼夜，设醮一百二十分位。皇帝圣节亦乞依崇明圣节体例。"从之。（23，p. 577）

194. 庆元二年二月二日，本观言："将来安奉孝宗皇帝神御祔宫崇奉日，遇旦望节序、生忌辰，乞依诸殿神御体例排办。"从之。（23，p. 577）

宋会要辑稿·礼五·祠宫观·崇宁寺观

195. 大观四年六月十五日，复诏崇宁万寿观官赐田土，并依天庆观例免出役钱。（24，p. 578）

宋会要辑稿·礼六·亲飨先农耕耤

196. 绍兴十五年闰十一月六日，兵部言："准敕，将来亲耕耤田，乞依《政和五礼新仪》，以象辂载耒耜，仪仗护卫。所有合行事件，乞（合）［令］有司各行参酌，申请施行。今契勘，将来亲耕，除辇舆御马等物依四孟例排办已行足备外，今开具下项：一、将来亲耕车辂经由道路门桥高二丈五尺，阔一丈八尺，转弯掉圆地步五丈。自本院直南入皇城北门，经由南北宫门裹，出皇城南门至坛所一带，道路门桥多是坑坎，及有窄隘去处。欲乞下临安府如法修治，务令平实。一、将来排办象辂，欲乞依例，前半月于候潮门外大教场内教习。及应奉前五日，将象辂教习车装载重物五千觔，碾试经由道路门桥三日。一、象辂下合用驾士天武官一百五十人，内呵喝人员二人。如不足，于诸军贴差。及赤马三十匹、管辖将官一员，下殿前司差。合用教马官一名，下左右骐骥院差。合用推轮车子官樋八人，下御辇院差。一、随辂诸作工匠，今乞于文思院上下界、军器所差拨排办象辂。所有随辂云梯、油帕，合破抬擎兵士一十人，下殿前司差，就令本司于幕屋侧近安设兵幕二十座，令车辂下祇应人并驾士人马宿泊。一、将来亲耕，象辂装载耒耜，系前一（日）［月］关报皇城司，经由大内至坛所。及应奉前五日将象辂教习，其人马出入牌号；并应奉了毕，象辂下人马等却令经由大内归院。所有一行人至时祇应，关借敕号，下皇城司支给，放令出入，事毕送纳。一、排办车辂人物等，依例合差兵、驾部郎官二员总辖点检，缘库部排设仪仗已申乞差见今兵、驾部郎官二员点检，所有驾部前项职事乞就差逐官总辖点检。其合差职掌五人，亦乞依例差。"诏依。（7～8，pp. 582－583）

197. 绍兴十五年闰十一月九日，礼部、太常寺言："今依国朝亲耕礼例，并省记在京亲耕合差官数，内耕耤使一员，系降敕差三公、宰臣充。"诏依。（9，p. 583）

198. 绍兴十五年闰十一月二十五日，礼部、太常寺言："今讨论下项：一、将来亲耕日享先农，先降指挥，依宣和礼制，命有司行事。今参照端拱、明道故事，亲耕日系亲享先农，其牲牢、礼料权视大祠。今欲乞依故事施行。一、享先农系中祠，缘至日皇帝亲行享礼，止是牲牢、礼料权视大祠。其致斋日分欲乞比附四孟朝献礼例，前一日斋于内殿，有司不奏刑杀文书。一、亲享先农礼料，笾实以菱、芡、栗、鹿脯、榛实、干蕡、干枣、形盐、鱼鱐、糗饵、粉粢；豆实以芹、笋、葵、菁、韭、鱼醢、兔醢、鹿臡、醓醢、豚拍、酏食、糁食；簠实以黍、稷；簋实以稻、粱。酒齐系用五酒，每位一斗八升。牲牢共享羊、豕各二。"诏依。（13，p. 585）

199. 绍兴十六年正月十一日，都大主管所言："亲耕耤田行礼，执耒铫三十人、助执耒耜五十人、从耕庶人四十人，并系临安府等处差到农人。今取到太常寺赞引使臣王彦龙等状：契勘逐色人礼毕即未有支赐恩泽指挥。"诏并依陪位耆老例支赐。（24，p. 591）

宋会要辑稿·礼七·祫祭·帝后祔庙·钦宗恭文顺德仁孝皇帝祔庙

200. 绍兴三十一年十一月二十三日，礼部、太常寺言："已降指挥，恭文顺德仁孝皇帝祔庙，当迁翼祖而祔钦宗。所有翼祖室牌系是御书。今来迁神主于夹室，其室牌乞于太庙奉安所册宝殿收奉。合用钦宗室牌一面，合依见今诸室例，系御书，青地金字。欲乞令修内司依样制造，进请御书。修制毕，权于本司安奉，以俟申请择日迎奉安扑。"诏依。（3，p. 602）

宋会要辑稿·礼七·祫祭·〔加上徽宗谥号册宝〕·加上徽宗皇帝谥号册宝毕亲飨太庙

201. 绍兴十二年十二月二十一日，钧容直所言："准太常寺差借钧容直九十八人充登歌、二舞执色人祗应，本所契勘：今来行礼毕驾回，合行导驾，振作祗应，所有差借充登歌等显是相妨。"诏令太常寺依在京日体例。十二月二十七日，尚书（有）〔右〕司郎中、兼权太常少卿王师心等言："契勘在京日，若阙乐工、舞师，据数下教坊差借乐人充摄。今承指挥，令本寺依在京日体例。缘即（令）〔今〕别无教坊，若行招置，相去应奉止是十余日，至按乐止有数日，委是日逼，难以招置。伏望朝廷体念应奉亲行祖宗飨礼至重，且依已降指挥，仍乞将借差到钧容直数内舞色、引舞、路颡、路鼓共九十人，候至送神乐止，先退，趁赴振作，自不相妨。"诏依。（29，p. 629）

宋会要辑稿·礼八·朝贺·正旦　臣朝贺仪·大朝会仪

202. 乾道九年十二月十八日，礼部、御史台、阁门、太常寺言："正旦（朔）〔朝〕贺节次，欲乞比附端诚殿称贺礼例，皇太子、文武百僚七拜大起居讫，皇太子出班致词，复位，又五拜。枢密承旨称'有制'，皇太子已下两拜。俟枢密宣答讫，皇太子已下又五拜，毕，退。俟今降指挥下日，乞令御史台、阁门、太常寺同共修定仪注。"诏依。（17，p. 652）

203. 淳熙元年九月七日，礼部、太常寺言："勘会将来冬至大朝会，已降指挥权免。所有朝贺，今欲乞依淳熙元年正月一日正旦朝贺节次，比附端诚殿称贺礼例施行。"诏依，其仪仗仪注，令礼、兵部、御史台、阁门、太常寺

重别讨论，申尚书省。（18，p. 653）

宋会要辑稿·礼九·大阅讲武

204. 绍兴三十年十月二十七日，皇帝御射殿，引三衙统制、同统制、统领、同（充）［统］领入内射射。诏余合赴内教人，依年例支降例物，令逐司自行按试，等第给散。旧例，每岁引三衙官兵内教，是日止引统制、统领，故有是诏。（18，p. 665）

205. 淳熙十六年七月二十三日，诏："朕嗣位之初，诸军人马未曾合教。可于十月内，择日幸城南大教场大阅。其合行事件，令有司条具以闻。"既而殿前司言："将来入教场马步军，乞依昨淳熙十年按阅体例，并各全装披带衣甲，执色器械。仍乞至日先赴教场下方营排办，俟驾升御停座，听金鼓起居毕，依资次变阵教阅。将来大阅军马，除禁卫所禀差仪卫外，乞依昨淳熙十年按阅体例，于本司护圣马军内摘差七百人骑，步军司摘差三百人骑，作二十小队前引后从，各一十队随驾祗应。其殿、步两司诸军兵将官等，乞依淳熙十年按阅体例，令各随本军将队起居。至日，导驾至御亭下，带甲于御亭上侍立。"并从之。（22，p. 670）

206. 绍熙四年十月十六日，宣谕："步军司招到新人，不知教阅得纯熟否？可具奏来。"继而步军司都虞候阎仲言："自到任之后，节次招收到三色军兵二千四百三十三人，并各斟量材性，宜习武艺。官给弓、弩、枪、刀、箭、凿之类，令逐军统制官指教阅习训练，例皆纯熟。乞摘差合千人，旗头并白旗子、金鼓角匠等通作二千一百人，依殿司体例，择日入内教阅阵队、射射、弓弩。"得旨，十一月十二日宣赴内中教阅。（25，p. 672）

207. 庆元元年十月四日，御笔："朕嗣位之初，诸军人马未曾合教。三省、枢密院可照淳熙十六年体例，条具取旨。"既而复诏："朕为在孝宗皇帝制内，不欲亲幸按阅，可择日宰执前去大教场内按视。合行事件令郭杲、刘超条具以闻。犒设依淳熙十六年例支给。"（26，p. 672）

208. 庆元元年十月十五日，诏："今次大阅，依淳熙十六年增支犒赏体例，仰郭杲、刘超公共照应合教等第则例，逐一均定增支。"（28，p. 673）

209. 庆元元年十月二十八日，浙西安抚司言："照对临安府拣中禁军，从淳熙十六年指挥，合于候潮门里西壁摆立。今来宰执按视，未审合与不合趁赴摆立，依例犒赏？"诏令随宜摆列，以备点阅，依淳熙十六年例犒设一次。（28，p. 673）

210. 庆元二年十月十七日，诏：今次大阅，可依淳熙十六年增支犒赏体例，仰郭杲、刘超公共照应合教等第则例，逐一均定给降。一、殿前司诸军班，旧司应管人七万三千七百九十七人，钱三十八万二千七百三十六贯五百文。一、马、步军司诸军，旧司应管人二万七千四百二人，钱一十二万七千九百八十一贯文。以上通计人一十万一千一百九十九人，犒赏钱五十一万七百一十七贯五百文。诏令封桩下库支会子二十四万八千四百六十四贯六百文，封桩库支会子二十六万二千二百五十二贯九百文。（30，p.674）

211. 嘉泰二年十一月二十七日，诏：“今次大阅，可依庆元二年增支犒赏体例，仰郭倪、董世雄公共照应合教等第则例，逐一均定增支钱数，申尚书省给降。”殿前都虞候郭倪、侍卫步军都虞候兼权侍卫马军司职事董世雄照〔应〕庆元二年大阅犒赏等第则例；殿前司诸军班，旧司应〔管〕人七万七千三百八十五人，钱三十八万一千六百一十二贯文。马、步军司诸军，旧司应管人二万六千九百九十人，钱一十二万七千六百九十六贯文。通计一十万四千三百七十五人，犒赏钱五十万九千三百八贯文。诏令封桩下库支会子三十万贯，封桩库支会子二十万九千三百八贯，候教讫，即就教场内谢恩。（32，p.676）

宋会要辑稿·礼一〇·后妃庙

212. 乾德二年二月四日，太常礼院言：“少府监移牒讨别庙神门立戟之制。按《仪制令》，庙社每门二十四戟，但无别庙之制。今详别庙祀事，一准太庙，又周宣懿皇后别庙亦当立戟。望下少府监准令文近例修制。”从之。（1，p.681）

213. 高宗皇帝绍兴十二年五月十九日，礼部侍郎施垧言：“懿节皇后神主候至卒哭，择日祔庙，合依显恭皇后礼例，于太庙内修建殿室，以为别庙安奉。”从之。（11，p.691）

214. 绍兴十二年六月二十五日，太常寺言：“懿节皇后神主祔庙，并以后遇朔祭、飨庙、荐新、祫飨行礼，其合用牲牢，欲依见今太庙逐室体例。”从之。（11，p.691）

215. 绍兴三十二年九月十一日，礼部、太常寺言：“准已降旨，故妃郭氏追册为皇后。今讨论，欲依章怀皇后并懿节皇后礼例，祭于别庙。所有庙殿见奉安懿节皇后神主，将来追册皇后、祔庙，遇荐飨等行礼，隘狭，乞令礼直官同两浙转运司相视，量行增修，分为二室，以西为上，各置户牖。及擗截本庙斋宫，权安奉懿节皇后神主，俟工毕告迁还殿。”从之。（11，pp.691-692）

216. 绍兴三十二年十一月十八日，礼部、太常寺言：“追册皇后、祔庙，乞如显仁皇后礼例，用细仗二百人，鼓吹一百二十人，歌、箫、笙簧、笛、鼓、金钲执色一百二十一人，教习词曲。自欑宫导引神主至太庙行礼，设登

歌、宫架乐、二舞，学士院添撰乐章。"并从之。（11，p. 692）

217. 绍兴三十二年十一月二十八日，礼部言："别庙建造殿宇，在钦宗皇帝服制内，不用乐，其上梁文乞令学士院如例制撰。"从之。（11，p. 692）

218. 隆兴二年七月二十二日，礼部、太常寺言："将来郊祀前一日，朝飨太庙，皇帝合谒别庙懿节皇后室行礼。欲从本寺参照修定仪注关报。仪注附见亲飨庙门。其荐献安穆皇后室，请如懿节皇后礼例。"从之。（12，p. 692）

219. 乾道三年闰七月二十一日，奉安恭皇后神主行祔庙之礼。其日，皇帝于几筵殿行（灵）〔宁〕神烧香礼毕，还内，亲王、南班宗室如例步骑导引。合用仪卫、（增）〔僧〕道等，并依显仁皇后〔例〕；鼓吹、细仗如迎奉安穆皇后例。仍以谥册宝陈于虞主之前，引至太庙（庙）南神门外稍西，东向设权安奉虞主、神主幄次。至时升祔行礼，登歌、宫架、乐舞并如旧制。文武百僚进名奉慰。（12，p. 693）

220. 乾道六年二月二十五日，秘书少监李焘等言："本省修写太庙朔祭及四孟荐飨祝板，神宗皇帝祝文内钦圣宪肃皇后及钦慈皇后皆称皇曾祖妣，唯钦成皇后不称皇曾祖妣。盖自崇宁初追尊为皇太后，谥曰钦成，当时不称皇妣，循至于今不称皇曾祖妣。乞下礼部、太常寺重行指定，降付本省遵守。"从之。其后，以礼部、太常寺言，每遇祭飨用祝文等，并依钦圣宪肃皇后、钦慈皇后例称呼。（12，p. 693）

宋会要辑稿·礼一一·配享功臣·杂录

221. 光宗绍熙元年三月九日，诏："吕颐浩、赵鼎、韩世忠、张俊并已配飨高宗皇帝庙庭，绘像讫，各许长房陈乞恩例一名。"（7，p. 701）

宋会要辑稿·礼一二·群臣士庶家庙

222. 高宗皇帝绍兴十六年二月十四日，诏："太师、尚书左仆射、同中书门下平章事、兼枢密使、魏国公秦桧合盖家庙，令临安府应副。"先是礼部、太常寺言："讨论秦桧家庙，本寺按《国朝会要》：庆历元年十一月敕书，应中外文武官并许依旧例立家庙。"至和二年，文彦博乞立家庙，从之。（3，p. 708）

223. 孝宗皇帝隆兴二年四月二十六日，少师、奉国军节度使、四川宣抚使吴璘乞依杨存中例立家庙，并赐祭器。从之。（5，p. 709）

224. 淳熙五年七月三十日，权户部尚书韩彦古言："有赐第在临安府前洋街，乞充先臣世忠家庙。其屋宇房缗乞就赐，以充岁时祭祝之用。仪制、祭器等，乞依杨存中已得指挥体例。"从之。（5，p. 709）

225. 绍兴十六年三月，诏造秦桧家庙祭器，依政和六年已行旧制。自后韦渊、吴益、杨存中、吴璘、虞允文皆被给赐。所有韩世忠等给赐家庙祭器，因经臣僚缴驳，权行寝罢。当时曾准省札，备奉圣旨，令礼官参考礼法，详议指定，申尚书省。缘自臣僚缴驳之后，朝廷又议禁止铜器，未曾供申。今来茆氏乞给赐家庙祭器事，窃详品官家庙祭器、礼法，备于本朝政和典故。绍兴以来，并系特降指挥，方行给赐。本部契勘：人臣之家，不当僭天子之器。以（用）[周] 公之勋劳，成王之叔父，用之于鲁，后世议者且以为非，况余人乎？《唐会要》虽有许用祭器，各有等差，即无给赐之文。国朝元勋大臣未尝有赐以天子之器者，至政和间，蔡京等始蒙给赐。近年秦桧、杨存中、吴璘等遂以为例，委是僭礼。所有茆氏乞给赐家庙祭器，初非特降指挥，及是援例陈乞，中书舍人陈骙缴驳乞行寝罢，委得允当。欲乞依所奏施行。后批送礼部从详议到事理施行。（8，p. 711）

226. 淳熙七年十月二日，宰执进呈："韩世忠家庙祭器事，缘曾经中书舍人陈骙奏，于礼难行。"上问："本朝群臣家庙制度如何？赐器始于何时？"赵雄等奏："仁宗朝虽因敕书，许群臣立庙，然未暇行。其后唯文彦博曾酌唐制为之，未尝赐器。至政和间，始命礼制局范铜为祭器，赐宰臣蔡京等。绍兴以后，又用政和例赐秦桧。其后张俊、杨存中、吴璘辈皆援桧例以请。"上曰："汉唐而下，既未有赐祭器者，惟器与名不可以假人，宜更令礼官讨论历代及本朝制度以闻。"（11，p. 713）

宋会要辑稿·礼一三·神御殿

227. 仁宗天圣元年十一月，以真宗圣容不易，琢玉为像，奉安于集灵殿旁，诏以安圣殿为名。三年十二月，诏朝拜仪式并依二圣殿例。（3，p. 720）

228. 嘉祐三年四月，罢修睦亲宅祖宗神御殿。初，翰林学士欧阳修言："神御非人臣私家之礼，若援广亲宅例，当得兴置，则是沿袭非礼之事。"诏送两制、台谏、礼官详定，而言："汉韦元成奏议，《春秋》之义，王不祭于下土诸侯，其后遂罢郡国庙。今睦亲宅、广亲宅所建神御殿不合典礼，悉宜罢。"时帝以广亲宅置已久，不欲毁之。（4，p. 720）

229. 神宗熙宁元年六月一日，命西京左藏库副使、带御器械苏利涉同提举增修会圣宫、应天禅院神御殿。利涉陈乞随行使臣欲用王守规例。诏令（例）[利] 涉与知河南府李师中协意干集，就选本府使臣一二人，凡事裁省，速令毕工，不得援例干乞。（4，p. 720）

230. 淳熙十五年五月二十七日，景灵宫言："文思院制造宪节皇后位牌，乞依天章阁体例就本宫收奉。"从之。（13，p. 730）

宋会要辑稿·礼一三·祭名臣茔庙

231. 绍兴六年三月，诏：右司员外郎、右谏议大夫陈瓘祠，令南剑州春秋致祭。以给事中张致远言：“瑾名节之重，乡人所慕，相率于州县学各建祠堂。望依福州陈襄等例，遇春秋释奠，就祭于祠堂，以激后进，永为〔忠〕荩之劝。”故有是命。（26，p.741）

宋会要辑稿·礼一四·群祀·群祀二

232. 景祐二年十月十三日，太常礼院言：“将来南郊，三圣皆侑，设神位外，安排乐架隘窄。乞依太庙例，置抹绿床应奉。”从之。（28，p.756）

宋会要辑稿·礼一四·群祀·群祀三

233. 隆兴二年三月三日，礼部、太常寺言：“每遇大礼，门下省掌设八宝。非事神仪物，乞依昨明堂例免用。并至期，车驾经由门，省摄城门郎二人。”从之。日后遇郊并用。（90，p.790）

宋会要辑稿·礼一四·群祀·祀祭行事官

234. 淳熙六年八月五日，皇城司言：“明堂大礼，从驾臣僚祗应人依格将带外，其余应合行事官许带一名，若过数，依阑入法，不以大礼赦原。”从之。此申明绍兴三十一年已降指挥，权依大观皇城司例。（110，pp.801-802）

宋会要辑稿·礼一五·缘庙裁制

235. 崇宁四年十二月八日，礼部、太常寺言：“太庙十室告迁帝后神主复还本室，合行奉安之礼。今比附参酌，依奉安景灵宫神御礼例，差宰相前一日早同行事官赴太庙宿斋，至日行奉安之礼。惟不用前期受誓戒、致斋，及亚、终献乐舞。”诏以十二月十六日奉安，差司空、尚书左仆射、兼门下侍郎蔡京，余皆从之。（13，p.825）

236. 绍兴五年二月十九日，礼部、太常寺条具《奉迎太庙神主礼例》：其一、奉迎仪。其日，宰执率文武百僚、宗室出城奉迎处幕次。俟报班定，神主腰舆将至，班首已下再拜讫，班首出班诣香案前，搢笏，三上香，执笏，复位。班首已下并再拜讫，少立。如值阴雨，免拜，止于奉迎处立班，俟神主腰舆过，退。内南班宗室俟奉迎讫，分左右骑导，太常卿骑从，至奉安处，太常卿烧香，行权奉安礼。南班宗室陪位讫，并退。其二、卫从。自奉迎处至权奉安处，合差援卫、亲从官一百人，并抬擎辇官六十人，各装着仪注全，乞下皇城司、御辇院差拨。计会祗应所有逐人合破设食价钱，乞从户部行下所属，依自来条例。其三、神主至。令奉迎提点所约度奉迎神主到行在月日，预报太常寺奉迎并权奉安。合用御封降真香一十三合，一合奉迎，十二合权奉安，入内内侍省预先请降，付太常寺差人供应。其四、什物。城外奉迎并权奉安处，合用幕次、什物、拜褥等，乞下仪鸾司、临安府排办钉设。其五、僧道威仪。城外奉迎合用僧道各五十人，并威仪、香案、麻炉、匙合、炭火等，并乞下临安府差人排办。其六、奉迎休务。奉迎日，系宰执百官出城，欲作休务假一日。其七、选日奉安。合用奉安日辰，太史局选定时刻，至奉安日，依礼例，皇帝不视事。其八、御香。合用御封降真香二十四合，一十二合奏告，一十二合奉安。乞下入内内侍省预先取降，付太常寺差人供应。其九、祝文。合用祝文二十四首，一十二首并述以时前奏告奉安之意，一十二首并述以奉安之意。学士院预先修撰书写，进书讫，降付太常寺差人供应。其十、礼仪使。合差奉安礼仪使一员，依礼例，朝廷降敕差宰执，前一日赴祠所致斋。其十一、奏告官。合差奏告官一员，依例，降敕差太常少卿充，前一日赴祠所致斋。其十二、祭器。依五享宗庙礼，今系每室用笾、豆各一十二。今来奉安，欲依温州行五享礼例，止用八笾八豆排设。其十三、牲牢。合用牲牢，依例，系每室用羊、豕各一口。今依见行五享礼例，止用羊一十二口。下临安府预先收买，赴太常寺呈验讫，于牛羊司入涤养喂。其合用宰手、秤子、颁散手分，牛羊司依礼例差拨。其十四、礼料。合用礼料、酒齐、币帛、蜡烛、燎草、上香、炭火等，行事官、礼直官等致（齐）［斋］吃食、茶、汤、酒、菓，从太常寺具合用数报临安府，专委官及差衙前三人排办。其行事官幕次什物、灯烛等，下仪鸾司同临安府排办。其十五、行事官。合差奉安奉礼郎、太祝、太官令各一员，降敕差六曹郎官充。内，（侍）［时］前奏告奉礼郎、太祝、太官令各一员，下吏部差（侍）［待］次官。其十六、奉安仪仗。奉安前一日并奉安日，合排办香灯、缴扇、仪仗等排立。缘仪仗未备，权免排办。其十七、宫闱令。合差捧迁神主宫闱令二十二员，除太庙官二员外，余十一员下入内内侍省差，并前一日赴祠所致斋。其十八、南班陪位。至日，依礼例，宗室南班官陪位立班，大宗正司告报。其十九、神食。合差馔造神食工匠人三名，御厨差拨。其二十、祭服。行事官合服祭服，祗应人合服法服，从太常寺具数下祗应库关借。其二十一、颁行仪注。奉安仪注从太常寺修定关报。其二十二、礼毕，诣庙。从之。依礼例，俟奉安毕，车驾（行）［诣］宗庙，行欤谒之礼。（17～18，pp. 828－829）

宋会要辑稿·礼一五·庙议

237. 仁宗乾兴元年七月五日，礼仪院言："大行皇帝山陵礼毕，神主祔庙。所有配室，有庄穆皇后郭氏、庄怀皇后潘氏，未审以何后迁祔庙配食。今计议，以庄穆皇后郭氏曾母仪天下，欲请依周世宗宣懿皇后、太祖孝明皇后例，迁祔庙配食。检会至道三年太宗皇帝祔庙之时，准敕令尚书省六品以上、诸司四品已上官集议祔飨，欲望下尚书都省，一例集官，再行定议。"诏

可。（29，p. 841）

宋会要辑稿·礼一六·幸太学

238. 淳熙四年二月八日，诏："幸学合推恩人，令依绍兴十三年已行体例：执经、讲书官，太学、武学、国子监书库、公厨官，以次各与转一官。大职事已免省人与释褐，永免解人与免省，未免解人与免解一次。曾得解，该遇庆寿恩免解人，候登第唱名日，与升甲。内武学人比附减年。诸斋起居学生各赐束帛。"（4，p. 881）

宋会要辑稿·礼一七·亲飨庙·杂录

239. 绍兴三十二年七月十四日礼部、太常寺言："今年十一月十二日，谒款于南郊，前二日朝献景灵宫，朝飨太庙，欲依乾道九年十一月郊祀礼例，皇帝行礼合用黄罗拜褥，并改用绯。"从之，自后郊祀同此。（11，p. 891）

宋会要辑稿·礼一八·祈雨

240. 大中祥符二年二月二十六日，以雨足，遣官报谢社稷。初，学士院不设配位，及是以问礼官。太常礼院言："祭必有配，报如常祀，当设配座。又诸神祠，天齐、五龙用中祠例；袄祠、城隍用羊、八笾、八豆。既设牲牢、礼料，其御厨食、翰林酒、纸钱、驼马等更不复用。其五岳、四渎、泗州普照寺、西京无畏三藏，先遣朝臣祈请，亦当报谢。"诏止令枢密院遣使臣驰往报谢，余从请。（7，p. 952）

241. 元符二年三月二十二日，诏辅臣分诣天地、宗庙、社稷、宫观、寺院等处祈雨；诸路阙雨州军，令长吏于管下岳渎名山并诸祠庙自来祈祷感应之处，选日精虔祈求。其合用祝文令学士院依例修撰。（16，p. 958）

宋会要辑稿·礼一八·祷灾异

242. 隆兴二年闰十一月二日，礼部、太常寺言："讨论沿江祠庙等告祭事，乞依绍兴三十（二）〔一〕年指挥礼例。其淮南州县载在祠典（祠神）〔神祠〕，亦乞降香、祝板前去致祷。内道路阻节处，止降付邻州近县，令本处知、通、令、佐于寺观设位，严洁致祷。"从之。（37，p. 969）

243. 隆兴二年闰十一月六日，太常寺言："准已降旨，依绍兴三十一年指挥礼例，致祷于四渎、五岳、显应观、旌忠观、祚德庙、忠清庙，其行礼官各一员，乞降敕差侍从官充；如阙，于卿监内差官施行。"从之。（37，p. 969）

宋会要辑稿·礼一九·蜡臘

244. 孝宗皇帝乾道四年十一月二十七日，太常少卿王瀹等言："祭之有蜡，所以报万物之成也。绍兴之初，抢攘多事，日不暇给，大祀、中祀或权宜用奏告礼。后因臣僚之请，复有十三祭为大祀，而东西蜡预焉，皆备登三献之礼；独南北方正、配之神与其从祀，至今酒脯一奠而已。乞照中祀仪式举行，以称严恭祀事之意。"从之。既而礼部、太常寺言："南北二蜡合修撰乐章，教习乐工，及用牲牢等，而祭日已逼，办集不逮。"乃自来年为始。其南蜡仍旧于圆坛望祭殿，北蜡于余杭门外精进寺行礼。登歌、乐架、大乐等就本寺所掌数内番袞用，其乐章从本寺报秘书省修撰。每祭用（祭）〔登〕歌乐工三十六人，以同日祭人阙，乃依祠岳镇海渎例，差宫架内无钱粮乐工（克）〔充〕摄，其教习日食钱并如宫架乐工之例。（24，p. 985）

宋会要辑稿・礼二○・山川祠

245. 宣和四年七月二十八日，礼部言："袭庆府贡士徐绂等状：邹国公孟子传孔子之道，尊尧舜，距杨墨，功不在禹下，元丰赐庙额，封公。政和初，并其门人乐正子、万章之徒，列封侯伯，独其父母未蒙褒显。况传记所载三迁之教，实繄贤母。绂等已择爽垲之地，增建祠宇，就严像设讫，乞依（山）〔仙〕源县先圣庙例。"从之。（8，p. 991）

宋会要辑稿・礼二○・诸祠庙

246. 陈忠肃公祠。在延平州学，右司员外郎、赠右谏议大夫陈瓘祠。绍兴六年三月，诏本州春秋致祭。以给事中张致远言："瓘本贯沙县，名节之重，乡人所慕，相率于州县学各建祠堂。乞依福州州学陈襄等例，遇春秋释奠，就祭于其祠堂，以激诱后进，永为忠尽之劝。"故有是命。二十六年七月，赐谥忠肃。（41，p. 1007）

宋会要辑稿・礼二一・（以下）岳渎诸庙・孚佑王庙

247. 绍兴十一年，中书舍人朱翌奏："程婴、杵臼虽存赵孤，然不绝赵祀而卒立武者，韩厥也。请以韩厥载祀典，与杵臼同宇。"下礼官讨论。太常寺检点《国朝会要》：绛州祚德庙，太平县，晋程婴、公孙杵臼、韩厥祠在墓侧，元丰四年封侯赐额，崇宁三年封韩厥义成侯。今讨论，欲从所乞，于行在卜地权创祠宇。契勘旌忠庙系秦州伏羌城之神，昨来朝廷已降指挥于临安府建庙，今来祚德庙欲乞比附旌忠庙例，令临安府踏逐地步修建施行。候祠宇毕日，就本庙春秋二仲依小祠礼致祭。（5，p. 1082）

宋会要辑稿・礼二四・明堂御札

248. 皇祐二年六月二十三日，礼仪使言："准郊例：车驾出京城日，十里内神祠及经纵桥道并遣官祭告。今圣驾止诣太庙朝飨，回行明堂之礼，不出京城，无经由桥梁，欲止于车驾出内前一日祭告京城内八庙。"至圣文宣王、昭烈武成王、五龙、二相公、天齐、城隍、浚沟被。诏除载祭并诸桥外，一准郊例差官祭告。（18，p. 1148）

249. 绍兴五年九月五日，主管侍卫马军行司公事张师颜言："明堂大礼，依例差拨官兵三千人趁赴排立祇应，自车驾宿斋日，于丽正门外一带东西两壁守宿，乞照淳熙十五年体例排立。"从之。（104，p.1198）

250. 绍兴五年九月十三日，诏："马军行司官兵连日排立，依淳熙十五年明堂大礼例，使臣各特支三贯文，效用军兵各支二贯文，令户部支给。"庆元六年亦如之。（104，p.1198）

宋会要辑稿·礼二五·杂录

251. 绍兴四年七月四日，荆湖南路转运司言："本路安抚司见屯大军，所管统制、统领、将佐、使臣、效用、民兵、水军等通计二万一千七百余人，该遇大礼，合支赏给，未有降到逐等则例。"户部勘当，官员、使臣、将佐大礼赏给，外路不合支破。其民兵、效用遇大礼，为条格别无赏给则例，行在申降到指挥，民兵支犒设钱一贯，效用支钱二百。其军兵将校，近据湖南安抚司使申会到，各以三贯约支。如系三贯以下则例之人，乞（昭）[照]应条格则例支给；如系三贯以上军兵，乞权以前次体例支给。从之。（20，p.1215）

252. 乾道元年二月二十五日，臣僚言："检准隆兴二年二月指挥，大礼支赐自宰执、宗室应文武官权减三分之二，余悉减半。行在奉朝请南班官，依已降指挥三分减二。所有在外南班宗室，若不曾赴行在差充行事、执事，其支赐即不合批。今据士洪奏：'昨于绍兴三十一年该遇明堂大礼，已放行支请。今来宗室不行事士谊等已蒙支赐了当，乞依士谊例放行。'契勘士洪昨于绍兴三十一年系在行在，故有支赐，今于绍兴府居住，不曾陪祠，难以引用为例。欲望特寝所降指挥，庶合公议。"从之。（24，p.1217）

253. 乾道元年十月八日，户部奏："契勘大礼毕赐诸路差来行在诸军并在营家口半分赏给，依例合预行攒造进呈。本部今比照前次大礼赏给例卷，将官库所有绫、罗、绢、䌷、丝、绵、粮、钱等以三分见钱，七分依立定价直折支，以多补少，逐一攒算到合依则例，自一百五十贯已下至一贯文计二十九等。内有正身合支全分赏给之人，将今来两半分合为全分批勘支给。今次大礼，行在诸军等赏给例卷二件，今照得与前郊本部例卷已支物色内有折支不同，送部子细参照。本部契勘，今年郊祀赏给例卷则例并同外，所有折支名色内丝帛并䌷，取会到粮料院见今放三衙诸军人数、职次，将已桩数目依指挥品搭，以多补少攒造，合依今来已奏例卷则例支给，即无差互。"从之。（24，p.1217）

宋会要辑稿·礼二八·郊祀斋戒

254. 高宗绍兴十三年三月八日，权礼部侍郎王赏等言："国朝礼例，每遇冬祀大礼，依仪皇帝宿斋三日，内一日于大庆殿，一日于太庙，一日于青城。今唯复依绍兴十年明堂大礼例，并于前殿宿斋。"诏依祖宗礼例，即不得创造斋殿。（74，p. 1307）

宋会要辑稿·礼三二·章献明肃皇后

255. 明道二年五月十四日，礼仪使言："准明德皇太后园陵礼例，仪仗二千三百三十四人，今山园欲如例。"诏可。（8，p. 1454）

256. 明道二年七月二（月）〔日〕，太常礼院言："山园合用花钗礼衣各一副，请下少府监修制。按乾兴礼例，斋（即）〔郎〕六十人摄挽（即）〔郎〕行事，欲依明德皇太后园陵例不用。"并从之。（8，p. 1455）

宋会要辑稿·礼三二·后丧二·郭皇后

257. 景祐三年正月二十九日，太常礼院言："参详故郭氏出葬日吉凶卤簿仪仗，欲望比孝章皇后例，坟园陵台依张皇后例，大升轝、影帐欲只彩结。"从之。（28，p. 1466）

宋会要辑稿·礼三六·丧服·杂服制

258. 哲宗元祐元年闰二月十八日，礼部言："故朝请郎致仕李弼贤妻王氏状：亡夫从祖惟清系绘像臣僚，为本支无嗣，乞依张知白例推旁支恩。"诏从之，仍令李惟清族中推有义者立为嗣。（16，p. 1548）

259. 徽宗大观四年九月十五日，诏："孔子谓：'兴灭继绝，天下之民归心。'王安石子雱不幸无嗣，有族子逮已尝用安石孙恩例官之。比闻兴讼未已，可仍旧以逮为雱后，以称朕善善之意也。"（16，p. 1549）

宋会要辑稿·礼三七·〔后陵〕·孝章皇后陵

260. 乾兴元年七月十七日，礼仪院言："山陵仪仗依永熙陵例。"（8，p. 1559）

261. 太宗至道二年三月二十三日，太常礼院言："孝章皇后、故许王及夫人李氏、魏王夫人王氏、楚王夫人冯氏、皇太子亡妻莒国夫人潘氏、将军惟正亡妻裴氏，以来年正月二十日陪葬永昌陵。谨按故事，孝章陵皇堂、陵台、神墙、乳台、鹊台并如孝明园陵制度。其许王赠皇太子，按唐礼合以陵为名。又缘淳化四年出葬之时，止用亲王卤簿，今请坟高一丈八尺，墓田方九十步。其王氏、冯氏、潘氏并同亲王一品例，裴氏比三品例，坟高一丈四尺，墓田方七十步。其志文缘既改迁，望重修撰。其许王合用亲王卤簿，缘陪从孝章灵驾，已有中宫卤簿仪仗前导，更望不施设。其楚王夫人冯氏，仍令依裴氏例，安葬在莒国夫人之下。"从之。（49，pp. 1583 - 1584）

宋会要辑稿·礼三七·宋缘陵裁制　下

262. 宣和四年八月六日，（诏）［昭］慈献烈皇太后攒宫司言："泰宁寺已改作昭慈献烈皇太后修奉香火（等）［寺］，依诸陵故例，隶属都监。"太常寺看详，比附诸陵体例，隶属昭慈献烈皇太后攒宫司。从之。（40，p. 1579）

263. 隆兴元年六月二十四日，诏拨赐南山修吉院水陆田，如所占本院地段之数。以本院援绍兴府攒宫泰宁寺例为言，下礼、户部勘当，从所请也。（44，p. 1581）

264. 明道二年五月十四日，礼仪使言："准明德皇太后园陵礼例，仪仗二千三百三十四人，今山园欲如例。"诏可。（59，p. 1590）

265. 明道二年七月二日，太常礼院言："山园合用花钗礼衣各一副，请下少府监制。按乾兴礼例，斋郎六十人摄挽郎行事，欲依明德皇太后园陵例不用。"并从之。（59，p. 1590）

宋会要辑稿·礼三七·〔后陵〕·郭皇后陵

266. 仁宗景祐二年十一月二十九日，太常礼院言："参详故郭氏出葬日吉凶卤簿仪仗，欲望比孝章皇后例，坟园陵台依张皇后例。"（61，p. 1592）

宋会要辑稿·礼三七·〔后陵〕·宪圣慈烈皇后陵

267. 庆元三年十一月九日，礼部、太常寺言："讨论典故，园陵皇堂、神台下深丈尺不同，上宫合置四神门，南门置乳、鹊台、石作宫人等。今来系修奉攒宫，乞比附显仁皇后体例施行。"从之。（74，p. 1600）

宋会要辑稿·礼三九·命公卿巡陵

268. 绍兴三年八月二十二日，皇叔祖判（太）［大］宗正事、嗣濮王仲湜言："昨权行宗正司令时每季检察昭慈献烈皇后攒宫，未审合与不合依例前去？"诏许之。旧例，命嗣濮王检察，仲湜以初除，故申审焉。其后并循此例，缓急疾故，以次官充代。（13，p. 1613）

宋会要辑稿·礼四十·秀安僖王园庙

269. 绍熙三年二月十四日，伯圭又奏："秀安僖王祠堂、园庙，乞从濮安懿王例，每三年一次，从本所移牒所属州府检计修造。"从之。（14，p. 1630）

宋会要辑稿·礼四四·赗赠·赗赠杂录

270. 国朝凡近臣及带职事官薨卒非诏葬者，如有丧讣及迁葬，皆赐赗赠，鸿胪寺与入内内侍省以旧例取旨。其尝践两府或任近侍者，多增其数。熙宁七年，命官参酌旧例，着为新式，付之有司。旧例所载不备，今并其数俱存之新式。所谓三年服：父母。为人后者为所后父并继母、慈母及所生母三年服同。期年服：第一等，父卒母嫁继母嫁后者同。及出妻之子为母及祖父母，嫡孙为祖、庶孙为祖后，谓承重者。为曾祖、高祖后亦如之。及为祖后者，祖卒则为祖母，为曾高祖后者为曾高祖母亦如之。三年服同。为人后者为其父母为所生母服心丧同。妻；第二等，伯叔父母及兄弟及子、长子三年服及女在室同。继父同居；第三等，高祖父母、曾祖父母、继父不同居者，及兄弟之子、女在室同。父为其子之为人后者，及姑姊妹在室。大功服：从父兄弟、姊妹在室亦同。为人后者为其兄弟，及姑姊妹女子、兄弟之女子适人者，无祭主者期年服同。嫡孙、嫡曾孙、嫡玄孙长殇、中殇，嫡孙、嫡曾孙、嫡玄孙期年服同。庶孙、女在室同。子之妇、嫡妇期年服同。兄弟子之妇，及为人后者为其姑姊妹在室者，及从父兄弟、姑姊妹子、女子，兄弟之子、女子之长殇、中殇。前礼部尚书姚祐四月，吏部尚书张克公奏："祐丁母忧，家贫无以营办，乞依冯熙载、王黼例，下两浙运司应副葬事。仍添差男芹两浙运司，往来照顾。"诏依冯熙载例，特赐绢四百匹，并应副白直人兵。潭州观察使仲蒓六月，赙赠外加赐银、绢三百匹两。（1，p. 1691）

271. 金部员外郎吴并，三月，诏依屯田员外郎汪廷直例，各赐其家银一百两。以纯等三人同时身故，户部尚书章谊言其家贫，无以营办丧事，援例陈乞故也。（20，p. 1704）

272. 景德四年九月十一日，翰林学士晁迥等言："奉敕与龙图阁待制戚纶议定鸿胪寺赙赠条件。今请应职官丧亡赐赙赠，五品以上，内侍省于学士院请诏书，差官押赐；六品已下，差官传宣押赐。臣僚薨亡，如无恩旨敕葬及五服内亲丧及迁葬合有赙赠者，下鸿胪寺检会体例，牒报内侍省取旨。"从之。（25，p. 1706）

273. 景德四年十一月三日，诏："自今将帅偏裨当得赙赠者，令枢密院即日下入内内侍省给赐。"先是，群臣赙物皆鸿胪寺定例以闻，至有已襄事而未赐者，其军校赙物亦有所差降，故令促之而复其往例。（25，p. 1706）

274. 大中祥符九年十二月五日，入内内侍省言："得鸿胪寺牒，取索景德四年十一月以后赙赠则例。伏缘当省每有赐赍，即旋取旨，今如尽以为例，授之有司，窃虑非便。望下本寺，如合有给赐者，止具官位报当省取裁。"从之。（25，p. 1707）

275. 治平四年四月二十七日，枢密院言："诸司使副至内殿崇班外任与在路身亡，及诸司使副父母亡合该孝赠，自来札下入内内侍省差使臣取索宣赐。缘逐官未到京，或外处居住者，支赐未得。今后请依孝赠则例，在京亡者入内内侍省宣赐，余下本任见在处支赐。"从之。（26，p. 1707）

276. 宣和三年十月二十日，诏："王羲仲已赠徽猷阁待制，所有致仕及遗

表恩泽、赙赠、应副葬事、借官屋居住等，依昨朝奉郎、将作监陈奇体例施行。"（27，p. 1708）

277. 景德四年七月十六日，江陵府言，工部侍郎致仕朱昂卒。致仕官无赙赠之例，帝以昂旧德，深轸念之，特令有司就赐赙赠。（30，p. 1709）

278. 景德四年十一月二十九日，入内内侍省言："今后特赐赙赠□□□□近诏内侍省差官押赠□□□赐。"诏晁迥等覆加详定，迥等言："近翰□□李宗谔妹亡，入（曰）〔内〕内侍省虽□□□□□学士宋白弟亡例为言，终以无正例不□。□应五服内亲丧亡而无正例者，委鸿胪寺□□□礼院，比类服纪远近奏取旨；其无例及□□殁者，更申中书门下。昨定五品以上诏书押赐，六品以下传宣押赐，今请除五品以上□□□丧亡即降诏书，自余亲丧亦止传宣押赐，牒报〔入〕内内侍省施行。"从之。仍诏会问鸿胪寺、□□□院，俱〔不〕得过二百。（31，pp. 1709 – 1710）

宋会要辑稿·礼四五·宴享

279. 乾道七年二月二十二日，诏："魏王恺出镇，可依元祐五年文彦博例，宴饯于玉津园，令御厨依喜雪御筵体例排办。"（20，p. 1734）

宋会要辑稿·礼四九·尊号·册尊号　杂录附·尊号　十二

280. 绍熙元年二月五日，诏奉上尊号册宝礼毕，主管诸司所差一行官吏，依淳熙十二年例等第推恩。内都大主管官杨皓乞不推恩，承受郑拜美特与阶官上转行两官，诸司刘用之特与阶官上转行一官，余一官特与带行遥刺，张彦臣、李唐卿特与见（令）〔今〕官上转行两官，赞引使臣齐闻韶令转一官，特与依王彦明例带行遥郡刺史。其余碍止法人依条回授，内白身人候有名目特作一官资收使。（55，p. 1819）

281. 淳熙十六年三月十八日，诏："已降指挥，遇一、五〔日〕车驾诣重华宫起居。恭承至尊寿皇圣帝圣旨，可依绍兴三十二年例，每月用旦望、初八日、二十二日，今后准此。"（56，pp. 1819 – 1820）

宋会要辑稿·礼五〇·杂录

282. 庆元三年正月十八日，宰执进呈内批："寿成皇太后外亲卢璋等补承信郎，谢氏等封恭人。"京镗等奏："寿圣外亲止补进义校尉，妇人止该初封。"上曰："如此则反重矣。"遂降旨依檠太皇太后外亲例。（14，p. 1875）

283. 庆元五年十月二十一日，诏慈福宫提举所、提点所并提辖造作见祗应使臣、人吏、诸色人，并系已经裁减人数，将来撤几筵毕，各依元名色，并就改差充寿慈宫祗应，理任、（清）〔请〕给、酬奖、差取，并依德寿宫、重华宫、慈福宫前后已得指挥体例施行。（15，p. 1875）

宋会要辑稿·礼五一·徽号·朝谒太清宫

284. 真宗大中祥符六年八月十五日，详定所言："朝谒太清宫，牙盘、笾豆、簠簋、祭馔物，请用去年十一月三日朝元殿恭谢玉皇礼例，太清宫庭并天书幄用登歌四架，玉清昭应宫太初殿下设宫架二十（虞）［虡］，太初殿上及明庆殿上各设登檠歌二架。"并从之。（2，p.1880）

285. 大中祥符六年八月二十五日，礼仪院言："按唐太清宫令，奠献老君用碧币，同人灵，故不用玉。今详太上老君宜同天神用玉，若依昊天上帝例，合用四圭有邸。昨荐献圣祖文帝用四圭有邸。"诏用苍璧，太清宫用竹册一副。（2，p.1880）

286. 大中祥符六年九月六日，丁谓言："围城顿室宇（溢）［隘］陋，其扈从群官至时请依东封翔銮顿、西祀碛石顿例，放迎驾起居，先一日发付太康县。"从之。（2，p.1881）

287. 大中祥符六年九月二十五日，礼仪院言："朝谒太清宫日，荐献饮福请用《太安》之乐，其降圣已下乐并同朝元殿恭谢玉皇例。"从之。（3，p.1881）

宋会要辑稿·礼五二·巡幸·神宗

288. 神宗熙宁四年二月十四日，阁门言："自来车驾幸宫观、寺院朝谒烧香，迎驾僧道喝赐茶绢，承例只告报祗候库就赐。欲乞今后依圣节、南郊回赐例，告报僧道等赴阁门，差阁门祗候监散。"从之。（9，p.1918）

宋会要辑稿·礼五二·巡幸·高宗

289. 绍兴二年正月一日，太常寺言："正月十日车驾进发，移（毕）［跸］临安府，今参酌到合行事件：一、车驾自绍兴府进发，登舟日并至临安府，各合差侍从官一员诣天庆观圣祖殿烧香。其香并令入内内（寺）［侍］省请降，付绍兴府、临安府本观收掌，至日供烧。一、车驾巡幸，沿路所过名山大川，系逐州府差官致祭。今来乞令绍兴府、临安府依例施行。"诏依。（14，p.1924）

宋会要辑稿·礼五六·命妇内朝

290. 哲宗元祐元年十一月一日，礼部言："将来冬年节，命妇贺太皇太后，合比附坤成节例，改笺为表。"从之。（15，p.1973）

宋会要辑稿·礼五七·节

291. 淳熙十六年五月十二日，诏今年重明圣节，并乞依会庆圣节礼例，诸路州军止开启满散道场，不许排宴，亦未合用乐。自来年以后用乐。（21，p.1994）

292. 嘉泰二年八月二十六日，诏将来金国贺瑞庆节使人到阙，以光宗皇帝禪祭之内，国乐未举，殿幄陈设等颜色，照嘉泰元年体例排办。 （21，p. 1995）

293. 嘉泰三年十月七日，礼部、太常寺言："瑞庆圣节，三省官赴紫宸殿上寿。茶酒毕，赴明庆寺满散，次赴贡院斋筵。乞依天申圣节体例，改就十月十九日赐御筵于贡院。"从之。（22，pp. 1995 – 1996）

宋会要辑稿·礼五七·节二·天宁节

294. 崇宁三年九月十六日，广南东路提举司申："乞依监司例，每年天宁节用常平司头（于）［子］钱收买银，随表疏上进。"诏除常平息、免役宽剩钱不得支用外，并于本司诸色钱内支充，候到京，于元丰库送纳，自来年为始。（23，p. 1997）

295. 大观二年九月二十一日，臣僚上言："伏见天宁节日，京府军县镇城寨并赐御筵，烹宰野味，不可胜计。窃见春秋并圣节集英殿大宴，上自玉食以及所赐食味，皆系羊食。伏望圣慈使天下州军等处并依大宴体例，如此则所减物命无虑十万数，上广陛下好生之德，下安臣子虔祝之诚。"诏依所奏。（24，p. 1997）

宋会要辑稿·礼五七·节二·天庆节

296. 真宗大中祥符元年十二月五日，诏宣政使李神福、内侍副都知窦神宝管勾天庆节道场。前七日，于上清宫起建，罢散日一如承天节例。赐文武官御筵，并令条例以闻。开启道场日，仍令教坊第一部祗应。中书、枢密院早赴行香讫，赐斋筵。其开封府准敕所设斋醮，令就寿宁宫排设，一依三司定例支给。旧制断屠日，御厨皆供蔬食，诸宫泊内侍皆肉食，是节令亦备素膳。（28，p. 2000）

297. 大中祥符二年四月二十六日，诏太常礼院详定诸州天庆节道场斋醮仪式颁下。（28，p. 2001）

宋会要辑稿·礼五七·节二·天贶节

298. 大中祥符五年三月二日，诏："兖州奉符县乾元观，每年天贶节道场，皆知州行礼，往来颇涉劳扰，自今依奉符县会真宫例，只令知县行礼。"（30，p. 2003）

299. 大中祥符五年三月二十六日，诏：自今两京诸路每遇天庆节七日，天贶节一日，毋得行刑。帝曰："今后天庆等节并依天（祺）［祯］、天贶节例，辅臣至日往彼烧香、宿斋，文武百官亦不立班，其逐节道场即依旧开建。"（30，p. 2003）

宋会要辑稿·礼五七·节二·先天节

300. 大中祥符六年九月二十九日，提举校勘道藏王钦若言："天庆、先天、降圣节，请令诸州军长吏已下，前七日依大祠散斋例建置道场。前三日，应行事、陪位官并宿斋于长贰厅。天贶节斋一宿罢散。"从之。（31，p. 2004）

宋会要辑稿·礼五七·节二·天应节

301. 政和五年六月二十七日，起复朝请大夫、充集贤殿修撰、淮南江浙荆湖制置发运副使李偃言："应天下州、府、军、监不如建立天宁观去处，凡遇壬戌日，即于所在天庆观三清殿，并依节镇例修设大醮，崇奉壬戌本命之辰，仍许监司、守臣率在职官僚开启罢散如礼。"从之。（32，p. 2005）

302. 宣和元年二月二十一日，翰林院学士、朝散郎、知制诰、兼侍读王安中言："闻日者孟冬癸卯，屈万乘之尊，以玉清神霄华琼室禁经秘箓传受成赐开度，又以仲冬乙卯开宝箓大陈法会。欲望以其日依天宁、天贶例，制名纪节。"诏以其日为天符节。（32，p. 2005）

303. 宣和二年四月十九日，太常寺言："应天府鸿庆宫系圣朝兴王之地，乞将每年正月四日，依降圣等节体例立一节名。"诏以开基节为名，在京合于景灵宫皇武殿、州军于有太祖皇帝神御处烧香。（32，pp. 2005 – 2006）

宋会要辑稿·礼五七·节二·承天节

304. 景德三年二月九日，三司使丁谓上言："伏睹国家以天庆节日不禁刑罚禁烹宰，窃惟诞庆之日，动植欢心，虽均宴乐之私，未颁恻隐之令。伏见唐武德、开元以来诏令，皆节日不行刑，禁屠钓，庆成、庆阳、寿昌等节皆禁烹宰。欲望承天节日准天庆节例，前后禁屠宰，辍刑罚，着于甲令，用为常式。"从之。（34，p. 2007）

305. 天禧四年十月十七日，秘书郎、馆阁校勘王举正等言："上诞圣节及诸庆节日，望许依京官检讨、校理例进奉上寿。"从之。（34，p. 2007）

宋会要辑稿·礼五七·节二·乾元节

306. 嘉祐五年四月十二日，诏阁门，侍卫亲军马军副都指挥使张茂实乾元节上寿，依王德用例进酒，只六拜。（36，p. 2010）

307. 嘉祐六年四月十三日，太子少傅致仕田况言：乾元节乞依致仕庞籍、王子融例，于内东门投进功德疏。从之。（36，p. 2010）

宋会要辑稿·礼五七·节二·坤成节

308. 元祐二年五月八日，诏坤成节听臣僚进奉，如兴龙节例。　（38，p. 2011）

宋会要辑稿·礼五八·谥

309. 嘉祐二年九月一日，翰林学士承旨孙抃等言："故翰林侍读学士、兼侍讲学士、尚书吏部郎中王洙陪侍讲筵垂二十载，欲望特于赠官外，依冯元、杨徽之、杨亿例赐谥号。"诏特赠给事中，仍赐谥曰文。敏而好学曰文。既而御史吴中复等言洙官不应得谥，及其子力臣等亦以非例辞不敢。从之。（3，p. 2014）

宋会要辑稿·礼五八·群臣谥

310. 校书郎、霸州文安县主簿、编修《太常因革礼》苏洵，谥曰文。……臣于庆元元年任馆职日，尝因赐对，乞将范祖禹、常安民、张（廷）〔庭〕坚等一处定谥，即蒙圣慈开可，付外施行。今者忝贰秩宗，宝司邦礼，怀有未尽，不敢隐默。兼本州守臣刘光祖见行陈乞，欲望睿明特饬攸司，参照邵雍、徐积体例，与洵定谥，以示朝廷尊贤尚德之意，其于治道不为无补。（88，p. 2060）

宋会要辑稿·礼五九·群官仪制

311. 淳熙四年五月三日，诏少保、观文殿学士、充醴泉观使、侍读史浩免从驾。先是，史浩言："被旨，令臣合班处于宰臣之东一行歇空立班，从驾日在少保、永阳郡王居广之东，行马并在执政官之上。臣窃〔以〕执政大臣实佐天子出令，非归班奉祠之比，使居上列，臣所未安。欲援少傅、嗣濮王士輵例，特免从驾。其立班乞只于执政一行近东别作一班。"故有是命。（9，p. 2085）

312. 淳熙十年十一月十一日，诏史浩以藩邸旧臣再登揆席，力求休致，已徇所请，可特依曾公亮例，令赴阙入谢。浩以病弱无力乞宽假，别具陈乞入谢。诏从之。（9，p. 2085）

宋会要辑稿·礼六一·旌表

313. 仁宗天圣七年三月六日，试国子四门助教刘中正上言，家本襄州，以义居表门，昨授试秩，今遇放选，乞依鲜于播例注官。从之。（3，p. 2104）

314. 徽宗崇宁四年十二月二十六日，兴元府言："城固县民周文绾妻久患，次男周任割肝与母，即日平安。除已比附割股支与（倒）〔例〕物讫，今后如有似此为祖父母、父母割肝，乞遍下诸路依割股条支赏施行。"礼部检准敕，京畿转运司状，陈留县王坚为父割肝，乞优加支赐。诏支绢五匹、米面各一石，酒二斗。礼部勘当，如有割肝之人，欲依上件则例支给。从之。（4，p. 2105）

315. 崇宁五年八月十五日，苏州言："昆山县寄居前本州巡塘、供奉官赵约之妻夏氏为患日久，有男公通割股救母痊复。"礼部检到润州奏，市易务监官、供奉官赵叔鋙为母患割股，诏支赐绢三十匹、米十石、面十石、酒一石。本部看详法案，检到常人割股给赐条格，无似此宗室之家支赐体例。诏赵公通依赵叔鋙例减半支给。（5，p.2105）

316. 政和六年九月二十九日，淄州言："学生张祁状，父受八岁、叔满三岁亡失祖父晟，受与祖母孀居，自后祖母继亡，受幼孤立，义居到今，五十余年。乞依王权义居体例给赐，旌表门闾。"诏张祁本家特赐旌表门闾。（7，p.2106）

宋会要辑稿·礼六二·赉赐·公用钱

317. 嘉祐三年十二月，观文殿大学士、尚书左丞、知定州庞籍朝辞，诏赐物如节度使例。（40，p.2135）

318. 政和七年三月，诏："故宗室仲的，濮安懿王孙，年高官卑，未尝求进，聚族百余人，无所依赖，殊可矜悯。其见居屋宇，可特拨赐本位子孙，永充己业。其妻滕氏可特封康国夫人，恩例、请给并依仲绾新妇例倍给。"（52，p.2142）

宋会要辑稿·礼六二·赉赐　二·滥赐

319. 绍兴十一年十月秋，皇叔祖右监门卫大将军仲瑶卒于临安，至无以敛。判大宗正事齐（王）[安]郡王（吉）[士]儦言于朝，诏缌麻亲任环列以上亡者赐钱三百千，袒免减三之一。九月甲辰，令以为例焉。（62，p.2148）

320. 绍兴三十年九月十五日，诏安德军节度使、同知大宗正事士街特依士篯例，每遇生日取赐。（68，p.2151）

321. 乾道四年三月一日，诏枢密院逐房副承旨见今关借金带、服系趁赴朝参等，可令祗候库依条例就赐。今后转至，仍依此取旨给赐。（71，p.2153）

322. 乾道四年十二月十一日，诏权主管殿前司公事王逵遇立春日并冬、年、寒食节，特与依见今主管马步军公事例，给赐幡胜、签赐。（71，p.2154）

323. 乾道元年十一月十七日，士輵言："濮安懿王（国）[园]令士程，在任恭奉神主神貌，并躬亲监督修造园庙、匮室、屋宇，并皆如法。乞依士奇前任园令体例，将两次该遇园令月日，每一年与减一年磨勘。仍许通理转官后历过年月，揍行收使，于见今官上特与转行。"诏从之。（72，p.2154）

324. 乾道九年三月二日，主管侍卫步军司公事郭□奏："自来帅臣到任点看军马，支散犒设一次，用钱五万贯文。本司阙乏，乞依王友直到任体例，支降钱五万贯文。"诏支钱三万贯。（78，p. 2158）

325. 乾道九年十一月十一日，楚州驻札御前武锋军副都统制鲁安仁言："到任依例点看军马，合行犒设一次，乞依戚世明例，御前降钱二万贯。"诏令镇江府于桩管朝廷会子内支拨。（79，p. 2158）

326. 乾道九年十二月二十三日，江州驻札御前诸军都统制皇甫倜言："得旨差拨官兵五十人于黄州麻城县、兴国军大冶县屯戍，将带器甲前去，与累年差拨出戍人事体一同。乞下湖广总领所照应自来体例，勘支起发，并内有家累人添支钱米，自起发日为始批放。日后差拨更戍人，亦乞依此施行。"从之。（79，p. 2158）

327. 淳熙三年十二月二十九日，诏敦武郎以下任阁门舍人，大礼赏给与依熊飞等体例支给。（80，p. 2159）

328. 淳熙十一年十月二十四日，诏兼权马步军司职事梁师雄，遇立春日并冬年、寒食节，特与依翟安道权司体例，给赐幡胜、签赐。遇合赐花朵，特与依横行例支破。（81，pp. 2159–2160）

329. 光宗绍熙二年十一月二十六日，诏为天寒，应从驾诸班直、亲从亲事官并诸军指挥军兵、将校等，并特依淳熙六年郊礼例增三分给赐柴炭，愿依例折钱者听。（83，p. 2161）

330. 绍熙三年八月三日，干办御前忠佐军头引见司李孝纯等言："本家该遇皇后受册，所有赐田，欲乞依绍兴十三年、乾道元年则例给赐三十顷，令两浙转运司、常平司于平江府诸县系官田内拣选良田标拨。如不足，于湖州管下县分揍数。除苗税外，与免诸般科敷等。"诏特依所乞。（84，p. 2161）

331. 孝宗隆兴元年十月十四日，权中书舍人胡铨奏："侍卫步军司后军统领王世祖援关德等例给赐金带，照得关德等三人系一时特恩给赐，今王世祖所乞，显是浇滥。"上曰："缴得是，岂可援例？"（91，p. 2164）

宋会要辑稿·礼六二·赉赐　二·密赐

332. 治平元年十一月二十六日，富郑公为枢密使，英宗初即位，赐大臣永昭陵遗留器物，已拜赐，又例外独赐郑公如干，郑公力辞。东朝遣小黄门谕云："此微物，不足辞。"虽家人亦以为不害大体，屡辞恐违中旨。公曰："此固微物，要是例外也。大臣例外受赐不辞，若人主例外作事，何以上之？"竟辞不受。（91，p. 2164）

宋会要辑稿·舆服四·公服

333. 隆兴二年六月十八日，诏："少傅、保康军节度使、充醴泉观使、大

宁郡王吴益依韦渊例，赐花罗公服，许服着趁赴朝参。"（28，p. 2257）

334. 乾道九年十二月十（名）［日］诏："太学上舍郑鉴释褐补左承务郎，候太学录有阙日，取旨差下。祗候库依唱名例，给赐袍笏，令于国子监敦化堂祗受。"（29，p. 2257）

宋会要辑稿·舆服四·章服

335. 神宗元丰五年四月二十七日，诏："六曹尚书依翰林学士例，六曹侍郎、给事中依直学士例，朝谢日不以行、守、试，并赐服佩鱼。罢职除他官日不带行。"（30，p. 2258）

宋会要辑稿·舆服五·诸色袍·带制

336. 孝宗隆兴元年十月十四日，诏：步军司后军权统领王世祖乞依关德等例赐金带指挥更不施行，令淮东总领所寄（敦）［收］。以中书舍人胡铨奏："世祖援关德等例，给赐金带。照得关德等三人系一时恩给赐，今世祖所乞依逐人例，显是（浇）［侥］滥。若例与给赐，切虑自余五十余人攀援浸多，侥求不已，难以止绝。"故有是命。（30，p. 2278）

宋会要辑稿·舆服六·宝·皇太子宝

337. 乾道七年二月十一日，礼部、太常寺言："今讨论到皇太子受册合行典礼下项。一、依礼例，宝文合以'皇太子宝'四字为文。"诏并依。十六日，诏皇太子册、宝差礼部尚书刘章撰，户部尚书曾怀书，工部侍郎胡铨篆。先是虞允文奏："乾道元年洪适例，乞差梁克家撰皇太子册文。"梁克家奏曰："时无宰相，故以命适。"上曰："此却不比加上尊号，若命宰相，恐失之太重耳。"虞允文奏曰："容臣等退检典故取旨。"既而进呈国朝故事，皇太子册文皆从官书撰。上犹以命梁克家，克家固辞。虞允文奏曰："洪适有近例，非所当辞。"梁克家奏曰："故事具在，适失于检照耳。臣不敢奉诏。"上曰："卿具取从官姓名来。"至是进呈，故有是命。（12，p. 2288）

宋会要辑稿·仪制一·垂拱殿视朝

338. 淳熙十五年十二月四日，诏："少保、嗣濮王士歆特与依士辐例，除上寿、六参、郊礼外，其余并免趁赴。"（17，p. 2306）

宋会要辑稿·仪制二·常参起居

339. 真宗咸平四年闰十二月二十日，御史台言："旧例，假三日，群臣并赴文德殿横行朝参。近日以内殿起居不赴，望申旧制，以肃朝仪。"诏自今并许弹奏。（7，p. 2319）

340. 咸平五年十一月二十一日，诏左卫将军、恩州刺史、驸马都尉柴宗庆令赴内殿起居。六年，右卫将军、驸马都尉王贻永；大中祥符六年，（在）

［左］龙武将军、驸马都尉李遵勖并用此例。（7，p. 2319）

341. 咸平五年十二月，诏："每（日）［起］居赐臣僚茶酒日，委御史一人，与中使、阁门祗候同钤辖，翰林司尽所破料例供应。"（7，p. 2319）

宋会要辑稿·仪制三·朝仪班序

342. 景祐四年四月二十七日，诏新除尚书左仆射、充资政殿大学士王曾立位起居在三司使之上。用祥符中向敏中例也。（16，p. 2337）

343. 景祐五年四月六日，知制诰王尧臣等言："伏龙图阁待制王举正再授知制诰。窃以举正向避亲党，今复词职，望依王旦、夏竦例，令举正复在纶阁之首。"从之。（16，p. 2338）

344. 康定元年八月二十九日，诏新授宣徽南院使、天平军节度使、判澶州夏守赟依周莹例，立位在枢密副使之下。（19，p. 2340）

345. 庆历二年八月十一日，诏资政殿学士、尚书礼部侍郎张观立位在翰林学士承旨之上，用康定中陈执中例。（20，p. 2340）

346. 庆历六年二月十二日，诏枢密使、保宁军节度使、同中书门下平章事王贻永依晏殊例，在忠武军节度使兼侍（忠）［中］德文之下、镇安军节度使、同中书门下平章事章得象之上序立。（21，p. 2340）

347. 庆历八年十二月二十四日，诏景福殿使、武信军节度观察留后、入内内侍省内侍都知王守忠如正任班，他不得援例。（22，p. 2341）

348. 嘉祐四年六月七日，诏："观察使、驸马都尉李玮令依柴宗庆、李遵勖例，缀节度使班次起居，于宗旦之前别作一班。"（24，p. 2342）

349. 嘉祐四年八月十七日，阁门使李端愿言："近升观察使、驸马都尉李玮班缀节度使，见为杂压班位，阁门已具申明外，复见宗室留后以上直缀亲王班起居，如据旧制，合班座次尽当缀亲王稍退。今未有亲王，但宗室郡王、使相比亲王礼数不完，正在亲王、使相之间。检会允弼、守节先任留后，援允宁例，方得缀节度使班，岂今留后便可直缀亲王班？乞下阁门取索自前宗室升班座次文字厘正。"阁门言："先令节度使允初、留后承简缀允良班，其座次自来各依本官班座。今既升李玮班缀节度使，若依李遵勖旧仪，座次合缀节度使稍退。有此交互。"（25，p. 2342）

350. 治平四年十一月二十五日，阁门言："准传宣驸马都尉王师约起居班次令依李玮例。今定师约在德州防御使李珣之下。"从之。（32，p. 2347）

351. 熙宁元年七月四日，阁门言："秘书监陈述古差权纠察在京刑狱，立位取旨。"诏述古班于三司副使之上，用祥符中卫尉卿慎从吉例也。（34，p. 2348）

352. 熙宁五年七月十八日，中书门下言："据贵州防御使宗悫状：'准阁门告报，班位在侄世滋下、弟宗治上；更有宗辅见系团练使，亦压却臣。今只乞依宗室尊卑相压体例，依旧立班。'检会大宗正司庆历七年诏书，皇族趁赴起居及出入行马，内有官位一般者，并以尊卑相次，雁序行马。如有官位高者，依久来朝廷立班次序相压，即不得差越。内有官高愿在尊长之下亦听。近宗愕牵复使相，见立在旧使相宗朴之上。宗惠牵复防御使，立在旧防御使克继之上。与宗悫牵复事体一类，其立位合依宗愕、宗惠例，下阁门改正施行。"诏依所定，阁门官吏特放罪。（39，p. 2350）

353. 哲宗元祐二年正月二十五日，端明殿学士、吏部尚书孙永为资政殿学士兼侍读、提举中太一宫兼集禧观公事，立班佩鱼视资政殿大学士韩维例。（42，p. 2352）

354. 绍兴七年二月九日，诏新枢密使秦桧立班序依宰相例，寻辞不允。（47，p. 2355）

355. 孝宗隆兴元年正月二十五日，安庆军节度使、同知大宗正事士篯言："宗司行移，自来以官序高下列衔，故臣序位在臣兄同知大宗正事令誋之上。乞依士儇推避令時体例，许臣列衔在令誋之下，庶几协尊卑之序。"从之。（51，p. 2357）

356. 乾道元年六月二十七日，检校少保、安庆军节度使、同知大宗正事士篯又言："乞援前例，许臣列衔在臣兄士铢之下。"从之。（51，p. 2357）

357. 乾道七年六月十二日，诏："今后马步军帅前后殿起居，于本班前立；侍立赐茶依官序。"以主管马军司公事李显忠时复太尉，乞依杨存中恩例，阁门为申请故也。（53，p. 2359）

宋会要辑稿·仪制四·正衙

358. 天禧元年八月十六日，秘书监、知礼仪院杨亿请依判南曹国子监例，权免常参，从之。（4，p. 2363）

359. 天禧四年四月二十八日，兵部尚书、判都省冯拯请依知礼仪院例，特免常朝，从之。（4，p. 2363）

宋会要辑稿·仪制四·导从

360. 淳熙十六年闰五月九日，诏："太尉、保大军节度使、提举万寿观郭师禹依吴益例，赐花罗公服，许令服着，趁赴朝参等。"（34，p. 2399）

宋会要辑稿·仪制六·群臣奏事

361. 绍兴十二年十月十六日，资政殿学士、左朝奉大夫、知绍兴军府事楼炤言："已到任讫。念臣久违轩陛，切欲一望清光，兼有本任职事。乞依张

守、孟忠厚例，暂赴行在所奏事。"从之。（24，p. 2414）

宋会要辑稿·仪制七·章奏

362. 景德四年七月十八日，知制诰周起言："诸司定夺公事，望令明具格敕律令条例闻奏。或事理不明，无条可援者，并须件析事宜，具从长酌中之道取旨，不得自持两端，逗遛行遣。如〔挟〕情者，望许人告论，重行朝典。或止是畏避，亦量行责罚。"从之。（20，p. 2430）

363. 仁宗天圣七年八月二十二日，太子少保致仕马亮言："伏见工部侍郎朱昂致仕荆南，凡有闻奏特许本府附递，望依昂例。"从之。（21，p. 2432）

宋会要辑稿·仪制九·辞谢

364. 绍兴元年四月十七日，阁门言："故例，臣僚见谢辞，并权放，候皇帝御殿日依旧。"从之。时隆祐皇太后上仙故也。（18，p. 2483）

365. 绍兴十三年四月五日，两浙西路提点刑狱公事王〔鈇〕言："本司官系在平江府置司，每遇出巡到临安府，亦系部内。欲依两浙转运副使徐康国例，许免辞见。"从之。（20，p. 2484）

宋会要辑稿·仪制一〇·陈请封赠

366. 皇祐二年十二月二十二日，祠部员外郎、知制诰胡宿言："乞将转兵部员外郎两资回赠亡祖微一官，亡祖母袭氏一邑号。"诏许纳转官告敕，特与追赠祖父母。今后臣僚不得援例。（16，p. 2508）

367. 嘉祐五年八月九日，镇潼军节度观察留后李端懿卒，赠感德节度使。其弟端愿援蔡国公主子吴守礼例陈请，诏再赠兼侍中。（16，p. 2508）

368. 神宗熙宁二年十月一日，诏宣徽南院使、判延州郭逵封赠三代及妻，如王拱辰近比例。初，逵自签书枢密院除宣徽使、判延州，请如拱辰例封赠，而中书以逵观察留后领宣徽，前此无封赠，近例乃用签书枢密例，止赠二代。其祖父上将军、母妻郡君，而逵以为言，故有是命。（17，p. 2508）

369. 元丰二年十一月二日，文思使李谅母天水县太君赵氏进封永嘉郡夫人。以谅言赵氏韩王普之曾孙、献穆大长公主诸妇，乞依伯父端懿妻加赠例也。（17，p. 2508）

370. 元丰六年十二月二十六日，吏部侍郎陈安石等言："乞以侍郎比类直学士例封赠父母。"从之，着为令。（17，p. 2508）

371. 政和四年正月二十八日，保静军节度观察留后、提举龙德宫杨戬奏："臣伏蒙圣恩，差提〔举〕皇城司，备员再任，已及三考，旧例合转一官。伏念臣故祖父若（掘）〔拙〕未曾以恩泽陈乞特加赠典，伏见省官杨震曾将恩例回授与祖父，自入内殿头上赠右卫上将军。况臣祖父若拙故任皇城副使，已赠左卫上将军，与杨震祖父故任官序不同。伏望圣慈以臣合转官恩泽特依杨震例，许回授赠祖父（在）［左］卫上将军，加赠一官；祖母仁寿县太君谢氏乞随祖父今来赠官封赠一次。"从之。（18，p. 2510）

372. 绍兴元年五年闰二月十九日，秘书省正字李公懋言："伏睹校书郎许搏依林待聘用汪藻例，以内殿宴食在通直郎之上，遇明堂大礼已许叙封仍带下，今后依此。缘校书郎、正字官序杂压，内殿宴食共系一班。公懋见系承事郎，与校（事）［书］郎事体一同。乞许依校书郎遇大礼叙封。"从之。（19，p. 2511）

宋会要辑稿·仪制一○·宗室外戚　内外臣僚　伪国王外臣等叙封母妻

373. 绍兴二十九年八月二日，定江军节度使、开府仪同三司、鄂州驻札、领御前诸军都统制职事田师中奏："准诰，除开府仪同三司恩数并依吴璘例施行，妻萧氏蒙恩特封卫国夫人，亦乞依例支破请给。"从之。（35，p. 2521）

374. 乾道元年五月四日，诏故赠宁国军节度使魏胜妻于氏特封郡夫人，以胜死于国事，忠义可嘉，其妻于氏特依所乞，封齐安郡夫人。今后不得援例。（37，p. 2522）

375. 乾道六年五月六日，诏：故彰国军节度使周大仁妻文安郡夫人张氏，特与依萧琦妻例特封康国夫人。（39，p. 2523）

宋会要辑稿·仪制一三·追赠杂录

376. 太宗淳化三年七月十八日，太师、魏国公赵普薨，赠尚书令，追封真定王。以新罢相，仍用宰相例。是后王旦、冯拯皆如例。（8，p. 2573）

377. 绍兴二十四年八月二十六日，宰执进呈礼部拟定张俊赠典，欲依韩世忠例。上曰："俊在明受间有兵八千屯吴江，朱胜非降指挥与秦州差遣，俊不受，进兵破贼，寔为有功。可与赠一国一字王，令礼部拟定。"于是特封循王。（10，p. 2574）

378. 大中祥符元年十一月二十四日，龙图阁待制陈彭年言："今月二十七日上太庙尊谥册宝，前夕宿斋，其日私忌，望下礼官详定。"太常礼院上言："唐贞元八年，将作监元直摄太尉，荐飨昭德皇后庙，以私忌不受誓戒，为御史劾奏。今《假宁令》：虽有给假一日之文，又缘《春秋》之义，不以家事辞王事。望令彭年依例宿斋。"从之。（31，p. 2585）

宋会要辑稿·崇儒一·宗学

379. 嘉定十年正月十四日，诏："宗学博士班序在太常博士之下，宗学谕班序在国子正之上。其请给人从赏典等，并依国子博士及国子正体例施行。"（16，p. 2735）

380. 嘉定十一年二月二十日，宗正寺言："宗学申，本学公试已降指挥，照武学例附太学公试场引试。所有试院合支公使、支供等钱，并杂物油酒等，今比拟下项：一、公使、吃食等钱，今欲比附武学公试合支则例。一、宗正寺长、贰入院升补并将带人吏，今欲比附国子监长、贰入院升补并将带人吏则例。一、院内主行文字人吏二名食钱、犒设等，并就差诸色祗应人合得引试犒设，今欲比附国子窠手分贴司并武学引试祗应等人合得则例。一、应于合用纸札、朱紫、柴炭、油酒杂物之类，并乞从诸司官比拟，条具数目，支拨施行。"从之。(23，p. 2739)

宋会要辑稿·崇儒二·郡县学

381. 绍兴六年三月三日，诏："南剑州沙县赠谏议大夫陈瓘祠堂，许依福州州学陈襄等例，遇春秋释奠就祭。"从给事中张致远之请也。(33，p. 2780)

宋会要辑稿·崇儒六·录贤

382. 绍兴四年四月二十八日，江南西路安抚制置〔大〕使赵鼎奏："契勘洪州昨有试〔将〕作监主簿潘兴嗣，自幼得官，高蹈不仕。朝廷察其高行，常除差遣，抗志不就。嘉祐间，宰相韩琦等奏，乞加拔擢，凡所旌宠，每至辄辞。至元符三年，尚书右丞黄履又引孙侔、王回等例，乞录其后，遂官其孙淳，授太庙斋郎，调南康军星子县尉。蔡京用事，言者观望，谓淳与陈瓘有连，每至京师，必馆于瓘家，实预论议，又与曾布有乡曲之旧，故履因缘论荐，遂降指挥追夺，士论冤之，三十余年。今兴嗣与淳皆卒，唯有孙涛，亦复垂老。乞给还所夺官资与之，以为廉退自守之劝。"诏潘涛特与补右迪功郎。(27，p. 2877)

宋会要辑稿·崇儒七·存先代后

383. 景祐三年二月二日，编排录用所言："前朝之后，内后唐李氏缘庄宗、明宗本是二族；合依周朝郭、柴二族例，各与甄叙。又后唐李氏，有因赐姓附入宗籍者。欲除本宗嫡亲外，更不甄叙。"从之。(70，p. 2923)

384. 元丰六年四月二十四日，河东提举保甲司言："唐高祖后徐王宗子李諲等状，乞依唐氏之后乾州李有方例，免保甲。"从之。(73，p. 2927)

宋会要辑稿·职官一·三公三少

385. 熙宁二年七月，宰臣曾公亮、韩琦并预言："臣等提举两朝《实录》，乞不(进)〔推〕恩。"上以为有例，而公亮奏："臣当迁司空，琦太保，三公非赏劳之官。"从之。(1，p. 2933)

386. 熙宁六年四月二十六日，枢密使、开府仪同三司、守司空、检校太师、兼侍中、潞国公文彦博守司徒、兼侍中、判河阳。仍诏大敕系衔曹佾

上，出入如二府仪。又诏彦博尝受先朝顾命，今罢枢府，宜依曾公亮罢相例推恩。（1，p. 2933）

387. 元丰三年三月二十六日，景灵宫使、开府仪同三司、检校太尉、兼侍中曹佾为检校太师、守司徒、兼中书令，充景灵宫使。仍诏出入如二府仪，公使半给见钱，后毋得为例。（1，p. 2933）

388. 宣和五年五月九日，少师、太宰兼门下侍郎、庆国公王黼以抚定燕云，除太傅，进封楚国公，其治事、恩数并依蔡京昨任太师体例。（3，p. 2936）

宋会要辑稿·职官一·太尉

389. 淳熙四年八月十六日，诏："除授太尉，自今止与初除恩数。其数迁除，止依转厅减半。如无特旨许依执政之人，不得援例。"（14，p. 2945）

宋会要辑稿·职官一·三省

390. 崇宁二年七月二十日，诏曰："朕观前世外戚擅事，终至祸乱天下。唯我祖考，创业垂统，承平百有余年，外戚之家未尝与政，厥有典则，以贻子孙。即政之初，以驸马都尉韩嘉彦兄忠彦为门下侍郎，继除宰相。方朕恭默，弗敢有言；给事中刘拯抗疏论驳，亦不果听。上违祖宗成宪，下袭前世祸乱之失。其自今勿以援忠彦例，以戚里宗属为三省执政官。世世守之，着为甲令。"（30，pp. 2954 – 2955）

391. 建炎四年六月四日，诏自今宰相兼知枢密院事，罢御营使。先是臣僚上言："宰相之职无所不领，非如百职事各有司存。本朝沿五代之制，政事分为两府，兵权尽付密院。比年又置御营使司，是政出于三地也。原其建置之因，止援景德幸澶渊之例尔。今日事本与当时不同，又今兵数尽总于五军，是以兵柄出于数途，而纲纪日以隳紊。欲望详酌，罢御营使司，以兵柄付之密院，令宰相兼知枢密院事。即今诸将皆当军职处之，提兵如故。其兵数密院别议立额，有缺即申密院添补，不得非次招收，复用符以验遣发。非独可收兵柄，一赏罚，汰冗滥，节财用，庶几因此渐议兵政，使复祖宗之旧。"故有是诏。（48，p. 2964）

宋会要辑稿·职官一·三省

392. 孝宗隆兴元年四月二十七日，诏："今后有司所行事件，并遵依祖宗条法并绍兴三十一年十二月十七日指挥，更不得引例及称疑似，取自朝廷指挥。如敢违戾，官吏重作施行。"先是，吏部侍郎凌景夏等言："看详到下吏舞文曲说，所欲予者巧为之地，所欲不予者深抑其情。至于六部之所勘当，则取决于三省群胥；大理寺之所断决，则禀听于朝廷风旨。其弊已久，谓为固然。愿严为之禁，一切惟法之从，而不惟例之听，则事简而易行。今检会绍兴三十一年十二月十七日臣僚上言：'国家累圣相承，垂二百年，文谟武烈，克贻厥后。在台省则为宪纲，在有司则为甲令。今则不然，均是事也，而有前批、后批之殊；同是法也，而有元降、续降之别。欲予则巧为傅会，欲夺则工于舞文。法不相当，则云更合取自朝廷指挥；自知无法可行，则云如朝廷特降指挥，于本部条法别无违碍。有（劝）[勘]当已上而退送者，有未及勘当而奏状者。或因堂白而面授旨意，或无处分而唯务陆沉。变乱旧章，眩惑观听，可不深惩而痛革欤！愿诏三省大臣，凡四方奏请送有司，令各以成法来上，尽捐宿弊。其不以实而依违迁就者，主典科违制之罪，长吏以不职免所居官，台谏常切觉察，令三省六曹遵守。'"故有是命。（54，p. 2967）

宋会要辑稿·职官一·中书门下省

393. 至和二年五月，诏中书公事自今并用祖宗故事施行。初，宰相刘沆建言中书不用例，而言者皆以谓非便而罢之。（76，p. 2979）

宋会要辑稿·职官二·门下省

394. 元丰七年八月一日，门下省言："刑部奏钞，宣德郎乐京据例当作情理稍轻，不碍选注。京本坐言役法，本部不敢用例。"诏："乐京情重，刑部引例不当。"（5，p. 2987）

395. 元丰八年八月十二日，门下省言："应诸州奏大辟情理可怜及疑虑，委刑部声说于奏钞后，门下省省审，否即大理寺退回，令依法定断。有不当及用例破条者，门下省驳奏。"以刑部奏泰宁军姜齐等钞不应奏裁故也。（6，p. 2987）

宋会要辑稿·职官二·通进司

396. 仁宗庆历五年六月二十四日，诏："今后文武臣僚内曾任两地及节度使并丞郎已上，不曾贬黜，后来除致仕官者，如奏章文字，并许于通进司投下。"先是，右屯卫上将军致仕高化言，每有所进文字，须诣登闻鼓院，并与农民等。化尝事先朝，为节度使，乞依杨崇勋例，每有章表或有所见利便，乞诣通进司投下。因有是旨。（27，p. 3004）

宋会要辑稿·职官三·舍人院

397. 至道三年四月，以工部郎中、史馆修撰梁周翰为驾部郎中、知制诰。故事，入西阁皆中书召试制诰三篇，二篇各二百字，一篇百字，惟周翰不召试而授焉，其后薛映、梁鼎、杨亿、陈尧佐、欧阳修亦如此例。（13，p. 3030）

宋会要辑稿·职官六·枢密院承旨司

398. 神宗熙宁二年九月十二日，枢密院都承旨李评言："欲乞依中书检正

五房公事例，除寺观亲属职事相干外，余不许出入看谒。"（5，p. 3157）

399. 徽宗崇宁四年九月十七日，晋州观察使、枢密都承旨曹诱奏："臣本以门功四预仕籍，初蒙神考优异先臣，擢臣阁门，几三十载。至元符二年冬，自定州路总管召赴阙，权枢密副都承旨。遭遇陛下绍述圣绪，仍使主领职事。崇宁元年，蒙恩除枢密都承旨，迄今首尾七年，岁月已久，筋力早衰，实不堪任。伏望许依王宪例，罢臣枢密都承旨职事。"（9，p. 3159）

400. 崇宁四年十月八日，四方馆使、庆州刺史、枢密副都承旨、管勾客省阁门、提举中太一宫兼佑神观公事阎仁武奏："伏念臣历任五朝，窃禄四纪，宣力熙、兰，擢登上阁，获侍清燕，滥缀横班。外服召还，内朝供职，复玷恩除，叨居枢属，兼提举中太一宫、佑神观及专切提举京畿监牧司。日虞心力不逮，虽加勉强，于两司终惧瘝旷。况昨自保州还阙，今二年已上，副承旨宣力亦及一年有余。方今朝仪赞揖，当藉精强，如臣疲耗，或恐不前。若不自陈，未易逃责。伏望许解阁门职任，特依钱悦、王殊等近例，换一正任名目。"诏："阎仁武特授贵州团练使，依旧提举中太一宫兼佑神观公事，罢枢密副都承旨。"（10，pp. 3159 – 3160）

宋会要辑稿·职官六·宣徽院

401. 仁宗景祐二年五月二十六日，诏宣徽院左知客押衙自今每遇出职，与右侍禁。旧止左班殿直，时李从简援枢密副知客例，因定此制。（44，p. 3177）

402. 庆历八年十一月二十九日，宣徽使郑戬言："逐节进奉，已蒙恩依两府臣僚例。所有请俸及诸般赏赐等，乞许依见任宣徽北院使程琳等例支给。"诏特依两府臣僚体例。（44，p. 3177）

403. 《神宗正史·职官志》：宣徽院置使，皇祐三年着令毋过二员。后富弼以宣徽使判并州，已有二员，诏以边任权增。熙宁三年郭逵、王拱辰在院，用弼例，以观文殿学士欧阳修为南院使，判太原府。然修卒以疾辞。（45，p. 3178）

宋会要辑稿·职官六·翰林院

404. 淳化二年十一月二十三日，诏定降麻事例。宰臣、枢密使、使相、节度使特恩加官除授学士事例：银百两，衣着百匹，覃恩加食邑。起复例：起复银五十两，衣着五十匹。亲王以上有宣赐事例，更不重定。公主未出降，依亲王例宣赐。已出降，令驸马都尉管送。（47，p. 3180）

宋会要辑稿·职官七·保和殿学士

405. 徽宗政和五年四月二十四日，御笔："宣和殿初建自绍圣，中经毁废，其燕闲未始不居于此。近置直殿，以左、右近侍官典领，吾士大夫未有以处之。宜置新班，以彰荣近。可置宣和殿学士，班在延康殿之下。以两制充，听旨除授。凡厥恩数，并依延康殿学士体例施行。"（10，p. 3209）

406. 政和七年六月二日，宣和殿学士、朝议大夫蔡攸为宣和殿大学士，官叙、班联、恩数、请给、人数等并依资政殿大学士例施行。（10，p. 3209）

宋会要辑稿·职官七·宝文阁学士

407. 治平四年六月十一日，诏宝文阁学士中谢支赐并依龙图阁学士、直学士例。（18，p. 3214）

宋会要辑稿·职官七·枢密直学士

408. 真宗大中祥符五年八月，诏曰："宥密之地，出处深严；论思之臣，践扬清要。虽素由于谨简，尚未立于定员。矧侍从材难，轩墀望峻。在选贤之攸重，宜着位之有常。枢密直学士自今以六员为〔额〕。"梁置崇政判官，又改直崇政殿。后唐同光中，置枢密直学士一人。国朝无定员，班次翰林学士。是岁工部侍郎薛映知并州得对，自陈援张咏、张秉例，得预近职。真宗以员数问宰臣王旦，旦曰："近朝止置两员，今已九员。"帝曰："映且授此职。自此帝尝为定限也。"（19，pp. 3214－3215）

宋会要辑稿·职官七·诸王宫教授

409. 大观二年，定王、嘉王府侍讲沈锡奏："真宗皇帝时，以张士逊为王友，命王答拜，以示宾礼。今侍读辅翊之官，职在训导，亦王之友傅也。可如王友例，令王答拜。"（39，p. 3225）

宋会要辑稿·职官八·吏部

410. 元丰五年四月二十八日，诏："六曹尚书依翰林学士例，朝谢日不以权、行、守、试，并赐服佩鱼。罢职除他官日不带行。"（4，p. 3233）

411. 绍兴四年六月二十日，吏部侍郎胡交修言："近降细务指挥内一项：六曹长贰以其事治，有条者以条决之，无条者以例决之，无条例酌情裁决。盖欲省减朝廷庶务，责之六曹也。（令）〔今〕欲乞令本部七司各置例册，法司专掌，诸案具今日以来应干敕札、批状、指挥可以为例者，限十日尽数关报法司，编上例册。今后可以为例事，限一日关法司钞上，庶几少防人吏隐匿之弊。"从之。（20，p. 3242）

宋会要辑稿·职官八·吏部二

412. 隆兴二年三月二日，臣僚言："今入仕之数日以多，故注官之阙日以远。吏公然受赂，无所忌惮；人亦公然赇吏，无所吝惜。其弊有三：一曰隐匿阙次之弊。宜令诸州通判专一主管，凡管有非泛事故员缺，即日供具，明立字号，入急置申发。候到进奏院，并实时赍赴本部长贰或郎官面拆，径行晓示。二曰引例异同之弊。宜令七司吏人各将见用前后例尽底供出，委自（遂）［逐］司郎官，择公当可用者立为定格。仍令长贰参酌，将其余事同例异者尽行刊除，遇照用，即不许更称别有他例。三曰捃摘小节之弊。宜令各司郎官遇到部官赍到文字及由外处申发，除显有罪犯会到刑寺，有碍差注、磨勘等事，方许告示不行，其他虽有不圆，不许妄有告示。及既行告示，阴使陈诉，却称合先次施行，续行勘会。臣谓凡今铨曹随事生弊，盖不止此。欲望睿明特赐详览，仍乞令本部长贰、郎官，如臣前项所陈之弊，更行条具，务令详尽。"从之。(30，pp. 3248 - 3249)

413. 乾道九年六月六日，中书门下省检正诸房公事、兼权吏部侍郎俞召虎言："窃谓吏部之任号为铨衡，品目繁多，又不能取必于一定之法，而傍出为循习之例。其求于法而不得，则委曲引例以为据。今四方之来者或以注拟，或以磨勘，或陈乞恩赏，或理雪过愆。军功、死事、归正、归明，体尤不一，必由铨部，惟吏之听。至有某事不应得，则引其例以予之；某事所应得，则引某例以沮之，以为乞取之弊。当官者深思（孰）［熟］计，期有以革绝之。其如前后申明、续降，岁月深明，不可胜数。乞令吏部七司勒主令法司，将前后申明、续降、应见引用指挥体例各尽行供具，如有漏落不实，勒罢，永不收叙。结罪以后，或复创有引据，依违其间、觊遂私意者，即以所结罪罪之。倘更有所犯，刑名重者，自合依本条科断。"从之。(35，p. 3251)

414. 嘉泰三年五月二十六日，监察御史陆（浚）［峻］言："尚书六曹皆号法守之地，条格品目，吏铨尤为详密。比年以来，铨法滋弊，人有幸心。臣尝推原其故，其始盖起于废法而创例也。夫法不足而例兴焉，不知例一立而吏奸秉之，异时比附并缘，（寝）［寖］失本意，于是例用而法始废矣。欲望申饬吏部，自今后一切遵用《淳熙重修七司敕令格式申明》，及当时臣僚所进表文后所乞事件外，所有前后循袭成例者，非有申请画降圣旨，并不许承用，违者重寘典宪。"从之。(56，p. 3263)

415. 开禧元年闰八月六日，臣僚言："六曹之设，皆为法守之司，而吏铨为尤详，条格品目，炳若日星。比年以来，创例废法，循习滋久，流弊有不可胜言。试以一二言之。诸文学遇赦许注官，法也；今乃以公私试曾中及已用覃恩幸学恩例升甲推恩，后又欲用为免待郊参部，果法乎？诸黄甲已授差遣丁忧、事故、人服阕到部，许同在部人注授差遣，法也；今必欲占射未便阙，果法乎？诸初注权官任内不许循资，虽奉特旨收使者执奏不行，法也；今乃却于未赴任间多方图谋酬赏资，径欲作正官理为考任，果法乎？初官不许差辟，法也；今乃却于部中注授差遣，后径欲作经任人，以图辟差遣，果法乎？在法，应得循资以上酬赏不许留后收使。今有选人未转至承直郎，改官后却欲将选人时所得酬赏作京官磨勘收使，果法乎？在法，诸已授阙，不许退换，拟定三日内，许换经使阙一次。今有已授差遣，出三日限，虽一两月后，亦别作缘故退阙，仍欲占射非次阙，果法乎？凡若是者，得之者不以为恩，不得者适以为怨，吏奸乘之，比附并缘，请嘱公行，祖宗成法荡然无有。欲望申饬吏部，自今以往，凡有成法者，不得援例引用，庶几幸门杜绝。"从之。（58，p. 3264）

416. 嘉定十六年八月十一日，吏部郎中汪立中言："朝廷公论在铨曹，公道在法令。守法则人无幸心，破法则人得援例。盖幸法之立，乃幸心之所由起。士大夫未尝无幸心，以吾有公法制之尔。法既有幸，人心乌得而不幸耶？是知幸门不可开，幸例不可立也明矣。臣有愚见，冒昧数陈。窃惟本曹掌选人酬赏、循资，具有成法，不容紊乱。但迩来因该遇宝赏，如无资可循及举员足于宝赏之前者，合与给据，候磨勘日久使。今乃有资可转，却不实时陈乞，改秩后方行申给；或先以别赏犹至承直郎，或进赏而举员才及格者，部吏通同计较作弊，亦欲出据。盖其他赏典用于改秩之后者比折收使，宝赏得许全用改秩耳。凡有此等，若不申明，窃恐异日其弊如初。公朝名器，岂容轻畀，欲乞呴赐施行，庶几铨部以为遵守，则士大夫幸心亦可少革，是亦圣朝保全臣子之一端。"从之。（68，pp. 3269 – 3270）

宋会要辑稿・职官一〇・司勋部

417. 淳熙十四年八月十七日，诏："应夔路沿边差遣今后特依旧格推赏，其到罢人依十二年九月四日二广已降指挥施行。"以权发遣夔州杨辅援二广例建请，故有是命。（13，p. 3287）

418. 隆兴元年四月七日，吏部言："左迪功郎、临安府富阳县主簿章汝楫乞关升。本人元系无出身右迪功郎上授今任差遣，于绍兴三十年正月二十六日到任间，准敕赐进士出身，在任成三考，有举主三员。所有未赐出身以前历过月日，乞依詹承家例，作有出身人用三考关升。缘指挥内今后更有似此之人，逐旋申取朝廷指挥。"诏依詹承家例施行。（28，p. 3294）

宋会要辑稿・职官一一・审官西院

419. 神宗熙宁四年二月十八日，中书检正公事所言："近据宗弟等奏各称自嘉祐五年十二月内磨勘转官后，至今已是十年，依得诏条磨勘转官。检会至和二年八月二十七日诏书：自覃恩或特转后及十年者，特具名取旨，各与迁转，即无今后指挥。近诏自治平四年覃恩普转后及十周年特具名取旨，与前降诏敕指挥一般，缘并系特恩，即非定制。今来据宗厚攀引克继体例，及称治平四年正月赦书节文，文武职官并与转官，合磨勘者仍不隔磨勘。看详上项赦书称合磨勘者不隔磨勘，缘宗室即无立定磨勘年限。其昨降敕文称祖宗玄孙磨勘至观察使止，缘自有十年取旨指挥以来，宗室合转官者即亦须磨勘前来授官年月及有无过犯，有过犯即合展年，故亦谓之磨勘，即与外官立定磨勘年限事体不同。其克继昨来转官，显是有司误有行遣。缘克继已得旨与减五年转官年限，若依近降指挥，即须更候一年方合改官。今来合不合与追夺，系自朝廷指挥。所引令谍转官告词内称宗室以十载为定，缘元降指挥自无今后指挥，岂得攀引告词为据？欲乞下大宗正司告示，依前降指挥。"诏克继去转官日限只少一年，更不追夺。余依所定。（20，pp. 3323–3324）

420. 徽宗建中靖国元年十月十九日，诏："侍从官落职充宫观，许作举主收使。"以吏部言："前晋宁军录事参军张基、知威胜军绵上县许有功，乞依郭知章收使举主鞠真卿例，收使举主孙览。勘会孙览已复旧职，因陈宫观，系理知州资序。"诏特许收使，（仍）〔乃〕有是命。（26，p. 3327）

421. 宣和七年四月八日，中书省、尚书省言："从政郎、充皇后宅小学教授张宗奭奏：契勘先降圣旨添给人从，并比附元丰诸王府记室、讲书例，所有改官未曾立法。窃缘臣在本宅供职成四考，别无所隶官司及都下选人职任，无荐举改官。伏望下本宅保明，许依见任太学博士条考第，改合入官。"诏依太学正录条改官。（29，p. 3329）

422. 绍兴三十年五月十六日，臣僚言："平江府节推刘天民在任改差主管架阁文字，乃乞依教官法就任改官，然后赴新任。监行在排岸司许子中亦差主管架阁文字，复引天民例就任磨勘，皆凭恃贵势，侥幸废法。望明诏吏部，坚守成法，今后如刘天民、许子中例妄有攀引而官吏辄有与申陈者，皆重寘典宪，不以赦降原免。"从之。（39，p. 3334）

423. 乾道元年十二月二日，诏："武略大夫、忠州防御使、带御器械赵志忠昨寄资日，于绍兴二十三年三月磨勘转敦武郎，后来磨勘特依徐伸等前后例，自转授日起理磨勘外，余剩月日仍许接续收使。"徐伸磨勘在绍兴三十一年，其后带御器械王概、甘泽乾道二年七月并特磨勘，皆用前例也。（46，p. 3338）

424. 乾道六年七月二日，吏部言："左中大夫、敷文阁直学士薛良朋磨勘。契勘《绍兴参附令》，中大夫转太中大夫，虽两制即不许贴用减年，法意分明。良朋自转左中大夫起程至今年六月止，实历一年六个月，却将昨任知徽州劳绩减四年磨勘内收使一年六个月，凑及三年，转左太中大夫，于法显

碍。虽有放行王曒等例，并在乾道四年不许援例指挥之前。"（50，p. 3340）

宋会要辑稿·职官一三·礼部

425. 哲宗元祐六年四月二十二日，礼部言："每岁宴赏共合用羊乳房约四百五十余斤，泛索不在其数。所用不急而伤生致众，深可恻也。请依羊羔例罢供，以他物代。"从之。5，（pp. 3371 – 3372）

宋会要辑稿·职官一三·祠部

426. 天禧五年四月二十七日，任中行又言："逃亡、还俗僧尼祠部戒牒依例烧毁者，今缘本部在三司，火烛不便，今后欲只剪碎毁弃，收贮充公用。"从之。（20，p. 3380）

427. 绍兴元年七月六日，诏："四川宣抚处置使司自行制造度牒出卖，应副使用，自今降旨挥到日住罢。今后如有合应副支使去处，即差使臣前来行在请降。"先是，知枢密院事、宣抚处置使张浚言："恭禀圣训便宜行事，见依仿朝廷给降体例，臣本司制造绫纸度牒，逐急支降应副赡军使用，许于川、陕、京西路贩卖，与已给度牒一衮行使，谨具奏知。"尚书省勘会："行在见给降空名度牒系绢纸打背，礼部长贰、祠部郎官系系衔押字，面用祠部印，背后郎官系衔押字，用左右司印。及随度牒公据用半印合同，并用半印合同号簿给付降州军。今来宣抚措置使用制造度牒既无逐处印记，又官员衔位，并体式不同，切虑民不孚信，难于出卖，兼难以觉察伪诈。"故有是命。（32，pp. 3386 – 3387）

428. 淳熙六年十月二十八日，知温州胡与可获到刘端等伪造度〔牒〕九道，乞赐施行。上曰："可令胡与可速疾根勘，具案闻奏。令江浙、福建路州军多出文榜晓谕，如僧道有收买到刘端等伪造度牒，自指挥到，限两月，经所在官司陈首，与免科罪，仍令户部、礼部照应绍兴十二年获杨真度牒体例，贴钱换给。如出限不首，许人告，依条断罪，缴到度牒令礼部长贰焚毁。"（38，p. 3389）

宋会要辑稿·职官一五·刑部

429. 宣和四年三月二十七日，刑部尚书蔡懋奏乞编修狱案断例。诏令刑部编修大辟断例，不得置局添破请给。（20，p. 3418）

430. 淳熙四年五月九日，刑部郎官梁总言："昔韩琦在中书日，尽取断例编次纲目，封縢谨掌，每当用例，必自阅之。窃谓今之断例正亦（断）类此，乞明诏刑部，以断例委之长贰或郎官封鐍收掌，用则躬自取阅，庶几定罪用刑在官而不在吏。"从之。（25，p. 3421）

431. 淳熙四年六月五日，诏："刑部将拟断案状照自来体例依条拟定特旨，（中）［申］尚书省，仍抄录断例在部，委长贰专一收掌照用。"以都省言："刑部拟断案状，后来并不比例，系本部照情犯轻重临时参酌拟定特旨申省取旨。近降指挥拘收断例，自今断案别无疑虑，依条申省取旨裁断；如有情犯可疑合引例拟断事件，申尚书省参照。今来刑部将合奏裁案状一例不拟特旨上省，照得已降指挥内即无令刑部不拟特旨之文，其本部自合依旧，于已降旨挥别无相妨。"故有是诏。（26，p. 3421）

432. 淳熙四年六月二十八日，诏："刑部自今将情法相当、别无疑虑案，状依条施行外，有情犯可疑，即于已抄录在部例册内检坐体例，比拟特旨申省。如与例轻重不等，亦令参酌拟断，申取指挥。"既而中书省言："诸路州军申奏狱案依已降指挥，刑部敕令所删订修立到断例共九百五十余件，左右司拘收掌管。自今刑部、大理寺断案如无疑虑，依条申省取旨裁断；有情犯可疑合引例拟断事件，申省参照施行。仍抄录断例在部，委长贰专一（状）［收］掌。今刑部所申案状虽有拟立特旨，并不曾检坐体例申省。窃虑处断轻重不伦，未应已降指挥。"故有是命。（26，p. 3421）

433. 淳熙十年八月十三日，刑部侍郎曾逮言："乞下本部，自今应拟贷刑名并开具断例之相类者，然后酌其轻重，用小贴声说，以取朝廷裁断。如于重罪不失而小有不同，并免驳问，庶几有司如意参酌，谨以引用拟断，以副陛下钦恤之意。"从之。（26，pp. 3421 - 3422）

宋会要辑稿·职官一七·御史台

434. 大中祥符九年二月，诏："三院御史旧三年为满者，自今在台供职并止二年。若曾纠弹公事，显是修职，候满日特升陟。如全无振举者，当议比类对换别官外任差遣。仍令本台勘会在职事状及有无功过诣实以闻。"时殿中侍御史李铼援高弁、俞献卿例求补外郡。中书言弁在职岁余，以亲老求归侍，特命知淄州。献卿累更任使，得知（颖）［颍］州。铼裁通判一任，入台始周岁。元诏以三年为限，真宗因命差减年限。（5，p. 3450）

宋会要辑稿·职官二〇·太宗正司

435. 绍兴二十九年三月十七日，安庆军节度使、同知大宗正事士籛言："与亲兄士街同任宗事，而兄士街见系承宣使。自来宗司文移以官高下列衔，乞依士㒟例于士街之下列衔。"从之。（29，p. 3579）

436. 绍兴三十年四月九日，诏："恩平郡王璩已除判大宗正事，其合行事、恩数、请给，并依见行条令及士㒟例施行。"（29，p. 3579）

宋会要辑稿·职官二二·挽郎

437. 仁宗天圣元年正月，流内铨言："据永定陵挽郎王竦称，蒙恩补授，赴山陵行事，别无遗阙，系是放选。乞比斋郎例注官。铨司检详《长定格》，斋郎、挽郎并是一类出身人，欲令王竦依斋郎例，许于南曹投状。"从之。（21，p. 3625）

宋会要辑稿·职官二二·太医院

438. 政和元年五月十二日，详定重修敕令所言："太医局状，奉议郎、太医局正程容（程）［陈］乞请给、序位、人从比附寺监丞体例施行。户部勘当，已得朝旨，依少府、将作、军器、都水监丞则例支破。所有立班序位，欲比拟在都水监丞下。"从之。（38，p. 3637）

宋会要辑稿·职官二四·大理寺

439. 乾道元年五月二十四日，诏："法令禁奸，理宜画一。比年以来，旁缘出入，引例为弊，殊失刑政之中。应今后犯罪者，有司并据情理，直引条法定断，更不奏裁。内刑名有疑，令刑部、大理寺看详，指定闻奏，永为常法。仍行下诸路，遵守施行。其刑部、大理寺引见用例册令封镵架阁，更不引用。仰刑部遍牒诸州，大字出榜晓谕。"（27，p. 3670）

宋会要辑稿·职官二七·惠民和剂局

440. 高宗绍兴六年十月四日，诏："和剂局差专知官一名，手分二人，书手二人，生熟药库子、秤子各一名；熟药所各差专知官一名，书手一名，卖药库子三人，依法召募。内专知官于校副尉内踏逐。其请给并依杂卖场见请则例，专知官添给钱一十五贯，每日食钱三百文；手分料钱一十二贯，每日食钱二百文；书手、库子每月料钱八贯，每日食钱一百八十文。并推行仓法，内专知官与理当重格。"是年十月八日，朝旨："和剂局专副知、手分并日支食钱三百文，书手二百五十文，库子、秤子二百五十文。熟药所专库书手等，并依此则例。"并从太府寺请增添也。（66，p. 3745）

441. 绍兴六年十月四日，诏："杂买务收买药材，依杂卖场例，每贯收头子钱二十文省，市例钱五文足，应副脚剩钱等杂支使用。置历收支，年终将剩数并入息钱。所有熟药所纳钱看掲，并依左藏库条法。其纳到钱就支药材价钱外，余并行桩管。"（66，p. 3745）

442. 绍兴六年十月二十五日，诏："药局修合并辨验药材官，令本部于医官局并有官人及在外有名目医流内踏逐申差。其请给（衣）［依］和剂局监官例，添破茶汤钱八贯文。如系有官人，亦与理为资任。"九月二十五日，南北所各添书手、库子各一人。（67，p. 3745）

宋会要辑稿·职官二八·国子监

443. 政和三年七月六日，尚书省言："检会从事郎、陈州教授李璆状：自崇宁元年补试入太学，四年十一月缘父荫补（大）［太］庙斋郎。大观元年第一等升补内舍，当年累成上舍上等校定。政和元年赴上舍第三人，合释褐人数。承朝旨，合候殿试。政和二年殿试，赐第一等上舍及第。伏睹《学令》节文，诸有官贡士附试合格者，上等升二等差遣。及同年有官附试上等人李纲已蒙推恩了当。"诏李璆依李纲例，与承务郎，仍除国子博士。（20，p. 3769）

宋会要辑稿·职官三二·殿前司侍卫马步军司

444. 嘉泰元年十一月三日，宰执进呈殿帅郭倪乞拨丰储仓米一万石，冬至前支散口累重大官兵。已得御笔依，谢深甫奏："殿司若欲额外（俯）［抚］存军士，主帅自合措置，不应请于朝廷。兼自来无此例，今若开端，后必为例。"上曰："极是。如郭倪奏陈欲将雄效及军中子弟招填效用，有坏孝宗法度，诚为难行。"深甫奏："此一事利害极大，前后帅臣专欲以此市恩，不知坏国家法度。陛下圣明，洞知底蕴，天下事一一留圣意如此，天下亦不难治。孝宗家法，万世当守。今借拨米事，冬节已近，且与权借拨一万石。候来春依数籴还，日后不得为例。"（20，p. 3823）

宋会要辑稿·职官三三·环卫

445. 淳熙十五年六月十二日，进呈环卫官赵廓乞依任寿吉例，以遥郡带大将军。（3，p. 3844）

宋会要辑稿·职官三四·阁门通事舍人

446. 高宗绍兴六年十一月二日，御前祗应、干办御前马院李彦实、冀彦明、仵彦宏言："臣等伏自今上皇帝才出外第，差在蠡邸祗应，以至扈从至应天府，遭遇登宝位，实万载一遇。伏阁门兼祗应李观、严仅元系供报班次，已蒙圣恩作藩邸人，各除阁门祗候，并见今供职。再念臣等夙夜应奉，与其它随龙人事体不同，欲望睿慈特许依李观等例施行。"诏李彦实、冀彦明、仵彦宏并特除阁门宣赞舍人，余人不得援列。（6，pp. 3851－3852）

447. 绍兴六年十二月十日，武翼郎韩敳言："臣元是阁门宣赞舍人，近该磨勘转武翼郎，即不带行前件阁职。伏念敳昨用父赠庆远军节度使遗表恩泽一资，除前件阁职，即与寻常特带阁职人事体不同。今窃见曹王骎春亦系用父遗表恩泽除阁职，后来磨勘不曾带行，蒙特降指挥，复令依旧带行阁职了当。敳与曹王骎春事体一同，伏望特赐依曹王骎春例，依旧带行阁职。"从之。（7，p. 3852）

448. 绍熙四年六月八日，阁门宣赞舍人、干办皇城司郑挺言："阁门供职已踰十年，干办皇城司系再任。照得昨降指挥，阁门宣赞舍人供职及十年人与州钤辖差遣，皇城司干办官曾经任满人与升擢。欲照元降指挥，改差两浙东路兵马钤辖，衢州驻扎，依王瑛等例，依旧阁门供职，到日之任。"从之。
（9，p. 3853）

宋会要辑稿·职官三六·内侍省

449. 大中祥符五年二月，入内内侍省言，前行费逊乞依陈莹例转职。帝
曰："陈莹，太宗尹京日宅库前行，故特补殿直。入内内侍省止有前后行曹司
名目，自今不得别置勾当官，余罢之。"（7，p. 3890）

450. 嘉祐六年十一月十六日，枢密院言："勘会两省使臣磨勘条例，欲除
景祐二年九月诏并入内省自来黄门转高班例依旧外，并依今年十月五日指挥，
其余条例更不施行。"诏合该改转高班已上，内元因劳绩者及无劳绩有公罪杖
已下者，并理十年磨勘；无劳绩、有赃私及公罪徒已上者，并理二十年磨勘。
内私罪情理轻取旨。余并从之。（12，p. 3894）

451. 熙宁三年七月，宣庆使、遂州观察使、入内副都知石全育言："臣历
任四朝，今老且病，愿罢本省，乞一宫观寺院。"诏为系先朝攀附，特依所
乞，与免职转官，提举东太一宫，仍依石全彬例免朝参，仍迁节度观察留后。
（15，p. 3895）

452. 哲宗元祐元年八月十八日，诏："入内东头供奉官、勾当御药院冯宗
道见寄右骐骥使，梁惟简见寄文思副使。宗道为系随龙，惟简久在太皇太后
殿祗应，各有勤绩，可与改寄正官，并特除内侍省内侍押班，（公事）更不签
书内侍省公事，余人不得援例。"（18，p. 3897）

453. 元祐元年十月二日，诏："内侍押班梁惟简在太皇太后殿祗候近二十
年，累有勤绩，今转出，可特带遥郡刺史，后毋为例。"　　（19，pp. 3897 –
3898）

454. 元符三年二月二十八日，辅臣奏内臣刘瑗乞磨勘，瑗遥防，非押班，
无磨勘法。上颇称瑗循理，然例不可启，遂已。（20，p. 3899）

455. 政和三年十一月十五日，诏："通直大夫、保宁军节度观察留后、知
入内内侍省蓝从熙特与落通侍大夫，依旧保宁军节度观察留后，罢知入内内
侍省，除直睿思殿。及今后余人不得援例，虽奉特旨，亦令中书省执奏，仍
令御史台弹奏"。（22，p. 3899）

宋会要辑稿·职官三六·主管往来国信所

456. 大中祥符五年正月，诏："契丹使所送与臣僚私觌土宜物数已不少，
各有定例，近年倍多，恐因诱致事。可降诏示，自前有例者赐与，无例者不
得给与。"（34，p. 3906）

457. 哲宗〔元祐〕元年四月二十二日，国信所言："辽国贺坤成节人使赴

阙，合差接伴祗应人及给散行李等，未敢比附神宗皇帝同天节例施行。"诏令比附。（40，p. 3910）

宋会要辑稿·职官三六·军头引见司

458. 绍兴六年六月二十三日，军头司言："准入内内侍省李存约奉旨，军头引见司御前忠佐步军都头张明该遇天申节，特与奏次男张永坚，依御前忠佐张青等例，仍不候覆奏。臣僚言：'契勘忠佐奏补军头司自有成法，所奏子须年十岁以上，仍召保验实闻奏。'今来张明奏补男张永坚，系是特降指挥，未审应与不应条法。若别无违碍，自可付之有司，（条）〔依〕法施行。伏望特降睿旨，应事有条法者，诸司不得取降特旨，一切付之有司。"从之。（87，p. 3934）

459. 绍兴十一年十二月十五日，军头司言："供内仪鸾都虞候翁政近因年劳合转一资，不就改转，乞改正元旧御前忠佐马军都军头职名。"诏特令军头司收系名籍，余无干照放停之人，不得援引为例。（88，p. 3934）

460. 绍兴十二年五月十三日，军头司言："贴司、守阙贴司自南京随从巡幸〔扬〕州，系与押司官已下一等支破巡幸券钱。自随从至温州，一例住罢。绍兴元年内已降旨挥，押司官至后行，与支破巡幸食钱。贴司、守阙贴司当时全阙，未曾支破巡幸食钱。今来见管贴司、守阙贴司为系殿庭（支）〔祗〕应人数，除见请请给外，并欲乞依诸司库务贴司见请则例，一等支破巡幸食钱。"从之。（88，p. 3934）

461. 绍兴十三年二月二十五日，诏："军头司押司官张珣等系昨随从迎奉皇太后祗应人数，与依阁门、客省、四方馆例，检照昨平江府已经批勘犒设则例，将见今人数依近降指挥增倍犒设批勘。"以张珣等言："军头司正系随从车驾往回，沿路收接唐突人、取责文状闻奏听旨，祗应人数比之他司事务不同，自合依阁门、客省、四方馆已降指挥增倍犒设，其粮料院未肯批放。"故有是命。（89，p. 3934）

462. 绍兴二十六年闰十月十三日，诏："军头司使臣、人吏系殿内引呈射射等公事，日逐趁赴朝殿祗应，与依客省、四方馆使臣、行首、承受例，令步军司差破兵士，使臣、职级依使臣例，手分依承受例。其钱米就本司大历内批勘。"（90，p. 3935）

463. 皇祐三年七月三日，医官使齐士明等援例乞同管勾本院公事，仁宗曰："士明辈辄敢违条妄陈，以供奉药饵，时有功，特免劾罪，令提举所严加戒励。"（98，p. 3941）

464. 孝宗乾道五年六月二十日，翰林院言："太上皇帝圣旨，医官赵确为医药有劳，特与依朱仲谦例赐紫服色。"诏为系德寿宫祗应，特依今来指挥，内紫服色依例于祗候库取赐。（105，p. 3949）

宋会要辑稿·职官三六·技术官

465. 乾道元年二月二十六日，臣僚上言："据主管侍卫马军司公事张守忠申：'契勘本司诸军遇有病患，止系医官朱中孚一员医治。守忠去年七月内出戍日申获朝廷指挥，差辟医官局翰林医候鲍师文前（主）〔去〕。本人谙晓方书，精明色脉，欲望特降指挥，将鲍师文收充本司医治。仍乞依朱中孚例，支破衙官五人例请给。'臣伏见增添医官虽为公磨，外廷论列，恐又有甚于此者，不可不杜其源。欲望圣慈将前项指挥更不施行。"从之。（117，p. 3957）

466. 乾道三年正月二十四〔日〕，臣僚上言："随龙医官平和大夫、阶州团练使潘攸差判太医局，请给依熊诚例支破。寻取会（能）〔熊〕诚全支本色因依，系与陈孝廉皆援干办军头司王公济例，特旨用随龙恩数。在于《禄令》，固无伎术官请真奉之文。按熊诚系和安大夫、潭州观察使，月请米麦百余石、钱百千，春冬衣绵绢之属比他人十倍。今潘攸官秩虽降诚两级，然其所得亦已多矣。以医职而授观察、团练使厚俸，何以别将帅、勋旧哉！欲望睿旨将潘攸合得请给，令户部照条支破。"从之。（119，p. 3958）

467. 乾道七年十二月二十三日，诏："随龙太史局令、判太史局李继宗两经该遇德寿宫应奉有劳，特转三官，许回授，可将未曾收使三官特与男安国补太史局保章正，充历算科。"臣僚上言："保章正虽号太（使）〔史〕局，然从八品，与宣（仪）〔义〕郎、成忠郎等尔。祖宗着令，功赏转官碍止法者，许回授有服亲，皆谓有官人，非白身也。自大观、政和以后，蔡京紊乱法度，（郡）〔群〕臣始有以转官回授为荫补者，今吏部以为非乏补官而不与放行致仕恩泽者是也。其后蔡攸遂又回授转官以为职名，其子蔡卫、蔡衍皆自待制以回授而迁直学士。由是武臣高俅亦用此例，其子尧康以回授自遥郡转正任，尧辅以回授自观察而转承宣。名器之滥，有不可胜言者。今陛下命一小臣为保章正，固无足惜，然使其精于历算，众所共推，则虽特命之可也，用其父之回授，臣恐不可开此例尔。"从之。（122，p. 3960）

468. 乾道七年八月二日，吏部随龙和安大夫、吉州刺史、入内内宿兼德寿宫旬看李师尧状："先于乾道元年十一月该遇庄文皇太子授册，依已降指挥与遥郡刺史。后因臣僚上言，该转遥郡之人将两官与作一官收使，师尧一官，止合回授。得旨依奏，候因转官日通作一官收使，遥郡上转行。窃念臣于乾道七年五〔月〕再该遇德寿宫五年有劳赏，合转一官。所有前后两官，并未曾收使，乞依陈孝廉例转行遥郡一官。"诏依，特转成州团练使。（123，

p. 3960）

宋会要辑稿·职官三九·都督府

469. 高宗绍兴二年四月六月九日，殿中侍御史江跻言："乞诏大臣，自今有见任宰相暂出抚（帅）［师］，其有所辟僚属除官进职，许依吕颐浩体例施行，以示恩数。余人不得辄有援例。"诏令三省遵守。（4，p. 3976）

宋会要辑稿·职官四一·宣谕使

470. 绍兴八年十一月八日，监察御史、江西路宣谕李寀言："欲乞同昨监察御史胡世将奉使福建路督讨范汝为例，依本路提点刑狱官一岁所举官吏条格员数。"诏依五路宣谕官已得指挥。（6，p. 4001）

471. 隆兴二年十一月五日，臣僚言："伏睹指挥，淮西宣谕司结局，其官吏、军兵并依汪澈例等第推赏。伏见汪澈督师襄汉之时，强对敌垒，尝交锋刃，一行官吏以次行赏，第一等转两官，第二等转一官、减二年磨勘，第三等转一官。今岁淮西外无边警，如一府官吏先受恩赏，窃虑屯戍之人无不怨望，不若寝之于未然。"从之。（12，p. 4004）

472. 开禧二年正月二十三日，诏吏部侍郎薛叔似差充湖北京路宣谕使，合行事件疾速条具申三省、枢密院，限十日起发。既而叔似画一申请"……兼今来系两路宣谕及抚劳将士，体访事宜，并诸杂使唤不可阙人，今乞依周聿例差准备差使、准备使唤各五人，于见任、寄居、待阙、已未到部大小使臣、校副尉内，不以有无拘碍，踏逐指差，不许辞避。其请给等并依主管文字例一等支破……一、所有将带一行官属、使臣、人吏、兵士等，并依周聿例各借请两月，候回日通旧欠作五厘回剋。所有一行人愿分擘请受于行在或所在住家州军勘给者，听。更合取自朝廷指挥。"诏差干办官一员，准备差遣、差使、使唤各两员，主管文字、书写文字各二员，内赞引知班改差引接二名，当直兵士差三十人，余并依。（12~16，pp. 4004－4006）

473. 开禧二年三月十五日，诏："湖北、京西州县饥民阙食，流为盗贼，已差薛叔似充宣谕使，前去赈恤。近边报两淮沿边亦有贼徒啸聚，窃虑亦系饥民，理宜一体差官抚谕。"差给事中邓友龙充两淮宣谕使。既而友龙依周聿等例画一条具，悉如薛叔似所请。诏准备差遣、差使、使唤各差两员，主管文字、书写文字各二名，当直兵士差三十人，余并依。（16，p. 4006）

宋会要辑稿·职官四一·宣抚使

474. 绍兴四年十一月二十日，江南东路淮南路宣抚使司言："本司官属内干办公事三员，准备将领五员，准备差遣、准备差使各五员，缘今来事宜之际，军事繁冗，全要官属办集，即今见有官属数少，委是干当不前。乞依韩

世忠军例，添差逐色官属，庶几易为集事。"从之。（32，p. 4014）

475. 乾道元年五月二十九日，诏："新安郡王吴璘已降指挥除四川宣抚使，所有合差置官属、人吏等，依胡世将、郑刚中体例施行。"宣抚司人吏旧以六十六人为额，缘今别无调发，可裁减一半。诏从之。（37，p. 4017）

476. 乾道三年六月十八日，虞允文言："奉旨令户部支钱三（十）〔千〕贯，付充随行激赏库支用，所有依叶义问、江澈昨出使例，合差带激赏库监官一员随行。"从之。（38，p. 4018）

宋会要辑稿·职官四一·总领所

477. 高宗绍兴十一年正月十四日，淮南西路宣抚使张浚言："总领提举大军钱粮吴彦璋措置应办本司大军钱粮首尾二年，并无阙误，欲依张成宪昨来应副韩世忠钱粮例推恩。"诏吴彦璋与转一官。（45，p. 4022）

宋会要辑稿·职官四二·镇抚使

478. 绍兴三年五月四日，河南府孟汝郑州镇抚使翟琮言："本镇缓急贼马犯境，无兵应援，缘朝廷在远，道路梗涩，奏报不及。又本镇不系处置司张浚宣抚地分，乞将本镇依金均房州镇抚使王彦例，亦隶宣抚处置使司。"从之。（77，p. 4110）

宋会要辑稿·职官四三·提举茶盐司

479. 嘉定七年七月二十七日，臣僚言："检照开禧二年内，因浙东提举司干官申请，于庆元府温州各创置分司干官一员，专一提督盐仓收支，点检诸场买纳。至嘉定六年内，因白札子陈述温州盐课利害，行下本司相度。本州自辟置分司干官以后，支发袋盐较之经减新额，仍前趁办不敷，遂将原辟差干官继行省罢，孰不谓宜，外有庆元府分司干官事体一同，当时议者偶不及之，遂得仍旧。自创置及八年，课额亏陷如故，而一司吏卒需索仓场，骚扰亭户，不能安迹。乞将庆元府分司干官照温州例特与省罢，其已辟差人别与一等堂除近次差遣。仍札下庆元府守倅，须管每岁登及元额，如有亏欠，取旨责罚。若措置增羡，乞与旌赏。照得浙西提举司嘉定四年内因臣僚申请，乞仿浙东体例创置分司干官一员，于嘉兴府华亭县置司，蒙降指挥许于本路官属内辟差。比年以来，所辟本路官属率为权要亲旧所得，其挟势骚扰，弊亦如之，并乞住罢。或有场分职分废弛，合行提督，只于本司属官内差委，往来点检措置施行。"从之。（45，p. 4133）

宋会要辑稿·职官四三·都大提举茶马司

480. 元丰七年十一月二十二日，都大提举成都府永兴军等路榷茶公事陆师闵札子："诸巡辖般茶铺使臣请受、当直、兵士并依巡辖马递铺例，出巡给递马一匹。每岁比较，如无住滞工限及逃死兵士不及五厘，任满与减一年磨勘，先次指射家便差遣。”从之。（67，p. 4144）

481. 崇宁四年七月二日，熙河兰湟秦凤路经略安抚制置使司奏：“奉诏处分相度措置马政事，寻先次指挥岷州计置收买马一万匹，作制置司支用，候足日奏取处分，已令知岷州冯瓘措置。今据冯瓘申，已牒提举买马司逐急借拨名山茶贴作三万驼支与岷州，候见得的确数目申朝廷，却行拨还。及已牒茶事司依冯瓘所申，并下秦、巩、熙、河、岷州，依所乞应副去讫。一、于买马场勘会到良纲马，并系支一色名山茶下项：良马三等，并〔四赤〕四寸（已寸）已上，上等见支茶二驼一头，中等见支茶二驼二十斤一十五两半，下等见支茶二驼二十斤七两半；纲马四赤七寸，见支茶一驼一头二十六斤半，四赤（四）〔六〕寸见支茶一驼一头一十九斤一十二两，四赤五寸见支茶一驼一头一十四斤一两半，四赤四寸见支茶一驼一头四斤一十一两，四赤三寸见支茶一驼四十九斤二两，四赤二寸见支茶一驼三十二斤一十二两。一、勘会日近蕃客稀少，即今买马场全然收买不得，若不添展茶数，窃恐卒难收买。乞候蕃客牵马到场，相验好弱，临时添搭。良马权添茶三十斤，纲马权添茶二十斤。相度欲依冯瓘所乞，权添上件茶数博马，只作添搭支马牙人，即不得碍买马司博马体例，候今来数足依旧。一、契勘若只买良马一万匹，约用名山茶三万驼。今来本州见管有三千余驼，止买得一千余匹。一、欲将秦州庙州铺分擘合应副，秦、巩、熙、河州名山茶，以三分中且截拨二分赴岷州，准备支用。一、今来茶数既多，即沿路不免拥并，欲乞将秦、巩、熙、河大路榷茶铺权行差那于本州沿路地分贴铺，及下经由县、镇、堡、寨，和雇人夫，并工推般，庶得办集。”从之。（85，pp. 4152 – 4153）

482. 崇宁四年十二月三日，中书省、尚书省〔言〕：“检会元丰六年闰六月十三日条：‘诸出卖官茶，提举司立定中价，仍随市色增减。应增者本场体访诣实增讫，申提举司覆按，应减者申提举司待报。’今立到《熙河路博马、贴卖、出卖茶名色酌中价例》下项：博马茶：名山茶每驼七十八贯五百三十三文，瑞金茶每驼一百二十九贯四百一十三文，洋州茶每驼七十贯五百四十二文，万春茶每驼八十七贯三十六文。贴卖茶：名山茶每驼八十一贯六百五十一文，瑞金茶每驼一百七十三贯三百四十八文，万春茶每驼一百七十三贯三百四十八文，洋州茶每驼一百七十三贯三百四十八文。出卖食茶：油麻埧茶每驼九十三贯九百九十八文，洋州茶每驼八十六贯二百三十文，崇宁茶每驼八十一贯八百六十六文，杨村茶每驼一百一贯九百七十三文，兴元府茶每驼一百二十二贯五百七十一文，永康军茶每驼九十八贯七百二十四文，味江茶每驼九十三贯四百一十四文，堋口茶每驼一百三十贯四百五十三文。"诏川茶专充博马，更不出卖。旧出卖数，令洪中孚相度博籴斛斗。(86，p. 4153)

宋会要辑稿·职官四三·提点坑冶铸钱司

483. 宣和元年正月二十六日，都省言："检会金部员外郎朱尹奏：承尚书省札子，奉御笔，饶、虔铸钱司失陷本钱不少，积年不曾勾考，差臣前去勾考，仍委措置以铁蘸铜事。臣今参酌范之才昨提举荆湖茶事出使条例，画到合行事件下项：一、检会昨范之才提举南北两路茶事，差属官四员。今来措置勾考东南诸路事务，不敢故有陈乞，欲只依上件体例共差四员。内一员充管勾文字官，仍乞于见任或得替待阙不以京朝官或选人内踏逐，具名奏差。所有资任、请给、递马、驿券、当直、人从并差破手分等，并依范之才已得指挥。"奉御笔，属官可止差三人，其该载未尽，依范之才已降指挥，仰别具申请。余依奏。(139，p. 4180)

宋会要辑稿·职官四四·市舶司

484. 绍兴十四年九月六日，提举福建路市舶楼琦言："臣昨任广南市舶司，每年于十月内依例支破官钱三百贯文排办筵宴，系本司提举官同守臣犒设诸国蕃商等。今来福建市舶司每年止量支钱委市舶监官备办宴设，委是礼意与广南不同。欲乞依广南市舶司体例，每年于遣发蕃舶之际，宴设诸国蕃商，以示朝廷招徕远人之意。"从之。(24，p. 4216)

485. 绍兴十五年十二月十八日，诏江阴军依温州例置市舶务，以见任官一员兼管，从本路提举市舶司请也。(24，p. 4216)

宋会要辑稿·职官四四·提举弓箭手司

486. 徽宗政和五年二月十八日，勘会陕西、河东逐路自罢专置提举官隶属经略司，事权不专，颇失措置。根（舌）[括] 打量、催督开垦、理断交侵等职事，尽在极边，帅臣无由亲到，窃虑因循浸久，旷土愈多，销耗民兵人额，有害边防大计。兼提〔举〕文臣玩习翰墨，多务安养，罕能躬亲冲冒寒暑，奔走往来议事。可陕西、河东逐路并复置提举弓箭手（同）[司]，仍各选差武臣一员充，理任、请给、恩数等并依提举保甲条例施行。每路各置勾当公事使臣二员。每岁令枢密院取索逐路招置弓箭手并开垦过地土，比较优劣殿最，取旨黜陟。(53，p. 4231)

宋会要辑稿·职官四七·判知州府军监

487. 绍兴六年五月十二日，都督行府言："已降指挥，刘洪道除知襄阳府。契勘襄阳府系上流重地，密邻伪境，欲乞依陕西五路例，许带京西南路安抚使。"从之。(25，p. 4279)

488. 绍兴九年九月十五日，湖北经略安抚使司言："准臣僚奏，欲乞将湖北路辰州守臣依邵州例，今后递差文武臣。契勘辰、沅、靖三州皆系沿边去处，内靖州旧系溪洞诚州，先蒙朝廷改作渠阳军，后来省废，再于崇宁元年复置，改渠阳军为靖州，最系极边去处。今相度，可依旧只差武臣知州外，其辰、沅二州不全系极边，合递差文武官。"从之。（27，p.4280）

489. 嘉定十年八月一日，四川安抚制置使司奏："据新知天水军黄炎孙申，乞照光化军与龙州体例兼带弹压屯戍军马。本司照得天水军正系极边去处，又有出戍官兵，若使守臣与之全无关涉，窃恐缓急误事。黄炎孙所陈委为允当，乞检照龙州体例，自后天水知（事）［军］兼带弹压屯戍军马系衔。"从之。（58，p.4296）

宋会要辑稿·职官四七·司理院

490. 乾道七年二月四日，臣僚言："临安府所管左右司理院、府院三狱，除每院推级四名推行重禄外，其余杖直、狱子等自旧皆无请给，往往循习乞觅，无所顾籍［顾忌］。乞令三狱每处止许置杖直、狱子一十二名，比附大理寺则例，每月支钱十贯、米六斗，并推行重禄。仍不许诸处官司差拨。如敢仍前乞取，并计赃断罪。"从之。（74，p.4307）

宋会要辑稿·职官四八·幕职官

491. 天圣四年六月二日，中书门下言："今后奏举人及常选人内，经八考已上合入令录，虽未赴任，特与职事者，乞并除节度、观察推官。"仁宗问："旧例如何？"王曾对曰："自来初等职官俸入太〔薄〕，缘已被保举与两使推官，则稍似升陟。"从之。（7，p.4312）

492. 淳熙二年十二月二十五日，诏："邵州许添置军事判官一员，同推官分管签厅当直司职事。"以守臣丁雄飞言"签厅止有推官一员，且无司户，乞依衡、永州例，添差判官或司户一员"故也。（11，p.4314）

493. 淳熙四年二月二十三日，诏："荆南府依旧为江陵府，签判、节度推官以荆南系衔。"吏部侍郎周必大言："选人有两使职官，如节度推、判官合从军额，察推及支使则从州府名是也。姑以行朝言之，宁海是军名，凡签判及节推则以宁海军入衔；临安是府名，凡察推、支使则以临安府入衔。此定制也。近有从事郎李敏用归正恩例添差荆南节度推官，合从军额，其奏钞内却带'荆南府'三字。其前有差过从政郎郭世华已是如此。盖缘前后除本府守倅，或作江陵府，或作荆南府，而不知荆南是节镇，江陵却是府号，差互失于厘正。至淳熙元年，有司又不照两使职官自有分别，误作勘会，称江陵府幕职州县官窠阙内有节推一员，系作荆南节度推官（繁）［系］衔。其余曹、县官计二十四处，并称江陵府，遂谓荆南即无军额，亦无指挥分别，欲作一体称呼，殊不知荆南不称军，犹太原府谓之河东、扬州谓之淮南、襄阳府谓之山南东道、成都潼川府谓之剑南东西川也。当时事下湖北安抚司，本司不知节镇行移自来多用军额，遂乞依仿建康等体例，就以荆南府为名。所有节度推官，自来专从军额，难冠以'府'字，合行改正。"故有是诏。（12，pp. 4314 – 4315）

宋会要辑稿·职官四八·县令

494. 淳熙四年十二月四日，知赣州彭演言："赣之为州，在江西之极南，实与岭南接境。龙南、安远二县瘴疠之气，视岭南他州县殆甚焉。乞将龙南、安远二县县令从邻县梅州程乡及惠州河源县例，许以举主二员，改合入官。仍许通用前任举主及免职司。或前任已有举主三员，亦并候三年终满，别无公私过犯，许提刑及守臣照改官状犯入己赃甘当同罪体式，连衔保奏，亦与改官。盖前任举主至于三员以上，即其人才必有可取；而本任之内并无公私过犯，其余莅官律己亦有足称；又令宪司、守臣连衔责其保任，则非出于一人之私意，而其言亦不苟矣。若京朝官以上任知县者，亦乞仿此优立赏格，庶几士夫欣慕而来，务修职业，以期荣进。"诏如京朝官愿就之人，候三年任满与转一官，更减二年磨勘。（20，p. 4319）

宋会要辑稿·职官四八·县尉

495. 绍兴十一年九月二十七日，诏主簿、县尉依旧例带主管学事结衔。（72，p. 4361）

496. 乾道九年八月二十一日，荆湖北路安抚、转运、提刑、提举司言："乞将峡州长阳县旧汉寨依东南县例，置文官西尉一员。"从之。（76，p. 4363）

宋会要辑稿·职官四八·牙职

497. 仁宗天圣元年十一月，诏："宜州最处边陲，接西南蕃，南丹州控带蛮洞，其衙前职员累经差使，甚有勤绩。自今都知兵马使三年满，依例赴阙与班行，诸处不得援例。"（96，p. 4373）

宋会要辑稿·职官四八·都钤辖

498. 崇宁二年正月二十六日，中书省言："四川地远，军防不修，乞利州、夔州依成都府例，各置钤辖，移利州路分于剑门关，兵卒增倍，成都府旧以便宜从事，罢去已久，军民所巨蠹者，令酌情处断。四川监司、钤辖、大州守臣不差蜀人，所辖兵马东军与土人参用，如旧法。"从之。（113，pp. 4383 – 4384）

宋会要辑稿·职官四八·提举兵甲巡检事

499. 淳熙十五年七月八日，诏夔州守臣兼提举归峡州兵甲司公事。以知夔州杨辅言："夔之与归，（蜃）［唇］齿相资，今以归州改隶湖北，则夔之屏蔽单弱，一有缓急，事不相应。乞依江西赣州兼广东南雄州兵甲公事例，庶几利害相通，以备不虞。"故有是命。（131，p. 4394）

宋会要辑稿·职官五〇·遣使巡抚

500. 景德三年四月二十八日，命职方郎中、直昭文馆韩国华为升、宣等州巡抚使，阁门祗候张士宗副之；审刑院详议官、殿中丞周寔为江、洪等州巡抚使，阁门祗候王德信副之；度支郎中裴庄为两浙路巡抚使，阁门祗候张雄副之。其存问、按察、疏决，如谢涛等例。（3，p. 4414）

宋会要辑稿·职官五一·国信使

501. 哲宗元祐七年正月二日，枢密院言："辽使耶律迪病且殆，缘通好已来，未有故事，今用章频、王咸宜奉使卒于契丹、北人津送体例，预送馆伴所密掌之。如迪死，即施行。"从之。（5，p. 4419）

502. 绍圣元年三月八日，给事中吕陶等言："具析到昨充宣仁圣烈皇后遗留使、副，于北界遇朔望，依元丰八年王震故例，用治平四年、嘉祐八年不赴宴会例。"（5，pp. 4419 - 4420）

503. 孝宗隆兴元年九月五日，魏杞、康湑言："今来所差官属，全在同共宣力，分掌职事，乞依王之望等例，先与转一官资，出给省札补授，候回日换给。如不该推恩，却行缴纳。"从之。（22，p. 4429）

504. 绍熙五年十一月九日，接伴使章颖、副使李孝纯言："今来取接使人，系在寿皇圣帝小祥之内，兼目今臣僚见行三年之制，及接送伴吊祭使、副彭龟年等，沿路着白凉衫、皂带，乘坐皂鞍鞯，及御筵等处陈设，并用青素及果卓，彻去珠花粉仙，使人免舞蹈山呼，系（接）［按］吊祭之礼。今来颖等接伴贺登宝位人使，系行贺礼，所有服色、礼仪等，未审合与不合从彭龟年体例施行。"（29，p. 4433）

宋会要辑稿·职官五三·提举所

505. 绍兴三十二年八月二十二日，入内内侍省东头供奉官、睿思殿祗候、德寿宫提辖造作任诉奏："入内内侍省〔内〕侍殿头王楫差充德寿宫监造官，申请下项：一、乞以德寿宫监造为名。一、乞量行差手分一人、抄写人二人，许于内外官司人吏内指名差填。其请（假）［给］，手分依修内司手分、抄写人依贴司见请则例支破。候实及十年，与补进武副尉出职。一、修内司拨隶本宫雄武壮役工匠、搭材共三百八十七人，即未有立定额数、军分指挥。今乞以五百人为额，并拨充雄武指挥；其请给关所属，依雄武见请则例批勘。"
从之。（4，p. 4462）

宋会要辑稿·职官五四·宫观使

506. 淳熙三年九月二十四日，〔周〕必大奏："按故事，宗室、戚里或前宰执带节度使，多充宫观使。若至使相，自领使无疑。昨史浩以使相提举宫观者误也，恐自此遂以为例。今具〔赵〕士樽、钱忱等例，皆是以使相充宫观使，在外任便居住者，合取旨改正。"一更四点进入，五点，上批："可依士樽等体例，除宫观使。"（25，p. 4479）

宋会要辑稿·职官五四·任宫观

507. 宣和三年二月二十二日，故承事郎、直龙图阁王桐妻宜人郑氏奏："二男琦、珏并幼失所，昨奉御笔，琦差管勾万寿观，珏差管勾江宁府崇禧观。今宫观并依元丰法先次放罢，窃念妾家贫，二子并幼，遽罢俸禄，见无所归。伏望特许男琦、珏依旧宫观。"诏王琦、王珏为系王安石之孙，特与宫祠，不得援引为例。承事郎王琦管勾江州太平观，王珏管勾建州武夷山冲佑观。（32，pp. 4485 – 4486）

宋会要辑稿·职官五六·官制别录

508. 元祐三年闰十二月一日，尚书省言："未行官制以前，凡定功赏之类，皆自朝廷详酌，自行官制，先从六曹依例拟定。其事例轻重不同，合具例取裁；事与例等，不当辄加增损。若不务审察事理，较量重轻，惟从减损，或功状微小，辄引优例，亦当分别事理轻重及已未施行，等第立法。今以旧条增修，凡事与例同而辄增损漏落者杖八十，内事理重已施行者徒二年。如数例重轻不同，或无例而比类他例者，并具例勘当，拟定奏裁。"从之，仍增三省、枢密院相干事并同取旨。（18，p. 4537）

509. 大观三年九月一日，臣僚上言："伏睹神宗肇建文昌，脩明官制，尊卑有等，先后有伦，尤谨资格，以正官常，法比成周而万世不可易者，宜大小之臣遵而勿失，以称陛下继志述事之孝。臣考元丰官制，六曹郎官以知州资序人除郎中，通判已上人除员外郎，凡所除授，不敢踰此。如大观元年府司录何述乃通判资序，止除员外郎，于官制为不越。及大观二年韩瑗、陈师文止系通判、知县资序，乃自序司录而除郎中，重违官制，至今士大夫以为非。臣伏见朝奉大夫、开封府左司录参军楼异擢长府掾未及一月，考之资格，尚系通判，今据援〔瑗〕例以除司封郎中，臣窃惑之。臣谓法者所以尽天下之公，而例乃一时之私，今辄援例而废法，则人得以私徇而法将无所用矣。方陛下追复熙丰之政，百度具举，而官制尤在所先焉，岂不遵官制而用违官制之例，越次除授！以例承例既久，则例为定法，而官制遂至于隳废，宜陛下之深察也。臣愚伏望圣慈详酌，特降睿旨，一依元丰官制施行，则官不紊常矣。"诏六曹郎官在元丰官制，通判已上资任人除员外郎。大观元年韩瑗、陈师文破例辄除郎中，今楼异遂援引，违紊官制差注，可并行改正。今后并遵官制施行。（30，p. 4543）

宋会要辑稿·职官五七·俸禄杂录上

510. 咸平二年四月三日，定《百官添饶折支则例》：在京每贯上茶添二百文，若杂物添三百文；外道州府每贯上添百文。从之，仍令所有诸道折支物色，令三司常切计度，不得阙失。（24，pp. 4569 – 4570）

511. 咸平二年六月，诏漳、泉、福建等州幕职州县官，并依西川例预借俸钱。（24，p. 4570）

512. 至和二年七月十九日，赐祁州团练使李珣大例俸给，仍毋得为例。以珣章懿皇太后之侄也。（38，p. 4578）

513. 崇宁元年八月六日，皇后祖母庆国太夫人慎氏、皇后母卫国太夫人吕氏等授国太夫人，乞比刘宅魏国太夫人王氏例，请诸般请给。从之。（52，p. 4586）

514. 绍兴元年六月二十六日，臣僚言："契勘请给各有定格，今局、所官吏每月除请添给数项外，更请御厨折食钱。昨以东京物价低贱，逐时减落，每月旋估支折。今来时物踊贵，尚循旧例，其所折钱往往增过数倍，暗侵财计。"诏裁定则例，永为定法：第一等折钱八十四贯六百二十文，减作四十贯文；第二等折钱七十四贯文，减作三十七贯五百文；第三等折钱六十八贯三百八十三文，减作三十五贯文；第四等折钱五十一贯八百文，减作三十二贯五百文；第五等折钱四十七贯四百六十文，减作三十贯文；第六等折钱四十二贯八百三十二文，减作二十七贯五百文；第七等折钱四十一贯八百文，减作二十五贯文；第八等折钱三十八贯二百二十六文，减作二十二贯五百文；第九等折钱三十三贯文，减作二十贯文；第十等折钱三十一贯三百九十五文，减作一十七贯五百文；第十一等折钱三十贯九百文，减作一十五贯文。（67，p. 4594）

515. 绍兴三十一年五月二十日，诏太尉刘锜依吴璘等例与支真俸。（78，p. 4601）

516. 孝宗绍兴三十二年七月二十三日，户部奏："承六月初九日指挥，赵密请给依田师中例，与免借减。本部（俭）[检]准绍兴二十八年五月十一日指挥：'内外臣僚请给，今后不得陈乞免行借减免，虽已得指挥，许户部执

奏。'契勘赵密已除万寿观使，即非统兵官，未敢施行。"诏依六月九日指挥施行。（79，p.4601）

517. 绍兴三十二年八月十三日，少傅、保康军节度使、大宁郡王吴益言："除少保日已降指挥，请给依韦渊恩数，依杨存中体例施行。向来杨存中妻赵氏已支破请给，益妻王氏亦乞依赵氏例。"从之。（79，p.4601）

518. 绍兴三十二年九月十七日，户部（奉）〔奏〕："准八月二十七日敕，殿前指挥使、荣州刺史张宏，与依杨真、侯福例，特与支破带遥郡刺史全分诸般请给。检准绍兴二十八年五月十一日指挥，内外臣僚请给，今后不得乞免借减，虽得指挥，许户部执奏。今来张宏即非统兵战守之官，请给未敢施行。"从之。（79，p.4601）

519. 绍兴三十二年十月八日，户部状："明州申，添差通判赵伯圭母张氏特与依《禄式》支破诸般请给，乞从太府寺给历，开坐合得诸般请给则例，行下本州帮勘。本部下诸司粮料院，照得即无似此合破请给条格外，其内东门司条格有国夫人请给则例，欲依上件条格则例给历支破。"从之。（80，pp.4601-4602）

520. 乾道二年十月二十二日，臣僚言："已降指挥，华容军（丞）〔承〕宣使、提举隆兴府玉隆观士洪将应干旧请支赐等，照应不微、士衎等则例支破，令任便居住，于所在州军照应施行。今契勘陈乞在外宫观、任便居住之人，本身俸廪已自不少，又于所在州军有宫观添给，亦为优厚，不应更援在内奉朝请之人诸般请给支赐。士衎、不微放行日久，恐难改正。今士洪又辄援例，若遂放行，则本身俸廪与夫宫观添给之外，又须支破厨食料、俸马草料、春冬（折）〔拆〕洗、岁赐公使钱、生日大礼支赐，比在内南班既免朝谒之劳，又享祠禄之厚，切恐自此人人援例。"诏已降指挥更不施行。（85，p.4604）

521. 乾道七年四月六日，户部状："准批下宁国府奏：'皇子大王出判宁国府，已择三月二十七日开府视事，每月俸料钱外，欲每月支供给钱五百贯文。所有一行官属每月供给钱，今参酌立定则例下项：一、长（使）〔史〕司马依监司例，各支给一百五十贯文。一、参议一员，如已关升知州资序，与支一百五十贯文；若通判资序，与支八十贯文。一、路钤一员，支一百五十贯文。一、记室参军〔事〕两员，各支六十贯文。一、干办府〔事〕三员，各支五十贯文。一、随行医官三员并使臣一十八员，各支钱一十贯文。乞于经总制钱内支给。'本部勘当，欲乞依立定则例支给，将长史、司马、路钤、记室参军〔事〕依知州、通判、职官、路钤例，于公使库支给外，所有皇子大王并参议、干办府〔事〕、随行医官、使臣供给，缘创置之初，恐难应副，许于经总制钱内支给。"从之。（89，pp. 4606－4607）

522. 乾道九年六月十六日，诏皇弟保康军节度使、权主奉益王祭祖居中可特与依士铢体例，依《禄格》全支本色。（91，p. 4608）

宋会要辑稿·职官六一·省官

523. 大观二年十月二十二日，侍卫亲军步军都指挥使高俅奏："伏见通直郎张㧑潜心武略，久习兵书，曩在有司，已尝试艺。昨缘其父恩例奏名文资，比又获贼，蒙恩改官。臣究其才力，于武尤长，伏望特依王厚例换一右职，付以边任。"诏张㧑特与换礼宾副使，令枢密院与差遣。（17，p. 4698）

524. 嘉定四年九月九日，迪功郎、新成都府司户参军史公亮，迪功郎、新绵州司户参军史天应，并乞以其官封赠父母。诏史公亮、史天应各特循从事郎致仕，仍特依所乞。公亮、天应皆蜀进士，出赴廷试。授阙后，公亮以先父尝充宾贡，抱遗编以终身，天应以先父苦学不售，并陈乞援李侨、房俳例，以其官资回封赠父母，故有是命。（37，p. 4708）

525. 乾道四年十一月二十五日，诏尚书右司员外郎林栗与枢密院检详诸房文字黄石两易其任。以栗言："昨尝集议疑贷强盗刑名，今来伏睹颁降刑部修立强盗断例，与栗所见不同，缘栗见系右司郎官，所管刑房职事难以书拟。"故有是命。（54，p. 4718）

宋会要辑稿·职官六四·黜降官一

526. 宝元二年八月十四日，祠部郎中、判大理寺杜曾降知密州。先是，曾言："法寺久例，将行劫贼人本因吞并财物，或嫌懦弱伤残，恐有累败，遂自相屠害，又并不依应宣教告官，群（前）〔盗〕因（怯）〔劫〕赃物窜伏草野，不改前非，别谋行劫，捕获之后，只作杖六十定罪。深恐今后贼人得便恣行强盗，俟得财自满，即于徒伴中间屠一名；相次又更行劫，亦候得财至多，依前潜损一命。如此重复为之，乃至终身行劫，不来经官首告，于后事败，惟获杖六十罪，有此惠奸不便。至如今年五月九日新敕，许贼徒自相杀并，敕内亦不言杀并后经官告首，然其理必须首告，不言可知。若不归首，使官司可以施行赏典，恰与编敕内言放罪支赏不殊。及今来庐州将似此不归首劫贼已行处死，寺司已依旧断体例疏驳，乞行推勘去讫。盖缘未有明文，致中外用刑，死生异制。乞送有司详定，明立罪名。"诏以庐州见勘官吏，曾未合起请，故出之。（38，pp. 4786－4787）

宋会要辑稿·职官六七·黜降官四

527. 绍圣四年四月十九日，诏："范纯仁元祐四年罢相恩例不追夺，其已

追夺并给还；王岩叟依吕大防等例追夺，司马光、吕公著遗表恩例并依例追夺。"（18，p. 4856）

528. 元符元年九月十六日，诏吕大防诸子并勒停，永不收叙。以权殿中侍御史邓棐言：大防子景山见任宣义郎，乞依范祖禹等诸子例。（21，p. 4858）

宋会要辑稿·职官六八·黜降官五

529. 政和元年五月二十五日，诏司勋郎中钟正甫、司勋员外郎鲍慎田各降一官。以任淮南漕臣日违例受所部馈遗，为言者所论故也。（23，p. 4885）

530. 政和二年十一月二十八日，梁子野罢知太原府，邻近州军取勘。先是，十月十九日，诏子野伪为嘉禾以进，官吏送提刑司取勘。至是，臣僚言："近来风俗之弊，诞谩相尚，特出于滥进无耻。侍从、守臣辈更相迭和，妄为祥瑞之献。李谏昨以蟾芝败，而梁子野今嘉禾事发，将粟三科谓相隔五陇生为一穗，胶粘纸缠，正类儿戏，情涉愚弄，其罪诚重于谏。谏帅永兴，先经放罢勒停，勘讫散官安置矣，而子野泰然，尚领帅权。伏望圣慈详酌，将子野先次勒罢，依李谏例勘到。"故有是命也。（27，p. 4887）

宋会要辑稿·职官六九·黜降官六

531. 宣和七年七月十二日，延康殿学士、提举西京嵩山崇福宫薛嗣昌降充徽猷阁待制。臣僚言："奉御笔，嗣昌有转一官回授恩例未经行使，可依陈彦修男陈章例，特许回授与男昶，改合入官。检会陈章改官元降御笔，未尝有用父回授之语。况吏部又有回授不许改官之法，嗣昌自知回授恩例与选人改官轻重不伦，故启拟之间，妄称有例，以罔聪听。伏望追夺薛昶已改之官，正嗣昌罔上之罪。"故有是命也。（19，p. 4907）

宋会要辑稿·职官七〇·黜降官七

532. 绍兴七年闰十月十六日，左朝议大夫周审言再降五官，不得与亲民差遣。先是，审言状，以系朱勔女夫，乞依蔡械等例参部，诏追五官。左正言辛次膺论审言尝登科第，而甘心婚朱勔之息，自平江府教授以进颂改官，夤缘迁转至朝议大夫，其间侥冒可镌者讵止五官，乞除审言出身一资合收使外，其他冒滥悉行追正，故再黜之。（19，p. 4925）

宋会要辑稿·职官七六·追复旧官

533. 大观四年六月一日，诏章惇依王珪例追复特进，子孙并与差遣。（61，p. 5130）

534. 绍兴三十一年八月三日，诏左朝议大夫李弥逊特追复敷文阁待制。弥逊元任徽猷阁直学士，后与赵鼎、王庶、曾开同章夺职。至是，其子弟援

例自陈，故有是命。(69，p. 5135)

535. 绍兴三十二年四月三日，赠左正议大夫、充秘阁修撰曾开特追复敷文阁待制。初，开以宝文阁待制落职，既没之后，追复未尽，其子曾连援李弥逊例自陈，故有是命。(70，p. 5135)

宋会要辑稿·职官七七·致仕上

536. 仁宗天圣七年八月，太子少保致仕冯亮言："分司、致仕官无例申发章奏，咸平中朱昂致仕归荆南，许附递，乞依昂例。"从之。(36，p. 5161)

537. 政和四年三月二十五日，中书省言："勘会朝奉大夫、宝文阁待制、提举江宁府崇禧观杨畏，今年正月十九日奉圣旨转一官致仕。吏部供到杨畏去年十二月二十五日身亡，系未降告已前身亡，依条即不该给付，缘郑仅、吕公雅体例。"诏依例许给付本家。(60，p. 5172)

538. 绍兴十一年七月十七日，昭庆军节度使、开府仪同三司、充万寿观使韩渊奏："近以久婴痼疾，有妨举动，乞守本官致仕，蒙恩许依徽宗皇帝舅陈永成例，免赴朝参，仰见圣主敦睦九族之意。然方国步多艰，费用百出，与崇宁间事体不同，所有见依两府例合破请给、人从，各乞减半。仍每遇痼疾发动，许从便往外郡寻访医药，往来并免奏闻。如经由州县，除有内外亲戚许相见外，并不许接见监司、守令及余宾客。"诏所请恩例、请给、人从减半不允，余依所乞。(68，p. 5177)

宋会要辑稿·职官七七·致仕下

539. 孝宗隆兴二年十月七日，殿中侍御史晁公武言："臣切见今年董德元复职致仕，臣僚论列德元当时致仕、遗表承务郎六人，委是侥幸，将来执政在谪籍者援例，无杜绝。已降指挥，将德元复职寝罢，合得恩泽只依见存阶官荫补。今未半年，宋朴、汪勃、章复果相继陈乞致仕，朝廷并与复龙图阁学士，将来三人致仕、遗表恩泽，当补承务郎十八人。兼七月中臣僚言章，乞将内外臣僚年七十不陈乞致仕者，不许遇郊奏补。续奉旨：'郊祀在近，自降指挥后，已未致仕人合该奏荐者，并更听奏荐一次。'三人依上件指挥，计冒受恩泽二十一人，其泛滥如此。谨按宋朴、汪勃、章复执政之时，其无善状与董德元一体，同罪异罚，何以慰公论？欲望睿旨，将（来）宋朴、汪勃、章复复职指挥，依董德元例寝罢，合得恩泽只依见存阶官上荫补。今年遇郊礼奏荐，系未复职，亦乞依条施行。"从之。(75，pp. 5180 – 5181)

守会要辑稿·职官七九·戒饬官吏

540. 绍熙元年正月二十一日，臣僚言："古者以例而济法，后世因例而废法。夫例者，出格法之所不该，故即其近似者而仿行之。如断罪无正条，则有比附定刑之文；法所不载，则有比类施行指挥。虽名曰例，实不离于法也。沿袭既久，行法者往往循私忘公，不比法以为例而因事以起例，甚者自有本法亦舍而弗用。转相攀援，奸胥猾吏皆得以制其出入，而法始废矣。乞令有司检照绍兴以来臣僚不许援例之奏，申严主典违制科罪、长吏免所居官指挥，明示中外，其有法者止当从法，其合比附、比类者不得更引非法之例。令御史台觉察，必罚无赦。如此，则祖宗成法得以遵守于无穷矣。"从之。（6，p. 5228）

541. 绍熙元年十月二十七日，左谏议大夫何澹言："近时以来，中外臣庶不循分守，不安义命，人欲遂其私意，不问法之可行。在法不许援例，今援正例足矣，而又攀缘不可行之例焉。在法不许换易差遣，今换易本等足矣，而又必欲升等差遣焉。孤寒之士，待七八之次犹有不得禄者，今有一恩例则连绵添差，不间一任。到部之人，等候一年半岁方得一阙，今一有势力则见任未满已得再任，不肯失一两月之俸。异时无军功人，假一优异之恩赏而转行，犹自有说，今不假优异之恩赏矣。异时无优异恩赏人，累数赏而作一官陈乞，已是冒滥，今不复累赏陈乞矣。如此之类，不止一端。欲乞下臣此章，警戒中外，今后有毁法破例之事，不得干请。又其甚者，许台谏纠治，则人稍知廉隅，不为纪纲法度之蠹。"从之。（8，p. 5228）

宋会要辑稿·选举五·贡举杂录

542. 淳熙元年十一月十一日，礼部侍郎龚茂良言："比岁举人日经朝省披诉，其间或援久例乞升甲，或旋添年乞就特奏名，或因一次免解恩乞理年永免，或谓住学岁久乞再赴省试，凡类此殆难缕数。乞申儆在位，杜绝幸门。"从之。（2，p. 5341）

宋会要辑稿·选举九·赐出身·赐同出身

543. 明道元年十一月二十一日，赐将作监丞、秘阁校理张友直同进士出身。友直言父士逊遇覃恩，乞不转官，援枢密副使范雍奏兄例，换一出身，故也。（8，p. 5437）

544. 政和五年九月二十二日，礼部言："荆湖北路靖州新学上舍生田汶为试中合格，系文理优长，依条补充上舍，乞依杨晟等体例推恩。取会辟廱称虽与杨晟等事体一同，缘杨晟系特舍同上舍出身。"诏："田汶许依例特赐同上舍出身，如今后更有似此新民子弟升补上舍人，止依贡士法，依贡前来辟廱，依条选试施行。"六年闰正月十一日，赐王鼎上舍出身。（15，pp. 5440 - 5441）

545. 宣和二年十二月十四日，赐故吴王弟二女夫承事郎李源上舍出身。

诏依故益王女夫郭璋例特赐也。（16，p.5441）

546. 隆兴二年闰十一月十四日，赐少保、尚书左仆射陈康伯男安节同进士出身。依庆历宰相庞籍子元英例，故有是命。（19，p.5443）

宋会要辑稿·选举九·童子出身

547. 乾道七年七月十九日，诏隆州念书童子张维永免文解。维七岁，诵六经子书等二十三通，初免文解一次。维援陈绎等例自言，再降是命。（29，p.5449）

宋会要辑稿·选举一三·恩科

548. 隆兴元年四月三日，诏建宁府特奏名进士翁德舆特赐同进士出身。德舆试入第二等，以皇帝蠮邸援绍兴八年袁焕章例自言，故有（事）〔是〕命。（3，p.5516）

宋会要辑稿·选举一六·发解

549. 绍兴三十二年闰二月十九日，礼部言："唐、邓二州乞依本路诸州例，于襄阳府并试，以一路诸州军人数通衮，二十人终场取一名，余分亦取一名。"从之。（11，p.5569）

宋会要辑稿·选举一七·教授

550. 孝宗隆兴元年十月二十日，武冈军绥宁县申："从义郎、权绥宁县管界都巡检、充七洞都首领杨成等状叙，陈乞依徐时迈体例，差建宁府进士李大年充本军绥宁等县新学教授，候徐时迈年满日，便行供职，训诱溪洞生员。"下诏特依所乞。（1，p.5583）

宋会要辑稿·选举一七·武举

551. 绍兴四年十一月十一日，以武举正奏名进士杨蓬补承信郎。逢乞依文举进士杨希仲等例，引用二年九月四日赦书免殿试补官例，故有是命。（26，p.5598）

552. 乾道元年五月十一日，诏："成忠郎、新荆湖南路安抚司准备将领孙显祖，昨应武举，程文第一，武艺绝伦，补保义郎，可依赵应熊例，加阁门祗候，仍改殿司军中差遣。"应熊例在绍兴二十七年。（30，p.5601）

553. 乾道二年三月七日，绝伦人须晋，诏与免省，候唱名日降等推恩。先是晋乞依赵应熊例奏裁，洪适等曰："绝伦人在法不以策义优平，或一场稍可采者，并奏裁。昨试院推行，已失法意。"上问程文如何，适等言文理亦粗可采，上以有专法，遂命之。（30，p.5601）

554. 乾道二年三月十七日，兵部言："旧例，皇帝登宝位，临轩策试，系推龙飞恩例。今举已降旨依典故施行。武举进士合推恩数，缘崇宁、建炎年该龙飞典例，自渡江案牍散逸，无凭契勘。伏乞详酌。"诏比附进士正奏名例，第一名特更与转一官，第二、第三名依第一名恩例。（30，p.5601）

宋会要辑稿·选举二三·铨选

555. 元丰三年正月五日，御史舒亶言："铨院事无正条，止凭吏人捡到例，因缘或致奸弊。乞委官以例删定为例策。"诏铨院合施行事，并编入敕令格式。（3，p.5674）

宋会要辑稿·选举二六·铨选

556. 淳熙十五年六月三日，宰执进呈给事中郑侨缴奏王良辅免呈试放令参部。上问："从军人如何出官，免得呈试？"周必大等奏："旧法，呈试中方得出官。淳熙十年，放行曾经从军免试一两人，遂以为例。"上曰："郑侨缴章说，既曾从军，自合习熟武艺，何惮呈试。如赴呈试不得，前此从军，所习何事？此说甚当，可依旧法施行。"于是诏依，已后准此。侨奏："仰惟陛下创法立制，犁然当于人心，可以万世通行而无弊者。文臣出官铨试，武臣出官呈试是也。历岁以来，有司谨守奉行，不敢加毫末私意于其间，可谓严矣。偶缘淳熙十年有进义副尉何大亨者，以荫补出官，自陈元系充效用人，乞免呈试参部。有司巧为申明，遂蒙特旨与免呈试。此弊一开，后来之人遽于攀缘，遂使一时特旨，直作永远成例。故十一年则有保义郎项致明、承节郎裴守、承信郎杜可大，十三年则有承节郎刘珣、承信郎王简，十四年则有承信郎陈斌、承节郎汤信，皆是用例陈乞，并特降指挥免试参部。今来王良辅又安得不引此而求免呈试乎？此例已行，臣恐数年以后，呈试之法遂为虚设矣。契勘在法，诸荫补人应赴选者，依三等格，送马军司呈试，此意甚明白也。其间亦有免呈试者，谓江海船立功补官之人，则法许免呈试；诸军拣汰离军之人，则法许免呈试。即未尝有初投效用，后因荫补出官，与免呈试参部之法也。惟淳熙元年指挥，军中奏补有官子弟不愿从军之人，特免审验，放令参部。夫审验者谓察其身年，呈试者谓校其艺，此法又不相关矣。若曰彼尝从军，何必呈试，此则法之所在，又不容以幸免也。使彼果精于武艺，则一试之顷，又何畏而求免乎？今若听其展转相承，用例废法，则他日徼幸之徒，必有窜名冒籍于军伍之中，以为免试张本者，弊未已也。臣窃谓淳熙十年以来，至于今日，其免呈试者幸未至泛滥，尚可革而绝之，以防他日之弊。伏望申严此法，自王良辅始，特将今来免试参部指挥更不施行。仍（照）〔诏〕有司，恪守成法。自今虽曾从军人，后用荫补出官离军，必须呈试中选，方许参部，庶几杜绝冒滥，循法而行，知所劝免矣。"（17，pp.5760－5761）

宋会要辑稿·选举二十九·举官

557. 政和七年，臣僚言："官冗吏员增多，本因入流日众。熙宁郊礼，文武奏补总六百一十一员。元丰六年，选人磨勘改京朝官，总一百三十有五员。近考之吏部，政和六年，郊恩奏补约一千四百六十有畸，选人改官约三百七十有畸，其来既广，吏员益众。欲节其来，惟严守磨勘旧法，不可苟循妄予而已。且今之磨勘，有局务减考第者，有川远减举官者，有用酬赏比类者，有因大人特举者，有托因事到阙而不用满任者，有约法违碍、许先次而改者，凡皆弃法用例。法不能束，而例日益繁，苟不裁之，将又倍蓰于今而未可计也。请诏三省若吏部，旧有正法，自当如故，余皆毋得用例。"诏惟川、广水土恶弱之地许减举如制，余悉用元丰法从事，其崇宁四年之制勿行。 （10，p. 5811）

宋会要辑稿·选举三十·举官

558.《文献通考》：绍兴三十二年，吏部侍郎凌景夏言："国家设铨选以听群吏之治，其掌于七司，著在令甲，则所守者法也。今升降于胥吏之手，有所谓例焉。长贰有迁改，郎曹有替移，来者不可以复知，去者不能以尽告。索例而不获，虽有强明健敏之才，不复致议；引例而不当，虽有至公尽理之事，不复可伸。货贿公行，奸弊滋甚。尝睹汉之公府，则有辞讼比，以类相从，使不良吏不得生因缘；尚书则有决事比，以省请谳之弊。比之为言，犹今之例。臣谓今吏部七司亦宜详置例册，凡换给之期限，战功之定处，去失之保任，书填之审实，奏荐之限隔，酬赏之用否，凡经申请，或白堂，或取旨者，每一事已，命郎官以次拟定，而长贰书之于册，永以为例。每半岁则上于尚书省，仍关御史台而详焉。如是则巧吏无所施，而铨叙平允矣。"先是，刘珙为吏部员外郎，有才智，善摘检奸弊。一日命汛中庭，张幕设案，置令式其中，使选集者得出入缅阅。与吏辩，吏愕眙不能对，时议翕然称之。 （11，p. 5827）

559.《文献通考》：淳熙元年，参知政事龚茂良言："官人之道，在朝廷则当量人才，在铨部则宜守成法。夫法本无弊，而例实败之。法者公天下而为之者也，例者因人而立，以坏天下之公者也。昔者之患在于用例破法，比年之患在于因例立法，故谓吏部者例部也。今七司法自晏敦复裁定，不无疏略，然已十得八九。有司守之以从事，可以无弊，而徇情废法，相师成风，盖用例破法其害小，因例立法其〔害〕大。法常靳，例常宽，今至于法令繁多，官曹冗滥，盖繇此也。望诏有司裒集参附法及乾道续降申明，重行考定，非大有牴牾者不去，凡涉宽纵者悉刊正之，庶几国家成法简易明白，赇谢之奸绝，冒滥之门塞矣。"于是诏从修焉。既而吏部尚书蔡洸以改官奏荐、磨勘差注等条法分门编类，冠以《吏部条法总类》为名。十一月，参知政事龚茂良进《吏部七司敕令格式申明》三百卷，诏颁行焉。（28，p.5836）

宋会要辑稿·选举三一·召试

560. 英宗治平四年十月十一日，进士黄君俞召试舍人院，策、论入等，诏为抚州司户参军，充国子监直讲。翰林学士王珪等荐君俞"博通经艺，为诸生景仰，累被开封府优荐，老于场屋，兼据新及第进士许安世等百五十人状，及知举官司马光三人累有论荐，欲望依李觏例，除一太学或国子四门助教，令就盖说书，庶几激劝学者"，遂召试而命之。（17，p.5848）

宋会要辑稿·选举三二·宗室召试

561. 皇祐五年六月十一日，诏右龙府军大将军克悚候二年再与试，特只试两题。先是，克悚上拟试发解诗赋，诏学士院试三题。及是就试，转右卫大将军。克悚表辞新命，乞依李评例再试，故许之。（2，p.5863）

562. 绍兴十年正月二十九日，修武郎赵士谷言："昨取到福建路转运司文解两次，以家难未曾赴试。欲望特依宗室令芹、子巘例，换授文资。"诏令中书后省召试时务策一道，特补右宣义郎。（5，p.5865）

宋会要辑稿·选举三二·悯恤旧族

563. 熙宁三年九月二十二日，诏遣使护新知成都陆诜丧如例。　　（15，p.5871）

564. 熙宁三年十月十九日，诏遣使护定州孙长卿丧，扬州借官舍如例。（15，p.5871）

565. 绍兴二十九年八月二十三日，诏："故太师京兆郡王杜审进孙信见依白身，与依杜子善等体例，支给孤遗钱米。"从中书门下省请也。（23，p.5876）

宋会要辑稿·选举三三·特恩除职（上）

566. 宣和七年五月二十八日，诏刘焘尝任（朋）〔明〕堂颁政，可依蔡佃等例，与除秘阁修撰。（39，pp.5904-5905）

宋会要辑稿·选举三四·特恩除职（下）

567. 绍兴二十八年八月十六日，诏刘尧仁除秘阁修撰，在京宫观。尧仁以父光世薨，车驾临奠，援张俊男子正例，陈乞推恩故也。（10，p.5912）

568. 乾道三年十一月二十七日，诏杨存中诸孙并除直秘阁，赐绯章服，弟侄女夫各转一官。内师中与除直秘阁，选人比类施行。以存中之子倓奏乞依张俊例推恩，故有是命。（20，p.5919）

宋会要辑稿·选举四·举遗逸

569. 徽宗建中靖国元年十二月二十三日，以睦州进士王升特授寿州司户参军，充湖州州学教授。以尚书左丞陆佃言升："升义高行美，行年五十，读书未娶，访求师友，徒涉千里。众经群史，诸子杂家，无所不读，虽佛经道藏，亦皆博释。事亲孝，奉兄悌，乞依陈师道、家素等例，除升一命，处之学校，以劝多士。"故也。（41，p.5930）

宋会要辑稿·食货一·检田杂录

570. 神宗熙宁十年十一月，新差知蔡州高赋言："体问得本州有系官并人户包占无税荒闲田土不少，兼有水利可兴，欲望详臣到任后，依唐州例，晓谕人户，渐行检括。"从之。（3，p.5938）

宋会要辑稿·食货一·农田杂录

571. 天禧四年四月，福建路转运使方仲荀上言："福州官庄千二百十五顷，自来给与人户主佃，每年只纳税米。乞差官估价，令见佃人收买，与限二年送纳。"事下三司，请如所请。诏："福州官庄更不出卖，差屯田员外郎张希颜与转运使同共依漳、泉州例，均定租课闻奏。"（19，p.5949）

宋会要辑稿·食货二·营田杂录一

572. 绍兴五年三月二十八日，诸路军事都督行府言："光州收复之初，方奉行营田之法，合量行接济布种。欲望朝廷依寿春府例，支降江南东路空名度牒二百道，付本州收买耕牛。"从之。（14，p.5996）

宋会要辑稿·食货三·营田杂录二

573. 绍兴二十三年九月十二日，诏："诸路州军营田，遇有人户识认，营田与依刘宝军庄例，偿工本钱给还。"（4，p.6008）

宋会要辑稿·食货四·方田

574. 政和六年九月六日，诏河东、陕西路依鄜延路例，权住方田。从童贯请也。（13，p.6040）

宋会要辑稿·食货七·水利上

575. 熙宁五年十二月二日，又诏："应有开垦废田、兴修水利、建立隄防、修贴圩埠之类，工役浩大，民力所不能给者，许受利人户于常平仓系官钱斛内连状借贷支用，仍依青苗钱例作两限或三限送纳，只令出息二分。如是系官钱斛支借不足，亦许州县劝诱物力人出钱借贷，依乡原例出息，官为置簿，及时催理。"（26，p.6129）

576. 熙宁五年十二月十八日，提举淮南西路常平仓司言："濠州钟离长安堰、定远县楚汉泉二堰水利至博，积年湮废。乞依宿、亳、泗州例，赐常平

钱谷，春初募人兴修。"诏杨汲覆视，如可兴，即本司官提举。（26，p. 6129）

宋会要辑稿·食货九·赋税杂录

577. 绍兴三年十月七日，江南东、西路宣谕刘大中言："徽州山多地瘠，所产微薄。自伪唐陶雅将歙县、绩溪、休宁、祈门、黟县田园分作三等，增起税额，上等每亩至税钱二百文、苗米二斗二升。为输纳不前，却将紬、绢、绵布虚增高价，纽折税钱，谓之'元估八折'。惟婺源一县不曾增添，每亩不过四十文。乞将二税依邻近州县及本州婺源县则例输纳。"诏令江东转运司考究本末因依，相度具委如何施行事状保明以闻。（24，p. 6188）

宋会要辑稿·食货一一·版籍

578. 绍兴二十年九月八日，臣寮言："四川诸县推排等第，除坊郭营运依旧例外，其乡村人户家业数内若有营运，合依见行条法推排升降。如典卖田产价直，欲乞改正，只用本色。所管税色物斛，依见今州县衮折则例，并（细）〔纽〕税钱，若于本处或有未便，乞令开具的确利害以闻。"从之。（19，p. 6220）

宋会要辑稿·食货一二·身丁

579. 绍兴二十四年八月十二日，户部言："契勘近承指挥：紫衣师号依旧给降书填。今相度，欲将今来请新法紫衣师号、僧道合纳免丁钱数内，甲乙住持、律院、十方教院、讲院，并与依十方禅寺僧体例立定钱数，输纳施行。其十方禅寺并宫观道士，并依散众钱数上与减三分之一输纳。庶几事体稍优，乐于请买。"从之。（10，p. 6234）

宋会要辑稿·食货一四·免役钱下

580. 绍圣元年十二月三日，户部尚书蔡京等言："看详役法文字张行历任已成七考，若有改官举主二人，合磨勘改官。缘在京别无举选人改官，望依张大方例，以臣等为举主，与磨勘改官，依旧在任。"从之。（7，p. 6268）

581. 绍圣元年十二月二十三日，诏："奉慈观有本命殿，特有免役钱有，诸处不得为例。"（7，p. 6268）

宋会要辑稿·食货二一·酒曲杂录下

582. 乾道二年七月二十二日，知襄阳府陈天麟言："乞以新置激赏酒库依荆南都统司并湖北、京西转运司添置酒库例，免分隶经总制钱。"从之。（6，p. 6448）

宋会要辑稿·食货二一·公使酒

583. 绍兴四年十二月六日，荆湖南路安抚大使席益言："乞依前知潭州李纲例，逐时犒设官军，合用酒以激赏钱于所在州寄造应副。"中书舍人王居正言："州郡公使造酒，自有定制，昨李纲知潭州，乞于所在州军造酒，既不指定路分，又无所造石数，是潭州得于天下州军不限石数造酒，所以后来折彦质知潭州，朝定指定（今）［令］于潭州寄造，每月不得过三十石。今席益只降折彦质例。"从之。（20，pp. 6460 – 6461）

宋会要辑稿·食货二六·盐法九

584. 绍兴元年八月二十五日，提举两浙西路茶盐公事梁汝嘉言："契勘本路产盐二州未经贼年分，曾趁及一百四十万贯。自去年贼马残破，措置招集官吏，亭户归业，量度借贷存恤，修治仓廒舍屋盘灶，拘辖起火煎炼盐货中卖入官。及严立课利，催督应副支抹客钞，通计一全年共增钞钱一百一十九万五千五百一贯文，所有本司官吏委见宣力。欲望除汝嘉乞不推赏外，其属官从事郎充本司干办公事黄诏、迪功郎充本司干办公事方滋、修职郎秀州华亭县市船务兼本司主管文字苏师德、都吏石景修、胡修、万陟、书吏陈晔、石景哲、奚泉并乞优与推赏。"诏梁汝嘉、黄诏、方滋各与转一官，苏师德与减三年磨勘，内选人比类施行，石景修与补守阙进义副尉，仍依叶敦诗例施行，胡修、万陟各支赐绢十匹，陈晔、石景哲、奚泉各赐绢五匹。（3，p. 6558）

宋会要辑稿·食货二八·盐法

585. 开禧元年五月一日，三省言："行在、建康、镇江榷货务所卖淮浙盐钞，自去年减价，今已一年，合议复还旧价。"诏："自今降指挥到日为始，依旧价贯，金、银、钱、会复还分数则例，优润入纳。嘉泰四年三月一日减价指挥，更不施行，日后永为定例，断不增减。"先是，嘉泰四年三月一日，诏："临安、建康务场发卖淮浙盐钞，自嘉泰四年四月一日为始，除盐仓合纳钱依旧外，每袋于务场合纳钱数内各减二贯文，内临安五分金，并以会子入纳。"既而淮东总领梁季（秘）［祕］言："镇江务场乞一例优减。"从之。至是，三省有请，故有是命。（50，p. 6629）

宋会要辑稿·食货三〇·茶法杂录上

586. 熙宁九年十一月六日，提举成都府、利州、秦凤、熙河等路茶场司状："已准朝旨立法，令尽数收买茶货。勘会新法内阶、成州系次边禁茶地分，又西路秦、凤州、西南入利州路以西并（并）为川蜀出茶地分。今来彭州堋口、蒲村、导江至德山、绵州龙安、汉州绵竹、杨村等处，系利州以西州县，嘉州洪雅县、眉州丹陵县并系产茶货去处，缘新法内开说不尽，欲乞应成都府诸州、县产茶地分，并依邛、蜀等州买茶税场条例，差委逐处税务收买，并依新法施行。"从之。（13，pp. 6660 – 6661）

宋会要辑稿·食货三一·茶法杂录下

587. 孝宗隆兴元年四月二十二日，诏："今后捉到私茶，依龙安县园户犯私茶体例，及十斤以上，将户下茶园估价，召人承买，将五分收没入官，五分支还犯人填价。"从都大主管成都府利州等路茶事续奏请也。（15，p. 6686）

宋会要辑稿·食货三四·坑冶

588. 淳化元年三月，三司言："准敕，以慈州绿矾积留，令别为条约。缘小民多于山岩深奥之处私煎规例，侵夺官课，今若依白矾条例，即绿矾价低，白矾刑名太重。或依旧以漏税条制区分，又刑名过轻，人无所畏。今请依太平兴国二年所定私茶例科断，告捉人赏钱亦依私茶盐条数支给。"从之。（4，p. 6734）

589. 仁宗天圣元年闰九月，司农少卿李湘言："晋、慈州矾铺户多杂外科煎炼，致官矾积滞，货卖不行。"诏禁止之，其产私矾坑窟牢固，封塞觉察，犯者许人告捉，依刮咸煎炼私盐条例断遣；绿矾即依私茶条例。（3，p. 6734）

590. 天圣十年九月四日，江淮发运司言："准条：私贩白矾依刮咸例、绿矾依私茶例科罪。近杭州民陈爽往信州市土矾二千斤，此矾比绿矾色味俱下，若从杖科刑，即太轻典，望别定刑名，并下信州封矾坑，以禁私贩。"下法寺，请据斤两比犯私茶减三等定罪，巡警透漏，告捉到百斤已下，全给告者；五百斤已下，给半；已上，并给三分之一。使臣透漏三百斤，夺一月俸，三百斤加半月，罪止罚一季俸。奏可。（4，p. 6735）

591. 元祐八年二月二日，户部言："无为军崑山白矾，元条禁官自出卖。昨权许通商，每百斤收税五十文。准《元祐敕》，晋禁矾给引指住赏处纳税，沿路税务止得引后批到发月日，更不收税。其无为军昆山矾欲依禁矾通商条例。"从之。（4，p. 6734）

592. 绍兴十一年十二月四日，工部言："铸钱司韩球奏：据铅山知县同本场监官申，截自七月二十日终，煎炼到青胆矾六千七百六十斤，扫到黄矾四千五百六十四斤在库，乞变卖施行。据榷货务条具下项：一、检照建炎四年十月九日指挥：给卖抚州青胆矾，每斤价钱一百二十文省，土矾每斤价钱三十文省。其铅山场所产矾货，今体问得比之抚矾稍高，内青胆矾欲放抚州矾体例，每斤作一百五十文。黄矾比土矾亦是稍高，每斤作八十文，仍乞将逐色矾依昆山场白矾例，每引各作一百斤。一、契勘自来客人赴务算请矾货，系依茶、盐钞引例，每贯纳头子市例钱二十文，每贯纳顾人钱一文，每引纳工墨钱二十文。今来客算青胆、黄矾，欲乞依本务见今收纳则例。一、契勘客人纳钱赴榷货务算请矾货，系给钞引付客人执前去矾场照会请矾，其引系矾场批凿月日付客人，随矾照会货卖，合行预降合同号簿。欲令太府寺交引库速行印造，差本务号簿官押发前去信州铅山场收管，勘同支矾。"并从之。（8，p. 6737）

宋会要辑稿·食货五○·船

593. 宣和七年五月十七日，户部言："神宵宫琼华馆元降指挥，系于东、西河各置船一只，津般道业米曲之类，并免抽税。昨依龙德太一宫置船例，即未有许依本官例，于通流处往来免税。"明年诏依龙德太一宫例。　（7，p. 7124）

宋会要辑稿·食货五一·左藏库

594. 淳熙十一年七月十二日，左藏东、西库言："诸处纲运到库，有合用书铺、甲头、脚户般夯搭垛等人，皆是百姓。从来纳纲人于所〔在〕州军縻费钱内使用顾倩，未曾立定则例，遂致公吏、库级通同过数乞取钱物。窃见内藏库已有定立诸处入纳金银等物般运脚钱则例，今欲将左藏库书铺、甲头、脚户等常例使用，依内藏库见行体例裁酌，各量逐人名色高下立定则例有差。今后如有违戾过数乞取之人，计赃断罪。"从之。（12，p. 7147）

宋会要辑稿·食货五四·杂卖场

595. 绍兴十四年二月十三日，诏："杂卖场手分，依打套局手分例，每月支破米一硕一斗三升；秤、库子，依本局库子例，支破米五斗四升，其时服衣赐，更不支破。"从本场请也。（21，p. 7249）

596. 绍兴二十二年十月二十六日，诏："权监杂卖场郑谷在任九个月，收钱三十三万四千余贯，比附前任正官刘彦昭例减半推赏，减一半磨勘。"权官初无赏格，以太府寺言"失陷官物，例被责罚，难以无赏"故也。　（21，p. 7226）

宋会要辑稿·食货六○·居养院

597. 绍兴二十四年十月十二日，三省言："年例，令临安府自十一月一日支给钱、米，养济乞丐。"上曰："此一事活人甚多，可降旨行下。"（11，p. 7426）

宋会要辑稿·食货六一·赐田杂录

598. 绍兴二十六年四月十三日，诏："李显忠已赐田在镇江府，可依数于绍兴府上虞县官田内兑换。仍依薛安靖例，放免十料租税。"以显忠自夏国归朝，屡立战功，优之。因其陈请，故有是命。（49，p. 7459）

599. 隆兴二年二月二十六日，镇江府驻札御前诸军都统制刘宝等申："据扬州申，奉旨，萧鹧巴赐田二十顷、耶律适哩赐田一十顷，令转运司于淮东官田内拨赐。滕州照应已拨萧琦田体例摽拨施行。本州先划到指挥，于江都界镇江府诸军营田内，将左军一庄四十七顷八十一亩，于内拨田二十顷付萧琦，外将余田下江都县，照数拨付萧鹧巴、耶律适哩。所有少阙顷亩，即于附近官庄田内摽拨。本县今于左军庄田并中军庄田内取拨二顷一十六亩，揍田三十顷，分拨萧鹧巴等。"从之。(51，p. 7460)

600. 乾道七年正月十七日，龙神卫四厢都指挥使耶律适哩言："臣自归朝之后，蒙恩与萧鹧巴于扬州各曾拨赐田土。今萧鹧巴于平江府又赐田二千顷，并扬州田二十顷，自今依旧占佃。臣乞于平江府管辖长洲、吴江等五县应系官常平营田内，乞依萧鹧巴体例，更乞拨赐田二十顷，济赡老小。"诏拨赐田十顷。(55，p. 7462)

宋会要辑稿·食货六三·蠲放

601. 隆兴二年六月一日，诏："淮东、西商旅所贩货物，依立定省则例，并与减半收税，如系归正人兴贩，特予全免三年。"(22，p. 7617)

宋会要辑稿·食货六三·营田杂录

602. 绍兴二十三年九月十二日，诏诸路州军营田遇有人户识认营田，与依刘宝军庄例，偿工本钱给还。先是，户部言："建炎兵火之后，人户抛弃己业逃移，并各荒废。自置作营田，经今年岁深远，人户为见营田所耕田土并各成熟，往往用情计嘱州县前来识认归业，因生诈冒，渐坏成法。"故有是命。(119，p. 7674)

宋会要辑稿·食货六四·和买

603. 绍兴六年二月四日，诏："杂买务收买药材，依杂卖场例，每贯收头子钱二十文省，市例钱五文足，应副脚剩等杂支使用，置历收支。年终，将剩数并入息钱。所有熟药所纳钱看摇，并依左藏西库条法。其纳到钱，除就支药材价钱外，见在钱并行桩管。"(43，p. 7756)

宋会要辑稿·食货六五·免役二

604. 绍兴元年十二月三日，户部尚书蔡京等言："看详役法文字张行历任已成七考，若有改官举主二人，合磨勘改官。缘在京别无举选人改官，望依张大方例，以臣等为举主，与磨勘改官，依旧在任。"从之。(68，p. 7836)

605. 绍圣元年十月二十三日，诏："奉慈观有本命殿，特有免役钱，诸处不得为例。"(68，p. 7836)

宋会要辑稿·食货七○·赋税杂录

606. 元丰八年二月十六日，诏："受纳税租，斛加一胜，蒿草十束加一为耗，旧例多者及常平租课并依旧例，蒿草支尽有欠者，耗内听除二分。"(16，p. 8109)

607. 绍熙四年四月十三日，南康军言："本军星子县田土瘠（簿）[薄]，和买最重，每税钱四百三十起敷和买一匹。已减绢二百九十六匹有奇，乞更行均减每一匹税钱二十，通作四百五十起敷和买绢一匹，计减和买绢六十二匹有奇。今别于军县官物内那趲，代星子县人户输纳，永为定例。"从之。（84，p. 8150）

宋会要辑稿·刑法一·格令二

608. 元丰二年六月二十一日，诏："司农寺见行条例繁复，致州县未能通晓，引用差误。昨令编修，已经岁时，未见修成。令丞吴雍、孙路、主簿阎令权罢，其余职事专一删修，限半年，仍月以所修成条例上中书。"　（11，p. 8223）

609. 哲宗元祐〔三年〕闰十二月一日，尚书省言："初，《官制》未行，凡定功赏之类皆朝廷详酌之。自行《官制》，先从六曹用例拟定。其一事数例轻重不同，合具例取裁。或事与例等，辄加增损，或功状微小，辄引优例，并当分别事理，等第立法。今以旧条增修，凡事与例同而辄增损漏落者杖八十，内事理重（他）[已]施行者徒二年。如数例重轻不同，或无例而比类他例者，并具例勘当，拟定奏裁。"从之，仍增三省、枢密院相干事并同取旨。（15，p. 8227）

610. 绍圣元年十一月一日，刑部言："被旨：六曹、寺、监检例必参取熙宁、元丰以前，勿专用元祐近例；旧例所无者取旨。按□降元祐六（门）[年]门下中书后省修进《拟特旨依断例册》，并用熙宁元年至元丰七年旧例，本省复用黄贴增损轻重。本部欲一遵例册，勿复据引黄贴。"诏：黄贴与原断同，即不用；内有增损者，具例取旨。（16，p. 8229）

611. 绍圣元年五月十四日，详定编修国信条例所言：欲依《元丰海行敕》体例分修为敕令格式，其冗不可入者即著为例。从之。（16，p. 8229）

612. 崇宁元年五月十二日，臣寮言："三省六曹所守者法，法所不载，然后用例。今顾引例而破法，此何理哉？且既用例矣，则当编类条目，与法并行。今或藏之有司，吏得并缘引用，任其私意，或至烦渎听聪，甚无谓也。欲将前后所用例以类编修，与法（防）[妨]者去之，庶几可以少革吏奸。"诏吏部七司已编类外，（今）[令]他曹依奏编修。（21，p. 8234）

613. 崇宁元年六月十六日，尚书省言："检会吏部尚书赵挺之等言：准条，引例破法及择用优例者徒三年。盖为有司当守法，法所不载，然后用例。今有正条不用而用例，例有轻重，而止从优者，此胥吏欲废法而为奸也，朝廷已立法禁。欲自今决事实无正条者，将前后众例列上，一听朝廷裁决。"从

之。（21，p. 8234）

宋会要辑稿·刑法一·格令三

614. 绍兴七年四月八日，左司员外郎楼炤言："兵火以来，文书阙逸，频年省记，品式粗周。而因缘申请者至今未已，务为一切，纷乱旧章，甚者至于徇人而变法，用例以破条，甚非法守之义。此而不革，法将废矣！望饬中外官司，自今恪守成法，无得轻议冲改，及已有明文者不得用例。"从之。（37，p. 8250）

615. 绍兴七年闰十月二日，左正言辛次膺奏："近有废法而用例者，且以二事言之：故侍从、执政之家用致仕遗表恩泽，乃援例而补异姓者；特奏名进士及以恩例补文学之人，不候赦恩，乃援例而参部者。且事或无条，乃可用例；事既有条，何名为例？一例既开，一法遂废。望今后凡有正条，不许用例。"诏（中）〔申〕严今年四月八日指挥行下。绍兴（元）〔九〕年二月九日，御史中丞勾龙如渊言："有司用例之害有四，大略以胥吏私自记录，并录有奸。乞将官司应干行过旧例，委官搜检，并行架阁；并吏人私记录者，重立罪赏，限十日首纳烧毁。仍饬有司，今后一切以法令从事。而诉事之人敢辄引例者，官员徒一年，百姓杖一百。"诏敕令所取索百司行过旧例，删修取旨。（38，pp. 8250－8251）

宋会要辑稿·刑法一·格令四

616. 隆兴二年二月二十四日，臣僚言："今日之弊，在于舍法用例。法者率由旧章，多合人情；（出）〔例〕者出于朝廷一时之予夺，官吏一时之私意。欲望明诏中外，悉遵成法，毋得引例。如事理可行而无正条者，须自朝廷裁酌，取旨施行。"从之。（47，pp. 8259－8260）

617. 隆兴二年五月二十六日，吏部尚书金安节言："比因臣僚言铨曹用例之弊，臣即与郎吏疏谬例之当去与定例之可用者，悉上于朝。切虑定例虽下，人不得知，欲望申饬有司镂版刊示。"从之。（47，p. 8260）

618. 乾道元年七月二十日，权刑部侍郎方滋言："乞将绍兴元年正月一日以后至目今刑寺断过狱案，于内选取情实可悯之类，应得祖宗条法奏裁名件，即编类成书；及将敕令所修进《断例》更加参酌。"从之。（47，p. 8260）

619. 淳熙元年十月九日，诏："六部除刑部许用乾道所修《刑名断例》，及司勋许用绍兴编类获盗推赏刑部例，并乾道元年四月十八日《措置条例弊事指挥》内立定合引例外，其余并依成法，不得引例。"先是臣僚言："今之有司既问法之当否，又问例之有无。法既当然，而例或无之，则是皆沮而不行。夫法之当否人所共知，而例之有无多出吏手，往往隐匿其例，以沮坏良法，甚者俟贿赂既行，乃为具例，为患不一。乞诏有司，应事有在法炯然可行，而未有此例者，不得以无例废法事。"诏下六部看详。至是来上，因有是诏。（49，p.8262）

620. 绍熙二年四月十二日，臣僚言："臣闻自昔天下之所通行者法也，不闻有所谓例也。今乃于法之外，又有所谓例。法之所无有者，则援例以当法；法之所不予者，则执例以破法。生奸起弊，莫此为甚。盖法者率由故常，著为令典，难以任情而出入；例者旋次创见，藏于吏手，可以弄智而重轻。是以前后臣僚屡有建请，皆欲去例而守法。然终于不能革者，盖以法有所不及，则例亦有不可得而废者；但欲尽去欲行之例，只守见行之法，未免拘滞而有碍。要在与收可行之例，归于通行之法，庶几公共而不胶。今朝廷既已复置详定敕令一司，臣以为凡有陈乞申请，觉于法诚有所不及，于例诚有所不可废者，乞下敕令所详酌审订，参照前后，委无抵牾，则著为定法，然后施行。如有不可，即与画断，自后更不许引用。如是，则所行者皆法也，非例也，彼为吏者虽欲任情以出入，弄智而重轻，有不可得，奸弊自然寝消。举天下一之于通行之法，岂不明白坦易而可守也？"从之。（55，p.8268）

621. 嘉泰元年二月十四日，礼部尚书兼吏部尚书张釜言："《吏部七司法》盖尚左、尚右、侍左、侍右、司勋、司封、考功通用之条令。自绍兴三年迄淳熙二年，凡四经修纂，订正去取，纤悉备尽。孝宗皇帝尚虑条章泛滥，不便观览，复诏大臣分门编类。然编类之后，迨今又及二十有七年，其间有朝廷一时特降之指挥，有中外臣僚报可之申请，历时寝久，不相参照，重复抵牾，前后甚多。或例宽而法窄，则引例以破法；或例窄而法宽，则援法而废例。予夺去取，一出吏手。若更迟以岁月，则日复一日，积压愈多，弊幸愈甚。窃见孝宗皇帝乾道五年，尝诏七司郎官并吏部架阁将未经修纂指挥置局编类，仍委长贰同共点检。乞检照乾道五年已行体例，将吏部七司未经修纂应干申请画降，委官编类，正其抵牾，删其重复，辑为一书，颁降中外。"从之。（58，p.8270）

宋会要辑稿·刑法二·禁约

622. 至和二年二月二十四日，中书门下言："近日面奉德音，今后传宣内降，除依得法律赏罚外，余并仰中书、枢密院及所属官执奏。恭惟圣虑深切，盖欲杜请托之门，塞侥幸之路也。忠义之士，莫不称庆。以臣愚昧，复有浅见。且君上由中之命尚容执奏，而臣下过分之情未加裁损，非所谓尊君卑臣之义也。窃见近年臣僚有不循法律，以私党自任者，陈乞保荐，而执政之臣内防怨谤，外徇私情，明知违越，不敢阻难，必将所上表章进上取旨。陛下至仁待物，多赐允从，既从之后则便以为例，援例者众则法殆虚设。夫三尺之法，天下所共，岂有大君之命许执法而不行，群臣所求并违法而取旨！罔上附下，莫此之甚。乞今后中外臣僚保荐官吏、陈乞亲属、叙劳干进、援例希恩者，仰中书、枢密院、三司及所属官司，一例依前后条诏指挥，更不得用例施行，及进呈取旨，违者坐之。"诏可。（32，p. 8300）

623. 元丰六年正月二十六日，诏："官司如辖下有申请，并须明具合用条例行下，不得泛言依条例施行。"从提举京师常平等事黄寔请也。（38，p. 8302）

624. 政和二年二月五日，臣僚言："一时特旨，乃人主威福操纵御下之权，岂容攀援为例？乞诏有司，恪遵成法，不得以例决事。顷岁命一司敕令所以六曹事可为永制者修为法，其出自特旨、非有司所决者，编集以备稽考。阅岁斯久，未闻奏御，亦乞立限修纂。"诏自今援例破条者徒二年，令御史台觉察弹奏。（57，p. 8314）

宋会要辑稿·刑法二·禁约二

625. 政和七年十二月十三日，诏除刑部断例外，今后应官司不得引例申请。（69，p. 8320）

626. 政和八年二月十二日，臣僚言："应官司不得引例申请，法所不载，故用例以相参，则事不失轻重。且元丰即无不许用例之制，惟元祐例立法禁，不得引用。今一切不用，则皆元祐之事。又有司临时高下其手，可以为弊。"诏除无正条引例外，不得引例破条，及不得引用元祐年例。（70，p. 8321）

宋会要辑稿·刑法三·诉讼·田讼附

627. 宣和二年六月二十五日，诏："应陈诉事，遵依累降指挥，不得用例破条。条所不载者，仍不得援引优例。违者以违制论。"（24，p. 8405）

宋会要辑稿·刑法三·勘狱

628. 景祐三年二月七日，龙图阁直学士燕肃言："诸般公案，乞申明前敕，如无情弊枉曲，不得驳勘，及依条不得用例破敕。委知审刑官，如妄行驳勘，并令申举。"从之。（62，p. 8426）

宋会要辑稿·刑法四·配隶

629. 绍兴二年九月十八日，刑部言："今年九月一日赦书内一项，应命官、公人、军人犯罪除名，有特旨断例并刑部、大理寺合断刑名外，一时特旨除名、停替、羁管、编配、安置之类，本不合坐罪者，并与除落，仍理元断月日。本（日）〔部〕勘会，本不合坐罪，非谓全不合坐罪者，其虽有罪犯而止系杖笞公坐、情理不至深重者，亦合依赦除落，仍理元断月日。"从之。

（43，p. 8469）

宋会要辑稿·刑法四·断狱

630. 徽宗宣和三年十二月五日，臣僚言："伏见大理寺断袁州百姓李彦聪令人力何大打杨聪致死公事，其大理寺以元勘官作威力断罪可悯，寺正、丞、评并无论难，因少卿聂宇看详驳难，称是李彦聪止合杖罪定断，其寺丞与评事亦从而改作杖罪。案上刑部，看详疏难，称大理寺不将李彦聪作威力，使令殴（系繋）［击］致死断罪未当，欲令改作斩罪。其寺正、评事议论反复，少卿聂宇执守前断，供报省部。本部遂申朝廷，称大理寺所断刑名未当，已疑难不改，若再问，必又依前固执，枉有留滞，伏乞特赐详酌。既而大理寺检到元丰断例，刑部方始依前断杖罪施行。访闻寺正、评事其初皆以聂宇之言为非，兼刑部驳难及申朝廷详酌则以斩罪为是，杖罪为非。若聂宇依随刑部改断，则刑部以驳正论功，聂宇失出之罪将何所逃？直至寻出元丰断例，刑部方始释然无疑，使李彦聪者偶得保其（守）［首］领，则杖者为是，斩者乃非矣。伏望圣慈取付三省，辨正是非，明正出入之罪。兼看详法寺案□□□□宿尤无执守，其议李彦聪案，遂持两□□□□望并赐黜责施行。"诏高宿降一官，周懿文罚铜十斤。（79，pp. 8488－8489）

宋会要辑稿·刑法七·军制

631. 真宗咸平六年七月四日，诏："陕西振武军有愿依河东广锐例，官给价直市战马者，听。"先是，帝曰："河东广锐元是州兵，官给中金（克）［充］马价，其兵各立社，马亡，醵钱同市以补之者，自然用心养饲，官亦为利。关西振武亦可依广锐例处分，令立社市马。"（1，p. 8575）

宋会要辑稿·兵二·乡兵

632. 元丰五年六月十一日，诏："广南路保甲依戎、泸州例，今自置襄头无刃枪、竹（镖）［标］排标、木弓刀、蒿箭等，在保下阅习。若遇捕盗，器甲并从官给。"（23，p. 8635）

宋会要辑稿·兵四·弓箭手

633. 靖康元年六月一日，真定府路安抚司言："河北、山东荒闲之地，顷亩万数，乞依陕西、河东体例，创起弓箭手。"从之。（29，p. 8693）

宋会要辑稿·兵六·屯戍下

634. 淳熙五年八月七日，荆鄂副都统岳建寿言："荆南诸军依已降指挥，分番荆襄更休出戍。今来防秋之际，守戍襄阳边面人数不多，其差出均州、光化军、沅、靖州、荆南管下大江巡逻盗贼，松滋县西平市把截屯戍人兵，共九百七十人，合与不合依鄂州军例拘收归军，趁赴教阅？"诏除均州、光化

军屯戍四百人存留外，其沅州等处五百七十人，依鄂州体例，限一月拘收归军，趁赴教阅。（3，p. 8718）

宋会要辑稿·兵一三·捕贼三

635. 绍兴二十六年七月二十五日，三省、枢密院言："捕获海洋劫盗，除所属保奏推恩外，即未有海船每只赏钱则例。今参酌捕获海船贼徒，每只十人以上，欲支钱三百贯；二十人以上，欲支钱四百贯；三十人以上，欲支钱五百贯。"从之。（21，pp. 8861－8862）

636. 淳熙二年闰九月十四日，枢密院言："茶寇已收捕。其湖南江西广东安抚司、荆鄂都统司先具到阵亡并轻重伤人，理宜存恤推恩。"诏战亡人依乾道二年收捕李金例推恩，其轻重伤人各给钱有差。（31，p. 8867）

637. 淳熙六年二月二十三日，兴州统制吴挺言："西和、成、凤州沿边一带多有强盗来往两界作过。今说谕招到首领杨广等九十八人，系少壮有胆气膂力勇敢之人。乞依昨招收窦渊等例，将前件人随高下置之军中，所属支破衣粮。"诏依所乞，自今如有似此作过人，令收捕，依法施行，不得依前援例招收。（32，p. 8868）

宋会辑要稿·兵一六·归正人

638. 庆元元年九月二十九日，宰执进呈萧鹧巴遗奏，乞依蒲察久安（利）［例］，月给官钱二百缗，以赡妻孥。余端礼等奏："二人均为归正，而事体不同，难以攀援。若陛下念其北来，少加恩恤，亦在圣意。"上曰："比蒲察久安例减半与之。"余端礼曰："谨遵圣训。"于是诏每月特支赡家钱一百贯。（11，p. 8946）

639. 开禧元年十二月十四日，诏："特支故左武大夫、濠州团练使耶律宪妻恭人郭氏每月赡家三十贯、米五石，春冬衣绢各五匹，冬加绵二十两，令粮料院按月帮支。"郭氏进状："故夫宪元系辽国近族，承袭世封，任昭义大将军。于隆兴元年，以逆亮不道，抛弃坟垄、家属、财产物业，率领本部全军人马，同招讨萧琦等奋发忠义，万死一生，来归圣朝。仰蒙圣恩，换补武德大夫、忠州刺史、建康府中军统领，升充殿司统制。身没之后，止有男孝纯，曾两任添差临安府将领。自后，缘足疾不曾陈乞差遣，别无人食禄。乞依萧夺里懒、赵受等体例，支给钱米。"有司以非赵受之比，故量给之。（13，p. 8946）

640. 嘉定三年二月二十三日，诏故忠顺郎、差浙东副总管、婺州驻札张会宁男时敏与依一般归正人赵受例，支破钱米养济。以时敏言："父会宁元系北界千户管军头目，同万户蒲察久安部领军马前来宿州虹县守把，于隆兴二

年恭拜本朝宣谕誓文黄榜，部率全军人马，远来归朝。今来身亡，乞依赵受例支给孤遗钱米。"故有是命。（14，p.8947）

宋会要辑稿·兵一七·归明

641. 大观三年三月二十八日，尚书省据兵部状："度支开唐州龙兴寺北界归明僧行慈状：'元归明僧行慈状：元归明，准朝旨于有常住寺院居住，逐月破钱二贯五百文省，春冬衣绢四匹、绵二十两，每月米麦两石。至元符三年正月内指挥，依舒州归明僧李智广例，罢支常住钱帛，于军资库逐月支钱一贯文，日费不能给，却乞赐元旧常住钱绢'等事。"（7，p.8957）

642. 绍兴四年三月二十一日，神武右军都统制张俊言：张枢密带到归明女真万户孛堇羊哥等一十八人。诏万户羊哥依衔官七人例，千户傅怀等依衔官五人例，五百户郭枝等依衔官三人例支破券钱，并送神武右军收管。（21，p.8964）

643. 绍兴五年五月六日，陇右郡王赵怀恩奏："乞依兄安化郡王赵怀德例，别带一职，或乞依前带旧官恩州观察使。"诏怀德可特除正任观察使，余依旧。（22，p.8965）

644. 乾道三年四月十五日，诏建康府驻札御前后军都统制耶律（括）〔适〕哩每月支钱三百贯，适哩援萧鹧巴等例，乞月支千缗，故有是命。（29，p.8969）

645. 嘉泰二年八月十九日，诏："训武郎、殿前司中军额外统领李赏，忠义归朝，应奉岁久，可与依一般归朝人张德元例，特转一官。后人不许援例。"（34，p.8971）

646. 嘉泰三年二月十六日，诏："萧拱为系忠义归朝头目之人，故萧夺里懒之子，理宜存恤，特与放行呈试。余人不得援例。"（34，p.8971）

宋会要辑稿·兵一八·军赏

647. 元符二年四月二十四日，枢密院言："汉蕃官弓箭手并诸军蕃兵等有功未赏，而身亡或阵亡，子孙若兄弟之子，合皆承袭推恩者。旧例：汉弓箭手承旧职名，蕃弓箭手、蕃官承新职名，理有未均，欲自今悉因旧职名推恩。应承袭准此。其未授赏者，每一资赐绢二十匹，功状优异者取旨。"从之。（19，p.8985）

宋会要辑稿·兵二〇·军赏

648. 淳熙十三年正月一日，诏："殿前司、马军旧司、步军司官兵、诸班直军兵、皇城司亲从、亲事、辇官等人，并依则例，令主帅并所隶官司，各日下从实开具所管人同合支钱数，报提领封桩库所。以桩库所（以）桩管会子降付逐处，即时当官支给。其出戍人，依赦文，仰主帅将降到则例报所在州军。候到，令知、通同部辖兵将官给散。马军行司主帅开具所管人同合支钱数，报建康府，即时于降去第七界会子内支给。屯驻大军于屯驻州府仰知、通同兵将官据合支钱数，以本处应桩管朝廷会子支给。如不敷，或无桩管会子去处，于上供并诸司不以是何名色寨名内取拨给付。州府军监禁、厢军等准此。"以尚书省言："庆寿赏给则例：殿前司、马军旧司、步军司统制七十贯，统领四十贯，正将二十五贯，副将十五贯。拨发官同副将例，准备将十二贯，额外比正员下一等。谓如额外统制支统领四十贯之类，至准备将不减。使臣至带甲入队官兵九贯，傔人、辎重、火头五贯，队外官兵三贯。班直、行门二十五贯，余人十贯，班直下军兵三贯。皇城司亲从、亲事官五贯，院子三贯，辇官五贯。后苑厨子、御厨、仪鸾司、翰林司将校兵级四贯，军头司将校兵级四贯。御药院工匠、御酒库、御丝鞋所、内东门司、内藏库、内军器库、修内司、御马院、骑御马直、左右骐骥院将校兵级，德寿宫摆铺将校兵级，并造作人三贯。步军司、厢军并行在百司军兵、逐处自行招刺人一贯五百。差出人准此。马军行司统制五十贯，统领三十贯，正将二十贯，副将十五贯。拨〔发〕官同副将例。准备将十（员）〔贯〕，额外比正员下一等，至准备将不减。使臣至带甲、准备带甲人入队官兵六贯，傔人、辎重、（大）〔火〕头四贯，队外官兵二贯五百。殿前司摧锋军、左翼军，许浦水军，兴州、兴元府、金州、镇江府、鄂州、江陵府、池州驻札大军统制四十贯，统领二十五贯，正将二十贯，副将十五贯。拨发官同副将例，准备将十贯，额外比正员下一等，至准备将不减。使臣至带甲、准备带甲入队官兵五贯，傔人、辎重、火头三贯，队外官兵二贯。诸州府军监拣中禁军二贯五百，禁军、土军、水军二贯，厢军、铺兵一贯。诸路安抚司忠义军亲兵二贯五百。"（34，pp. 9041 - 9042）

649. 庆元元年七月二日，枢密院进呈建康都统制吴（义）〔曦〕乞钱二十万缗，以为营运赡军之资。先是，又乞全支到任犒军钱，御笔已依所乞。余端礼、郑侨同奏曰："旧例：朝廷只是减半与犒军钱。"上曰："今若全支，便为成例，后来必有攀援者，宜别作名色与之。"端礼等曰："陛下圣明，洞见他日利害。"于是别降指挥，借拨并按例，共支十五万贯。（38，p. 9044）

650. 嘉定十五年正月十六日，皇帝受恭膺天命之宝赦文："应内外诸军将士等，及忠义官兵并沿边创置军分，及拘集见今守御民兵等，并诸路安抚司神劲、忠义军亲兵，诸州府军监禁军、土军、水军、厢军、铺兵，并特与犒设一次。仍令户部检照淳熙十三年正月一日赦文则例，行下合属去处。"既而户部检具则例：内外诸军并见今出戍军兵、忠义官兵并沿边创置军分，及拘集见今守御民兵去处，统制五十贯，统领三十贯，正将二十贯，副将十三贯，拨发官同副将例，准备将十二贯，额外比正员下一等。谓如额外统制只支统领三十贯之类，至准备将免减。使臣至带甲、准备带甲入队官兵各十贯，僮人、辎重、火头各六贯，队外官兵各四贯，诸路州府军监拣中禁军在寨人各两贯五百，禁军、土军、水军各二贯，厢军、铺兵各一贯。诸路总领所忠义官兵及民兵等，令制置司、总领所并各照则例支拨，付部辖兵将官给散。所有诸路安抚司神劲等军，并诸州府军监厢、禁军、土军等，并令所在州郡知、通照则例给散。其合用钱，许于逐处桩管或上供及诸司不以是何名色官钱内取拨兑支，具数闻奏。诏："忠义官兵并沿边创置军分及拘集见守御民兵等，令并照三衙内外大军一体支犒。其诸军统制、将佐等，已该敕转官外，并与（诏）〔照〕敕支给犒设。三衙、江上、安抚司、忠义、亲兵各二贯五百，班直押行门三十贯，余人十二贯。班直下军兵各四贯，皇城司亲从、亲事官各七贯，院子五贯，辇官各七贯。后苑厨子、御厨、仪鸾司、翰林司将校兵级各五贯，军头司将校兵级各五贯，御药院工匠、御酒库、御丝鞋所、内东门司、内藏库、内军器库、修内司、御马院、骑御马直、左右骐骥院将校兵级、寿慈宫摆铺将校兵级各四贯，枢密院亲兵各三贯，省马院、军器所、牛羊司、金吾街仗司各二贯。令户部今来立定则例，遍牒合属去处，支犒施行。"（45，pp. 9047 – 9048）

宋会要辑稿·方域三·堂·资善堂

651. 政和五年二月二十三日，诏皇子建安郡王枢、文安郡王杞今春出资善堂听读，其管勾官比附定王、嘉王听读例施行。（22，p. 9309）

宋会要辑稿·方域四·第宅

652. 宣和六年十二月十五日，诏赐延康殿学士、正议大夫、提举西京嵩山崇福宫薛嗣昌第，并依王革等例。（24，p. 9342）

653. 高宗建炎三年八月二十三日，诏中书侍郎张悫所赐田宅，全（结）〔给〕同知枢密院事郭三益、签书枢密院事郑毅田宅并减半给赐。先是，张悫除合得赙赠外，特赐田十顷，屋五十间。以悫本河朔人，无家可归，而又辅政忠勤，抗节不附黄潜善辈，士论甚美，故于例外赐之。后来郭三益亦依悫例，郑毅又依三益例，臣僚遂力诋其冒恩。以三益乃王黼死党，燕山之役嘿无一语建明；毅资望素轻，止缘在钱塘时有尺寸之功，有指挥赠七官，依条与致仕、遗表恩泽，支赐银绢一千匹两，不应复冒此恩素。故有是命。后臣僚再上言，诏郭三益、郑毅给赐旨挥更不施行。（24，pp. 9342 – 9343）

宋会要辑稿·方域五·节镇升降

654. 淳熙四年二月二十三日，诏荆南府依〔旧〕为江陵府。先是，湖北安抚司乞依建康、平江、镇江府例，就以荆南为名，尝从其请。（6，p. 9353）

655. 绍兴十二年九月十六日，知盱眙军沈该言："初置本军，合用印以'盱眙军印'四字为文，乞行铸造。本军官属除通判从朝廷选差外，昨来天长军有判官一员右文林郎施璋，司理一员右迪功郎胡望之，司法一员右迪功郎孙守信，兵马监押一员保义郎向居仁。今乞依上件员数就差，候臣到任，取会（遂）〔逐〕官愿状，先次借职，申朝廷别给付身。如合别行差人，即乞从该踏逐，具姓名申朝廷辟差。天长军昨添置指挥使二员，许臣踏逐有心力能干之人，不以大小使臣、校副尉、下班祗应，不依常制辟差。榷场全藉有才力之人管干，切虑内有不勘倚仗之人，欲乞从臣踏逐，申朝廷对换，各不理遗阙。本军未有常赋，所有官兵请给及过往批请等支遣，乞依天长知军刘武经例，下本路转运司或近便官司支拨钱米应副。本军公使库合除岁赐钱物及许造酒数目，乞候该到日，体访天长军例，别具数目申乞给降施行。"勘会天长县见有寄桩曹炟银，诏令沈该于前项银内取拨一千两，（片）〔并〕令胡纺于近便大军米内支一千石，津发前去，应副支用。余从之。（16，p. 9388）

宋会要辑稿·方域一三·四方津渡

656. 太平兴国二年十二月，有司言："准乾德二年诏书，有敢私渡江者及舟人尽置于法。今江南平，旧禁未改，望如私渡黄河例论其罪。"从之。（4，p. 9534）

宋会要辑稿·方域一八·诸塞·黔安寨

657. 元丰元年闰正月三日，荆湖北〔路〕提点刑狱司乞辰州会溪城、黔安寨依沅州城寨例，置牢屋区断公事。从之。（5，p. 9628）

宋会要辑稿·方域二一·边州·府州

658. 至道三年十一月，知府州折惟昌等奏："臣父尝奉诏，归投蕃部中有怀二者，便令剪除，未敢遵奉施行。"诏如有蕃部委实违背者，依蕃法例行遣。（4，p. 9697）

宋会要辑稿·蕃夷四·于阗

659. 元祐四年八月八日，诏："李养星、阿点魏哥等进贡御马已回赐，内黎撒啰、瞎征等依此，后毋为例。"（18，p. 9777）

宋会要辑稿·蕃夷四·交趾

660. 绍兴二十五年八月二十三日，礼部言："检会元丰六年于阗国进奉人使赴阙，诏于起发前一日就驿赐御筵。今来交趾入贡，欲依上件体例，于起

发前一日就驿赐御筵。"从之。（45，p. 9797）

661. 绍兴二十六年二月二十六日，尚书省言："将来安南入贡，使、副所至州军馆舍、饮食，昨占城经过州军虽有体例，其安南理宜优厚。"诏令沿路帅、漕司行下经由州军，照条例优厚排办应副，仍委知、通点检，务令整肃。（45，p. 9797）

662. 乾道九年十一月十二日，点检阁门簿书公事赵友仁等言："被旨充交趾进奉大礼纲押伴官，今依体例条具：交阯使、副等如有押伴私觌，乞令临安府差市令司看估价直，回答物帛临时市买应副，送到私觌物色缴进。交阯使、副如陈乞寺院烧香及观看，临时取旨。交阯使、副自到驿至起发，遇有请觅物色，令监驿使臣审实，约度应副；及有所市买并两相交易，不得私便折博买卖。"从之。（48，p. 9799）

宋会要辑稿·蕃夷五·西南蕃

663. 景德四年三月，西南蛮罗瓮井都指挥使颜士龙来贡。士龙种落遐阻，未尝来朝，今始至。诏馆饩赐与如高、溪州例。（14，p. 9846）

664. 元丰七年七月十一日，尚书礼部言礼："西南程蕃乞贡方物。旧不注籍，如许入贡，乞从五姓蕃例。"从之，令夔州路转运司相度比附一姓人数解发。（31，p. 9857）

665. 元祐七年十二月二十八日，荆湖北路都钤辖唐义问言："渠阳蛮连年作过，朝廷发近兵讨荡，已画江立界。今虽宁帖，然不可便恃无事，不为预备。请令后蛮人结集，辄离巢穴入寇，即量事势随机杀逐出界。若在溪峒自相雠杀，但令城寨密为防备，毋辄出兵应援。若攻犯归明篱落，不侵省地，只令沅州依杨晟同例，量事大小支斗酒盐彩，令自犒召邻近团峒救助杀逐。"从之。（92，p. 9894）

666. 绍兴三十一年五月九日，夔州路兵马钤辖司奏："故杨铨妻任氏乞将故翁杨文锡纳土初补官资，依杨选例与杨震承袭，于见今进武校尉上改转承节郎。"从之。（96，p. 9897）

667. 淳熙元年十月十三日，诏知思州田汝弼依田汝端例，特与转一官。（98，p. 9898）

（二）《吏部条法·申明》中所见"判例"

《差注门二·县令县丞·尚书左选申明》

1. 嘉泰三年十一月一日敕：吏部状，承务郎纪极状，昨任南剑州剑浦县尉，任内躬亲捕获强盗，准告改官，系初任知县资序。伏睹近降指挥，捕盗改官人先授县丞，次任知县。窃见京官县丞，并入非次经使阙。有举主入经使，无举主入破格。极今来系无举主，照得尚左除经使县丞阙外，别无空缺可入。合取自朝廷指挥。奉圣旨：权借经使阙一次。本所看详上件指挥，虽为纪极捕盗改官权借经使县丞阙一次，窃虑日后有似此陈乞之人，令合编节存留，申明照用。（p. 81）

2. 嘉熙三年八月十四日敕：吏部尚书左选条具内一项，照得京官补授，初任止注监当。或两淮、二广、湖北破格县丞差遣一任满，理第二任监当资序，方许通注应干县丞。昨有京官留元钧，初任监当成一考零，只合注初任阙补考。本官乞通注应干县丞。自后京官李惟肖等，历任一考，亦援前项体例放行。修纂条例所看详：京官初任监当，因事改替，未曾成资，到部只合注初任监当，及破格县丞，所有已放行例，委实碍法，不当引用，合删去。仍照元条行。奉圣旨：依看详到事理施行。（p. 82）

《考任门·尚书考功申明》

3. 绍兴五年正月十日敕：承节郎寄班祗候刘百朋状，在任准宣差守东华门，满三考，寄班祗候历四考。伏睹元降圣旨，寄班祗候实历十年，理为住程资任一次。百朋逐件差遣，并系理任处。合两从其一。乞理经任人参选。奉圣旨：依所乞，发遣归部，与照元降指挥参选。本所看详：前项逐件指挥，缘有庆元二年十一月六日指挥，使臣初官，须候呈试中，始得参部，不许作在外就补人理为资任免试。虽奉特旨许有司执奏。本所已修入《考功令》讫，如有未经呈试中人，即不合引用。前项指挥今声说存留照用。（p. 216）

《宫观岳庙门·侍郎左选申明》

4. 宝祐五年三月七日敕：礼部申准都省批下，正奏名赵鉶夫札子，乞照崇苪与缺等例，附第四等推恩出官。照得鉶夫淳祐十年中省试覆试未通之人，自合再赴后举覆试，引援陈乞，以正就特，其意不过急禄，在朝廷斟酌施行。奉圣旨：依礼部所申，赵鉶夫照例补下州文学，初任止许注授岳庙差遣。仍下吏部，自今后遵守施行。本所看详，上件指挥为赵鉶夫省试中覆试未通，与补下州文学，初任注岳庙。虽是一名照例施行事，节缘得旨，今后遵之文，权存留，权申明照用。（pp. 225–226）

《荐举门·尚书考功申明》

5. 绍兴十三年八月十四日敕：吏部状，奏举改官人右从事郎沈夔仲已有六考，举主五员，内有淮西运判兼提刑吴序宾一员，乞作职司收使。昨来韩玧申降指挥，缘淮西路止系判官一员，见兼提刑职事，本路别无职司，遂申降到指挥，许作职司。今来本人乞用吴序宾系淮西运判兼提刑，本部欲引用上件指挥，便行收使。又缘指挥内止为韩琲举过官，及后官梁泽民、李仲孺各曾申降到许依韩琲前后已得指挥，即无令依此之文。其以后本司官窃虑亦合一体收使。奉圣旨：依。本所看详：前项指挥系申明淮西判运兼提刑举状作职司事理。今编节存留，申明照用。（pp. 258 – 259）

《荐举门·侍郎左选尚书考功通用申明》

6. 淳熙五年七月九日敕：敕令所状，准批下吏部申，迪功郎前邵武军、泰宁县主簿邵景之状，昨授南剑州尤溪县主簿，到任一考有零，缘泰宁县主簿施广容在任不法。奉圣旨将施广容对移本路一等差遣。景之对移泰宁县主簿。在任蒙知邵武军、杨獬、赵师龙举充县令任使，蒙告示称对移，即非制书差权，不得收附。后批：送所看详。本所契勘，他官在所部权摄，而非制书差者，不得荐举，系为见阙正官，一时差权，不许荐举。今来既系备奉指挥对移一等差遣，系是正任，即权摄职任，合行收使。奉圣旨：依敕令所看详到事理施行。本所看详，上件指挥虽止为邵景之一时所降，日后恐有似此之人，今编节存留，为申明照用。（pp. 260 – 261）

《改官门·侍郎左选尚书考功通用申明》

7. 乾道元年十二月十九日敕：权吏部尚书魏杞札子。契勘右从政郎前惠州司理参军王绾乞磨勘改官。照得本官初补付身，系因伯中奉大夫孝开该遇冬祀大礼奏补登仕郎，当来绾元系孝开之子，过房在叔孝先房下，承伯恩泽作侄奏补登仕郎。后因伯病危面令绾归宗侍养，寻将元补付身并归宗公据会到，尚左称，宗子归宗或胄亲被荫自陈者，听改正。虽经升改，仍依初补法。本部未敢放行磨勘。后批送部，指定本部契勘。本官当时系本人所生父过房与弟孝先作子，缘所生父将合得恩泽荫补本人作侄承受。今来虽已归宗，其已承恩即系元所生父应奏补恩泽补授。今指定合取自朝廷指挥。十二月十九日奉圣旨：令吏部放行磨勘。（p. 322）

二　元朝史料中关于"断例"的史料

（一）《至正条格·断例》辑录

《至正条格·断例》卷一

卫禁

1. 阑入宫殿

（1）至元十八年六月初六日，中书省奏："年时冬里，一个蛮子人，跟着抬酒筲的人，入大殿里叫。上教省官人每，'问者'，么道，圣旨有来。如今俺问得：'本人元是江南好投拜人户，被乾讨房军人虏到陕州，卖与人家做奴婢来，他自用钱赎身，做了陕县百姓也。来到南阳府，与一个蛮子秀才一处，写陈言的文字："江南被虏人口，放令为良。"待这般告来。因根着抬酒笛的，入大殿里奏来。这般我的不是也。'与了招伏文字，商量来，打一百七下，发得陕州，做民户去呵，怎生？"奏呵，奉圣旨："那般者，打了发将去者。"（pp. 166 - 167）

2. 肃严宫禁

（2）延祐四年十一月二十九日，中书省奏，节该："世祖皇帝时分，诸王驸马每、各衙门官人每，都在主廊里坐地，商量了勾当，有合奏的事呵，先题了入去奏有来，如今若不严切禁治呵，不便当的一般有。御史台官奏奉圣旨'俺内苑里的勾当，入怯薛的、怯薛官人并怯薛丹、扎撒孙、各爱马的头目每、留守司官人每、八剌哈赤每等，是他每合管的勾当有。俺众人商量了，写定奏目听读呵，怎生？"奏呵，"那般者"。么道，有圣旨来。四怯薛的怯薛官、中书省官、枢密院官众人商量来了："入怯薛的怯薛官、次着的官，各扫邻里坐地着，教入怯薛的扎撒孙各门头守把着，不教空歇了，禁治闲人休入去者。正门上，在先各爱马里也教人坐地有来。如今依着例，各爱马里教差拔人一同守把。又东门里，在先除女孩儿、火者之外，其余人每不教行。如今依先例，除女孩儿、火者之外，不教其余人每行呵，怎生？又有怯薛的官人每，有奏的事呵，题了教人来呵，入去者，有怯薛的人每，不该入怯薛时分，非奏宣唤，休入去者。无怯薛并无当的人每入红门去行呵，怯薛丹及各爱马的人每，初犯打七下，再犯打十七，闲人并阔端赤每，初犯打十七，再犯打二十七。大官人每入去呵，各引两个伴当，其余官人每去呵，各引一个伴官当，又马你子房里，有文字及酒的根底里，头下卸了的酒内，不教支与，教大酒务里支者。这般省会了，依着这般向前整治的人每根底，与赏，不依着这般严切禁治的，打着整治呵，怎生？又在先四怯薛里各委一个人，教常川整治有来，如今依先例，怯薛里各委一个好人，教常川整治呵，怎生？将这文书入怯薛时分交割着，只依这体例里省会了，整治呵，怎生？商量来。"听读了奏目文书呵，奉圣旨："那般者，教伯答沙明日聚着各怯薛官、扎撒孙每省会了，依这文书体例，好生整治者。"（pp. 167 - 169）

（3）泰定三年五月十七日，留守司奏："世祖皇帝时分，斡耳朵后地卖酒肉做买卖的，都无有来。如今做买卖的，好生多有。"奏呵，奉圣旨："使将两个扎撒孙、贵赤、火里温，一处去拏将来了者。"么道。"俺将那人每拏住呵，造酒的，就那里七十七重要了罪过打来，如今多有人每不改有，又那般做买卖多有。"奏呵，奉圣旨："怹留守司出与牒文禁约者。今后似这般依前做买卖的人拏住，好生要罪过。更两邻不首，与犯人同罪者。"（p. 169）

（4）至顺三年十月十三日，中省书奏："火你赤、达鲁花赤于内府提交床坐的上头，监察每言着呵。'教省部里定拟者'。么道，有圣旨来。部拟：'除诸王、驸马、勋旧大臣、宰辅、台院一品官员外，其余官属敢有似前坐交床者。拟决二十七下，标附过名。若遇朝贺日期，百官具公服未入班次，系在阙门之外者，不拘此例'。定拟了，与文书有。俺商量来，中书省、枢密院、御史台二品以上官坐交床，其余衙门官员内，到一品者，许坐交床，别个的，依部家定拟来的教行呵，怎生？"奏呵，奉圣旨："那般者。"（pp. 169 – 170）

3. 分拣怯薛歹

（5）至顺元年闰七月初十日，中书省奏，节该："各怯薛、各枝儿里，将无体例的汉人、蛮子并高丽人的奴婢等夹带着行呵，将各怯薛官、各枝儿头目每，打五十七下，字可温、亦里哈温夹带行的人每，打七十七下。将不应的人，看觑面情，不分拣教出去，却将合行的分拣扰害呵，将各怯薛官、各枝儿头目每，并字可温、亦里哈温，只依这例，要罪过。有体例行的怯薛丹、各枝儿每，元支请的钞锭、草料，依验分拣来的数目，均减钞锭、草料外，分拣出去的人每内，不应行的汉人、蛮子、高丽每的奴婢，并冒名数目等有呵，怯薛官、各枝儿头目每尽数分拣出去，其有体例合行的每根底，依旧与衣粮，不依体例行的，教监察御史每好生用心体察者。各怯薛、各枝儿里晓谕呵，怎生？"奏呵，奉圣旨："是有，与的每根底，依怹商量来的，与者。"（p. 170）

4. 侵耕纳钵草地

（6）元统二年五月二十二日，经正监奏："在前累朝皇帝时分，大都至上都等处有的纳钵营盘，奉圣旨，教有司官提调着，俺委付火里孙当阑有来。近年以来，盖是有司提调正官，不肯用心提调，火里孙当阑不得有。如今相邻着的百姓每，好生侵耕踏践了有。又比及车驾行幸，先行的诸王、公主、驸马，并各枝儿怯薛歹、女孩儿、火者、各爱马人等，于纳钵内，将自己的车辆、头匹安下，作践草茸，火里孙每当阑呵，倚气力，将火里孙每好生打拷有，为这上头，草长不出来的缘故，是这般有。如今，各处宽纳钵里，委付火里孙六名，窄纳钵里，委付四名，教与有司提调官一同当阑呵，怎生？"奏呵，奉圣旨："如今奴都赤内差好人，与中书兵部文书，教他每行与拘该有司。若有司提调官不曾当阑呵，教怹差去的使臣。受敕官就便打四十七下，受宣官要了他每的招伏，我根底奏者，侵耕的百姓每根底，打七十七下者，自意倚气力入去的，恁将他每的头匹拿了，打六十七下，各处纳钵营盘内，恁委付火里孙每，合着和雇、和买、杂泛、夫役，教有司官出与他每执把的文书，便教除免了者。"钦此。送兵部，定立各各罪名。七月二十四日，中书省奏："兵部备着经正监文书里，俺根底与文书：'累朝时分，大都、上都等处有的纳钵营盘，教有司官提调着，俺委付火里孙当阑来，近年以来，盖是有司提调正官，不肯用心提调，火里孙当阑不得有，相邻百姓每，好生将纳钵地土侵踏践了有。'他每奏过与文书的上头，俺教兵部定拟呵：'今后宽纳钵拟设火里孙四名，窄纳钵二名，从经正监选择公勤能干之人，依上委用。火里孙不为用心，纵令诸色人等，于纳钵内安下，牧放头匹呵，决四十七下。有司官提调不严，致使百姓侵耕，并头匹食践，本管上司取问，受敕官决三十七下，受宣官取招呈省。经正监官不为用心提调，依上取问。侵耕并倚气力于纳钵安下牧放人等，钦依奏准罪名科断。'定拟了有。俺商量来，纳钵营盘经正监官，失于整治，量事罚俸。其余的，依着兵部定拟来的行呵，怎生？"奏呵，奉旨："那般者。"（pp. 171－172）

5. 巡绰食践田禾

（7）泰定三年七月二十一日，中书省奏："每年上位大都、大都往来经行时分，扎撒孙内差发，教为头领着一百名怯薛丹巡绰。但有将百姓田禾食践的，禁约有来。在先禁约的上头，行了几般禁例，恁轻呵，也不宜，恁重呵，也不宜有。守得的一般禁例遍行呵，相应也者。俺如今遍行省谕。若有撒放马、驼牛只，食践田禾的每根底，一个头匹，令人赔偿十两钞，断十七下。各怯薛、各枝儿里遍行省谕呵，怎生？"奏呵，奉圣旨："那般者。"（pp. 171－172）

6. 门尉不严

（8）至大二年九月，刑部呈："光禄寺酒匠玄药师奴，将领凶徒三十余人各执棍棒，将无辜平民李亦怜真等挟仇绑缚，游街打拷入城，其守把丽正门尉军人，不即盘问，约当捉拿。除行凶人另行外，大使塔剌赤，拟决四十七下；百户叔连教化的，弹压刘川，各决三十七下；权百户唆罗海，二十七下。"都省准拟。（p. 172）

7. 津渡留难致命

（9）至元二十八年正月，江浙行省咨："体知浙江河渡司及行船梢水人等，取受钱物钞两，溺没人命，另行归问外，今后河渡人等明知潮信到来，或风涛将起，贪取船钱，将过往人员摆渡，因而致伤人命，无问多寡，合分首从处断。为首者处之重刑，为从者减等断罪，庶望不致违犯。"都省准拟。（p. 172）

（10）至元二十九年五月，御史台呈："监察御史体问得：'把卢沟桥军人阿八赤等节次遇有过往人员，欲要解卸行李，勒取酒食钱钞，将各人不复盘问，即便放行，百户脱思不花不为用心钤束。'本台议得：'军人阿八赤等，各决二十七下，百户脱思不花，量决七下。'"都省准拟。（p. 172）

《至正条格·断例》卷二

职制一

8. 擅自离职

（11）大德三年九月，刑部呈："管州达鲁花赤塔察儿，私自离职，前去临州，与男秃哥帖木儿娶妻。量拟二十七下，依例罢职。离职俸给，追征还官，标附。"都省准拟。（p. 173）

（12）至正二年正月，刑部议得："沿海万户府千户丁元昌，擅离镇守信地，还家营干己事，拟笞三十七下，解任标附。"都省准拟。（p. 173）

9. 托故不赴任

（13）元统元年六月，诏书内一款："已除大小官员，托故不赴任者，已有累降条画，违者断罪黜罢，务在必行，监察御史、廉访司常加体察。"（p. 173）

（14）至元六年正月，枢密院奏："各处万户府里，万户、千户、百户，并镇抚、弹压、首领官人等，有急阙的上头，委用人员，上位根底奏了。既是给降与了宣敕牌面，推称缘故，嫌地里远弯，不肯前去有。军情事比其余勾当不厮似有，不拟罪过呵，怎中？推称缘故，嫌地里远弯，不肯前去的，将他每宣敕牌面追夺了，重要了罪过，永不叙用呵，怎生？"奏呵，奉圣旨："那般者。"（pp. 173–174）

10. 应值不值

（15）皇庆元年九月初八日，御史台奏："淮东廉访司官人每文书里说将来：'孟显祖小名的千户，官人每的言语，教他看守丰盈库，他自己不谨慎夜巡，家里宿上去头，被贼剜开墙，偷了三百锭官钱。廉访司他根底取了招也。'刑部拟着：'打三十七，依旧勾当。'么道，说有。俺商量来，依他每拟来的断呵，怎生？"奏呵，奉圣旨："那般者，要了罪过，依旧教勾当行者。"（p. 174）

（16）至顺元年六月，刑部议得："江西省千户沈斌，蒙万户府差拨，守把北厢，不行守宿。拟笞十七下，依旧勾当，标附。"都省准拟。（p. 174）

11. 沮坏风宪

（17）元统元年五月初五日，御史台奏："大都台官每备着监察御史文书说将来：山东宣慰使七十，蠹政害民，违别圣旨，辄便为头画书，被山东廉坊司弹劾之后，挟仇排捏饰词，影射本罪，阻当刷卷监问书吏，故将累朝风笔勾当沮坏，启奉令旨，省里、台里差人取问呵，要了他明白招伏。拟了六十七下罪名，罢职，遍行文书。么道，俺商量来，依着他每定拟的罪过，打六十七下，罢职，遍行照会呵，怎生？"（启）［奏］呵，奉令旨："那般者"。（p. 174）

12. 遗失印信

（18）至正三年正月，刑部议得："甘肃省宣使张唆忍布，因公赴都，关到肃州司狱司铜印一颗，带酒遗失，到于真定路，唝令带行人张唆南巴，虚申被贼劫讫印信，影避己罪，量笞五十七下，革去。遗失印信，令有司根寻，比及得见，别行铸降。"都省准拟。（p. 174）

13. 拘占印信

（19）至元二年正月，刑部议得："尚珍署达鲁花赤浑秃牢，挟恨亦老温前来替代，将元掌印信拘占在家数月，革后三十日，不行交割，耽误官事，量笞三十七下，标附。"都省准拟。（p. 175）

14. 典质牌面

（20）皇庆二年三月，刑部议得："今后军官敢有擅将所佩牌面解典质当者，断五十七下，消降散官一等换授，依旧勾当，受质之家，减犯人罪二等科断。"都省准拟。（p. 175）

15. 隐藏玄象用图谶

（21）泰定二年十二月十三日，中书省奏，节该："合禁的文书，如今严立断例，各处遍行文书，张挂榜文。但系世祖皇帝时分禁了来的，并在后累朝禁了来的禁书，不拣谁根底有呵，文字到日一百日已里，教他每自便烧毁了者，休藏留者。若一百日之外，不行烧毁的，首告出来呵，杖一百七下，籍没家产一半，于那钱物的一半，付告人充赏呵。庶使无知的人每，不致伤害性命，多人每不遭祸扰也者。"奏呵，奉圣旨："那般者。"钦此。令太史院、司天监与礼部、翰林国史院、集贤院、刑部，一同议得，合禁等书，开列于后：

《乾象通鉴》、《天官要览》、《乾象新书》、《五行类事占》、《大象赋》、《戎轩指掌》、《古今通占》、《天文录》、《握镜占》、《乾象隐微通占》、《天文总录》、《乙己占》、《荆州占》、《开元占》、《通天玉镜》、《天文祥异》、《景祐占》、《天文精义赋》、《天文祥异赋》、《周天星图》、《天文主管》、《风角集》、《历代占天录》、《悬象赋》、《天元玉册》、《占书类要》、《太一玉镜》、

《福应集》、《太一龟鉴》、《太一新书》、《淘金歌》、《金镜式》、《紫庭经》、《紫庭秘诀》、《龙虎经》、《太一雌雄钤》、《太白阳经》、《太白阴经》、《符应经》、《万一决》、《专征赋》、《遁甲细钤图》、《太一雷公式》、《七曜历》、《推背图》、《五公符》、《苗太监伪造图谶文书》、《博闻录》、《显明历》、《血盆》。

及应合禁断天文图书，一切左道乱正之术。(pp. 175 – 178)

(22) 元统元年六月，刑部议得："太平路完颜知理瓦歹，收藏遁甲禁书三册，合杖一百七下，籍没一半家产，未经抄扎，钦遇诏赦，罪既遇免，拟合革拨，已追到官禁书，合发秘书监收贮。"都省准拟。(p. 178)

16. 各位下阴阳人

(23) 大德十一年十月十四日，钦奉圣旨："今后阴阳法师，休教诸王公主、驸马根前去者，去的人有呵，当死罪者。"(p. 178)

17. 漏泄官事

(24) 至大四年二月十七日，中书省奏："省里商量勾当其间，商量来的言语走泄了呵，根挨着要了招伏，斟量了他每的罪过，上位奏了，要了罪过，勾当里教出去呵，怎生？"奏呵，奉圣旨："那般者。"(p. 178)

(25) 至治元年十月十三日，中书省奏："中书省管着国家大勾当有，近间但凡有合商量的勾当呵，管事的必阇赤人等，走泄事情，随即教为事的人每知道有。在前也这般走泄事情的人每根底，'好生教根挨者'，么道，普颜笃皇帝有圣旨来，今后将走泄事情的人每，根挨出来，好生要了罪过，黜退了呵，怎生？"奏呵，奉圣旨："那般者。"(p. 178)

18. 稽缓开读

(26) 至顺三年六月，刑部议得："乾宁（按）［安］抚司知事李开鼎，司吏莫让，于至顺二年二月初一日，钦承诏赦，不即差人宣布，经隔四日，通同指以措置支持为名，于元差人林德宽等处，科要中统钞二十二锭，才令前去开读。又将本司钦录全文行下各翼文字，私家藏收一百零六日，使涣汗之恩，不能周遍，合准所拟，将各人杖断一百七下，除名不叙，罪幸遇免，标附。"都省准拟。(p. 178)

19. 官文书有误

(27) 元贞二年八月，刑部呈："潞州采参大使贾居仁，赴都纳参，七月初四日，听读讫除免差税诏书，还家，于勾集医户告示上，略行该写，将'至元三十一年包银俸钞尽数蠲免'，写作'尽数除免'，'至元三十一年地税全行除免'，写作'今年秋税全除'。议得，贾居仁差写诏书节文情犯，量拟三十七下，标附。"都省准拟。(p. 179)

（28）大德四年八月二十六日，完泽丞相等奏："前者阿只吉使的秃干奏将来：'太原路官人每，我的伴当每的草料文书上，改了我名字，写作阿吉吉，人老了呵，改名字也者，教汉儿人每两遍家改写了来。太原路达鲁花赤塔海，属俺的有，我教挐了也，戒谕众人。'奏将来。又他一处画字的伴当每，上位奏了：'怎生般要罪过的？'说将来呵，俺奏来：'是故意的写来那委实错写了来？看说甚缘故。'么道，省里，也可扎鲁忽赤里，差人教问去来，使将去的人问了来了也。起初行的文书检子，大令史写的是来，小令史根底与了，转写出去时分，错写来也，不是故意的一般也，不干官人每事，令史错了的上头，侍官人每根底要罪过呵，常时间这般错的有也者，似这般官人每根底要罪过呵，不宜也者。俺商量来，小令史错写了的上头，打三十七，大令史是当该的人，出去的文书不对同行了的上头，打十七。达鲁花赤是他每投下有，勾当里委付不委付的，阿只吉识者，虽那般呵，这言语明白说将去呵，怎生？"奏呵，奉圣旨："那般者，阿只吉根底，明白说将去者。"（p. 180）

20. 漏报卷宗

（29）延祐元年十二月，中书省检校官呈："吏部漏报合检校文卷，罪过遇革拨。今后各部似此漏报卷宗，合验多寡，定立罪名。"刑部议得："省部应合检校文卷，如漏落不行，从实具报者，一宗决七下，每五宗加一等，罪止三十七下。若有所规避，临事详情定拟。"都省准呈。（p. 180）

21. 照刷文卷

（30）至正三年五月，刑部议得："御史台呈：'山北道廉访佥事王奉政言：今后内外比及刷卷之际，须令各衙门正官一员提调，首领官监督，当该人吏照勘应有合刷卷宗，依式编类，从实具报。但有漏透及规避隐匿者，验卷多寡，事之轻重，严立罪名，以示中外，有所遵守。'以此参详，刷磨案牍，本防奸弊，今后各衙门并其余诸司，摘委首领官一员提调，监督该管人吏，子细用心，照勘牵查应有合刷文卷，分割明白，依式编类，结罪具报，须要尽实到官，以备照刷。中间但有透漏一宗者，当该吏贴，各决七下，每五宗加一等，罪止三十七下。首领官，斟酌议罪，其或有所规避，中间事情重者，拟合临时详情区处。"都首准拟。（p. 181）

22. 迷失卷宗

（31）延祐元年五月，中书省检校官呈："比年以来，省部当该人吏，将已报检校文卷，不为用心收掌，致有迷失，必须停俸检寻，动经岁余或二三年，不能得见。其当该全吏，止因已停俸给，故不检录。又行分侥幸，经营差使，或别图升转，或至考满，才方赍出元失文卷。于内检校得稽迟者有之，冒滥差错合改正者有之，迁延岁久，屡蒙恩宥，事虽改正，罪亦释免，却将元停俸秩，总行兜支，实与不停无异，长恶滋奸，莫甚于此。参详，吏员具报应合检校文卷、簿籍、事目，先取不致迷失漏落结罪文状，次委员外郎、首领官各一员，提调查勘，别无迷失漏落，开呈都省，判送检校。如至时检校得，却有迷失卷宗，即将见役者，罢役检寻，歇下名阙，别行发补。已除者选官替代，到选者不许铨注，直候检寻元失卷宗得见，至日方听补用。当该书写、典吏，亦行停役补替，元管贴书，开除名役，杖限栓寻，仍将提调官并首领官，验事轻重责罚，庶望知畏，为例遵守。"都省议得："迷失卷宗，内外诸衙门，即系一体，依上施行。"（p. 181）

23. 妄申水溺文卷

（32）大德七年十月，御史台呈："琼州乐会县官吏，因水泛涨，将救护出已未绝文卷九百一十一宗，及全未施行安抚司指挥三十三道，中间多有不完，恐廉访司照刷问罪，欺诈上司，妄申洪水漂流一空。"刑部议得："乐会县官吏所犯，除典史、司吏断罪罢役外，据达鲁花赤驴驴、县尹王英、簿尉李德用，各决四十七下，解见任。"都省准拟。（p. 181）

24. 漏附行止

（33）延祐四年十月，刑部与吏部议得："台院选用人员，到任之日，开具三代年甲、籍贯、脚色、礼任、改除、得代月日，移文任所官司，开申合干上司，转达吏部。省除人员，照勘备细历仕，于元除卷内开写，提调都事，每岁不过下年正月已里，责令当该省掾书写，将各各卷宗，具呈左司，关发到部，以凭附写。如违，从都省斟酌责罚。其部选从七以下人员，奏准之后，照会到部，当该令史铨写，即元卷判送行止局，其提调主事、监督令史、典史工程，须要依卷附写。迁延违犯者，量事科罪。中间如是漏附，一员至五员，典吏笞十七下，令史七下，主事罚俸五日。至十员，典吏二十七下，令史十七下，主事罚俸十日。十员以上，典吏三十七下，罢见役，令史二十七下，主事呈省别议。如将合附官员，增减月日，更易地方，改换杂职常调，隐蔽过名，即同诈伪。临时详情议罪，因而取受者，以枉法论。当该令史铨写，故将合附文卷沉匿，不行送附者，罪亦如之。"都省准拟。（p. 181）

25. 私家顿放公文

（34）至治元年十一月，刑部议得："河南省贴书吕谦，私家顿放省府公文十八件，钦遇诏赦之后，不行出首。拟笞三十七下，革去。"都省准拟。（p. 181）

26. 误毁官文书

（35）至元十年十月，户部呈："写发人李滋荣，将令史元监分付到印押符文参道，误作故纸，将去本之家，伊母卖着与大夫陈聚做药贴。"省拟："元监决十七下，李滋荣三十七下，陈聚七十，李阿刘免罪。"（p. 182）

27. 弃毁官文书

（36）至元二十七年十一月，工部呈："壕寨祁天祐，因蒙本部委令，编类文卷，将远年已未押文字六十七件，于下处欲糊门窗等用。致蒙都省所委搜寻文字官直省高舍人，就于安下处搜寻到官。"都省议得："祁天祐虽将文字，下处欲糊门窗，已搜到官，拟决五十七下，罢役不叙，仍将文字，会付工部收管，照勘施行。"（pp. 182 – 183）

（37）大德元年五月，刑部呈："省架阁库典吏孙茂，擅令参议府首领冀全、慈太入库，自行检照壬子年元籍，以致暗地扯毁家口户面。"都省议得："慈太、冀全各决八十七下，罢役。孙茂五十七下，罢役。管勾姜迪吉罚俸一月，标附。"（p. 183）

28. 发视机密文字

（38）至顺元年十二月，刑部议得："涿州脱脱禾孙阿里，擅将云南省宣使梁贵见赍云南声息机密实封文字拆开，与脱脱禾孙亦失撒里，一同从头读念，虽是职专盘诘，不应擅将实封拆开，漏泄机密，拟笞五十七下，亦失撒里减等，笞四十七下，具解见任。"都省准拟。（p. 181）

（39）至顺三年四月，御史台呈："安陆府同知佛住，因荆湖北道宣慰使索要粳米五十石，佛住发言，令司吏郅喻义等出钞四十余锭，送赴去讫。明知告发，不候取问，将宪司委问公文，擅自拆录。"刑部议得："佛住擅将宪司实封公文私拆抄录，窥伺被告事情，笞决五十七下，解见任，罪遇原免，解任标附。"都省准拟。（p. 183）

29. 关防公文沉匿

（40）至顺四年九月，刑部议得："各处行省，除常行咨文依例入递外，但有干碍一切刑名重事，依式署押完备，委首领官一员，不妨本职，提调点校，对读无差，用印实封附簿，开写名件，责付公使人收领，就行赍赴都省呈下。中间若有迷失毁损，涂改字样，移易轻重，将元来人追问究正，提调首领官，每季查勘，若有应合责付公差人员咨文，却行私付为事人收领，自行赴都，以资奸弊，验事轻重，就便究治。受赃者，以枉法论。仍令各处行省，每季照勘，移咨都省公文，分豁公使顺带，并入递各各名件开坐，不过次季孟月初十日已里，咨报都省，通行查勘。"都省准拟。（pp. 183 – 184）

30. 季报官员迟慢

（41）至正二年三月十一日，中书省奏："吏部呈：'各处季报官员，并不依期咨报，或有报到，不行开写各各名讳，若不再行取勘，实碍铨注，定拟罪名'的说有。俺商量来，到选官员，阙少员多，不能迁调，其各处多有埋没、久任、急阙、事故等空阙。盖因当该提调正官、首领官吏，不以选法为重，因仍苟且，每遇季报，止是脱写旧本咨呈，实碍铨注。合令行省委正官、首领官各一员提调，严立程限，督勒路府州县正官、首领官吏，从实取勘，见在久任、急阙及过期不行赴任，并各处籍居、寄寓已除未任、丁忧、事故等官，明具缘由，随即飞报，以凭铨注。仍每季依式开咨，若有似前耽滞埋没、不尽不实，合作阙不作阙，及违期不报者，该吏决三十七下，首领官二十七下，正官一十七下，通行标附。行省当该掾史二十七下，提调首领官一十七下，正官别议。其未任守阙官员，若遇丁忧、事故，令子孙、弟侄、以次人丁，随即申告所在官司，违者亦行究治，在京、腹里，吏部委官提调，依上申呈。若所报中间，但有隐埋、空缺及违元限，亦依上例决罚。监察御史、廉访司所至之处，严加体究，永为定例，庶使官无旷职，选法流通有。"奏呵，奉圣旨："那般者。"（p. 184）

31. 投下达鲁茶赤重冒

（42）天历元年正月，刑部与吏部议得："今后各投下达鲁花赤，若有重冒保用不应之人，元启禀王傅官并各投下总管府判署正官、首领官吏，各笞四十七下，标附。受赃者，以枉法论。其营求犯人，加等断罪，仍追至元钞二百贯，付告人充赏。"都省准拟。（p. 184）

32. 远年冒荫

（43）天历元年四月，吏部议得："自中统元年以后，至元二十八年二月初九日以前，历仕身故官员子孙告荫，果系常调应荫之职，明具不曾求仕缘由，赴元籍官员陈告。当该州县摘委正官，照勘已故官员生前曾无经犯殿降、不叙等罪，告荫人有无窒碍，保结明白申路。本路官体覆相同，在外行移廉访司，在内监察御史，体覆是实，拆连的本牒文，申达省部，至日定夺，中间但有虚冒不实，将告荫人断罪不叙，元保勘官吏黜降断罪。"都省准拟。（pp. 184 – 185）

33. 废疾不许从仕

（44）天历元年四月，刑部议得："婺州路永康县尹刘隆，因事受财，合笞三十七十，解任别仕。为本人元系侏儒，有妨科决，罚赎了当。参详，刘隆侏儒废疾，不当从仕，今既犯赃收赎，据法再难迁用。验本官见受资品，

合令子孙，依例荫叙。"都省准拟。（p. 185）

34. 拆扣解由

（45）泰定四年闰九月，刑部议得："江陵路监利县尹许亮，取受杨必达中统钞二锭，比依知人欲告，减等断讫三十七下，解任别叙。革后给到本县解由，嘱托贴书陈庆详等，拆扣文解，虚妆饰词，影射前过，罪坐不应。量笞四十七下，别仕标附。贴书陈庆祥等，饮用酒食，扣换文解，减等各笞三十七下，革去。"都省准拟。（p. 184）

35. 匿过求仕

（46）至元二年十月，刑部议得："今后诸衙门官吏人等，但犯公事之罪，曾经解任、殿降，匿过朦胧求仕者，合以不应为坐，笞三十七下，依前殿降叙用，隐匿不叙过名，笞四十七下，依旧除名。已除者，追夺所受并支过俸给。当该吏贴，失于照勘，决二十七下。官吏知而故纵者，与犯人同罪。受赃者，以枉法论。"都省准拟。（p. 185）

36. 迁调司吏

（47）泰定元年八月，吏部议得："路府州县人吏对迁，既已明立案验，指定名缺，不即依期应役，却于元役，两操吏权，把持官事，依前掌管文案，不肯就迁，故延月日。似此之人，支讫俸钱禄米，拟合追纳还官，役过月日，不为准使，仍计已发日期远近，量拟断罪。当该首领官吏，看循容留，罚俸一月，标附。从监察御史、廉访司常加纠察。"都省准拟。（p. 185）

37. 发补不赴役

（48）至元六年九月，吏部议得："部令史咨发行省掾史，避难就易，不遵前去，却于别衙门参补者，笞十七下，标附，止发元役。"都省准拟。（p. 186）

38. 关防吏弊

（49）皇庆元年十月，御史台呈诸衙门贴书、主案蠹政害民等事。刑部议得："张官置吏，本以为民。今诸司大小衙门贴书，多有年深滥设人数，中间把持官府，漏泄事情，取受钱物，变易是非。亦有累犯经断，罔有悛心，依旧占据。主司、首领官吏，畏避排陷，莫敢谁何，反有与之为地者，彼既不知忌惮，于事无所不为，名虽至微，为害甚大。今后各衙门人吏，依例选保通晓儒吏，行止廉慎，别无瑕玷者各二人，余尽革去。既保之后，有犯非违，除犯人依例追断，当该人吏，失于保举，或明知有过，容留不行斥去，事发到官，量事轻重断罪。仍令所司照勘，有曾经断并年及四十之上者，并听逐出。敢有不遵，令众的决，再犯加等科断，既于公廨门首，书写姓名，各知

警畏，庶使吏人弊少革。"都省准拟。（p. 186）

（50）泰定四年八月，刑部议得："吏部员外郎、主事，职专稽考案牍。凡诸官员给由，并应叙人员告满，置簿勾销，主事十日一查勘，员外即月终审校，次月初五日已里，具检过名件，报检校官，拟定程限查照，若有因循废弛，检校官呈省区处。其当该令史、铨写、贴书，如关会未完，故作已完，移付选科，或已完指以小节未完，退回元科，辗转迟慢者，令史十七下，书写、典吏、贴书，各笞二十七下。果有未完，具由回付，各房元管差错令史、书写、典吏、贴书，量事轻重责罚。典吏、贴书所管合交割已未绝文卷，故行隐匿，或推事故，或称迷失，着落杖限追寻到官，量决四十七下，革去，发还元籍。贴书人等，不由承发司鉴使日印附簿，自行结揽者，决十七下。承发典吏，通同不行接受附簿，呈报勾销者，与同罪，仍回避本部贴书，黜退除籍。架阁库照勘之际，典吏迁延，不依程限回报者，决十七下。若以有为无，非理刁蹬，加等断罪。以无为有，事干诈伪，自从诈法。受赃者，以赃论。管勾失于关防催举，临时详情拟定，其余衙门，亦合一体禁治。"都省准拟。（pp. 186 – 187）

（51）至元二年十月，中书省奏："省、院、台诸衙门里掾、译史、令史，依在前定例，每一科分内，许保贴书二名，教行有来。近年以来，各衙门不遵旧例，一科分里，滥保贴书二十名行有。今后省、院、台、各行省、行台、宣慰司、廉访司、路、府、州、县等内外诸衙门，繁难科分里，教本房当该掾史、令史结罪许保四名，其余房分，依旧例教保二名外，据其余滥设的，尽行革去。若不这般遵守，擅自再入衙门里，写文书，做贴书行呵，提调首领官决二十七下，掾、译史、令史等，容留行呵，决四十七下，请俸典史决五十七下，革去。滥设贴书，打六十七下，发还元籍，在外结揽着写发的，打七十下，发还元籍。各处遍行文书呵，怎生？"奏呵，奉圣旨："那般者。"（p. 187）

《至正条格·断例》卷三

职制二

39. 失误祀事

（52）泰定四年正月，刑部呈："宣政院都事李谦祖，都省告示差充社稷廪牲令，迎香之后，詹事院改除长史，不诣祀所。参详，李谦祖虽经改除，终是都省告示已行，迎接御香，失误祀事。量笞三十七下，标附。"都省准拟。（p. 188）

40. 差摄斋郎

（53）至顺三年正月，刑部与礼部议得："国家大祭，礼当谨严。今后遇享郊庙、社稷，合用斋郎，须于三品以上衙门掾、译史、宣使、奏差并司属见任职官内差摄。该官人吏，随即分豁职名，具印信曹状，赴省供报，祗备行礼。敢有差设都目、小吏人等者，首领官罚俸一月，人吏笞二十七下。若曹状内不行分豁职名，或不使印信，该吏笞十七下。已，差斋郎不供祀事，令人代替者，笞四十七下。解任。"都省准拟。（p. 188）

41. 不具公服

（54）天历二年正月初四日，御史台奏："'直省舍人八不罕，不曾具公服，便衣听诏书'。么道，殿中司官人每文书里说的上头，奉圣旨，教监察御史问呵，'他与了招伏，断六十七下，标附过名'。么道，文书呈有。俺商量来，依着监察每定拟来的，教打六十七下，标附过名，遍行呵，怎生？"奏呵，奉圣旨："那般者。"（p. 189）

42. 失仪

（55）皇庆二年十二月，御史台奏，节该："皇帝根底行礼间，但有失仪的，依例罚中统钞八两。上殿去时，各依资次，不教紊乱。札撒孙、监察御史好生整治行呵，怎生。"奏呵，奉圣旨："那般者。"（p. 189）

（56）元统二年二月，礼部呈："监察御史言：'今后凡遇朝贺行礼，听读诏赦，礼选省部、院、台，次及百司，依职事等第、官品正从，以就序列，敢有不遵，比同失仪论坐，标附。'"都省准拟。（p. 189）

43. 失误迎接

（57）至治二年十月，刑部议得："哈喇鲁万户府镇抚黄头，因为酒醉，失误迎接诏书，合笞五十七下，标附。"都省准拟。（p. 189）

44. 失误拜贺

（58）至顺三年十一月，刑部议得："鲁王位下钱粮总管府提控案牍张思恭，天寿节辰指称带酒，不行拜贺，合杖六十七下，解任标附。"都省准拟。（p. 189）

45. 僭用朝服

（59）至元四年三月，御史台呈："侍仪司典簿章国仁，听读诏书，不入班次行礼，僭用紫服金带。量笞四十七下，解任标附。"省准拟。（p. 189）

46. 回纳公服稽缓

（60）大德四年十二月二十四日，御史台奏："四怯薛行礼，怯薛歹每合穿的公服、窄紫关了，行罢礼呵，都不来纳有。"奏呵，奉圣旨："今已后行罢礼呵，限三个日头。不纳呵，七棒子家打者。百官每借得公服，都教纳者。"（p. 190）

47. 服色等第

（61）至正四年十二月，中书省奏奉圣旨："服色等第，上得兼下，下不得僭上。违者，职官解见任，期年后降一等叙用。余人决五十七下，违禁之物，付告捉人充赏。有司禁治不严，从监察御史、肃政廉访司纠治。"（p. 190）

48. 私用贡物

（62）元贞元年二月，御史台呈："也里，钦奉圣旨，管领人户，专一采蜜，驰驿赴上进纳，不合将人户纳到紫蜜一瓶作梯已人情，与讫任提举娘子食用。"刑部议得："也里所犯，决六十七下，革罢。"都省准拟。（p. 190）

49. 失误赐帛

（63）皇庆元年九月初八日，御史台奏："山北廉访司文书说将来：'去年诏赦里，八十九岁的老人每根底，教赐与绢子者。么道，川州达鲁花赤脱别歹，他不肯取勘，则道无合赐绢子的老人，勒着社长要了文书。这般后头，有人首呵，恐怕罪过到他身上，却将社长打了三十七。'廉访司问他，取了招也。刑部拟着：'合打四十七，解见任，别行求仕'，说有。俺商量来，依着他每拟的断呵，怎生？"奏呵，奉圣旨："依体例要罪过者。"（p. 190）

50. 赈济迟慢

（64）至元三年六月十九日，中书省奏："江浙省与将文书来：'庆元路所辖定海县人民缺食的上头，委庆元路府判刘肃前去赈济，他托病不去，违慢八日。取了招，将刘肃决二十七下'。的说将来。教刑部定拟呵。'将它笞决二十七下，标附过名。'说有。依部家定拟来的，教行呵，怎生？"奏呵，奉圣旨："那般者。"（p. 190）

51. 修堤失时

（65）元贞二年三月，刑部议得："东平路雨降八日不上，将城东堤口冲塌，溺没百姓房舍，溺死人口。总管府官吏，量各罚俸一月。须城县官吏，即系亲管官司，达鲁花赤、县尹，各决二十七下，典史、司吏，各决一十七下，标附。"都省准拟。（p. 191）

52. 造作

（66）元贞元年八月，钦奉圣旨，节该："在先时节，诸王常课段匹七八托家，更宽好有来。如今更短窄歹了有。拯治者。"又曾验钦奉圣旨："诸司局院造作生活，今年为头，开了物料的，只教当年纳足，休教拖欠。若有拖欠，生活歹呵，要罪过者。"钦此。都省议得下项事理。

都省元坐六款：

①应造御用、诸王异样、常例金绣绒素段匹，合用丝金物料。在都委自

提调部官主事，外路依已行委达鲁花赤、总管、经历、首领官，不妨本职，多方用心，催督局官、库官人等，比及新年，责限应付，关支了毕，接续下机，来年正月已里，收工造作。如违断罪。

②所关丝料，先行选拣打络，须要经纬配答均匀，如法变染，造到段匹，亦要幅阔相应，斤重迭就，不致颜色浅淡，段匹粗糙，并要照依已定额数，从实催办。非奉上位处分，不得擅自损减料例，添掺粉糨，如送纳时办验，却不如法，定将局官断罪罢役，提调官吏责罚。

③打造金箔，须要照依元关成色、额定箔数，从实打造用度，无致人匠添掺银铜气子，颜色浅淡，提调官、局官常切用心关防，亦不致剋落金货，如违追断。

④每月造到段匹及见在物料，委自提调官吏，先行计点，须要段匹堪好，别无短少拖欠，如法收贮打夹，接季作运次，依例差官管押，依限送纳，无致损坏。如有侵欺物料，损败段匹，照依已奉圣断罪，罢职役，赔纳。

⑤局院造作，局官每日巡视，提调官按月点检，务要造作如法，工程不亏。违者随事究治，外路每季各具工程，次第申部。工部通行比较，季一呈省，年终须要齐足，如造作堪好，工程不亏，临时定夺迁赏，如是代夕拖兑，其提调官吏、局官人等，验事责罚，置簿标附过名，任回于解由内开写，验事轻重黜降。其销用不尽物料，随所纳生活，一就还官。

⑥匠官除关拨丝料、迭纳段匹、迎接圣旨外，其余一切事理，有司不得差故。提调官、匠官人等，却不得因而带造生活，侵欺物料，亦不得科扰匠户，如违依条断罪罢职。

本部议到八款：

①额造金素段匹纱罗等物，合该丝金颜料，本处正官，亲行关支，置库收贮，明立文簿。如有支讫物色，开写备细各项、斤两，半月一次，结转收支见在数目，须要正官印押，其库门锁钥，亦仰正官封收，若有横收钱物，另行置簿结附，以备照勘，若应收支而不收支，应标附而不标附，致有耽误造作，三日，罚俸半月，五日以上，决七下，若有失收滥支者，另行追断。

②络丝、打线、缲经、折金、织染工程，俱有定例。仰各处局院，置立工程文簿，标附人匠关物日期，验工责限收支，并要依限了毕，如违限不纳，及造作不如法者，量情断罪。

③各局院每岁所支色丝，仰管局官吏明立按验，照依市价，回易收买上等堪好颜料，依数变染，不致浅淡。及局官人等，不得将所关色丝，减价诡名暗地分买，仰提调官常切计点。如有违犯，随即追理究治。

④脚乱丝货。钦奉圣旨，节该："修理机张等什物用度。"钦此，仰各处提调官吏用心关防，局官如遇必合修理机张、什物等用度，明置文簿，依公销用，年终考较。若有用不尽丝数，回纳还官，却不将因而冒滥破使。如违追断。

⑤钦奉圣旨，节该："匠人每的粮，纳了生活后头与粮呵，匠人每生受，上下半年的粮，预先支与呵，不做生活，更推甚么?"钦此，局院仓官、斗脚人等，如遇放支工粮，仰随处提调官吏用心关防，无致剋落，如有违犯，就便追问断罪。

⑥各处额造段匹，正月一日收工，年终织造齐足，每月造到工程，在都不过次月初五日，外路初十日已里，须要申报到部，如是违限，取各路首领官吏招伏，断罪。

⑦禁约在局人匠，不得妄称饰词，恐吓官吏，煽惑人匠，推故不肯入局，耽误工程。及一等不畏公法闲杂人等，辄入局院，沮坏造作者，仰提调官常切禁治。如有违犯之人，痛行断罪。其提调官亦不得差无职役人，指称计点工程，非理骚扰，取要饮食钱物。许各局径直申报，严行究问。

⑧各处管匠官吏、头目、堂长人等，每日绝早入局，监临人匠造作。抵暮方散，提调官常切点视，如无故辄离者，随即究治。（pp. 191–193）

53. 造作违慢

（67）至元十四年三月，工程呈："钦奉圣旨节该:'诸局分生活，今年为头，关了物料的，只教当年纳足生活，休教拖欠。生活歹呵，要罪过者。'钦此。议得下项事理，拟合遍行随路，以诚违慢。"都省准拟。

①各路局院额造弓甲、箭弦、哈儿、杂带、环刀一切军器、段匹、杂造、鞍辔生活合用物料，除在都放支外，余者年例各路应付。中间多致违慢造作，责在各路官司。凡支上项物料，自承受符文月日为始，须管限七日，交付数足造作。若有违限、怠慢去处，即将本路总管府官、首领官，不分长次，一例拟罚俸半月，当行司吏，的决一十七下，如过期悬远，耽误造作，至日验事轻重，别议处决。事急不拘此限，划时应付。任满日，于解由开写，临时定夺黜降。

②段匹造作生活，若局官人员依额应限了毕，造作堪好，临时量其可否，定夺迁赏。拖兑工程，置簿标附过名。其提调提举司官、局官，任回日，于解由内开写，临时验事轻重，别议黜降。

③比较违限工程，依例合限一十个月造足。如有违限局分，扣算拖工分数，并异样改织常例金作者，将当该局官勾唤赴部，照依呈准中书省札付，

以拾分为率，拖欠四分已上，决二十七下，四分以下二分以上，决一十七下，二分已下，罚俸一月，钦依圣旨事意断决。提调官取招别议外，据以次官、头目、司吏人等，从本路提调府官，约量断遣。（pp. 193 – 194）

54. 造作违期

（68）延祐六年二月，工部议得："腹里路分，额造段匹，已有计拨解纳程限，其余行省去处，往往违期计拨，过限不纳数足。今后若有似此违期不行计拨，过限不纳段匹斋足者，局官验事轻重断罪，解见任，期年后叙用。提调官减罪科决，标附过名，任满，解由内开写。"都省准拟。（p. 194）

55. 织作不如法

（69）大德八年二月，中书省照得："行省、腹里局院织造诸王金素段匹，拟到粗糙低歹二分者，四十七下，一分，决三十七下，一分以下，决二十七下。押物到部局官、头目，就行断罪，提调正官取招呈省，标注过名，任满，解由内开写。"（p. 194）

（70）至治二年二月，工部议得："今后织造常课段匹，各处提调官常切严督，局官、头目人等，依期计拨丝金颜料，须要一一尽实分俵人匠，监看织造。中间但有尅落侵，即同枉法论罪，追赔。提调官必须办验委的依样选就，差官管押，依期起解。但有粗糙不堪，提调官并局官，依例断罪，任满，解由内开写。局官，验事轻重解任。匠户、头目人等，既是除免差税，又行支请工粮，不为用心织造，拟合依例，断罪追赔。"都省准拟。（p. 194）

（71）至元二年八月，刑部议得："将作院纱罗副提举郑伯不花，不行开支摊丝、赤金，却用追到人匠元欠丝线，变染成色。及用九成金打裁作线，织到金素纱罗，中间丝粗金淡，不堪上用。拟笞五十七下，库子蔡兴等参名，各笞四十七下，革去标附。"都省准拟。（p. 194）

56. 监收段匹不如法

（72）元统三年十月，户部议得："腹里、行省局院，造作各色金素花样段匹，不依元料，擅自更改，尅落元关丝金、颜料织造等事，除局官、头目就行断罪，提调正官取招呈省，俱有定例外，据收受衙门符同容纳，合与局官一体究治，标附过名，仍除解由内开写。其监收覆实等官，不为用心办验，比对封元样，辄便发付收受，量笞二十七下。"都省准拟。（p. 194）

57. 监临中物

（73）大德七年十一月，福建道奉使宣抚呈："今后凡有和买成造物件，各处官司须验出产去处、停蓄、行铺之家，两平收买，从实估价，无致亏官损民，并不得碎派既管人户，严限勒要多价，结揽转买成造。如有违犯官吏人等，各验入己钞数多寡，依不枉法例，追断赈叙，虽无入己之赃，即同擅自科敛断罪。"刑部议得："今后和买造作诸物，若有以此图利结揽转买官吏人等，合依奉使宣抚所拟，验余利多寡，依不枉法例，追断殿叙。若无入己之赃，临时量情议罪。"都省准拟。(p. 194)

58. 中卖站马

(74) 至元三年八月，刑部议得："保宁府达鲁花赤牙忽，系提调站赤正官，将站户许聪堪充走递铺马，妄作不堪，勒令补买，却将自己花骗马一匹，作价十八锭，卖与本人当站，估计实中统钞十锭外，有余利八锭，折至元钞八十贯，依不枉法例，杖六十七，降先职一等，标附。"都省准拟。(p. 195)

59. 中卖站船

(75) 至治二年九月，刑部议得："象州知州周德贤，中卖站船，比之时直，多要中统钞十四锭入己，合以一主至元钞四十贯六百文为重。依不枉法例，笞四十七下，解见任，殿三年，本等叙用，标附。"都省准拟。(p. 195)

60. 带造段匹

(76) 至元三十年二月，御史台呈："前工部令史蒲居仕，与讫欠州局丝二斤半，带造素串一段，局官另行外，蒲居仕升充河南行省令史，量决三十七下，罢见役，带造段匹没官。"都省准拟。(pp. 195 – 196)

61. 带绣段匹

(77) 泰定四年六月，刑部议得："将作院判粟也先不花，因差福建监绸影堂顶子等物，于铺马上梢带自己段匹，就雇彼处官匠，私家亏价绸造。拟笞二十七下，依旧勾当标附。带绸段没官，元亏人匠工价追给。"都省准拟。(p. 196)

62. 违法买引

(78) 大德七年九月，燕南山东道奉使抚宣抚呈："山东道宣慰司经历董秉道，都事王元良，令人于盐局买到官盐，转行贷卖，分使利息。决讫三十七下，合无罢职?"刑部议得："益都路在城盐局，发卖百姓零盐，宣慰司经历董秉道，都事王元良贪利，令行钱周三买讫盐五十引，转行贷卖，获到息钱中统钞三十五锭分使罪犯，既已断讫，各解见任，息钱追没。"都省准拟。(p. 196)

63. 赊买盐引

(79) 至元十九年十月，诏书内一款："近年，各处转运盐使司所用，皆非其人，省降盐引，多为势力之家赊买，赍引下场，挽蓦资次，多查斤两，遮当客旅，把握行市，以致盐法不行，公私不便。今后见钱买引，照依资次，支发盐贷。监临、主守官吏，并不得赊买。违者，其价与盐俱没官，仍征赔

赃，官解见任，司吏勒停。"（p. 196）

64. 诡名买引

（80）大德七年五月，两浙运司同知赵尚敬，虚立宋充中等姓名，诡买盐引九千道，除本家钱本支查发卖外，得到何清答头钱中统钞一百五十锭入己，刑部议得："赵尚敬诡名买卖盐引，取答头钱物，赃已过满。合决一百七下，除名不叙，依例仍征赔赃。既遇原免，依上标附。"都省准拟。（p. 196）

65. 聘卖末茶

（81）泰定四年六月，刑部议得："滁州知州完颜薛澈坚，使令籍记司吏张世良，交领末茶七十九引二块，于六合等县散卖，致有张世良使令伊弟何小小，将茶四十六引零二块，投托全椒县旧识倪明叔散卖各户。合该茶价，未曾索足，告发到官。利未入手，比例拟决二十七下，既遇原免，依旧勾当。标附。"都省准拟。（p. 197）

66. 减价买物

（82）至大元年七月，刑部议得："安西路同知忽林察，指以规划祗应，夹带己钱中统钞二锭，桩配百姓，减价买到麻二十五个，卖讫钞五锭三十两，合以余利论罪，拟三十七下，解见任，别行求仕，余利给主。"都省准拟。（p. 197）

67. 减价买马

（83）天历二年七月，刑部议得："保定翼万户张武昌，因奔祖父丧，回还保定，减价勒买军户张子京玉面赤骟马一匹，与讫中统钞一锭，令张子京家人邵成，于契上代替画字。闻知事发，令王德义，于契内填作军人王镇抚名字，印税赴官，遮掩己罪。武昌路估计马价，实直中统钞十八锭，即与军官人等，遍诣军家，非理扰害，取要饮食、草料，事例不同。况兼保定与武昌时，价贵贱各异。合准湖北道廉访司所拟，量笞十七下，依旧勾当，罪幸遇免，标附。"都省准拟。（p. 197）

68. 借民钱债

（84）元贞元年六月，御史台呈："常德路武陵县石应庚等，告李县丞借讫中统钞十锭，不肯归还。"刑部议得："在任官吏，除亲戚故旧外，今后凡取借部下诸人钱债，合明立保见出息文约，依数归还。违者，难议计赃，科断黜降，合从一多为重，准不枉法例，减二等断罪。"都省准拟。（p. 197）

（85）皇庆元年六月，刑部议得："益阳州达鲁花赤西京撒里，指借为名，勒要部民王震伯至元钞二百贯。虽有元押批帖，别无保见，不系出息文约，又不依理归还，比依不枉法例，减二等，杖断六十七下，解任标附。"都省准

拟。(p. 198)

69. 违例取息

(86) 至元二十五年六月，御史台呈："后卫百户忙速儿，除照依每月利参分合得本利外，多要讫军人王兴利钱钞八十四两。"刑部议得："多要利钱，拟合回付借钱之家。最决三十七下，标注过名。"都省准拟。(p. 198)

(87) 至治二年闰五月，刑部议得："汉阳府知府部伯颜帖木儿，因科征百姓包银，定立严限，致使催差坊正人等，于伊解库内借钞，闭纳每两月利六分，其多要息钱，虽未入己，终是违法。量笞三十七下，依旧勾当，标附。"都省准拟。(p. 198)

70. 勒要借钱文契

(88) 至顺元年闰七月，刑部议得："大乾元寺提点所副使伯颜不花，立约借讫本所大使应赟巴无利中统钞十锭，后因署押本人兜支俸给文字，勒要讫前项供钱文帖。准不枉法，杖六十七下。既非监临，解任别仕。已追赃钞给主。"都省准拟。(p. 198)

71. 虚契典买民田

(89) 大德元年二月，御史台呈："武岗路府判昔里吉思，为武岗县民户舒德与徐端等，被本县科差生受，托昔里吉思照觑杂役，将各户田亩虚钱实契，典卖与本官为主，各人自行种佃纳税粮外，每年认纳本官租钱米石。"刑部议得："昔里吉思所招数内，以要讫徐端中统钞四锭为重，比依不枉法例断罪，解任标附。"都省准拟。(p. 198)

72. 侵使赡学钱粮

(90) 皇庆元年六月，刑部议得："御史台呈：'建德路儒学教授翟思温，与总管周惟惠庆贺生日，支讫学田租钱中统钞三锭二十两，置买羊酒。本道廉访司，断讫三十七下。'拟解见任标附，追钞还官。"都省准拟。(p. 198)

73. 和雇和买违法

(91) 延祐二年五月，御史台呈："大都路和雇、和买，冒滥作弊等事。"都省议得："今后应报时估，各巡院、大兴、宛平县，每月分轮委官一员，妨职理会上下半月，呼集输首行人，躬亲审覆诸物实值，若有增减，开写缘由，取各各结罪文状，类写牒司申府，移委正官一员提调、比较无差，上半月不过初五日，下半月不过二十日，申部判送覆实司，限五日体度。但有虚冒不实，开申本部，时估内所无物色，督责各行，须要尽实供报。若街市所无，不许称缺，须要照依前月价值，从实估计呈报，拘该不尽名件，和买之际，元委官与覆实司对物，眼同估价收买。若以有作无，亏官损民，冒估价值，初犯三十七下，再犯加一等，三犯仍解见任。和买之物，着落行铺之家，依元估物价收买，关给价钞。令当该官司，置立勘合，于上写明纳主行人姓名、合关钞数、关状，亲临提调官吏亦行圆书印押，缴申总府，再行比照无差，下库放支，当官唱名，给付所买之物，凭纳获收限，限一十日内给价。违一日决七下，三日一等，罪止五十七。价不给主而官吏人等侵使者，以枉法论。诸官府权势人等，转行结揽，诡名中纳，及冒支官钱者，犯人决七十七下，再犯一百七下，发还元籍。赃重以盗论，有职役人员，罢职不叙，其物没官，于内一半，付告人充赏。仍于府衙门首粉壁，书写罪名。当该官吏，通同计构，结揽中纳者，五十七下，罢职不叙。赃多者从重科，有失关防者，三十七下。其物不到官而虚给价钞者，计赃以盗论。主司知情，罪亦如之。失觉察者，减三等。覆实司体度不实，但犯者，三十七下，受赃者，以枉法论。"（p. 199）

74. 巡盐官军违期不换

（92）至元元年九月初三日，中书省奏："河南省两淮巡盐千户安尚礼所招：'两淮巡盐官军，明有都省并枢密院文书，二年一次交替。不合推称故事，违期不即交换。革后又不悛改，依前占恡，踵袭旧弊，失误换期，滞碍盐法。'教刑部定拟呵，合依河南省并户部所拟，量决四十七下，选官替代，标附过名有。依他每拟将来行呵，怎生？"奏呵，奉圣旨："那般者。"（pp. 199–200）

75. 纵军抢取民财

（93）至顺元年三月，刑部议得："均州万户府千户司杰，承差领军归州，把截隘口，经过松滋等县，纵令军人，白昼抢取民财。量答三十七下，削降散官一等换授，依旧勾当。"都省准拟。（p. 200）

76. 军官军人劫夺遇革

（94）至顺三年八月，刑部议得："迁换镇守并巡哨等军官、军人经过去处，强行劫夺百姓钞物。革前招证明白，追赃之际，罪遇释免。未追之数，拟合追给。未曾招承及发在革后，钦依革拨。"都省准拟。（p. 200）

77. 致死军人

（95）至元三年八月，刑部议得："江西永安翼千户刘昱，因军人刘德不行代替百户田思忠夜巡，喝令祗候刘青捆打。其刘青用膝于刘德左肋垫讫一下，因伤身死。除刘青在禁病死外，其刘昱所犯，田思忠失误夜巡，不行举问，却将刘德捆打，致令刘青将本人垫伤身死。合杖六十七下，削降散官一等换授，依旧勾当。田思忠轮该夜巡，不合转令军人代替，答三十七下，通

行标附。"都省准拟。（p. 200）

《至正条格·断例》卷四

职制三

78. 被盗勒民赔偿

（96）至顺三年二月，刑部议得："河南府路永宁县达鲁花赤塔海帖木儿，因为涉疑部民杨荣祖等，劫伊财物，私将本人非法拷讯，勒要各家牛只、房舍、地土、钞锭，内以张顺一主中统钞折至元钞一百三十贯为重，依不枉法，杖断七十七下，解见任，降先职二等叙用，标附。元要杨荣祖等牛只、房舍、地土文凭，追给各主。"都省议得："塔海帖木儿拷讯平民，勒赔己家被盗财物，准要地土、房舍、钞锭，残忍贪污，难任牧守，余准部拟。"（p. 201）

79. 虚称被劫封装

（97）至正元年二月，刑部议得："百户王祐蒙守卫万户府差遣，于彰德等路取到军人张汝等封装钱中统钞一百二十锭二十两入己，侵使不存。回还到于（杨）[扬]州邵伯镇南白塔，起意用杖，将从军杨山儿打伤落马，昏迷在地。虚称被贼劫夺封装，影射己罪。若以侵使封装计赃一主为重定论，别无每军一名实该钞数，侵使封装，即系枉法。打伤从军，诈称劫夺，情犯深重，幸遇原免，拟合比例，除名不叙，标附。侵使封装，依数追足，给散各军。"都省议得："百户王祐侵使军人封装钞锭，起意打伤从军，诈称被劫，影射己罪，情犯深重，幸遇原免，追夺不叙。余准部拟。"（pp. 201 – 202）

80. 亲故营进

（98）至元二十一年五月，御史台呈："照得，圣旨条画内一款：'诸求仕诉讼人，若于应管公事官员私第谒托者，委监察纠察。'又一款：'诸官府如书呈往来者，委监察纠察。'钦此。近年以来，内外宪台按察司官吏，将亲戚并营求勾当人，于各路总管府及诸衙门，嘱托安插，作酒税务课程等勾当或转托他人，宛转分付。总管府等处官司，素畏风宪官吏，凡所嘱托，必须安排优便。其人恃赖按察司官吏，恣行非理，实今大弊。江南诸道此弊尤多，若不惩治，益长贪浊。今后诸宪台提刑按察司官吏，若将亲戚及营求勾当人，于各路总管府诸衙门，嘱托安插，及转托他人，情弊亦同。如有首告，或体访得知，取问是实，以故违圣旨论，闻奏断罢。"都省准呈。（p. 202）

81. 与民交往

（99）至元三十一年十二月，刑部议得："吉凶庆吊，人之常礼，廉贞者自不滥交，贪纵者因而张大。绝行禁约，恐涉及严。若不关防，必生奸弊。诸官吏在任，部下人情礼数，除亲戚故旧，及理应追往之人外，余皆禁止，

如违，随其轻重，斟酌追断。"都省准呈。（p. 202）

82. 交通罢闲官吏

（100）延祐七年八月，刑部议得："外郡官吏，持守不谨，贿赂交通，徇私败事，必当严定罪名，期于不犯。今后见任官吏，若与革闲赃污官吏、豪霸、兜揽官事僧道人等，非自亲戚，指以追往为名，私相交通，受其馈遗，事发到官，计赃比依十二章不枉法例，减等断罪，再犯全科。其行贿把持之徒，减官吏罪一等，累犯不悛，迁徙他郡。仍令风宪，常切纠察，庶革其弊，为例遵守。"都省准拟。（pp. 202 - 203）

83. 私役部民

（101）大德十年四月，御史台呈："陈州达鲁花赤九十，使令首领孙成，前去宛丘县王社长等处，差请人夫十名。割刈蒿草杂柴一千五百束，差请佃户崔二等车三辆，王二船四只，搬运烧用。量决二十七下，解见任，别行求仕，标附私罪过名，已追到官柴钱脚价，并地内未搬柴数，给付元差人户收管。"刑部议得："九十所犯，量决三十下，依旧勾当，标附过名，余准廉访司所拟。"都省准拟。（p. 203）

84. 挟势乞索

（102）延祐五年正月，刑部议得："东昌路达鲁花赤火儿忽答，于农忙时月，私役弓手，擅差人户车辆，撅载部民张荣祖柏树五十五株。又要讫车子一辆，估价折至元钞十二贯。即系挟势乞索，合答四十七下，解任别仕。已估柏树、车辆价钱，追征给主。"都省议得："火儿忽答所招乞索等罪，概非因事取受，量情拟决三十七下，依旧勾当，标附。余准部拟。"（p. 203）

85. 纵吏扰民

（103）至元六年六月，刑部议得："蠡州知州王郁，听从籍记司吏祁可泰所说，押与本人禁治农民喂养热蚕、点视畦桑下帖，以致本吏下乡，于人户高琳等处，齐敛到小麦二十八石、中统钞六锭三十六两五钱、生绢等物，致使忻都搜获。闻知欲告，令男王诚等，与讫忻都买不语钱中统钞五十九锭四十五两、金镯儿一对、金钗儿一只、银盏一只罪犯。参详，知州王郁违例署押职行委帖，纵令祁可泰下乡，遍扰农民，齐敛钱物，终未入手。止据不应署押白帖，致扰平民为坐，量答四十七下，解任别仕。罪过原名，标附。已首到官钱物，即系不应之赃，没官。齐敛小麦、钱物给主。"都省准拟。（pp. 203 - 204）

86. 罚俸令人代纳

（104）至顺三年三月，刑部议得："婺州路永康县尉番寿，因为方瑞被盗，三限不获正贼，罚俸一月中统钞一十二两。令弓手杜清出备解纳。即非因事受财，合准不枉法例，笞四十七下，还职标附，替纳钞两追给。"都省准拟。（p. 204）

87. 草贼生发罪及所司

（105）元贞元年六月二十六日，御史台奏准下项事理：

①件：江南行台咨：昭州、贺州、藤州、邕州路、沣州路、全州路、衡州路、柳州路、赣州路、安南路、吉州路、上犹县、攸县，这十三处地面里，草贼洞蛮作耗，移虏百姓，劫掠财物。那田地里镇守军官每，镇守不严，着贼每走了呵，不赶去的，都取了招伏。说来，这底每根里，不要罪过呵，更后头怠慢了，怎生治呵是？这里头六个万府达鲁花赤，更八个万户、四个千户、两个百户，俺商量来，各断三十七下，见受散官，削降一等，职事如故，换受，依旧勾当，标注镇守不严过名。这的每，这般断了呵，应有军官每都教省会，再有不严切镇守犯着的，一般要罪过呵，怎生？奏呵，奉圣旨："那般者。"

②件：江南行台咨："南安路、南康县、衡州路、藤州路，这几处四个府官、三个州官、三个县官，为他每田地里，草贼生发，教百姓没入贼火里去了，把截道子不严，教贼每出入劫掠，杀死百姓，劫夺财物。贼每人主来呵，不申上司。他每抚治百姓不到，都取了招伏。俺商量来，这的每，各打二十七下，见授散官削降一等，职事如故，换授依旧勾当，标注有失抚治百姓过名。满了的有呵，一体教迁转，上位根底奏过呵，遍行省会，再有这般不用心抚治百姓，这般一体断罪过呵，怎生？"奏呵，奉圣旨："那般者。"（pp. 204–205）

88. 丧所丁忧

（106）元统二年十二月，刑部议得："在朝官吏丁忧，止离职役，奔讣施复，却来京师，交通权贵，经营起复，实伤风俗。今后合于值丧处所守服，违者，笞四十七下。如果祖父以来，土著京师，已有恒产，及父母在都，不幸值丧，贫穷不能归葬者，不拘此例。"都省准拟。（p. 205）

89. 冒哀从仕

（107）延祐元年六月，刑部呈："吉安路知事庄荣遭值父母重丧，不候终制，忘哀礼任。拟合量笞四十七下，解见任，降一等，终制后叙用，依例标附。"都省准呈。（p. 205）

90. 不丁父母忧

（108）延祐二年六月，刑部议得："沅州路推官马德懋，父亡不即丁忧，后因瑶贼作耗，诈称迁葬，抛弃继母、弟妹于烟瘴远乡，将引妻小，却往杨〔扬〕州住坐。合杖六十七下，除名不叙。"都省准拟。（p. 205）

91. 闻丧不奔讣

（109）元统二年正月，刑部与礼部议得："父母丧亡，闻即奔讣。今松蟠等处按抚使八剌，父死匿不举哀，又不奔丧。虽色目人等例不丁忧，理当奔讣。拟合杖断六十七下，降二等，杂职内叙用，罪幸遇免，依上降叙。"都省准拟。（p. 205）

92. 诈称亲丧

（110）延祐元年六月，刑部议得："官吏人等诈称父母丧亡，有所规避者，拟决八十七下，除名不叙。若亲殁已久，妄称始死，决五十七下，杂职内任用。赃重者，即同狱成定论。"都省准拟。（p. 205）

（111）延祐七年六月，刑部议得："户部令李弼，伊父李文刚于皇庆元年九月身故，匿不举哀，后因根随省委官，审断罪囚，取受马祥钞锭，事已发露，才称父死奔讣，因而在逃，合同狱成罪，幸遇免，拟合不叙。"都省准拟。（p. 206）

93. 妄冒奔丧

（112）泰定三年八月，刑部呈："桓州达鲁花赤阿都剌哈蛮，为系酷寒地面，父妾身故，移文本州，妄作继母奔丧，拟笞三十七下，解任标附。"都省准拟。（p. 206）

94. 军官奔丧

（113）至顺元年八月，枢密院呈："千户也先帖木儿。奔丧违限，若比民官一体勒停，似涉太重。参详，军官奔丧，违限一月至四月，笞二十七，五月至六月，笞三十七，标附；七个月之上至一年，决四十七，解任别仕。或因奔丧违限，却称病患，须要经由元籍官司，从实体覆保勘，中间有无规避害，开写始初病患、痊可日期，备细缘由，依例作缺，期年后求仕。"刑部议得："军官奔丧，比例勒停，缘系世袭之职，似与迁转民官不同，合准枢密院所拟科断，违限俸禄，不须支给。"都省准拟。（p. 206）

95. 虚称迁葬

（114）至顺三年八月，刑部议得："高州路提控案牍梁国宝，诈称葬父，告假还家，却葬其妻。后又虚称迁葬，营干私事，合笞五十七下，解任标附。"都省准拟。（p. 206）

96. 推称迁葬遇革

（115）至元二年九月，刑部议得："官吏人等，因事取受钱物，侵使官钱，买卖物货，不纳商税，作下一切违法罪犯，闻知告发，推称迁葬父祖，离职还家，迁延逃避年载之上，众证明白，罪幸遇革，合依在逃同狱成例，

计赃多寡，依例殿降不叙。"都省准拟。（p. 206）

《至正条格·断例》卷五

职制四

97. 泛滥给驿

（116）至顺元年二月，刑部呈："亦集乃路达鲁花赤亦老温，不令同僚并首领官知会，辄令站提领石塔合，暗行书写别里哥，独员署押，行使路印，擅自于数外增给内史府差来使臣乞旦布等铺马二匹。"都省议得："亦老温罪犯，以决五十七下，解任。"（p. 207）

（117）元统二年五月二十五日，刑部议得："今后各投下果有军情紧急公事，钦依圣旨，给降圆牌。其余必合驰驿公事，须要给付起马圣旨，不许泛滥给驿。违者，当该王傅、正官，答二十七下，首领官吏并被差人，减等断决。强将居民、客旅马匹夺充铺马，干办己事者，答四十七下。"都省准拟。（pp. 207－208）

（118）至元三年六月初一日，中书省奏奉圣旨："除军情勾当外，其余不忙的，不拣甚什么勾当里差的使臣，休教纳怜站里行者，教兀鲁思里行者。又西手里诸王驸马每，不拣什么勾当里差的使臣铺马，教别里哥帖木儿大王提调着，分拣了教来者。又各投下，除军情紧急重事，其余催办钱粮，不许悬带圆牌，泛滥给驿。"说来。去年怯乩肃王位下，差也的迷失名字的人，悬带圆牌，令旨内该写："争理营盘草地。"别里哥内却称："为军情事，赴枢密院计禀。"及不经由别里哥帖木儿大王差来的上头，也的迷失根底，要了招伏。又违例泛滥差使来的王傅官唐兀根底，也要了招伏。教刑部拟呵，"将唐兀决二十七下，标附，依旧勾当。也的迷失二十七下，标附"的说有。"依部家定拟来的，教行呵，怎生？"奏呵，奉圣旨："那般者。"（pp. 208－209）

98. 增乘驿马

（119）大德六年二月，陕西省咨："土蕃宣慰司差押进呈马匹、狗只人曲术哥，将本司元给畏兀儿差札上'铺马九匹'字样刮改，添写作'起马一十匹'，又将所进呈马'二十匹'，改作'三十匹'，及多要长行马骡一十匹草料。"刑部议得："曲术哥所犯，量决八十七下。多余骡马，拟合纳官。"都省准拟。（p. 209）

（120）大德七年七月，河南省咨："出征平章差来官百户塔海燕只哥，前去大都，计禀军情。为本省急无见在铺马札子，就赍都省三匹铺马圣旨一道，差札内止起马二匹，本官却令纵人杜千奴多骑一匹。"刑部议得："塔海燕只哥罪犯，决六十七下，标附。杜千奴既系纵人，量拟免罪。"都省准拟。（p. 209）

（121）大德七年七月，御史台呈："宣政院所委官伯颜帖木儿，西番勾当回还，因为行李沉重，多起兀剌赤铺马一匹。"都省议得："量决四十七下，标附。"（p. 209）

99. 强质驿马

（122）至治元年十月，刑部议得："沙州路府判魏珪，公差驰驿西宁州，经过大同站，起马三匹，为兀剌赤遗失貂鼠袄子，不曾经官，辄将驿马三匹，当还本家，节次倒死。及将回马人答剌赤雇觅，与李八当军罪犯，幸遇原免，拟合罢职不叙。追征马价中统钞一十五锭，给还马主，雇军钱二十锭，责付答剌赤收管。"都省准拟。（pp. 209－210）

100. 枉道驰驿

（123）至元二十四年四月，湖广省咨："本省译史姚朵鲁朵海，因押运面药，回还至南京，不由正道驰驿，却与温迪罕参政，捎带家书、衣服，经由襄阳府水站还省。"都省拟："决四十七下，罢没。"（p. 210）

（124）延祐七年四月，兵部议得："黎雅、建都、纳怜站道，本以通报军事紧急重事，闲慢使臣、回任人员，往往不得经由新开、永宁、乌撒等处驿路，径直前来成都，靠损倒断站赤。今后云南差使，事干军务，必合赴成都、兴元、安西等处勾当，经行建都、纳怜站道。其余缓慢人员，如有违犯，以枉法决断罪。脱脱禾孙不行盘诘，减等治罪。"都省准拟。（p. 210）

101. 冒名乘驿

（125）泰定元年十月，刑部议得："也先元充云南行省镇抚，因差赴枢密院，计禀公事，改除河东翼千户所达鲁花赤，回至成都，已行之任，不将铺马圣旨就彼钦纳，却令从人陈琮，冒顶也先名字，拜延为从，就赍元领圣旨，倒换站船，回还云南行省，量决六十七下，罪遇原免，拟合解任标附。"都省准拟。（p. 210）

102. 擅起铺马

（126）至顺二年七月，刑部议得："沙州路达鲁花赤忽都不丁，提调站赤，虚称紧急勾当，擅起铺马二匹，令带行人捏只骑坐，前去薛留地面，看觑自己马群，致将元骑马匹走损倒死。拟杖六十七下，解任，降先职一等叙用，标附，追征马价给主。"都省准拟。（p. 211）

103. 借骑铺马

（127）至元二十四年五月，刑部议得："延安路同知乞歹不花，前去察罕脑儿支持，于站官苏泰等处，借走递马匹。在后每日借骑，赴府聚会，及省会委差蒲察伸，于经过州县站官处，借借马匹，搬取家小。已经得替，拟决

三十七下，降先职一等叙用，标附。"都省准拟。（p. 211）

104. 走死铺马

（128）皇庆二年六月，御史台呈："减铁匠陕西丁，因纳减铁生活，乘坐铺马，至渭南县站，选拣（马审）行马匹，根赶伊弟马速忽奔走二十余里，以致努损伤心肺倒死。"刑部议得："陕西丁拟笞二十七下，追还马价。"都省准拟。（p. 211）

105. 枉道不诘

（129）皇庆元年十二月，河南省咨："杨［扬］州路脱脱禾孙裴安、王良，明验得鹰房子怯列等一行六人，赍把河行省差札，赴都送纳鸦鹘，坐船二只，枉道前来，不即盘诘。又行应付饮食分例，倒给船马，令各人乘坐去讫。"刑部议得："裴安、王良，量拟各四十七下，钦遇原免，解任标附。"都省准拟。（p. 211）

106. 私用站车

（130）大德四年十月，御史台呈："京畿都转运司何军判，创盖梯己房屋，于管下运粮提举司内，借请站车五辆，搬运砖瓦木植，占使五日。量决二十七下，解任标附。"都省准拟。（pp. 211–212）

107. 多支分例

（131）至元二十四年四月，通政院呈："济州脱脱禾孙，盘获福建行省打算回还令史解祯。于站船内夹带从人张羽、李瑄二人。自通州至济州，计十三站，每名日支白米一升，计支讫米二斗六升。"兵部照拟得："各路赍报差税、支应等文字，依例许破从人一名米粮。今据解祯，多将从人一名李瑄，开支米一斗三升，着落解祯追还。量决一十七下，标附。"都省准拟。（p. 212）

108. 增起站车分例

（132）至治二年七月，刑部议得："辽阳路长押官千户张帖木儿、库副乞石烈兴寿，因差赴都，关拨钞本，除合起车马外，于各站内添要站车三辆，夹带闲人四名，打拷站官人等，多取分例罪犯，各笞四十七下，解任标附。"都省准拟。（p. 212）

109. 取要长行马草料

（133）延祐六年十一月，刑部议得："大宁路军器提举司达鲁花赤伯答儿，因差驰驿，不应取要草料，喂饲长行马匹。量笞三十七下，依旧勾当，追征草料价钱给主。"都省准拟。（p. 212）

110. 使臣回还日程

（134）大德七年十一月，都省议得："闲慢使臣给驴，本革泛滥之弊。各省宣使，事毕回还，所差难同闲慢人员，回日依例给马。除军情急务外，无得走骤，日行不过三站，宿顿去处，于起马关文上，明白该写：'某站起呈，至第三站止宿。'如违，站官、宣使，各断二十七下，再犯罢役。"（p. 212）

111. 稽留铺马札子

（135）至顺元年闰七月，刑部议得："中书省宣使郭伯颜不花，差随断事官也速迭儿，钦赍诏书，前去宁海州等处开读。回还不将元领铺马札子钦纳，在家停留一十九日罪犯。量拟笞决三十七下，标附。"都省准拟。（p. 213）

112. 规划祗应夹带己钱

（136）泰定四年五月，兵部议得："各处额拨官钱，规划祗应，即系奏准通例，难议更张。今后各路拘该官司、站赤祗应所用物色，从长规划，不致扰民，其官吏人等，指以规划，夹带己钱，桩配百姓，营利入己者，笞三十七下，解任标附。元带己钱没官，余利给主，仍令监察御史、廉访司常加体察，依例究治。"都省准拟。（p. 213）

113. 私用计置羊口

（137）延祐五年六月，刑部议得："冀宁路寿阳县达鲁花赤野仙帖木儿，将前官王县尹规划下，本县支持羊口，节次馆待亲戚食用。若拟解任，终是自行置羊口。拟笞三十七下，依旧勾当，标附。"都省准拟。（p. 213）

114. 被差令人代替

（138）至元二十八年三月，刑部议得："直省舍人阿台，被差河西务等处，点视仓廒，到彼转委驱赵国宝，前去直沽仓点视罪犯，拟决三十七下，标附。"都省准拟。（p. 213）

115. 军官承差不赴

（139）至顺元年八月，刑部议得："江西省镇守益都、淄莱千户苏士武，蒙本管万户府差遣，领军巡哨盗贼，不行亲身前去约会。合决三十七下，还职。"都省准拟。（p. 213）

116. 军官被差违限

（140）至大四年二月十八日，枢密院奏："各路起补逃亡军人并征取军人，起发钞锭，兴军官限次，差将去呵，违了限有。俺商量来，除定与限次外，违了一个月至三个月的，罚俸一月。四月至五月的，打二十七下，标附过名。六个月的，打三十七，解见任，别行求仕。七个月以上至一年的，打四十七下，解见任。降先职一等，别行求仕。各处奥鲁，不肯用心在意，迟误了勾当呵，令差去的人，受宣官取将招来呵，闻奏。受敕官已下，取招便断呵，怎生？"奏呵，奉圣旨："依着怎商量来的，行者。"（p. 214）

117. 独员不差

（141）至正元年二月，刑部议得："诸路府州县，张官置吏，责任非轻，事有必当委遣者，须从员多事简去处摘委，或止独员，不许妨占，违者，当该上事判署正官罚俸半月，首领官量笞七下，该吏量笞一十七下。其司属承奉上司文字，摘委正官离境。若止独员，不即回申，辄便离职，转差学务等官权县者，正官、首领官吏，亦依上例决罚。当该上司，不详事之轻重，勾唤所属，有妨公务者，临时斟酌究治。"都省准拟。（p. 214）

118. 差委有俸人员

（142）天历元年三月，刑部议得："诸差使，今后除朝廷出使人员难拘常例外，各处行省并诸衙门，遇有公事，必合差人催办，须于见役请俸人内差选，不许滥行给驿，差委替闲官员、无禄人等，违者，判署正官罚俸半月，首领官罚俸一月，该吏笞二十七下，被差者不坐。中间若有营求差遣者，与该吏同罪。"都省准拟。（214）

119. 公差不许截替

（143）至元三年八月，吏部议得："云南各道宣慰司，将被差令译史、宣使、奏差人等，妄作考满，巧捏事端，无故截替。元差之人回还，告蒙改正，便作公差彼替，其俸两给。今后严加禁止。如违，正官取招罚俸，首领官吏断罪。"都省准拟。（pp. 214 – 215）

120. 整点急递铺

（144）大德十年七月，都省照得：先为随路急递铺所递文字，比之初立以来，特别迟慢。议拟：差官分道计点，若有身死、在逃、老幼残疾，不堪走递之人，取勘见数，于相应户内，依数补换，须令堪役人丁。正身应役，无令权豪势要并一般人户，取要钱物，结揽代替。开具实补换户数，各县村庄，花名造册。蕲有必合添设户数去处，亦仰明白议拟，保结呈省。仍令各铺，照依元体例，并节续禁治条陈事理，安置时刻轮牌、灯椀、法烛、毡袋、油绢、夹板、铃攀等物，一切完备。遇有递传文字，随于铺历上，分明附字："是何衙门文字，承发时刻，相邻铺兵姓名，交递文匣有无损坏。"即用已备物件，如法里护，及用当时第几刻牌子，于文字上拴系，依所定时刻，送至前铺。亦行依上明白交接附历，须要昼夜行四百里，委自各路正官一员，每季总行提调，州县亦令有幕职正官，谓府判、州判、主簿之类，上下半月，亲临提调，往来照刷。如有稽迟、磨擦、损坏、沈匿文字，即将当该铺司铺兵，验事轻重断罪。仍令各道廉访司，常切厘勒当该正官，依期整点，如但有不依所责，亲临提调官，初犯笞一十七下，再犯二十下，三犯呈省别议。

提调官比亲临减一等科断。每季具境内有无稽迟文字，开申合干上司，任满于解由内开写，以凭黜降。（p. 215）

（145）至顺三年二月，兵部议得："邮传之设，累有整治条画，有司失于检举，因仍弛，以致入递文字，多有稽迟。铺司人等，中间作弊，于公未便。议拟至整治事理。"都省准拟。

①凡有递转文字，一昼夜须及四百里，迟慢二刻，犯人笞决七下，每二刻加一等，罪止三十七下。

②将递转文字擦磨损坏者，三角已上，犯人笞决七下，每三角加一等，罪止四十七下。

③将递转文字停留，不即入递，及伺候类发者，三件以上，犯人笞决三十七下，每三件加一等，罪止四十七下。

④铺司铺兵，将递铺文字受财卖与为事人等，挨究明白，计赃论罪，取与同科。

⑤亲临提调官吏，不行依期整点者，依例决责。（pp. 215 – 216）

121. 设立邮长

（146）至治二年九月，兵部议得："置邮传命，古今良法，行之既久，不能无弊。凡递文字，止凭铺司，乘收发放。其铺兵人数，率以老幼应充，州县官司，视问泛常。又不依期亲历整点，遂致文字稽迟损坏，甚至沈匿，无从追究。拟合设立邮长，于州县籍记司吏内差充，一周岁交替。其拘该两州县去处，从铺分多者差设，相等更轮番。差使时，常于该管铺分，往来巡视，务要修置亭舍、什物完备，附写铺历明白，照依元立程式走递，但有老幼铺兵，随即申覆补换。凡入递文字，从元发官司，约量地里远近，印帖长引隔眼，于上明白标写件数、发行日时，至各各邮长处附写，发放转递。每上下半月，开具递过文件及各各日时申覆。提调官依期亲历刷勘，置立文案具报，廉访司照刷，若各铺稽迟损坏文字，或附写不明不实，仰邮长就便治罪。其在别管铺分，亦须互相学举呈所属上司，行移究治。若邮长不能尽职，致有稽迟者，提调官量事轻重断罪。三犯者替罢，仍黜去籍记姓名，一岁之内，能尽其役，略无稽迟者，即许从优先补。若提调官吏，不行依期用心刷勘者，廉访司严加究治。仍于年终，将过断此等官吏，通类另项，呈台，备呈都省验事，别议黜降。"都省准拟。（p. 216）

122. 禁扰铺兵

（147）泰定二年五月十四日，宣徽院奏准，节该："沿路立下的急递铺，在前上位根底进送果木有来。又各衙门里有的忙文书呵，递送来。如今果木不似在先一般，递送哏迟误有。送果本来的急递铺人户每根底问呵，各衙门里官人每根底与来的果木，大都、上都来往的人，贵赤、祗候衣服毡衫，教俺递送有，为那的上头，迟误了。今后除进送上位的果木并忙文书外，各衙门、各枝儿递送的果木，休教递送。来往行的贵赤、祗候每衣服，若教担着递送的，拏住呵，要重罪过。"（pp. 216–217）

123. 体覆站户消乏

（148）大德六年八月，兵部议得："逃亡消乏站户，合令亲管州县保勘，具申总管府，委不干碍五品以上管民官，亲行体覆是实，开具元金增损、目今实有丁产，申覆省部定夺。监察御史、廉访司体察，但有不实，将保勘、体覆等官，验户多寡责罚，标附过名，任回降等迁叙。主典吏人勒停。"都省准拟。（p. 217）

《至正条格·断例》卷六

职制五

124. 取受十二章

（149）大德七年三月十六日，钦奉圣旨，节该："诸职官及有出身人等，今后因事受财，依条断罪，枉法者了，除名不叙，不枉法者，须殿三年，再犯不叙。无禄者减等，以至元钞为则。"

枉法：

一贯至十贯，四十七，不满贯者，量情断罪，依例除名。

十贯以上至二十贯，五十七。

二十贯以上至五十贯，七十七。

五十贯以上至一百贯，八十七。

一百贯以上，一百七。

不枉法：

一贯至二十贯，四十七，本等叙。不满贯者，量情断罪，解见任，别行求仕。

二十贯以上至五十贯，五十七，注边远一任。

五十贯以上至一百贯，六十七，降一等。

一百贯以上至一百五十贯，七十七，降二等。

一百五十贯以上至二百贯，八十七，降三等。

二百贯以上至三百贯，九十七，降四等。

三百贯以上，一百七，除名不叙。（pp. 218–219）

125. 枉法赃满追夺

（150）至大四年三月，诏书内一款，节该："内外百司，各有攸职。其清慎公勤，政绩昭著，五事备具者，从监察御史、肃政廉访司察举，优加迁擢。废公营私，贪污败事，陈告得实，依条断罪。枉法赃满者，应受宣、敕并行追夺，吏人犯赃，终身不叙。诬告者，抵罪反坐。"（p. 219）

126. 取受虽死征赃

（151）至元二十三年六月，御史台呈："饶州路乐平县达鲁花赤乌马儿，取受民财，追征间，本官患病身死。"刑部议得："乌马儿取受钱钞，生前既有招伏，未追身死，拟合着落家属追征。"都省准拟。（p. 219）

127. 取受身死贫乏遇革

（152）至顺三年八月，刑部议得："官吏人等，因事取受并自首未纳之赃，家私消乏，累征无可折纳，及犯人身死，家属病穷。遇革，体覆是实，免征。"都省准拟。（p. 219）

128. 赃罪再犯

（153）延祐元年九月，刑部议得："松江府推官邓鉴，前任庐陵县尹，取受萧保一嫂钞十锭，知人欲告，回付，减二等笞四十七下，解任别仕。今任，取受赌博人薛元二至元钞二锭，依不枉法例，杖六十七下，殿三年，降一等。参详，邓鉴二次取受，若拟再犯不叙，缘先任取受。闻知欲告回付，罪既不曾全科，难同再犯。合令吏部依例叙用。"都省准拟。（pp. 219 – 220）

（154）延祐三年五月，刑部议得："杭州路富阳县务使沈冲，先任乌程县南浔镇巡检，犯赃经断。今次欺隐增余课钞，若以职官再犯不叙，终非因事受财。罪既断讫，拟合依例殿降。"都省准拟。（p. 220）

129. 前任取受改除事发

（155）至治二年六月，刑部议得："职官前任，因事取受，改除别职，已未之任间事发，招赃明白。断讫罪犯，见除职役，依例解任，殿降不叙。"都省准拟。（p. 220）

130. 未任取受

（156）延祐三年二月，刑部议得："郭瑞除充庄浪州判官，未任被差，取勘人户侵耕地土，受要延安路地主阎贵至元钞一百五十贯。虽未之任，即与见任职官无异，合依不枉法例，杖七十七，殿三年，降二等叙。"都省准拟。（p. 220）

（157）至治二年八月，刑部议得："邓新翼千户邢士杰，因赴大都，关取所受宣命照会，经由军户李温等家安下，食用羊口、马匹草料，按受庆贺绢

匹等物。若议罢职，终未到任，即与见任军官扰害军户事例不同。量笞三十七下，标附，依旧勾当。"都省准拟。（p. 220）

131. 已任未授犯赃

（158）延祐二年九月，御史台呈："彭州判官翟德源，蒙省台迁调官注充职照会，先行赴任，为经祗受，四川行省差委窟点钱粮，取受嘉定路吏何堃至元钞二十贯。廉访司依不枉法例，断讫四十七下。"刑部议得："翟德源虽系断罪之后，祗受敕牒，终是任内被差，因事取受，拟合依殿叙。"都省准拟。（pp. 220 – 221）

132. 去官取受

（159）延祐四年九月，刑部议得："桑哈剌前充左巡院副使，在任印押讫永丰库关支余面钱领状，于私家顿放。得代之后，勒要讫磨户李赞至元钞二百贯，终系事犹在手，即同见任。合依不枉法例，杖八十七下，殿三年，降三等叙。"都省准拟。（p. 221）

133. 风宪犯赃

（160）至元二十四年三月，中书省奏，节该："御史台、按察司、监察御史，系纠弹衙门官吏，正己方可正人，不应受赃出首。今后有犯，比之有司官吏，加罪一等。"（p. 221）

（161）延祐元年九月十四日，御史台奏："监察文书里说有：'世祖皇帝圣旨：台察官吏，但犯赃呵，永不叙用，在后又教加等断罪者。'么道，圣旨有来。如今省部家议得：'台察官吏犯赃，不枉法者，加至一百七，永不叙用。'与世祖皇帝圣旨体例不厮似的一般有。今后台察官人等，因事取受，加等断罪，虽不枉法，合除名不叙。么道，说有。俺商量来，风宪是掌把纪纲法则的职分，若自己身上不严约束的干净，难正多人的一般者有。依着监察每说来的行呵，怎生？"奏呵，奉圣旨："那般者。"（p. 221）

（162）天历元年九月二十五日，御史台奏，节该："自世祖皇帝以来，廉访司书吏犯赃呵，教断没当房家产。完者笃皇帝圣旨，'廉访司官吏有罪过呵，比之常人加等要罪者'，么道，说来。不曾革了断没的体例。近年各道官吏犯赃，玷坏风宪的，也只加等断罪呵，比世祖皇帝圣旨，不厮似有。南台几遍言：'合依着世祖皇帝定制行。'么道，咨将文书来有。俺商量来，如今整治其间，依着南台题说将来的，今后廉访司官吏，但犯赃呵，依着世祖皇帝圣旨，要了合得的罪过，断没他每的当房家产呵，不坏了风宪，犯赃的少也者。"奏呵，奉圣旨："是有，那般者。"（pp. 221 – 222）

（163）至顺元年五月十七日，御史台奏："南台文书说将来：'福建道廉访司书吏杨祯、李民瞻小名的，根随孛罗金事，前去漳泉分司，取受南安县尹张居恭等中统钞七千三百二十八锭、金银、珠子、匹帛等物。明白招伏，追赃到官，将他每依体例，断罪，籍没了。那元举覆察的官吏，都合黜退。'么道。俺商量来，廉访司是纠察别人不公不法的衙门，这杨祯等以这般做罪过。要了数千锭赃物，虽是依例断罪、籍没了呵，合将他每惩戒多人为例，流将迤东奴儿干田地里去，那元举覆察官吏黜退了，风宪再不委用，遍行文书呵，怎生？"奏呵，奉圣旨："那般者。"（p. 222）

134. 军官取受值丧

（164）延祐元年十月，御史台呈："百户徐允昌，要讫本翼正军尹富买工歇役钱钞，经值父丧，若候终制究问，事关通例。"刑部议得："军官既不丁忧，拟合依例追问。"都省准拟。（p. 222）

135. 运司取受茶商分例

（165）至大二年七月，江西省咨："龙兴路等榷茶提举秃林歹等，取受茶商卖据倒引答头分例中统钞一百二十二锭三十九两。"刑部议得："提举秃林歹、都目李珪所招，取受钞锭，以汪遇贤为一主，各要讫中统钞九锭四十五两，折至元钞九十九两为重。依不枉法例，杖六十七下，殿三年，降一等，标附。已追到官钞锭，既系行求之赃，拟合没官。"都省准拟。（p. 222）

136. 远方迁调官取受

（166）延祐二年十一月，刑部议得："云南各道路府州县等官，为系远方，三年一次，都省差官迁调。虽未奏降宣、敕，缘已奉照会之任，居官理民，裁决庶务，即与已除无异。若有取受及不法不公，合依有俸职官一体论罪。"都省准拟。（pp. 222–223）

137. 土官受赃

（167）延祐六年九月十七日，中书省奏："御史台呈：'云南建昌路张同知，因事取受人的马匹，本处廉访司，经了他招伏，依例断七十七，降散官二等。他是本土人，依先立定来的例，依旧勾当。'么道，说的上头，俺教刑部定拟呵，'是本处土官无禄人有，依无禄例，减一等，断六十七，依旧勾当'，定拟了。俺商量来，待依着无禄例，减断罪呵，土官犯罪，不降殿，依旧勾当，更兼承袭父兄职事。他是受宣命的人有，难比无禄的人。如今将他依有禄人例，要了罪过。今后似这般土官犯赃呵，只依这例，教要罪过呵，怎？"奏呵，奉圣旨："那般者。"（p. 223）

138. 出使人员取受

（168）元统二年三月初九日，御史台奏，节该："今后出使人员，开读诏书、圣旨，取受钱物者，准十二章不枉法例科断，似为平允。这般做体例行呵，怎生?"奏呵，奉圣旨："那般者。"（p. 223）

139. 湖务站官犯赃

（169）至顺元年十二月，刑部议得："诸受行省札付，充钱谷、湖务、水旱、站官人等，既系无禄杂职，例不入流。有犯赃罪，减等科断。若准有俸出身吏员人等一体不叙，似涉太重。除枉法受财，及不枉法赃满，依例除名不叙，赃不满者，断罪解役，别仕。"都省准拟。（p. 223）

140. 奴贱为官犯赃

（170）至元二十年五月，刑部议得："翼宁路乐平县达鲁花赤匣剌六，系太原路达鲁花赤亦套里驱口，取受李英钞两。除依例追断外，据职役，既是奴贱，拟合不叙。"都省准拟。（pp. 223 – 224）

141. 捕盗官匿赃

（171）延祐二年七月，刑部议得："怀庆路河内县尉王璧，将强贼扈王驴家内，搜到赃物一布袋，计四十六件，私家隐放，不行牒县。估价折至元钞陆十二贯四百文。虽招以后无事意欲入己，终与县吏周惟辅同行封记，不曾开封破用。量拟四十七下，解见任，别行求仕，标附。"都省准拟。（p. 224）

142. 弓手犯赃

（172）大德十一年五月十四日，御史台呈："福州路练门巡检司弓手锺志后等，侵扰乡民，诈取钱物。若止科罪，不行革去，切恐持其久役，肆无忌惮，愈为民害。拟合罢役，别行差补。"刑部议得："所设弓手，本以捕盗。若因事受赃，合准御史台所拟，依例断罪，罢役别行金补。"都省准拟。（p. 224）

143. 盗用侵使封装

（173）延祐四年三月，兵部与刑部议得："远方征戍军人，片取起发钱物。今后各处奥鲁官与征取起发军官，妄作事故，欺诈盗用钞数，合将当该正官、首领官吏，取问明白验赃，依十二章枉法例论罪，计算本利，追征给主。"都省准拟。（p. 224）

（174）延祐四年三月，刑部议得："重庆镇守百户郭仲文，因为四川省迷失征取起发文卷，辄将逃亡事故等军二十三名，起发中统钞一百七十三锭，不赴本省解纳，却与知事武惠、案牍兀近赤、司吏胡白传，分受入己，即系守掌在官，合同官钱定论，依枉法例科断，罪经释免，俱各罢职不叙，通行标附。"都省准拟。（p. 224）

144. 侵使军人寄收钱粮

（175）至大元年六月，御史台呈："押运弹压要宝，侵使寄收军人赵林等

置买军需盘缠等钱，比依不枉法，科断殿降。"都省准呈。（p. 224）

145. 冒易封装军数

（176）至元四年五月，刑部议得："今后片取军人封装，须要自下而上，从实磨勘实合征取军数花名，结罪申请，拘该行省首领官、掾史、贴书，重行查对无差，于实征文册年月后，真谨书名书字，摘委廉干官员，赍册诣奥鲁官司，一同再行查照明白，别无差冒，方许征取。其或受财冒添易换军数者，计赃以枉法论罪。虽无赃私，中间不为关防，有失查勘，冒添更易军名，及不该征取数目，动扰军属者，五名以下，当该百户军司，各笞三十七下，千户并首领官吏，各二十七下，万户府首领官吏，各一十七下。五名以上，百户军司，四十七下，千户人等，三十七下，万户府首领官吏，二十七下。每一十名，加一等，罪止五十七，解任别叙。承差官员与奥鲁官吏有犯，临事量情科罪。"都省准拟。（p. 225）

146. 受要拜见钱

（177）天历元年五月，刑部议得："衢州路达鲁花赤钱住，受要部民徐元仁三拜中统钞六十锭，赃虽过满，终非因事取受，合杖八十七下，解任别仕，标附。"都省准拟。（p. 225）

147. 受要离役钱

（178）泰定元年十二月，刑部议得："长秋寺奏差王克恭，入状愿充仓官，要讫丁忧终制奏差信是中统钞九锭、生绢十四，方才与讫离役文状，令本人补缺勾当，拟笞五十七下，罢役别仕，钱物没官，今后若有似此犯人，依上追断。"都省准拟。（p. 225）

148. 强取民财

（179）大德七年十一月，燕南山东道奉使宣抚呈："夏津县民董仲禄等告，前福建廉访司罢闲佥事脱满奇，持宣人员，引领驱奴，亲去乡村，以借为名，问刘用等索要砖木，挟恨不与，捉拏私家拷打，恐喝要讫砖一千个、中统钞六十五两，并要盏羊酒。又强行砍伐讫李秀等坟茔内大白杨树三株，执差宋贤等军牛人力装载等罪。决讫四十七下。"都省准拟。（p. 225）

（180）皇庆元年十二月，御史台呈："汴梁稻田总管府同知高塔海，对祗候哈八张道：'王胡店内有卖碧甸子客人，你唤来。咱提调着合抽分。'以致哈八张夺到碧甸子四斤五两入己。"刑部议得："高塔海夺调客人碧甸子四斤五两，估赃至元钞四十八两一钱，即系强取民财，比依枉法例，决七十七下，除名不叙，标附。"都省准拟。（p. 226）

149. 军官挟势乞索

（181）泰定三年七月，刑部议得："中卫百户元都马沙，置备酒食，邀请军人王二等五名，索要讫人情中统钞四十五两，一主李实中统折至元钞二贯，量笞三十七下，依旧勾当，标附，乞索钞两给主。"都省准拟。（p. 226）

150. 乞索粮筹

（182）泰定二年六月，刑部议得："千户留儿，因向大军仓关支军人口粮，仓官王举处，索要支米一石、木筹一根，转卖到至元钞三贯三百文入己。若以枉法定论，终是米未出仓，合依不枉法例，笞四十七下，解任殿叙，标附。元价没官。其仓官王举，自首到官，难议治罪。"都省准拟。（p. 226）

151. 齐敛财物

（183）至元二十年九月，刑部呈："西京录事刘时中，为相识刘唐卿，赍到袄子带儿等物，前来投托，令从人李面前，于街下诸人处派散，齐敛到中统钞六锭三十两内，入己用讫钞一锭一十一两。议得：刘时中所招，即系派散聚敛，合以余利定论。缘非因事取受，准不枉法例，减二等科断。既有入己之赃，解见任，别行求仕，标附。"都省准呈。（p. 226）

（184）至治元年五月，刑部议得："衡州路达鲁花赤脱列，挟势省会路吏蒋应星，于所属司县局务等处，齐敛到中统钞九十五锭，作梯己人情，赍发相识宝庆路达鲁花赤罕马鲁丁，别无入己之赃，拟笞三十七下，受钱人罕马鲁丁，虽是代闲，难与常人一体定论，量笞二十七下，通行标附。"都省准拟。（pp. 226 – 227）

（185）至治三年三月，御史台呈："监察御史言：'各处考校照算钱粮，科敛钱物，事发到官，止据因公盘缠，断以不应之罪，俱各依旧勾当，立法太轻，大为民害。'"刑部约会户部议得："各处照算考校钱粮，果有因而科敛钞锭，事发到官，既非真犯，即系不应，拟合约量断罪。入己者，解役别叙。"都省准拟。（p. 227）

152. 勒要贴户钱物

（186）至顺元年闰七月，刑部议得："左都威卫百户刘钦，于同户房兄刘仲威下津贴军钱人郑诚处，指以应当马札也为由，吃用酒食，勒要讫中统折至元钞五十贯。难同取受本管军人钱物定论，止据不应为罪，笞二十七下，依旧勾当标附，元要钞锭追给。"都省准拟。（p. 227）

153. 揩除俸给

（187）至元二年三月，刑部议得："官吏月俸，俾以养廉，乞索揩除，诚乖公法。今后内外官府，于本衙门并司属，乞索官吏俸钞入己，或转与人者，

准不枉法科罪。受者，减二等，不知情不坐。即亲随人自行乞索，罪坐本身，其俸并追给主。"都省准拟。（p. 227）

154. 请求受赃

（188）延祐七年七月，刑部议得："已除未任余姚州达鲁花赤普答失里，于杭州税课副提举拳野先不花处，分付田垦充司吏勾当，二次要讫本人酬谢钞物，通折至元钞二百六十贯。既非见任因事取受，合依不枉法例，无禄减等，杖八十七，罢已受余姚州达鲁花赤职事，别行求仕，标附。"都省准拟。（p. 227）

155. 子受赃不坐父罪

（189）至元二年八月，刑部议得："浑源州知州王著男王只儿瓦歹，于斗殴犯人杨贤辅处，接受中统钞三十锭、金钗儿一只。在后王著将杨贤辅等依例断决了当。初不知伊男受赃情由。本宗公事别无违枉，已经论决。虽有招涉，难议责罚。"都省准拟。（pp. 227 – 228）

156. 家人乞受

（190）至元二十一年十二月，都省议得："官吏取受，已有明文，家人欺谩，乞受财物，量事轻重，坐家人之罪。"（p. 228）

157. 知人欲告回主

（191）延祐元年闰三月，刑部议得："诸官吏及有出身人等，因事受财，未发而自首及回付者，当许自新，准首原罪。如已事发，出首回付，罪合全科。其知人欲告，回主及自首者，依例减罪二等科断，仍解见任。"都省准拟。（p. 228）

158. 悔过还主

（192）至顺元年五月，刑部议得："会福院都事任士毅，受讫襄阳提举司解钞库子侯继间道纻丝一匹。因本司取发侯继，查勘侵使官钱，恐致连累，将元受纻丝，令驱陈蛮子回付元主。侯继收讫，首告到官。即系悔过还主，似与知人欲告事例不同，难议坐罪。"都省准拟。（p. 228）

159. 出首不尽

（193）元统二年三月，刑部议得："济南路务副于文通，将收到课程钱中统钞一十一锭二十三两陆钱，与刘提令分受入己。自首到官外，有出首不尽至元钞九贯六百文。准不枉法例，止科其罪，无禄减罪，笞三十七下，解任，标附。"都省准拟。（p. 228）

160. 回付不尽

（194）至元二年九月，刑部议得："官吏人等，因事取受钱物，闻知欲告，其受钱人，因遇出钱人，惭伏其罪，要将元受钱物回付本主。奈在身见赏钞锭不敷元受之数，据其所有，先已回付，未足钱物，说称展况贴还，比及送付，其出钱人首告到官。合以回付不尽之数，止科其罪，标附。"都省准拟。（pp. 228 – 229）

161. 非真犯不追封赠

（195）天历元年六月，刑部议得："大宁路利州知州范稽训，因造伪钞贼人司火你赤，虚指齐信卿买讫板印，取受本人中统折至元钞二百贯。闻知欲告，回付本主，依例减等，杖断六十七下，解任。罪既减科，即非真犯，所受封赠，难议追夺，标附相应。"都省准拟。（p. 229）

162. 说事过钱

（196）至元十九年十二月初一日，中书省奏："如今断底勾当，断底眼迟了有。与肚皮勾当，有三件。一件，有勾当的人，将着钱物，转托他人过度有，过度钱物的人，不令管公事人知，将元与钱物昧落，却于元与钱人处，说称：'与了也。'一件，有勾当的人，将着钱物，转托他人过度有，过度钱人，于管公事人处说知有，管公事人道：'那钱，则你根底放者。侯事了呵，我要。'一件，有勾当的人，为管公事的人不要人钱上，故意将钱物与一个人将着，做过度一般，将管公事人赃谋的，也有。如今这般的人每，事发时分，钱谁的房子里出呵，只问那人并与钱人根底，要罪过者，这般要罪呵，其间过度钱行踏人每也无去也。"奏呵，奉圣旨："是有，则那般交行者。"（p. 229）

（197）至元三十年五月，御史台呈："官吏因事受赃，中间多系转托他人过付，事发，止以不应，量情科决。今受钱者，已有罪名，其出钱、过钱人等，不见拟断定例。"都省照得："取受罪名，已有奏准断例。所据过钱人等，事发到官，验赃轻重，量情断罪。"（p. 229）

（198）至顺二年六月十九日，御史台奏："监察每文书里说：'不公不法，轻重有例。说事过钱，无遵守通例。今后职官说事过钱，但有入己钱物，依十二章定论。无入己钱物，说事起灭词讼。临事量情，比常人加等断罪。'么道。俺商量来，诸官吏，见役、在闲说事过钱，但有入己之赃，依十二章定论，吏员人等，依例不叙。虽无入己钱物，说事过钱，起灭词讼，终是不应，临事比常人加等要罪过呵，怎生？"奏呵，奉圣旨："那般者。"（pp. 229 – 230）

163. 过钱剁落

（199）延祐七年二月，刑部议得："周谦，先任新城县尉，因事取受钞锭。经断解任。后除鄞县主簿，守缺未任，与袁瑞义说事过钱，剁落钞物。

浙西廉访司，笞决四十七下，若作再犯不叙，却缘今次过钱剋落钞物，难同真犯。既已断讫，合解见受职事。"都省准拟。（p. 230）

164. 违例接首钱状

（200）大德二年十一月十三日，御史台奏准："千户张正，违例接受百户体李威出首取受钱物文状。拟决二十七下"。（p. 230）

《至正条格·断例》卷七

户婚一

165. 逃户差税

（201）至元十九年十月，诏书内一款，节该："各州县逃移人户，合该差税并行除豁，勿令见在户计包纳。本处官吏，却不得将在家人户妄申逃窜。违者断罪，仍解见任。逃户复业，依中统二年已降圣旨存恤。"（p. 231）

166. 置局科差

（202）至治三年七月，刑部与户部议得："科征民户差发，品答高低，已有成宪。今后各处当该官司，每遇科差，须要依例验户贫富、丁产多寡，委自正官，监视人吏，置局科摊。如有因而作弊，轻重不均，犯人笞三十七下，受赃者，以枉法论。应合关防，而有失觉察，致有偏重者，临事详情究治。"都省准拟。（p. 231）

167. 赋役不均

（203）延祐六年九月，刑部议得："昆山州达鲁花赤搠罗不花、知州赵朴，同知虎都别、州判康邻，定差里正、主首，放富差贫，赋役不均。各笞三十七下，依旧勾当。提控案牍蒋寔、都目王天孙，四十七下，司吏徐泽等，五十七下，罢役别叙，通行标附。"都省准拟。（pp. 231 – 232）

168. 私取差发

（204）至元六年三月，户部呈："顺德路刑台县司吏胡珪等，影占民户，私下取要差发入己。"都省议得："胡珪所犯，即系枉法，拟杖八十七下。权司吏赵颜、马珪，各杖六十七下，俱各不叙，钱物追征入官。"（p. 232）

169. 隐蔽包银

（205）至治二年二月，刑部议得："耒阳州达鲁花赤马合谋，提调科征回回户计包银，隐蔽本户，不行供科。合杖六十七下，罢职别仕，收系科差。"都省准拟。（p. 232）

170. 影避差徭

（206）至大四年七月，御史台呈："江南三省所辖之地，民众豪富兼并之家，令子孙、弟侄华裾骏马，根随省官，恃势影占，不当差役，营干身事，把持官府，欺压良民。若不禁止，实为未便。"刑部议得："合从监察御史、肃政廉访司，用心体察。如有违犯之人，痛行断罪，发远元籍，再犯加等处断。若因而影避差徭者。罪及家长。元引官员，量事轻重治罪，仍标注私罪过名。"都省准拟。（p. 232）

171. 科敛扰民

（207）至元二十三年九月，御史台呈："阶州判官何德明，因省差官，到来本州，行下各处，科取祗应，动扰人民。"刑部议得："何德明即系擅科违错，量拟决二十七下，标注公罪过名。"都省准拟。（p. 232）

（208）至大元年七月，刑部议得："西番茶货提举司官，于本管茶户，额外科茶青柴炭，折纳轻赍钞锭。内达鲁花赤北京不花分讫中统钞一百六十九锭，同提举谈天瑞一百四十二锭，副提举吴征一百五十一锭，孙伯颜察儿一百四十锭，俱各入己。合同枉法定论，已是赃满。罪经原名，除名不叙，赃钞给主。"都省准呈。（pp. 232 – 233）

172. 虚供户绝

（209）至顺三年正月，刑部议得："益都路乐安县尹张德新，天历三年正月，磨问逃军李义，辄凭亲邻人等，虚供户绝无丁产，致蒙枢密院委官追究得，却有宅地二间半，坟地二亩，及有李义孙男李宜哥等在逃罪犯。合笞二十七下，标附。"都省准拟。（p. 233）

173. 投下占户

（210）至大二年八月十八日，尚书省奏："这沿路来时分，百姓每俺根底多告有：'与俺一般百姓数目的人每，如今各处投入去了也。'么道，除了差发，倚着各投下的势力，骚扰有。又道：'有圣旨、懿旨、令旨，么道，俺根底取要饮食，哏骚扰。'说有，今后若有推称圣旨、懿旨、令旨，将属民站的人每影的有呵，决断七十七下，断没家产一半。隐藏的人，决断一百七下，发还元籍，教当差呵，怎生？"奏呵，奉圣旨："那般者。"（p. 233）

174. 妄献户计

（211）延祐七年八月，刑部议得："东平路军户也先不花，将父囊加歹生前已献正宫位下人户施文或等一万余户，贪图名分，纠合兀奴罕、刘咬住，又赴晋王位下妄献。合杖七十七下，兀奴罕、刘咬住，各杖六十七下，俱发元籍拘管。"都省准拟。（p. 233）

175. 诬侄为义子

（212）至顺二年二月，刑部议得："湖州路照磨冷敏，意图兄冷应之家财，将亲侄冷益诬为义子，不令承断，却将伊男冷谦，强立与兄为嗣。拟杖

六十七下，解任别叙标附。"都省议得："冷敏所犯，难任牧民，拟于杂职内叙，余准部拟。"（p. 233）

176. 压良为驱

（213）至顺元年三月，刑部议得："开元路打捕鹰房千户阿里，虚称买卖客人失盗马匹，主意执谋别薛歹作贼。又无赃验，辄将本人捉拏，用绳拴缚打拷，私置牢狱，枉禁一月。脱监在逃，又将伊兄屈出、男妇塔失，拖往伊家驱使，革后七个月余，仍前蔽匿为驱。详其阿里所犯，情理尤重，拟杖六十七下，虽遇原免，除名不叙，追夺元降金牌圣旨。"都省准拟。（p. 234）

177. 非法虐驱

（214）大德六年正月，御史台呈："真定路达鲁花赤哈剌哈孙男猫儿，嗔驱阿都赤声扬伊强奸良妇，淫乱驱妻，将本人两脚后筋砍断。"刑部议得："猫儿所犯，量决四十七下，罪经释免。据阿都赤，已成笃疾，再难为驱，合将阿都赤并妻母，断令为良另居，收系当差。"都省准拟。（p. 234）

（215）皇庆元年四月，御史台呈："王闰驴元系施州王顺男，山内牧放牛羊，被军人捉拏，撒花与守镇李千户，转与夹谷万户为驱。将驱女龚奴奴匹配为妻，令闰驴每月认纳差发中统钞三十两，送纳不起，将闰驴断讫一百三十七下。逃走灌州，本官捉获，面上刺讫逃驱等八字，又挑断两脚后筋。"刑部议得："夹谷克诚，虽称李千户将王闰驴撒花与伊为驱，本官身故，无可照对。其夹谷克诚，将闰驴驱使十七年，止因拖欠月纳工钱，法外陵虐，刺面挑筋，永为废人。如此残忍，量决六十七下。罪遇原免，削降散官二等，换授勾当外，据王闰驴并妻龚奴奴，全户为良当差。"都省准拟。（p. 234）

178. 擅披剃僧

（216）皇庆元年十一月，刑部议得："杭州路天竺寺住持僧尹可权，不经有司勘当，违例擅自披剃蔡宗贤等八名为僧。量拟尹可权五十七下，蔡宗贤等各四十七下。罪遇释免，尹可权革去住持，余各勒还元籍当差。"都省准拟。（pp. 234 – 235）

179. 背夫为尼

（217）元贞元年十月，河南省咨："蕲州路祝汝成妻阿张，为夫风瘫不能动止，不令翁姑并所生儿女知觉，私自投妙胜院主雷东堂，削发为尼。"都省议得："祝阿张所犯，拟决六十七下，分付伊夫收管外，据雷东堂，辄将有夫妇人削发为尼，依例断罪。"（p. 235）

180. 屯田赏罚

（218）至治二年九月十一日，枢密院奏："在前院官内提调屯田有来。这几年屯田的勾当，怠慢了的一般有。么道，奏呵，'教提调者'，么道。圣旨有来。在前提调屯田的院官每，并卫官、万户、千户、百户每，好生用心的上头，收到四十余万石子料有来。这几年卫官、万户、千户、百户，不用心的上头，收的不及所费有。如今谨慎的官人每根底与赏，怠慢了的，将提调卫官、万户、千户、百户每根底，合要罪过，要罪过，合削降散官的，削降散官。每年一顷地滚收九十石之上呵，本屯里赏两个千户呵，提调卫官每根底，赏金缎子二匹带里儿、白米二石。千户本屯里赏，三个百户呵，千户每根底，赏与缎子二匹带里儿、白料二石；百户每员，赏缎子三匹带里儿、白米三石。牌子头、散军，每名白米三石。若收到六十石至五十石的卫官每根底，若本屯两个千户该罚者，决一十七下，千户若本屯三个百户该罚者，千户决二十七下，百户三十七下，牌子头、散军，从提调卫官就便断决。收到四十石之下，提调卫官不为用心，决二十七下，削降散官一等。千户决三十七下，削降散官一等。百户决四十七下，削降散官一等。牌子头、散军，教提调官就便断罪。若收到六十石之上呵，难以赏罚。又提调卫官，每年一次交换呵，屯田的勾当，便当的一般。"么道，奏呵，奉圣旨："说的是有，各卫官即提调着勾当，他每根底，不要罪过呵，那里肯用心向前？如今他每根底，依着惩定来的，赏罚者。"（p. 235）

（219）至元四年四月十四日，枢密院奏："马札儿台知院，俺根底说：'各卫设立屯田，卫所管一二十屯、军人百十名，所种地土，不下千百顷，至于春夏耕耘之际，秋冬收成之时，军人并工，扰攘纷纭。其提调屯田卫官，以一人之身，不能往来遍历，军人所种田土荒惰。是以所收子米，不及元额。今后农忙之际，令各卫提调官，于本卫所管行军户、百户内，除差占外，遴选廉能千户四员、百户六员，一同监督军人，种佃屯田，庶易办集。其千户、百户等官，或有刳落官给种子，及侵用所收子粒，验数多寡科罪。一石之上解任，十石之上不叙。其余骚扰军人，一切不便事理，临事定拟，仍量事轻重断罪。及元差官吏，若西成之后，验其分数，依例赏罚外，据军人例该给赏者，比及十月，军人放散，从本卫提调屯官，随即依例给付。不敷者，亦令断罪追赔。庶使屯官军人所畏向，尽于农矣。'的说有。俺众人商量来，依着马札儿台知院说的，定拟着行呵，怎生？"奏呵，奉圣旨："那般者。"（pp. 235－236）

181. 失误屯种

（220）至顺元年七月，大司农司呈永平屯田事，兵部与刑部议得："永平屯田总管府户计，元系大宁路采木人夫。其民无知，溺于怀土，私领官牛还家，违失农时，妨误播种。今后若有似前衷私还家者，笞四十七下，因而失误屯种者，五十七下。头目失于约束，各减二等断决，其故纵者，与犯人同罪。仍令提调正官，常加抚绥，依时劝课，勿令废弛。亲管头目，不得非理骚扰。违者，约量断罪。"都省准拟。（p. 236）

182. 私种官田

(221) 延祐二年七月，刑部议得："丰闰署达鲁花赤和尚，自备麦种，于屯户地内，用官牛种讫荞麦一十二亩，收到子粒入己。即系不应，合笞二十七下，还职，已追价钞没官。"都省准拟。（p. 236）

183. 不修圩田

(222) 元统元年十月，刑部议得："昆山州达鲁花赤脱脱木儿，知州皇甫信，常熟州达鲁花赤曲里不花，知州孟显，俱系劝农之职。农隙不行差夫，修筑田圩，河道淤塞，又不依时开浚，虚报修完。各笞二十七下，标附。"都省准拟。（pp. 236 – 237）

184. 冒献地土

(223) 至大四年三月，诏书内一款："国家租赋有常，侥幸献地之人，所当惩戒。其刘亦马罕、小云失不花等，冒献河南地土，已令各还元主，刘亦马罕长流海南。今后诸陈献地土，并山场、窑冶之人，并行治罪"。（p. 237）

185. 虚申义粮

(224) 元贞二年八月，大司农司呈："归德府萧县尹王铎，虚报义粮二十五石。"刑部议得："王铎止凭社长郑旺等元申收纳人户义粮，不行计点，致有短少，量拟罚俸一月，标附。"都省准拟。（p. 237）

186. 虚报农桑

(225) 至顺三年四月十一日，大司农司奏："监察御史文书里说将来：'东安州知州唐秃坚小名的人，他钦受宣命，官居牧守，职专劝课。自天历三年正月十五日到任，本管地面，俱系平川，止有旧栽桑枣，到今二年之上，别无所栽树株，以致农桑弛。除至顺二年八月十七日以前，钦遇革拨，所据不合于至顺二年九月二十九日，虚报农桑一万一千二百株，既不称职。'俺众官人每商量来，依着监察御史每拟来的罪名，断二十七下，黜罢，标附过名，照会各处，以励其余呵，怎生？"奏呵，奉圣旨："那般者。"（p. 237）

187. 侵耕煎盐草地

(226) 至顺三年七月，刑部与户部议得："各处运司煎盐草地，场官、灶户于内侵种。若拟一概论罪，缘各处煎盐办课事例不同，其运司场官、灶户人等，今后若有侵耕者，十亩以下，笞二十七，每二十亩，加一等，罪止五

十七，子粒没官。当该官吏人等，知情故纵者，临时详情断罪。受赃者，以枉法论。"都省准拟。（p. 237）

188. 多收公田

（227）至顺元年五月，诏书内一款："公田之设，本以养廉。比年以来，外任官员，间有不务守慎。因而广占富户，多收子粒，不依时估，折收轻赍，凡遇灾伤，不为拟免。今后若有违犯，依例以赃论罪。监察御史、廉访司严加体察。"（p. 238）

189. 虚包公田

（228）皇庆二年九月，刑部议得："丰州知州刘源，为无拨到职田，循习旧弊，令人户包纳，收要讫米三十七石四斗八升。准不枉法例科罪，解见任，别行求仕，标附私罪过名。元追米价给主。"都省准拟。（p. 238）

190. 缺官公田

（229）泰定元年八月，户部议得："湖广省咨：'缺官公田子粒，征收起解，田未收成，先行征租，靠损贫民。'今后各处须要委官提调，伺候秋成，依例征纳，回易作钞，通行起解。但有亏欠，着落委官追赔，仍于粮斛册内，别立各项，明白攒报，年终通行照算。若有侵欺，比同侵使官钱，计赃论罪。"都省准拟。（p. 238）

191. 典卖田宅

（230）元贞元年六月，中书省照得："各处买卖田土，产去税存，富者愈富，贫者愈贫，大为民害。今后典卖田宅，先行经官给据，然后立契，依例投税，随时推收，常切关防，出榜禁治。若委因贫困，必合典卖，依上给居，买主、卖主一同，随即具状赴官，将合该税石推收，与见买地主送纳。如有官豪势要买田之家、官吏人等看徇，不即过割，止令卖主纳税，或科摊其余人户包纳，或虚立诡名，取受分文钱物。告发到官，犯人断五十七下，买主名下，验元买地价追片，一半没官，一半付告人充赏。当该正官断罪，典史、司吏断罪罢役。"（p. 238）

（231）延祐二年二月，礼部呈："民间典卖田宅者，皆因饥寒、丧事、军站差发、钱债，至将田土、房舍典卖，盖非得已。今后军民诸色人户，凡典卖田宅，皆从尊长画字，给据立账，尽问有服房亲，次及邻人、典主。不愿者，限十日批退。如违限不行批退者，决十七下。愿者限一十日批价，依例立契成交。若违限不行酬价者，决二十七下，任便交易。其亲邻、典主，故行刁蹬，取要画字钱物，取问是实，决二十七。如业主虚抬高价，不相由问成交者，决三十七下，听亲邻、典主，百日内收赎，限外不得争告。欺昧亲邻、典主，故不交业，决四十七。

虽过百日，并听依价收赎。若亲邻人、典主在他所者，百里之外不在由问之限。若告发到官，不行依例理断，从监察御史、廉访司纠治。"都省准呈。（p. 239）

192. 僧道不许置买民田

（232）至正四年正月，户部与刑部议得："御史台呈：'浙东道廉使张亚中等言，内外寺观僧道，近年以来，往往续置民产，影射差徭，侵损民力。虽有禁治，终无定例。如系至元元年十一月二十二日诏书已前，除金、宋旧有常住田土外，以后增置者，即系立革之后，拟合立限勒令吐退，令元主备价收赎。如主贫乏，听所在官司给据，卖与无违碍之家，随产纳税当差。限外不行吐退者，严加禁治。今后明著革限，僧道不得置买民产。违者，许诸人陈告，买主卖主，各决五十七下。知情说合牙见人等，减罪二等，价钞没官，一半付告充赏。依例改正，仍旧当差纳税，诚为官民两便。'以此参详，国家经费，赋役为先。僧道身处空门，往往置买民田，影避差徭，靠损民力。合准廉使张亚中等所言，自立限以后，僧道不得置买军民、站赤一应当差田产，违者，买主、卖主，各决五十七下，牙见、说合人等，各减二等，其价没官，实为官民两便。"都省准拟。（p. 239）

193. 检踏灾伤

（233）至正元年四月，刑部与户部议得："各处灾伤，检踏不实，以熟作荒，以荒作熟。亲民州县官吏，不行从实踏验等事，依验顷亩，立为等第，议拟到各各罪名。"都省准拟。（pp. 239–240）

194. 检踏官吏

（234）今后以熟作荒，冒破官粮，以荒作熟，抑征民税，一顷之下，各罚俸一月。一顷之上至二十顷，各罚俸一月。二十顷以上至五十顷，笞决七下。五十顷以上至一百顷，十七下。一百顷以上至二百顷，二十七下。二百顷以上至五百顷，三十七下。五百顷以上至一千顷，四十七下。一千顷以上，罪止五十七下，官解任，吏不叙。

果有被灾去处，亲民正官、首领官吏，不恤民瘼，畏避踏验，不听告理，坐视百姓流离失所者，官吏各笞四十七下，官解任，吏革去。

覆踏路府、州官吏，不行亲诣体视，扶同踏验不实，以所管一县多者为重，减亲民官吏一等科罪。

但有受赃通同作弊者，计赃以枉法论。廉访司官，违期不行体视者，从监察御史，依例纠劾。（p. 240）

195. 灾伤不即检覆

（235）至大元年六月，御史台呈："绍兴路山阴、会稽等处，田禾亢阳，尽皆晒死。委同知赡思丁、治中杨鏞，检覆推调，不即依期前去，以致过期不完，妨碍体覆。"都省议得："诸处灾伤，绍兴尤甚。赡思丁等，职当抚字，托故不行，以致不能检覆，使民失所。量拟各决三十七下，标附。"（p. 240）

196. 饥荒不申

（236）延祐四年十二月，刑部议得："成州人民饥馑，本州不即申报赈救，以致流移饿死。同知康惟忠，量拟三十七下，州判黄文德，二十七下，各解见任，降先职一等。吏目赵克让、悟史张惟福，三十七下，解役，期年后叙用。"都省准拟。（pp. 240 – 241）

197. 虫蝻失捕

（237）大德二年九月，刑部呈："淮安路捕蝗迟慢。议得：判署官达鲁花赤塔失、蒙古同知密只儿羊呵、经历杨仲安、提控案牍朱达等，本管安东、海宁等处，虫蝻生发，不即差官检踏打捕，捕蝗官总管马沈欢，不行着紧监督，海宁、安东州打捕治中刘瑞，奉宣慰司札付，前去安东州，催督捕蝗，不候打绝还府，各罚俸一月，通行标附。海宁州达鲁花赤火你赤、知州王祐、州判李国蕃，为沭阳、朐山等县地面，节续蝗虫生发，不行从小着紧捕打尽绝，以致飞腾生发，打捕不绝，各决一十七下。朐山县达鲁花赤乞里真、县尹孟正臣、主簿刘君宝，即平林村等处，节续虫蝻生发，不行监督人夫，不分明夜，从小并力捕打尽绝，以致飞腾，各决二十七下，通行标附。"都省准拟。（p. 241）

198. 水灾不申

（238）延祐四年十二月，刑部议得："延安路青涧县常朗等一十七户告：'经值河水泛涨，漂没房舍，头畜尽绝。'县尹邢天瑞，接受文状，不行踏验，飞申赈恤，罪既遇免，拟合解任别仕。典史、司吏一体解役叙用，通行标附。"都省准拟。（p. 241）

199. 地震不申

（239）皇庆二年七月，户部呈："大都路宝坻县，皇庆二年六月初一日地震，房舍倒塌，损伤人口，不即飞申。"都省议得："达鲁花赤帖哥，县尹李瑞，各决一十七下，标附过名。"（p. 241）

《至正条格·断例》卷八

户婚

200. 命妇不许再醮

（240）至大四年六月，吏部呈："妇人因夫、子得封郡县之号，即与庶民妻室不同。即受朝命，若夫、子不幸亡殁，不许再醮。如不遵守，将所受宣敕追夺，断罪离异。"都省准拟。（p. 242）

201. 禁收庶母并嫂

（241）至顺元年九月二十三日，中书省奏："御史台备着监察每文书，俺根底与将文书来：'汉人殁了哥哥，他的阿嫂守寡，其间兄弟每收继了多有。似这般呵，体例里不厮似一般有。如蒙定拟通例禁治的。'与将文书来的上头，教礼部定拟呵：'今后汉人、南人收继庶母并阿嫂的，合禁治。'么道，定拟行有。依他每定拟的，教行呵，怎生？"奏呵，奉圣旨："那般者。"钦此。刑部议得："今后似此有犯男子、妇人，各杖八十七下，主婚者笞五十七下，媒合人四十七下，聘财一半没官，半付告人充赏。虽曾赦犹离之。"都省准拟。（pp. 242－243）

202. 有妻娶妻

（242）大德七年八月，江南湖广道奉使宣抚呈："万户李庆瑞，见有妻妾三人，又与仵阿刘女作养老婿。拟四十七下，离异，标附。"都省准拟。（p. 243）

203. 许婚而悔

（243）皇庆二年四月，礼部与刑部议得："男女婚配，人之大伦，遇民无知，往往悔亲别嫁。若不立法禁约，无以敦劝民俗。今后许嫁女，已报婚书，及有私约或受财，而辄悔者，笞三十七下。若更许他人者，笞四十七下，已成者，五十七下，后娶者，知情减一等。女归前夫。男家悔者不坐，不追聘财外，据五年无故不娶者，照依旧例，听经官出给执照，别行改嫁。"都省准拟。（p. 243）

204. 同姓为婚

（244）至治二年十一月，刑部议得："东平路刘成，将女嫁与刘海男为妻。即是同姓，主婚之人，各笞四十七下，离异。元下财钱没官，媒人量笞二十七下。"都省准拟。（p. 243）

205. 西夏私婚

（245）至元三十年七月，甘肃省咨："西夏番汉部落混处，各家男女，私相诱说，强娶为妻。"刑部议得："河西地面，男女强娶成婚，为首者，决杖八十七下，为从者减二等。有父母之言，不待媒妁强娶，为首者，五十七下，为从减二等。"都省准拟。（p. 243）

206. 禁叔伯成婚

（246）至元六年十一月初五日，中书省奏："御史台备着南台御史文书里呈：'普颜笃皇帝时分，答失蛮、回回、主吾人等，叔伯成亲的，教住罢了来。近年以来，答失蛮、回回、主吾人等，仍于叔伯自相成亲，理合禁止。'么道，与将文书来的上头，刑部与礼部议得'夫妇乃人伦之本，兄弟实骨肉之亲，同姓尚不为婚，叔伯岂容配偶。今后似此成婚者，合比同姓为婚例，加二等，各杖六十七下，并令离异。婚合人等，答四十七下。许诸人首告到官，于聘财内，给中统钞一十锭充赏。遍行为例遵守'的说有。依部家定拟来的行呵，怎生？"奏呵，奉圣旨："那般者。"（pp. 243 – 244）

207. 兄妻配弟

（247）至治二年闰五月，刑部议得："商州安庭秀，因长男安观奴与妻崔云儿成亲之后，不相和谐，观奴出外，却行配与次男童童为妻。安庭秀杖七十七下，安童童、崔云儿，虽有父母舅姑之言，终非可从之事，减等各杖六十七下，仍令离异。"都省准拟。（p. 244）

208. 弟妇配兄

（248）至元二年六月，刑部议得："兰溪州张再二，凭媒定问徐阿姚女徐新娘，与次男张住老为妻。未曾婚娶，因张住老患病，不令徐阿姚并媒证知会，将徐新娘迎娶过门，配与长男张孙为妻，即系违律为婚，罪坐主婚之人，拟杖八十七下，徐新娘离异归宗。都省准拟。"（p. 244）

209. 娶男妇妹为妾

（249）泰定四年八月，礼部议得："济宁路肥城县郝拗儿，娶男妇亲妹刘秀儿为妾，甚失尊卑之礼，罪经释免，令刘秀儿，离异归宗。元下财钱等物，没官。"都省准拟。（p. 244）

210. 居丧嫁娶

（250）大德二年八月，枢密院呈："均房翼奥鲁府千户王继祖，父王喜身故，将已定妻马氏，扶取过门，拜灵成亲。"刑部议得："王继祖，父丧停尸成亲，拟断八十七下，罪过释免，罢职离异。财钱没官，妇人不坐。"都省准拟。（pp. 244 – 245）

（251）至大元年闰十一月，辽阳省咨："利州蔡珍告：'妹寿僧，聘与李四十为妻，李四十病故八月，本妇背伊婆李阿杨，接受李茂才定物。'利州断令守服，蔡寿僧却行逼令李阿杨，受讫李茂才财钱，小叔李五儿主婚，聘与本人为妾。"刑部议得："蔡寿僧，拟决六十七下，李五儿不应服内主婚嫁嫂，量决四十七下，李茂才知情求娶，量决五十七下，李阿杨，既非得已，原有可恕。蔡寿僧，拟合离异，若有所生男女，许从其父，元财没官。"都省准拟。（p. 245）

211. 娶有夫妇人

（252）至治二年二月，刑部议得："沔阳府景陵县达鲁花赤阿思兰羊阿，娶受被问，托病不出，就于羁管之所，违法求娶有夫妇人王良妻为妾，罪遇

释免，难任牧民，拟合解任，杂职叙用。妇人离异。"都省准拟。（p. 245）

212. 娶定婚妇

（253）皇庆元年十月，御史台呈："陕西行台察院书吏郝大亨，跟随御史巡历到白水县，照刷过李帖住男万僧告朱阿贺将元定弟妇朱爱哥，许与郭君璋为妻文卷。在后郝大亨每阿冯身故，不行守服终制，违例多写财钱等物，将帖住已定男妇朱爱哥，问定为妻，服内成亲。"刑部议得："郝大亨明知朱爱哥已许李帖住男丑汉为妻，经官争理未定，多下财钱，服内求娶。拟合加等断九十七下，钦遇释免，除名不叙。朱爱哥，既是听从母命，难拟坐罪，断付前夫，财钱没官。"都省准拟。（p. 245）

（254）至元三年五月，刑部议得："未任清流县尹苏钦，已有妻子，又将高天祐未婚男妇郑春儿，买嘱媒证，诈捏婚书，贪夜部领人众，强要拜门，未曾成亲。量笞四十七下，难任守令，拟解已除县尹职事，别叙标附外，据郑春儿，合令高天祐男高保儿，依例求娶。"都省议得："苏钦职居牧守，荒淫不法，合于杂职内叙用，余准部拟。"（pp. 245 – 246）

213. 嚇娶女使

（255）天历二年八月十一日，御史台奏："大都台官每文书里说将来：'监察御史每问着，大都兵马司指挥刁太不花，因为回付王平章家私，问王平章娘子索要了妇女王莲哥，收纳为妾。比例打六十七下，降一等，殿三年，杂职内叙用，王莲哥归宗完聚。'么道，说将来有。"奏呵，奉圣旨："他是元封门子的官人，为回付家私时，要了这妇女，比例轻有。监察每拟将来的之上，加一等，断七十七下，降二等，殿三年，杂职内叙用者。"（p. 246）

（256）至元五年八月，刑部议得："江西省河泊所提领解复初，年过五旬，元娶正妻，已有所生儿男，又有大使王鼎年老例合致仕为由，不用媒证，自捏婚书，嚇要本官持服孙女王福儿，强纳为妾。拟合杖断七十七下，罢职不叙，罪既遇免，依上不叙，标附，王福儿归宗。"都省准拟。（p. 246）

214. 夫亡召婿

（257）至治二年三月，刑部与礼部议得："妇人夫亡，已有所出男女，抛下家产，可以养赡，不守妇节，辄就夫家再行招婿，破荡前夫家产，理合禁止。今后有犯，如未终制，本妇、后夫、媒合、保见人等，比依服内成亲例，一体断罪，若已服缺者，量事轻重科决，并行离异。仍追破费前夫家产给主，元下钱财没官。"都省准拟。（p. 246）

215. 入广官员妻妾

（258）大德三年十一月，御史台呈："两广烟瘴重地，北来官员，染病身死，抛下妻妾，改适他人，将前夫应有资财、人口，席卷而去，况在广邸殁官员老小出广，已有应付站船定例。今后若有身故，抛下老小，听从本处官司，依例起遣还家，其妻妾不得擅自改嫁，如有违犯，断罪听离，前夫家私，勒令赔偿。"都省准拟。(pp. 246 – 247)

216. 妄嫁妻妾

（259）大德二年八月，刑部议得："袁州路郭季二，将妻彭明四姑作妹，嫁与王二为妻，各杖六十七下，罪遇原免，令本妇离异归宗。其王二既不知情，难议治罪。元下财钱，拟合给主。"都省准拟。(p. 247)

（260）延祐元年五月，刑部议得："金复州新附军百户塔海，凭媒求娶到良女白闰奴为妾，却行受钱，转嫁与王黑狗为妻，量决五十七下，罪过原免，解任别仕。白闰奴离异归宗，财钱没官。"都省准拟。(p. 247)

217. 转嫁男妇

（261）大德七年三月，礼部议得："大名路魏县元瑞，娶到王玉女，与男为妻，不即成婚，却行冒作义女，转嫁与王义甫义男为妻，量决六十七下，本妇改正归宗，财钱没官。"都省准拟。(p. 247)

218. 逐婿嫁女

（262）大德八年二月，礼部议得："卫辉路王聚，定问到孟顺女玉儿，作一十二年女婿，下讫财钱中统钞五锭、表里、头面等物，与孟玉儿成亲。在后孟顺计算得元与王聚钱本销折，遣赶在外，打兑财钱，写立私约，如一年不行下财，便同休书。后将财钱欲娶孟玉儿出舍，孟顺却召有妻人耿世杰为婿，即系违法，孟顺、耿世杰，各决七十七下，将本妇断付王聚，先下财钱，已过定例，未满年限，不须贴住。耿世杰元下财钱，追征没官，孟玉儿，虽有招伏，原情恕罪。"都省准拟。(p. 247)

219. 典雇妻妾

（263）至治二年九月十六日，中书省奏："江浙省官人每备着信州路文书，俺根底与将文书来：至元二十九年，世祖皇帝时分，御史台呈备浙东道廉访司文字：'南方百姓典雇有夫妇人，不许典雇，夫妇不相离，同一典雇的，教听者。'么道，禁治呵。到令为不曾定拟到决断他每的罪名例有。么道，与将文书来的上头，俺教刑部定拟呵，'今后若有受财典雇妻妾与人的，决断五十七下，本妇离异归宗，元钱没官。和同的本夫本妻并雇主同罪，引领媒保人等，减一等决断。主首、讲礼貌霸人等，因催官物，或索私债，以力逼勒典雇为妻妾的，决断六十七下。本妇责付本夫完聚，不追聘礼'么道。教礼部官人每，再行定拟，'合依刑部定拟的体例禁治。'么道，与将文

书来有，依着他每定拟来的，教行的，怎生？"奏呵，奉圣旨："那般者，教禁治者。"（p. 248）

220. 休妻再合

（264）延祐四年七月，礼部议得："嘉定路案牍周桂荣妻任氏，获罪于姑，因而休弃，改嫁计县尹为妻，本人身死，方及周岁，周桂荣却与任氏再合，虽在革前，理宜改正离异。"都省准拟。（p. 248）

221. 擅嫁匠妻

（265）皇庆元年十一月，刑部议得："管领襄阳织造么丝人匠也乞，在逃不知存亡，其本管头目答求丁，受许财钱中统钞四锭，将也乞妻失怜，嫁与昔的为妻。合同枉法，决七十七下，除名不叙，追财没官，失怜改正。"都省准拟。（p. 248）

222. 男妇配驱

（266）至元三十年五月，礼部议得："不鲁花求聚扎不罕女昐儿，与伊男阿剌帖木儿，作童养媳妇，经今一十一年，不曾成婚，却将昐儿配与驱男塔剌赤为妻，不鲁花拟决五十七下，昐儿断付伊母扎不罕完聚，不回聘财。"都省准拟。（pp. 248－249）

223. 勒娶民女驱使

（267）元贞元年正月，御史台呈："刘阿王告：有男刘山儿，于苏四处作婿，前去新店，籴米不还。苏四告到云州乔知州，抑勒父刘秉直，赔偿米价、驴畜，为无可备，将亲女翠哥、苗哥，准折钞七锭。乔知州指娶与弟妻为名，伊家驱使。又勒休弃男妇苏孙女，别行改嫁，与王三子为妻，以致刘秉直并阿王削发，乞化为生。"刑部议得："知州乔天铎逐项罪犯，止以与弟娶妻为名，勒要部内为事人刘秉直亲生二女，在家驱使，情犯为重，拟决七十七下。罪遇原免，期年后，降二等，杂职内叙用。刘翠哥、苗哥，给付完聚。苏孙女，断付伊夫刘山儿。"都省准拟。（p. 249）

224. 侄女嫁驱

（268）大德七年闰五月，礼部呈："曹州禹城县牛赛儿，欺谩侄女牛连儿孤幼，主婚暗受聘财，嫁与李合儿驱火你赤为妻。主婚人牛赛儿、李合儿，各决五十七下，罪遇原名，拟合离异归宗，元受财钱追没。"都省准拟。（p. 249）

225. 娶逃驱妇为妾

（269）泰定四年六月，刑部议得："凤翔府宝鸡县伊雷复礼，将在逃驱妇赵金金占恪，不行发遣，却接诉良文状，断令为良，断后七日，收纳为妾。革后告发，才方休弃，原其所犯，难任牧民，拟决四十七下，解见任，标附，

杂职内叙，妇人离异。"都省准拟。（p. 249）

226. 冒娶良人配驱

（270）元统元年九月，户部与刑部议得："良人嫁驱，自愿者听，已有定例。其巧立名色，捏写婚书，妄冒求娶良家子女，转配驱奴者，所生男女，俱合随母为良，别立户名，收系当差，主婚妄冒之人，笞五十七下，有职役者，解任别叙，保亲、媒合人等，减二等科断。"都省准拟。（p. 249）

（271）至元二年四月，刑部议得："庆阳府同知尚瓒，教令部民罗文通妾刘定哥，告伊夫有妻娶妻，非理陵虐，擅断离异。却将本妇诱说，与驱作妻，在家驱使。拟杖七十七下，降二等，杂职内叙用，刘定哥离异归宗。"都省准拟。（p. 250）

227. 娶囚妇为妾

（272）至元三年正月，刑部议得："成都路双流县簿尉夏震子，将嘉定路递发到因奸杀夫起内妇人常巧哥，不行发付元籍，中途捏合词状，通同接受，谩昧同僚，出给执照，付本妇任便住坐，在后求娶为妾，拟杖六十七下，解见任，杂职叙用，标附，离异。"都省准拟。（p. 250）

228. 定婚闻奸强娶

（273）大德六年六月，礼部呈："河间路田秀，凭媒说合李成侄花心，与伊男为妻，议定财钱，不行依理聘娶，却以风闻奸事为由，引领人众，各执棍棒行凶，将李成等殴伤，强将花心拖去伊家，与男成亲。议得：田秀所犯，拟决五十七下，离异。"都省准拟。（p. 250）

229. 定婚夫为盗断离

（274）至元十一年六月，刑部呈："南京路申：'樊德告，王招抚定问女菊花与伊男道道为妻，已下财钱。王道道见犯图财杀人，难与成亲。'议得：'凡女定婚未嫁，其夫作盗，拟合听离，归还聘财。'"都省准拟。（p. 250）

230. 僧道娶妻

（275）至元十九年十二月，礼部准诸路释教都总统所关："各路僧人，往往求娶妻室，败坏教门。"议得："除至元七年籍定有妻室亡殁，不得再娶，违者，量决六十七下，听离，仍追元财没官。"（p. 250）

（276）大德八年十一月初七日，宣政院奏："御史台官人每，与将文书来：'庐州有的和尚每告，那里的僧录沙剌藏卜有妻室呵，与僧官每一处，问了招了也，他罪过，奏了依体例要的。'么道，说将来有。俺商量来，前者'委付的僧官每根底，要了甘结，有妻室呵，当六十七下罪过，更勾当里不行'。有文书来，如今依着那体例，沙剌藏卜根底，教打六十七下，更罢了他勾当呵，怎生？又去年俺曾奏："今后僧官每有罪过呵，受圣旨的，闻奏，那以下的，要了明白招伏，就教断呵，怎生？'么道，遍行了文书来。虽是那般呵，似这有妻室的每，问得明白了，一件件奏呵，频繁耳热的一般有。今后便有妻室的明白了呵，依体例教断六十七下，再勾当里不委付呵，怎生？"奏呵，奉圣旨："那般者。"（pp. 250 – 251）

（277）至大四年十二月，刑部议得："洞宵宫道士胡仁方，娶高二娘为妻，生长二男，同家聚活。拟决六十七下，罪过原免，合令为民，所生二男，即过房与胡康七为嗣，别无定夺，高二娘，虽称出家，合令还俗归宗。"都省准拟。（p. 251）

231. 禁娶乐人

（278）至大四年八月十八日，中书省特奉圣旨："今后乐人只娶乐人者，咱每根底近行的人每，并官人每、其余人每，若娶乐人做媳妇呵，要了罪过。听离了者。"（p. 251）

（279）泰定四年六月，刑部议得："处州路松阳县达鲁花赤燕只哥，前任确山县达鲁花赤，有妻，写立婚书，将乐人李奔儿，娶为次妻。罪经原名，廉访司已将李奔儿断令离异，元下财钱没官。今后官吏并富实人等，不许违例求娶乐人，以为妻妾。乐艺之家，亦不得许嫁。违者，嫁娶之家，坐以不应，各笞四十七下，财钱没官，有职役者，解任别叙。"都省准拟。（p. 251）

232. 职官娶倡

（280）大德八年五月，刑部议得："河南省都镇抚哈剌，因差于归德府馆驿内安下，唤倡女申燕哥，宿睡后娶为妻。量决五十七下，罪遇释免，解任别仕，申燕哥离异。"都省准拟。（p. 251）

（281）至元三年九月十二日，中书省奏："俺根底，刑部官人每备着上都留守司文书：'上都兵马司指挥李普颜，娶吕陈奴名字的倡女为妾的上头，他根底要了招伏，比例笞决五十七下，解见任别仕标附。教吕陈奴离异归宗，给亲完聚的。'定拟了有。依他每定拟来的，教行呵，怎生？"奏呵，奉圣旨："那般者。"（p. 252）

《至正条格·断例》卷九

厩库一

233. 私宰马牛

（282）至元八年正月，中书省与尚书省并大司农官司，勾集到中都诸局头目人等，圆议定："今后私杀马牛者，正犯人决杖一百，仍征钞二十五两，付告人充赏。两邻知而不首者，决二十七下。本管头目失觉察者，决五十七下。如有见杀马牛之人，不行告官，恐喝要讫钱物者，有人首告，是实，决杖七十七下，征钞二十五两，与告人充赏。若马牛老病，不堪为用者，除中都在城，经由总管府官办验，得实，附历印烙讫，方许宰杀，余经所在官司，依上施行。如已病死者，申官验过开剥。"（p. 253）

（283）延祐二年十一月，刑部议得："婺州路翁贵二，唤觅屠户施仁三，私宰牛只食用，令亲弟翁贵三、堂弟翁贵十、翁贵十二，接血般肉。婺州路已将翁贵二、施仁三依例断决。据同居亲弟翁贵三，另籍堂弟翁贵十、翁贵十二所犯，终是许相容隐，又系家人共犯，拟合免罪。"都省准拟。（p. 253）

（284）延祐七年六月，刑部议得："私宰马牛，正犯人已有定例外，据扶头把脚，添力下手，干犯人等，拟合杖断八十七下，其有元不知情，临时雇请者，量情断罪。"都省准拟。（p. 254）

234. 私宰病马牛

（285）大德七年三月，江西省咨："忽林赤买到不堪耕作病瘦水牛一只，私下宰杀货卖。"刑部议得："忽林赤不合私宰牛只货卖，拟合依例断罪。"都省议得："忽林赤即系蒙古人氏，量决三十七下，仍令蒙古人行杖。"（p. 254）

（286）延祐二年六月，刑部议得："阿速军人买住，私自宰杀本家病牛一只货卖，即系色目人氏，合比蒙古人所犯，例加二等，笞决五十七下。今后诸色目人等置立庄宅，与百姓相参住坐，果有瘸病年老不堪使用马牛，即报本处官司，相验是实，方许宰杀食用。其行营蒙古、色目不拘此例。"都省准拟。（p. 254）

235. 受雇干犯宰牛

（287）至元三年四月，刑部议得："集庆路夏九住，依随雇主赵保保，于宰牛处所，打水杂用。若依扶头把脚，为从科断，缘系受雇佣工之人，听从主命，即与家人共犯无异，拟合免罪。"都省准拟。（p. 254）

236. 宰牛再首不准

（288）至顺三年八月，刑部议得："宁国路胡延孙，先犯杀牛，伊叔胡全宗告发，比同自首免罪。今又不悛，再犯杀牛，被叔胡基首告。若拟免罪，缘系准首再犯，拟合比依诸盗准首再犯不在首原之例，杖断一百。"都省准拟。（p. 254）

237. 药针刺牛

（289）至治三年三月，刑部议得："德安府云梦县杨乞哥、喻弟儿，同情造合毒药木针，针伤周友才等家牛只，却行疗治，取要钱物，以致元针牛只倒死，各杖一百，追赔牛价。"都省准拟。（pp. 254–255）

238. 怀恨割牛舌

（290）至元六年二月，刑部议得："王佛保与邓普聪争地怀恨，用斧将本人牛舌割去半截倒死。即系故行用刃杀死牛只，难议减科。比例，拟合杖断一百，即已断讫八十七下，所少杖数依上贴断外，据割舌倒死牛只，照依彼中时价，追赔给主。"都省准拟。（p.255）

239. 私宰驴骡

（291）至治二年九月，刑部议得："马牛驴骡，皆系负重致远之物。然于适用，亦有等差。若将私宰犯人一体定罪，似涉不伦。今后如将堪中使用驴骡宰杀货卖者，许诸人告捉到官，犯人笞四十七下，皮肉付告人充赏。"都省准拟。（p.255）

240. 抽分羊马

（292）大德六年正月二十六日，御史台奏："太原廉访司与将文字来：'抽分羊马的使臣，安荣小名的人，客人每卖的羊，别处抽分了的。后头他又重抽分了八个羊。更无体例，委付小头目，卖羊人根底，要肚皮骚扰有。招伏文书与了也。'俺商量来，他根前打二十七下，怎生？"奏呵，奉圣旨："那般者。"（p.255）

241. 阑遗头匹

（293）延祐二年三月二十六日，宣徽院奏："各处不阑奚赤每拘收着不阑奚人口、头匹，与人使用骑坐、辆车有。指拘收不阑奚为名，那其间里，哏做贼说谎有，别个各枝儿每关支不阑奚人口、头匹人每，关了一个不阑奚头口的，和不阑奚赤每通同着骑两个的也多有。如今俺和省官人每一处商量来，工部官人每根底说了，比着不阑奚人口、不阑奚骆驼、马、牛、驴、骡、羊口等身子的样子，教铸着印子，分付与阑遗监，不拣那个收拾不阑奚的不阑奚赤每，并别个各枝儿使唤不阑奚人口的，骑坐不阑奚头匹、辆车子的人每有呵，教阑遗监押勘合文字，开写头匹的毛色印记，就印上头匹的身子印儿支与。若收拾不阑奚的人每，并别个各枝儿使唤不阑奚人口的，骑坐不阑奚头匹、辆车子的人每，若无阑遗监这般印子的文字，骑坐、辆车子呵，准做贼的例，要罪过呵，怎生？"奏呵，奉圣旨："那般者，商量的是有，工部官人每根底说了，教比着那般身子的样子，铸与印子，那般提调者。"（pp.255－256）

242. 阑遗不行起解

（294）元贞二年七月，刑部呈："汴梁路河阴县达鲁花赤伯八思，将本县元解不阑奚马四匹，并申郑州文解，私下分付与本州达鲁花赤下知印王秃林歹收讫，将马俱不纳官，却行交付小薛大王，小薛大王位下收不阑奚人昔剌歹收管。议得：王秃林歹并河阴县达鲁花赤伯八思，各拟三十七下，标附。王秃林歹系无职役滥设之人，罢去，收马人昔剌歹，量拟二十七下，革去，追马解官。"都省准拟。（p. 256）

243. 私卖阑遗头匹

（295）泰定二年六月，刑部议得："泾州不阑奚头目张思敬，将拘收到无主牛一只，冒作己物，卖与完颜信，得到价钱中统钞四锭入己。量笞五十七下，革去，牛价没官。"都省准拟。（p. 256）

244. 拘收筋角

（296）至元十七年九月，工部议得："今后各处不以是何诸色人户，但有倒死马牛驴骡头匹，依例开取筋角，不致损坏，须要尽实纳官。若有隐藏，私下买卖，许诸人首告到官。将犯人拟断五十七下，仍追钞一十两，给付告人充赏，两邻知而不首，比犯人拟减一等。主首、社长人等失觉察者，亦行断罪。就委各路同知，并府州司县正官一员，不妨本职，专一提调。如所委官有故，令以次官提调拘收。所据鱼胞，亦合行移濒河官司，依上拘收。"都省准拟。（p. 257）

245. 喂羊驼马程限

（297）泰定三年十二月，户部呈："度支监关：'今后应发各处喂养马驼，须要照依元定马程，日行百里，扣算到彼该支草料日期，随即依例放支。若有先到马数，不许应付。敢有似前违例取与之人，马主并有司提调官吏，比拟借马哺养例，减等各决三十七下，标附过名，支过钱粮，止于犯人名下均征还官。'议得：各路喂养马驼，拟合扣算大都至喂马处所各各里路，怯薛歹人等到彼日期，验实有到槽马数，应付草料。若有违例之人，依准本监所拟，科断追赔，标附过名。"都省准拟。（p. 257）

246. 倒换昏钞

（298）至元二十四年，中书省奏奉圣旨，定到至元通行锭钞画内一款："民间将昏钞赴平准库，倒换至元宝钞，以一折五，其工墨钞止依旧例，每贯三分，客旅买卖，欲图轻便，用中统钞倒换至元宝钞者，以一折五，依数收换，各道宣慰司、提刑按察司、总管府常切体究禁治，毋致势要之家并库官人等，自行结揽，多除工墨，沮坏钞法。违者痛断，库官违犯。断罪犯名。"（p. 257）

247. 监临倒钞

（299）至大四年十一月，刑部呈："诸路宝钞都提举司副提举刘之纪，为本家杂物铺内五次收接至大银钞二锭，令祗候小赵赍去顺承库倒换，之纪当日巡点到库，有朱国才告称：'本库收讫至元昏钞一锭，三日不与料钞。'虽曾省会本库支付，不行取问库官人等，迟慢缘由，却令驱魏兴儿落后将小赵赍去银钞二锭，折至元钞一十锭，除讫工墨一十五两外，拨到料钞九锭三十五两，将赍出库，挐告到官。议得：刘之纪见任宝钞副提举，提调行用六库，不应违例掺越多倒钞锭，比例合决三十七下。库官提领白供济等，将朱国才至元昏钞一锭，参日不行支与料钞，却先倒与刘提举至元料钞九锭三十五两罪犯，各决二十七下，通行标附过名。"都省准拟。（p. 258）

248. 昏钞不使退印

（300）元贞二年七月，刑部议得："吉州路平准库提领李成、大使程福等，将倒下昏钞至元钞二锭不使退印，各断五十七下，解任别仕，标附。"都省准拟。（p. 258）

249. 检闸昏钞

（301）至顺元年正月，户部与刑部议得："朝廷行用钞法，本以资国便民。近年以来，所在库子人等作弊太甚，未免立法关防。其各处提调配料官员，往往惧罪，不行开库，合干、贴库恃无定到罪责，奸监日滋，罔知所畏，以致钞法趾滞，百姓困弊。若不更张，愈见不便，定拟到下项事理。"都省准拟。

①内外行用库，除真昏钞锭照依定例倒换外，今后每季倒下昏钞，若有检闸出挑挖、裨辏、假伪、以小抵大、短少不堪之数，以至元钞为则，每一千贯内检出下项数目，照依所坐罪名追断。钞数多寡，准此加减断罪，均赔，具各标附：

五贯之下，库子免罪。

五贯，库子七下。

五贯之上十贯之下，库子一十七下。

十贯之上一十五贯之下，库子二十七下。

一十五贯之上二十贯之下，库子三十七下。

二十贯之上二十五贯之下，库子四十七下，库官罚俸一月。

二十五贯之上三十贯之下，库子五十七下，库官七下。

三十贯之上三十五贯之下，库子六十七下，库官一十七下。

三十五贯之上至四十贯之下，库子七十七下，罢役，期年后发补，库官二十七下。

四十贯之上四十五贯之下，库子八十七下，殿二年发补，库官三十七下。

四十五贯之上五十贯之下，库子九十七下，殿三年降等发补，库官四十七下，不减资。

五十贯之上，库子一百七下，不叙，库官五十七下，添一资。

提调官、配料官，一百贯之上，一十七下，标附过名。

②各处行用库子，在京钱谷官内铨注，外路府州县司吏内取补。其人少谙钞法，全凭久惯合干、贴库办验倒换。此等之流，恃无罪责，多不子细办验分拣，依前止着库官、库子追赔，中间利害不均。今后倒下不堪等钞，当该合干、贴库，并与库子一体断罪，均赔。若当该库官、库子、贴库、合干人逃亡，无可追理者，并勒同界官、典人等均赔。共每季倒下昏钞，比及起解，提调官亲临监督。有司所差得闸行人，照依定例，仔细检数，别无短少、假伪、裨辏、不堪，提调官再行复闸，但有短少、假伪、不堪等钞，即将复闸行人，痛行断罪，就便追理完备，方许起解。又内外烧钞库，闸钞行人，贪饕无厌，少不如意，检数之际，故行擦毁字伯，或以真作伪，量情追断。若有窃匿，并以盗论。

③不务本业无籍之徒，往往结揽诸人挑挖、裨辏、假伪之钞，专一通同库官、库子人等，多答工墨，倒换料本，坏乱钞法。今后若有违犯者，并准盗论。（pp. 258 – 259）

250. 闸钞官有失关防

（302）大德七年九月，燕山南东道奉使宣抚呈："夏津县主簿刘守真，检闸出大德六年行用库春季昏钞内挑挖、接补、不堪钞四十八锭，擅勒库子宋德顺赔纳。又不亲临监使退印，以致宋德顺等通同暗地掺入好钞料内，虚牌本县：'并无接补、挑挖、短少。'致蒙赵州判令再行人闸出不堪烧纳钞二百九十九锭。本州勾追，才将元闸不堪钞数，移关本县，量情断讫五十七下。"刑部议得："刘守真所招罪，虽断讫，拟解见任，别行求仕，标附过名。"都省准拟。（pp. 259 – 260）

251. 提调官不封钞库

（303）元统二年十二月，刑部议得："福州路达鲁花赤端徒、经历王文亨，提调本路平准行用库，不行关防钤束，辄凭合干人阮善夫所说，将钥匙并条封分付与库官阿里沙、郭维清等，自行开库，致令各人于已倒未给主钞内，将二贯一百张，计钞二十锭，令贴库潘心仁私藏出库，意欲转行倒换，多取工墨，事发到官，端徒、王文亨各答三十七下，解任别仕，标附。"都省准拟。（p. 260）

252. 昏钞违期

（304）元贞二年正月，户部呈："照得，各路平准行用库倒换昏钞，随即使讫退印，配成料例。每季不过次季孟月十五日以里起纳。今议拟：违期一季，提调路官罚俸一月，首领官的决七下，司吏、库官一十七下；州官决七下，首领官七下，司吏、库官二十七下。二季，提调官罚俸两月，首领官一十七下，司吏、库官二十七下；州官一十七下，首领官二十七下，司吏、库官三十七下。三季，提调路官罚俸三月，首领官二十七下，司吏、库官三十七下；州官二十七下，首领官三十七下，司吏、库官四十七下。"都省准拟。（p. 260）

253. 结揽小倒

（305）至治二年五月，刑部与户部议得："内外设立行用钞库，倒换昏钞，本以通流钞法，便于交易。库官、司库、攒典人等，往往结勾小倒之人，及与官豪势要通同结揽，商贾行铺昏钞，暗地倒换，多取工墨。提调官不为用心钤束，致使库官人等推称检闸为名，故意不行开库。今后各处行用钞库，须要每日平明开库，库官亲临监视，司库人等先尽小本细民，过往客旅，次及行铺之家，不限多寡，尽数倒换。未时后收计，即将昏钞编类成料，提调官常切用心钤束。如监临主守官吏人等，诡计作弊，多取分例，并计赃以枉法科断。知情者减犯人罪二等，失觉察者减三等，钞主决五十七下，其钞没官，仍追中统钞五锭，付告捉人充赏。提调官失于钤束，量情究治，任满解由内开写，从监察御史、廉访司常加体察。"都省准拟。（pp. 260–261）

（306）至元四年正月，刑部议得："河西务行用库使齐允元，与司计薛彻元、库子聂学等揽到答配、挑挖、掐补、假伪等钞六千余锭。通同要讫外，答钱中统钞四百二十七锭，各分入己。即系枉法，俱已赃满，拟合各杖一百七下，追夺不叙。知州魏庭端有失关防，答一十七下，标附。吏目高郁三十七下，解役别仕。已追钞锭没官。"都省准拟。（p. 261）

254. 盗官本知情寄放

（307）大德十一年六月，省台委官呈："检闸出光熙库接补、挑挖、假伪等钞，问得倒钞行人张寿安指说：'司库王瑾忠男王伴驴虚写寿安姓名，关出中统钞四百锭，送于伊姑夫陈外郎家寄放。'责得陈外郎名成德状招：'明知妻兄王瑾忠见充光熙库司库，伊男王伴驴将倒料钞两布袋，不合于本家寄放三个月余，闻知官司检闸光熙库倒换昏钞，事发，令男陈玉将前项钞锭转付贴书秦平处寄放，及有王二所寄盘缠中统钞三十五锭，遮当不令搜检，却令秦平赴官出首。'"刑部议得："陈成德所犯，量拟六十七下，罢役。"都省准呈。（p. 261）

255. 骚扰烧钞库

（308）至元二十一年闰五月，户部呈："烧钞库专一烧毁诸路并大都倒下昏钞，每日至晚罢散。有不畏公法泼皮人等，故行聚众，妄生事端，将行人、库子捽扯，强行吓要酒食钱物。本库顿放官钱数多，倘或因则别致失事，深系利害。又有一等诈称校尉，及省部台院诸衙门祗候人等，巡院兵马指挥司巡军、弓手、机察人等，往往赍假伪、挖挑、不堪钞两，恐喝库子须要接受。或将七两八两便称十两，不除工墨，立要倒换。及有凶恶之人，成党织罗，取要钱物。拟合出榜禁治，许诸人捉拏。或因事发露到官，断决五十七下。仍于犯人名下，验诈欺乞取钞数倍征，给付告捉人充赏。"都省议拟："今后除当该库官、库子及倒钞铺户合干检钞人等许令入库，其余不以是何人等，无故不得辄入，亦不得于库外聚众作闹，生事骚扰。库子、检钞人等如违，许诸人捉拏到官，枷项号令，痛行断罪。及祗候、巡军人等有犯者，依上追断。"（pp. 261 - 262）

256. 带钞入库

（309）至治二年七月，刑部议得："江浙省施才，赴本省解纳桐油，赍带陈三元付伊男陈兴盘缠中统钞一十锭，误入官库。虽无禁例，缘广济库终系出纳钱帛处所。今后诸人有带己身钱物辄入官库者，笞二十七下，钱物没官。"都省准拟。（p. 262）

257. 擅开生料库

（310）至元二年十二月初四日，中书省奏："刑部官俺根底与文书：'去年宣徽院官奏奉圣旨"委官提调生料等仓库，收支物色其间，生料库门，提调官印贴封记了，省会除奉圣旨合用物色外，库官与掾史勿得开封"。生料库提点买驴听从当该掾史言语，不合擅自开库，将孛罗怗木儿、魏王接支茶饭分例，折支与了面的上头，买防根底要招伏文书有。如今将他量笞决三十七下，标附巡名，他替头里别委用人'的说有。依部家定拟来的，将买驴要了罪过，解见任呵，怎生？"奏呵，奉圣旨："那般者。"（p. 262）

258. 纳钵物色

（311）至元四年八月，御史台呈："监察御史言：'车贺春秋行幸，排办纳钵所需物色，省部拨降钞锭，两平收买，以备支持。有司奉行不至，一概科派于民。遂将元降价值剋减入己。宜令拘该有司，申关价值，预为计置，于所指仓分送纳，合设仓官，于州县籍记司吏内约量点差。拟一周岁为满，准理仓库一界，果无粘带，从优先补。收受之际，当该官吏监临提调，须要从实，敢有侵欺剋取者，以枉法论。若有不敷短少，提调官吏、仓攒人等，一体均赔。'"礼部议得："合准监察御史所言。"都省准拟。（pp. 262 - 263）

259. 主守分要轻赏

（312）至元二年七月，刑部议得："上都生料库提点秃鲁不花，明知库子郑恺与本把高鹏举扣要讫供膳司人户齐胤等合纳白面四千斤，轻赍价钱中统钞三十二锭，分受讫七锭入己。内以一主至元钞一十五贯六百文为重，依枉法例，笞五十七下，除名不叙。"都省准拟。（p. 263）

260. 监临抵换官物

（313）延祐七年十二月，刑部议得："陕西怯怜口副总管拾得奴，提调丰盈库收支钱帛，于库内拣讫细毛段子三匹入己，却买粗毛段子二匹，抵数还库，即系监临盗换官物。合以余利至元钞六贯，以盗论罪，依例加等，杖七十七下，罢职不叙。库子张文质容纵罪犯，笞三十七下，革去，通行标附。"都省准拟。（p. 263）

261. 监临私借官钱

（314）至元二十八年十二月，中书省据御史台呈："临江路总管姚文龙写立文帖，于官库内借出钞一千四百五十锭、丝三百斤。"奏准，"断七十七下，不叙"。（p. 263）

（315）延祐三年九月，刑部议得："广宁路达鲁花赤那怀，二次于广益库子尹澄处，借讫官钱中统钞六十锭。即系监临枉法，罪遇原免，俱合除名不叙，元借钞锭，追征还官。"都省准拟。（pp. 263 – 264）

262. 抵换官钱

（316）天历二年七月，刑部议得："海北、海南道宣慰司都事吴长孺，将自己昏烂中统钞六十锭，节次令人于所属广盈库，抑令库官陈道震等，于已收未入库盐课内抵换好钞。即系亲临上司抑勒库官人等抵换官钱，合杖六十七下，解任，降先职一等叙用，好钞还库，昏钞没官。"都省准拟。（p. 264）

263. 关防漕运

（317）至元四年五月，户部议得："司计官曲出怗木耳呈：'至元四年，河海等粮都漕运司、临清万户府押运千户人等、京畿运粮提举司所委人员不便事理。'逐一议拟，开呈。"都省准拟。

①长河装运海船年例，专委都漕运使一员、运粮万户一员，不管余事，专一接运交装，拟合责任，设法关防。若军人、船户盗卖蚕食官粮，到坝短少及有湿润粮尘者，将接运运使、万户究问，如粮船到坝，关防失宜，分司同知亦行究问，巡河官员不严，量事轻重责罚。

②京畿运粮提举司，奏差止令看斛，总押办验乾圆好歹。余有监委之人，尽行革去。若有揹勒钱物，取要酒食，从对坝司计官取问明白，依例断罪。

③滥委巡斛夫头，截日革去。若长押坝夫刁蹬，军人、船户揹要钞两，从司计官依例断罪，革去。

④深沟坝见设提领四员，其余坝分提领，合准所言，止于本坝办事，毋得擅自离役。

⑤押运千户、百户、头目、军人、船户运粮之际，于船上喂养鸡豚鹅鸭，捎带客旅物货，笞决二十七下。船户将带自己老小在船者，一体科罪，盗用官粮者，依例追断。

⑥运司奏差、祗候人等，乞索酒食鹅鸭，扰害船户，合令省委接运海粮官、巡河官、对坝司计官严加禁约，果有违犯，就便取问，依例断罪。

⑦长河、坝河，捕鱼、卖菜小船，即系细民生理，似难一概禁约，拟合督勒运司、万户府正官、千户、百户、纲官人等设法关防。若有盗卖官粮、博易鱼菜者，押运之人，与犯人同罪。

⑧直沽广通仓收贮斛只，从省委接运海粮官监督，都漕运司官、临清万户府官、海道府官，用都漕运司见收铁斛、铁升，眼同较勘相同，方许交装行使。

⑨纲翼人等通同船户，交装湿润粮米，盖因省委接运官安下处相离海船对运去处窎远，交装未毕，先已回还，防闲不至，致生奸弊。合准所呈，宜从都省札付，接运官量其水，则海船可以通行。移船就里停泊，亲临交装。如果水浅，船不可行，亦须亲诣船所监督、运司、万户府官吏、纲翼梢水人等，即将运粮海船撒开棚盖，拨去气头湿润、色暗米样，另行收贮，候装好粮完备，办验其米，如堪支持，依上交对。须要一一交装了毕，方许回还。仍更为督勒运使、万户，设法关防，毋令短少、湿润。

⑩十八河仓运粮到坝，若有糠秕、湿润米粮，合准所拟，从对财坝司计官，将当该押运千户、百户、纲官人等，随即究治。其都漕运司、行司官吏，有失关防，取招呈禀。

⑪直沽交粮斛只，交收至晚，互相封记。仍令接运海粮官，相其事宜，设法关防。（pp. 264 – 265）

264. 漕运罪赏

（318）至正三年正月二十八日，中书省奏准各仓合行事理，奉圣旨："那般者。"

①各仓所收粮斛。每仓多者一十五万石，少者十万石。比之元例不同。拟合钦依奏准例，每仓交收一十万石之下八万石之上为则，所据应支粮斛名项，从公分拣，合在京者，在京支给，合在通州、河西务者，依例分派。

②对坝粮斛。往年委京畿运司官一员，赍分司印信，专职对坝。后因运官分仓提调，每岁委令运粮提举一员，前去交对，都漕运司纲翼、临清万户

府视其职卑人微，交对之间辗轹百端。拟合添设同知一员，职专对坝。

③仓官收支繁重，今后如果交割完备，别无短少，合拟延祐年间奏准圣旨，从优不次类注，运官提调仓分，无短少者，亦依上例定夺。

④仓廒疏漏损坏，必合修理去处，宜令工部划时委官相视，计料合用价钱，行移户部，随即放支，令提调仓分运官，亲临监督，并收买合用物色，作急修理，须要坚完，不致疏漏、浥变、损坏官粮，若有怠慢，就便断决。如上司点视得，却有不完疏漏去处，严加究治。

⑤仓官专一收支粮斛，每岁春秋应办口南三纳钵支持粟豆，各仓自行雇觅脚力，搬运前去，听候交割，妨工不便。今后合令拘该有司，委官赴仓关支。官为应付脚力。

⑥粮斛收支。元定三年破耗四开。今后拟合量添粮一升，初年破三升，次年再破一升五合，三年再破五合。

⑦权豪势要、宅司总领、孛可孙人等关支粮斛，将领人众，夹带泼皮、籴买人户、无赖之徒入仓，取受分例，需索酒食、钱物、载粮车脚等钱。今后拟合严治。支粮多者，将引不过五人，无得夹带泼皮、籴买人户、无赖之徒，入仓搅扰。违者，听提调官就便断罪，若有违拒，具名申部。其司计官巡视仓库，止许引有俸典吏一名，带牌祗候一名，不许多引人众，搅扰不便。违者亦仰究治。

⑧仓库官员轮流值宿，自有常规。其仓官、斗脚不公不法一切违犯，听运司自行取问，如理断不当，从户部随事究治。诸衙门不许受理，今后各仓依例轮流值宿，若有闸点不在，亦听运司官究治。

⑨籴买人户，贪图厚利，把握行市，私于孛可孙处，转买结揽支粮文贴，诈称怯薛丹人员关粮，出仓添价粜卖，已有追断明条。今后籴买人户结勾各衙门祗候、忽剌罕赤、官豪势要、宅司总领人等，作自应支粮人数，结揽支粮者，许诸人捉拏首告。依籴买户例，十石以下杖六十七，每十石加一等，罪止一百七。仍于所关粮内，一半没官，一半付告人充赏。

⑩提调仓分运官。每员除本司令史一名、祗候二名，其余滥设贴书、祗候、带行人等，尽行革去。若有依前容留者，运官取招议罪，犯人断罪，发还元籍。

⑪省台院部诸衙门祗候人等，无故不得辄入仓库搅扰。若有违犯之人，听提调官就便断决。敢有违拒，具名申部。

⑫仓官盗卖官粮，十石以上处以极刑，不为不重。今后诸官吏人等，取要仓官钱物，并准枉法论。无禄之人，加等断罪，发还元籍。

⑬各仓斗子支粮之际，恐喝仓官赏功段子等钞，及通同包撮之人夹带官粮，高下斛斗者，事发到官，计赃加等断罪，发还元籍。今后但有短少粮斛，以十分为率，斗子拟赔三分。

⑭挑倒粮斛，每季一次，呈司申部。须要依时挑倒，勿致损坏浥变官粮。

⑮各仓提调官公座房屋，不过二间。今后拟合官为起盖，或有已盖房屋，官为约量给价，及公用器具，各官任满，给由明白，开写交割。

⑯季申、旬申揭帖、赤历、单状，今后令斗脚于运司、户部公厅投下，并不得径直送付各该房分。如有私下收接者，当该令史究治，贴书断罪黜退，送付之人，亦仰治罪。

⑰支粮孛可孙，并各衙门官吏人等，赴仓关粮，不许喝驾车辆，骑坐马皮，辄入仓库。如违，从监仓运官、省部所委巡仓库官，就便取招，决三十七下。其守门军官、军人不严，故纵而入者，依上例就例便断罪。

⑱守把仓库军官、军人、八剌哈赤，从枢密院留守司依例三个月交替，诡名代替者，从省委并监仓官，就便断罪。合换军人务要正名，若是曾经守把仓库，不许再役。如违，除本军依例断罪外，本管头目从仓军申覆合干上司，行移枢密院、留守司，委官约会，一同取问究治。

⑲运司官任满，仓官得代。新界官依例从新选保斗子，于顺便相靠仓房充那，拗廒交割。验见在行使斛只、合用斗脚人数，点视入廒接续抬斛，至廒门外过筹交割，止令新官入廒，斗脚如是借借钞锭，扶同米粮，诸人赴官首告，以取与不应定罪，各决四十七下，其余钱没官，一斗付告人充赏。

⑳近仓住坐籴买人户，转买结揽支粮文帖，暗地屯塌，开帐铺席，添价粜卖者，十石以下杖六十七，每十石加一等，罪止一百七。卖帖之人减等断罪，粮价俱追没官，于内一半付告人充赏。若有仓官人等知情故纵，与籴买户同罪，两邻知而不首者，五十七下。

㉑仓官人等、籴买人户通同作弊，夹带官粮出仓者，依盗所主守钱粮例科断，籴买户减二等断罪。

㉒各枝儿怯薛丹口粮、诸衙门官吏人等俸米，果有食用不尽之数，须要自行关支，出仓从便粜卖，其籴买人户，不得接买屯塌。

㉓各仓斗子，从新界官举保无过犯有抵业信实之人，以充其役，每名月支食钱六十两，但有短少粮斛，依例追赔。旧有斗子革去，不许入仓。违犯之人，许诸人陈告到官，痛行断罪，发还元籍。若在仓斗子有犯，从仓官就便断遣。

㉔各仓收支时分，扫仓包撮官粮者，俱系斗脚之家子孙弟侄，及亲戚邻

佑人等。把门军人故纵入仓，比及发露，教令妄指仓官勾扰沮坏，今后若有似此人数，捉挈到官，比同私盐例。其罪止坐犯人，不许妄指平人。如年幼不任刑责者，着落各家尊长，追赔断罪。军人守把不严，合令提调运官依例问罪，受钱故纵者，计赃论。（pp. 266－268）

《至正条格·断例》卷十

厩库二

265. 海运带装私麦

（319）至治二年九月，刑部议得："松江府上海县丞邵克，将本家籴到小麦一百三十石，写立文约，雇觅朱明，装运官粮船只，越离开洋处所三百余里附载，以致遭风，溺湿官粮，即系不应，笞四十七下，元装小麦没官，船户朱明五十七下，若有短少官粮，追征还官。"都省准拟。（p. 269）

266. 掺和盗卖海运粮

（320）至元二年三月，刑部与户部一同议得：每岁海运官粮三百余万石，值沽下卸，经由深沟等七坝，运赴各仓。其间运粮，临清万户府军人、都漕运司所管纲翼船户、梢工、水手、坝夫、车户人等，敢有用水搅拌，掺和糠尘、沙土作弊者，许诸人于差去官处首告，是实，笞决四十七下，押运军官、纲官、纲司人等，临时详情究治。因而盗用货卖，一石之下，五十七。一石之上至五石，六十七，五石以上至十石，七十七，十石以上者，罪止一百七。知情籴买者，减犯人罪一等，买粮价钱没官。其纲司头目人等，知而不首告者，笞三十七，仍于犯人名下，追中统钞五锭，给付告人充赏。其本管粮官吏，知情受钱者，以枉法论，失觉察者，减犯人五等。都省准拟。（pp. 269－270）

267. 纲翼运粮短少

（321）至正元年三月初七日，中书省奏："俺根底，户部官备干赤司计文书里与将文书来：'切照海运粮斛，直沽至通州，往回九日。每石官破耗粮一升五合，五日之间下卸，岂有短少？盖有押运千户、百户、纲官人等，不以官粮为重，不为用心，纵令船梢、头目人等贪图厚利，贵价籴卖新粮，贱买会薄，以陈抵新。若不禁治，虚耗仓廪。'么道，与将文书来的上头，本部与刑部官一同议得：'今后海运粮斛都漕运司并临清万户府储提调正官、首领官吏，不为用以钤束军人、船户，致将所运新粮盗卖、掺和水土，每船一漕如有短少一石之上者，千户决一十七下，百户、纲官各决二十七下，运司并万户提调官，各罚俸半月。若五石之上，千户二十七下，百户、纲官三十七下，提调官、万户府官，各罚俸一月，俱各标附，就令对坝司计官断决。短少官粮，仍着落元装运军人、船户，验数追赔还官'的说有，依部家定拟来的，行呵，怎生？"奏呵，奉圣旨："那般者。"（p. 270）

268. 纲船扰民

（322）泰定四年五月，刑部与户部议拟到运粮船户扰民各各罪名，都省准拟。

①运粮船只，今后须要离仓一十余里湾泊，不得入仓。违者，梢水、头目人等，笞二十七下。纲官、百户，一十七下。千户罚俸半月。若入仓抢夺纳户税石，估赃准窃盗例，令众断罪，免刺。其在仓外抢夺者，各减一等科断。若妄生枝节、诈欺仓分，取要钱物，初犯笞五十七下，再犯者加等，赃多者从重论。

②运粮船户，经行河道，沿溯相逢，或在险处，不相回避，因而撞损民船者，笞三十七下。或妄以撞着官船为名，故行诬赖客旅，抢夺诸物，各验赃物多寡，比常盗加等断罪，免刺，其物给主。因而殴打平民，验伤轻重，比常殴加等断决。沿溯相逢，谓以沿避溯，或在险处，谓以轻避重。

③仓官、斗脚、攒典人等，与部粮官吏、纲翼军官并运粮船户、军人通同作弊，私下接揽百姓粮斛送纳，及取要押甲、打纳钱钞，计赃，以枉法论。

④沿河上下守冻去处，运粮船户、军人，故行砍伐百姓树株者，量笞四十七下，验价赔偿，或索要酒食、米面、鸡鹅等物，依不枉法例追断，元物给主。

⑤御河仓分收受税粮，例合府路州县正官提调监督，依期赴已拨仓分。送纳粮既到仓，其仓官、斗脚人等，无故停留，不即收受，三日笞七下，五日加一等，罪止二十七下。已纳之后，不给朱抄者，罪亦如之。或与部粮官吏，通同作弊，多收斛面者，虽不入己，量笞三十七下，标附。

⑥纲翼官员、头目人等，不为用心，有失钤束，纵令船户、军人收违前项禁例，害及人民。取问是实，量事轻重断罪，黜降标附。若约会不即前来，许令有司径直勾问。占吝不发，恣纵犯人逃躲，不能结绝者，拘该官就司申合干上司究治。其都漕运司、临清运粮万户府禁约不严，亦行依上究治。（pp. 270－271）

269. 仓官少粮

（323）元贞二年六月，吏部定拟到仓官短少粮斛黜降等第，都省准呈：

省仓，即系收受通州、河西务仓运到干圆物斛。每石短少：

一升之下，依例本等叙用。

一升之上二升之下，曾升等者添二资，不曾升者依例本等叙用。

二升之上三升之下，曾升等者降一等，不曾升等者添一资。

三升之上五升之下，曾升等者降二等，不曾升者降一等。

五升之上，曾升等者降三等，不曾升者降二等。

一斗以上不叙。

通州、河西务等仓，即系交收河海运到湿润粮斛，多有烧毁发变。每石短少：

一升之下，依例本等叙用。

二升之下，曾升等者添二资，不曾升者依例本等叙用。

二升之上五升之下，曾升等者降一等，不曾升等者添一资。

五升之上，曾升等者降二等，不曾升者降一等。

一斗之上，曾升等者降三等，不曾升者降二等。

二斗以上不叙。

河仓，即系收受百姓送纳干圆洁净、丁地税粮，不曾破耗，每年逐旋起运。仓官俱受省札人员，每石短少：

一升之下，依例本等叙用。

一升之上降一等。

二升之上降二等。

三升之上不叙。（pp. 271 – 272）

270. 监临官买军粮

（324）泰定四年五月，刑部议得："临清运粮万户府千户恩忠信，预先借与军人粮钱，却将各军合请口粮，揣除粜卖，赢利入己，合以不应为坐，笞四十七下，充益仓使江伯颜不花，不应买讫军人口粮，拟笞三十七下，依旧勾当，标附。"都省准拟。（p. 272）

271. 盗卖官粮

（325）至元三年十二月二十九日，中书省奏："俺根底省委官文书里，'千斯仓官杜恩义、不八、晋天泽、弩儿、丁田肃等五名，通同盗卖了三千七百五十余石官粮的上头，要了招伏。他每的罪过，例应处死'。么道，与文书上头，教刑部定拟呵，'合依委官所拟，处死'的说有。依他每定拟来的，教行呵，怎生？"奏呵，奉圣旨："那般者。"（p. 273）

（326）至元四年正月，刑部议得："籴买户支舍儿、顾与等，因图利息，同财合本，借与千斯仓官杜思义等中统钞七百锭，节次要讫仓官打图筹帖，支讫官粮二千一百四十石，分张入己，各杖一百七下，元借钞锭没官。"都省准拟。（p. 273）

272. 虚交粮筹

（327）延祐七年十二月，刑部议得："都省委官盘点净州广贮仓粮斛。令都巡刘聚等四名接受筹杖，各人受要讫仓官王忙古歹等行求照觑中统钞一十七锭，各分入己，虚交空筹三十二根。合依枉法定论，各人元分钞数，俱折至元钞四十贯以上，无禄减等，各杖六十七下，革去当差，已追赃钞没官。"都省准拟。（p. 273）

273. 不由运司支粮

（328）延祐二年十月，户部议得："各处仓官，不行经由运司，径直接受宣徽院勘合，擅支粮斛。若不定立罪名，切恐循习作弊。今后若有似此犯人，笞五十七下，降等叙用。"都省准拟。（p. 273）

274. 接买支粮荒帖

（329）泰定三年三月，刑部议得："仓官人等，不得径直接受勘合，已有关防定例。所据河西务仓官卢世裔等，虑恐烧毁短少，预备赔偿，违例用钱买到支粮荒帖，合决五十七下，降等除用。"都省准拟。（p. 273）

275. 用斛支粮

（330）至元三年十一月初九日，中书省奏："去年奏了：'怯薛丹各支儿根底，合与的米粮、马料并俸米，教斛里起与者。'么道，说来。如今各怯薛官并众怯薛丹人等，俺根底说有，'怯薛丹的米粮、马料，斛里不与，用斗支与的上头，好生少了'。么道，说有。俺商量来：他每既是用斛收受，又除了鼠耗，似这般斗里支呵，怎中有？今后怯薛丹各支儿内外仓分里，合支的米粮、马料及俸米，教斛里支与，少了呵，初犯，仓官决二十七下，斗子三十七下，亲临提调运司官七下。再犯呵，依等第加等断罪呵，怎生？"奏呵，奉圣旨："那般者。"（p. 274）

276. 火者口粮

（331）天历二年四月初五日，中书省特奉圣旨："省里行文书者，除皇后斡耳朵外，其余各斡耳朵，自天历元上为始，并入来的新火者每，口粮、草料休与者。若有隐藏投入来的，关支口粮、草料的，为头火者不说，别人首告出来呵，将他每的宣、敕追了，重要罪过者。"（p. 274）

277. 放支工粮

（332）延祐六年七月，户部议得："今后人匠工粮，若三年已里关索，照勘明白，放支。如三年之外，过时不得关索。虽有役过工程，即取当该局官招伏，断罪解任。提调官吏，减罪科决。合支工粮，临时斟酌，定拟应付。"都省准拟。（p. 274）

278. 赈粜红帖罪赏

（333）至大元年二月，刑部讲究得："大都红帖户，将粜到米粮，添价粜卖，追取红帖除名，决四十七下，追中统钞二十五贯，付告人充赏，其粮没官粜米官或监临米铺巡军，与粜买户通同作弊，粜卖者、监临官笞四十七下，罢见役。受财者以枉法论。巡军决三十七下，粜买户决五十七。元粜米粮没官，仍于犯人名下，追中统钞一锭，付告人充赏。红帖人户，除应粜本户红帖米粮外，又于散粜米铺内粜买者，笞一十七下，元粜米粮，付告人充赏。"都省准拟。（p. 274）

279. 廒板损坏追赔

（334）至顺元年闰七月，刑部议得："今后仓官交界，廒内漫楸板、地楸，与粮一体相沿交割。任内但有损坏，随即申报合干上司，相视修理。果有短少粮数，必须掘廒，具申运司，转达省部，临时详酌，不许依前掘毁。如有违犯之人，笞四十七下，从者减一等。处以所由为首，仍着落追赔，修补完备，然后给由。当该提调运军，知而不举，量事轻重责罚。其新界运官、仓官容隐辄便给由者，止着本界，依上追断。"都省准拟。（p. 275）

280. 税粮限次

（335）至元三十年四月，御史台呈："各路违限税粮，初犯笞四十，再犯杖八十。路官、县官合无一体？又十二月未限满足者，是否参限？如何加罪？"户部议得："科税条画内一款，钦奉圣旨节该：'税粮，初限十月终，中限十一月终，末限十二月终。违限者，初犯笞四十，再犯杖八十。但结揽税石，及自愿令结揽与官司，许诸人首告。得实，并行断罪。令结揽官司，依元科税石数目倍罚，赴所指仓分送纳。若本处不差正官，权官部税，将来若有失陷，或税石不足，各处达鲁花赤、管民官、部税官，不分着从，一同断罪。'钦此。拟合钦依圣旨事意施行。"都省准拟。（p. 275）

281. 计点不实

（336）大德七年八月，御史台呈："太原路灾伤，赈籴大备仓米二万二千八百石，点数得，大德三年仓官郭世忠短少米四千八百余石，大德四年仓官郭辑短少米七百余石。"除另行追征外，刑部议得："达鲁花赤塔海、总管木撒、同知六斤，俱系提调正官，亲临仓库，不行依例每季计点，以致短少官粮五千余石。各决三十七下，标注过名。"都省准拟。（p. 275）

（337）大德九年四月，御史台呈："大德八年七月，江陵路桩积仓官刘谦等，盗粮二千五百余石，沙市仓官孙大荣等，盗粮三千六百余石。"除刘谦等另行外，刑部议得："江陵路达鲁花赤暗普，系提调桩积、沙市二仓粮斛正官，不行子细计点辄凭仓官虚称'并无短少'，回关本路，以致刘谦等偷盗官粮六千余石，拟决四十七下，罪经释免，依例标附。"都省准拟。（pp. 275 – 276）

282. 虚出通关

（338）泰定四年五月，刑部议得："随州丰大仓使郑兴祖、副使畅益孙，因收受粮斛，用钞买嘱木匠，将官降斛只划削宽大，多收讫米一千二十石，未曾出仓。又要讫谭陂屯权千户赵全等中统钞四百二十四锭一十七两、绫绢、银器，及将敕牒二道，质当在家，虚出讫收粮七百三十五石，通关一纸，在后闻知刘充寿告发，却行回付各人，收籴上项粮料，送纳到仓，拟合各杖八十七下，罢役不叙。多收军民粮米，没官。谭陂屯权千户赵全、百户郝旺，各笞四十七下，木匠魏中才等，四十七下，元收钞两没官。"都省准拟。（p. 276）

283. 诡名粜粮

（339）至治二年五月，刑部议得："奉元路录事司达鲁花赤乞里牙忽思、录事刘耀、典史姜茂，诡名印押红帖，减价冒粜赈粜官粮。各笞四十七下，解任别仕。"都省准拟。（p. 276）

284. 监临揽税

（340）大德四年六月，御史台呈："人匠达鲁花赤戴福兴与知事郭良弼等，提调税量，不收本色，每石取要价钞四十两。除正价二十五两外，多敛到钞五十七锭，未曾分使，事发到官。"除已追回各主送纲一色外，看详："戴福兴所招，多敛粮价，为曾分张。"都省议得："戴福兴量拟决四十七下，郭良弼三十七下，各人职向，从本投下就便定夺。"（p. 276）

（341）大德十一年四月，御史台呈："棣州官医提领魏忠，提调税粮，结揽籴纳，将积余中统钞五百余贯入己。"刑部议得："魏忠不令医户自行赴仓送纳本色税粮，勒要价钱，转行籴纳，剋落中统钞五百余贯入己，合同桩法定论，罪经不拣，拟合不叙，标附。已追钞数，既是抑取，合行给主。"都省准拟。（pp. 276 – 277）

285. 取受附余粮

（342）延祐四年九月，刑部议得："中庆路罗次县达鲁花赤忽刺术，县尹谷嵓提调催部粮储，取受仓官杨宽等斗面谷粟。若拟除名不叙，终是除余粮斛，合验各受赃数，以不枉法定论。罪幸遇免，依例殿降，标附。"都省准拟。（p. 276）

286. 仓官盗粜分例粮

（343）至治二年七月，刑部议得："吉安路庆丰仓官刘济，元收延祐三年税粮二万五千五百余石。除正耗粮外，于分例米内，与攒典人等通同盗卖讫一百六十五石，分讫价钱中统钞二十七锭。攒典彭天瑞分讫钞一十四锭，即非官粮正数，罪既遇原，俱合除名不叙。百户王兴隆，因支军粮，就与仓官刘济，将已分例粮米夹带出仓分钞二十六锭入己，依不枉法，杖九十七，降四等，罪遇释免，依例殿降。"都省准拟。（p. 276）

287. 侵使粮价

（344）泰定元年七月，刑部议得："前兴和路经历高珚承差，追征拖欠攒运粮斛，因将元收已追粮户补买官粮价钞，侵使入己。即系被差监临侵使，已征粮价，合同枉法定论。内以捏乞伯一主为重，已是赃满。杖断一百七下，追夺不叙。"都省准拟。（p. 276）

288. 中粮掺和私米

（345）大德十年八月，甘肃省咨："本省供给屯驻大军支用粮储，全籍客旅运米中纳。每石官给价钱二锭。于经行兰州比卜，差人赍省降勘合把渡，遇有客旅运到粮米，封装米样，给付勘合，搬运前来甘州仓，比对相同，辨验封头米样无伪，收管出给朱抄，验数支价。中间有不畏公法贪图之人，巧生奸伪，将已验过河米粮，封头割下，结勾船桥水手人等，用皮浑脱船筏，将米偷船复回，再行诳官，谩赚勘合，粜卖米粮。却赍元封口袋，到来甘州，收粜仓米中纳，或于把渡人处，求买勘合封头，逐旋收粜私米，捯各中纳，官民未便。"议拟："受钱虚给勘合封头人，不计米数。杖一百七下。罢役。营求勘合封头之人，不计米数，决九十七下。割坼封头，谩赚勘合，全中私米。一石至十石，决杖八十七下。一石至二十石，杖九十七下。二十石至一百石，杖一百七下。掺和私米，九斗之下，五十七下。一石至十石，杖七十七下。十石至二十石，杖八十七下。二十石至一百石，杖九十七下。运到米粮，不问真伪，尽数没官。"都省准拟。（pp. 277 – 278）

289. 仓官带收席价

（346）大德八年五月，御史台呈："濮州馆陶县尖塚仓监支纳六国蛮、大使张仲礼、副使马良，不合将纳粮人户每粮五石，带纳席一领，每领收轻赍中统钞二两。除用价收买外，除剩钞二千九百二十八两五钱，每人分讫九百七十六两五钱入己。"都省议得："六国蛮等所犯，难同因事取受，比不枉法，减二等科断。既有入己之赃，解见任，交割粮斛完备，别行求仕，多余价钱给主。"（p. 278）

290. 仓库军人交换

（347）至元元年十二月初八日，枢密院奏："守把围宿汉军，三个月一遍交换。这交换钱的军人每占仓库，盖为千户、百户每看循不行交换的上头，做贼说谎的缘故，是这般有。将军人每不交换的千户、百户每根底要罪过勾当里革罢了。军人每根底，重要罪过，发还元籍。怎生？"奏呵，奉圣旨："那般者。"（p. 278）

291. 仓库被盗

（348）大德六年九月，刑部呈："右八作司被盗，督勒兵马司捉贼，仍取到围宿军官、军人防禁不严，并八作司官守宿人等有失觉察，各各招伏。别行断遣外，本部议得：八作司屡经被盗，盖因每日支纳官物，人众乌杂，提举司与围宿军官不设防禁，贼人恣意出入，视物易取。拟合立法防禁，以备不虞。参详：八作司除正门外，周围院墙筑打高厚，其墙头里外，多用棘针稞查，使贼人不能上下出入，将顿物屋壁用砖垒砌，门窗锁钥坚牢。据应收到荆筐、拧箩、箱柜、栲栳席簟，似此可以藏贼之物，不许露地顿放，亦合令盖廒房收贮，封锁门户。每日收支诸物，令把门军官、官人用心关防，出则搜检，毋使夹带。每至日暮，八作司正官亲将廒门封锁，司官、司库、合干人与围宿军人等，限同院内廒外子细搜巡，别无停藏贼人，军官亲验廒门锁讫，然后具出，仍置文历，开写搜巡司官人等花名画字，及封锁正门毕，将应有钥匙，与搜巡文历一处，用匣封锁，依例八作司提举收掌。至晚，本司正官一员与司库、合干人各一名，轮番守宿。当该围宿军官号令军人，坐铺知更，提铃击柝，各执军器，把守围绕。至明，本司官人等与军官、军人验封开门，同入搜贼。如获贼徒，随即发付兵马司追问。若有是军官、司官人等搜巡不严，藏下贼人，当该军官、司官人等比依捕捉不获窃盗中限例，俱各断罪。如不获贼，均赔偷盗官物。若贼人逾墙而入，盗讫官物者，本处坐铺军人，照依不获窃盗未限例断罪。如不获贼，追赔所盗物货，再犯加一等。军官初犯，罚俸一月，再犯，决一十七下。若有强劫仓库贼人，依不获强盗未限例，将军官、军人俱各断罪，仍令兵马司依例责限捉贼，其余仓库一体施行。"都省议得："若有强劫贼徒，围宿巡铺军官、军人力所不及者，似难追断。余准所拟。"（pp. 278 – 279）

292. 拗支草料

（349）泰定三年八月，都省议得："永平路乐亭县达鲁花赤唆南巴，提调喂养鲁王位下马匹，将不到槽马一百匹合该草料，不行申禀，辄合驼只抵支罪犯，量笞一十七下。今后各处喂养马驼，若有似此拗支各项，着落提调官

吏追赔断罪。"（p. 270）

293. 剋落草料

（350）至治三年正月，中书省奏"皇后位下帖麦赤马儿答沙小名的人告：'内正司少卿苫思丁提调着骆驼四十五只，骆驼草料于官仓内多余关要了，却不喂养，剋落草料，于野甸牧放。又剋落草料，喂养梯己头匹'，么道，告的上头，俺取问呵，苫思丁与了招伏文字也，'既是他提调系官驼只，将二十六日合喂养的草料，黑豆五百七十八石，麦子五百七十八石，秤草一万一千五百七十束，关支入己，将驼只不行喂养，于野甸内牧放罪犯，合依十二章枉法例，杖断一百七下，追夺宣敕，永不叙用'。么道，定拟了有，依着他每定拟来的教行，怎生？"奏呵，奉圣旨："那般者。"（p. 280）

294. 收草官折受轻赍

（351）延祐四年九月，刑部议得："大都路永清县主簿白贤，收受亭子场盐折草四十四万四千六百余束。内除凭度支临文帖放支外，有草四万一千五百束，接受轻赍入己，赃已过满，合同枉法，杖一百七下，除名不叙，追赃没官。"都省准拟。（p. 280）

295. 冒料工物

（352）元统三年十一月，刑部议得："监察御史言：'在京衙门，一应造作头目，循习旧弊，往往冒料，多费官钱，覆实司官吏不行用心体度，致使钱粮虚耗，拟合明示罪名，庶革奸弊。'参详：今后凡有造作冒料不实，各局院头目验其物价，依不枉法例，减二等科断，革去。局官又减一等，解任。比料、覆料官吏，比局院官又减一等，依旧勾当，罪止五十七下。覆实司官吏体度不实，笞三十七下，俱各标附。受赃者，并从枉法论。"都省准拟。（p. 280）

296. 剋落金箔

（353）至治二年二月，刑部议得："杨［扬］州人匠提举司、拍金局副陈子云，于打造常课金箔内，剋落讫金三两三钱，该价至元钞二百八十贯五百文，合同枉法，杖一百七下，除名不叙。"都省准拟。（pp. 280 – 281）

297. 剋落皮货

（354）至大三年三月，御史台呈："上都貂鼠局大使阿里、副使高义等，节次关到成造皮衣、貂鼠、狐、狢等皮及绵绢等物，不行尽实给散人匠，于内剋落分使讫貂鼠皮六十一个、金钱豹皮二十张、山羊皮四十七张、狐皮三十二张、狢皮四十五张、绵绫一匹、绵线四百二十二两、绢一百五十尺，已追到官。"刑部议得："阿里等所犯，即同枉法，罪经释名，具各除名不叙，

标附。”都省准拟。（p. 281）

298. 解典造甲钱

（355）天历二年四月，刑部议得：“军器局使马忽哥赤提调泰定元年造甲物料，于右八作司关支到东简钱九千三百斤内，将钱四千斤，典到中统钞四十八锭使用。未曾事发，用本息收赎出库，革后一年之上，不行搬运赴局造甲，量笞四十七下。局副赵德用提调泰定二年造甲物料，于右八作司关到东简钱九千三百斤内，将八千斤典到中统钞一百锭入己。事发到官，才方收赎。若以侵使官物定论，终是本物见存，量拟六十七下，革去，通行标附。”都省准拟。（p. 281）

299. 漏报匹帛

（356）延祐七年三月，刑部议得：“绮源库提举阿叔武辑等，失于查勘，漏报里绢五万余匹，既已截替，量拟各笞三十七下，司库阎绍祖笞四十七下，通行标附。”都省准拟。（p. 281）

300. 起运上都段匹

（357）至元二年六月二十二日，中书省奏：“每年寺监官从大都起运将计置段匹等物，到来上都，推称‘不开库’。么道，外头寄放着，偷要抵换了。回程时分，要了虚文，作了实数的多有。今后从大都起运时分，计禀省官，令首领官封记了，教来。如到上都，当日即便计禀，这里的省官、首领官验觑了元封，教拘该仓分收受若到来了，不行计禀，推称缘故，外头寄放的，将他每要了罪过，勾当里黜罢呵，怎生？”奏呵，奉圣旨：“那般者。”（pp. 281–282）

301. 押运官物短少

（358）大德十年二月，刑部议得：“司库刘裕，于万亿宝源库关拨到中统钞七万锭，同省委宣使严寿，押去甘肃行省交割，到于甘州丰备库内寄放。刘裕封门，觑得柳箱内元封五十锭钞，被盗讫二十二锭，相验得，不见被盗显验。所委宣使严寿呈：‘刘裕于宝源库不候伊到，打角讫箱子五十个，当时涉疑，取讫本人但有短少赔纳文状。今次去失钞锭，壳箱皮子及元封不动。’着落刘裕依数追赔，还官。”都省准拟。（p. 282）

302. 押运官物损坏

（359）延祐七年四月，刑部议得：“江浙省宣使斡罗出押运本省起解范总管岁办进上茶芽六十斤。不用元给铺马驼运，却行倒换站船装载，以致水溺损坏，不堪供用，拟笞四十七下，发回行省，立限追赔起解。”都省准拟。（p. 282）

303. 官物有失关防

（360）大德十一年正月，刑部议得：“安西路掌衣局库子焦进，货卖系官

缎子二十匹，除追断外，据人匠府总管撒都鲁丁有失关防，量笞二十七下，依旧勾当，标附过名。"都省准拟。（p. 282）

304. 段匹有违元料

（361）元统三年十一月，工部呈："省委官言：'腹里、行省造作段匹，不依元料，擅自改造、浅色、作弊等事。今后腹里各局院关索计拨缎匹物料，放物衙门既将元料颜色、金素、茶样等第先行照会收受去处，附写文簿，解纳之时，比对元料无差，方许交收，收验各色分数，答配均支。行省各路就放物料常课、和织、各买，亦先照会所收管解官员，依上施行。起纳咨解内，开写元料各色，每匹各该价值。到部之日，行移该收库分，辨验收受，若有更改，不依元料，低歹不堪，即便退回。将提调官吏、局官、头目人等，依例断罪，着落追征元关物料补造。其收受衙门，扶同容纳，与局官一体究治。监收覆实等官，临时详酌轻重定罪。'本部议得：除局官、头目就行断罪，提调正官取招呈省，标附过名，俱有定例外，据收受衙门扶同容纳者，与局官一体究治，标附过名，于解由内开写。其监收、覆实等官，不为用心辨验，比对原样，辄便发付收受，量拟笞二十七下。"都省准拟。（pp. 282－283）

305. 照算钱帛

（362）至元六年正月，中书省据监局官呈："照算腹里、行省未完钱帛。"户部照得："皇庆二年三月十四日，奉省判：'照算应支钱粮，委文资正官、首领官一员，牵照各各文卷，合追者，依例追征。合除者，拟定准除。若有积年迷失文卷、不完钱粮，多方傍行，挨究照算。但有堪信显迹，依上申除。内一款：每岁外有项下悬在不完钱粮，皆因各处当该人吏循习旧弊，每到年终照算，止将易完备者作数除豁，不完事理，妄生枝节，并不着紧补勘，止于外有项下，立作悬在名项，或于见在内虚包。还役其间，交付别吏掌管。当该上司与本处提调正官、首领官又不用心钤束，仔细举催，及至下年照算，其本年事故，尚且不能完备。上下元立悬在、虚包名项，置之不问，止是登答作数具报，以致年复一年，积攒耽悬，不能结绝。今后若有此等钱粮，当该提调正官、首领官验事多寡，立定程限，着紧催督，照勘定夺者，牵照许准明文，查勘无差。若有不应事理，依例除豁。未获朱抄者，并要取获的本朱抄，已支未除者，即便依例倒除。合追者具要追理还官。比及造册以来，必须一切完备。如是循习旧弊，不行用心，着紧结绝，定将差来人吏，断决五十七下。不完钱粮，止令依旧掌管，直至完备，方许交换。当该首领官，决三十七下，任满降等任用。正官取招，验事多寡的决，标附过名，解由内开写。以凭黜降。'除遵依外，本部议得：腹里保定等路，外有虚悬钱帛，文凭不完，驳回追理照勘。每岁度其地理远近。定立程限。八月初，方才行移，比及九月终，须要照勘完备赴局。十月造册，一岁之间，两次照算，限期卒遍，合追者尚不到官，合除名者不下及名罪。及差来官吏虑恐刑罚失中，因循顾忌，年复一年，积攒数多，实无补益。除常例照算，并在京万亿等库、宣谭提举司等衙门照依旧例外，上项未完事理，拟合别立限次，令各处摘委正官、首领官各一员，专一提调监督所属官吏人等，验其驳问缘由，参照元行文卷，从公查勘，备细明白，定拟结绝。如果不完，傍行挨究。但有堪信显迹，照例定拟，从元委着领官具事申禀。其当该人吏违限不到，或依限到来，应除而不除，应追而不追，但有文凭不完，依例断罪黜降，止令无管人吏，依旧掌管，直候完备，方许对换对迁。"都省准拟。（pp. 283 - 284）

《至正条格·断例》卷十一

厩库三

306. 盐课

（363）皇帝圣旨里，中书户部钦依圣旨，随路发卖盐引，办课公事，除钦依外，省部今印造到某处盐引："据客人某姓名，依理赴官送纳讫正课并灶户合干人等工物分例，买到盐引一道重四百斤，其盐许于某路地分贩卖，今开见降条款，同约束事理如后。"

①伪造盐引者皆斩，首告得实，犯人家产并付告人充赏。失觉察者，邻首杖一百。

②犯界盐货，许诸人捉拏，减私盐罪一等。其盐一半没官，一半付告人充赏，应捕人亦同。

③私盐生发并犯界盐货，或违限不缴引者，即将本路府当该官吏勾断。

④诸客贩盐以千字文为号，置簿拘管，出给文引，赴场支请，于合行路分逐便货卖。如卖讫，限五日于司县纳引目。如违限匿而不批者，徒一年，杖六十。因而转用者，从卖私盐法。

⑤诸客贩盐，到处如有买人，不呈引发卖者，依私盐法。

⑥诸客贩盐，引数外夹带者，依私盐法。

⑦诸客贩盐，引不随行者，依私盐法。

⑧犯私盐并犯界货之人，除依条断罪外，拟将犯人发下盐场，充盐□（夫），□（带）□（镣）居役，满日疏放。

⑨随处官司起立盐牙、把头人等，抑遏客旅不得自卖，捏合买主多要斤重，较固取利，纵客自卖，验卖到盐数干要牙钱，若有似前违犯，官吏并所设牙人同违中书省指挥定断，其价直没官，充正课。

右给引付本客某人收执，行盐地面从便出卖，准此。年　　月　　日（pp. 285－286）

307. 追问私盐欺隐断没钱物

（364）大德三年正月，陕西省咨："都转运盐使司奏差捉获私盐，断没马匹、衣服等物，隐匿分使。"刑部议得："巡禁人员若欺隐分使，断没钱物，合依枉法科罪。"都省议得："今后遇有犯私盐之家，巡盐官与各处提点官一同取问明白，钦依圣旨归断，即将没官钱物分付有司，申解合干上司收管。余准部拟。"（p. 286）

308. 私盐罪赏

（365）延祐元年八月十八日，圣旨节该："据中书省奏：'经国之费，盐课为重。比岁以来，所司失于关防，以致私盐、犯界盐货生发，侵衬官课，滥滞盐法。乞降圣旨禁约事。'准奏。仰所在管民官、管军官，常切用心提点，关防禁治，毋致似前违犯。所在条画，开列于后。"

①诸人将有引官盐，不于拘该行盐地面发卖，转于别境犯界货卖者，杖六十，盐价俱没官。虽称官盐而无引据，同私盐法科断。知情买食者，减一等，不知情者不坐。

②管民提点正官，常切提点关防，仍排门粉壁，严加禁治，毋致私盐、犯界盐货生发，如不为用心禁治捉拏，致有私盐、犯界盐货，初犯笞四十，再犯杖八十，三犯杖一百，仍除名。通同纵放者，与犯人同罪。

③违犯私盐，捉拏其间拒悍，流远。因而伤人者，处死。

④诸客人并行铺之家，卖讫官盐，限五日赴所在州县，缴纳引目。如违限，匿而不批纳者，依条科断。仍委提点官置簿关防，毋致停藏卧引，影射私盐，拘到退引，当官随即毁抹，每季申解运司收管，运司官所到之处，先行检举，不如法者，就便究问。

⑤凡获私盐、犯界盐货，须先挨问私煎贩卖去处，罪及管民提点正官、捕盗等官，经过把隘地面，罪及镇守军官、把隘人等如通同作弊，或有失觉，并从运司依条科断。仍每月具断讫私盐起数、官员职名，申呈省部，标附过名。管民官任满之日，管军官三年一次，通具任内失过，私盐起数，开申，以凭黜降。

⑥南北事体不同。军民官若能奉公，于三年之内，捉获私盐并犯界盐货，两淮、两浙等处五百引之上，腹里二百引之上，升官一等。不及分数者，任满具获到起数，于解由内开写，量加升擢。

⑦诸人告捕获私盐，所捕官司略问招词，将犯人、赃货随即解送运司理

断，不得停留，亦不许信从攀指平民。其告首亲获之人，于犯人没官家产内，一半充赏。若犯人贫穷无籍，虽有不酬其功者，每私盐一引，官给中统钞五十贯，应捕人减半。不及引者，同一引例，仰运司于系官钱内随即支给。犯界盐货，依上于犯人名下追征。虽获榷货而无犯人，不在理赏之限。

⑧迤北、上都、兴和、大同、辽阳等处所产盐货，诸人不得负载犯界，前来大都等处食用。违者，杖六十，盐没官。仍仰龙镇卫严督各处把隘口军官、官人，用心关防盘捉。如不为用心，致有透漏者，当该把隘人员，初犯笞四十，再犯杖八十，三犯杖一百，除名，皆以赦后为坐。

⑨龙填卫官并本管守把隘口军官、官人，捉获私盐、犯界盐货，百斤之上至一引，赏钞一百贯，一引之上者，每引添中统钞五十贯，并于犯人名下均征。犯人家产不及，官为代支，三年之内，获及二百引者，加一官。（pp. 286 - 287）

（366）至正二年，中书省奏准盐法事理，开具于后：

①近年以来，所在私盐数多，盐法涩滞。今后诸犯私盐者，初犯杖八十，徒二年，财产一半没官，决讫发遣，带镣居役，满日疏放。两邻知而不首，并知情买食者，各减犯人一等科断，其转行货卖，博易诸物者，同私盐法。正犯盐徒断配讫，于门首红泥粉壁，大字书写"违犯私盐，经断贼徒"八字。官为籍记姓名，令巡捕等官每月一次点名抚治，务要改过。出入往还，须使邻佑社长保申。役满三年不犯，方许除籍。再犯杖九十，徒三年，仍额刺"盐徒"两字，每字各方一寸。三犯杖一百，流远，须据赦后为坐。所断盐徒，如系两淮、两浙、福建、四川盐运司，广东、广海提举司者，长流奴儿干，山东、河间、陕西运司者，长流广海。其余诸处军民官司捉获上项盐徒，并听有司随即追问明白，申六合运司、分司，就便归断。如分司窎远，或已还司，及无分司去处，申准总司，依上处断。榷货申解结课，即运司亲获盐徒，听自断决。提调盐法军民官等有失觉察，依例断罪，监察御史、廉访司严加体察。

②运司灶户工本，从行省选委有司廉干官员，亲诣各场，从实唱名，给散札付。运司官随即体覆，行移廉访司，依例体覆。若有侵欺剋落，并依枉法追断，散钱之际，运司官吏人等毋得干预沮坏。违者，严加究治。

③各场但有煎出余盐，官为作数，依列给付工本，不得私下盗卖。违者，以私盐法科断，仍听诸人陈告，于犯人名下追中统钞二锭充赏，其灶户所雇掺和卤水合用柴粮，上下半月依数支付援济。但有空缺，五日以下，笞决一十七下，十日二十七，半月三十七。若有怠慢亏煎，验其多寡，一体坐罪。

④私盐巡禁不严，除州县亲临提点盐法正官，及巡捕等官，已有断罪定

例。今后亲临把隘巡禁百户，捉获私盐三起，所委巡盐千户五起之上，万户至十起，各升散官一等。失过私盐，亲临百户依旧例断决，千户五起之上，万户十起之上，依百户初犯例断罪。其镇守屯营内居住军人有犯私盐，亲临百户与有司提点盐法官一体科断。千户减罪二等，万户取招呈省定拟，已下人员依例究治。其守团军官、军人，通同纵放私盐，与犯人同罪。赃多者，以枉法追断。

⑤分司官吏，纵令盐徒辗转，攀指平民，及指以私盐为名，擅入人家搜翻者，司官、首领官、吏人等，各笞四十七下，标附。受赃者以枉法科断。若自将榷货装诬平民，骗取钱物，合依欺诈取财，准盗论。在内合干部分，在名拘该行省归断。

⑥灶户、工丁人等私卖盐者，依私盐例科断。两邻知而不首者，加等杖七十。场官失觉察者，初犯加等笞五十，再犯杖八十，三犯杖一百，除名追夺。即场官、仓官，盐运团灶煎盐去处头目、火甲、把团军官、军人，知情货卖者，与犯人一体科罪，当该官司不行从公归断，故出其罪者，从监察御名、廉访司体覆究问。

⑦纲仓官吏、团灶人等，辄将好盐偷跑，私下货卖，搀和灰土、硝石、硝磏者，以私盐法论。余人犯者，杖六十。若分司官吏人等于民家安下，非理饮宴者，决三十七，标附。其有占雇倡优，耽恋误事，笞五十七，解任别叙。所用钱物，如系纲仓场官人等出备之数，或取要纲仓分例，纵令舔笞盐价，多余斤重，计赃并同枉法论。出钱人量情科断。老引过期不纳，杖八十。有榷货者，依私盐法断配，有司提点正官依例责罚。

⑧分司官止许将引从人二名，书吏、奏差不过五名，毋得将挈家小，多余带行，滥设吏贴、祗候，违者，司官、书吏、奏差，各决三十七，标附。带行人、吏贴、祗候，各决四十七，发还元籍。即虽额设贴书、祗候，比滥设减等，决三十七，革去。官吏递减一等断罪，分司合用公吏人，于所在官吏见役人内，约量差拨听使，经行去处，若有多余取要供需、茶饭、灯油、纸札等钱者，计赃，以不枉法断罪，黜降。如场官、总催头目人等，于盐户处科敛钱物，亦以不枉法科断，分司官吏、总催头目人等揩除工作，依枉法例断罪，不叙。监察御名、廉访司严加纠察。

⑨各场官、典人等出放钱债，每两月例三分，年月虽多，不过一本一利。若有多余取息，巧立文契，虚笞本钱，以枉法论。余利给主，本息没官外，据揩除工本，勒要分例者，以枉法计赃论罪，追赃给主，仍于犯人名下，征中统钞二十五两，付告人充赏。

⑩各团煎到盐货，置立文簿，将各户日办盐数附写，定立出团到仓时刻，轮差军人头目，互相照略管押，赴仓交纳。如是过违时刻，将军人头目，斟酌远近迟慢，随时究治。其煎盐头目灶户，把团押运纲官、军官、军人，偷跑盐货，掺和灰土，以私盐法科断。军人私离团灶，扰害亭民，不宿团围，军官、场官就便断罪。军官、军人一年一次调换。今后倘有过期违犯，合令运司申明究问。

⑪分司官吏，每年轮流下场。催办盐课。若有不行从公差遣，受财卖弄，枉法论。与钱人，减二等科罪。（pp. 288－290）

309. 增亏盐课升降

（367）至治元年正月，户部与吏部议得："运司盐课已有定额，各处煎捞难易不同，拟到增亏升降等第。"都省准拟。

各处运司官亲临场分煎办盐课，以元额十分为率，增及一分，从优定夺，二分减一资历，三分升一等，四分之上升二等。亏及一分添一资，二分降一等，三分之上降二等，皆须追赔断罪。

运司、守司。运官、首领官总行措办发卖盐袋，验课钞。到官盐袋出场。方许结课。以十分为率，增卖及一分者给赏，二分之上优加升用，三分减一资，四分之上升一等。亏及一分添一资，二分之上降一等，三分者降二等，厘勒赔偿断罪。煎盐其间，立法关防恢办，务要有增。若有亏煎，比例一体黜降断罪，分催煎办。官验各场分，除增亏相补，以十分为率，增及一分从优定夺，二分之上减一资，三分升一等，四分之上升二等。亏一分添一资，二分降一等，三分之上降二等，亦行追赔断罪。

河东、陕西运司，发卖盐引，验课钞。到官盐袋出场，以十分为率，若有增亏盐数，比例一体升降，追赔断罪。（p. 290）

310. 妇人犯私盐

（368）至顺三年十月，刑部与户部议得："两浙盐运使王克敬言：'各处解到盐徒，多有妇人女子。押解在路，男女无别，败俗伤风，事干治体。'参详：妇人有犯私盐，如夫老疾，其子幼弱，或无夫无子，就养他人，而买卖私盐者，罪坐本妇，止从元发官司发落。如无夫而有子成人，或无子而有夫壮健，纵令犯法，罪坐男夫。"都省准拟。（pp. 290－291）

311. 巡盐骗赖平人

（369）至元三年九月，户部议得："国家所需，盐课为重。今后除运使二员守司，掣挚卖盐外，其余运官，每岁二员，分头诣场，催煎散本。二员分道，各赍已降印信，止许将引书吏、奏差各一名、公使人二名，于拘该去处巡禁，如获私盐，并犯界盐货，依例捉拏追断。不得滥引带行人等，自赍私盐，骗赖平人，及非理骚扰百姓。违者，量事轻重断罪。"都省准拟。(p. 291)

312. 私盐转指平民

(370) 泰定二年六月，刑部与户部议得："凡私盐及犯界盐货，止理见发之家，不得辗转攀指平民，官吏因而受财，合同枉法科断，俱有通例，所据同署正官、首领官吏，不应纵令盐徒转指平民。违错罪犯，量拟正官二十七下，首领官三十七下，该吏四十七下。"都省准拟。(p. 291)

313. 犯界盐货

(371) 延祐元年十月十六日，中书省奏："为这河间运司诸处私盐生发，亏了课程的上头，俺上位根底奏过：'教隆镇卫官人每，督责各处把口子的军官军人，用心关防盘捉者。'开读圣旨行了文书来，为那上头，达达怯薛歹每犯着的，他每一个两个也问来。近来，俺商量来，今后除蒙古怯薛歹每许将带自行食用的盐外，若指着食用为名，贩卖的，并换诸物的呵，依私盐法，一体拏着，问了，要罪过呵，怎生？"奏呵，奉圣旨："那般者。"(p. 291)

314. 无榷货不坐

(372) 大德十年八月，御史台呈："山东盐运司乐盐司结案，申解到犯私盐人马伴哥等，各执桿棒、鞭枪、弓箭，邀赶驴畜前来固堤场峰台，与讫灶户王兴儿等钞两，回买盐货，未曾得盐，被捉到官。其山东运司不行申禀刑部，又不照无榷货例归断。辄将马伴哥等九名，各杖七十，发下乐盐司带镣居役二年，满日疏放。籍没讫一斗家产。"刑部议得："马伴哥等，难招买卖私盐，未增交付，别无所获榷货，例合革拨。山东运司辄将各人杖断七十，财产一半没官，发下居役，事属违错，拟合改正疏放，回付元断财物。官吏违错，依例取问。"都省准拟。(pp. 291 – 292)

315. 军民官纵放私盐

(373) 延祐元年八月，户部与刑部议得："管民提点盐法正官、关津渡口守把军官、军人、巡尉、弓手人等，通同纵放私盐者，例与犯人同科。拟合止坐其罪，与免籍配。"都省准拟。(p. 292)

316. 纵放私盐遇革

(374) 泰定三年五月，刑部议得："镇守军官、军人、弓兵人等，受财纵放私盐，众证明白，避罪在逃，既同狱成，罢职除名，不叙。根捉未获，钦遇原免，元带牌面，依例追纳。所受宣敕，并未招钱物，拟合革拨。"都省准拟。(p. 292)

317. 官军乞取官盐

（375）延祐元年八月，户部与刑部议得："守把团围、仓廒，巡防军官、军人，于场官司秤灶户等处，挟势乞取官盐，私下货卖者，依私盐法断配。食用者减等，与盐之人，笞五十七下。"都省准拟。（p. 292）

318. 受寄私盐

（376）延祐元年八月，户部与刑部议得："挑担、撑载、受寄，并引领为牙，货卖私盐者，比之正犯减等。若受雇请挑载，寄放私盐者，比买食人又减一等。"都省准拟。（p. 292）

319. 私盐遇革

（377）至治二年七月，刑部议得："江浙省胡道二纠合孙福二，同出本钱，买到私盐二引，用船装载，欲往山乡货卖，被捉到官。若拟全科，终是犯在革前，发在革后，既获权货到官，合理见发，止坐其罪，与免籍配。"都省准拟。（p. 292）

（378）至顺三年八月，刑部议得："革前买贩私盐，革后未曾货卖，告首弃毁，拟合革拨。匿而不首，权货见在者，止坐其罪，并免籍配。因而货卖，依例断例。"都省准拟。（p. 293）

320. 船户盗卖客盐

（379）泰定三年九月，刑部议得："两淮运司船户郏七二，揽载客人李信甫有引盐货三百一十引内，私自借与钱七一等盐二十引，及卖与不得名客人三十八引。郏七二依私盐例断罪，钱七一等比买私盐断罪。江都县巡捕弓手王四等，不行盘捉，减价买讫本人无引盐货三十引，转行贩卖，依私盐例断罪。弓手梁德俊等受财纵令犯人，不行招指借盐事情，即系应捕人通同纵放，依例杖断。盐货引目通行给主。"都省准拟。（p. 293）

321. 船户偷跑客盐

（380）至治二年十二月，刑部与户部议得："载盐船户，偷跑客盐，转卖诸人兴贩。若准盗论，终是事干盐法。今后犯人俱各照依私盐例，一体全科，止理见发之家。元盗盐货，验数追给外，据路府州县并万户府委定提点巡禁，把隘捕盗官员各各职名，每季不过孟月初五日已里，牒报运司。"都省准拟。（p. 293）

322. 食用无主盐

（381）延祐元年八月，中书省议得："江浙省咨，过把仓团军人或百姓、灶户于盐仓廒外装袋，因而撒盐在地，及灶户挑盐送纳，笠内漏下盐货，扫聚取撮，包裹归家食用者，笞一十七下。野泊拾取无主私盐，不即首告，自

行食用之人，笞三十七下。"（p. 293）

323. 剋除工本遇革

（382）泰定二年四月，刑部议得："诸官吏人等，揹除剋落销用，不尽还官工本钱物，革前已有招伏，罪经释免，工本钱物拟合追征，职役依例黜降。"都省准拟。（pp. 293 – 294）

324. 粮船回载盐泥

（383）至正元年五月，中书省准江浙省咨："两浙运司申：'比年以来，海道万户府每岁运粮海船不下二千余只，于直沽卸粮了毕，船户梢水濒海地面掘取盐泥压载。又于河间、山东近海场分贩卖成引私盐、鱼货等物，回至昆山、刘家港、江阴等处海口，其各处所隘镇守军官、军人等，每船一只取要钞一锭，名曰搜空，就放船入港，公然货卖。'今后运粮海船回还，比入港口，即将盐泥尽行，就海抛弃，毋致似前船载盐泥、鱼货，冒犯刑宪。"本部议得："海运粮船，于直沽交卸毕，掘盐泥回还，比入港口，即当抛弃。除船户所食鱼虾外，不得多余夹带贩卖，合行禁止，及所在把隘军官人等，严切搜检，毋致似前纵放，通同入港，侵樑官课。若有违犯，比依脱放私盐例断决。受赃者以枉法论。"都省准拟。（p. 294）

325. 扫刮卤土

（384）至元八年，刑部呈："益都路日照县马青等，偷扫硞土。照得旧例，刮扫硞土食用，与采黄蕙草、烧灰、淋卤者同。马青所犯，难同私盐。"都省拟："将各人断决三十七下。"（p. 294）

326. 官盐掺土

（385）大德十年三月，刑部议得："文明铺卖盐官马大使，于盐内掺土发卖，添答斤两，卖出钞数，裨补消折，总积出中统钞四十一两五钱，未曾支破。量决五十七下，标附过名，所积钞两没官。"都省准拟。（p. 294）

327. 卤水合酱

（386）至元三年十月，刑部与户部议得："今后各处卖酱之家，如无买到官盐引目由帖，辄用私盐卤水，合酱货卖。事发到官，其有私盐显迹者，以私盐法科断。若用卤水合酱至五百斤之上，亦同私盐法。斤重不及者，从运司斟酌多贯决放。止理见发之家，毋得辗转指攀，酱货没官。"都省准拟。（pp. 294 – 295）

328. 买食卤水硞土

（387）延祐元年八月，户部与刑部议得："诸人于灶户处，买到卤水，欲行煎盐，被获到官。若同私盐科断，终未成盐，量拟买卖之人各杖六十，挑担、撑载、受寄，为牙引领之人，减等笞五十。偷取卤水者，止坐偷卤之人，买食私卤者，各笞四十七下。其扫刮碱土食用，与采黄蕙草、烧灰、淋卤，笞三十七下。"都省准拟。（p. 295）

329. 腌浥鱼虾

（388）延祐元年八月，江浙省咨："两浙运司申：'每年于额办盐内，提豁七八千引，分俵两浙，召募濒海渔户，请买支盐，醃浥鱼虾、鲊（鱼吉）竹笋，检校给程发卖，若有捉获所腌鱼鲊等物，却无腌造引目，正犯人比同私盐法科断，挑担、受寄，为牙引领之人，减一等，知情食用者，又减一等，不知情者，准例革拨。'"户部与刑部议得："合依运司所拟。"都省准呈。（p. 295）

330. 腌造盐梅

（389）延祐六年八月，刑部与户部议得："福建盐运司捉获林勋盐梅，辗转指攀收买私盐用度。虽有取到招伏，别无真正榷货。拟合革拨，改正疏放，已籍财产给主。运司擅断怀安县官吏，终是招赃明白。今后干碍官吏取受，发付廉访司归结，运司无得似前擅断。其腌梅之家合用盐货，量拟三十斤以上至百斤，并行入状请买，盐司出给公据，其余行盐地面，听买有引官盐，有司给凭。若用私盐腌浥，果有见获明白榷货，合同私盐科断。如无明白榷货，又无官司凭据者，临时详酌轻重治罪。"都省准拟。（p. 295）

331. 腌鱼不禁转贩

（390）泰定元年三月，刑部与户部议得："福、兴、漳、泉四路，买用官盐，腌浥鱼蟹。若拟行盐地面，不许转贩，岂惟遏绝商旅，抑亦涩滞盐法，拟合听从民便，许令诸处投税货卖。因而夹带私盐，依例科断。"都省准拟。（pp. 295－296）

332. 卤水腌鱼

（391）泰定四年四月，刑部与户部议得："诸人腌浥鱼鲊，依腌梅例，合用盐货斤重，赴运司入状请买，盐司给出公据，其余行盐地面，听买有引官盐，有司给据。如是私盐腌浥，榷货明白者，同私盐法外，据卤水腌浥鱼鲊，仍须告给官由引据。如违，比依私盐例，减等科断，与免徒配，鱼货没官。"都省准拟。（p. 296）

333. 捉获腌鱼给赏

（392）至元二年十月，刑部议得："河南人犯王伴哥，捕到鲜鱼，博换私盐，节次腌鱼三十二秤，在船货卖。弓手吴孙胜等捉获，即同私盐科罪，拟合依例给赏，弓手吴孙胜，即系应捕之人，减半给付。"都省准拟。（p. 296）

《至正条格·断例》卷十二

厩库三

334. 铁课

（393）中书省钦奉圣旨节该："随路金银、铜铁、丹粉、锡碌，从长规划办课。"钦此。省部条画约束事理，印造到铁引。据客人赴官达纳正课，买引一道，钱二百斤。铁引相随，许令诸处贩卖。据此。

①无引私贩铁货者，比犯私盐，减等科罪。将铁货尽数没官，铁内一半，折支价钱，付告捉人充赏。

②伪造铁引者，比同伪造省部印信罪犯处断。告捉人，官给赏钱钞二锭。

③各处提点正官，禁治私铁不严，致有生发，取招断罪。

④客旅赴冶，支铁数足，即于引后批凿某年月日支讫，方许出冶，如不批凿出冶，同私铁论。

⑤引外夹带铁货贩卖者，罪同私铁法，夹带铁货没官。

⑥引铁不相随者，同私铁法。

⑦铁货卖讫，限一十日，将引于所在官司缴纳，批抹，如违限不行缴纳，笞四十。因而转用者，同私铁法。（pp. 297 – 298）

（394）延祐元年十月十九日，中书省奏："各处煽炼铁冶，百姓每自备气力，煽炼来的铁货，断司十分中抽分二分，百姓每八分来。百姓每的逐旋都卖了，官司的向年不曾卖有。待卖呵，与百姓每相掺着难卖有，依在前的例，将百姓每煽下铁头，官司尽数拘收见数。官司发卖，他每合该的价钱，依数拨还与他每。已后官司怎生煽炼发卖的，另商量了再行呵，怎生？"奏呵，奉圣旨："那般者。"钦此。送户部逐一议拟到下项事理。依准所拟，于延祐二年正月十七日，奏："各处百姓每，自己气力里，煽炼出来的铁内，十分中官司抽分二分，百姓每要八分有来。官司煽炼来的铁与百姓铁，相滚着卖的上头，官司煽炼来的铁，几年不曾发卖的有。'为盐铁自古是榷货。'么道，在前省官每奏了，罢了百姓煽炬的炉座，都官司煽炼来。在后却立起炉座，为铁是榷货上头，将百姓每煽炼了的铁，尽数拘收了，再不教煽炼。后头怎生煽炼的并发卖的，另商量了行。么道，奏了来。俺商量来，修理煽炬铁的炉座呵，好生多费用钱本有，官司煽炼办勾额数呵，便住了有。若不接添着煽炼呵，民间使用的铁货不敷也者。各处比元定的额数之上，更与钱本添着煽铁呵，民间铁货也勾使用，于官也有利息也者。广平提举司所管的一座炉里，各与一千五百锭钞，教提举司官预先收买下矿炭，候正额煽办了，便接续煽炼，金火雇工一切的依体例。这钱里支与，檀景、莱芜、顺德三处提举司里，依着广平提举司的例，与钱教煽炼。又河东提举司里，若依着广平提举司例，与工本呵，不知本处事体有，差的人去与本处提举司，并有司官一同商议了教行。又先晋宁路所管地面里，设立着四个管勾司衙门，管着七百户，每年办着七十万斤铁有来。在后革罢各处提举司衙门的时分，那管勾司衙门也革罢了，将那铁冶户也放散了有来。去年复立提举司衙门的时分，为不曾立那管勾衙门的上头，百姓每依旧煽炼有，如今住罢，百姓每煽炼的其间，却教住罢了，依旧立四个管勾司衙门，将在先七百户铁冶户计，拨与他每，教河东提举司官人每管着额办的铁之上，依广平提举司的例，与他每钱本，教接添煽炼，额外办出来的每根底，添名分，亏了额的，黜降责罚的。江南铁货，依先不教犯界的，并其余合禁事理定着，与他每添气力圣旨呵，怎生？"奏呵，"那般者。"又奏："大同所管的七峰山，晋王位下委付着人与煽铁有，禁断众人的其间，若不革罢了呵，不归一的一般有。将那的也革罢了，教河东提举司管着，煽炼铁呵，怎生？"奏呵，奉圣旨："那般者。"今将条画开具于后：

①百姓工本、炉座既已革去，官铁数少，民用不敷。仰依验见设官炉，量拨工本，提举司官从长规划，预为收买焦矿、柴炭，候冶户课额将足，就用元雇工匠即便接煽。合该工价依例支给，不得重科。冶户若能于正额之外增及二分之上，从优定夺，三分之上，减一资，四分之上，升一等。课数增多，别加升赏。不为用心规划，致有亏兑，一分之上，任满添一资，二分之上，添一资，三分之上，降一等，并解见任。因而侵借，移易官本，冒破剋减价钱者，计赃以枉法论。

②淮汉迤北兴煽铁冶去处，合用焦矿、柴炭，照依已降圣旨，听提举司从便采取收买。诸王、公主、驸马各投下，并僧道、权豪势要人等，不许占据遮当。违者治罪。

③提举司与煽办课其间，诸人无得搅扰沮坏，若有告言官吏不公，候炉终日追问，不许辄便勾摄，妨误办课。

④窑座周围桥梁道路，拘该州县正官提调。但有损坏，随即修理。违者，除受宣敕官取招申部，以下人员，从提举司就便究治。

⑤私煽贩卖无引铁货者，照依已降圣旨，比犯私盐减等，决杖六十，铁货没官，于没官铁内一半，折支价钱，付告人充赏。知情收买者，减正犯罪一等，仍委自州县长官提点。如禁治不严，致有私铁生发，初犯笞三十，再犯加一等，三犯别议黜降。农器、锅滏、刀镰、斧杖等物，民间破坏生熟铁器，不在禁断之限。

⑥诸人兴贩铁货，卖讫，限一十日，将铁引于所在官司缴纳批抹。如违限不行缴纳，笞四十。因而转用者，同私铁论。

⑦引铁不相随，及引外夹带铁货者，照依已降圣旨，并同私铁科断，夹带钱货没官。

⑧江南铁货并生熟铁器，比及通行定夺以来，依前禁止，不得于淮汉迤北贩卖，违者，以私铁科断。

⑨晋宁路工本炉座，亦仰住罢，却将元拨冶户，尽数交付河东山西铁冶都提举司，依旧管领，官为兴煽。若有差占事故，依数补拨。其拨本、接煽、关防、升降等事，并与其余去处，一体施行。

⑩该载不尽事理，照依已降圣旨条画施行。（pp. 298 – 300）

335. 茶课

（395）中书省钦奉圣旨，节该：恢办茶课公事，省部印造到茶引。据客人赴官送纳正课，买到兴贩茶货引，一道重九十斤。年月日料号，并依坐去条画事理施行。

①客旅兴贩茶货，纳讫正课，出给公据。前往所指山场，装发茶货出山，将元据赴茶司缴纳，倒给省部茶引，方许赍引随茶。诸处验引发卖毕，限三日以里，将引于所在官司缴纳，即时批抹。违限匿而不批纳者，杖六十。因而转用，或改抹字号，或增添夹带斤重，及引不随茶者，并同私茶法科断。仍各处官司，将客旅节次纳到引目，每月一次，解赴合属上司缴纳。

②但犯私茶者，决杖七十，将所犯茶货，一半没官，一半付告人充赏，应捕人亦同。如茶园磨户犯者，及运茶船主知情夹带装载无引私茶，一体科断。本处官司，禁治不严，致有私茶生发去处，仰将本处当该官吏勾断。

③应客旅装发茶货车船，各处官司并不得拖曳。若必合和雇，直抵发卖地面下卸讫，方许和雇。如违，陈告得实，决杖六十。因而取受故纵者，与同罪。如有邀当客旅、拘买取利者，杖六十。茶付本主，买价没官。

④伪造茶引者，处死。首告得实者，犯人家产，并付告人充赏。

⑤客贩茶货，若经由关防批验官司去处，私过不批引目者，决杖七十。随处官司，常切禁治，不得抑遏客旅，干要牙钱。违者，就便追断。

⑥客旅所贩茶货，江淮迤南依旧免税。江淮迤北发卖去处，依例收税。（p. 300）

336. 私茶生发

（396）延祐六年二月，刑部与户部议得："今后随处府州司县提调长官，禁治不严，致有私茶生发，比依私铁提调官例，初犯笞三十，再犯加一等，

三犯别议黜降。"都省准拟。（p. 301）

337. 妄献课程

（397）至元六年七月初七日，诏书内一款："山场、河泊、金银铜铁窑冶自有正额。诸人妄词呈献，各衙门辄便受理，滥设抽分衙门、提调头目人等，以夺民利，今后并行革罢。禁止权豪势要，毋得遮占。所办课程，拘该有司依例解纳。敢有违犯，断罪长流。"（p. 301）

338. 纳课程限

（398）至元二十九年三月，户部呈："钦奉圣旨条画内一款，节该'所办课程，按月不过次月初五日到库。每季交纳，春季不过四月十五日，夏季不过七月十五日，秋季不过十月十五日，冬季不过次年正月十五日'。"钦此。本部议得：起解课程，差发诸物，各处里路远近不同，所管支郡多寡不一，若不从新量程，再行定限，枉被其责。参详：

若一千里之内，每季不过次季孟月终。一千里之外，每季不过次季仲月初十日，依例于管路府州县以次正官的通行轮番押运，须要依限到都，并不得转行差遣巡检、县尉、捕盗之职。如是违限不到，宣慰司提调正官取招呈省。首领官初犯罚俸一月，再犯的决一十七下。令史初犯一十七下，再犯二十七下。总管府正官，初犯罚俸一月，再犯的决一十七下。首领官初犯的决一十七下，再犯二十七下，司吏初犯二十七下，再犯三十七下。押课官违限到官，决二十七下。若各处季课，果有省部明文，就支尽绝，亦具备细文解。依所定程限，申关到部。违者，当该官吏一体责罚。

都省于至元二十九年三月十五日奏："江南的课程，不拣什么钱物，限几时到来者。"么道，与前者来的官人每一处议定。上位奏来"腹里路分，在先立限次三个月的钱物，不过四个月半头来者"。么道，道来。离这里近的路分，只依在先体例者。远的路分展限至第四个月终来者。商量。么道，奏呵，奉圣旨："是也，有体例有，那般者。"钦此。据其余事理，依准所拟，近附大都、河间、保定、隆兴等处，依旧每季不过次季孟月十五日已里到都，远窎去处，限至次季孟月终到都。（pp. 301－302）

339. 绰敛圈税

（399）至元三十年五月，刑部议得："密州务提领崔文郁等违例，于管下养猪之家，畸零绰敛圈税钱钞，分使入己，比依不枉法例科断，降叙标附，追钱给主。"都省准拟。（p. 302）

340. 匿税

（400）至元二年二月，圣旨内一款："匿税者，其匿税之物一半没官，于

没官物内一半付告人充赏外，犯人仍笞五十。其回回通事并使官银买卖人等，入门不吊引者，同匿税法。"（p. 302）

341. 诬人匿税

（401）至元二十七年二月，御史台呈："成都路双流县达鲁花赤三宝奴，将罗大桂等已到另文契三纸，枉作匿税，断罚中统钞五锭三十七两五钱，侵使入己，即系枉法，拟杖八十七下，除名不叙，标附。"都省准呈。（p. 302）

342. 无契本同匿税

（402）至治元年二月，中书省议得："今后凡典卖田宅、人口、头匹等物，应立契成交，限十日内，赴务投税。验契本上实值价钱收办正税外，随用省部契本印押讫，分付本主，每本收至元钞三百文，明附赤历结课。如是违限不行赴务投税，虽限内到务，别无省部契本，许诸人首告，或因事发露到官，买主同匿税法，断没元契，并不为用，于没官物内一半，付告人充赏。当该务官依条追断，提点正官有失关防，验事轻重黜降。契本将尽，预为差人申关，毋致缺乏，仍令监察御史、各道廉访司严加体察。"（p. 302）

343. 职官不纳契税

（403）延祐元年十一月，御史台呈："晋州武强县达鲁花赤也先海牙，与财主杨九结亲，立契交换马匹。令弟大同赍契赴务印讫，不将合该税钱至元钞八贯纳官。闻知事发，才方悔交。"刑部议得："也先海牙所犯，量拟决四十七下，解见任，别行求仕，标附。"都省准拟。（p. 303）

344. 贸易收税

（404）至元七年十月，户部呈："李义与谷大，相换马匹，不曾投税。照得，私相贸易田宅、奴婢、孳畜及质压、交业者，合立契收税。违者，从匿税科断。"都省准呈。（p. 303）

345. 欺隐增余课程

（405）延祐七年二月，刑部议得："鄢陵县税务大使李思忠，副使张守义，欺隐办出增余课程中统钞二百五十锭三十六两，不即申解，在柜封收，未曾分使，告发到官。既是不曾入己，量拟各笞四十七下，解任别叙。"都省准拟。（p. 303）

346. 亏折契本

（406）泰定元年正月，户部议得："中庆路税务提领杨荣，契本用绝，不行申关，止税文契，亏折课钞，即系革前事理。今后若有似此不行预关契本，当该务官笞二十七下，脱漏契本课钞，依数追赔。"都省准拟。（p. 303）

347. 务官抑取钱物遇革

（407）天历元年四月，刑部议得："务官人等，指称漏税，抑取钞锭。已有明白招伏，追赃到官。妄自称冤，再行问取，众证依前指说，却行避罪在逃，虽无取到招状，钦遇原免，合同狱成，依例殿降。"都省准拟。（p. 303）

348. 市舶

（408）延祐元年七月十九日，圣旨节该："中书省奏：'在前设立市舶，下番博易，非图利国，本以便民。比闻禁止以来，香货药物，销用渐少，价值陡增，民用缺（之）［乏］。乞开禁事。'准奏，仰广东、泉州、庆元复立市舶提举司，杭州依旧设立市舶库，专知市舶公事。直隶、行省管领诸人，不得搅扰沮坏。所有法则，开列于后。"

①金银铜钱铁货、男子妇女人口、丝绵缎匹、销金绫罗、米粮、军器，并不许下海私贩诸番。违者，舶商、船主、纲首、事头、火长，各决一百七下，船物俱行没官。若有人首告，得实，于没官物内一半充赏。重者从重论，发船之际，仰本道廉访司严加体察。

②抽分则例。粗货十五分中抽二分，细货十分中抽二分。据舶商回帆已经抽解讫物货，市舶司并依旧例，于抽讫物货内，以三十分为率，抽要舶税一分，通行结课。不许非理刁蹬舶商，取受钱物。违者，计赃，以枉法论罪。

③诸王、驸马、权豪势要、僧道、也里可温、答失蛮诸色人等，下番博易到物货，并仰依例抽解。如有隐匿，不行依理抽解，许诸人首告，取问是实，钱物没官，犯人决杖一百七下。有官者罢职，仍于没官物内一半，付首告人充赏。若有执把免抽圣旨、懿旨，仰行省、宣慰司、廉访司就便拘收。

④拘该市舶去处，行省官、宣慰司官、市舶司官不得拘占舶船，捎带钱物，下番买卖。如违，许诸人首告，取问是实，犯人决杖一百七下，罢职不叙，钱物没官，没官物内一半，付告人充赏。船主、事头不举首者，同罪。

⑤下番使臣，在前托以采取药材，根买希罕宝货，巧取名分，徒费廪给。今后并行禁止。果有必合遣使者，从中书省闻奏差遣。其余诸衙门、近侍人等不得干预。朝廷若有宣索诸物，责令顺便番船纲首，博易纳官。

⑥诸处舶商，每遇冬汛北风发舶。从舶商经所在舶司陈告。请领总司衙门元发公验、公凭，并依在先旧行关防体例填付舶商。大船请公验，柴水小船请公凭。愿往番邦，明填所往是何国土经纪，不得诡写管下洲岛别名，亦不许越过他国。至次年夏汛南风回帆。止赴元请给验凭发船舶抽分，不许投他处舶司。各处市舶司，如不系本司元发船只，亦不得信从风水不便，巧说事故，一面抽分。违者，决五十七下，解见任。因而受财者，以枉法论。如本

舶司，依见定例抽解讫，从船商发卖与船贩客人，亦依旧例，就于所在舶司，请给公遣，从便于各处州县，依例投税货卖。如不于元指所往番邦经纪，转投别国博易物货，虽称风水不便，并不凭准，船物尽行没官，舶商、船主、纲首、事头、火头，各杖一百七下，若有告首者，于没官物内一半，付告人充赏。

⑦舶商请给公据。照旧例召保舶牙人、保明某人，招集人伴几名，下舶船收买物货，往某处经纪。公验开具本船财主某人、直库某人、梢工某人、杂事等某人、部领等某人、碇手某人、作伴某人、船只力胜若干、樯高若干、舶面阔若干、船身长若干。每大船一只止许带柴水船一只、八橹船一只，余上不得将带。所给大小船只公验、公凭，各仰在船随行。如有公验或元公凭，及数外多余将带，即是私贩。许诸人告捕，得实，犯人决一百七下，船物俱没官，没官物内一半，付告人充赏。所载柴水、八橹小船，于公凭内备细开写，亦于公验内该写力胜若干、樯高若干、船面阔若干、船身长若干，召到物力户某人委保，及与某人结为一甲，互相作保。如将带金银违禁等物下海，或将奸细歹人回舶，并元委保人及同结甲人一体坐罪。公验后空纸八张，行省用讫缝印。于上先行开写贩去物货各各名件、斤重若干，仰纲首某人亲行填写。如到彼国，博易物货，亦仰纲首于空纸内，就于地头，即时日逐批写所博物货名件、色数，点称抽分。如曾停泊他处，将贩至物货转变渗泄作弊，及抄填不尽，或因事败露到官，即从漏舶法，决杖一百七下，财物没官。保内人能自首告，将犯人名下物货一半充赏。如舶司官吏容庇，或觉察得，因事发露到官，定将官吏断罢不叙。所给公验，行中书省置半印勘合文簿，立写字号，付纲首某人收执。前去某处经纪，须要遵依前项事理。所凭有公凭小船，并照公照一体施行。

⑧海商不请验凭，擅自发船，并许诸人告捕。舶商、船主、纲首、事头、火长，各杖一百七下，船物具行没官，于没官物内一半，付告人充赏，如已离舶司，即于沿路所在官司告捕，依上追断给赏。

⑨海商自番国及海南收贩物货，到国已赴市舶司抽分，而在船巧为藏匿者，即系漏舶，并行没官。仍许诸人告首，依例于官物内一半充赏，犯人决杖一百七下。

⑩舶商去来不定，多在海南州县走泄细货，仰籍定姓名，仍令海南、海北、广东道沿海州县镇市地面军民官司，用心关防，如遇回舶船只到岸，严切催赶起离，前赴市舶司抽分。如官吏知情容纵，决五十七下。受赂者计赃，以枉法论。

⑪市舶司招集舶商船只，行省以衙门不得差占。及有新造成舶船之家，并仰籍定数目，今后亦不得差占，有妨舶商兴贩经纪，其有运粮船只，不得因而夹带夺占，失误海运。

⑫各处市舶司，每年办到舶货，除合起解贵细之物外，据其余物色，必须变卖者，所委监抽官监临，有司随即估计实直价钱，再令不干碍官司委廉干和正官，复估相同，别无亏官损民，将民间必用并不系急用物色，验分数互相配答，须要一并通行发卖。作钞解纳，并不许见任官府、权豪势要人等诡名请买。违者，许诸人首告，得实，将见获物价尽数没官，于没官价内一半，付告人充赏，犯人决杖六十七下，仍仰监察御史、肃政廉访司严行体察。

⑬番船、南船请给公验、公凭，回帆或有遭风、被劫事故，合经所在官司陈告，体问得实，移文市舶司，转申总司衙门，再行合属体覆。如委是遭风、被劫事故，方与销落，元给验凭字号。若妄称遭风、被劫事故，私船货搬物，欺慢官司，送所属勘问，是实，舶商、船主、纲首、事头、火长，各决一百七下。同船梢水人等，各决七十七下，船物尽行没官。若有人首告，于没官物内一半充赏。或有沿途山屿、滩岸停泊，漏水取柴，恐有梢碰水手、搭客等人，乘时怀袖，偷藏贵细物货，上岸博易物件，或着舶商之家回帆，将到舶司私用小船推送食米，接应舶船，却行搬取贵细物货，不行抽解，即是渗泄，并听诸人告捕，全行断没。犯人杖一百七下。告捕人，于没官物内一半充赏，仍仰沿海州县出牒晓谕。屿奥等处镇守军官、巡尉人等，常切巡捉，催赶船只，随即起离彼处，不许久停。直至年例泊去处，划时具申。各处市舶司差廉能官封艛坐押，赴元发市舶司。又行差官，监搬入库，检空船只，搜检在船人等怀空，方始放令上岸。如在番阻风住冬不还者，次年回帆取问同船或同伴船只人等，是实，依例抽分。若是妄称风水不便，转折买卖，许诸人首告，得实，舶商、船主、纲首、事头、火长，各决一百七下。同船梢水人等，各决七十七下。船物尽行没官，没官物内一半，付告人给赏。

⑭海商所用兵器并铜罗作具，随舶泊处，具数申所属，依例寄库，起舶日给付。除外，多余将带，同私贩法。

⑮海商每船募纳首、直库、杂事、部领、梢工、碇手，各从便具名，呈市舶司，申给文凭，船请火印为记，人结五名为保。

⑯海商贸易物货，以舶司给籍，用印关防，具注名件、斤数、纲首、杂事、部领、梢工书押。回日，以物籍公验，纳市舶司。

⑰行省、市舶司官，每岁斟酌舶船回帆之时，本省预为选差廉能官员，比之四月已里，须到抽解处所，等待舶船到来，随即依例封艛，挨次先后抽

分，不得因而迟延，走泄物货。其所差监抽官，亦不得违期前去，停滞舶商人难。

⑱定到舶法、抽分则例、关防节目。仰行省、各处市舶司所在官员奉行谨守，不得灭裂违犯，行御史台、廉访司常加体察，毋致因而看徇弛。

⑲番国遣使，赍擎礼物，赴阙朝献，仰具所赍物色，报本处市舶司，称盘检验，别无夹带，开申行省，移咨都省。如隐藏不报，或夹带他人物货，不与抽分者，并以漏舶论罪，断没，仍于没之官物内一半，付告人充赏。其舶船果有顺带南番人、番物者，从本国地头，于元给舶船公验空纸内，明白填附姓名并物货名件斤重，至舶司，照数依例抽解。番人回还本国，亦于所在番舶公验内附写将去物货，不许夹带违法之物。如到番国不复回程，却于原赍公验空纸内开除，附写缘故。若有一切违犯，并依前罪，止坐舶商、舶主。

⑳舶商下海开船之日，仰市舶司轮差正官一员，亲行检视各各大小舶内有无违禁之物。如无夹带，即待放令开洋，及取本司检视官重甘罢取结罪文状。如将来有人告发，或因事发露，但有违禁之物，决杖八十七下，解见任，降二等。受财容纵者，以枉法论。却不得因而非理骚扰舶商。本道廉访司严加体察。

㉑舶商、梢水人等落后家小，所在州县常加优恤。

㉒抽分市舶、关防节目，若有该载不尽合行事理，行省就便斟酌事宜，从长施行。（pp. 304 – 308）

《至正条格·断例》卷十三

擅兴

349. 临阵先退

（409）至元二十五年六月初一日，尚书省奏："江西省官人每，与将文书来。'军官张总把、民官张主簿，又一个王总把，他每三个引着军，贼每一处厮杀时分，张总把、张主簿两个退后走上头，贼每王总把根底，又五个军人每根底，教杀了。他每两个出来了，他每退后走出来的证见每，一处对证了，招伏要了也。'么道。江西省官人每，'这两个合杀'，么道，拟将来，大都有的伴当每商量得，'张总把撇下军出来的，他的罪过合死。张主簿根底，依着军官体例里要罪过呵，重了。他根底断了，勾当里教罢了呵，怎生？'么道，说将来有。"奏呵，奉圣旨："索甚么那般道？这里去的人多有，与那里省官、按察司一同问得，是实呵，敲了者。"（p. 309）

350. 擅自领军回还

（410）至顺四年四月十六日，刑部议得："枢密院呈：'因为乌撒叛乱，镇守蕲黄万户府，差委百户陈叫彦贵，管押百户陆喜并军人九十九名，前赴云南总兵官处听调，行至中途，陈彦贵不令陆喜知会，私自还翼。陆喜信凭金奏差等言说：'云南事体平定，军马各散，不行领军前去，辄便回还。'其所犯，百户陆喜即系怯于征进，比例杖断一百七下，不叙。其押送官陈彦贵，故违差遣，中途私回，量决七十七下，降二等叙用，罪遇原免，依上除名降叙，通行标附。"都省准拟。（pp. 309－310）

351. 军官遇贼不捕

（411）至顺二年十二月，刑部议得："襄阳万户朵银，因湖广省差委，统兵收捕瑶贼，怯惧贼势，按兵不进，坐视玩寇，致被各贼将簿尉乐烈海牙杀死，反将报声息人李少华执缚取问，遮掩己罪。后又遇贼先退，罪遇原免，罢职不叙。"都省准拟。（p. 310）

352. 军民官失捕耗贼

（412）大德三年六月，御史台呈："瑞州奕千户范震，为安福县贼人作耗，至元三十一年六月初八日，依奉总兵官指挥，与永新县簿周铎，把本县地面，本截贼人出没要路。不合与周铎止于朱都官家宿歇，未曾前去把截，当夜被贼杀死乔百户。当时为震不在彼处，以致不能救援。又招：初九日五更，有不得名军来说：'被贼杀死乔百户、马巡检等。'即合登过领兵追袭，不合守等溃散军人，并朱都官起集民义，初十日早方行前去。周铎状招相同。"刑部议得："千户范震、簿尉周铎，被差收捕耗贼，与百户乔林议定，把截贼人出入要路，互相救援，各人不行前去，失误军期，致将乔林等杀死，闻知不即追袭，情犯深重，合行处死。罪遇原免，罢职不叙。"都省准拟。（p. 310）

（413）泰定二年二月，刑部议得："会同县尉蒋秃健不行抵巢收捕耗贼，妄称'草木畅茂，江水泛涨'。虚立案验，托故回还，纵贼逃匿，与民为害，拟杖一百七下，罢职不叙。"都省准拟。（p. 310）

353. 诈避征役

（414）至顺三年正月，刑部议得："镇守潭州百户张世昌，承权千户职名，闻知上司差遣出征，妄以大溪山洞贼出没杀虏人民声息，虚申上司，扇［煽］惑军民，即系巧诈以避征役，合杖一百七，不叙。"都省准拟。（pp. 310－311）

354. 交通贼人

（415）至治三年正月，刑部议得："琼州安抚使王君济，明见贼人王圣通劫掠民财，杀死人众，不即掩捕，却以本贼村分出产白藤香货，嘱托低价收买，招诱王圣通私家饮宴，接受赃物，回付缎匹，罪虽遇免，拟合除名不

叙。"都省准拟。（p. 311）

（416）泰定元年六月，刑部议得："养利州判官夏居正，不行赴任，却与叛贼岑世兴交结，走透事情。罪遇原免，拟合除名不叙，追夺，发还元籍。"都省准拟。（p. 311）

355. 激变瑶人

（417）至治元年六月，刑部议得："信宜县主簿赛哥，于本管地面瑶人处，聘散盐钞，勒要麻蜡等物，激变瑶人，杀死军民，罪经释免，罢职不叙。"都省准拟。（p. 311）

356. 分镇违期

（418）天历二年十月，刑部议得："安东州万户府达鲁花赤脱怗木儿，轮该分镇海宁州推调，违期半年之上，不行前去，拟笞四下七，解任别仕。万户魏征，不候交换，抛离元管军马，擅委千户刘忠翊权摄，回还老奕所镇之地，既是无虞，量笞二十七下，依旧勾当，标附。"都省准拟。（p. 311）

357. 交换不即不营

（419）泰定元年二月，刑部议得："前卫百户不花，因差大都围宿，已经交换，不即还营，前去乐亭县本家，住经一十二月，才方还职，拟合三十七下，罢职别叙。"都省准拟。（p. 311）

358. 逃军赏罚

（420）至元四年四月十四日，枢密院奏奉圣旨，节该："马扎儿台知院，俺根底说：'元统三年九月初八日，诏书内开了来，近年军户逃亡事故数多。今后亲临奥鲁官，有能用心招收复业，及不能抚字，因致逃亡者，验数多寡，仰枢密院定立赏罚，以示劝惩。'定拟呵，今后各处亲临奥鲁正官，任内逃讫军户五名之下，标附。五年之上，一十七下。十名之上，二十七下，每五名加一等，罪止四十七，黜降。若能招诱别界在逃军人复业者，验其多寡，量加升擢。定拟着行呵，怎生？"奏呵，奉圣旨："那般者。"（pp. 311 –312）

359. 代军罪名

（421）至元六年，枢密院奏："延祐六年，与枢密院开读圣旨内一款：'诸处军官每，须要选拣惯熟亲丁应役，若有驱丁雇觅他人代替者，断六十七，雇军钱物，追纳没官。军官、首领官吏人等，受钱空名及贵揽贱觅，断八十七下，除名不叙。若令子孙、弟侄、驱丁代替，一二名者，断四十七，降散官一等。三四名者，断六十七下，解见任。五六名者，断八十七下，除名不叙，雇军钱物，追纳没官，仍监察御史、廉访司严加体察。'有来，俺众人商量来，自在前各卫奕军官每，不为用心，将正军身役，雇觅他人应当的上头，延祐六年开读圣旨，严加整治，却怠慢有。如今依先圣旨例，又将万户、千户、百户每，严加整治着，不教正军应役，将别人应役呵，依先已了的圣旨，将军官每取要罪过。雇觅军人，断六十七下，只教应当本役，将承揽人，断六十七下，发还元籍呵，怎生？"奏呵，奉圣旨："那般者。"（p.312）

360. 私役军人

（422）至元三十年二月十一日，御史台奏准："贼监官员内，管军千户阿李孛，占使军人四名，卖酒纳息，修盖房舍，决三十七下，解任别仕。"（p.312）

（423）大德七年五月，河南省咨："弩军万户府经历杨荣，二次役使军人毕显等七名，挑掘城土，打叠院墙，被城下塌下，将毕显、孙立压死，及将武成、周贵等压伤，取讫杨荣并百户毛如龙等招伏。"刑部议得："杨荣私役军人，挑掘城土，致将毕显等二人压死，拟决七十七下，解见任标附，仍追烧埋银中统钞二十锭，分给苦主，百户毛如龙明知五十户张德林依随杨荣，差发军人，私家役使，不行申明，量决二十七下。张德林决三十七下。"都省准拟。（pp.312－313）

361. 私役弓手

（424）大德七年十月，刑部议得："今后影占役使，或骑坐弓手马匹人员，比附军官占役军人例定罪，所管官司，依随应付者。□（与）□（同）罪。弓手人马，既无差占，常切在役，捕盗官〈吏〉〔每〕日聚点，在城邑□□（者）分坊巷巡防，在乡村者亦须依时巡警，遇有被盗去处，随即□（并）□（力）□（捕）捉，庶易得获，少有生发。仍禁约弓手，无令擅自下乡扰民。"□（前）□（件）议得："各处弓手，本为盗贼差役。其官吏却行。影占役使，及骑□（坐）□（马）匹，实妨巡捕。今后除例应公差外，若有私役弓手者，决二十七下，三名已上加一等。骑坐弓手马匹者，决一十七下，标附过名。本管官吏，不应应付者，各减一等科断。余准部拟"。（p.313）

362. 私□（代）军夫

（425）大德四年四月，工部呈："都水监关：'每岁看闸堤人夫，不待官司明降，私自还家。来春又复差官勾起，中间不便。今后闸夫无故雇人当役，决二十七下。本管提领、闸长人等结揽，亦决二十七下。二名以上，斟酌加罪。若转觅他人代当，剋落丁钱，及冒名者，罪止五十七下，罢役，其钱没官，夫户结揽身役，一十七下，□（提）□（领）、闸长知情，罪亦如之。'"刑部议得："上项夫户，既是轮流应当，合依□（都）监所拟。"都省准拟。（p.313）

363. 代替军役钱粮遇革

（426）至顺三年八月，刑部议得："管军官吏违例，令子侄、驱口，代替军役，取要军钱，并讫盐粮。革后未追赃钞，及未得军钞，并已关盐粮，钦依革拨，其指出军人封装，已未承伏，俱合追给，职役照例议拟。"都省准拟。（p. 314）

364. 私役军人不准首

（427）至元三十年七月十一日，御史台奏："汉军里头一个千户，两个百户，又勾当里行的令史人等二十九个人……俺监察每到呵，俺使军来么道……呵，不打的体例有军每根……也么道，不……

　　……呵……等人每根底要了罪过，将……呵，奉

　　……拨收捕□□在逃……"（p. 314）

（二）《元典章》中所见"断例"史料

1. 焚夫尸嫁断例

至元十五年，行中书省：据潭州路备，录事司人户秦阿陈告："表兄杜庆病死，有嫂阿吴将兄骸骨扬于江内，改嫁彭千一为妻。"取到人犯杜阿吴招伏："合于今年正月十二日，有夫杜庆因病身死。至十八日，焚化，将骸骨令夫表弟唐兴分付赵百三扬于江内。至二十八日，凭陈一嫂作媒，得讫钞两银环等物，改嫁彭千一为妻。"罪犯陈一嫂、赵百三、唐兴招伏相同。省府切详，人论之始，夫为妇天，尚无再醮。其阿吴所犯，乱败风俗，若不严行断治，江南新附，诚恐渐迤，风俗侥薄。除已行下潭州路，拟将阿吴杖断七十七下，听离，与女真娘同居守服，以全妇道，仍将元财解省。并彭千一违法成婚一节，就便取招，断四十七下。媒人陈一嫂，撒扬骨殖人赵百三，各断四十七下，唐兴杖三十七下。外，仰遍行合属，严行禁约。（户部四·服内婚，典章十八，p. 721）

2. 户绝家产断例

至元八年六月，御史台承尚书省札付，来呈：河北河南道按察司申，南京路录事司民户张阿刘状告，先于壬寅年间，有故父刘涉川招到张士安作养老女婿。至今二十八年，同共作活。壬子年，有故父刘涉川身故，母阿王作户讫，抄作女户。丁巳年，母阿王身故。中统四年，本路官司勾追阿刘应当差发。至元五年，有本家驱妇陈二姑等为不与从良文字，与驱口陈瘦儿一同赴本路陈告，争要家财。申奉到左三部符文，除银器具四副断与阿刘，房屋、事产尽行断与驱口为主。本台看详：李喜春等状告与故主刘涉川应有田宅，

尽行分付驱婢李喜春等为主，体例枉曲。今身死刘涉川立媒，与亲女阿刘招召张士安为婿，同居二十四年。壬子年，张士安虽于伊父户下附籍，终是不曾出舍。丁巳年间，丈母身死之后，应当刘涉川户下差发一十四年，与身死户绝别无应继之人、官收养济孤贫事理不同。刘涉川户下田宅，以三分为率，除一分与女均分，余二分难议作官物收养济孤贫，止合令阿刘女婿张士安为主，应当刘涉川户下差发相应。为此。送户部讲究定拟，回呈：照得张士安并妻子壬子年元籍，系分伊父张通作户讫，附籍当差。检会到中统五年八月初四日钦奉圣旨节文："随处若有身丧户绝，别无应继之人，其田宅、浮财、人口、头匹，尽数拘收入官。"又照得钦奉圣旨条画内一款节该："年限女婿归宗，与父母同家住坐、应当差役之人，别无定夺。年限已满不行归宗，今次另行供手状口数，仰收系当差。钦此。"据张士安已经回宗，承继伊父户名当差，兼今次张士安供到手状亦依壬子年元籍，另行供抄了当。本部公议得："若依见奉圣旨处分事意，尽数拘收入官，所据户丁元籍驱妇李喜春等，即听从良，令本路官司依例收系当差，似为相应。呈乞照详。"省府相度：虽是张阿刘告称故父刘涉川生前召到张士安作养老女婿，却缘元媒胡阿曹状指，当时不曾言将养老。又兼张士安壬子年另将妻子在伊父张通户下附籍，并张士安今次供到手状亦依壬子年元籍供讫，难议令张士安承继刘涉川户下当差。除已札付户部，拟将刘涉川抛下应有财产、驱、婢，依例以三分为率，内一分与刘涉川二女，作三分，分内二分与张士安妻阿刘，一分与次女赵忠信妻刘二娘，令各人依籍应当差役。外，二分官为拘收，通行开坐。申部呈省。仍将官司合收驱、婢口数，令合属发遣申解前来。仰照验施行。（户部五·家财，典章十九，pp. 738－739）

3. 买卖蛮会断例

延祐六年六月，江浙行省准中省书咨，御史台呈，准江南行台咨，据福建闽海道肃政廉访司申：准本道佥事八剌奉训、狗儿承务、王承德、李奉议牒呈：经国之道，钞法至重。伪造宝钞首谋起意之人，并雕板、抄纸、收买颜料、书添字号、窝藏印造，但同情者处死。买使伪钞、两邻知是伪造宝钞而不首告者，并从杖断。今各处先犯伪钞经赦贼徒，不悛旧恶，窥见亡宋关会纸色粉青，复行纠合无籍讹民收买，转行添插颜料，抄成钞纸，印造伪钞，比与宝钞色无异。但同情印造者，有司依例追勘。缘亡宋蛮会，先钦奉圣旨禁休行使，经今四十余年，官司未曾立法拘收除毁。江南愚民不以异代废物，往往窝藏，图利货卖，是致奸伪渐生，触犯刑宪者众，盖缘设法未备。今后若有知是印造宝钞，违禁故将旧藏关会递相转卖，并不知伪钞情由、听从诱说、贪图厚利买卖者，及假造关会、妄作真会货卖，知情诱卖，牙人分要钱物，似此违犯之人，若不定立罪例，严加相禁，江南愚民隐藏关会者多，诚恐长伪滋奸，久而沮坏钞法，深为未便。牒请备申江南诸道行御史台照详施行。准此。如准所言，立法禁治，诚为便益。申乞照详施行。得此，咨请照详。准此。本台具呈照详施行。送据刑部呈：批奉都堂钧旨，送刑部，照拟连呈，奉此。照得至元十五年四月十三日客省使呈：依着省官每言语里，也速忽都答儿奏禀到逐项事内一件：赛典赤说将来行用交会并立站底公事，俺和老的每，枢密官每，御史台官、南官每一同商量得，江南底交会住罢了也。钞的体例系是大勾当有。若那地面里造钞呵，钞乱去也。钞与将去呵，地面远弯，似难送到。南官李提刑言道：将钞静江府里去呵，旱路、水路俱各送去呵，也中。如今阿里海牙根底问将去。比及问将来时，赛典赤只依着在先体例里行。这般商量来。奏呵，奉圣旨：依着您商量来底行者。钦此。本部议得：亡宋交会住罢，已有禁例。迨今四十余年，尚有隐藏之数，以致转相买卖，夤缘为奸，坏乱钞法。究其所以，盖因有所在官司奉行不至，失于拘收关防。若不立格定罪禁治，将恐久而未便。以此参详，拟合遍行合属，若有隐藏关会之家，文字到日，限五十日赴官出首烧毁，免罪。匿而不首者，许诸人陈告，追究是实，赏中统钞二十锭，于犯人名下征给，仍决六十七下。知是印造伪钞、发卖与人，及依样假造转卖者，比依知情分买行使伪钞例，各决一百七下，引领牙人决八十七下。不知印造情由，贪利买卖者，量决七十七下。印造伪钞之人，依条处断。两邻知而不首，并本处官司禁治不严，检事轻重断罪相应。得此，都省咨请依上施行。（户部六·伪钞，典章二十，pp. 798－800）

4. 买使挑钞断例

皇庆元年五月，江浙行省准中书省咨，来咨，湖州路申：许季二挑钞等事，除将正犯人许季二依例杖断一百七下、徒役一年，王万九等为从，各杖八十七下。看详：买使挑钞之人有犯到官，合无照依挑钞为从定论，唯复比附买使伪钞减等断罪。本省参详：如将买使挑钞之人，比依买使伪钞例，减等杖断九十七下，缘系通例，咨请照验。准此。送刑部：照得即不见挑钞之人许季二所犯年月，难便定拟。宜从都省移咨行省，照勘明白，就便依例施行。议得：挑剜褙凑宝钞、以真作伪者，不分首从，杖断一百七下、徒一年，再犯流远。其买使挑钞之人，合准江浙行省所拟，减等杖断九十七下相应。具呈照详。都省咨请依上施行。（户部六·挑钞，典章二十，p. 803）

5. 侏儒挑钞断例

延祐二年十二月，行省准中书省咨，刑部呈，奉省判：江西省咨，临江路备新淦州申：弓手陈子明于蒋福二手内搜到至元二贯文钞一张，据称系艾伏俚讨来挑钞，辨验得到官钞一张，元是中统钞二贯文交钞，挑作至元二贯宝钞。问得艾伏俚等指，系于东坊萧郎中家买到挑钞。追问得萧郎中名真状指：不合因为家贫，于延祐元年四月二十二日，将卖到胭脂中统元宝交钞二贯文省真钞一张，用右手指甲刮除字贯及边栏墨迹，笔描改作至元通行宝钞二贯一张，收藏在家。当月二十六日，有警迹人艾伏里同蒋伏二，将至元五百文昏钞一张卖与艾伏俚、蒋伏二行使。五月初十日，又将至元钞三百文一张在家挑改作至元五百文，未成。不期弓手陈子明捉获艾伏俚等，将真捉拿到官，招伏是实。艾伏俚、蒋伏二各状招：不合用钞买到萧真挑钞行使。情罪相同。议得：萧真挑钞，以真作伪，乱坏钞法，例杖一百七下、徒一年。缘本人年七十一岁，又系侏儒残疾，不任杖责，依例议罚罪中统钞一百七两没官。外，据合徒一节，若便发遣，诚恐差池。缘系通例，咨请照详，准此。送刑部议得：萧真所犯挑钞，例杖一百七下、徒一年。本人年已七十一岁，残疾，罪已收赎。外，据徒一年，例该六十七下，拟合罚赎中统钞六十七两相应。具呈照详。得此。议得：挑钞人萧真，即系违法重事，拟合责断徒年。即本省将正罪赎铜了当，依准部拟。今后若有似此人等故犯者，咨禀定夺，勿请依前赎罪。都省咨请依上施行。（户部六·挑钞，典章二十，pp. 804 – 805）

6. 食践田禾断例

至大元年三月，行台准御史台咨，承奉中书省札付：蒙古文字译该，大德十一年九月二十三日钦奉圣旨："今年百姓田禾好生不曾收成来。怯薛歹、昔宝赤、诸王驸马的伴当每、外各枝儿等，食践田禾，入百姓每的场里夺要田禾、鸡、米、草、菜、萝卜，哏欺负百姓每也者。如今省官人每行文书禁约者。这般晓谕了，使气力夺要田禾、鸡、米、草、菜、萝卜等物的人每拿住呵，打七十七下，拿住的人根底与赏。"么道，传圣旨来。钦此。（户部九·劝课，典章二十三，pp. 1007 – 1008）

7. 借骑铺马断例

至元四年□月，中书户部，据东平路马户崔进告："恩州太守石磷，将铺马借与杜令史骑坐，前去迤北罪犯。"议得："借驿马，徒二年，品官赎铜。"呈奉都堂钧旨，送本部："石磷，罚俸一月，杜令史，断罪六十十下。"依上断讫，合下各处，依上禁约施行。（兵部三·违例，典章三十六，p. 1411）

8. 背站驰驿断例

至元二十四年八月，江西行省准尚书省咨，通政院呈："卫辉路脱脱禾孙申：江西行省回回令史法鲁沙背站驰驿。责得本人状招：既蒙江西省差遣，管伴南番竹瓦奴回程，不合瞒昧本路，倒换元骑正马二匹，经由获嘉、承恩两站，不系还省正路，更名驰站取马行走递罪犯。除令法鲁沙就便还省外，据法鲁沙背站驰驿，合令行省断罪。"都省送刑部，照拟法鲁沙所犯，量情拟决四十七下，仰就便依上断决施行。（兵部三·违例，典章三十六，pp. 1411 – 1412）

9. 奸八岁女断例

皇庆元年七月□日，福建宣慰司奉江浙行省札付，准中书省咨，来咨，浙东道宣慰司备绍兴路申：沈明四告姚细僧将伊八岁女阿妹奸污等事。送据刑部呈："验会到元贞二年三月承奉中书省札付：本部呈，奉省判，湖广省咨，鄂州路备咸宁县申：胡坚年一十四岁，将王阿黄六岁女王丑娘强奸。取到本人招伏，请定夺事。送本部，照得至元二十九年二月初九日，前中书省归问到一十四岁张拾得强奸四岁女，决一百七下。呈奉都堂钧旨：准拟施行。奉此。本部拟得：胡坚所招强奸幼女王丑娘罪犯，本人年一十四岁，比例量拟杖一百七下相应。都省准呈。除外，仰照验施行。奉此。除遵依外，今承见奉，本部议得：犯人姚细僧所招，年一十四岁，不合奸要沈明四八岁女沈阿妹罪犯，虽和，合同强奸论罪，比例决杖一百七下。被奸小女沈阿妹，虽有招涉，难议科罪。具呈照详。"得此。都省准拟，咨请依上施行。（刑部七·诸奸·强奸，典章四十五，pp. 1655 – 1656）

10. 借使官吏俸钱断例

至元二十七年，行台承奉御史台咨，承奉尚书省札付，户部呈："元收大司农司追到广济署俸钱中统钞四十五两。万亿宝源库申，纳钞人不曾送纳。就问得本部写发人刘明之名从恕状招：不应接受，入己侵使。取到招伏。覆奉都堂钧旨：将本人断讫七十七下，诸衙门休委用。奉此。除将刘从恕依上断罪，具呈照详。"都省除外，合下，仰照验施行。（刑部九·侵使，典章四十七，pp. 1737 – 1738）

11. 处断盗贼断例

延祐二年五月，江西行省准中书省咨，蒙古文字译该：中书省官人每根底，按浑察大王为头宗正府也可察鲁忽赤言语：俺众人商议定，上位奏："阔阔出司徒、阿撒罕太师、帖木迭儿丞相、塔失帖儿知院、伯忽大夫、哈散丞相、灭怯秃承旨、完泽知院、也先帖木儿知院、杂歹院使、章闾平章、帖木儿脱也同知、阔彻别承旨、买驴同知、床火儿副枢、阔阔出答剌罕、十得同签等众官人每商量定，上位奏了，俺根底与将别里哥文书来，近间贼每多了的上头，偷大头口的贼每两遍偷大头口的每根底，又强盗贼每根底，这的每敲。一遍偷大头口的每根底，教奴儿干地面里出军。偷羊贼每根底，比先例加等要罪过者。商量来。么道，奏呵，那般者。教行文书者，么道。圣旨了也，么道。"俺行与将文书来有。于内为首的，为从的，同谋不曾上盗的，已行而不得财的，又旧贼每根底偷财物的，又合出军的贼每根底断的、不断的，豁车子、挖房子的，怯列司里偷大头口的，将这的每怎般断的，不明白有。薛禅皇帝将贼每休教放者么道，圣旨有来。如今将贼每断放了的上头，贼盗多了有。俺商量来：

今后强盗持杖伤人的，虽不得财，皆死。不曾伤人，不得财，断一百七，徒三年。但得财，断一百七，交出军。至二十贯，为首的敲，为从的一百七，教出军。

持杖伤人，造意、为首、下手的敲。不曾伤人，不得财，断八十七、徒二年。十贯以下，断九十七、徒二年半。至二十贯，断一百七、徒三年。至四十贯，为首的敲，余人断一百七、出军。因盗而奸，同强盗伤人，敲，余人依例断罪。两遍作贼的敲。始谋而未行，与不曾得财，减第断罪。又豁车子、挖房子的贼每，伤事主的、起意的、下手的敲，为从的断一百七、出军。不曾伤事主，但得财，皆断一百七、出军。于内有旧贼呵，敲。不曾得财，为首的断一百七、徒三年，为从的断九十七、徒二年半，于内有旧贼呵，出军。

又：初犯怯列司里偷盗驼马牛贼每，为首的敲，为从的断一百七、出军。于内在先作贼，第二遍于怯列司里偷大头口的，敲。

又：初犯偷盗驼马牛贼每，为首的断一百七、出军，为从的断九十七、徒三年。于内若有旧贼呵，敲。

又：偷盗驴骡贼人，为首的断八十七、徒二年，为从的断七十七、徒一年半。

又：偷盗羊猪贼人，为首的断七十七、徒一年半，为从的断六十七、徒一年。

又：偷财物贼人，三百贯以上者断一百七、出军，一百贯以上者断一百七、徒三年，八十贯以上者断九十七、徒二年半，六十贯以上者断八十七、徒二年，四十贯以上者断七十七、徒一年半，十贯以上者断六十七、徒一年，十贯以下者断六十七、断放。为从者，皆减一等断配。以至元钞为则。

又：已行而不得财者断五十七，始谋而未行者四十七，断放。

又：偷盗系官头口、钱物，比常人加等断罪。

又：曾经出军配役来的，再做贼呵，敲。经断放偷盗十贯以下的，再做贼呵，为首出军，为从徒三年，合刺的依旧例刺字。

除这的外，该载不尽事理，依旧例行呵，怎生？么道，奏呵。那般者。依着您每商量来的，行文书者。么道。圣旨了也。木刺忽怯第二日，嘉禧殿内奏时分，速古儿赤也奴院使、牙安的斤等有来。延祐元年十二月二十一日。钦此。都省咨请钦依施行。　（刑部十一·诸盗一·强窃盗，典章四十九，pp. 1783 – 1786）

12. 蒙药摸钞断例

大德十一年六月，行台准御史台咨，据监察御史呈：照刷出都省右司刑房大德九年上半年文卷内一件：李广志药吴仲一。李广志明招："摘取蔓陀罗、菓麻子收留，已后修合，蒙人摸钞使用。大德七年十二月十七日，起意买到荤面一分，将丸成蔓陀罗、菓麻子药丸撚碎面内，令吴仲一吃用，昏迷不省，牵同行至东湖畔空野处，将吴仲一绢袋用刀子割断，盗讫中统钞五锭二十五两。"刑部拟依窃盗，似有未尽。原其罪犯，合从强盗论罪。然系通例，宜令合干部分再行定拟相应。具呈照详。得此。奉中书省札付：送刑部议得："李广志所犯，用蒙药令吴仲一食用，割取钞锭情罪，既已照依窃盗呈准刺放，又系大德十年十二月十八日钦遇圣旨分拣疏放罪囚已前事理，别难定夺。今后似此贼徒，若于饮食内加药，令人迷谬而取其财者，合从强盗法论罪相应。都省准呈施行。"（刑部十二·诸盗二·掏摸，典章五十，p. 1836）

13. 诈骑铺马断例

至元三十年五月，福建行省据通政院呈，近据经历司焦承事呈：江西整治站赤，至袁州，捉获诈骑铺马人刘斌一名。解院，发下镇江路，审责得招伏：系是替军人，元充江西转运司奏差，告闲。不合至元二十九年十二月十四日，欲去广东道寻觅勾当，诈称海北道廉访司奏差，伪写袁州分宜县水站牒文该：赍敬御宝圣旨一道，起马一匹。至吉州路安福县，倒给印信文字，起马。经由一十二站，诈骑铺马，关支分例罪犯。本院移准大都通政院咨：至元三十年三月初五日奏过事内一件："刘斌小名的汉儿人，诈称廉访司奏差，么道。十二个站里骑着铺马行的，盘问拿住也。杖子里敲着呵，怎生？么道，奏将来。那里城子里官人每，依体例打，合打一百七下有。么道，俺根底也与将文书来有。么道，奏呵，那般者。么道，圣旨了也。钦此。"（刑部十四·诈·诈伪，典章五十二，pp. 1891 – 1892）

14. 奴诬告主断例

至元三年十一月初九日，承省判，送下"高德禄诬告本使金宣差使令张弹压赍文字并玉带前去南界进奉蛮子皇帝罪犯，今本使告气减刑归断"事。法司拟："旧例：奴婢应告主事而诬告，皆斩。本主求免者，听减一等。今本使告乞减刑，合徒五年。"部拟一百七下。省准。（刑部十五·诬告，典章五十三，p. 1923）

15. 刑名枉错断例

大德九年九月，福建廉访司承奉行台札付，近据海北广东道廉访司申：廉阿罗状告：育男廉西保，被平山站刘提领决打身死，惠州路陈总管等改换尸状等事。取到总官陈佑等各各招词，议拟。申乞照详。移准御史台咨，呈奉中书省札付，送刑部照得：大德七年正月内承奉中书省札付，本部元呈，奉省判，台呈，广西道廉访司申：刘子开告大德五年六月内弟刘子胜买到香货，至八月二十七日经过远江务，被吴大使用手执木拐，将刘子胜决打身死。初、复检验官临桂县尹张辅翼、录事司达鲁花赤秃哥俱各验作服毒身死，取讫各各招伏。大德六年四月初四日钦遇释免，除将犯人吴让钦依释免，追征烧埋银两给付外，据张辅翼等职役，令合干部分议拟相应。送刑部议得：县尹张辅翼、达鲁花赤秃哥所招，依例解见任，期年后降先职一等，于杂职内任用，标付相应。都省准拟，仰照验依上施行。奉此。本部议拟到下项事理，开坐。具呈照详。都省准拟，仰照验施行。

一名，陈佑状招：钦受宣命，武节将军、惠州路总管兼管内劝农事职役。大德五年八月二十六日，有司吏赵贤辅，将到归善县申初检定廉西保被打、血作攻心身死文解。本吏对佑复说：薛经历道：这刘提领，是宣慰司刘经历多曾分付将来，教觑当，将文解扣换作因病身死。佑自合令本吏依例追问，却不合说"经历行商量"。又招："八月二十九日，归善县达鲁花赤阿都赤前来府厅前，佑与薛经历处复说道：'赵令史退回廉西保身死文解，扣换生前被打，后因病身死。'薛经历依前分付阿都赤道：'据先被打，后因病身死。'就有阿都赤于佑处计禀。佑明知系干人命，又不合回对薛经历道：'那般是。'又对阿都赤道：'只恁地也好。'"又招："九月初三日，司吏赵贤辅将元判二十六日文解于佑处呈，行下本县追问。不合依随本吏覆说'文字迟慢'，将元判改二十四日文解。署押了当罪犯。"廉访司先议得："总管陈佑即系牧民之官，不以人命为念，辄凭经历薛瑜言语，令司吏赵贤辅将归善县达鲁花赤初检得廉西保生前被打身死，退回作因病身死违错罪犯。钦遇赦恩释免，拟将总管陈佑解见任，别行求仕，标附过名。缘本官钦受宣命人员，诚恐所拟未应。"刑部议得："总管陈佑所招，不合将归善县元申检验到廉西保被打身死文解，令本县换作病死。罪经释免，量拟解见任，期年后降先职一等，杂职内任用，标附相应。"

一名，董瑞状招："钦受宣命，同知惠州路总管府事职役。于大德五年八月二十六日，招伏相同，罪犯是实。廉访司议得：同知董瑞所招，不详廉酉保身死，事干人命，二次信从司吏赵贤辅朦胧署押检验廉酉保身死文解违错。罪经释免，又兼本官已行得代，先已除受广东道宣慰副使、佥元帅府事，即目年及七十，例应致仕，若将董瑞标附过名。"刑部议得："董瑞所招情犯，如准行台所拟相应。"

一名，薛瑜状招："祇受敕牒，从仕郎、惠州路总管府经历职役。大德五年八月二十六日，招伏相同。又将尸伤改换，仵作行人叶禄首告到官。罪犯是实。议得：经历薛瑜所招，明知廉酉保身死，干系人命，因为阿都赤说称，刘提领等供指廉酉保被小王决打，经隔二十二日身死，又为宣慰司刘经历曾行分付将刘提领觑当，当此司吏赵贤辅将文解退回，作被打伤痕平复，的系病患身死。有阿都赤亲行赴府，于薛经历处禀问，又不合再令本官，若初检到廉酉保生前被打、血作攻心身死文解，换作被打伤痕平复、因病身死违错。罪经释免。拟将经历薛瑜解见任，降一等叙用。"刑部议得："经历薛瑜所犯，将归善县元申廉酉保身死文解退回，换作病死。罪经释免，量拟解见任，期年后降先职一等，杂职内任用，标附相应。"

一名，阿都赤状招："祇受敕牒，进义副尉、惠州路归善县达鲁花赤兼劝农职役。大德五年八月十八日，据廉阿罗状告，平山站提领刘玉将伊男酉保决打，于八月十七日夜身死。阿都赤于当月二十日躬亲将引仵作行人叶禄、司吏罗时英，初检得已死人廉酉保身死，除炙疮五痕外，左右肩各一痕系拳痕，右肋肘侧一痕系磕痕，右脊膂侧连肋第三枝上一痕系他物伤，右脊膂上一痕系他物痕。据仵作行人叶禄当场对众定验，左脊膂上一痕为重，的系生前因人物打伤，血作攻心，致命身死。回关本县，开申惠州路照验。于八月二十七日，有司吏徐礼收回总府押过本系元申检尸文解，言称赵知房会付换过定给，作患病身死文解申报，以致事发到官。罪犯是实。"廉访司议得："阿都赤所招，系是牧民官职。本官亲行初检得廉酉保的系生前被他物打伤，血作攻心，致命身死，回关本县申路。续有司吏徐礼将回总府押过文解，言称赵知房退回，换作患病身死。明知干系人命，亲行赴府禀覆，又行信凭薛经历等言语，因刘提领系是宣慰司刘经历亲眷，以此依随，省会司吏徐礼等扣换初检廉酉保'生前被打，血作攻心身死'，改作'生前被打，伤痕渐已平复，因病身死'。罪经释免。拟将达鲁花赤解见任，降一等叙用。"刑部议得："达鲁花赤阿都赤所招，不事依随总管陈佑等省会，扣换元申验到廉酉保被打身死状文解。罪经释免，量拟解见任，期年后降先职一等叙用，标附相应。"

一名，赵贤辅，见充惠州路总管府司吏。状招："于大德五年八月十九日，承行归善县申廉阿罗状告男廉酉保被打身死公事。不合依随经历薛瑜言语，将检文解退与县吏徐礼，于初检官阿都赤说：'扣换生前患病身死，执覆路官。'将元判二十六日改作八月二十四日。"又招："既是博罗县复检文解迟慢不到，自合依例催举，却不合于八月二十六日、九月十一日二次不立案验，使讫印批，差黄通、刘政前去博罗县，勾唤到该吏黄庭举下姚典行吏萧仲壬、使唤人叶三五，令各人计会归善县扣换文解，换作病患身死。及受讫黄庭举蕉布三丈二尺、浮茶二袋入已用过。罪犯是真实。"廉访司议得："司吏赵贤辅所招，廉酉保身死，明知事干人命，不合依随薛经历言语，将路官利害，归善县申到廉酉保生前被打、血作攻心身死文解，令初检官吏扣换作因病身死。又招：复检文解迟慢，取要讫该吏黄庭举蕉布三丈二尺、浮茶二袋罪犯。钦遇释免，拟将司吏赵贤辅罢役不叙，已牒惠州路去讫。"刑部议得："赵贤辅所招罪犯，即系刑名违错重罪。既已断罢，别无定夺，依例标附相应。"

一名，徐礼状招："见充归善县司吏。于大德五年八月十八日，承行廉阿罗状告男酉保身死公事。于二十四日，移准本县初检官达鲁花赤阿都赤关该：'检得已死人廉酉保尸伤状同'。于二十五日将文解赴府投下了当。至二十七日，有府吏赵贤辅追照过本县行卷，将元解退回，令礼与本县达鲁花赤商量，换作病患身死文解申府，及打勒取到王元德扶同招词。罪犯是实。"廉访司议得："司吏徐礼状招，廉酉保身死，明知事干人命，不合依随薛经历等言语，将惠州路官押过廉酉保生前被打、血作攻心身死文解，扣换作因病身死。又节次将王元德行打，勒令扶同词因，曾行打廉酉保身死，违错罪犯。钦遇释免，拟将徐礼罢役不叙，移牒本路照会去讫。"刑部议得："徐礼所招罪犯，廉访司既已断罢，别无定夺。"

一名，萧仲壬状招："系博罗县侍缺人吏勾当。于大德五年八月二十日，本县差仲壬根随达鲁花赤忙哥察儿前来归善县里水坊，覆检已死人廉酉保，验得本尸伤目相同，回关本县照验。去后，不合从府吏赵贤辅省会仲壬、使唤人叶三五，计会归善县抄写到改换廉酉保的系患病身死检目，不令县官得知，私扣换文解，申府了当。罪犯是实。"廉访司议得："萧仲壬状招，无俸人吏，根随覆检官忙哥察儿前去，覆检到廉酉保生前被打、血作攻心身死文解申府，不合依随赵贤辅言语，改换廉酉保系因病身死，不令县官知会，私自扣换文解申府罪犯。钦遇释免，拟将萧仲壬革去，移牒本路照会去讫。"刑部议得："司吏萧仲壬所招罪犯，既廉访司断罢，别无定夺。"（刑部十六·违

错，典章五十四，pp. 1981－1987）

16. 错钞不使退印断例

元贞二年八月，江西行省，据吉州路申：省委官、廉访司官归问到平准行用库提领李成、大使程福、库子等，将倒到昏钞内中统钞四锭四十三两四钱，不于正面使用退印，及中统一十四锭四十三两，至元二锭一十二两七钱七分，全不使用退印。罪犯。移准都省咨该：送刑部照拟得：李成等断杖五十七下，别行求仕，标附相应。都省准拟。据库子人等，就便断遣。（刑部十六·违例，典章五十四，pp. 1981－1987）

17. 杀羊羔儿断例

至元二十八年四月二十一日，奉圣旨："休杀羊羔儿吃者，杀来的人根底，打一十七下，更要了他的羊羔儿者。"么道。钦此。（刑部十九·禁宰杀，典章五十七，p. 2059）

18. 抹牌赌博断例

元贞元年正月，中书刑部承奉中书省判送，本部呈，恩州申：至元三十一年六月二十三日，捉获闫僧住、郑猪狗抹牌，及追搜到印牌、木符，取讫各各招伏是实。将放头人吕冬儿，为从赌博人郑猪狗、安主蒋四儿、印板人叶林依例断决了当，及将行使毁不尽纸牌九张并摊场钱中统钞三十六两发下永丰库收贮。外据为首纠合抹牌人闫僧住所招罪犯，若便依例施行，却缘闫僧住终是抹牌，别不曾行使骰钱赌博钱物，切恐差池。本部照得至元二十三年二月内钦奉圣旨：禁约诸人不得赌博钱物。如有违犯人，许诸人捉拿到官，将犯人流去迤北远田地里种田者。钦此。又照得江浙行省捉获姚千六、葛省七等赌博钱物，于至元二十三年三月初六日奏："在先那般赌博的根底拿着呵，交远田地里去种田者。"么道，圣旨有来。么道，奏的其间，这里的，根前是那般道来也者。那里的，索甚么那般道有！么道。钦此。都省已拟赌博钱物断例，各决七十七下，摊场钱尽数没官。本部参详，"抹牌赌钱人闫僧住所犯，即系外路地面，若依江南姚千六等赌博钱物例断决，似为相应。即系为例事理，具呈照详"事。奉都堂钧旨，准拟施行。（刑部十九·禁赌博，典章五十七，pp. 2076－2077）

19. 禁断金箔等物断例

至大四年，中书省咨，三月十八日钦奉诏书内一款："去奢从俭，阜财之源。今后除系官局院外，民间制造销金、织金及打造金箔，并行禁止。违者严行断罪，其物没官。"钦此。除钦遵外，切恐有不畏公法之人贪利暗行制造，冒触刑宪，奉都堂钧旨：今后敢有违犯，许诸人首捉到官，赏至元钞一锭，于犯人名下追给。正犯人断决六十七下，两邻知而不首，决四十七下，其物没官。送刑部，就便出榜依上施行。去后，今据刑部呈："除大都南北两城并直隶省部路府州县依上出榜禁止外，据各处行省所辖去处，宜从都省移咨各省，一体出榜禁治相应。具呈照详。"都省准呈，依上施行。（工部一·杂造，典章五十八，pp. 2136－2137）

20. 偷船贼断例

福建宣慰司，延祐五年十月初六日，奉江浙行省札付，近据宁国路申："宣城县捉获贼人武多儿所招，不合于延祐四年三月初二日，偷盗事主陈荣祖桯木板船一只，估计至元钞十贯以上。"若以钱庆三偷盗铁猫一体刺字，未见通例。移咨中书省照详去后，今准咨该："送据刑部呈：议得：贼人武多儿偷盗陈荣祖船只，计赃至元钞十贯以上。罪既断讫，合准江浙省所拟，比依钱庆三偷铁猫例，将本贼刺字拘役相应。具呈照详。"都省准拟，咨请施行。（新集·刑部，p. 2369）

21. 戳挖双眼断例

至治二年正月□日，福建宣慰司奉江浙行省札付，近据浙东宣慰司呈，衢州路申：舒杞八主意，喝令舒信三甲乌奴刺将侄舒寓一左眼戳伤，及用手指将右眼挖损，两眼俱各失明，已成废人。残害骨肉，情理深重。罪既断讫，拟合于舒杞八名下追征养赡之资，将舒杞八迁徙辽阳屯种相应。具呈照详。得此。移准中书省咨："送据刑部呈：'议得：舒杞八所招，因兄舒杞四将堂兄舒德坚次男舒寓三杀死，不肯休和，挟仇主谋，纠合舒信三并侄舒孙，同去沿路，将舒德坚长男舒寓一揿倒，胸前骑坐。舒孙捺住双脚，喝令舒信三将舒寓一左右眼戳挖，双眼俱各失明，已成废人。行省已将各人断讫，追给中统钞二十锭，充养赡之资。'以此参详：舒杞八，伊兄舒杞四先将舒德坚次男舒寓三用刀戳死，挟恨不与准伏，又行起意，主使舒信三从而加功，将舒德坚长男舒寓一挖刺双眼。伤残骨肉，灭绝彝伦。原其所犯，情理至重。罪既断讫，拟合将舒杞八、舒信三迁徙辽阳肇州屯种，以戒其余相应。具呈照详。"得此。都省咨请依上施行。（新集·刑部·诸殴，p. 2409）

（三）《刑统赋疏·通例》① 中所见"判例"

第一韵

1. 太定二年十一月，浙江省咨：舶商沈荣等告，原经庆元市舶司请给验

---

① 该书中所引法律，不管是成文还是判例，都属于"通行"，即当时生效的法律。所以这里所录的判例在元朝是具有效力的法律。

籍，起发船只往罗斛番经纪，被贼根赶使至暹番，拘勒博易，就委抽分。官绍兴路总管王亚中追究，得纲首凌宝所供原情，事不获已，比不与风水不使抝番事例不同。其罗斛所贵细之物，获利甚重。暹番所产，止有苏木，获利甚轻，岂肯舍厚利以取轻才？推之人情，恐有未然。合凭众证，依例抽分。本省送刑部议得：沈荣原发舶船前去所指番邦，未至番邦，被贼根赶至暹番，拘勒博易，即得已事有因，缘合行移，咨照勘别无违碍，依例抽解。都省准拟。（p. 171）

第二韵

2. 延祐四年五月，济南路申禀：盗贼张卜花，根脚女直人氏，不见是否同色目、汉人？刑部检通例：除汉人、高丽人外，俱系色目，比例刺字，应当八刺、合赤、怯薛、驱口，一体刺断。（p. 174）

3. 大德元年，断过果赀因斗斫伤徐仲议之后，又根赶上岸，因而杀死傍人，断从故杀不赦。即有杀心，变而从重。（p. 174）

4. 至元九年，断过高万奴相扑打死张歪头，这便是以共戏致死；和同，减斗杀伤二等，刑部拟九十七下，和同共戏，议拟从轻。（戏杀，p. 174）

5. 至元十九年，断过弓兵赵九因射杀禽虫，不妨树枝误射马站身死。部议：过失收赎，思虑不到，议拟从轻。（过失杀，p. 174）

6. 至元七年，断过李狗儿射鹿，误将刘仲义射伤身死，却不收赎，断四十七下，减半征烧埋银，责其不应变而从轻。（过失杀，p. 174）

7. 延祐六年闰八月，刑部议得：大名路赵九儿因王郑驴将伊父赵弼打破血出，撞讫一交，以此忿怒，用棒打王郑驴，行刑因伤身死。参详：赵九儿关系父子之情，终无故杀之意，拟杖一百七下，追给烧埋银两，终无故杀之意，议拟从轻。（斗杀，p. 174）

8. 至治元年十一月，刑部议得：浙江省咨杨会四因与胡官孙争斗，先将杨会四按倒在地，脚踏头发，于腰脊等处行打，杨四会不能起身，因就傍拔出原带刀子，将胡官孙左肋戳伤，经隔二日身死。因斗用刃，即同故杀，拟令依例结案，追征烧埋银两，都省准拟。因斗用刃，变而从重。（斗杀，p. 174）

9. 延祐五年十二月，刑部议得：赵海寿割麦，倾于后背所拽笼内，不意孙细牛在后拾麦，误将本人右手大拇指抹伤，经隔一十七日中风身死，即系过。（误杀，p. 174）

10. 延祐六年，部议：贼人赵三等偷于胜保船只撑驾，事主认见，事不获已，才方告求。即与无赃盘诘首服事例不同，依例刺断。（p. 177）

11. 至元三十年四月，刑部呈：德州德平县枉勘郭瘦儿勒死张牛儿事内，检旧例：官司入人罪者，若入全罪，以全罪论；从轻入重，以所余论。其罪出者，各如之。即断罪失于入者，各减三等。失于出者，各减五等。若未决及放而还获。因囚自死，各减一等。于决罚不异者勿论。（p. 177）

12. 元贞元年三月，建德路淳安县官提调夏税，要讫各都里人情钞四十锭。部议：验一次付到多者，依不枉法例断罪。此受同事共与之财。（p. 177）

13. 延祐六年二月，台呈：庐州织染局副阎洪所招，起解段匹，受要匠户周士达钞物三锭四十一两五分，系是公差；及借钱为名，要讫周士达钞二锭，又系巧取，止以差周士达充库子，要讫二锭，次受告替文状要钞一锭，系因事频受，计至元钞三十贯，依不枉法无禄人减一等，四十七下，解任，殿年注边远一任，既若等例难科，依例殿叙。（p. 177）

14. 泰定二年三月，台案工部奏：差刘伟告充仓官，受要守关，奏差赵杰赍发中统钞一十八锭四十两买阙，难同因事取受，决五十七下，解任别叙。出钱人赵杰所犯，断三十七下。（p. 178）

15. 至元二十八年十二月，台纠临江路总管姚文龙写立文帖，于官库内借出钞本一千四百四十五锭，丝三斤，断七十七下，不叙。（p. 179）

16. 延祐四年五月，部议：奉元路贼人樊猪儿偷盗表叔高贵钱物，与事主虽是无服，终是姑表之亲，合同亲属相犯，即将本贼断放，拟合免刺，不追倍赃。（p. 178）

17. 大德六年二月，都省通事秃忽赤取受张文虎至元钞一百贯，依不枉法例决五十七下，解见任，期年后注边远一任。缘先犯取受州官只里瓦子赃钞，御史台断讫，似难重科，依前断解任。（p. 181）

18. 延祐六年三月，部议：茶陵州陈理翁告陈州三次受钞二十七锭，闻知欲告回付，例合减等，内以颜甲子告匿到要至元钞八十贯，依不枉法减二等，笞四十七下，解任别叙。（p. 181）

19. 至元三年七月，左三部呈：上都路梁重兴为母病，割肝行孝，合依旧例：诸为祖父母、父母、伯叔、兄姊、姑舅割肝剜眼腐骨之类，并行禁止。（p. 181）

20. 至元二年七月十一日，出征日本国新附军一人，将自己指头三个剁了，作残疾，推避不出征。枢密院奏准敲了。（p. 181）

21. 大德八年七月，湖广省李阿邓告夫奸男妇，不见妻告夫罪定例。刑部议得：夫妇之道，无非血属，本以义合，义绝则异。李先奸伊妻阿邓前夫男妇，用言劝道，反将阿邓打，既断一百七下，已是义绝，拟合离异。（pp. 181 – 182）

22. 延祐元年四月，中书御史台呈：河东、山西道肃政廉访司申，冀宁路凭千户张昭、关该、郝达等说称孙世英将伊官毁骂，听转说之言，将本人抑取招状，断讫五十七下。刑部议得：冀宁路不应将孙世英断罪，事在革前。今后诸官员凡告吏民人等毁骂，必须亲问证验明白，方许理问，违者治罪。都省准拟施行。（p. 182）

23. 至元三年二月，刑部送法司检旧例：所有憎恶而造厌魅，又造符书咒诅，欲以杀人者，各以谋论减二等议断。王鹏与已死马阇通奸，厌魅伊父耿天祐，欲令身死，决一百七下；造厌魅人冯珪自首，量决五十七下，引领阤阤人刘显决四十七下。（p. 183）

24. 至治三年三月，刑部议断：赣州路窃盗钱举一，与父钱文一同盗讫事主吴付一米靴钱物罪犯，即系侵害于人，以凡人首从定论，依律例刺字。（p. 184）

第三韵

25. 大德五年三月，河南省咨准：贼人张子兴举纠合杨举龙偷盗兄张子德牛只，免刺，合断六十七下，周亲减三等，决三十七下；分赃从赃杨举龙决五十七下，刺充警迹。（p. 185）

26. 泰定七年七月，江西省咨准：贼妇黄阿邓所犯为首主谋，与同居女婿范秀一为从，发掘李七娘坟墓，开棺盗物，合同强盗，罪过原免，本妇免刺，范秀一刺字。（p. 185）

27. 延祐七年七月，河南省宣使张正开拨钞本于彰路唐宗站，失去至元钞三十六锭，罪经释免，著落押运库官船艄防送军兵均征纳。（p. 186）

28. 延祐四年六月，江浙省咨：建康路经刺贼人陈公惜，延祐三年为始，月日不等，节次盗讫许珍等一十四人家财物，以事主李来住财物为重，杖断六十七下，刺字充警迹。（p. 186）

29. 大德五年正月，江浙省咨：绍兴路金孟二窃盗许尚钱物，内将至元钞二十贯收买私盐一担，在家被获，招伏，刺断七十七下，合从私盐为重。取到本路推官，违错招伏。部议：金孟二窃盗钱物，收买私盐，二罪俱发，合从私盐为重科决。计已到断，别无定夺，搜检得罪合同。（p. 187）

30. 大德十一年，甘肃省咨准：朵中古寺盗杀散卜散沙怀马一匹，倍利出驹儿一个，事主告发赔赃。部议：合还正赃怀驹马一匹，赔赃依例征给蕃息之物。（p. 188）

31. 至元四年，断过象家奴用剃刀劙开张受家屋墙入室，事主知觉，用剃刀将妇扎伤。法司拟即系窃盗知觉弃财，财主追捕，因相拒捍，伤杀事主，

不同强盗伤人，断一百七下。（p. 188）

32. 大德七年十月，部议：窃盗戴王驴粪夜盗杀翟成密牌，事主知觉，将赃撒下逃走，因而追捕，本贼拒捕，却将翟成驱倒，用元带铁皆打伤所犯，事有因缘，虽同强盗，又已弃财，止据拒捕打伤事主罪，免刺，杖断一百七下。（p. 188）

33. 至元三十年四月，中书省刑部呈：德平县达鲁花赤赤哈刺、主簿刘克中枉问郭瘦儿等勒死张牛儿事，其达鲁花赤主簿刘克中所犯即系故入人罪，未曾断决，拟合各减一等，断一百七下，除名不叙。都省准拟。（p. 189）

34. 至治九年七月初十日，中书省咨：为沈明仁剃僧雕版事该。刑部照得：沈明仁为章士服等三十三状告争田，发付杭州路羁管，敬奉皇后懿旨休问，给驿赴都。此咨请敬依施行。（p. 189）

35. 至元七年十月，礼部检旧例：尊贤贵德，怀孟路总管杨少中，曾任参政，系前执政，申部文解，合止署姓不书名。（p. 189）

36. 至元四年五月，中都路樊旻殴打和你赤，法司检旧例：诸犯徒应役而家无兼丁者，徒一年，加杖一百二，不居作，一等加二十。若徒年限内无兼丁者，总计应役日及应加杖，准决徒一年一百二十，徒一年半一百四，徒二年一百六，徒二年半一百八十，徒三年二百。此是杖不过二百也。（p. 190）

37. 至治元年八月初二日，江浙省咨：庆元路贼人沈千四先窃盗，刺断发付盐场居役，又盗邓法保家财，缘徒年未满，配所再犯，出军，论以赦后为坐，免放，刺字。（pp. 190 – 191）

38. 至大二年二月，部检旧例：流刑有三，皆以里数定立程限，限内遇赦则原，无故违限则不原。今辽阳离大都一千五百余里，其流因别无素定程限，贼人吴喜儿等至行省，遇赦，未及流所，钦依免放。流囚中途遇革放还。（p. 191）

39. 延祐七年八月，部议：平江路贼人余何官先犯窃盗朱熠家，刺断一百七下，配役三年。逃回，窃严、胜二家，盗银器，断罪发奴牛干出军。（p. 191）

第四韵

40. 至元三年七月二十三日，监修官呈：捉获跳过太掖池围子墙人楚添儿，状招于六月二十四日，带酒见例讫上墙，望潭内有船采莲，跳过墙。（p. 192）

41. 至大元年八月，浙江省咨准：杭州路吴埜持刀谋杀王永，已伤，偶获生免。始谋之心，杀人之情，已定例结案。（p. 193）

42. 元贞二年十一月，刑部议得：浙西道宣慰司令史曹澍盗烧昏钞，明知库子沈义等短少昏钞，允受各人请求，不为制开，以致虚烧过昏钞二千四百锭，虽所计钱未到手，终是事已枉法，比例减二等，各决杖八十七下，罢役不叙。（pp. 193 – 194）

43. 大德六年正月，台呈：大德路建德铺籴米官石伯庸等节次量与籴米人户，斗面轻重，积出附余米数，籴到钞二锭二十六两五钱，各行分使，元关米石价钞既已纳足，所籴积余难同官粮正数，已行断讫，依不枉法例别叙。（p. 194）

44. 至治元年九月，刑部议得：云内州判官八剌思不花取受张万奴等各物，及容隐同居表弟火失帖木儿，与盗牛贼忽都帖木儿妻荅失在家奸宿，俱已事发被问。黄夜，入牢打狱卒，劫取火失帖木儿等出禁，一同在逃，被捉到官，合与犯人同罪，杖八十七下，除名不叙。都省准拟。（p. 195）

45. 中统元年八月，中书省刑部：平阳路申贼张海苟黄夜于郭兴家殴打，郭兴却用车脚于张海苟脑后还打，破伤身死，即系事主因贼拒捕殴死，别无定夺，因囚殴杀。（p. 195）

46. 大德元年三月，中书省御史台呈懿训：州司狱赵惟德妄认良人刘开奴作逃驱，私家触脚五十余日，非理拷打，以后河内县解到正驱。据赵惟德所犯，拟断八十七下，罢职，都省准拟。（pp. 195 – 196）

47. 大德三年十月，中书省辽阳行省咨：忒木儿诈认马匹。刑部拟得：忒木儿所招，涉疑虚认忙古耳马匹，终系错失，即非偷盗，量决四十七下。都省准拟。（p. 196）

48. 延祐三年九月，刑部议得：广宁路达鲁花赤那怀二次于广盈库子尹澄处借讫官钱中统钞六十锭，即系监临枉法，罪遇原免，合除名不叙，原借钞锭追征还官。都省准拟。（p. 197）

49. 大德十年三月，李广志修合蒙药，令吴仲一吃讫，昏迷不醒，盗讫钱钞。刑部议得：李广志所犯，既已刺放在革前。于饮食内加药，令人迷缪而取其财者，合从强盗论。都省准拟。（p. 197）

50. 至元十一年二月，刑部断过大都路张阿散，状招有潘贵等买吃饺子烧饼，不肯还钱，将父张来兴用棍棒打伤，以此将潘贵衣领紧扼，赴宛平县城陈告，气绝身死，决七十七下，追烧埋银。（p. 197）

第五韵

51. 至元七年闰十一月，尚书省刑部：济南路申孙平告妻阿杨先与董重一为妻，生男拾得，其夫身死，改嫁与平为妻，次后本妇病故殡埋。有前夫子

董拾得所犯，拟决四十七下，阿杨骨殖于孙平坟内埋葬。（p. 198）

52. 泰定四年八月，部议：福州路平准库贮库戴善卿自行挑剜，假为钞两，以真作伪，诡名倒换钞本，杖一百七下，徒一年。库副比权容纵滥设，虽令赔钞，不行拘收申官。烧毁事干钞法，杖六十七下，罢职降等除用。（p. 199）

53. 行御史台该准御史台咨监察御史呈：体察追问到枢密院通事阿八赤等占使军人，省掾王良能等私下借使易官车牛搬载己物，取到各各招伏追断，及将主典量情断罪外。本台议得：内外诸衙门管军匠人夫并收掌系官头匹官物，遍行明谕，取与之人，俱各有罪，严加禁治，难应借使官物。（p. 200）

54. 皇庆元年八月，中书省准：江西行省龙兴路民户熊神子听从俞住子纠合，一同偷盗大济仓粮米七石五斗，于廒前顿放，召主出祟，问事发除依断例决刺字陪赔一节。刑部议得：俞住子等虽将官粮盗离廒房，终未驮载出仓，合以不得财定论，难以刺字。（p. 201）

55. 延祐三年十月，江西省断守袁州路彭谷清将女招许天祥为婿，本期养老，失犯抵触，今殴妻母咬伤，罪又上原免，义绝离异。（p. 202）

56. 至元三十一年九月，陕西省咨：西安路吏告养老女婿张留僧刁引女棉喜在逃，不从斫伤手指，用斧将妻阿屈左耳脑顶上斫伤，扎鲁忽赤断讫八十七下，即系义绝，再难同居，理合离异了。（p. 202）

57. 大德五年三月，广平路司狱魏绍先取索犯奸囚人李德和白米六斗，疏枷，黉夜共饮，以致牢子受钱纵放。本官受物，虽微违法，情重枉法，验科断不叙。（p. 202）

58. 大德七年八月，陕西省运使王速甫点视盐池，食用管下提领王荣，科饮买到羊酒，罚俸半月，追赔价钱钞三十两；王荣不应科，钦决二十七下。（p. 202）

59. 至大十二年二月，部议：建康百户何孙因娶妻梁小姐，与正妻答海同居，有丈母梁阿管开闭房门，用拳于丈母左腮颊上打讫一下，有伤，量拟六十七十下。（p. 203）

60. 延祐三年十一月，部议：犯罪该徒，虽法不容，然家无兼丁亦许权留养。今江西省窃盗贺必贵盗讫谢庆钞五锭，计赃断决七十七下，刺右臂，合徒一年半。缘报父母，父母俱各年老残疾，别无以次侍丁，免配养老。（p. 204）

61. 至大元年四月，部议：榆林站杨巡检拿获合流远贼徒李狗儿，受财脱放在逃，例违同罪，既非真犯流刑，止合杖九十七下，徒二年半。缘正贼已

行捕获，于应得罪止减一等，决杖八十七下，徒二年，除名不叙。（p. 205）

第六韵

62. 至顺三年十月，刑部检旧例：因盗故杀伤人或失杀伤财主而自首者，盗罪得免，故杀伤罪仍科。都省议得：湖广省盗首贼严保儿纠合冯苟姑、吴申哥、吴狗儿强劫付阿李家财，从贼冯苟姑用棍将事主右臂上打讫一下，首贼严保儿自首到官，因而全获同伴。严保儿既系元谋，例合皆死，却缘本贼不曾亲伤事主，悔过自首，合准首疏放。今后强窃贼盗有能悔过自首者，许以自新，捕获同伴者，依例给赏。（p. 205）

63. 至元七年正月，尚书省刑部呈：苏三十五因与周仲义驱男来的相争，于本人不应处用曲唻招招瓦死，即系良人因斗殴杀他人奴婢，拟杖一百七下，仍追烧埋银五十两给付苦主。都省准拟。（p. 207）

64. 大德七年九月，御史台纠察兰州站户任再兴用拳棒鞭子殴伤刘同知，冒增年甲赎罪，系部民故殴本属官长，的决六十七下。（p. 207）

65. 至大二年三月，江浙省议断：池州路方元孙将伯父殴詈打伤，加等决一百七下。（p. 207）

66. 至元八年五月，上都路留守司赵万驴为妻李七哥抵触母亲，将本妇心胁伤讫身死，决七十七下。（p. 208）

67. 至元二十八年十一月，汴梁路阿汪告贾咬儿未曾捉贼，将女锦莺定与阿汪，理合令阿汪迎娶过门成亲。刑部抄到贾咬儿家产内有女名锦莺，已下太都路兵马司照拟休问，委有明白，准拟施行，抄扎许嫁女还夫家。（p. 208）

68. 至大元年十二月，江浙省咨：湖州路程开八与五服外族侄女孙通。议虽系服外，终是同奸，量拟加等，各杖九十七下。（p. 210）

69. 至元六年九月，冀州贾信为男贾三不由教令，将妻休弃，用镬柄殴打，因伤邂逅身死，若使坐罪，以子责父，恐伤人伦，免罪。（p. 210）

70. 大德三年六月，台呈：瑞州冀千户范震、永新县县簿尉周驿被差收捕耗贼，与百户乔林仪定把截贼人出入要路，互相救援。不行前去，失误军期，致将乔百户闻知不即救，情犯深重，合行处罪，遇原免罢职不叙。（p. 212）

71. 至治元年八月初二日，江浙省咨：庆元路贼人沈于四先犯窃盗，刺断配役逃回，盗讫事主邓法保家财，若少前条定论，缘徒年未满。部议：贼盗再犯出军，皆以赦后为坐。今贼人沈于四所犯释免，依例刺字充警。（p. 212）

第七韵

72. 大德五年二月，江浙省为处州路杨立于念藏经禁断日杀鸡，照依部例决二十七下，委曾明白戒谕，依律断决施行。（p. 214）

73. 至元十七年八月，济南路申：柳温因疯病举发游走，指骂亲母阿李，用木窗棂一条于阿李脑后打讫一下，即时身死。部议：虽因疯狂，终犯逆死。（p. 214）

74. 至大四年二月，部议：凤翔府医提令王文素看诊李大使，本患阳证伤寒，用羌活附子药饵，以致热攻身死，比例合决一百七下，幸而罪遇原免，征烧埋银两。（p. 215）

75. 至大二年七月，部议：上都税课提举司提举杨伯彦，将同僚沙的提举于公所抢扯衣领，合同殴法，比例笞三十七下，解任别叙。（p. 215）

76. 延祐六年六月，大宁路贼人陶改儿通犯窃盗一十一次，合依窃盗崔敬臣一主财物为重，断配。（p. 216）

77. 大德七年五月，部议：尖阳仓监支纳六国蛮大使张仲礼、大使马良卿赍纳粮户席钱二千九百二十八贯一两五钱，每人分讫九百七十六两五钱入己，比不枉法科断解任。（p. 216）

78. 至元二十年十月，河南府贼人孙霸王等反狱在逃，本路总管乐少中于百日限内将贼人全获。刑部议得：本路正官、首领官吏、提牢官司狱等，既总管乐少中限内全获贼人，拟合免罪。都省准拟，比限内捕获自能免罪。（p. 216）

79. 至元十五年十二月，留守司在禁流囚纪买儿反狱在逃，复获在官。部议：反狱贼人纪买儿打伤狱卒，合行重死。（p. 216）

80. 至治元年十二月，江西省咨偷羊贼人罗值仔决配，脱监在逃，革后捕获，即与流囚事例不同，释免充警。（p. 216）

81. 延祐三年三月，河南省咨准：归德府问到杨忙黑等挟仇刺死王十六牛只罪犯，钦依革拨。内除王歪贯刺死周居义义父牛只名下合该价钱免征外，王孙儿、杨课驴刺房公牛只，虽是亲属相犯，即系同居，合与余贼一体均征，给价本主。（p. 218）

82. 至元十七年十月，户部呈：卫辉路军户李秀告：户程玉将男程暗住军籍内漏报，役充军站户。既然得军籍，正是漏了，终是原签正军。程玉亲男程暗住，拟合与程玉依旧同户当军，别行补拨车站身役。（p. 218）

83. 至元三年七月，刑部议得：于驹儿所招，因为刘帖儿将父于二打死，捉获用绳子缚住。本人将绳解开，欲行逃走，于驹儿用桑棒打折胁肋，捉送到官，解后身死。即系应合杀捕之人，难议治罪。都省准拟为父报仇。（p. 218）

第八韵

84. 至元五年二月，上都路警迹李买住二次偷讫事主彻列思等衣服，又因断役库曝晒物件，节次盗讫金系腰作子罪犯。法司拟：偷彻列思衣服累并不加重，止据偷窃官库金系腰估钞刺臂，此罪有累加论。（p. 219）

85. 至治二年，江浙省咨：平江路贼人姚官保所招，至治元年二月初五日，盗讫房客沈万二中统钞五锭，又于本月二十五日盗讫本人绸绢等物，以一次计至元钞五十贯为重。依例决七十七下，比盗佃客衣服例，免刺不追赔赃。送部议得：贼人姚官保所犯盗讫赁住伊家房屋道人沈万二钞锭衣服等物，既非亲属同居，又与馈主奴不同，合从凡论，估计前后所盗钞物，累赃断讫，追给赔赃。（p. 219）

86. 泰定二年正月初一日，钦遇故杀致命又在原免。江浙省咨：绍兴路问道：挟仇谋杀豪霸尉，造意犯人魏能四下手致命，贼人刘瑞六俱已病死，见禁魏进一、魏仁二人俱与被死朱县尉无仇，止因先为缺食多，得伊叔魏能四供给，以此随从加功。虽与朱县尉腰上打讫一下，缘定不系致命去处，若与魏能四一体定论，似涉太重。既遇诏赦，合拟释放。都省议得：魏进一所犯，终是同谋下手，结案故杀致命，罪不该原除，起意为首下手，同谋不曾下手，虽曾下手不系致命，及从而加功干犯人数既故，系过杀致以首从论罪。（pp. 220 – 221）

87. 至治三年三月，江西省咨：抚州路严荣五用镰刀斫伤兄严荣四，比常人加二等，杖九十七下。都省准拟得：严荣五所犯用刀斫伤亲兄，伤虽平复，情深重，断一百七下。（p. 221）

88. 至大三年正月，江浙省咨：断过池州路方元孙因伯方又新割去子粒，采斫桑叶，发恶毁骂，打伤伊伯，量拟一百七下。（p. 221）

89. 至元五年二月，部议：平阳路夏县奥鲁军李大于郑县令面上打讫一拳有伤，系殴伤品官，比凡人加等，决五十七下。（p. 222）

（四）《经世大典》遗文所见"判例"①

1. 诸检尸，有司故迁延，及检覆牒到不受，以致尸变者，正官笞三十七，首领官吏各四十七。其不亲临，使人代之，以致增减不实，移易轻重，及初

---

① 此部分具体见《永乐大典》卷914中"尸·验尸"（中华书局影印本，第9册，第8662～8665页）。这里把《大典》中的成文法及附在下面的成文法及判例同时抄录。有些条文被《元史·刑法》全文抄录，此处把《元史·刑法》中相同条款同时收辑，以全面反映《经世大典》的特点。

覆检官相符同者，正官随事轻重论罪黜降，首领官吏各笞五十七罢之，仵作行人杖七十七，受财者以枉法论。官吏但犯者，虽会赦罢降，记过。本路仍别置籍，合推官掌之。遇所部申报人命公事，随时附籍检举驳问，但因循不即举问，罪及推官。无推官者，令长司首领官掌之。廉访司行部，所至严加审察。（p. 8662）

附：诸检尸，有司故迁延及检覆牒到不受，以致尸变者，正官笞三十七，首领官吏各四十七。其不亲临或使人代之，以致增减不实，移易轻重，及初覆检官相符同者，正官随事轻重论罪黜降，首领官吏各笞五十七罢之，仵作行人杖七十七，受财者以枉法论。（《元史·刑法一》，p. 2621）

（1）元贞元年九月，御史台呈，衡山县王庚二打死陈大十七，县丞王立不亲临检验，转令司吏蔡朝用代之。本吏受财以重伤为轻伤，妄作风中而死。据王立所犯，拟笞三十七下，解见任。都省准拟。（p. 8662）

（2）大德六年三月，刑部呈，邹平县黄成告王伴儿，因上树压折树枝掉下摔死。县尹张亨、典史宋宥，不即躬问，又不亲临检尸。仵作行人陈全，却将王伴儿作踢死检验。辄凭取讫，黄成弟黄喜儿曾于王伴儿右腮连耳，并阴间踢伤身死招伏。及移委袁州，推问得王伴儿委因上树压折树枝掉下摔死。县尹张亨笞五十七，降先职一等，期年后复叙，典史宋宥、司吏刘居敬依例科断。罪遇原免，依上降罢。都省准拟。（p. 8662）

（3）大德六年三月，中书所委官呈，庐江路含山县梅张保患丁肿而死。梅开先妄告赵马儿踢死。初检官含山县达鲁花赤众家奴，覆检官历阳县尉侯泽并不亲临监视，止听从仵作行人刘兴、王永兴定验，梅张保作脚踢身死。屈令赵马儿虚招，及赵文通称冤，委官缉问得梅张保却系患丁肿身死，具上其事。中书下刑部议：各官所犯，罪经释免，合解见任，别行求仕，记过刑书。都省准拟。（p. 8662）

（4）大德七年正月，御史台呈，广西廉访司申，刘子开告大德五年六月弟刘子胜买香货，至八月二十七日经过远江务，被大使吴让将所执，拄杖殴死。初覆检官临桂县尹张辅翼、录事司达鲁花赤秃哥俱作服毒身死。取具各官招词，罪过原免，比例解见任，斯年后，降先职一等，杂职内叙，过过刑书。都省准拟。（p. 8662）

2. 诸有司，承告人命公事，即获正犯人，取问明白，却不检尸，纵令休和，反受告免检，将正犯人踈放，以致在逃者，正官杖六十七，解见任，降先职一等叙，首领官及承吏各笞五十七，罢役通记过名。（p. 8662）

（5）大德六年九月二十五日，定襄县张仲恩告禁山官速刺浑男忻都伯，

用弓梢将侄男桃儿推落崖下致死。县尹杜行简、典史张世英、司吏李茂同至
王村王居敬家，将忻都伯等捕捉取讫诏词。李仲宽、孙德智等，指证明白，
不即检验尸伤。至二十七日，却听怯来等言，受告免检文状，纵令休和，与
苦主中统钞一十六锭三十两，取具张仲恩诬告招词，省会将尸埋瘗，及将忻
都伯保放，以致在逃，今始到官。河东廉访司议：杜行简合杖六十七，解见
任，降先职一等叙。中书下刑部议：杜行简合准廉方司所拟，张世英、李茂，
拟各笞五十七，罢役通行记过。都省准拟。（p. 8662）

3. 诸司有检覆尸伤，正官有故，辄令首领官吏代行，却作亲身申报者，
虽无差误，正官仍笞一十七，首领官吏并二十七，通记过名。（p. 8662）

（6）大德十年九月，御史台呈，河东廉访司申，清源县病死囚人刘黑子，
初检官清源县尹蔡伯要觲因病，止令典史彭世英、司吏姚居礼代检。覆检官
交城县尹任德中，亦以使臣密兰当回，止令司吏王克昌代检，俱作亲身检覆。
牒申中书，下刑部议：虽无增减不实，终是不曾亲临检视，蔡伯要觲、任德
中各笞一十七，彭世英、姚居礼、王克昌各二十七，通行记过。都省准拟。
（p. 8662）

4. 诸有司，在监囚人，因病而死，虚立检尸文案，及关覆检官者，正官
笞三十七，解职别叙，已代会赦者，仍记其过。（p. 8662）

附：诸有司，在监囚人因病而死，虚立检尸文案及关覆检官者，正官笞
三十七，解职别叙。已代会赦者，仍记其过。（《元史·刑法一》，p. 2621）

（7）至大四年七月，御史台呈，河南廉访司申，汴梁录事司达鲁花赤暗
都剌忻，于至大二年正月十九日张好义告元雇人魏丑儿持去油钱中统钞二百
二十两，取其招词，锁监追征，魏丑儿患病，去锁医治身死。高典史抬尸苏
成地内停放，听从司吏崔玉之言，不曾亲临检尸，虚押文字，并关祥符县覆
检，本官虽已得代，终是事关人命，拟合降叙。中书下刑部议：暗都剌忻所
犯，依例合笞三十七，解见任，别行求叙，罪既释免，又已得代，记过相应。
（pp. 8662 – 8663）

5. 诸有司，辄听所部请于检覆尸状，改殴死为病死者，正官及首领官各
解职，注边远一任。（p. 8663）

（8）大德十一年六月，刑部奉省判，惠州路总管陈祐于大德五年八月将
归善县初检殴死廉西文解与经历薛瑜，听从本县达鲁花赤阿都赤禀覆改作因
病身尸。本部议：若依例降叙，终非亲临检覆，正官似涉偏重。若依廉访司
所议，解职别叙，记过相应。都省议：陈祐等所犯，合注边远一任。
（p. 8663）

6. 诸有司，检尸辄下令仵作行人改易元检定验，已照勘明白处断，会赦者，元检官解职别叙。（p. 8663）

（9）至大元年七月，大宗正府蒙古文字译，真定路古城县康浦仙与房兄康羊马奸，药死其夫王黑厮。康羊马在禁身死，康浦仙游街棒死。元问官县尹冀聪不用心究问，及诸情节粘连在前。中书下刑部议：照得县尹冀聪元检王黑厮系作药死定验，却仰仵作行人赵进改作不系药死，既真定路照勘康浦仙药死其夫，奸夫康羊马、卖药人田成招证，皆明白，罪已断遣。据冀聪所犯，系在革前，合解见任，期年别行求仕。都省议：解现任，别行求仕。（p. 8663）

7. 诸有司，检覆尸伤，不亲临，听承吏仵作行人受财虚检，不关致命重伤，以殴死为病死者，事发出首仍生之，虽会赦，解职，降先一品等叙，承吏罢役不叙，仵作行人等革去，通记过名。凡人命重事，不准首原。（p. 8663）

（10）至大四年十一月，御史台呈，石首县许雄飞殴死许冬哥。初检官本县主簿杨进，覆检官监利县尹佟友直并不亲临监视，以致司吏冯良、赵荣、贴书彭如珪、行人马文秀、张胜等共受许雄飞买嘱钱至元钞二锭一十两，将两背胛、左后肋、腰眼等处致命重伤，并不开写，止作生前因病身死定验。及廉访分司照出尸伤不明，官吏方行出首。中书下刑部议：各人所犯，即系人命重事，虽准首原，罪既遇赦，初覆检官拟解见任，降先职一等叙，吏枉法受赃，罢职不叙，贴书及仵作人等并行革去，通记过名。（p. 8663）

8. 诸幕职未入流者，随行公使人惊殴人致死，承告迁延，不即检覆，以致身尸发变，无从定验，虽会赦，罢职不叙，承吏同罪。长官容徇，解职别叙。吏属移易尸帐，长官幕职容徇者，会赦，同上科罪。（p. 8663）

（11）皇庆元年，刑部呈，河间路申，陵州吏目陈彦德下曳剌梁聚，至大四年十月二十三日先令妻梁二嫂于李阿刘门外毁骂，阿刘乳哺两月新生儿不应对。梁聚直入推开房门，将阿刘头发揪碎殴击，并儿带摇车拖弃床下，口内出血，日落身死。告到本州陈吏目，疏驳不受，分付押状，又行截匿，不即检尸，却令梁二嫂将钞八锭休和。阿刘不从，后十一日再告，同知张也先不花，方从陈索，取出元状押过陈复藏匿不行。十二月二十日再告，方行检验，已是身尸发变，无从定验，反行勒取李阿刘不即申官文状，本路委自景州刘知州归问，会赦，除先将梁聚杖七十七，取到官吏招词，开申本部，拟各官所犯，罪遇赦免，张也先不花拟解职别叙，陈彦德及承吏韩居敬并罢役不叙。都省准拟。（p. 8663）

（12）皇庆二年八月，御史台呈，广东廉访司申，番禺县梁伶奴因争田土，将木棒殴死蔡敬祖，却与番禺县吏杨栋中统钞二十锭，贴书昭仕明中统钞十二锭，教令作蔡元卿用木杷头殴死谢景德，如此移易尸状，情节未尽行，据博罗县申问出实情，却系梁伶奴于蔡敬祖右胁殴死。中书下刑部议：县尹马延杰、典史孔镇材所犯罪遇释免，合比例解见任，别行求仕，通记过名。都省准拟。（p. 8663）

9. 诸有司，检覆尸伤，轻听犯人称说，定验不明，虽会赦，解职别叙，首领官及承吏各罢见役，通记过名。（p. 8663）

（13）延祐元年十月二日，湖广省咨梧州苍梧县李阿曾殴死李阿潘。县尹何海、典史吴显祖、司史莫国瑞一同初检得沿身上下共十二痕，内两乳、两胁四痕，为要害致命去处。却据行充人李阿曾状称，生前与李阿潘交殴，后服药身死，定验不明。中书下刑部议：何海等所犯罪经释免，何海解见任，别行求仕，吴显祖、莫国瑞各罢役，通行记过。都省准拟。（p. 8663）

10. 诸有司官，检覆尸伤，不能律下致将听检无罪之人拷掠凌暴，要其酒食钱物，逼伤人命者，各科本罪，仍于死人征烧埋银给苦主。（p. 8663）

（14）延祐元年十月，湖广省咨，沅州路申，黔阳县胡七告妻唐氏因胡亚晚称去夫钞三十两，自缢而死。县尉郭仪将听验人胡万一、胡亚晚等锁项听候，除检覆无罪，不将各人踈放，令祗候马俊、杨贵监管，遂将各人打拷，索取鸡酒钞物，胡亚晚自缢而死，取具郭仪等招词，已将马俊、杨贵断罪，征烧埋银给苦主。送据理问所拟，郭仪罪既原免，合解见任，别行求仕。中书下刑部议：依准行省所拟相应。都省准拟。（p. 8663）

11. 诸职官检覆尸伤不即牒报，而情不涉私者，笞十一七，记过。（p. 8663）

（15）延祐元年十二月，辽阳省咨，太宁路申，惠州同知太帖木儿，初检朱荣甫尸伤，九日不行回牒，别无赃私，拟罚俸两月，或笞二十七日还职。本省看详：依本路所拟还职，诚恐差池。中书下刑部议：各笞十七日还职，记过相应。都省准拟。（p. 8663）

12. 诸职官覆检尸伤，尸已焚瘗，止传会初检申报者，解职别叙。若已改除，仍记其过。（p. 8663）

附：诸职官覆检尸伤，尸已焚瘗，止传会初检申报者，解职别叙。若已改除，仍记其过。（《元史·刑法一》，p. 2621）

（16）延祐四年十月，御史台呈，南台广西廉访司申，梁当柱先将田寿四殴死。欲蔽重罪，又因李大根随人小杨殴死抵命，诬赖却作其子梁住儿被田寿四互殴致死。覆检官恭城权尹崔达比至尸所，其尸亲各将焚化埋瘗，止依初检官周县尹作互殴身死。申府合量加黜降，以警后来。中书下刑部议：平乐府知事权恭城县尹崔达，不详人命重事，虽是无尸可验，缘行凶人见在，亦当从实穷问致死根因，不合止从尸亲供说，即系刑名违慢，合解见任，别行求仕。缘本人已除浔州路经历，依例记过相应。都省准拟。（pp. 8663 - 8664）

13. 诸民告所雇家童在外，家童亲属辄移他人尸相诬赖，有司检验，辄传会书，填尸状，以非法加刑，逼令屈招杀死者。初检官杖六十七，解职降先品二等叙。追搜行凶器杖，逼令妄认者，罪减一等，降先品一等叙，随从枉勘者，以次佐官罪减二等，解职别叙，未署官减四等还职，通记过名。① （p. 8664）

（17）至治元年十一月，御史台呈，江西廉访司申，囚分司牒，龙兴路宁州戴章身死。照得延祐五年五月十四日，冷有敬告使唤人戴章在逃。戴仁等扛抬不得名男子坏烂身尸，称是泰清港内漂到，戴得五状告认得右额、右胛各有疮疤，右手短，是其弟戴章身尸。知州孙瑾初检得本尸，除十伤轻伤外，咽喉下一伤是刃伤致命，右额右手并无疮疤，右手不短，却听从司吏钟文谅符同元告增写尸帐，言右额、右手各有疮疤，右手短一寸，委是戴章身死。又问得地邻祝允五等皆称不是戴章。戴章在逃是的。却令贴书周德厚除换供状前幅，改作认识得系是戴章。以致本州与何同知、卞州判等自五月二十七日、六月二日为始，节次将陈俊、张福、刘福十、范清拷讯，及将冷有敬违法用皮掌掴两腮，竹散子夹两手指，木棍辊两膝，敲击两踝骨，抑令虚招因捕获戴章与次妻凤哥奸，使令陈俊等用斧斫死。又委州判卞瑄下乡追搜器仗，责令陈俊等妄认，将各人枷禁。至七月二十二日，黄崇捕获戴章亲身，才将各人疏放。议得：知州孙瑾合比平江知州李廷芳枉问徐应宗殴死陈定二例，杖六十七，解见任，降先职一等叙；州判卞瑄等笞五十七，同知何楫笞四十七，并解见任，别行求仕；州判亭罗俊兴笞二十七，还职赦。后再议：孙瑾年及致仕，降先职二等，勒令致仕；卞瑄解见任，降先职一等；何楫、亭罗俊兴并解见任，别行求仕，通记过名；司吏钟文谅等并罢役不叙。（p. 8664）

14. 诸司县官，初覆检尸容隐不实，符同申报者，虽会赦，正官解职，期年后降先品一等叙，首领官及承吏罢役不叙。（p. 8664）

（18）至治二年闰五月十七日，刑部奉中书省札付，准陕西省咨，泾川申，泾川县典史吴舜臣，任内覆检身死曹四，脱漏紧关情节，符同灵台县初

---

① 此条说明《经世大典·宪典》在把判例提炼成成文法时十分粗糙，因为整个条文都是一种简单的事类归类。

检尸状申报。移准中书省，次送部议拟：初覆检官罪遇赦免，虽已得替，各降先职一等，期年后叙；典史萧让、吴舜臣，司吏罗世荣、柳文珪，俱各罢役，于犯人名下倍追烧埋银给付苦主。本省看详：典史吴舜臣等，元拟罢役，未审合无叙用。再下刑部议：泾川县典史吴舜臣覆检曹四尸首，明见沿身有伤二十七处，及左耳青紫肿一处，如拳殴形状，左耳前别无痕分八字，却行信从司吏柳文珪所说，脱漏耳根青紫肿伤，作口有涎沫，符同初检，定作自缢致命，及至推问，却系刘子玉殴昏缢勒身死。典史吴舜臣所犯，即系亲管案牍文职，不以人命为重，隐蔽重伤，以无为有，以有为无，故将殴昏缢勒致命，符同初检定作自缢身死。情犯非轻，既已呈准罢役，难议别叙。（p. 8664）

15. 诸告人命事，不与听理，致检覆失期，身尸发变者，正官笞三十七，首领官吏笞四十七，通记过名。（p. 8664）

（19）至治元年十二月，御史台呈，山东廉访司申，峄州人户卢骡儿口告，延祐七年四月十六日徒沟村李师婆与男李二、李四及二女婿等，于已吐退与本家地内采斫桑树，其父卢玉遮当，李师婆喝令李二等用棍檐于卢玉左大股、右胛膊、右肋连脊背等处殴伤昏迷。社长苏贵相验过被伤去处，当日晚身死。自十七日为始，累赴峄州陈告，不肯受理，致尸发变。告奉益都路行下本州施行，本州使李二等不招殴死情由。本路改委滕州董知州归问，依前不招。追照得峄州文卷。延祐七年六月二十二日，本州奉本路指挥移准，初检官达鲁花赤马哥，关卢玉皮肉消化，头发脱落，不堪检验，及准捕盗司发到李师婆名徐，行凶人李二名荣，李四名回回等。内社长苏贵状结，委与梁用等一同相验得卢玉左脚踝下破伤一处，右胛膊肿伤一处，脊背上青肿二处，称系李荣殴伤，李荣、李回回不肯招伏。已依本路指挥关发滕州归问。取具达鲁花赤马哥、吏目魏公献、司吏徐彬等妄行疏驳，不即受理检验罪状，除典史、司吏依例各笞四十七外，据达鲁花赤马哥合笞三十七，还职。中书下刑部议：据马哥所犯，依准廉访司所拟相应，仍记过刑书。都省准拟。（p. 8664）

16. 诸检尸，古人至重，须临事详情处置。常以人命为心，十分致谨，犹或夫之，况于责之，胥吏行人不复临视，或故迁延发变，图以不堪检覆为辞。故但苦主有词，已葬犹须开检。其或贫困无告，私有隐忧，病苦不禁，风狂暴作。又或怀私挟怨，轻生无赖，以致投水自缢，别无他故，家属自愿收葬，告免检覆，亦须审实而后从之。有司所存具见成式，宜廉公详慎，物绝天理。其覆检无所附近州县者，令本属巡检检之。（p. 8664）

（20）至元五年六月，中书右三部契勘随路称冤重囚，多为初检尸时，诸司县官不行亲去监检，转委巡检，或司吏、弓手人等，到停尸处亦不亲临监视，止凭仵作行人检验文状。覆检官吏恐检不同，暗行计问初检人等，抄录初验尸状，审同回报。本处官司又不照管初检实与不实，凭准检状，及元告指执并捉事人，涉疑辄将所疑人煅炼，须要承伏。本人不任勘问，虚行招讫，申到本路总管府官吏看同常事，又不仔细照详，所指中间有无冤抑，止依先招取讫招词，结案申部。由此致有冤抑。若不遍行，缘定检尸伤致命根因，及鞫勘重刑，系关人命，其害非轻。今后检验尸伤，委本处管民长官，随时将引典史，谙练刑狱正名司吏，惯熟仵作行人，不以远近前去停尸之处，呼集尸亲邻佑人等，躬亲监视，令仵作行人对众一一仔细检验，沿尸应有伤损及定执要害致命根因，仍取仵作行人重甘结罪，并无漏落不实文状，检尸官吏保明委是实，回牒本处官司覆检官吏、仵作行人，回避初检人等。依上检验亦取行人甘结文状，回报元委官吏。若长官有故，委其次正官检视，如承检尸公文，本处官司照勘委的是实，将被执涉疑之人研究磨问。如有宿食下落召保疏放，若杀人赃状明白，委有显迹，取犯人招伏，追会完备，对家属审覆无冤。申解本路总管府经历、知事、司吏等仔细参详，中间委无冤抑，亦无可疑情节，总府官先审过无冤，再行取责所招情由，府官公座，将因人押领，当面对家属将所招情罪从头一一读示再三，审覆委无冤，抑取本人服办家属准伏结罪开申。今立到检尸文状体式，以后依式申报，如违治罪。（pp. 8664 – 8665）

（21）至元十年五月，汴梁路申，中牟县樊闰告男妇喜仙自缢身死。初检官主簿李伯英据喜仙母阿白等告，委是自缢身死，别无他故，情愿收葬，准告免检，责付尸亲安葬。取到本官不合准告，违错招伏。省部相度：既是自缢身死，别无他故，情愿将尸安葬，初检官合从免罪。（p. 8665，此案同见于《无冤录》，但时间不同，《无冤录》时间是"至元十五年五月"，此处为"至元十年五月"）

（22）元贞二年七月，江西行省咨上高县刘二落水身死，已行安葬。赵县尹却凭尸亲刘阿黄告称定执不明，再行开棺检验。本省参详：今后但有人命，（应）〔若〕苦主有词者，审问是实，委官依例检验。虽已安葬，亦合开检。庶望事有证验，情无疑似。中书下刑部议：人命至重，合验尸伤，却缘葬有月日，远近时有寒暑不同，况人情万状，所犯各别，似难一概定论，拟合临事详情区处。都省准拟。（p. 8665，此案同见于《无冤录》）

（23）延祐元年二月，陕西行省咨，兴元路申，西邻县与金州地面相去悬远，检验尸伤往来不便。中书下刑部议：检验尸伤，若致发变，事必难明，如无附近州县，须令巡检亲临，依例检验。都省准拟。（p. 8665）

三　宋元政书、文集、笔记等所见与"例"有关材料选辑

1.（宋）包拯：《包孝肃奏议集》卷二《论赏·论李用和捉获张海乞依赏格酬奖》

臣闻功疑惟重，乃国之令。规赏不逾时，欲人之知劝抑。先圣之格训，又驭邦之大柄也。伏见朝廷先以军贼张海等未获，特立赏格召募使臣，如捉获依傅永吉例优加酬奖。近闻右侍禁李用和应募而往，不逾数旬，果能杀获张海等四人，余众并已溃散。用和授东头供奉官阁门祗候，中外闻之，无不失望，似非朝廷开示大信之旨也。且张海一岁之内，恣行残暴京西十余郡，幅员数千里，官吏逃窜，士民涂炭，以至江淮州县无不震惊，前后凡遣使臣，悉多败衄。臣窃谓张海之害，甚于王伦，用和之功优于永吉，而永吉左班殿直阁门祗候，凡超八资授诸司副使宣事舍人，今用和止超四资，功同赏异，何以激劝将来，且有明文，岂宜降等。况西鄙未定，盗贼间起，方当责效之际，不可失信于人。其李用和欲乞依准元降指挥，比类傅永吉，特与优改官秩。如此，上之出令贵乎必行，下之立功乐于自奋。

2.（宋）包拯：《包孝肃奏议集》卷三《择官·请置发运判官》

臣窃以京师众大之都，屯兵数十万，财用储廪皆仰给于东南，主是任者，制置发运使最为今之剧职，固不可轻以授人。况朝廷参用两制，假以事权委付之重，不谓不至。伏见发运使许元先自判官，凡莅职八年，东南利害无不周悉。所以岁运不乏者，盖久任得人之明效也。缘施昌言许元绩用颇著，切虑别有进擢则后来虽有才者，必恐未能究财用出入之敝，则无繇辨集臣，欲乞依许元例，令置判官一员，于朝臣内选差素有公望干才者充，如前久任，所以稔熟其事，嗣守成规，或昌言等缓急，替移免致败事。

3.（宋）包拯：《包孝肃奏议集》卷六《按劾·弹王逵第二章》

臣近以江南西路转运使王逵，所为任性，加以残酷，不可令久居表率之任，乞降差遣。窃知下本路提刑司体量，且提刑与转运使俱是按察之官，事相关连，宁无私徇。纵使情状的著，恐未必能遵朝旨，兼王逵先任荆湖之日，以非理配率钱物，臣僚奏劾，降知池州，寻该赦宥，移福州。未几又自扬州移今任，虽遇霈泽弃瑕录用，然刻暴之性，难以悛改，凡所为事，布在朝野，无不具知，且非暧昧。臣与王逵素不相接，但以物议，不允须至上言，伏望圣慈，特出宸断，只令依杨纮例降一小郡，所贵天下酷吏稍知警惧。

4.（宋）包拯：《包孝肃奏议集》卷六《按劾·弹王逵第三章》

臣近者两章上言，以新授淮南转运使王遘，累任皆以惨虐不法，降黜差遣，纵该赦宥，不可复任职司，乞追还敕命，至今未蒙施行。按王遘前后三四任，转运使惟务掊克生灵，凌辱官吏，任性率易，不顾条制。虽朝廷未欲废弃，只与一郡，已是宽恩，于遘何损，且赦文优厚，所以轸念黎元之至深也。今淮南幅员数千里，最为富庶，财赋错出，朝家仰给，若命酷吏为之职司，而令一路之民，独受其患，是一夫之幸，而一路之不幸也。切恐伤陛下，爱民恤物之心，况薛绅、杨纮止以体量官吏过当，别无罪状，尚降任使未与牵。复以王遘所在，残暴猥滥之状，彰灼如是，而上下蒙蔽，曲加擢用，亦何以示，惩戒于后哉！实为朝廷惜之，欲望圣慈，特降指挥，令只依薛绅、杨纮例，与移一藩郡，则为害差小。

5.（宋）米芾：《宝晋英光集》卷八《论书学》

（1）书学自祖宗朝句中正、杨南仲、周越，咸以他官知判书，名而已无职事。自遇圣上，天纵悟笔，一贯欲厘。凡格以造高古缘，珍图名札，必俟心悟笔随，乘兴揆妙，非可课程。或撰列珍图名札，必经天鉴以判工拙，难从外勘当。欲乞于内东门司具，状投进，或非时宣取，乞依太常寺例，用榜子奏报。

（2）如蒙改隶，伏见旧工部，作七寺监，内空其一位。乞充两学诸色人等，并乞依武学例，秘书省钱不足，以太学钱通给。右取进止。

6.（宋）施德操：《北窗炙輠录》卷上

诸司造船，吏贪缘为盗，每造七百料船，率破钉四百斤。曾处善为某路转运使，偶见破舰一，阁滩上，乃遣人拽上以焚之，人亦不测其意。既焚，得钉二百斤，于是始知用钉之实。朝廷于是立例，凡造七百料船，给钉二百斤，自处善始。

7.（宋）王尧臣等编《崇文总目》卷二《刑法类》

《判格》三卷张伾撰，原释缺。（见天一阁钞本）

8.（宋）王尧臣等编《崇文总目》卷二《刑法类》

《断狱立成》三卷通志略、不著撰人，原释缺。（见天一阁钞本）

9.（宋）曾布：《曾公遗录》卷七

元符二年四月甲申，内降序辰奏："制勘所取勘客省帐茶酒有王晓例，拜受香药酒依林邵等例，移宴就馆，例外送马，是书送回答之物，不可不受。乞圣览省察。"密院勘会："富弼奉使，亦以虏主疮病，伴酒三行，差官就馆伴酒食。刁约奉使，以戎母老病，久坐不得，伴酒三行，差官就馆赐御筵。除塞序辰所引王晓例，事体不同外，即别无例，就客省帐茶酒及移宴就馆，不曾例外送马。并序辰称系书送回答之物，各不悉自来有无似此体例。兼不独序辰不于《语录》内声说拜受酒一节，时彦以下亦不曾声说，并合取勘。令制勘所详此及序辰状内事件，逐一子细根勘，取见诣实，圆结公案闻奏。应合取勘之人，如已经三问。今来供答，更有未承伏情状，并具奏听旨，与三省同入文字。"御实批："依。"遂行下。左辖云："客省帐茶酒有王晓例，恐难云无例。"余为之增改云："事体不同。"遂已。

10.（宋）曾布：《曾公遗录》卷九

元符三年六月辛酉，再对，上谕以已除肇翰林学士，余云："臣仓猝未敢称谢。"上又称范纯礼云："当迁一学士兼承旨不妨。"余云："自有韩缜、曾孝宽例。"退以语朴，云必批出也。

11.（宋）周必大：《二老堂杂志》卷二《给事中降诏》

故事：除授六曹侍郎、杂学士以上除遇辞免，则降诏不允，给舍权侍郎则否。绍兴二十七年六月，户部侍郎王师心除给事中，亦降不允诏书，盖师心旧官合答诏。是岁九月，贺允中自权礼部侍郎除给事中，遂袭王师心例降诏，非故事也。

12.（宋）周必大：《二老堂杂志》卷三《纳南郊卤簿字图》

淳熙八年十一月五日，兵部尚书宇文价、郎官梁汝永同以子纳南郊卤簿字图。如此亦有繇。淳熙丙申郊祀，曾觌以使相充五使。旧例：兵部长贰携字图面纳。予时为兵部侍郎，不欲登其门，又不容不纳，然以申状则礼重，乃令吏具公缴送，自后遂循例。它人莫知其所以然，大抵朝廷典故出于一时者多矣。

13.（宋）王明清：《挥麈录》卷二《欧阳文忠公以太子少师带观文殿学士致仕》

国朝百官致仕，庶僚守本官，以合迁一官回授；任子、侍从，仍转一官；宰执换东宫官。熙宁初，欧阳文忠公始以太子少师带观文殿学士致仕，示特恩也。故谢表云："道愧师儒，乃忝春宫之峻秩；身居畎亩，犹兼书殿之隆名。"自是以为例。

14.（宋）王明清：《挥麈录》卷二《翰林佩鱼自蒲传正始》

蒲传正在翰林，因入对。神宗曰："学士职清地近，非它官比，而官仪未宠，自今宜加佩鱼。"遂著为令。见于《神宗实录》。东坡先生谢入翰林表曰："玉堂赐篆，仰淳化之弥文；宝带重金，佩元丰之新渥。"中书舍人系红呈犀带，自叶少蕴始，见姚令威《业语》，而石林自记却不及。旧假服色，不佩鱼。崇宁末，王照尚书详定敕令启请，许之，自是为例。仍许入衔，具载诏书。其后以除敕中不载，多不署鱼袋二字。

15.（宋）王明清：《挥麈录》卷三《监司遇前宰执帅守处，即入客位通谒》

旧制，监司虽官甚卑，遇前执政宰藩，亦肩舆升厅事。宣和初，薛肇明自两制出守淮南，有转运判官，年少新进，轻脱之甚，肇明每不堪之。到官未几，肇明还旧厅，因与首台蔡元长语及之，且云："乘轿直抵脚踏子始下。呵舆之声惊耳，至今为之重听。其他可知也。"元长大不平，翊日降旨诸路监司，遇前宰执帅守处，即入客位通谒。自是为例。

16.（宋）王明清：《挥麈录》卷三《赐生辰器币，至遣使命》

赐生辰器币，起子唐，以宠藩镇。五代至遣使命。周世宗眷遇魏宣懿，始以赐之，自是执政为例。

17.（宋）王明清：《挥麈录》卷七《童贯以承宣使乘犾座，由是为例》

故事，两制以上方乘犾座，余不预也。大观中，童贯新得幸，以泰宁军承宣使副礼部尚书郑久中使辽国，遂俱乘犾座。由是为例。

18.（宋）王明清：《挥麈录》卷十一《陆农师》

建中靖国初，陆农师执政。时天下奏案，率不贷命。农师语时相云："罪疑惟轻，所以谳上，一门引领以望其生。今一切从死，所伤多矣。"时相然其言，自是有末减者。乾道初，忽降指挥云："法令禁奸，理宜画一。比年以来，旁缘出入引例为弊，殊失刑政之中。应今后犯罪者，有司并据情款直引条法定断，更不奏裁。"是时，外舅方务德为刑部侍郎，入议云："切详今来旨挥，今后犯罪者，有司并据情款直引条法定断，更不奏裁。切恐其间有情重法轻，情轻法重，情理可悯，刑名疑虑，命官犯罪议亲贵之类，州郡难以一切定断。今来除并不得将例册引用外，其有载在敕律条令明言合奏裁事件，欲乞并依建隆二年二月五日敕文参详到事理施行。"得旨从请。二者皆仁人之言，其利博哉！

19.（元）脱脱：《宋史》卷三百三十六《司马光传》

安石得政，行新法，光逆疏其利害。迩英进读，至曹参代萧何事。帝曰："汉常守萧何之法不变，可乎？"对曰："宁独汉也，使三代之君常守禹、汤、文、武之法，虽至今存可也。汉武取高帝约束纷更，盗贼半天下；元帝改孝宣之政，汉业遂衰。由此言之，祖宗之法不可变也。"吕惠卿言："先王之法，有一年一变者，'正月始和，布法象魏'是也；有五年一变者，巡守考制度是也；有三十年一变者，'刑罚世轻世重'是也。光言非是，其意以风朝廷耳。"帝问光，光曰："布法象魏，布旧法也。诸侯变礼易乐者，王巡守则诛之，不自变也。刑新国用轻典，乱国用重典，是为世轻世重，非变也。且治天下譬如居室，敝则修之，非大坏不更造也。公卿侍从皆在此，愿陛下问之。三司使掌天下财，不才而黜可也，不可使执政侵其事。今为制置三司条例司，何也？宰相以道佐人主，安用例？苟用例，则胥吏矣。今为看详中书条例司，何也？"惠卿不能对，则以他语诋光。帝曰："相与论是非耳，何至是。"光曰："平民举钱出息，尚能蚕食下户，况县官督责之威乎！"惠卿曰："青苗法，愿取则与之，不愿不强也。"光曰："愚民知取债之利，不知还债之害，非独县官不强，富民亦不强也。昔太宗平河东，立籴法，时米斗十钱，民乐与官为市，其后物贵而和籴不解，遂为河东世世患。"

20.（宋）陆游：《家世旧闻》卷上

司马温公初秉政，一日，谓从官曰："比年法令滋彰太甚，如三省法，乃至数百策，又多繁词，不切于用。如其间一条云：'诸称省者，谓门下省、中书省、尚书省'，岂不可笑邪？"时诸人多与修书者，皆唯唯。楚公独起，对曰："三省法所以多，缘并格式在其间。又所谓三百册，乃进本大者，而进表及元降旨挥、目录之类，自古却不少。若作中字，则不过五六十册。比旧日中书条例，所减乃过半，非滋彰也。至如'诸称省谓门下省、中书省、尚书省'者，盖为内侍省亦称省，若不明立此条，虑后世阉寺盛，或敢妄自张大故也。"温公改容，曰："甚善。"至崇宁后，群阉用事，遂改都知为知内侍省事、同知内侍省事，押班为签书内侍省事，以僭视枢府，则楚公所论，可谓先见远虑矣。

21.（宋）江休复：《嘉祐杂志》卷上

程侍郎言："某为御史接伴北使。中丞张观云：'待之以礼，答之以简。'戡佩服其言。又说：'高敏之奉使接伴北使走马坠地，前行不顾。翌日，高马蹶，坠地，北使亦不下马。'张唐公将奉使，王景彝云：'某接伴时，旧例：使副每日早先立驿厅，北使方出，相揖。某则不然，先请北使立阶下，然后前揖登阶。'唐公云：'我出疆，彼亦如此，奈何？'"遂如旧例。

22.（宋）江休复：《嘉祐杂志》卷下

张得一自阁门副求正，副使引曹偁、李璋例。王貂作枢，吴、庞为副，以曹、李中宫外舍之亲。张未服，云："公朝岂私亲邪？"吴云："合副、侍中，子若孙，恩泽差别，疏亲又差降，岂非用亲邪？"意小绌，又引非亲例，王云："此边任。"张云："请边任。"遂正使名，除潞州，以潞州非人使路，改贝州，宣旨候代，至赴清河，又谓不候代。至贝五日，王则据城叛，张伏法京师。

23.（宋）江休复：《嘉祐杂志》卷下

夏守恩太尉作殿帅，旧例：诸管马粪钱，分纳诸帅。夏既纳一分，鱼轩要一分，时王相德用作都虞候，独不受，又章献上仙。内臣请坐甲，王独以谓不当尔。兴国寺东火，枢貌张耆相宅近，须兵防卫，不与以此数事，擢为枢密副使。

24.（宋）江休复：《嘉祐杂志》卷下

一朝士，五日起居，衣纱公服，为台司所纠。三司使包拯亦衣纱公服，阁门使白易之，诘曰："有何条例？"答曰："不见旧例，只见至尊御此耳。"乃易之。

25.（宋）李心传：《旧闻证误》卷二

国朝致仕官带职，欧阳公始以太子少师带观文殿学士致仕，示特恩也。故《谢表》曰："道愧师儒，乃忝春官之峻秩；身居畎亩，犹兼书殿之隆名。"自是以为例。

26.（宋）李心传：《建炎以来系年要录》卷四十五，"绍兴元年六月丁丑"条

录故太学博士何涣子楱为将仕郎，涣青城人，举进士廷试第一，其弟宣义郎通判利州洙援杨寅等例乞推恩，张浚为之请，乃有是命。

27.（宋）李心传：《建炎以来系年要录》卷四十五，"绍兴元年十二月丙戌"条

绍兴元年十二月丙戌，诏大理寺且留绍兴府俟勘断，见禁公事尽绝赴行在，诏入内内侍省应官司取索文字，依旧例更不回报。

28.（宋）李心传：《建炎以来系年要录》卷六十二，"绍兴三年正月辛巳"条

绍兴三年正月辛巳，翰林学士綦崇礼言："祖宗时凡节钺臣寮得谢，不以文武，并纳节别除一官致仕。熙宁间富弼以元勋旧相，始令特带节钺致仕，弼犹力辞，不敢当者。久之，其后相继者，则曾公亮、文彦博也，他人岂可援以为例邪？近杨惟忠、邢焕致仕，不复纳节换官，恐违旧制。"诏三省枢密院讨论以闻，遂命自今如祖宗故典，后不果。行降旨依典故。

29.（宋）李心传：《建炎以来系年要录》卷六十八，"绍兴三年九月丙寅"条

绍兴三年九月丙寅，诏自今执政官，许留身奏，事如宰臣例。

30.（宋）李心传：《建炎以来朝野杂记》卷六，"甲集·建炎至嘉泰申严赃吏之禁"

绍兴四年十一月壬子，秀州黄大本遂决刺焉，然高宗性仁厚，但行之数人而止。七年秋，永嘉令李处廉贷死，籍其赀，自是为例。

31. （宋）李心传：《建炎以来朝野杂记》卷五，"乙集·炎兴以来敕局废置"

绍兴三十年八月，陈康伯等上《参附吏部敕令格式申明》等共七十二卷，又上《刑名疑难断例》二十一卷，《通海行法》为二千六百二十卷有奇，论者以为官吏猥多，赏费亦滥。……乾道二年六月，刑部侍郎方滋上《特旨断例》七十卷……淳熙四年五月，上《淳熙新编特旨断例》四百二十件。……故例，删定官多以选人为之，往往未尝通练古今，明习法律，经历州县，一切受成吏手，书成抵牾，言论驳杂，辄复更定，间有至局旬月，未尝笔削一字。适遇进书，亦得改官者，遂为宰执周旋亲故之地，失当时建局命官之意矣！

32. （宋）李心传：《建炎以来朝野杂记》卷十一，"乙集·宰执赠官例"

故事，侍从亡殁，皆赠四官，执政五官，枢密使六官，宰相七官，若特进以上一官而已。嘉泰末，周益公以少傅赠太师，盖异数也。嘉定以后，钱伯同、楼大防、宇文挺臣、张肖翁之徒，皆例赠公、少，是过乎厚矣！费戒甫尝为执政，官至正谏议大夫，乃止以银青光禄大夫告第，实赠四官，是又少杀矣！按祖宗之时，而赠恤之典多出特旨，不专用例。盖考其勋德之大小而分隆杀焉，此劝惩之意也。

33. （宋）李心传：《建炎以来朝野杂记》卷十三，"乙集·庶官兼侍讲"

侍讲自去学士后，秩止正七品，然率以侍从官兼之。绍兴五年闰二月，范元长以宗卿、朱子发以秘少并兼之，盖殊命也。乾道六年十一月，张敬夫始复以吏部员外郎兼侍讲。盖中兴后庶官兼侍讲者，惟此三人。若绍兴二十五年十月，张扶以祭酒；隆兴二年八月，王宣子以检正；乾道七年九月，林景度以宗卿入经筵，亦兼侍讲者。盖扶本以言路兼说书就升其秩，宣子时摄版曹，景度尝为右史，且有敬夫旧例，故稍优之，皆有以也。近岁陈正仲、朱仲文以谏官兼侍讲，后迁少常，因而不去，盖用胡邦衡例，其余庶寮无复兼者矣！

34. （宋）江休复：《江邻畿杂志》卷下

张得一自阁门副求正，副使引曹仿、李璋例。

35. （宋）江休复：《江邻畿杂志》卷下

夏守恩太尉作殿帅，旧例：诸管马粪钱，分纳诸帅。

36. （宋）江休复：《江邻畿杂志》卷下

一朝士，五日起居，衣纱公服，为台司所纠。三司使包拯亦衣纱公服，阁门使白易之，诘曰："有何条例？"答曰："不见旧例，只见至尊御此耳。"乃易之。

37. （宋）江休复：《江邻畿杂志继补》

戊戌，景福殿使、梓州观察使、入内都知王守忠领武信军留后。寻诏守忠如正任班，他无得援例。

38. （宋）江休复：《江邻畿杂志继补》

甲戌，召近臣及馆阁省府宫观瑞竹于后苑，退而多为赋颂以献者。旧制：群牧判官不与，时阁门使钱晦为群牧都监，殿中丞李复圭为群牧判官，复圭嘱晦求与，因召之，后遂成例。

39. （宋）董煟：《救荒活民书》卷下《杂记条画》

皇祐四年知襄州，会岁饥，或群入人家掠园粟，狱吏鞠以强盗，寻曰："此脱死耳，其情与为盗异。"奏得减死论，遂著为例。

40. （宋）费衮：《梁溪漫志》卷二《外夷使入朝》

外夷使入朝，所过郡长吏例送迎。张安道镇南京，高丽使经过。公言臣班视二府，不可为陪臣屈，诏独遣少尹。其后韩玉汝镇颍昌，亦言交趾小国，其使人将过臣境，臣尝备近弼，难以抗礼。按元丰中迓以兵官，饯以通判，使副府谒，其犒设令兵官主之，请如故事，从之。仍诏所过郡，凡前宰相知判者亦如之。蒋颍叔帅熙河，西使卒于中国，柩过其境，官属议奠拜，颍叔独曰："生见尚不拜，奈何屈膝向死胡?"乃奠而不拜，识者是之。故事：外夷国王来朝，宰相出笏见之，使者则否。绍兴初，丽使入贡，宰相乃出笏见之，非故事也。时翟公巽为参政，尝以为不可。明年复入贡，始检会张安道例，下之经由州郡云。

41. （宋）杜大珪编《名臣碑传琬琰之集中》卷七《范仲淹·王待制质墓志铭》

出领淮西郡部中十邑，素多盗与讼，号为难治。公至，断狱必以情，按吏必有礼，横者绳之，弱者扶之，州人大服，谓往之使君，莫公若也……合肥郡盗有杀其徒，以并其财者，吏擒之，公令处死。法寺议当贷死。遂劾之，公上疏曰："盗以强力而又杀人，吏追而擒之，自非露而悛者，胡为而贷焉。如法寺所论，能害其类者，皆无罪名，民将竞为盗，盗已而杀一夫，其党咸赦之，盗可止乎? 疏上。"不报。凡断狱出入，以下吏为首，长官为从。公曰："吾不胜法吏矣。"

42. （宋）杜大珪编《名臣碑传琬琰之集中》卷二十八《王珪·梁庄肃公适墓志铭》

尚书礼部吏部郎中，复知审刑院为同群牧使，与翰林侍读学士宋祁共定法寺所用断例，务在重轻平法，吏不得以高下。

43.（宋）杜大珪编《名臣碑传琬琰之集中》卷二十九《范祖禹·范资政百禄墓志铭》

权刑部侍郎，有以强盗及故杀、斗杀，情可矜者，谳于朝，法官援例贷免，而温公谓宜论死。公请间言之。温公曰："强盗可悯也，杀人不死，则法废矣。"公以书辨之曰："谓之杀人则可制，刑而谓之不疑，原情而谓之，无可悯则不可。今予之死则二杀之科，自是无可疑与可悯者矣。天下之狱，岁以万计，如是而杀之，则死者不亦多乎。"温公复书曰："斗而救死，尚可贷也，因田稼而杀人，牵牛蹊田夺之，牛且不可，况杀人乎！此介甫鹌鹑狱也。"公又曰："昔楚子灭陈而县之，申叔时恶其灭人之国，而欲复之也，故有蹊田之譬。设有此讼，不过还之牛而讼息矣！今也初无杀之之心，非若利于得牛而有之也。遂真之死，与还之牛，岂不异乎。恐遂为例，则差之毫厘，后将噬脐，其可得邪。"温公不能夺，卒从之。朝廷以公议狱持平，真拜刑部侍郎。先是，元丰八年，诏天下奏狱不当谳者，按其罪有司，重请谳断，刑峻密至，有枉情以合法者。公奏曰："熙宁之令，非疑虑与可悯而辄奏者免驳勘，至元丰删去之，去年诏书不得用例贷配，有不当，即奏劾。自是官吏畏罪，不惮论杀。因以元丰六年至元祐二年冬十月终死者贷者之数以闻，明年奏狱，门下省多驳正，当贷者皆欲杀。"公屡以告不可，退又与执政书论之。执政不从，大理官亦以书勉公从执政意。公复书责之。执政怒言于上，有诏例在有司者，收还中书，置检例官二人，使议去取阅，刑部大理所奏疑虑，若可悯、情法轻重之状有异同，各以上公，自以不得其官。三奏乞外任，不许。上疏极论其事，疏奏悉如公请，既宥诸囚，而例复归刑部，自是中外奏谳无所避，如执政前所欲杀者，皆得拟例从贷免。逮今八年，其所活不可胜计矣。

44.（宋）杜大珪编《名臣碑传琬琰之集中》卷四十八《李清臣·韩忠献公琦行状》

嘉祐三年，拜同中书门下平章事、集贤殿大学士，中书习旧弊，每事必用例，五房史操例在手，顾金钱惟意所出去取，所欲与，一日举用之；所不决欲行，或匿例不见。公令删取五房例及刑房断例，除其冗谬不可用者，为纲目类次之，封滕谨掌，每用例必自阅，自是人始知赏罚可否在宰相，五房史不得高下于其间。

45.（宋）杜大珪编《名臣碑传琬琰之集中》卷五十《毕仲游·韩仪公丞相忠彦行状》

丁亥，诏为正从之左仆射。王珪为南郊大礼使，事之当下者，皆画旨直下，类不由三省。公以官制劾之曰："南郊大礼，所下之事，不从中书画旨出，一时者又不从中书奏审，皆非官制也。官制之行，将为万世不易之典。今行未几月而南郊大礼，所行已不用官制，后将若之何？"神宗皇帝诏如官制。于是，中外之事必由三省而下，法官郝京于大理司直，有比例而无法，吏部患之，乃禀于都省而具钞。公曰："官制有令必用法也，今援比例而废法，是无官制也。"驳之。神宗皇帝嘉公之守。

46. （宋）杜大珪编《名臣碑传琬琰之集中》卷五十四《实录·杜御史莘老行状》

绍兴二十五年七月，彗见东方，上避正朝，减秩膳，诏群下极言缺失。公奏封章以为彗孛气所生，历考史牒，多为兵兆，国家为民息兵，而将骄卒惰，军政不肃。今因天戒，以修人事，思患预防无急于此，因指陈时事十弊，展尽无所讳时，应诏者众上，悉以付后省，命精择第而上之，众议以公为首。于是，进秩一阶，制有言尤鲠亮切中事情之语，迁敕令所删定官，修书以十数，至刑部断例，尤精审，有疑则反复奏请，必惟其当，同列皆服其尽心。

47. （宋）杜大珪编《名臣碑传琬琰之集下》卷十五《实录·张少保商英传》

元丰二年，复太子中允，提举京西南路常平，召除馆阁校勘检正中书刑房兼详定编修刑房断例。舒亶知谏院，商英以婿王为之所业示之，亶缴奏以为事涉干请，坐监鄂州汉川镇酒税，改荆南江陵县赤舞市盐茶税。八年以太常丞召。哲宗嗣位，除开封府推官，时朝廷稍更新法之不便民者。

48. 《欧阳修集》卷九十七，"奏议卷一·论乞不勘狄青侵公用钱札子（庆历三年）"

臣风闻边臣张亢近为使过公用钱，见在陕西置院根勘，其勘官所取，干连人甚众。亦闻狄青曾随张亢界，见已勾追照对。臣伏见国家兵兴以来，五六年所得边将，惟狄青、种世衡二人而已。其忠勇材武，不可与张亢、滕宗谅一例待之。臣料青本武人，不知法律，纵有使过公用钱，必不似葛宗古故意偷谩，不过失于检点，致误侵使而已。方今议和之使正在贼中，苟一言不合，则忿兵为患，必至侵边。谨备过防，正藉勇将，况如青者，无三两人。可惜因些小公用钱，于此要人之际，自将青等为贼拘因，使贼闻之以为得计。伏望特降指挥元勘官，只将张亢一宗事节依公根勘，不得枝蔓勾追。其狄青纵有干连，仍乞特与免勘。臣于边臣本无干涉，岂有爱憎，但虑勘官只希朝廷意旨，不顾边上事机，将国家难得之人与常人一例推鞫，一旦乏人误事，则悔不可追。伏乞朝廷特赐宽贷。边臣知无功之将犯法必诛，要藉之人以能赎过，则人人自励，将见成功。

49.《欧阳修集》卷一一〇，"奏议卷十四·举梅尧臣充直讲状（嘉祐元年）"

右臣等忝列通班，无裨圣治，知士不荐，咎在蔽贤。伏见太常博士梅尧臣，性纯行方，乐道守节，辞学优赡，经术通明，长于歌诗，得风雅之正。虽知名当时，而不能自达。窃见国学直讲，见阙二员，尧臣年资，皆应选格，欲望依孙复例，以补直讲之员。必能论述经言，教导学者，使与国子诸生，歌咏圣化于庠序，以副朝廷育材之美。如后不如举状，臣等并甘同罪。

50.（宋）朱弁：《曲洧旧闻》卷二

国朝以来，凡州县官吏无问大小，其受代也，必展刺交相庆谢。盖在任日，除私过外，皆得以去官原免，其行庆谢之礼，为此故也。自新政初颁，大臣恐人情不附，乃有不以赦降去官原减指挥，自是成例，而命官有过犯，虽经赦宥，及去官，必取旨特断，以此恩需悉为空文，而公卿士大夫莫有厘正之者。

51.（宋）朱弁：《曲洧旧闻》卷四

唐制，常参官自建中以后视事之三日，令举一人以自代，所以广得人之路也。本朝沿袭，唯两制以上，乃得举自代，而常参官不预。祖宗以来，从官多举已任官而名级尚微者，韩子华在翰苑日，乃以布衣常秩充选，而莫有继之者。建中靖国间，刘器之以待制出守中山，乃举一布衣（忘其姓名），当时莫不骇异，而不知援子华例也。

52.（宋）洪迈：《容斋三笔》卷十三《四朝史志》

《职官志》云："使相以待勋贤故老，及宰相久次罢政者，惟赵普得之。明道末，吕夷简罢，始复加使相，其后王钦若罢日亦除，遂以为例。"

53.（宋）张镃：《仕学规范》卷十五《莅官》

包孝肃公拯出知扬州天长县，有诉盗割牛舌者。拯使归屠其牛鬻之，既而有告私杀牛者。拯曰："何为割某家牛舌而又告之。"盗者惊伏。拯立朝刚严，闻者皆惮之，至于闾里童稚妇女亦知其名，贵戚宦官为之敛手。旧制：凡讼诉不得径造府，吏坐门先收讼牒，谓之牌司。拯即命大开衙门，使径至庭下。自道曲直，吏民不敢欺。

54.（宋）张镃：《仕学规范》卷二十二《莅官》

中书习旧敝，每事必用例，五房史操例在手，顾金钱惟意所去取，所欲与白举用之，所不欲行或匿例不见。韩公令删取五房例及刑房断例，除其冗谬不可用者，为纲目类次之，封滕谨掌。每用例，必自阅，自是人始知赏罚可否出宰相，五房史不得高下于其间。

55.（宋）叶适：《水心集》卷一《奏札·上孝宗皇帝札子》

国家以法为本，以例为要。其官虽贵也，其人虽贤也，然而非法无决也，非例无行也。骤而问之，不若吏之素也；暂而居之，不若吏之久也；知其一不知其二，不若吏之悉也。故不得不举而归之吏，官举而归之吏，则朝廷之纲目其在吏也，何疑。夫先人而后法则人用，先法而后人则人废，不任人而任法则官失职而吏得志矣。

56.（宋）叶适：《水心集》卷三《奏议·吏胥》

何谓吏胥之害。从古患之，非直一日也。而今为甚者，盖自崇宁，极于宣和，士大夫之职业虽皮肤塞浅者，亦不复修治，而专从事于奔走进取，其簿书期会，一切惟吏胥之听。而吏人根固窟穴，权势熏炙，滥恩横赐，自古优比。渡江之后，文字散逸，旧法往例尽用省记，轻重予夺惟意所出。其最骄横者，三省、密院、吏部七司、户刑，若他曹、外路从而效，视又其常情耳。故今世号为公人世界。又以为官无封建，而吏有封建者，皆指实而言也。且公卿大臣之位，其人不足以居之，俛首刮席条令宪法多所不谙，而寄命于吏，此固然也。然虽使得其人而居之，如昔之所谓伊尹、傅说之俦而已，夫区区条令宪法仍为不晓，而与是吏人共事，终亦不可。然则，今世吏胥之害，无问乎官之得其人与不得其人，而要以为当革而已矣。

57.（宋）江少虞编纂《宋朝事实类苑》卷第二，"祖宗圣训（二）·太宗皇帝"

上谓侍臣曰："法律之书，甚资致理，人臣若不知法，举动是过，苟能读之，益人智识。比来法寺断案，多不识治体。"侍臣曰："今天下所上案牍，狱情已定，法官止阅案定刑，事之虚实，不可改也。当在精择知州、通判，庶清狱讼。若州县得良吏一二，其下必无冤人。"上然之。

58.（宋）江少虞编纂《宋朝事实类苑》卷第一五，"顾问奏对（一）·司马温公"

上召光前，谓曰："卿闻吕惠卿之言乎？惠卿之言如何？"光对曰："惠卿之言，有是有非。惠卿言汉惠、文、武、宣、元，治乱之体，是也。其言先王之法，有一岁一变，五岁一变，一世一变，则非也。正月始和，置于象魏者，乃旧章也，非一岁一变也。亦犹州长、党正、族师于四孟月朔属民而读邦法也，岂得为时变邪？天子恐诸侯变礼易乐，故五载一巡守，有变乱旧章者，则削黜之，非五岁一变法也。刑罚世轻世重，盖新国、乱国、平国，随时而用，非一世一变也。且治天下，譬如居室，弊则修之，非大坏，不更造也。大坏而更造，必得良匠，又得美材，今二者皆无有，臣恐风雨之不庇也。讲筵之官，皆在此，乞陛下问之。三司使掌天下财，不才而黜可也，不可使两府侵其事，今为制置三司条例司，何也？宰相以道佐人主，安用例？苟用例而已，则胥史足矣。今为看详中书条例司，何也？"惠卿曰："司马光备位侍从，见朝廷事有未便，即当论列。有官守者，不得其守则去，有言责者，不得其言则去，岂可但已？"光曰："前者，诏书责侍从之臣言事，臣尝上疏，指陈得失，如制置条例司之类，尽在其中，未审得进达圣听否？"上曰："见之。"光曰："然则臣不为不言也，至于言不用而不去，此则臣之罪也。惠卿责臣，实当其罪，臣不敢逃。"上曰："相与共讲是非耳，何至乃尔。"

59.（宋）江少虞编纂《宋朝事实类苑》卷第二十七，"官职仪制（三）·罚俸例"

罚俸例：一品八贯，二品六贯，三品五贯，四品三贯五百，五品三贯，六品二贯，七品一贯七百五十，八品一贯三百，九品一贯五十。

60.（宋）江少虞编纂《宋朝事实类苑》卷第二十二，"官政治绩（二）·断狱"

近岁邢、寿两郡，各断一狱，用法皆误，为刑曹所驳。寿州有人杀妻之父母昆弟数口，州司以不道缘坐妻子。刑曹驳曰："殴妻之父母，即是义绝。况其谋杀，不当复坐其妻。"邢州有盗杀一家，其夫妇实时死，惟一子明日乃死，其家财产户绝，法给出嫁亲女。刑曹驳曰："其家父母死，时其子尚生时，产乃子物，出嫁亲女乃出嫁娣妹，不合有分。"此二事略同，一失于生者，一失于死者。

61.（宋）吕中：《宋大事记讲义》卷六，"宰相、执政"

我朝善守格例，无若李沆、王旦、王曾、吕夷简、富弼、韩琦、司马光、吕公著之为相；破格例者，无若王安石、章子厚、蔡京、王黼、秦桧之为相。考其成效验，其用人则破格例者，诚不若用格例者之为愈也。然寇准以公心行之，故破格例而用君子也；王安石诸人以私心行之，故破格例而用小人也。抑安石尝置中书条例司，司马光讥之曰："宰相以道佐主，苟事皆检例而行之，胥吏可为，宰相何择也？"如温公所言，则安石亦欲循格例乎，盖温公亦未知安石用心之所在，徒见其编修条例，则谓之检例耳，不知安石正以用例为非，而尽破旧例以立法。温公以言讥之，是助之耳，此又不可不知也。安石作条例正所以破旧例，与李沆、王旦诸贤相用格例大异。

62.《宋史全文》卷八下，"宋仁宗四"

庆历四年二月，至是，复命讲读经史。丁巳，范仲淹言："窃见审官、三班院并铨曹，自祖宗以来，条贯极多，逐旋冲改，久不删定，主判臣僚，卒难详悉，官员使臣，莫知涯涘，故私属高下，颇害至公。欲乞特降指挥，选差臣僚就审官、三班院并铨曹取索前后条例，与上判官员同共看详，重行删定，画一闻奏，付中书、枢密院参酌进呈，别降敕命，各令编成例策施行。"诏天章阁侍讲曾公亮删定审官、三班院、流内铨条贯。

63.（宋）吕中：《宋大事记讲义》卷九，"给事中、起居舍人"

庆历元年，以富弼知制诰。初，因侍臣刘从愿妻以后族出入禁中一日，削其国封，久之还封。富弼当草制，遂封还词头。后张可久自转运使改横行，欧阳修援弼例封还后，遂为常。

64.（宋）吕中：《宋大事记讲义》卷九，"给事中、起居舍人"

给、舍主封驳，台、谏主论，列其职均也。然给、舍献替于先，台、谏追救于后，命之未下，其正之也易；命之已下，其夺之也难，此给、舍所以为重也。盖自庆历间，遂国夫人之命，富弼当草制，封还词头，给、舍之封驳昉于此矣。至其后，胡宿援弼之例而驳杨怀敏、欧阳援弼之例而驳张可久，盖自是而其职与台、谏均矣。给、舍封驳于其先，其职尤难于台、谏也。

65.《宋史全文》卷九下，"宋仁宗六"

嘉祐四年秋七月，又放宫人二百三十六人。装御营卒桑达数十人酗酒斗呼，指斥乘舆。皇城使以旨捕送开封府推鞫，案成，达弃市。纠察刑狱刘敞移府问所以不经审讯之由。府报曰："近例，凡圣旨、中书门下、枢密院所鞫狱，皆不虑问。"敞曰："此岂可行邪？"遂奏请自今一准定格。枢密使以开封府有例，不复论可否进呈报。敞争之曰："先帝以京师刑狱最烦，故建纠察一司，此则先帝不敢兼于庶狱，庶谨惟有司之任。又朝廷旧法不许用例破条，今顾于刑狱，极谨人命至重之际，而废条用例，此臣所不喻也。"上乃以敞章下开封府，著为令。

66.《宋史全文》卷十四，"宋徽宗"

大观四年十一月戊寅，右仆射张商英表："愿编集熙宁、元丰政事，号曰《皇宋政典》。若陛下增光润色之事，率以类贯。"其篇所定篇目凡十八，曰：原庙、官制、新省、差除、三舍、导洛、断例、回河、保甲、将兵、免役、青苗、吏禄、守具、礼乐、营造、棠便、茶马。

67.《宋史全文》卷十九上，"宋高宗七"

绍兴四年秋七月癸酉，初命大理丞、评刊定见行断例。

68. 《宋史全文》卷十九上，"宋高宗七"

绍兴四年八月戊寅，诏吏部编七司例册。时有旨："六曹细务，令长贰治其事，有条者以条决之，无条者以例决之，无例条者酌情裁决。"刑部侍郎兼权吏部侍郎胡交修言："旋行检例，吏得为奸。乞将应干敕札、批状、指挥可以为例者，各编为册，令法司收掌，以俟检阅。"从之。

69. 《宋史全文》卷十九中，"宋高宗八"

绍兴五年十有二月辛丑，权户部侍郎王俣言："比年以来，官失其守，废法用例，其弊滋甚。所以恩归于下，怨集于上。人不退听，事益增多。伏望明诏大臣，除刑寺断例，合依旧存留照用外，其余委官详定，附入本例。严戒有司，自今悉遵成宪，敢有弗率，必罚毋赦。"诏左右司、枢密院检详官取索措置，条具申尚书省。赵鼎因请委都司取会前后所行之例约，以中制立为定法，付有司遵守，吏无所肆其奸矣。

70. 《宋史全文》卷十九中，"宋高宗八"

绍兴五年十有二月辛酉，起居郎潘良贵言："中台者，出纳王命，赋政四海，喉舌之司也。伏望严饬六曹长贰、郎官，凡朝廷送下勘当事理，并须具格法是非，供报辅臣进呈。"上曰："祖宗以来，自有格法，有司但能遵守，即为称职。格法既定，谁复有侥幸之心？唯其因事陈请，人思幸得，此法之所以浸废也。可依良贵所请，更切申严。"沈与求曰："六部乃法守之地，有司徇情，遂至废法而用例，然情岂胜徇耶？侥幸之门塞，则人自安分，天下何患不治？"诏敕令所删定官、监登闻检鼓院官，自今并令转对。

71. （宋）吕中：《宋大事记讲义》卷二十一，"小人聚敛"

自古小人误国者，必教人主以酷刑，以重兵，以聚敛，以穷奢极侈，其途若出一辙。而聚敛者，又三者之祸根也。安石欲为开边计，则置条例司，行青苗、市易等法；蔡京、王黼欲开人主之侈心，则置应奉司，屡变茶引、盐钞。《传》曰："与其有聚敛之臣，宁有盗臣。"圣贤之言，法律之断例也。

72. 《宋史全文》卷二十二下，"宋高宗十七"

绍兴二十六年九月戊辰，御史中丞汤鹏举言："法者，天下之所通用。例之所传，乃老奸宿赃秘而藏之，以舞文弄法、贪饕货赂而已。不用法而用例，古未之闻也。若刑部之所以断罪，吏部之所以驭吏，最为剧曹。此正猾吏可以上下其手，而轻重其心者。伏望明诏吏、刑部条具合用之例，修入见行之法，以为中兴之成宪。"从之。

73. 《宋史全文》卷二十三上，"宋高宗十八"

绍兴三十年八月丙辰，户部乞申严徒配旧法行下，上从之。尚书右仆射、提举详定一司敕令陈康伯上《参附吏部敕令格式》七十卷、《刑名疑难断例》二十二卷。翌日，上谓辅臣曰："顷未立法，加以续降太繁，吏部无所遵承。今当一切以三尺从事，不可复令引例。若更精择长贰，铨曹其清矣。"

74.《宋史全文》卷二十四下，"宋孝宗二"

乾道元年五月壬申，诏："法令禁奸，理宜画一。比年以来，旁缘出入，引例为弊，殊失刑政之中。应今后犯罪者，有司并据情款，直引条法定断，更不奏裁。内刑名有疑，令刑部、大理寺看详指定闻奏，永为常法，仍行下诸路施行。其刑部、大理寺见引用例册，令封锁架阁，更不引用。"

75.《宋史全文》卷二十四下，"宋孝宗二"

乾道元年十一月辛亥，执政进呈次，上出吴盖妻赵氏乞故夫遗表恩泽奏异姓。上曰："不知前此有无体例，可以行否？"魏杞等奏："容检照旧例。"上曰："今后有文字更不批出，只与卿等理会，庶几不错。"杞等奏："若无例，臣等亦不敢行。陛下欲只与臣等理会，如此，政令岂有过举者？"

76.《宋史全文》卷二十六上，"宋孝宗五"

淳熙元年十二月，是月，修吏部七司法。参政龚茂良言："官人之道，在朝廷则当量人才以擢用，在铨部则宜守成法以差注。盖法者一定不易，如规矩权衡，不可私以方圆轻重也。夫法本无弊，而例实败之。法者，公天下而为之者也；例则因人而立，以坏天下之公者也。昔者之患，在于用例破法；而比者之患，在于因例立法。今吏部七司法者，自晏敦复裁定，有司守之以从事，可以无弊。缘臣僚申明冲改，前后不一，率多出私意，徇人情。向者陛下深知其弊，尝加戒敕，毋得用例破条。然有司巧于傅会，多作条目，于是率修立成法矣。臣谓用例破法者其害浅，因例立法者其害大。宜诏有司讲求本末，将新旧法相与参考，旧法非大有所抵牾者，弗可轻去。新立条制，凡涉宽纵，于旧法有违者，一切刊正，庶几国家成法，简易明白，可以遵守。"从之。

77.《宋史全文》卷二十九上，"宋宁宗五"

开禧元年闰八月戊午，编集隆兴以来断例。

78.《宋史全文》卷三十五，"宋理宗"

宝祐五年四月癸亥，上曰："格法当守，弊例不可放行。"元凤奏："凡有援例而法不可者，臣未尝曲徇之。"

79.《宋大诏令集》卷第三十五，"亲王十·就学"

检会祥符故事，记室翊善见诸王拜。真宗皇帝特以张士逊为王友。拜。王答拜，以示宾礼。令读讲辅翊之官，职在训导，亦王之友傅也。可如王友例，令王答拜。

80.（宋）彭百川：《太平治迹统类》卷二十九，"撰官制沿革上·太宗"

淳化四年十二月，诏改司寇参军为司理参军，以司寇院为司理院，令于选部中选历任清白，能折狱辨讼者为之。又置判官一员，委诸州于牙校中择有干局、晓法律、高贤者为之，给以月俸如旧马步判官之例。寻又诏诸州察司理参军有不明推鞫者，致刑狱淹滞具名以闻，蔽匿不举者罪之。

81.（宋）潜说友纂修《咸淳临安志》卷之七，"敕令所·在侍郎桥南中书舍人兼详定陈居仁记题名"

乾道四年冬，有司言建炎后续旨几二万余条，前后舛不合，请削为书，俾史不得舞。诏可之。六年秋，置详定一局敕令所。初本朝重令甲，每诏诸儒纂修。自天圣、熙宁、元祐以来，有详定编敕所、编修诸司敕式所、重修敕令所。其设局不一，最后独存今名，渡江因之，而累朝大典用以秩序矣！书既屡奏御赏，烦费侈，官吏寖冗。绍兴末例罢去，至是始复之。然视曩时，官省三之一，吏胥省三之二，凡供亿亿之事，又大省，惟不务为虚文。而典领则并委二三大臣，不敢少损焉，示三尺重事。必有考其要以诏官府。又所置删定员，率资历未可登他曹，则于此乎储之士，得优游其闲，敛身于防，益明习国家宪令，以适于务。夫谨法度，广贤才，上之复是官也。抑岂为无指哉！删定有以他官兼，详定有为同者，中又省去。今定为提举官二以属宰相，同提举一以属执政，详定以专官为之，删定官五。盖于今为著曹以典领重也，因得附丽姓名于壁。淳熙十五年四月。

82.（宋）潜说友纂修《咸淳临安志》卷之六十七，"志·人物八·列传·国朝·凌景夏"

绍兴三十二年，奏论吏部七司有法有例。法可按籍而观，例则散于案牍之中，匿于胥吏之手。官有去来不能遍知，故索例而不获，虽有强明健决之才，不复敢议。臣愚以为吏部七司宜制例册，凡经取旨，或堂白者，每一事已命郎官画时拟定，长贰书之于册以为例。每半年则上于尚书用印给下，如此则前后予决，悉在有司之目，猾吏无所措巧，铨综渐以平允。诏吏部措置申省。

83.（宋）郑克：《折狱龟鉴》卷八，"矜谨·陈执方缓刑"

陈执方大卿通判江州时，民饥，有刈人之禾而伤其主，法当死者。执方以为："古之荒政，所以恤人者尽矣，然尚缓刑，况于今哉！"即奏贷其死。见王安石丞相所撰墓志。（按：李士衡观察，权知天雄军。民有盗瓜伤主者，法当死，士衡以岁饥奏贷之。自是著为例。执方之奏，盖用此例也。）

84.（元）沈仲纬：《刑统赋疏》，"第一韵·撮诸条之机要，触类周知·断例"

即唐律十二篇，名令提出《狱官》入条格。卫禁，职制，户婚，厩库，擅兴，贼盗，斗讼，诈伪，杂律，捕亡，断狱。

85.（元）沈仲纬：《刑统赋疏》，"第二韵·与财而有罪者四·通例"

至元十九年六月十九日，刑部呈：官吏取受，事有枉法、不枉法，赃有多寡，拟合量其所犯轻重，赃物多寡，斟酌科断黜降。与财者枉法，减受钱人一等，不枉法者减罪二等；首者原罪，不首者依上科断。都省议得：取受罪名，御史台已有奏准断例，仰钦依施行。

86.（元）沈仲纬：《刑统赋疏》，"第二韵·刑异五等·通例"

延祐二年三月，《盗贼断例》：强盗持杖伤人的，虽不得财，皆斩死。

87.（元）沈仲纬：《刑统赋疏》，"第四韵·言其变，则或严未得之始·通例"

大德五年，《盗贼断例》：强盗持杖，但伤人者，虽不得财，皆死；不曾伤人者，不得财徒二年半。谋而未行者，于不得财罪各减一等坐之。盗库藏钱物者，比常盗加一等。赃满至五百贯以上者，远流。

88.（元）沈仲纬：《刑统赋疏》，"第五韵·继养恩轻于本生·直解"

泰定元年二月，江浙省咨：考《服书》云，为人后者，为本生父母亡，降服齐衰。不杖期，解官申其心丧。及本生父母为其子为人后者，报降服亦不杖期。《刑统》议曰：生服虽曰降服，若有相犯，推恩重于义，则服三年反轻于降服。养杀其本生听告。此礼之所以定上下、别亲疏、远嫌疑、正名分也。男子外继，皆降本服一等，相犯取荫，各依本服也。考之断例，父故杀子孙，诬赖平人，是本生父母之亲恩重；以子杀父，恐伤人伦，故得减断。继父勒死妻同居前夫之女，从故杀结案。以此推之，继养他人子女，非己出，憎恶之私可见，恩之轻于本生，故当偿命。

89.（元）沈仲纬：《刑统赋疏》，"第六韵·五服定罪，有亲同于疏·通例"

延祐六年六月二十二日御史台呈：窥财物，情莫重盗贼；论亲属者，义以别于服制。故盗贼有强有窃，亲属有尊有卑，所以古人立制刑亦皆不同。强盗者情重而法重；窃盗者情重而法轻。犯法者有加等之科，犯卑幼者有减等之例。高下均平，无相背戾。即今虽无律令条格，酌古准今，亦有累朝行过断例。盖无服亲属者止科其罪，免追陪赃，不流刺字；有服之亲，无减等之条。是乃轻重不伦、亲疏无别矣。刑部议得：亲属相盗，无服之亲，止科其罪，免追陪赃，俱不配，仍免刺字；有服之亲，尊长于别居卑幼家窃盗，若强盗及卑幼于尊长家行窃盗者，缌麻、小功减凡人二等，周亲减三等，依上不刺配，免追陪赃。是五服定罪，其卑幼于尊长家行强盗以凡论，是有亲同于疏。

90.（元）沈仲纬：《刑统赋疏》，"第七韵·赃罪六色，共犯而合并者盗赃·通例"

大德五年十二月盗贼断例：诸共盗者并赃论罪，仍以造意之人为首，随从者各减一等，或二罪俱发，从其重者论之。

91.（元）徐元瑞：《吏学指志》，"法例"

条例：《字宝》云："一律相比也。"以此类攀引决事也。

92.（元）徐元瑞：《吏学指志》，"法例"

断例：晋杜预曰："法者，绳墨之断例，非穷理尽性之书也。"

93. 佚名：《庙学典礼》卷一，"设提举学校官及教授"

中书吏礼部，至元六年十一月初八日札付该：先准翰林院牒"开坐到随路见设提举学校官，呈奉都堂钧旨，通照拟随路合设人员同品级连呈"事，奉此，照得：旧例外路学校，教授一员，别无另设提举学校职名，止是随路、府、州长贰或运司文资官兼充。即目随路已设学校官，除见钦受宣命人员，拟合依旧存设，其余亦拟行罢去。拟合并散府、上中州，依旧例设立教授一员。各路作正八品，散府、上中州作从八品。开坐下项事理，呈奉到都堂钧旨，送本部准拟施行。奉此，省部：合下仰照验。依呈奉都堂钧旨，准拟事理施行。仍开具选到人员官吏保结，申来以凭定夺施行。一、提举学校，据钦受宣命人员，拟合依旧存设，其余委用人员，拟行罢去。一、诸路散府、上中州，拟依旧例，合设教授一员。若有已设教授，乞行下各路体究，委是德行学问、通晓文字、可以为后进师范之人，拟令委保申省，依旧勾当。如体究得不应及阙员去处，令各处官司，取问札付河南道按察司。

94. 佚名：《庙学典礼》卷一，"都省复还石国秀等所献四道学田"

中书省，至元二十年九月十六日咨该：进据浙东宣慰石国秀等呈："献江东、江西、浙东、浙西等四道，亡宋时元拨赡学田产，若令石国秀等充学产总管府管领，办钞三千定，换给各人宣命，不致埋没"等事。为此，移咨文该：学校之设，务在养贤，若将学田官为拘收，士类无以奉养，贤才由此而废。若令各学依旧管领，似为相应。准此。方欲施行间，又据御史台呈，亦为此事。都省议得：江南赡学田产所收钱粮，令所在官司拘收见数，明置簿籍，另行收贮，如遇修理庙宇，春秋释奠，朔望祭祀，学官请给住坐生员食供。申覆有司，照勘端的，依公支用。若有耆宿名儒，实无依倚者，亦于上项钱内酌量给付养赡。毋令不应人员，中间虚费钱粮。据收支见在备细数目，每上下半年申报行省，年终类咨都省照验。所在官司，亦不得侵支违错。据合行回咨，请照验施行。

95. 佚名：《庙学典礼》卷二，"学官格例"

尚书省，至元二十五年十二月　日札付该：据翰林国史院呈：奉省札该：御史台备，行御史台咨准侍御史程嘉议牒，并礼部备主事厅呈《江淮并迤北教官格例》，至元二十一年翰林国史、集贤院例甚为详备。若准所呈，似为长便。仰与集贤院一同议拟呈省。承此，本院与集贤院官一同议拟到下项事理，呈乞照详事。都省准拟，另行外，合下仰照验施行。

（1）御史台呈，备行台侍御史程嘉议牒该：吏部定到《教官格例》，即目员多缺少，泛滥不无，若有茂材异等之人，本路具解，本人赴翰林院引试。得此。照得：江淮教官员多缺少，若止令依上例保举，特免亲身前赴翰苑引试，似为便当。今拟到《江淮迤南选取教官格例》，宜准御史台所据开坐于后：①前进士人员，从本路学校公众推举士行修洁、堪充教授者，具解本人年甲、籍贯，于何年某人榜下登科，曾无历仕，的是正身，保申本路总管府，移牒按察司体覆相应，令本路缴连的本、牒文，申覆合干上司，移咨都省，依例施行。除另设立提举，外据教授等官数，并依至元二十一年省部定到格例施行，违上别无定夺。②不系前进士人员，若有学问该博、年高德劭、为众所推、堪充教授者，依上公众保举，经各道提学同本道按察司文资正官公坐出题，当面引试所习经赋各一本，全篇考校文理优长，中程式者，缴连的本，并按察司公文，用印封铨，令总管府保结，申覆合干上司。除所试程文，或本人别有所业文字，并许缴呈。依上移咨都省依例施行，似为允中。不如依格者，别无定夺。③学正、学录已下，照依至元二十一年例选补，至考满当升教授者，依上保举体覆，引试程文，依例施行。违上别无定夺。

（2）礼部备主事厅呈该：吏部定到《教官格例》：①该各路、府、州教授有缺，令本路官司于所辖州郡教官内，通行推选才德服众者充。今来议得：若以此为例，则是甲处教官不得充乙处教官，丙处教官不得充丁处教官，或本路教官内或有应补而未及满者，或久任考满者，而例不应补并不堪推选者，则教官名缺，终当旷废而不补矣。②该其余学正人员，依旧守职。今来议得：此等人员中间，岂无才德堪充者，若令依旧守职，即是（川）［常］守不得迁调，诚恐淹滞才能。前件议得：江淮迤北路分目，今不设提举，无人考校试验，宜准礼部呈，所令本路众公推选士行修洁、文学该博、堪充师范之人，令本人亲笔录写所业经义、词赋、诗文一十篇为额，内诗不过五篇，准本道按察司体覆相同，回牒开写本人才学行实，本路将的本、牒文，并所业文字用印封缄，张缝黏连在前，照依二十一年吏、礼二部同翰林国史院定到教官员数升转格例，学正、学录、教谕保结申礼部外，府、州教授、路教授，保结申吏部，挨次保举。白身保充学录、教谕，一考升学正，学正一考升府、州教授，府、州教授一考升路教授。今后立定教官，非备员而已，并令开设学校，训诱诸生，作养人材，似为允当。一切违上格例保举者，别无定夺。③该若有茂材异等，本处官司具解，令本人亲身赴翰林院试验。今来议得：既是茂材异等之人，宁肯亲赴翰苑试验，傥有赴试之人，必非茂材异等。如此甚失尊贤礼士之义。参详：学校之官，若概以选法拘钤，则侥幸贪进之人固宜遏抑，而恬退硕学之士必不屑就矣。然省部累行虽有黜退非才、罪及举官之文，终是因循不曾举行。大抵有司守法既谨，择人既精，则学校庶可兴行矣。今后拟合照依二十一年都省令翰林国史、集贤院、吏、礼二部定到学官格例施行，仍札付御史台，遍行各道按察司、监察御史责成其事。如有选举不应，及升转不依例而冒滥申覆者，将本处学官并覆察官必须严加责罚。本部参议：《学官格例》，二十一年翰林国史、集贤院定立甚为详备，若准本厅所呈，似为长便。前件议得：如准礼部所拟，若有年高德劭，学问该博，恬退自处，不求闻达，堪充一路一州教授者，并仰本路询众推举，录写所业文字、孝廉行实，移准本道按察司体覆相同，再行移牒按察司覆察是实，本路依上连黏所业文字，并二次体覆牒文，保结申部，许补教授，似为允当。违上格例保举者，别无定夺。大都路不隶按察司去处，遇有保举教官，亦仰依上推举保给，申覆合于部，分呈省，行移御史台，令监察御史体覆，申台、呈省施行。违上格例保举者，别无定夺。④越次妄举，及推保不拘士行、不精儒业、令人代作文字之人，从监察御史、本道按察司体究明白，申台呈省，取问是实，罪及元举官及体覆官。⑤江淮诸行省，今后咨到保举试验合格人员，诚恐选部员多缺少，拟从省年挨次月日籍记姓名，遇有缺处，照依次第差注。江淮、迤北亦依此例。札付御史台。

96. （元）黄溍：《日损斋笔记》，"附录·请谥文移"

如蒙转呈移文，合于部令，比依翰林侍讲学士袁桷、邓文原例，依上褒封赠谥，仍付翰林国史院编之《列传》，甚惬公议。

97. （元）李翀：《日闻录》

国朝通例：妇人犯盐，罪坐夫男。至正丁亥，李堂卿为两浙运司，海宁州一妇人犯私盐，上有翁在。李改一检云："舍翁论妇，于理未然。舍妇论翁，于法未当。"合下仰照验施行，遂两释之，可谓权宜矣。

98．（元）杨瑀：《山居新话》

坊司、仪凤司，旧例依所受品级，列于班行，文皇朝令二司官立于班后。至正初，仪凤司复旧例，教坊司迄今不令入班。

参考文献

一 古籍类

（唐）杜预：《通典》，岳麓书社 1995 年版。

（唐）李林甫等：《唐六典》，陈仲夫点校，中华书局 1992 年版。

（唐）长孙无忌：《唐律疏议》，中华书局 1983 年版。

（五代）王溥：《五代会要》，上海古籍出版社 2006 年版。

（宋）百岁寓翁：《枫窗小牍》，《景印文渊阁四库全书》第 1038 册，台湾商务印书馆 1986 年版。

（宋）不著撰人：《分门古今类事》，《景印文渊阁四库全书》第 1047 册，台湾商务印书馆 1986 年版。

（宋）沧洲樵叟：《庆元党禁》，《景印文渊阁四库全书》第 451 册，台湾商务印书馆 1986 年版。

（宋）曹勋：《北狩见闻录》，《景印文渊阁四库全书》第 407 册，台湾商务印书馆 1986 年版。

（宋）曾布：《曾公遗录》，中华书局 2016 年版。

（宋）晁说之：《晁氏客语》，《景印文渊阁四库全书》第 863 册，台湾商务印书馆 1986 年版。

（宋）陈邦瞻：《宋史纪事本末》，《景印文渊阁四库全书》第 353 册，台湾商务印书馆 1986 年版。

（宋）陈傅良：《历代兵制》，《景印文渊阁四库全书》第 663 册，台湾商务印书馆 1986 年版。

（宋）陈彭年：《江南别录》，《景印文渊阁四库全书》第 464 册，台湾商务印书馆 1986 年版。

（宋）陈振孙：《直斋书录解题》，上海古籍出版社 1987 年版。

（宋）崔敦礼：《刍言》，《景印文渊阁四库全书》第 849 册，台湾商务印书馆 1986 年版。

（宋）窦仪：《宋刑统》，中华书局 1984 年版。

（宋）董煟：《救荒活民书》，《景印文渊阁四库全书》第 662 册，台湾商务印书馆 1986 年版。

（宋）杜大珪：《名臣碑传琬琰》，《景印文渊阁四库全书》第 450 册，台湾商务印书馆 1986 年版。

（宋）范成大：《揽辔录》，载《范成大笔记六种》，中华书局 2008 年版。

（宋）范成大：《桂海虞衡志》，中华书局 2002 年版。

（宋）范仲淹：《范文正奏议》，《景印文渊阁四库全书》第 427 册，台湾商务印书馆 1986 年版。

（宋）费衮：《梁溪漫志》，《景印文渊阁四库全书》第 846 册，台湾商务印书馆 1986 年版。

（宋）桂万荣：《棠阴比事》，群众出版社 1980 年版。

（宋）何薳：《春渚纪闻》，中华书局 1983 年版。

（宋）洪皓：《松漠纪闻》，《景印文渊阁四库全书》第 407 册，台湾商务印书馆 1986 年版。

（宋）洪迈：《容斋随笔》，上海古籍出版社 1996 年版。

（宋）胡舜申：《己酉避乱录》，《中国野史集成》第 5 册，巴蜀书社 2000 年版。

（宋）江少虞编纂《宋朝事实类苑》，上海古籍出版社 1980 年版。

（宋）江休复：《江邻几杂志》，《宋元笔记小说大观》第 1 册，上海古籍出版社 2018 年版。

（宋）江休复：《嘉祐杂志》，《景印文渊阁四库全书》第 1036 册，台湾商务印书馆 1986 年版。

（宋）黎靖德编《朱子语类》，中华书局 1986 年版。

（宋）李昉等编《太平御览》，夏剑钦、王巽斋校点，河北教育出版社 2000 年版。

（宋）李纲：《建炎时政记》，当代出版社 2014 年版。

（宋）李焘：《续资治通鉴长编》，中华书局 2004 年版。

（宋）李心传：《旧闻证误》，中华书局 1981 年版。

（宋）李心传：《建炎以来系年要录》，胡坤点校，中华书局 2013 年版。

（宋）李心传：《建炎以来朝野杂记》，中华书局 2014 年版。

（宋）刘昫：《旧唐书》，中华书局 1975 年版。

（宋）李攸：《宋朝事实》，《景印文渊阁四库全书》第 608 册，台湾商务印书馆 1986 年版。

（宋）李廌：《师友谈记》，《景印文渊阁四库全书》第 863 册，台湾商务印书馆 1986 年版。

（宋）刘挚：《忠肃集》，《景印文渊阁四库全书》第 1099 册，台湾商务印书馆 1986 年版。

（宋）龙衮：《江南野史》，《景印文渊阁四库全书》第 464 册，台湾商务印书馆 1986 年版。

（宋）楼钥：《北行日录》，《知不足斋丛书》第 1 册，中华书局 1990 年版。

（宋）陆游：《家世旧闻》，中华书局 1993 年版。

（宋）吕希哲：《吕氏杂记》，《景印文渊阁四库全书》第 863 册，台湾商务印书馆 1986 年版。

（宋）吕中：《宋大事记讲义》，《景印文渊阁四库全书》第 866 册，台湾商务印书馆 1986 年版。

（宋）吕祖谦：《入越录》，《景印文渊阁四库全书》第 1150 册，台湾商务印书馆 1986 年版。

（宋）吕祖谦：《历代制度详说》，《景印文渊阁四库全书》第 923 册，台湾商务印书馆 1986 年版。

（宋）吕祖谦：《宋文鉴》，中华书局 1992 年版。

（宋）吕祖谦：《少仪外传》，《景印文渊阁四库全书》第 703 册，台湾商务印书馆 1986 年版。

（宋）倪朴：《倪石陵书》，《景印文渊阁四库全书》第 1153 册，台湾商务印书馆 1986 年版。

（宋）欧阳澈：《欧阳修撰集》，《景印文渊阁四库全书》第 1136 册，台湾商务印书馆 1986 年版。

（宋）欧阳修：《归田录》，《景印文渊阁四库全书》第 1036 册，台湾商务印书馆 1986 年版。

（宋）欧阳修：《欧阳修集》，载《唐宋八大家文集》，中州古籍出版社 2015 年版。

（宋）欧阳修：《新唐书》，中华书局 1975 年版。

（宋）欧阳修：《新五代史》，中华书局 1974 年版。

（宋）彭百川：《太平治迹统类》，《景印文渊阁四库全书》第 408 册，台湾商务印书馆 1986 年版。

（宋）钱易：《南部新书》，《景印文渊阁四库全书》第 1036 册，台湾商务印书馆 1986 年版。

（宋）潜说友纂修《咸淳临安志》，《景印文渊阁四库全书》第490册，台湾商务印书馆1986年版。

（宋）沈括：《梦溪笔谈》，上海古籍出版社2013年版。

（宋）施德操：《北窗炙輠录》，《景印文渊阁四库全书》第1039册，台湾商务印书馆1986年版。

（宋）史能之纂修《咸淳毗陵志》，《无锡文库》第1辑，凤凰出版社2011年版。

（宋）释居简：《北磵集》，《景印文渊阁四库全书》第1183册，台湾商务印书馆1986年版。

（宋）宋慈：《洗冤集录》，上海古籍出版社2008年版。

（宋）宋敏求编《唐大诏令集》，商务印书馆1954年版。

（宋）宋敏求：《春明退朝录》，《景印文渊阁四库全书》第862册，台湾商务印书馆1986年版。

（宋）宋祁：《宋景文公笔记》，《景印文渊阁四库全书》第862册，台湾商务印书馆1986年版。

（宋）苏轼：《仇池笔记》，《景印文渊阁四库全书》第863册，台湾商务印书馆1986年版。

（宋）苏洵：《嘉祐集》，《景印文渊阁四库全书》第1104册，台湾商务印书馆1986年版。

（宋）孙光宪：《北梦琐言》，三秦出版社2003年版。

（宋）孙升：《孙公谈圃》，《景印文渊阁四库全书》第1037册，台湾商务印书馆1986年版。

（宋）滕元发：《孙威敏征南录》，《景印文渊阁四库全书》第460册，台湾商务印书馆1986年版。

（宋）田况：《儒林公议》，《景印文渊阁四库全书》第1036册，台湾商务印书馆1986年版。

（宋）王安石：《王文公文集》，上海人民出版社1974年版。

（宋）王安石：《临川文集》，《景印文渊阁四库全书》第1105册，台湾商务印书馆1986年版。

（宋）王君玉：《国老谈苑》，《景印文渊阁四库全书》第1037册，台湾商务印书馆1986年版。

（宋）王明清：《挥麈录》，中华书局1961年版。

（宋）王钦若等：《册府元龟》，中华书局2003年版。

（宋）王应璘：《玉海》，江苏古籍出版社、上海书店 1987 年版。

（宋）王应麟：《困学纪闻》，上海古籍出版社 2008 年版。

（宋）无名氏：《南窗纪谈》，《景印文渊阁四库全书》第 1038 册，台湾商务印书馆 1986 年版。

（宋）邢凯：《坦斋通编》，《景印文渊阁四库全书》第 853 册，台湾商务印书馆 1986 年版。

（宋）徐梦莘：《三朝北盟会编》，上海古籍出版社 1987 年版。

（宋）许棐：《樵谈》，《丛书集成新编》第 1 册，新文丰出版社 2008 年版。

（宋）杨简：《慈湖遗书》，《景印文渊阁四库全书》第 1156 册，台湾商务印书馆 1986 年版。

（宋）杨仲良：《皇宋通鉴长编纪事本末》，李之亮校点，黑龙江人民出版社 2006 年版。

（宋）薛居正：《旧五代史》，中华书局 2003 年版。

（宋）叶留：《为政善报事类》，岳麓书社 2005 年版。

（宋）叶绍翁：《四朝闻见录》，上海古籍出版社 2012 年版。

（宋）叶适：《水心集》，中华书局 1961 年版。

（宋）佚名：《朝野遗记》，《全宋笔记》第 6 编第 4 册，大象出版社 2013 年版。

（宋）佚名：《朝野佥言》，《丛书集成初编》第 117 册，中华书局 1985 年版。

（宋）佚名：《建炎复辟记》，当代出版社 2014 年版。

（宋）佚名：《木笔杂抄》，中华书局 1991 年版。

（宋）佚名：《宋大诏令集》，中华书局 1962 年版。

（宋）余允文：《尊孟辨》，《景印文渊阁四库全书》第 196 册，台湾商务印书馆 1986 年版。

（宋）俞文豹：《吹剑录外集》，《景印文渊阁四库全书》第 865 册，台湾商务印书馆 1986 年版。

（宋）岳珂：《桯史》，《景印文渊阁四库全书》第 1039 册，台湾商务印书馆 1986 年版。

（宋）张方平：《张文平集》，中州古籍出版社 1992 年版。

（宋）张咏：《乖崖集》，《景印文渊阁四库全书》第 1086 册，台湾商务印书馆 1986 年版。

（宋）张知甫：《张氏可书》，《景印文渊阁四库全书》第 1038 册，台湾商务印书馆 1986 年版。

（宋）张镃：《仕学规范》，《景印文渊阁四库全书》第 875 册，台湾商务印书馆 1986 年版。

（宋）章如愚：《群书考索后集》，《景印文渊阁四库全书》第 937 册，台湾商务印书馆 1986 年版。

（宋）赵令畤：《侯鲭录》，《景印文渊阁四库全书》第 1037 册，台湾商务印书馆 1986 年版。

（宋）赵汝愚：《宋名臣奏议》，上海古籍出版社 1999 年版。

（宋）赵昇：《朝野类要》，中华书局 2006 年版。

（宋）赵希弁：《郡斋读书后志》，《景印文渊阁四库全书》第 674 册，台湾商务印书馆 1986 年版。

（宋）郑文宝：《江表志》，《景印文渊阁四库全书》第 464 册，台湾商务印书馆 1986 年版。

（宋）周必大：《亲征录》，《丛书集成三编》第 98 册，新文丰出版社 1997 年版。

（宋）周淙纂修：《乾道临安志》，《景印文渊阁四库全书》第 484 册，台湾商务印书馆 1986 年版。

（宋）周密：《乾淳岁时记》，《景印文渊阁四库全书》第 880 册，台湾商务印书馆 1986 年版。

（宋）朱弁：《曲洧旧闻》，中华书局 2002 年版。

（宋）朱熹：《朱文公政训》，《丛书集成初编》第 893 册，商务印书馆 1936 年版。

（金）刘祁：《归潜志》，中华书局 1983 年版。

（元）不着撰人：《庙学典礼》，《景印文渊阁四库全书》第 648 册，台湾商务印书馆 1986 年版。

（元）曹伯启：《曹文贞公诗》，《景印文渊阁四库全书》第 1202 册，台湾商务印书馆 1986 年版。

（元）陈栎：《勤有堂随录》，《景印文渊阁四库全书》第 866 册，台湾商务印书馆 1986 年版。

（元）陈世隆：《北轩笔记》，《景印文渊阁四库全书》第 866 册，台湾商务印书馆 1986 年版。

（元）陈元靓：《事林广记》（至顺和后至元合刻本），中华书局 1999 年影印版。

（元）陈准：《北风扬沙录》，《景印文渊阁四库全书》第 877 册，台湾商务印书馆 1986 年版。

（元）仇远：《山村遗集》，《景印文渊阁四库全书》第 1198 册，台湾商务印书馆 1986 年版。

（元）丁复：《桧亭集》，《景印文渊阁四库全书》第 1208 册，台湾商务印书馆 1986 年版。

（元）冯福京修，（元）郭荐纂《大德昌国州图志》，《景印文渊阁四库全书》第 491 册，台湾商务印书馆 1986 年版。

（元）甘复：《山窗余稿》，《景印文渊阁四库全书》第 1218 册，台湾商务印书馆 1986 年版。

（元）高德基：《平江记事》，《景印文渊阁四库全书》第 590 册，台湾商务印书馆 1986 年版。

（元）贡性之：《南湖集》，《景印文渊阁四库全书》第 1164 册，台湾商务印书馆 1986 年版。

（元）郭畀：《客杭日记》，《丛书集成新编》第 89 册，新文丰出版社 1997 年版。

（元）胡行简：《樗隐集》，《景印文渊阁四库全书》第 1221 册，台湾商务印书馆 1986 年版。

（元）胡祇遹：《紫山大全集》，《景印文渊阁四库全书》第 1196 册，台湾商务印书馆 1986 年版。

（元）黄溍：《日损斋笔记》上海古籍出版社 2012 年版。

（元）蒋正子：《山房随笔》，《景印文渊阁四库全书》第 1040 册，台湾商务印书馆 1986 年版。

（元）揭傒斯：《揭傒斯全集》，上海古籍出版社 2012 年版。

（元）李翀：《日闻录》，《景印文渊阁四库全书》第 866 册，台湾商务印书馆 1986 年版。

（元）刘孟保等：《南台备要》，《永乐大典》1997 年影印本。

（元）刘敏中：《平宋录》，《景印文渊阁四库全书》第 408 册，台湾商务印书馆 1986 年版。

（元）卢琦：《圭峯集》，《景印文渊阁四库全书》第 1214 册，台湾商务印书馆 1986 年版。

（元）鲁贞：《桐山老农集》，《景印文渊阁四库全书》第 1219 册，台湾商务印书馆 1986 年版。

（元）马端临：《文献通考》，中华书局 1986 年版。

（元）盛如梓：《庶斋老学丛谈》，《景印文渊阁四库全书》第 866 册，台湾商务印书馆 1986 年版。

（元）苏天爵：《元朝名臣事略》，中华书局 1996 年版。

（元）苏天爵：《治世龟鉴》，《景印文渊阁四库全书》第 709 册，台湾商务印书馆 1986 年版。

（元）陶宗仪：《南村辍耕录》，上海古籍出版社 2012 年版。

（元）脱脱：《宋史》，中华书局 1977 年版。

（元）脱脱：《辽史》，中华书局 1974 年版。

（元）脱脱：《金史》，中华书局 1975 年版。

（元）王鹗：《汝南遗事》，《景印文渊阁四库全书》第 408 册，台湾商务印书馆 1986 年版。

（元）王结：《善俗要义》，载徐元瑞《吏学指南》（外三种），浙江古籍出版社 1988 年版。

（元）鲜于枢：《困学斋杂录》，《景印文渊阁四库全书》第 866 册，台湾商务印书馆 1986 年版。

（元）熊梦祥：《析津志楫佚》，北京古籍出版社 1986 年版。

（元）徐元瑞：《吏学指南》（外三种），杨讷校注，浙江古籍出版社 1988 年版。

（元）许有壬：《圭塘欸乃集》，《景印文渊阁四库全书》第 1366 册，台湾商务印书馆 1986 年版。

（元）杨翮：《佩玉斋类稿》，《景印文渊阁四库全书》第 1220 册，台湾商务印书馆 1986 年版。

（元）杨瑀：《山居新话》，《景印文渊阁四库全书》第 1040 册，台湾商务印书馆 1986 年版。

（元）耶律铸：《双溪醉隐集》，《景印文渊阁四库全书》第 1199 册，台湾商务印书馆 1986 年版。

（元）佚名：《宋史全文》，中华书局 2016 年版。

（元）佚名：《宋季三朝政要》，《景印文渊阁四库全书》第 329 册，台湾商务印书馆 1986 年版。

（元）俞德邻：《佩韦斋辑闻》，《景印文渊阁四库全书》第 865 册，台湾商务印书馆 1986 年版。

（元）俞琰：《书斋夜话》，《景印文渊阁四库全书》第 865 册，台湾商务印书馆 1986 年版。

（元）张观光：《屏岩小稿》，《景印文渊阁四库全书》第 1195 册，台湾商务印书馆 1986 年版。

（元）张养浩：《三事忠告》，《景印文渊阁四库全书》第 602 册，台湾商务印书馆 1986 年版。

（元）张昱：《可闲老人集》，《景印文渊阁四库全书》第 1222 册，台湾商务印书馆 1986 年版。

（元）郑樵：《通志》，王树民点校，中华书局 1995 年版。

（元）郑禧：《春梦录》，《丛书集成续编》第 211 册，新文丰出版社 1988 年版。

（元）郑元佑：《侨吴集》，《景印文渊阁四库全书》第 1216 册，台湾商务印书馆 1986 年版。

（明）雷梦麟：《读律琐言》，怀效锋、李俊点校，法律出版社 2000 年版。

（明）宋濂：《元史》，中华书局 1976 年版。

（明）杨一奇：《历代名臣奏议》，上海古籍出版社 1989 年版。

（清）嵇璜、曹仁虎：《续文献通考》，新兴书局 1959 年版。

（清）沈家本编《枕碧楼丛书》，知识产权出版社 2006 年版。

（清）沈家本：《历代刑法考》（四），中华书局 2006 年版。

（清）王明德：《读律佩觿》，何勤华等点校，法律出版社 2000 年版。

（清）许梿、熊莪纂辑《刑部比照加减成案》，何勤华等点校，法律出版社 2009 年版。

（清）徐松辑《宋会要辑稿》，上海古籍出版社 2014 年版。

（清）薛允升：《读例存疑点注》，胡星桥、邓又天注译，中国人民公安大学出版社 1994 年版。

（清）薛允升：《唐明律合编》，怀效锋、李鸣点校，法律出版社 1999 年版。

（清）张廷玉：《明史》，中华书局 1974 年版。

（清）祝庆祺、鲍书芸、潘文舫、何维楷编《刑案汇览》，北京古籍出版社 2004 年版。

《别本刑统赋解》，璜川吴氏旧抄本。

《庆元条法事类》，戴建国点校，黑龙江人民出版社 2002 年版。

《吏部条法》，刘笃才点校，黑龙江人民出版社 2002 年版。

《宋大诏令集》，中华书局 1962 年版。

《宋代石刻文献全编》，北京图书馆出版社 2003 年版。

《名公书判清明集》，中国社会科学院历史研究所宋辽金元史研究室点校，中华书局 2002 年版。

《至正条格》，韩国学中央研究院 2007 年版。

《大元国朝圣政典章》，中国广播电视出版社 1998 年影印本。

《明实录》，中华书局 2015 年版。

《大明律》，怀效锋点校，辽汉书社 1989 年版。

《清实录》，中华书局影印本。

《大清律例》，田涛、郑秦点校，法律出版社 1999 年版。

《沈家本未刻书集纂补编》，中国社会科学出版社 2006 年版。

陈述辑校《全辽文》，中华书局 1981 年版。

黄时鉴辑点《元代法律资料辑存》，浙江古籍出版社 1988 年版。

李逸友编著《黑城出土文书（汉文文书卷)》，科学出版社 1991 年版。

刘俊文：《唐律疏议笺解》，中华书局 1996 年版。

方龄贵校注《通制条格校注》，中华书局 2001 年版。

史金波等译《天盛改旧新定律令》，法律出版社 2001 年版。

杨一凡主编《历代判例判牍》（10 册），中国社会科学出版社 2005 年版。

张家山二四七号汉墓竹简整理小组编《张家山汉墓竹简》（释文修订本），文物出版社 2006 年版。

杨一凡主编《中国律学文献》（5 册），黑龙江古籍出版社 2006 年版。

二 近人专著

陈新宇：《从比附援引到罪刑法定》，北京大学出版社 2007 年版。

戴建国：《宋代法制初探》，黑龙江人民出版社 2000 年版。

戴建国：《唐宋变革时期的法律与社会》，上海古籍出版社 2010 年版。

戴建国、郭东旭：《南宋法制史》，人民出版社 2011 年版。

董茂云：《比较法律文化：法典法与判例法》，中国人民公安大学出版社 2000 年版。

高潮主编《古代判词选》，群众出版社 1981 年版。

郭东旭：《宋代法律与社会》，人民出版社 2008 年版。

郭东旭：《宋代法制研究》，河北大学出版社 1997 年版。

韩国磐：《中国古代法制史研究》，人民出版社 1993 年版。

韩苏琳编译《美英德法四国司法制度概况》，人民法院出版社 2002 年版。

何家弘：《外国司法判例制度》，中国法制出版社 2014 年版。

胡兴东：《判例法的两面》，云南大学出版社 2010 年版。

胡兴东：《中国古代判例法运作机制研究——以元朝和清朝为比较的考察》，北京大学出版社 2010 年版。

黄卉、朱芒、解亘、周伟、章剑生、陈越峰编《大陆法系判例：制度·方法》，清华大学出版社 2013 年版。

李玉生：《唐令与中华法系研究》，南京师范大学出版社 2005 年版。

刘明明：《中国古代推类逻辑研究》，北京师范大学出版社 2012 年版。

柳立言：《宋元时代的法律思想与社会》，编译馆 2001 年版。

吕志兴：《宋代法律体系与中华法系》，四川大学出版社 2009 年版。

马伯良：《宋代的法律与秩序》，中国政法大学出版社 2010 年版。

苏亦工：《明清律典与条例》，中国政法大学出版社 2000 年版。

汪世荣：《判例与法律发展——中国司法改革研究》，法律出版社 2006 年版。

汪世荣：《中国古代判词研究》，中国政法大学出版社 1997 年版。

王云海：《宋代司法制度》，河南大学出版社 1992 年版。

吴海航：《元代条画与断例》，中国知识产权出版社 2009 年版。

武树臣：《中国传统法律文化》，北京大学出版社 1994 年版。

武树臣主编《判例制度研究》，人民法院出版社 2004 年版。

奚晓明：《两大法系判例制度比较研究》，北京交通大学出版社 2009 年版。

萧公权：《中国政治思想史》，商务印书馆 2011 年版。

肖建新：《宋代法制文明研究》，安徽人民出版社 2008 年版。

徐景和：《中国判例制度研究》，中国检察出版社 2006 年版。

薛梅卿：《宋刑统研究》，法律出版社 1998 年版。

薛梅卿、赵晓耕：《两宋法制通论》，法律出版社 2002 年版。

杨建军：《裁判的经验与方法》，山东人民出版社 2010 年版。

杨一凡：《历代例考》，社会科学文献出版社 2012 年版。

杨一凡：《历代判例判牍》，中国社会科学出版社 2005 年版。

杨一凡：《明大诰研究》，社会科学文献出版社 2009 年。

杨一凡主编《中国古代法律形式研究》，社会科学文献出版社 2011 年版。

张晋藩：《中国法律的传统与近代转型》，法律出版社 1997 年版。

张利：《宋代司法文化中的人文精神》，河北人民出版社 2010 年版。

张骐：《中国司法先例与案例指导制度研究》，北京大学出版社 2016 年版。

赵晓耕：《宋代法制研究》，中国政法大学出版社 1994 年版。

赵旭：《宋朝法律制度研究》，辽宁大学出版社 2006 年版。

郑秦：《清代司法审判制度研究》，湖南教育出版社 1998 年版。

郑显文：《出土文献与唐代法律史研究》，中国社会科学出版社 2012 年版。

郑显文：《唐代律令研究》，北京大学出版社 2004 年版。

中国社会科学院历史研究所天圣令整理课组校证《天一阁藏明钞本天圣令校证》，中华书局 2006 年版。

中国政法大学法律史研究院编《日本学者中国法论著选译》，中国政法大学出版社 2012 年版。

周密：《中国刑法史》，群众出版社 1985 年版。

〔日〕内藤乾吉：《滂喜斋本唐律疏议的刊行年代》，载氏著《中国法制史考证》，有斐阁 1963 年版。

〔日〕仁井田陞：《唐令拾遗》，栗劲、霍存福等译，长春出版社 1989 年版。

〔日〕滋贺秀三编《中国法制史基本资料的研究》，东京大学出版社 1993 年版。

三　论文

柏桦、于雁：《清代律例成案的适用——以"强盗"律例为中心》，《政治与法律》2009 年第 8 期。

陈坚纲：《中国古代判例法研究》，《甘肃行政学院学报》2004 年第 3 期。

陈丽如：《清代成案研究——以〈刑案汇览〉为中心的思考》，硕士学位论文，西南政法大学，2006。

陈銮：《刍议汉代的"决事比"》，《法制与社会》2008 年第 34 期。

陈小洁：《中国传统司法判例中的情理表达——以清代〈刑案汇览〉为对象的分析》，博士学位论文，南京师范大学，2014。

崔明石：《情理法的正当性：以"情"为核心的阐释———以〈名公书判清明集〉为考察依据》，《吉林师范大学学报》2011 年第 2 期。

崔永华：《中国古代判例法成因及经验教训》，《求是学刊》1998 年第 2 期。

戴建国：《唐宋时期判例的适用及其历史意义》，《江西社会科学》2009年第 2 期。

方龄贵：《通制条格考略》，载杨一凡主编《中国法制史考证》甲编第 5 卷。

高进：《谈清代的司法成案》，《历史档案》2014 年第 1 期。

高天文：《清代成案制度与英国判例制度的比较研究》，硕士学位论文，南京师范大学，2007。

顾凌云、金少华：《廷行事的功能及其流变》，《河北法学》2014 年第 8 期。

郭东旭：《论宋代法律中"例"的发展》，《史学月刊》1991 年第 3 期。

郝文娟：《中国古代判例特征及其功能分析》，硕士学位论文，烟台大学，2009。

何勤华：《宋代的判例法研究及其法学价值》，《华东政法学院学报》2000年第 1 期。

胡俊华、葛天博：《中国古代法律特征及出现的判例》，《兰台世界》2014年第 15 期。

胡兴东、韩光辉：《司法结构行政权力化与中国古代判例制度形成研究》，《云南开放大学学报》2014 年第 1 期。

胡兴东：《认识论：中国古代判例法问题的另一视角》，《法律文化研究》2009 年第 1 辑。

胡兴东：《宋代判例问题考辨》，《云南师范大学学报》2016 年第 1 期。

胡兴东：《宋元断例新考》，《思想战线》2018 年第 1 期。

胡兴东：《中国古代判例法模式研究——以元清两朝为中心》，《北方法学》2010 年第 1 期。

黄时鉴：《大元通制考辨》，《中国社会科学》1987 年第 2 期。

黄延廷：《清代刑事司法中的缘法断罪与权宜裁判——以司法判例为中心的考察》，博士学位论文，中国政法大学，2009。

霍存福：《中国传统法文化的文化性状与文化追寻——情理法的发生、发展及其命运》，《法制与社会发展》2001 年第 4 期。

金文京：《有关庆州发现元刊本〈至正条格〉的若干问题》，《至正条格》，韩国学中央研究院 2007 年版。

李云龙：《宋例研究》，硕士学位论文，上海师范大学，2004。

刘笃才、杨一凡：《秦简廷行事考辨》，《法学研究》2007 年第 3 期。

刘笃才：《律令法体系向律例法体系的转换》，《法学研究》2012 年第 6 期。

刘笃才：《中国古代判例考论》，《中国社会科学》2007 年第 4 期。

刘晓：《〈大元通制〉到〈至正条格〉：论元代的法典编纂体系》，《文史哲》2012 年第 1 期。

刘晓：《再论〈元史·刑法志〉的史源——从〈经世大典·宪典〉一篇佚文谈起》，《北大史学》2004 年。

梅原郁：《唐宋时代的法典编纂——律令格式和敕令格式》，《中国近世的法制与社会》，京都大学人文科学研究所 1993 年版。

蒲娜娜：《判例法及中国"判例"法历史考察》，硕士学位论文，西南交通大学，2004。

申未：《从秦汉的廷行事、决事比看中国古代判例制度》，《法制与社会》2016 年第 33 期。

苏亦工：《清代律例的地位及相互关系》，《中国法学》1988 年第 5 期。

汪世荣：《判例在中国传统法中的功能》，《法学研究》2006 年第 1 期。

汪世荣：《中国的判例文化传统》，《法律适用（司法案例）》2017 年第 2 期。

汪世荣：《中国古代的判例研究：一个学术史的考察》，《中国法学》2006 年第 1 期。

汪世荣：《中国古代判词研究》，《法律科学》1995 年第 3 期。

王芳：《中国判例制度研究——以清代成案为视角》，硕士学位论文，南京师范大学，2007。

王侃：《宋例辨析》，《法学研究》1996 年第 2 期。

王志强：《南宋司法裁判中的价值取向——南宋书判初探》，《中国社会科学》1998 年第 6 期。

王志强：《清代成案的效力和其运用中的论证方式——以〈刑案汇览〉为中心》，《法学研究》2003 年第 3 期。

吴波：《清代判例制度研究——以〈刑案汇览〉为中心》，硕士学位论文，辽宁大学，2011。

吴秋红：《论清代判例的适用》，《理论月刊》2005 年第 2 期。

吴秋红：《中国古代判例制度的缺失与当代判例制度的确立》，《湖北行政学院学报》2005 年第 6 期。

武树臣：《"混合法"——成文法与判例法相结合》，《政治与法律》1996

年第 5 期。

武树臣：《法律文化研究的现状与趋向》，《法律学习与研究》1989 年第 3 期。

武树臣：《贵族精神与判例法传统》，《中外法学》1998 年第 5 期。

武树臣：《激活判例机制提升司法权威》，《河北法学》2011 年第 3 期。

武树臣：《论判例在我国法制建设中的地位》，《法学》1986 年第 6 期。

武树臣：《判例法与我国法制建设》，《法律科学》1989 年第 1 期。

武树臣：《中国的"混合法"——兼及中国法系在世界的地位》，《政治与法律》1993 年第 2 期。

武树臣：《中国古代法律样式的理论诠释》，《中国社会科学》1997 年第 1 期。

徐进、易见：《秦代的"比"与"廷行事"》，《山东法学》1987 年第 2 期。

褟丽琴：《清代家产分割判例判牍研究》，硕士学位论文，海南大学，2016。

杨思斌：《中国古代判例制度的演变与基本特征》，《法学杂志》2008 年第 2 期。

杨一凡：《清代则例列纂修要略》，载杨一凡主编《历代例考》，社会科学文献出版社 2011 年版。

殷啸虎：《论〈大元通制〉"断例"的性质及其影响——兼与黄时鉴先生商榷》，《华东政法学院学报》1999 年第 1 期。

余晓磊：《唐宋时期判例探究》，硕士学位论文，中国青年政治学院，2015。

詹婷：《中国古代判例的司法适用研究——以汉、明两朝为重点》，硕士学位论文，湖南工业大学，2015。

张本顺：《论中国古代判例法的风格、成因及其现代意义》，《湖北社会科学》2009 年第 7 期。

张春：《清代成案研究》，硕士学位论文，内蒙古大学，2012。

张正印：《还原与反思：清代情理法判案实践的"民、刑"差异》，《甘肃政法学院学报》2011 年第 2 期。

赵晓磊：《秦汉时期司法审判形成的"比"考析——兼驳中国古代存在判例法之说》，《法律与伦理》2018 年第 1 辑。

赵新磊：《中国特色案例制度与中国法文化的契合性考察——以案例指导

制度为例证》，硕士学位论文，武汉大学，2017。

周永全：《宋代断例法律性质再探》，硕士学位论文，武汉大学，2017。

朱起赟：《论中国案例指导制度的完善——以中国古代先例制度为历史经验》，硕士学位论文，华侨大学，2015。

〔日〕安部健夫：《关于〈元史·刑法志〉与元律的关系》，《东方学报》1932年第2期。

〔日〕安部健夫：《大元通制解说——兼介绍新刊本〈通制条格〉》，载杨一凡、〔日〕寺田浩明主编《日本学者中国法制史论著选·宋辽金元卷》，中华书局2016年版。

〔日〕池田温：《律令法》，载《日本学者中国法制史论著选》，中华书局2016年版。

〔日〕川村康：《宋代断例考》，载《日本学者中国法论著选译》，中国政法大学出版社2012年版。

〔日〕冨谷至：《通往晋泰始律令之路》，载《日本学者中国法论著选译》，中国政法大学出版社2012年版。

〔日〕宫崎市定：《宋元时期的法制与审判机构》，载杨一凡、〔日〕寺田浩明主编《日本学者中国法制史论著选·宋辽金元卷》，中华书局2016年版。

〔日〕谷井阳子：《清代则例省例考》，载杨一凡、〔日〕寺田浩明主编《日本学者中国法制史论著选·明清卷》，中华书局2016年版。

〔日〕加藤雄三：《明代成化、弘治的律与例》，载杨一凡、〔日〕寺田浩明主编《日本学者中国法制史论著选·明清卷》，中华书局2016年版。

〔日〕堀敏一：《晋泰始律令的制定》，载杨一凡、〔日〕寺田浩明主编《日本学者中国法制史论著选·魏晋隋唐卷》，中华书局2016年版。

〔日〕小口彦太：《清代中国刑事审判中成案的法源性》，载杨一凡、〔日〕寺田浩明主编《日本学者中国法制史论著选·明清卷》，中华书局2016年版。

〔日〕植松正：《元初法制一考：与金制的关系》，载杨一凡、〔日〕寺田浩明主编《日本学者中国法制史论著选·宋辽金元卷》，中华书局2016年版。

〔日〕滋贺秀三：《关于曹魏新律十八篇篇名》，载杨一凡、〔日〕寺田浩明主编《日本学者中国法制史论著选·魏晋隋唐卷》，中华书局2016年版。

〔日〕曾我部静雄：《宋代的法典类》，《东北大学文学部研究年报》15，1965年。

后　记

　　中国古代判例制度一直是学术界争议的焦点，但对中国古代判例制度中的一些关键制度和时段学界却很少有深入研究。宋元时期在法律形式上有一种重要形式——断例。宋朝制定了大量以律典为编撰体例的断例法典，元朝法律形式中断例和条格是基本种类。然而，对宋元时期的断例性质及它们之间的关系，学术界却还没有专门研究。五六年前，杨一凡老师约我参与他主持的一套中国古代法律史专题研究丛书的撰写，我提出以宋元断例作为对象。原因是自己长期研究元朝法律制度，对元朝判例制度已经有较深的考察，且一直有对元朝判例制度来源进行追溯考察的冲动。后来，在撰写《宋朝立法通考》时，对宋朝断例的立法及法律性质有了较多了解。于是，我决心把宋元两朝的断例作为专题研究对象，以揭示宋元时期断例的性质，同时对宋元时期判例制度进行一次不同视角的研究。在完成初稿后，我申请了国家社科基金后期资助项目，承蒙学界同仁的认可支持，获得了立项。在立项后，我根据评审专家的意见，对书稿进行了较大幅度的修改和扩充，具体是对宋元两朝 500 多种政书、文集、笔记进行了全面检索，精选出与断例、例有关的史料 97 条，近 2 万字。现在把辑录整理的资料作为附录放在正文后面，方便学界同仁进一步讨论此问题。现在是修改后的研究成果，在此感谢评审专家的中肯意见和建议。

　　在写作上本书采用辑佚考据和理论探讨相结合的方式，我尽量收集宋元两朝涉及断例的论述、存留下来的个案、宋元时期作为法律渊源的判例等资料。这些史料较为全面地反映了宋元时期断例和判例的情况，据此学界对这一问题可以有较真实的判断。现在的问题是宋朝虽然修撰了 16 部断例法典，但没有一部保留下来，就是残本也没有，所以无法对宋朝断例的真实载体形式作出准确判断。现在可以对元朝断例作出准确判断的是它的法律性质，它是刑事法律，并不是判例的同义词。元朝确实是中国古代公开把个案判决作为正式法律渊源的王朝，这不仅在断例上，就是在条格中也一样。从本书来看，宋朝断例仍然存在只能推测的问题，但元朝判例已经有完整的法律史料证实其性质和形态。本书对中国古代判例制度的载体形式、适用机制等问题的深入研究起到了很好的支持作用。基于以上原因，可以说本书基本达到了研究的预设目标。

　　本书得以顺利出版，是在很多人的帮助和支持下实现的，在此对他们致以深深的感谢。同时，还必须对一些机构和个人给予特别感谢。首先，感谢全国哲学社会科学工作办公室给予本书的支持，由于获得国家社科基金后期资助项目的支持，本书这种纯学术著作才能够顺利研究完成。其次，感谢社会科学文献出版社的支持，它作为项目推荐单位，给予了太多的帮助，其中特别感谢芮素平等老师的细心工作和精细编校，让本书质量得以提升。最后，感谢云南大学社科处领导的支持，把本书纳入云南大学一流大学建设"国家高端智库建设"项目，让本书出版有了经费上的保障。此外，感谢我的硕士研究生在本书研究过程中所做的各种工作，他们是唐国昌、焦磊、张艺等。

胡兴东

2020 年 1 月 14 日于昆明

图书在版编目（CIP）数据

宋元断例辑考／胡兴东著. -- 北京：社会科学文
献出版社，2020.8
国家社科基金后期资助项目
ISBN 978 - 7 - 5201 - 6287 - 6

Ⅰ.①宋… Ⅱ.①胡… Ⅲ.①法制史 – 研究 – 中国 –
宋元时期 Ⅳ.①D929.4

中国版本图书馆 CIP 数据核字（2020）第 029849 号

国家社科基金后期资助项目

宋元断例辑考

著 者／胡兴东

出 版 人／谢寿光
责任编辑／芮素平
文稿编辑／汪延平

出 版／社会科学文献出版社·联合出版中心（010）59367281
地址：北京市北三环中路甲29号院华龙大厦 邮编：100029
网址：www.ssap.com.cn
发 行／市场营销中心（010）59367081 59367083
印 装／三河市龙林印务有限公司

规 格／开 本：787mm×1092mm 1/16
印 张：34.25 字 数：607千字
版 次／2020年8月第1版 2020年8月第1次印刷
书 号／ISBN 978 - 7 - 5201 - 6287 - 6
定 价／188.00元

本书如有印装质量问题，请与读者服务中心（010 - 59367028）联系